revista de derecho público

Allan R. **BREWER-CARÍAS**, Director
abrewer@bblegal.com
allan@brewercarias.com
http://www.allanbrewercarias.com

José Ignacio **HERNÁNDEZ G**, Sub-Director
jihernandez@ghm.com.ve

Mary **RAMOS FERNÁNDEZ**, Secretaria de Redacción
maryra77@gmail.com

Revista de Derecho Público
Fundación de Derecho Público

Torre América, PH, Av. Venezuela, Bello Monte, Caracas 1050, Venezuela
Email: fundaciondederechopublico1@gmail.com.

Editada por la **Fundación Editorial Jurídica Venezolana**, Avda. Francisco Solano López, Torre Oasis, P.B., Local 4, Sabana Grande, Caracas, Venezuela. Telf. (58) 212 762–25–53/38–42/ Fax. 763–52–39 Apartado N° 17.598 – Caracas, 1015–A, Venezuela.

Email: fejv@cantv.net

Pág. web: http://www.editorialjuridicavenezolana.com.ve

© 1980, FUNDACIÓN DE DERECHO PÚBLICO/EDITORIAL JURÍDICA VENEZOLANA

Revista de Derecho Público
N° 1 (Enero/marzo 1980)
Caracas.Venezuela

Publicación Trimestral

Hecho Depósito de Ley
Depósito Legal: pp 198002DF847
ISSN: 1317-2719
1. Derecho público–Publicaciones periódicas

Normas para el envío de originales

La Revista de Derecho Público aceptará artículos inéditos en el campo del derecho público. Los artículos deberán dirigirse a la siguiente dirección secretaria@revistadederechopublico.com

Se solicita atender a las normas siguientes:

1. Los trabajos se enviarán escritos a espacio y medio, con una extensión aproximada no mayor de 35 cuartillas tamaño carta.

2. Las citas deberán seguir el siguiente formato: nombre y apellidos del autor o compilador; título de la obra (en letra cursiva); volumen, tomo; editor; lugar y fecha de publicación; número de página citada. Para artículos de revistas u obras colectivas: nombre y apellidos del autor, título del artículo (entre comillas); nombre de la revista u obra colectiva (en letra cursiva); volumen, tomo; editor; lugar y fecha de publicación; número de página citada.

3. En su caso, la bibliografía seguirá las normas citadas y deberá estar ordenada alfabéticamente, según los apellidos de los autores.

4. Todo trabajo sometido deberá ser acompañado de dos resúmenes breves, en español e inglés, de unas 120 palabras cada uno y con una palabras clave (en los dos idiomas)

5. En una hoja aparte, el autor indicará los datos que permitan su fácil localización (N° fax, teléfono, dirección postal y correo electrónico). Además incluirá un breve resumen de sus datos académicos y profesionales.

6. Se aceptarán para su consideración y arbitraje todos los textos, pero no habrá compromiso para su devolución ni a mantener correspondencia sobre los mismos.

La adquisición de los ejemplares de la Revista de Derecho Público puede hacerse en la sede antes indicada de la Fundación Editorial Jurídica Venezolana, o a través de la librería virtual en la página web de la Editorial: http://www.editorialjuridicavenezolana.com

La adquisición de los artículos de la Revista en versión digital puede hacerse a través de la página web de la Revista de Derecho Público: http://www.revistadederechopublico.com

Las instituciones académicas interesadas en adquirir la Revista de Derecho Público mediante canje de sus propias publicaciones, pueden escribir a canje@revistadederechopublico.com

La Revista de Derecho Público se encuentra indizada en la base de datos CLASE (bibliografía de revistas de ciencias sociales y humanidades), Dirección General de Bibliotecas, Universidad Nacional Autónoma de México, LATINDEX (en catálogo, Folio N° 21041), REVENCYT (Código RVR068) y DIALNET (Universidad de la Rioja, España).

Portada: Lilly Brewer (1980)

Diagramado y montaje electrónico de artes finales: Mirna Pinto, en letra Times New Roman 9,5, Interlineado 10,5, Mancha 20x12.5

Hecho el depósito de Ley
Depósito Legal: lfi54020153401900
ISBN Obra Independiente: 978-980-365-314-9

Impreso por: Lightning Source, an INGRAM Content company para Editorial Jurídica Venezolana International Inc.
Panamá, República de Panamá.
Email: ejvinternational@gmail.com

Nº 140

Octubre – Diciembre 2014

Director Fundador: Allan R. Brewer-Carías

Editorial Jurídica Venezolana
Fundación de Derecho Público

SUMARIO

ESTUDIOS

SOBRE LOS DECRETOS LEYES 2014

INTRODUCCIÓN

PRIMERA PARTE:

ASPECTOS GENERALES SOBRE LA HABILITACIÓN LEGISLATIVA Y LOS DECRETOS LEYES HABILITADOS

Sección I: Sobre la Ley Habilitante

Sección II: Sobre los Decretos-Leyes

LEGISLACIÓN

Información Legislativa

JURISPRUDENCIA

Información Jurisprudencial

Comentarios Jurisprudenciales

ÍNDICE

ESTUDIOS

Este número de la Revista está destinado a analizar los diversos decretos leyes que el Presidente de la República ha dictado fundamentalmente en noviembre de 2014 en ejecución de la Ley habilitante de noviembre de 2013; mediante los cuales se han efectuado sustanciales cambios particularmente en materia del régimen de la economía y de orden tributario, en muchos casos viciados de inconstitucionalidad.

*La coordinación de los estudios ha estado a cargo de **José Ignacio Hernández**, a quien queremos agradecer el empeño que puso en lograr que se presentasen todos los trabajos que se publican.*

La Revista agradece además, a los autores, por haber respondido a su llamado y contribuido así a conformar este comprehensivo conjunto de estudios sobre esta importante legislación dictada en 2014 a través de la delegación legislativa.

Allan R. Brewer Carías

Artículos

INTRODUCCIÓN

Decretos Leyes dictados por el Presidente de la República, con base en Ley Habilitante, en el período 2013-2014

Antonio Silva Aranguren
Profesor de la Universidad Central de Venezuela
Gabriel Sira Santana
Abogado

Resumen: *Este trabajo recopila los decretos leyes dictados por el Presidente de la República en el período 2013-2014, con motivo de la habilitación para legislar que recibió de la Asamblea Nacional. Se divide en cinco partes, en las cuales se podrán observar los decretos por orden cronológico y por materia, y relaciones gráficas temporales y por contenido.*

Palabras clave: *Venezuela, Delegación Legislativa, Ley Habilitante, Decreto Ley, Presidencia de la República.*

Abstract: *This paper compiles the decrees that were issued by the President of the Republic in 2013-2014 due to the authorization to legislate that he received by the National Assembly. It is divided into five parts, on which you can observe the decrees in chronological order and by subject, and graphics about temporal and content relations.*

Key words: *Venezuela, Legislative Delegation, Enabling Law, Decree Law, President of the Republic.*

INTRODUCCIÓN: A PROPÓSITO DE LA IRREGULAR PUBLICACIÓN Y CIRCULACIÓN DE LOS DECRETOS LEYES

El pasado 19 de noviembre de 2014 perdió vigencia la *Ley que autoriza al Presidente de la República para dictar Decretos con Rango, Valor y Fuerza de Ley en las materias que se delegan*, publicada en la *Gaceta Oficial* N° 6.112 Extraordinario del 19 de noviembre de 2013, pues su artículo 3 preveía que "*la habilitación* (...) *tendrá un lapso de duración de doce meses, para su ejercicio, contados a partir de la publicación de esta Ley en la Gaceta Oficial de la República Bolivariana de Venezuela*".

Gracias a esta delegación, el Presidente de la República dictó 57 decretos con rango, valor y fuerza de ley (decretos leyes) en dos *"ámbitos"*: lucha contra la corrupción y defensa de la economía, como podrá observarse en las páginas siguientes. En todo caso, durante los primeros 11 meses de habilitación (esto es, del 19 de noviembre de 2013 al 19 de octubre de 2014) dictó únicamente 6. Por tanto, los otros 51 (equivalentes al 89,47% del total) fueron dictados en el último mes. Con mayor precisión: en los últimos dos días, cuando las Gacetas Oficiales N° 40.543 y 40.544 del 18 y 19 de noviembre, respectivamente, anunciaron en sus sumarios la publicación de 45 decretos leyes, para cuya lectura habría de recurrirse a los números extraordinarios 6.148 al 6.156.

Esta situación, aun cuando escapa a toda lógica y da claros indicios de la escasa técnica legislativa que rodea a estos decretos leyes, no podemos decir que resulta novedosa: ya en una publicación relativa a los decretos leyes dictados por el anterior Presidente de la República –en virtud de la Ley Habilitante del año 2010– hicimos referencia a cómo, durante el último mes de esa delegación legislativa (de año y medio),procedió a dictar 14 decretos leyes que se tradujeron en el 25,92% del total[1].

Lo que sí resulta más alarmante –aunque tampoco tan novedoso: sucedió también, en menor cantidad, con algunos de los últimos decretos dictados con ocasión de la Ley Habilitante que venció en 2008–es lo que ocurrió con la publicación de las mencionadas gacetas con número extraordinario, según veremos.

Como es sabido, toda ley es obligatoria desde su publicación en la *Gaceta Oficial* –o desde la fecha posterior que ella misma indique– y la ignorancia de la ley no es excusa para su cumplimiento (artículos 1 y 2 del Código Civil). Lo mismo se dispone en la Ley de Publicaciones Oficiales (*Gaceta Oficial* N° 20.546 del 22 de julio de 1941), según la cual las leyes deben publicarse en la *Gaceta Oficial de la República* y entrarán en vigor desde la fecha que ellas mismas señalen o, en su defecto, desde que aparezcan en la *Gaceta Oficial* (artículos 1 y 2).

Lo anterior no requiere interpretación: una ley está vigente, en principio, cuando se publica en el medio de información oficial del Estado, aunque el particular ignore su contenido. Ahora bien, ¿cuándo se entiende que una ley ha aparecido en la *Gaceta Oficial*? La respuesta parece sencilla: por fecha de publicación ha de entenderse el día que indica el texto de la gaceta junto al número que la identifica. Desde ese momento, la ley es obligatoria y se encontrarán sometidos a ella todos aquellos a quienes se dirija.

Sin embargo, en este caso, si bien las gacetas con número extraordinario contentivas de 45 los 57 decretos leyes dictados por el Presidente de la República tienen fecha de publicación determinada (18 de noviembre de 2014 los números 6.148 a 6.153; 19 del mismo mes, los números 6.154 a 6.156), en la práctica solo se conocieron días –en ocasiones muchos días– después.

La costumbre en Venezuela es que la *Gaceta Oficial* tiene fecha del día anterior a aquel en el que circula efectivamente. Cuando se trata de números extraordinarios, además, no es inusual que su circulación incluso se retrase algo más, con lo que la *Gaceta Oficial* apenas contiene un "anuncio" de lo que próximamente se pondrá al alcance del público[2]. Ambas prácticas lucen inadecuadas, a tenor de la letra de los citados artículos del Código Civil y de la Ley de Publicaciones Oficiales.

---

[1]   Silva Aranguren, A. y Sira Santana, G. "Decretos-Leyes dictados por el Presidente de la República, con base en Ley Habilitante, en el período 2010-2012". En: *Revista de Derecho Público* N° 130, Caracas, Abril-Junio 2012, pp. 23-50.

[2]   Valga mencionar que el *Decreto con Rango, Valor y Fuerza de Ley del Régimen Cambiario y sus Ilícitos* contenido en la *Gaceta Oficial* N° 6.126 Extraordinario del 19 de febrero de 2014, no fue anunciado en el sumario de la *Gaceta Oficial* ordinaria del día (ni en ningún otro momento).

Pero, ¿qué ocurrió en esta ocasión? Un nuevo desprecio a la seguridad jurídica e incluso a esa *práctica* de circulación, tanto de la *Gaceta Oficial* ordinaria que los anunciaba como en los números extraordinarios en los que finalmente fueron reproducidos. Así, la *Gaceta Oficial* N° 40.543 del 18 de noviembre de 2014 circuló el 20 (en vez del 19) y la N° 40.544 del 19 hizo lo propio el 21 (en vez del 20), todos del mismo mes. Estos retrasos no contaron con ninguna explicación oficial. Por su parte, la circulación de los números extraordinarios no ocurrió sino, en ocasiones, hasta 15 días después de la fecha que indica la gaceta. Es el caso, por ejemplo, de la N° 6.156 Extraordinario del 19 de noviembre de 2014 que circuló el 4 de diciembre de 2014 e incluye 6 decretos leyes.

Teóricamente, por cerca de dos semanas en Venezuela estuvimos regidos por leyes cuyo texto nos era completamente desconocido –no por desinterés, sino porque no habían sido puesto a nuestro alcance– pero que se encontraba vigente por, supuestamente, haber sido publicado en el día en que se fechó la *Gaceta Oficial*. Dentro de estos decretos leyes se encuentran los relativos a la seguridad de la Nación, el Banco Central de Venezuela, aduanas, precios justos, Registros y Notariado, entre otros.

Pero esta problemática no es simplemente teórica. Prueba de ello es que –entre las fechas de publicación y circulación– diversos medios de comunicación informaron sobre la implementación de las novísimas normas. Ejemplo de lo anterior fue la juramentación del Cuerpo Nacional Contra la Corrupción que se llevó a cabo el 25-11-2014[3], en aplicación del *Decreto con Rango, Valor y Fuerza de Ley del Cuerpo Nacional Contra la Corrupción* publicado en la *Gaceta Oficial* N° 6.156 Extraordinario del 19-11-2014, pero cuya circulación *efectiva* no ocurrió sino el 04-12-2014 (es decir, una semana después de celebrado dicho acto).Vale acotar que el decreto con las designaciones respectivas fue publicado en la *Gaceta Oficial* N° 40.559 del 10-12-2014.

De por sí, el manejo de la *Gaceta Oficial* lleva mucho tiempo en entredicho, con la reincidencia de reimpresiones por supuestos errores materiales –tema al que, por cierto, no escapan los novísimos decretos leyes, ya que 4 de ellos han sido reimpresos a la fecha– o por la publicación de Gacetas Oficiales con números extraordinarios que no fueron debidamente anunciadas en el número ordinario del día (véase, por ejemplo, los casos de los N° 6.123 del 26 de enero de 2014 y 6.133 del 21 de junio del mismo año), entre otros.

Es en atención a estas consideraciones que en esta colaboración incluiremos junto a los datos que identifican a la *Gaceta Oficial* en la que se publicó el decreto ley (su número y fecha de publicación) lo que en el foro se denominó durante los meses de noviembre y diciembre del pasado año como "fecha de circulación", a fin de que el lector conozca a partir de cuándo se hizo materialmente posible la consulta del texto concreto.

Dicha "fecha de circulación" parte de los enlaces que, desde el 9 de enero de 2014, el Servicio Autónomo Imprenta Nacional y *Gaceta Oficial* ha puesto a disposición de los interesados para la descarga en formato PDF del texto íntegro de la *Gaceta Oficial* del día tanto en su portal web (http://www.imprentanacional.gob.ve) como a través de su usuario en la red social Twitter (https://twitter.com/oficialgaceta). Recordemos que, según la *Ley de Infogobierno* (*Gaceta Oficial* N° 40.274 del 17 de octubre de 2013), la información contenida en los portales de internet de los órganos y entes del Poder Público y el Poder Popular tiene el mismo carácter oficial que la información impresa que emitan (artículo 18).

---

[3]   "Maduro juramentó al SP3 y al Cuerpo Anticorrupción" en *El Universal*. (26-11-2014). Disponible en http://www.eluniversal.com/nacional-y-politica/141126/maduro-juramento-al-sp3-y-al-cuerpo-anti corrupcion [consultado: 03-03-2015].

Hechas estas precisiones, el presente trabajo se compone de 4 apartados:

En el *apartado I* se han listado todos los decretos leyes en orden cronológico, con indicación del número de la *Gaceta Oficial* en la que fueron publicados, así como la copia textual del artículo que enuncia su "objeto".

En los 9 casos en que no se incluyó un artículo sobre el objeto del decreto ley se precisó tal situación, así como la finalidad que persigue la norma según se extrae de su exposición de motivos o el resto del articulado. Ello puede observarse, sobre todo, en los relativos a la materia tributaria (timbres fiscales, impuesto sobre cigarrillos y manufacturas de tabaco, impuesto sobre alcohol y especies alcohólicas, entre otros).

Del mismo modo, en el apartado I hemos citado el numeral y la letra del artículo 1 de la Ley Habilitante que se invoca como base de cada decreto. Todas las materias delegadas se incluyen en el artículo 1, el cual tiene 2 numerales, cada uno con varios literales. Nos hemos limitado a mencionar el fundamento invocado, sin hacer consideraciones acerca de su pertinencia, a excepción del *Decreto con Rango, Valor y Fuerza de Ley de Regulación del Arrendamiento Inmobiliario para el Uso Comercial* y el *Decreto con Rango, Valor y Fuerza de Ley de Supresión y Liquidación del Instituto Nacional de la Vivienda* pues, en ambos casos, se citó al artículo 2 de la Ley Habilitante cuando, lo correcto, era referirse al numeral segundo del artículo 1.

La revisión de ese apartado I permitirá notar que se dictaron 57 decretos leyes en materias que, englobadas en la "lucha contra la corrupción" y la "defensa de la economía"–tal y como indica la Ley Habilitante–, se refieren al ejercicio de la función pública, la protección del patrimonio público, la lucha contra potencias extranjeras, el desarrollo humano integral, la seguridad y soberanía alimentaria, la transformación del sistema económico, el derecho del pueblo a tener bienes y servicios, entre otros.

Como algunos de estos decretos son reforma o derogación de anteriores, en los casos en que fuese necesario hemos incluido notas que lo aclaren con la indicación de la *Gaceta Oficial* correspondiente. Como ejemplo se tiene el *Decreto con Rango, Valor y Fuerza de Ley de Reforma Parcial de la Ley Contra los Ilícitos Cambiarios*, publicada en la *Gaceta Oficial* N° 6.117 Extraordinario del 04-12-2013, que fue derogado por el *Decreto con Rango, Valor y Fuerza de Ley del Régimen Cambiario y sus Ilícitos* publicado en la *Gaceta Oficial* N° 6.126 Extraordinario del 19-02-2014 que, meses después, fue derogado por otro decreto ley del mismo nombre publicado en la *Gaceta Oficial* N° 6.150 Extraordinario del 18-11-2014. De más está decir que situaciones como esta lejos de fortalecer el sistema jurídico venezolano tienden al aumento de la inseguridad jurídica y revelan improvisación.

En sentido similar, hemos incluido notas en caso que el decreto ley haya sido reimpreso –a la fecha de cierre de esta colaboración– por (supuesto) error material y "fallas en los originales". Ello puede comprobarse en el caso del *Decreto con Rango, Valor y Fuerza de Ley de Simplificación de Trámites Administrativos*, publicado originalmente en la *Gaceta Oficial* N° 6.149 Extraordinario del 18-11-2014 y reimpreso poco días después en la *Gaceta Oficial* N° 40.549 del 26-11-2014 (entre los cambios se encuentra que la disposición final pasó de una *vacatio legis* hasta el 01-01-2015 a la vigencia inmediata del decreto ley) y el *Decreto con Rango, Valor y Fuerza de Ley de Reforma de la Ley para la Promoción y Desarrollo de la Pequeña y Mediana Industria y Unidades de Propiedad Social* publicado en la *Gaceta Oficial* N° 6.151 Extraordinario del 18-11-2014 y reimpreso en la *Gaceta Oficial* N° 40.550 del 27-11-2014 por existir una errada concatenación dentro del decreto ley en cuestión (el artículo 39 remitía a los artículos 40 y 41 cuando lo correcto eran los artículos 37 y 38).

En el *apartado II* hemos listado los mismos decretos leyes pero según la materia que, conforme a la Ley Habilitante, fue delegada al Presidente de la República; lo cual permitirá apreciar las que fueron más recurrentes, además de facilitar una mejor visión de conjunto.

Podrá observarse que algunos decretos leyes figuran de forma repetida en ese apartado II, pues se fundamentaron en supuestos distintos. Por ejemplo, el *Decreto con Rango, Valor y Fuerza de Ley de Reforma de la Ley que Establece el Impuesto al Valor Agregado*, publicado en la *Gaceta Oficial* N° 6.152 Extraordinario del 18-11-2014, invoca como fundamento los numerales 1 (literales "B" y "H") y 2 (literal "C") del artículo 1. En concreto, 9 decretos leyes invocaron ambos numerales de la Ley Habilitante, mientras que la mayoría se limitó a uno solo de ellos, citando en ocasiones múltiples literales del mismo. Es el caso, por ejemplo, del *Decreto con Rango, Valor y Fuerza de Ley del Cuerpo Nacional Contra la Corrupción*, publicado en *Gaceta Oficial* N° 6.156 Extraordinario del 19-11-2014, que trajo a colación los literales "A", "B", "C" y "D" del numeral 1 del artículo 1 o el *Decreto con Rango, Valor y Fuerza de Ley Orgánica de Turismo*, en *Gaceta Oficial* N° 6.152 Extraordinario del 18-11-2014, que se basa en los literales "A", "C" y "F" del numeral 2 del artículo 1.

Cabe mencionar que hubo tres materias en las que no se dictó decreto alguno: en el "ámbito de la lucha contra la corrupción", la posibilidad de *"combatir el financiamiento ilegal de los partidos políticos"* y *"emitir disposiciones en defensa de la moneda nacional a fin de contrarrestar el ataque a la misma"* (literales "E" y "G", respectivamente) y, en el "ámbito de la defensa de la economía", *"fortalecer la lucha contra el acaparamiento y la especulación que afectan la economía nacional"* (literal "D").

En el *apartado III* incluimos un gráfico que refleja el ritmo de emisión de los decretos leyes, con el propósito de mostrar cómo se aceleró –grotescamente– en la medida que se acercaba el fin de la vigencia de la Ley Habilitante, pese a que su duración era de 12 meses. Ya hemos advertido que en el último mes se dictaron 51, la mayoría en los últimos 2 días de la habilitación, mientras que en los 11 meses anteriores el ritmo fue de 1 decreto ley por mes (noviembre a febrero, mayo, junio y octubre) o ninguno en absoluto.

En el *apartado IV* incluimos un par de gráficos, tomando como referencia la materia delegada, y que sirven de complemento a la reseña que se hace en el apartado II. Dichos gráficos permiten observar con mayor facilidad la relación de los decretos leyes entre sí, bien sea por la materia delegada en general (lucha contra la corrupción y defensa de la economía) o específica (los diferentes literales en los que se descompone cada uno de los ámbitos indicados). Podemos adelantar que la mayoría de los decretos leyes versaron sobre la defensa de la economía (84,21%) y, en particular, sobre la transformación del sistema económico (50,88%).

I. DECRETOS CON RANGO, VALOR Y FUERZA DE LEY ORDENADOS CRO-NOLÓGICAMENTE

1. *Decreto con rango, valor y fuerza de ley del Centro Nacional de Comercio Exterior y de la Corporación Venezolana de Comercio Exterior*

Gaceta Oficial: N° 6.116 Extraordinario del 29-11-2013 (circuló el 02-12-2013).

Objeto: La constitución y regulación de la nueva institucionalidad orientada a promover la diversificación económica y la optimización del sistema cambiario en el marco de la nueva política económica de los objetivos del Plan de la Patria, mediante la creación del Centro Nacional de Comercio Exterior, así como también la autorización para la creación de una empresa del Estado, bajo la forma de Sociedad Anónima, denominada Corporación Venezolana de Comercio Exterior – VENECOM S.A.

Artículo de la Ley Habilitante que se invoca como base: Artículo 1, numeral 2, literales "C" y "E".

2. *Decreto con rango, valor y fuerza de ley de reforma parcial de la ley contra los ilícitos cambiarios*

[Derogado por el *decreto con rango, valor y fuerza de ley del régimen cambiario y sus ilícitos*, publicado en la *Gaceta Oficial N°* 6.126 Extraordinario del 19-02-2014]

Gaceta Oficial: N° 6.117 Extraordinario del 04-12-2013 (circuló el 05-12-2013).

Objeto: Establecer los supuestos de hecho que constituyen ilícitos cambiarios y sus respectivas sanciones.

Artículo de la Ley Habilitante que se invoca como base: Artículo 1, numerales 1, literales "C" y "F" y 2, literal "E".

3. *Decreto con rango valor y fuerza de ley orgánica de precios justos*

[Reformado por el *decreto con rango, valor y fuerza de ley de reforma parcial del decreto con rango, valor y fuerza de ley orgánica de precios justos*, publicado en la *Gaceta Oficial N°* 6.156 Extraordinario del 18-11-2014)

Gaceta Oficial: N° 40.340 del 23-01-2014 (circuló el 24-01-2014).

Objeto: Asegurar el desarrollo armónico, justo, equitativo, productivo y soberano de la economía nacional, a través de la determinación de precios justos de bienes y servicios, mediante el análisis de las estructuras de costos, la fijación del porcentaje máximo de ganancia y la fiscalización efectiva de la actividad económica y comercial, a fin de proteger los ingresos de todas las ciudadanas y ciudadanos, y muy especialmente el salario de las trabajadoras y los trabajadores; el acceso de las personas a los bienes y servicios para la satisfacción de sus necesidades; establecer los ilícitos administrativos, sus procedimientos y sanciones, los delitos económicos, su penalización y el resarcimiento de los daños sufridos, para la consolidación del orden económico socialista productivo.

Artículo de la Ley Habilitante que se invoca como base: Artículo 1, numeral 2, literal "C".

4. *Decreto con rango, valor y fuerza de ley del régimen cambiario y sus ilícitos*

[Derogado por el *decreto con rango, valor y fuerza de ley del régimen cambiario y sus ilícitos*, publicado en la *Gaceta Oficial N°* 6.150 Extraordinario del 18-11-2014]

Gaceta Oficial: N° 6.126 Extraordinario del 19-02-2014 (circuló el 20-02-2014).

Objeto: Regular los términos y condiciones en que los organismos con competencia en el régimen de administración de divisas, ejercen las atribuciones que le han sido conferidas por el ordenamiento jurídico, conforme a los convenios cambiarios dictados al efecto, y los lineamientos para la ejecución de dicha política; así como los parámetros fundamentales para la participación de los particulares y entes públicos en la adquisición de divisas y los supuestos de hecho que constituyen ilícitos en tal materia y sus respectivas sanciones.

Artículo de la Ley Habilitante que se invoca como base: Artículo 1, numerales 1, literales "B" y "F", y 2, literal "E".

5. *Decreto con rango, valor y fuerza de ley de regulación del arrendamiento inmobiliario para el uso comercial*

Gaceta Oficial: N° 40.418 del 23-05-2014 (circuló el 20-05-2014).

Objeto: Regir las condiciones y procedimientos para regular y controlar la relación entre arrendadores y arrendatarios, para el arrendamiento de inmuebles destinados al uso comercial.

Artículo de la Ley Habilitante que se invoca como base: Artículo 1, numeral 2, literales "A" y "C". Se hace la acotación que el decreto ley identifica a los literales anteriores como parte integrante del artículo 2 de la Ley Habilitante cuando, lo correcto, es referirse al numeral segundo.

6. *Decreto con rango, valor y fuerza de ley de atención al sector agrario*

Gaceta Oficial: N° 40.440 del 25-06-2014 (circuló el 26-06-2014).

Objeto: Establecer las normas que regularán los beneficios, facilidades de pago y la reestructuración de financiamientos agrícolas, a ser concedidos a los deudores y deudoras de créditos destinados a la producción de rubros estratégicos para la seguridad y soberanía alimentaria, cuyo cumplimiento de pago sea afectado, total o parcialmente, como consecuencia de daños causados por factores climáticos, meteorológicos, telúricos, biológicos o físicos, que afecten significativamente la producción y la capacidad de desarrollo de las unidades productivas, a fin de contribuir a la recuperación, ampliación y diversificación de la producción agrícola, pecuaria, pesquera y acuícola nacional, e impulsar el desarrollo endógeno del país.

Artículo de la Ley Habilitante que se invoca como base: Artículo 1, numeral 2, literal "A".

7. *Decreto con rango, valor y fuerza de ley de supresión y liquidación del Instituto Nacional de la Vivienda*

Gaceta Oficial: N° 40.526 del 24-10-2014 (circuló el 27-10-2014).

Objeto: La supresión y liquidación del Instituto Nacional de la Vivienda (INAVI), antes Banco Obrero, Instituto Autónomo, domiciliado en Caracas, creado mediante Ley el 30 de junio de 1928, transformado con el mismo carácter, en el Instituto Nacional de la Vivienda, en virtud del Decreto N° 908 de fecha 13 de mayo de 1975, publicado en *Gaceta Oficial* de la República de Venezuela N° 1.746, Extraordinario, de fecha 23 de mayo de 1975; mediante Decreto N° 3.126 de fecha 15 de septiembre de 2004, publicado en la *Gaceta Oficial* de la República Bolivariana de Venezuela N° 38.024 de fecha 16 de septiembre de 2004, reimpreso por error material en *Gaceta Oficial* de la República Bolivariana de Venezuela N° 38.027 de fecha 21 de septiembre de 2004, se adscribió al Ministro de Estado para la Vivienda y Hábitat. Posteriormente, conforme Decreto N° 3.570 de fecha 08 de abril de 2005, publicado en *Gaceta Oficial* de la República Bolivariana de Venezuela N° 38.162 de la misma fecha se adscribió al Ministerio para la Vivienda y Hábitat, el cual mediante Decreto N° 5.103 contentivo del Decreto sobre Organización y Funcionamiento de la Administración Pública Nacional, publicado en *Gaceta Oficial* de la República Bolivariana de Venezuela N° 5.836 Extraordinario de fecha 08 de enero de 2007 pasó a ostentar el nombre de Ministerio del Poder Popular para la Vivienda y Hábitat. Actualmente, adscrito al Ministerio del Poder Popular para Ecosocialismo, Hábitat y Vivienda, mediante Decreto 1.293 de fecha 03 de octubre de 2014, publicado en *Gaceta Oficial* de la República Bolivariana de Venezuela N° 40.511, de la misma fecha.

Artículo de la Ley Habilitante que se invoca como base: Artículo 1, numeral 2, literal "B". Se hace la acotación que el decreto ley identifica al literal anterior como parte integrante del artículo 2 de la Ley Habilitante cuando, lo correcto, es referirse al numeral segundo.

8. *Decreto con rango, valor y fuerza de ley de reforma del decreto con rango, valor y fuerza de ley orgánica para la gestión comunitaria de competencias, servicios y otras atribuciones*

Gaceta Oficial: N° 40.540 del 13-11-2014 (circuló el 14-11-2014).

Objeto: Establecer los principios, normas, procedimientos y mecanismos para la transferencia de la gestión y administración de servicios, actividades, bienes y recursos del Poder Público a las Comunidades, Comunas, Consejo Comunales, Empresas de Propiedad Social Directas o Indirectas, y otras organizaciones de base del Poder Popular, legítimamente registradas como organizaciones del Poder Popular, con personalidad jurídica y adecuadas a lo establecido en este decreto ley, para el pleno ejercicio de la democracia participativa y la prestación y gestión eficaz, eficiente, sustentable y sostenible de los bienes, servicios y recursos destinados a satisfacer las necesidades colectivas.

Artículo de la Ley Habilitante que se invoca como base: Artículo 1, numeral 2, literales "A" y "C".

9. *Decreto con rango, valor y fuerza de ley para establecer los lineamientos de financiamiento a las organizaciones de base del Poder Popular*

Gaceta Oficial: N° 40.540 del 13-11-2014 (circuló el 14-11-2014).

Objeto: Establecer los lineamientos de financiamiento que realizan los órganos y entes del sector público dirigidos a emprendedores y emprendedoras individuales o asociados, cooperativas, comunidades, organizaciones socio productivas, instancias del Poder Popular y demás movimientos sociales que impulsen al desarrollo de la economía comunal.

Artículo de la Ley Habilitante que se invoca como base: Artículo 1, numeral 2, literales "A" y "C".

10. *Decreto con rango, valor y fuerza de ley para la juventud productiva*

Gaceta Oficial: N° 40.540 del 13-11-2014 (circuló el 14-11-2014).

Objeto: Promover, regular y consolidar mecanismos para la participación de la juventud, a través de su incorporación plena al proceso social del trabajo, garantizando las condiciones necesarias para su evolución y crecimiento hacia la vida adulta mediante su formación técnica, tecnológica, científica y humanística, sin necesidad de experiencia previa, de conformidad con lo dispuesto en la Constitución de la República Bolivariana de Venezuela y demás leyes de la República.

Artículo de la Ley Habilitante que se invoca como base: Artículo 1, numeral 2, literales "A" y "C".

11. *Decreto con rango, valor y fuerza de ley de reforma parcial del decreto con rango, valor y fuerza de ley de alimentación para los trabajadores y las trabajadoras*

Gaceta Oficial: N° 6.147 Extraordinario del 17-11-2014 (circuló el 18-11-2014).

Objeto: Regular el beneficio de alimentación para proteger y mejorar el estado nutricional de los trabajadores y las trabajadoras, a fin de fortalecer su salud, prevenir las enfermedades ocupacionales y propender a una mayor productividad laboral.

Artículo de la Ley Habilitante que se invoca como base: Artículo 1, numeral 2, literal "A".

12. *Decreto con rango, valor y fuerza de ley orgánica de la Administración Pública*

Gaceta Oficial: N° 6.147 Extraordinario del 17-11-2014 (circuló el 18-11-2014).

Objeto: Establecer los principios, bases y lineamientos que rigen la organización y el funcionamiento de la Administración Pública; así como regular los compromisos de gestión; crear mecanismos para promover la participación popular y el control, seguimiento y evaluación de las políticas, planes y proyectos públicos; y establecer las normas básicas sobre los archivos y registros de la Administración Pública.

Artículo de la Ley Habilitante que se invoca como base: Artículo 1, numeral 2, literal "A".

13. *Decreto con rango, valor y fuerza de ley de reforma de la ley orgánica de planificación pública y popular*

Gaceta Oficial: N° 6.148 Extraordinario del 18-11-2014 (circuló el 20-11-2014).

Objeto: Desarrollar y fortalecer el Poder Popular mediante el establecimiento de los principios y normas que sobre la planificación rigen a las ramas del Poder Público y las instancias del Poder Popular, así como la organización y funcionamiento de los órganos encargados de la planificación y coordinación de las políticas públicas, a fin de garantizar un sistema de planificación, que tenga como propósito el empleo de los recursos públicos dirigidos a la consecución, coordinación y armonización de los planes, programas y proyectos para la transformación del país, a través de una justa distribución de la riqueza mediante una planificación estratégica, democrática, participativa y de consulta abierta, para la construcción de la sociedad socialista de justicia y equidad.

Artículo de la Ley Habilitante que se invoca como base: Artículo 1, numeral 2, literal "A".

14. *Decreto con rango, valor y fuerza de ley de simplificación de trámites administrativos*

[Reimpreso en la *Gaceta Oficial* N° 40.549 del 26-11-2014]

Gaceta Oficial: N° 6.149 Extraordinario del 18-11-2014 (circuló el 26-11-2014).

Objeto: Establecer los principios y bases conforme a los cuales se simplificarán los trámites administrativos que se realicen ante la Administración Pública.

Artículo de la Ley Habilitante que se invoca como base: Artículo 1, numeral 2, literal "A".

15. *Decreto con rango, valor y fuerza de ley orgánica que reserva al Estado las actividades de exploración y explotación del oro, así como las conexas y auxiliares a éstas*

Gaceta Oficial: N° 6.150 Extraordinario del 18-11-2014 (circuló el 27-11-2014).

Objeto: Regular lo relativo al régimen de las minas y yacimientos de oro, la reserva al Estado de las actividades primarias, conexas y accesorias al aprovechamiento de dicho mineral, y la creación de empresas y alianzas estratégicas para su ejercicio, con el propósito de revertir los graves efectos del modelo minero capitalista, caracterizado por la degradación del ambiente, el irrespeto de la ordenación territorial, el atentado a la dignidad y la salud de las mineras y mineros, pobladoras y pobladores de las comunidades aledañas a las áreas mineras, a través de la auténtica vinculación de la actividad de explotación del oro con la ejecución de políticas públicas que se traduzcan en el vivir bien del pueblo, la protección ambiental y el desarrollo nacional.

Artículo de la Ley Habilitante que se invoca como base: Artículo 1, numeral 2, literal "C".

16. *Decreto con rango, valor y fuerza de ley de tasas portuarias*

Gaceta Oficial: N° 6.150 Extraordinario del 18-11-2014 (circuló el 27-11-2014).

Objeto: Establecer y regular las tasas a las cuales estarán sujetas las actividades realizadas por personas naturales o jurídicas en los puertos públicos de uso público administrados por el Poder Público Nacional.

Artículo de la Ley Habilitante que se invoca como base: Artículo 1, numeral 2, literal "C".

17. *Decreto con rango, valor y fuerza de ley que reforma parcialmente la ley de timbres fiscales*

Gaceta Oficial: N° 6.150 Extraordinario del 18-11-2014 (circuló el 27-11-2014).

Objeto: No se incluye dentro del articulado del decreto ley pero de su exposición de motivos se desprende que se dicta para "(…) *hacer más eficiente y eficaz la actuación de la Administración en la gestión de los asuntos públicos, incluyendo el control de los recursos para unificar esfuerzos y contribuir a una sana eficiente administración, que constituye uno de los postulados fundamentales de la revolución bolivariana y una forma eficiente de combatir la corrupción* (…)".

Artículo de la Ley Habilitante que se invoca como base: Artículo 1, numeral 2, literales "A" y "C".

18. *Decreto con rango, valor y fuerza de ley del régimen cambiario y sus ilícitos*

Gaceta Oficial: N° 6.150 Extraordinario del 18-11-2014 (circuló el 27-11-2014).

Objeto: Regular los términos y condiciones en que los órganos y entes con competencia en el régimen de administración de divisas ejercen las atribuciones que le han sido conferidas por el ordenamiento jurídico, conforme a los convenios cambiarios dictados al efecto, y los lineamientos para la ejecución de dicha política; así como los parámetros fundamentales para la participación de las personas naturales y jurídicas, públicas y privadas, en la adquisición de divisas y los supuestos de hecho que constituyen ilícitos en tal materia y sus respectivas sanciones.

Artículo de la Ley Habilitante que se invoca como base: Artículo 1, numeral 1, literales "A" y "B".

19. *Decreto con rango, valor y fuerza de ley del Sistema Nacional Integral Agroalimentario*

Gaceta Oficial: N° 6.150 Extraordinario del 18-11-2014 (circuló el 27-11-2014).

Objeto: Establecer y regular el Sistema Nacional Integral Agroalimentario, así como las competencias que corresponden a los órganos y entes del Estado encargados de su ejecución y control, dentro del marco de la normativa establecida en el decreto con rango, valor y fuerza de ley orgánica en materia de seguridad y soberanía agroalimentaria.

Artículo de la Ley Habilitante que se invoca como base: Artículo 1, numeral 2, literal "A".

20. *Decreto con rango, valor y fuerza de ley de reforma del decreto con rango, valor y fuerza de ley de pesca y acuicultura*

Gaceta Oficial: N° 6.150 Extraordinario del 18-11-2014 (circuló el 27-11-2014).

Objeto: Regular el sector pesquero y de acuicultura para asegurar la soberanía alimentaria de la Nación, especialmente la disponibilidad suficiente y establece de productos y subproductos de la pesca y la acuicultura dirigidos a atender de manera oportuna y permanente las necesidades básicas de la población.

Artículo de la Ley Habilitante que se invoca como base: Artículo 1, numeral 2, literales "A" y "B".

21. *Decreto con rango, valor y fuerza de ley de la Gran Misión Agrovenezuela*

Gaceta Oficial: N° 6.151 Extraordinario del 18-11-2014 (circuló el 24-11-2014).

Objeto: Fortalecer y optimizar la producción nacional de alimentos mediante el apoyo científico tecnológico, técnico, financiero, logístico y organizativo a productores y productoras, así como a los demás actores y sectores del encadenamiento productivo agroalimentario, principalmente en los rubros vegetal, forestal, pecuario, pesquero y acuícola, para garantizar la consolidación de la seguridad y soberanía alimentaria en el marco de las políticas de desarrollo integral de la Nación.

Artículo de la Ley Habilitante que se invoca como base: Artículo 1, numeral 2, literales "A" y "B".

22. *Decreto con rango, valor y fuerza de ley de reforma de la ley orgánica de ciencia, tecnología e innovación*

Gaceta Oficial: N° 6.151 Extraordinario del 18-11-2014 (circuló el 24-11-2014).

Objeto: Dirigir la generación de una ciencia, tecnología, innovación y sus aplicaciones, con base en el ejercicio pleno de la soberanía nacional, la democracia participativa y protagónica, la justicia y la igualdad social, el respeto al ambiente y la diversidad cultural, mediante la aplicación de conocimientos populares y académicos. A tales fines, el Estado Venezolano formulará, a través de la autoridad nacional con competencia en materia de ciencia, tecnología, innovación y sus aplicaciones, enmarcado en el Plan Nacional de Desarrollo Económico y Social de la Nación, las políticas públicas dirigidas a la solución de problemas concretos de la sociedad, por medio de la articulación e integración de los sujetos que realizan actividades de ciencia, tecnología, innovación y sus aplicaciones como condición necesaria para el fortalecimiento del Poder Popular.

Artículo de la Ley Habilitante que se invoca como base: Artículo 1, numeral 2, literal "A".

23. *Decreto con rango, valor y fuerza de ley de reforma de la ley para la promoción y desarrollo de la pequeña y mediana industria y unidades de propiedad social*

[Reimpreso en la *Gaceta Oficial* N° 40.550 del 27-11-2014]

Gaceta Oficial: N° 6.151 Extraordinario del 18-11-2014 (circuló el 24-11-2014).

Objeto: Regular el proceso de desarrollo integral de la pequeña y mediana industria y unidades de propiedad social, a través de la promoción y financiamiento mediante el uso de sus recursos y de terceros, la ejecución de programas basados en los principios rectores que aseguren la producción, la conservación, el control, la administración, el fomento, la investigación y el aprovechamiento racional, responsable y sustentable de los recursos naturales, teniendo en cuenta los valores sociales, culturales, de intercambio y distribución solidaria.

Artículo de la Ley Habilitante que se invoca como base: Artículo 1, numeral 2, literal "C".

24. *Decreto con rango, valor y fuerza de ley antimonopolio*

[Reimpreso en la *Gaceta Oficial* N° 40.549 del 26-11-2014]

Gaceta Oficial: N° 6.151 Extraordinario del 18-11-2014 (circuló el 24-11-2014).

Objeto: Promover, proteger y regular el ejercicio de la competencia económica justa, con el fin de garantizar la democratización de la actividad económica productiva con igualdad social, que fortalezca la soberanía nacional y propicie el desarrollo endógeno, sostenible y sustentable, orientado a la satisfacción de las necesidades sociales y a la construcción de una sociedad justa, libre, solidaria y corresponsable, mediante la prohibición y sanción de conductas y prácticas monopólicas, oligopólicas, abuso de posición de dominio, demandas concertadas, concentraciones económicas y cualquier otra práctica económica anticompetitiva o fraudulenta.

Artículo de la Ley Habilitante que se invoca como base: Artículo 1, numeral 2, literal "C".

25. *Decreto con rango, valor y fuerza de ley de reforma de la ley de impuesto sobre cigarrillos y manufacturas de tabaco*

Gaceta Oficial: N° 6.151 Extraordinario del 18-11-2014 (circuló el 24-11-2014).

Objeto: No se incluye dentro del articulado del decreto ley pero del mismo se desprende que se dicta para gravar con el impuesto en cuestión los cigarrillos, tabacos, picaduras y otros derivados del tabaco, importados o de producción nacional, destinados al consumo en el país.

Artículo de la Ley Habilitante que se invoca como base: Artículo 1, numerales 1, literal "B" y "H" y 2, literal "C".

26. *Decreto con rango, valor y fuerza de ley de reforma de la ley de impuesto sobre alcohol y especies alcohólicas*

Gaceta Oficial: N° 6.151 Extraordinario del 18-11-2014 (circuló el 24-11-2014).

Objeto: No se incluye dentro del articulado del decreto ley pero del mismo se desprende que se dicta para gravar con el impuesto en cuestión el alcohol etílico y las especies alcohólicas, importadas o de producción nacional, destinadas al consumo en el país.

Artículo de la Ley Habilitante que se invoca como base: Artículo 1, numerales 1, literal "B" y "H" y 2, literal "C".

27. *Decreto con rango, valor y fuerza de ley de regionalización integral para el desarrollo socio productivo de la patria*

Gaceta Oficial: N° 6.151 Extraordinario del 18-11-2014 (circuló el 24-11-2014).

Objeto: Regular la creación, funcionamiento y administración de las distintas unidades geográficas de planificación y desarrollo, en el marco del Sistema de Regionalización Nacional; estableciendo las escalas regionales, subregionales y locales, como estrategias especiales para el desarrollo sectorial y espacial del Plan de Desarrollo Económico y Social de la Nación; en el contexto del Sistema Nacional de Planificación.

Artículo de la Ley Habilitante que se invoca como base: Artículo 1, numeral 2, literal "A".

28. *Decreto con rango, valor y fuerza de ley del código orgánico tributario*

Gaceta Oficial: N° 6.152 Extraordinario del 18-11-2014 (circuló el 28-11-2014).

Objeto: No se incluye dentro del articulado del decreto ley pero del mismo se desprende que se dicta para regular los tributos nacionales y las relaciones jurídicas que se derivan de estos.

Artículo de la Ley Habilitante que se invoca como base: Artículo 1, numerales 1, literal "B" y "H" y 2, literal "C".

29. *Decreto con rango, valor y fuerza de ley de reforma de la ley de impuesto sobre la renta*

Gaceta Oficial: N° 6.152 Extraordinario del 18-11-2014 (circuló el 28-11-2014).

Objeto: No se incluye dentro del articulado del decreto ley pero del mismo se desprende que se dicta para gravar con el impuesto en cuestión los enriquecimientos anuales, netos y disponibles, obtenidos en dinero o en especie, de toda persona natural o jurídica, residenciada o domiciliada en la República.

Artículo de la Ley Habilitante que se invoca como base: Artículo 1, numerales 1, literal "B" y "H" y 2, literal "C".

30. *Decreto con rango, valor y fuerza de ley de reforma de la ley que establece el impuesto al valor agregado*

Gaceta Oficial: N° 6.152 Extraordinario del 18-11-2014 (circuló el 28-11-2014).

Objeto: No se incluye dentro del articulado del decreto ley pero del mismo se desprende que se dicta para gravar con el impuesto en cuestión la enajenación de bienes muebles, la prestación de servicios y la importación de bienes.

Artículo de la Ley Habilitante que se invoca como base: Artículo 1, numerales 1, literal "B" y "H" y 2, literal "C".

31. *Decreto con rango, valor y fuerza de ley de inversiones extranjeras*

Gaceta Oficial: N° 6.152 Extraordinario del 18-11-2014 (circuló el 28-11-2014).

Objeto: Establecer los principios, políticas y procedimientos que regulan al inversionista y las inversiones extranjeras productivas de bienes y servicios en cualquiera de sus categorías, a los fines de alcanzar el desarrollo armónico y sustentable de la Nación, promoviendo un aporte productivo y diverso de origen extranjero que contribuya a desarrollar las potencialidades productivas existentes en el país, de conformidad con la Constitución de la República Bolivariana de Venezuela, las leyes y el Plan de la Patria, a los fines de consolidar un marco que promueva, favorezca y otorgue previsible a la inversión.

Artículo de la Ley Habilitante que se invoca como base: Artículo 1, numerales 1, literales "A", "C", "D" y "F" y 2, literales "B", "C" y "E".

32. *Decreto con rango, valor y fuerza de ley orgánica de turismo*

Gaceta Oficial: N° 6.152 Extraordinario del 18-11-2014 (circuló el 28-11-2014).

Objeto: Dictar las medidas que garanticen el desarrollo y promoción del turismo como actividad económica de interés nacional, prioritaria para el país, enmarcada en la estrategia de desarrollo socio productivo armónico, inclusivo, diversificado y sustentable del Estado. Asimismo, el decreto con rango, valor y fuerza de ley orgánica regula la organización y funcionamiento del Sistema Turístico Nacional, estableciendo los mecanismos de participación.

Artículo de la Ley Habilitante que se invoca como base: Artículo 1, numeral 2, literales "A", "C" y "F".

33. *Decreto con rango, valor y fuerza de ley de fomento del turismo sustentable como actividad comunitaria y social*

Gaceta Oficial: N° 6.153 Extraordinario del 18-11-2014 (circuló el 01-12-2014).

Objeto: El fomento, promoción y desarrollo del turismo sustentable y responsable como actividad comunitaria y social, en conformidad con los principios de inclusión social, justicia social y económica, protección y mejora de la economía popular y alternativa; garantizando el derecho a la recreación, al esparcimiento y al disfrute del patrimonio turístico en el territorio nacional, por parte de toda la población, especialmente de los sectores más vulnerables, en pleno respeto por el ambiente, la diversidad biológica, las áreas de especial importancia ecológica y los valores de las culturas populares constitutivas de la venezolanidad y el patrimonio cultural venezolano.

Artículo de la Ley Habilitante que se invoca como base: Artículo 1, numeral 2, literales "A", "C" y "F".

34. *Decreto con rango, valor y fuerza de ley de inversiones turísticas y del crédito para el sector turismo*

Gaceta Oficial: N° 6.153 Extraordinario del 18-11-2014 (circuló el 01-12-2014).

Objeto: Promover, fomentar e impulsar el desarrollo turístico sustentable mediante el otorgamiento oportuno de financiamiento de proyectos turísticos, estableciendo incentivos para los inversionistas, bajo una visión humanista, procurando la diversificación socioeconómica y el equilibrio productivo, con la finalidad de potenciar el sector turismo con criterios de sustentabilidad, desarrollo endógeno, equidad, justicia e inclusión social.

Artículo de la Ley Habilitante que se invoca como base: Artículo 1, numeral 2, literales "A" y "F".

35. *Decreto con rango, valor y fuerza de ley de marinas y actividades conexas*

Gaceta Oficial: N° 6.153 Extraordinario del 18-11-2014 (circuló el 01-12-2014).

Objeto: Regular el ejercicio de la autoridad acuática en lo concerniente al régimen administrativo de la navegación y de la Gente de Mar, lo pertinente a los buques de bandera nacional en aguas internacionales o jurisdicción de otros Estados, estableciendo los principios fundamentales de constitución, funcionamiento, fortalecimiento y desarrollo de la marina mercante y de las actividades conexas, así como regular la ejecución y coordinación armónica de las distintas entidades públicas y privadas en la aplicación de las políticas y normas diseñadas y que se diseñen para el fortalecimiento del sector.

Artículo de la Ley Habilitante que se invoca como base: Artículo 1, numeral 2, literales "A" y "C".

36. *Decreto con rango, valor y fuerza de ley orgánica de los espacios acuáticos*

Gaceta Oficial: N° 6.153 Extraordinario del 18-11-2014 (circuló el 01-12-2014).

Objeto: Regular el ejercicio de la soberanía, jurisdicción y control en los espacios acuáticos, conforme al derecho interno e internacional, así como regular y controlar la administración de los espacios acuáticos, insulares y portuarios de la República Bolivariana de Venezuela.

Artículo de la Ley Habilitante que se invoca como base: Artículo 1, numeral 2, literales "A" y "C".

37. *Decreto con rango, valor y fuerza de ley orgánica de cultura*

Gaceta Oficial: N° 6.154 Extraordinario del 19-11-2014 (circuló el 02-12-2014).

Objeto: Desarrollar los principios rectores, deberes, garantías y derechos culturales, establecidos en la Constitución de la República Bolivariana de Venezuela, así como en los tratados internacionales suscritos y ratificados por la República Bolivariana de Venezuela en esta materia; fomentar y garantizar el ejercicio de la creación cultural, la preeminencia de los valores de la cultura como derecho humano fundamental, bien irrenunciable y legado universal, reconociendo la identidad nacional en su diversidad cultural y étnica; respetando la interculturalidad bajo el principio de igualdad de las culturas.

Artículo de la Ley Habilitante que se invoca como base: Artículo 1, numeral 2, literal "A".

38. *Decreto con rango, valor y fuerza de ley orgánica de Misiones, Grandes Misiones y Micro-Misiones*

Gaceta Oficial: N° 6.154 Extraordinario del 19-11-2014 (circuló el 02-12-2014).

Objeto: Regular los mecanismos a través de los cuales el Estado Venezolano, conjunta y articuladamente con el Poder Popular bajo sus diversas formas de expresión y organización, promueven el desarrollo social integral; así como la protección social de los ciudadanos y ciudadanas, mediante el establecimiento de Misiones, Grandes Misiones y Micro-Misiones, orientadas a asegurar el ejercicio universal de los derechos sociales consagrados en la Constitución de la República Bolivariana de Venezuela.

Artículo de la Ley Habilitante que se invoca como base: Artículo 1, numeral 2, literal "A".

39. *Decreto con rango, valor y fuerza de ley sobre inmunidad soberana de los activos de los bancos centrales u otras autoridades monetarias extranjeras*

Gaceta Oficial: N° 6.154 Extraordinario del 19-11-2014 (circuló el 02-12-2014).

Objeto: Establecer las bases y lineamientos que rigen el privilegio de la inmunidad de ejecución de los activos de los bancos centrales u otras autoridades monetarias extranjeras, invertidos, colocados, depositados, ubicados o situados en territorio de la República Bolivariana de Venezuela.

Artículo de la Ley Habilitante que se invoca como base: Artículo 1, numeral 2, literal "C".

40. *Decreto con rango, valor y fuerza de ley de contrataciones públicas*

Gaceta Oficial: N° 6.154 Extraordinario del 19-11-2014 (circuló el 02-12-2014).

Objeto: Regular la actividad del Estado para la adquisición de bienes, prestación de servicios y ejecución de obras, con la finalidad de preservar el patrimonio público, fortalecer la soberanía, desarrollar la capacidad productiva y asegurar la transparencia de las actuaciones de los contratantes sujetos a este decreto con rango, valor y fuerza de ley, coadyuvando al crecimiento sostenido y diversificado de la economía.

Artículo de la Ley Habilitante que se invoca como base: Artículo 1, numeral 2, literales "C" y "F".

41. *Decreto con rango, valor y fuerza de ley del Banco Agrícola de Venezuela, C.A., Banco Universal*

Gaceta Oficial: N° 6.154 Extraordinario del 19-11-2014 (circuló el 02-12-2014).

Objeto: No se incluye dentro del articulado del decreto ley pero del mismo se desprende que se dicta para regular al Banco Agrícola de Venezuela como banco universal, especializado en operaciones inherentes al financiamiento del sector agrícola y alimentario.

Artículo de la Ley Habilitante que se invoca como base: Artículo 1, numeral 2, literal "B".

42. *Decreto con rango, valor y fuerza de ley orgánica de la administración financiera del sector público*

Gaceta Oficial: N° 6.154 Extraordinario del 19-11-2014 (circuló el 02-12-2014).

Objeto: Regular la administración financiera del sector público, el sistema de control interno y los aspectos referidos a la coordinación macroeconómica.

Artículo de la Ley Habilitante que se invoca como base: Artículo 1, numeral 2, literal "C".

43. *Decreto con rango, valor y fuerza de ley de instituciones del sector bancario*

[Reimpreso en la *Gaceta Oficial* N° 40.557 del 08-12-2014]

Gaceta Oficial: N° 6.154 Extraordinario del 19-11-2014 (circuló el 02-12-2014).

Objeto: Garantizar el funcionamiento de un sector bancario sólido, transparente, confiable y sustentable, que contribuya al desarrollo económico-social nacional, que proteja el derecho a la población venezolana a disfrutar de los servicios bancarios, y que establezca los canales de participación ciudadana; en el marco de la cooperación de las instituciones bancarias y en observancia a los procesos de transformación socio económicos que promueve la República Bolivariana de Venezuela.

Artículo de la Ley Habilitante que se invoca como base: Artículo 1, numeral 2, literal "C" y "E".

44. *Decreto con rango, valor y fuerza de ley de reforma parcial de la ley del Banco de Desarrollo Económico y Social de Venezuela*

Gaceta Oficial: N° 6.155 Extraordinario del 19-11-2014 (circuló el 04-12-2014).

Objeto: No se incluye dentro del articulado del decreto ley pero del mismo se desprende que se dicta para regular al Banco de Desarrollo Económico y Social de Venezuela como banco de desarrollo, especializado en financiar actividades e inversiones sociales y productivas nacionales e internacionales, de acuerdo con las líneas generales del Plan de Desarrollo Económico y Social de la Nación.

Artículo de la Ley Habilitante que se invoca como base: Artículo 1, numeral 2, literal "C".

45. *Decreto con rango, valor y fuerza de ley de reforma parcial del decreto con rango, valor y fuerza de ley orgánica de bienes públicos*

Gaceta Oficial: N° 6.155 Extraordinario del 19-11-2014 (circuló el 04-12-2014).

Objeto: Establecer las normas que regulan el ámbito, organización, atribuciones y funcionamiento del Sistema de Bienes Públicos, como parte integrante del Sistema de Administración Financiera del Estado.

Artículo de la Ley Habilitante que se invoca como base: Artículo 1, numeral 1, literales "A" y "B".

46. *Decreto con rango, valor y fuerza de ley de reforma de la ley contra la corrupción*

Gaceta Oficial: N° 6.155 Extraordinario del 19-11-2014 (circuló el 04-12-2014).

Objeto: El establecimiento de normas que rijan la conducta que deben asumir las personas sujetas a la misma, a los fines de salvaguardar el patrimonio público, garantizar el manejo adecuado y transparente de los recursos públicos, con fundamento en los principios de honestidad, transparencia, participación, eficiencia, eficacia, legalidad, rendición de cuentas, responsabilidad y corresponsabilidad consagrados en la Constitución de la República Bolivariana de Venezuela, así como la tipificación de los delitos contra el patrimonio público y las sanciones que deberán aplicarse a quienes infrinjan estas disposiciones.

Artículo de la Ley Habilitante que se invoca como base: Artículo 1, numeral 1, literales "A", "B", "C" y "D".

47. *Decreto con rango, valor y fuerza de ley de reforma de la ley orgánica de identificación*

Gaceta Oficial: N° 6.155 Extraordinario del 19-11-2014 (circuló el 04-12-2014).

Objeto: Regular y garantizar la identificación de todos los venezolanos y venezolanas que se encuentran dentro y fuera del territorio de la República Bolivariana de Venezuela, de conformidad con lo establecido en la Constitución de la República Bolivariana de Venezuela.

Artículo de la Ley Habilitante que se invoca como base: Artículo 1, numeral 1, literales "A", "B" y "D".

48. *Decreto con rango, valor y fuerza de ley del Instituto Nacional de Capacitación y Educación Socialista*

Gaceta Oficial: N° 6.155 Extraordinario del 19-11-2014 (circuló el 04-12-2014).

Objeto: Desarrollar la concepción, las funciones, los principios, la organización y las estrategias del Instituto Nacional de Capacitación y Educación Socialista.

Artículo de la Ley Habilitante que se invoca como base: Artículo 1, numerales 1, literal "A" y 2, literales "A" y "C".

49. *Decreto con rango, valor y fuerza de ley de reforma de la ley orgánica de aduanas*

Gaceta Oficial: N° 6.155 Extraordinario del 19-11-2014 (circuló el 04-12-2014).

Objeto: Regir los derechos y obligaciones de carácter aduanero y las relaciones jurídicas derivadas de ellos. La Administración Aduanera tendrá por finalidad intervenir, facilitar y controlar la entrada, permanencia y salida del territorio nacional de mercancías objeto de tráfico internacional y de los medios de transporte que las conduzcan, con el propósito de determinar y aplicar el régimen jurídico al cual dichas mercancías estén sometidas, así como la supervisión de bienes inmuebles cuando razones de interés y control fiscal lo justifiquen.

Artículo de la Ley Habilitante que se invoca como base: Artículo 1, numeral 2, literal "B".

50. *Decreto con rango, valor y fuerza de ley de reforma parcial de la ley del Banco Central de Venezuela*

Gaceta Oficial: N° 6.155 Extraordinario del 19-11-2014 (circuló el 04-12-2014).

Objeto: No se incluye dentro del articulado del decreto ley pero del mismo se desprende que se dicta para regular al Banco Central de Venezuela como persona jurídica de derecho público de rango constitucional, con plena capacidad pública y privada, e integrante del Poder Público Nacional.

Artículo de la Ley Habilitante que se invoca como base: Artículo 1, numeral 2, literal "C".

51. *Decreto con rango, valor y fuerza de ley de Registros y del Notariado*

Gaceta Oficial: N° 6.156 Extraordinario del 19-11-2014 (circuló el 04-12-2014).

Objeto: Regular la organización, el funcionamiento, la administración y las competencias de los Registros Principales, Públicos, Mercantiles y de las Notarías Públicas.

Artículo de la Ley Habilitante que se invoca como base: Artículo 1, numeral 1, literales "A" y "B".

52. *Decreto con rango, valor y fuerza de ley orgánica de la Fuerza Armada Nacional Bolivariana*

Gaceta Oficial: N° 6.156 Extraordinario del 19-11-2014 (circuló el 04-12-2014).

Objeto: Establecer los principios y las disposiciones que rigen la organización, funcionamiento, integración y administración de la Fuerza Armada Nacional Bolivariana, dentro del marco de la corresponsabilidad entre el Estado y la sociedad, como fundamento de la seguridad de la Nación, consecuente con los fines supremos de preservar la Constitución de la República Bolivariana de Venezuela y la República.

Artículo de la Ley Habilitante que se invoca como base: Artículo 1, numeral 1, literal "A".

53. *Decreto con rango, valor y fuerza de ley sobre el régimen de jubilaciones y pensiones de los trabajadores y las trabajadoras de la Administración Pública Nacional, Estadal y Municipal*

Gaceta Oficial: N° 6.156 Extraordinario del 19-11-2014 (circuló el 04-12-2014).

Objeto: Regular el derecho a la jubilación y pensión de los trabajadores y las trabajadoras de los órganos y entes de la Administración Pública Nacional, Estadal y Municipal.

Artículo de la Ley Habilitante que se invoca como base: Artículo 1, numeral 2, literal "A".

54. *Decreto con rango, valor y fuerza de ley del Cuerpo Nacional Contra la Corrupción*

Gaceta Oficial: N° 6.156 Extraordinario del 19-11-2014 (circuló el 04-12-2014).

Objeto: La creación del Cuerpo Nacional Contra la Corrupción, su organización, funcionamiento, atribuciones y normas especiales para el ejercicio de estas, como respuesta del Estado en materia de defensa integral ante la amenaza del fenómeno de la corrupción y sus efectos en la seguridad de la Nación, teniendo como fundamento las normas, principios y valores establecidos en la Constitución de la República Bolivariana de Venezuela y demás leyes.

Artículo de la Ley Habilitante que se invoca como base: Artículo 1, numeral 1, literales "A", "B", "C" y "D".

55. *Decreto con rango, valor y fuerza de ley de reforma parcial del decreto con rango, valor y fuerza de ley orgánica de precios justos*

Gaceta Oficial: N° 6.156 Extraordinario del 19-11-2014 (circuló el 04-12-2014).

Objeto: Asegurar el desarrollo armónico, justo, equitativo, productivo y soberano de la economía nacional, a través de la determinación de precios justos de bienes y servicios, mediante el análisis de las estructuras de costos, la fijación del porcentaje máximo de ganancia y la fiscalización efectiva de la actividad económica y comercial, a fin de proteger los ingresos de todas las ciudadanas y ciudadanos, y muy especialmente el salario de las trabajadoras y los trabajadores; el acceso de las personas a los bienes y servicios para la satisfacción de sus necesidades; establecer los ilícitos administrativos, sus procedimientos y sanciones, los delitos económicos, su penalización y el resarcimiento de los daños sufridos, para la consolidación del orden económico socialista productivo.

Artículo de la Ley Habilitante que se invoca como base: Artículo 1, numeral 2, literal "C".

56. *Decreto con rango, valor y fuerza de ley de régimen para la revisión, rectificación, reimpulso y reestructuración del Sistema Policial y órganos de Seguridad Ciudadana*

Gaceta Oficial: N° 6.156 Extraordinario del 19-11-2014 (circuló el 04-12-2014).

Objeto: Establecer los principios, bases y lineamientos que rigen la reorganización administrativa del Sistema Policial y demás órganos de seguridad ciudadana de los distintos niveles político territoriales, así como el régimen transitorio y especial a ser implementado para lograr la revisión, rectificación, reimpulso, reorganización y reestructuración a que hubiere lugar en los órganos de seguridad ciudadana, a fin de impulsar su eficaz funcionamiento, fortalecer sus funciones, combatir la corrupción y garantizar a las venezolanas y los venezolanos la paz social y la seguridad personal.

Artículo de la Ley Habilitante que se invoca como base: Artículo 1, numeral 1, literales "A" y "B".

57. *Decreto con rango, valor y fuerza de ley de reforma de la ley orgánica de seguridad de la Nación*

Gaceta Oficial: N° 6.156 Extraordinario del 19-11-2014 (circuló el 04-12-2014).

Objeto: Regular la actividad del Estado y la sociedad en materia de seguridad y defensa integral, en concordancia a los lineamientos, principios y fines constitucionales.

Artículo de la Ley Habilitante que se invoca como base: Artículo 1, numeral 1, literal "A".

II. DECRETOS CON RANGO, VALOR Y FUERZA DE LEY ORDENADOS POR MATERIA DELEGADA

1. *"En el ámbito de la lucha contra la corrupción"*

Literal "A": *"Dictar y/o reformar normas e instrumentos destinados a fortalecer los valores esenciales del ejercicio de la función pública, tales como la solidaridad, honestidad, responsabilidad, vocación de trabajo, amor al prójimo, voluntad de superación, lucha por la emancipación y el proceso de liberación nacional, inspirado en la ética y la moral socialista, la disciplina consciente, la conciencia del deber social y la lucha contra la corrupción y el burocratismo; todo ello, en aras de garantizar y proteger los intereses del Estado en sus diferentes niveles de gobierno".*

1) Decreto con rango, valor y fuerza de ley del régimen cambiario y sus ilícitos.

2) Decreto con rango, valor y fuerza de ley de inversiones extranjeras.

3) Decreto con rango, valor y fuerza de ley de reforma parcial del decreto con rango, valor y fuerza de ley orgánica de bienes públicos.

4) Decreto con rango, valor y fuerza de ley de reforma de la ley contra la corrupción.

5) Decreto con rango, valor y fuerza de ley de reforma de la ley orgánica de identificación.

6) Decreto con rango, valor y fuerza de ley del Instituto Nacional de Capacitación y Educación Socialista.

7) Decreto con rango, valor y fuerza de ley de Registros y del Notariado.

8) Decreto con rango, valor y fuerza de ley orgánica de la Fuerza Armada Nacional Bolivariana.

9) Decreto con rango, valor y fuerza de ley del Cuerpo Nacional Contra la Corrupción.

10) Decreto con rango, valor y fuerza de ley de régimen para la revisión, rectificación, reimpulso y reestructuración del Sistema Policial y órganos de Seguridad Ciudadana.

11) Decreto con rango, valor y fuerza de ley de reforma de la ley orgánica de seguridad de la Nación.

Literal "B": *"Dictar y/o reformar normas destinadas a profundizar y fortalecer los mecanismos de sanción penal, administrativa, civil y disciplinaria para evitar lesiones o el manejo inadecuado del patrimonio público y prevenir hechos de corrupción".*

1) Decreto con rango, valor y fuerza de ley del régimen cambiario y sus ilícitos.

2) Decreto con rango, valor y fuerza de ley del régimen cambiario y sus ilícitos.

3) Decreto con rango, valor y fuerza de ley de reforma de la ley de impuesto sobre cigarrillos y manufacturas de tabaco.

4) Decreto con rango, valor y fuerza de ley de reforma de la ley de impuesto sobre alcohol y especies alcohólicas.

5) Decreto con rango, valor y fuerza de ley del código orgánico tributario.

6) Decreto con rango, valor y fuerza de ley de reforma de la ley de impuesto sobre la renta.

7) Decreto con rango, valor y fuerza de ley de reforma de la ley que establece el impuesto al valor agregado.

8) Decreto con rango, valor y fuerza de ley de reforma parcial del decreto con rango, valor y fuerza de ley orgánica de bienes públicos.

9) Decreto con rango, valor y fuerza de ley de reforma de la ley contra la corrupción.

10) Decreto con rango, valor y fuerza de ley de reforma de la ley orgánica de identificación.

11) Decreto con rango, valor y fuerza de ley de Registros y del Notariado.

12) Decreto con rango, valor y fuerza de ley del Cuerpo Nacional Contra la Corrupción.

13) Decreto con rango, valor y fuerza de ley de régimen para la revisión, rectificación, reimpulso y reestructuración del Sistema Policial y órganos de Seguridad Ciudadana.

Literal "C": *"Dictar normas contra la legitimación de capitales"*.

1) Decreto con rango, valor y fuerza de ley de reforma parcial de la ley contra los ilícitos cambiarios.

2) Decreto con rango, valor y fuerza de ley de inversiones extranjeras.

3) Decreto con rango, valor y fuerza de ley de reforma de la ley contra la corrupción.

4) Decreto con rango, valor y fuerza de ley del Cuerpo Nacional Contra la Corrupción.

Literal "D": *"Establecer mecanismos estratégicos de lucha contra aquellas potencias extranjeras que pretendan destruir la Patria en lo económico, político y mediático; y dictar normas que sancionen las acciones que atentan contra la seguridad y defensa de la Nación, las instituciones del Estado, los Poderes Públicos y la prestación de los servicios públicos indispensables para el desarrollo y la calidad de vida del pueblo"*.

1) Decreto con rango, valor y fuerza de ley de inversiones extranjeras.

2) Decreto con rango, valor y fuerza de ley de reforma de la ley contra la corrupción.

3) Decreto con rango, valor y fuerza de ley de reforma de la ley orgánica de identificación.

4) Decreto con rango, valor y fuerza de ley del Cuerpo Nacional Contra la Corrupción.

Literal "E": *"Combatir el financiamiento ilegal de los partidos políticos"*.

Ningún decreto ley invoca esta habilitación.

Literal "F": *"Establecer normas que eviten y sancionen la fuga de divisas"*.

1) Decreto con rango, valor y fuerza de ley de reforma parcial de la ley contra los ilícitos cambiarios.

2) Decreto con rango, valor y fuerza de ley del régimen cambiario y sus ilícitos.

3) Decreto con rango, valor y fuerza de ley de inversiones extranjeras.

Literal "G": "*Emitir disposiciones en defensa de la moneda nacional a fin de contrarrestar el ataque a la misma*".

Ningún decreto ley invoca esta habilitación.

Literal "H": "*Fortalecer el sistema financiero nacional*".

1) Decreto con rango, valor y fuerza de ley de reforma de la ley de impuesto sobre cigarrillos y manufacturas de tabaco.

2) Decreto con rango, valor y fuerza de ley de reforma de la ley de impuesto sobre alcohol y especies alcohólicas.

3) Decreto con rango, valor y fuerza de ley del código orgánico tributario.

4) Decreto con rango, valor y fuerza de ley de reforma de la ley de impuesto sobre la renta.

5) Decreto con rango, valor y fuerza de ley de reforma de la ley que establece el impuesto al valor agregado.

2. "*En el ámbito de la defensa de la economía*"

Literal "A": "*Dictar y/o reformar leyes que consoliden los principios de justicia social, eficiencia, equidad, productividad, solidaridad, a los fines de asegurar el desarrollo humano integral, una existencia digna y provechosa para el pueblo venezolano y lograr de este modo la mayor suma de felicidad y el buen vivir*".

1) Decreto con rango, valor y fuerza de ley de regulación del arrendamiento inmobiliario para el uso comercial.

2) Decreto con rango, valor y fuerza de ley de atención al sector agrario.

3) Decreto con rango, valor y fuerza de ley de reforma del decreto con rango, valor y fuerza de ley orgánica para la gestión comunitaria de competencias, servicios y otras atribuciones.

4) Decreto con rango, valor y fuerza de ley para establecer los lineamientos de financiamiento a las organizaciones de base del Poder Popular.

5) Decreto con rango, valor y fuerza de ley para la juventud productiva.

6) Decreto con rango, valor y fuerza de ley de reforma parcial del decreto con rango, valor y fuerza de ley de alimentación para los trabajadores y las trabajadoras.

7) Decreto con rango, valor y fuerza de ley orgánica de la Administración Pública.

8) Decreto con rango, valor y fuerza de ley de reforma de la ley orgánica de planificación pública y popular.

9) Decreto con rango, valor y fuerza de ley de simplificación de trámites administrativos.

10) Decreto con rango, valor y fuerza de ley que reforma parcialmente la ley de timbres fiscales.

11) Decreto con rango, valor y fuerza de ley del Sistema Nacional Integral Agroalimentario.

12) Decreto con rango, valor y fuerza de ley de reforma del decreto con rango, valor y fuerza de ley de pesca y acuicultura.

13) Decreto con rango, valor y fuerza de ley de la Gran Misión Agrovenezuela.

14) Decreto con rango, valor y fuerza de ley de reforma de la ley orgánica de ciencia, tecnología e innovación.

15) Decreto con rango, valor y fuerza de ley de regionalización integral para el desarrollo socio productivo de la patria.

16) Decreto con rango, valor y fuerza de ley orgánica de turismo.

17) Decreto con rango, valor y fuerza de ley de fomento del turismo sustentable como actividad comunitaria y social.

18) Decreto con rango, valor y fuerza de ley de inversiones turísticas y del crédito para el sector turismo.

19) Decreto con rango, valor y fuerza de ley de marinas y actividades conexas.

20) Decreto con rango, valor y fuerza de ley orgánica de los espacios acuáticos.

21) Decreto con rango, valor y fuerza de ley orgánica de cultura.

22) Decreto con rango, valor y fuerza de ley orgánica de Misiones, Grandes Misiones y Micro-Misiones.

23) Decreto con rango, valor y fuerza de ley del Instituto Nacional de Capacitación y Educación Socialista.

24) Decreto con rango, valor y fuerza de ley sobre el régimen de jubilaciones y pensiones de los trabajadores y las trabajadoras de la Administración Pública Nacional, Estadal y Municipal.

Literal "B": *"Dictar y/o reformar las normas que establezcan los lineamientos y estrategias para la planificación, articulación, organización y coordinación de los procedimientos, especialmente en materia de producción, importación, distribución y comercialización de los alimentos, materia prima y artículos de primera necesidad, que deben seguir los órganos y entes del Estado involucrados, garantizando la seguridad y soberanía alimentaria".*

1) Decreto con rango, valor y fuerza de ley de supresión y liquidación del Instituto Nacional de la Vivienda.

2) Decreto con rango, valor y fuerza de ley de reforma del decreto con rango, valor y fuerza de ley de pesca y acuicultura.

3) Decreto con rango, valor y fuerza de ley de la Gran Misión Agrovenezuela.

4) Decreto con rango, valor y fuerza de ley de inversiones extranjeras.

5) Decreto con rango, valor y fuerza de ley del Banco Agrícola de Venezuela, C.A., Banco Universal.

6) Decreto con rango, valor y fuerza de ley de reforma de la ley orgánica de aduanas.

Literal "C": *"Dictar y/o reformar las normas y/o medidas destinadas a planificar, racionalizar y regular la economía, como medio para propulsar la transformación del sistema económico y defender la estabilidad económica para evitar la vulnerabilidad de la economía; así como, velar por la estabilidad monetaria y de precios, y el desarrollo armónico de la economía nacional con el fin de generar fuentes de trabajo, alto valor agregado nacional, elevar el nivel de vida de nuestro pueblo y fortalecer la soberanía económica del país, para de este modo, garantizar la seguridad jurídica, la solidez, el dinamismo, la sustentabilidad, la permanencia y la equidad del crecimiento económico, en aras de lograr una justa distribución de la riqueza para atender los requerimientos y las necesidades más sentidas del pueblo venezolano".*

1) Decreto con rango, valor y fuerza de ley del Centro Nacional de Comercio Exterior y de la Corporación Venezolana de Comercio Exterior.

2) Decreto con rango valor y fuerza de ley orgánica de precios justos.

3) Decreto con rango, valor y fuerza de ley de regulación del arrendamiento inmobiliario para el uso comercial.

4) Decreto con rango, valor y fuerza de ley de reforma del decreto con rango, valor y fuerza de ley orgánica para la gestión comunitaria de competencias, servicios y otras atribuciones.

5) Decreto con rango, valor y fuerza de ley para establecer los lineamientos de financiamiento a las organizaciones de base del Poder Popular.

6) Decreto con rango, valor y fuerza de ley para la juventud productiva.

7) Decreto con rango, valor y fuerza de ley orgánica que reserva al Estado las actividades de exploración y explotación del oro, así como las conexas y auxiliares a éstas.

8) Decreto con rango, valor y fuerza de ley de tasas portuarias.

9) Decreto con rango, valor y fuerza de ley que reforma parcialmente la ley de timbres fiscales.

10) Decreto con rango, valor y fuerza de ley de reforma de la ley para la promoción y desarrollo de la pequeña y mediana industria y unidades de propiedad social.

11) Decreto con rango, valor y fuerza de ley antimonopolio.

12) Decreto con rango, valor y fuerza de ley de reforma de la ley de impuesto sobre cigarrillos y manufacturas de tabaco.

13) Decreto con rango, valor y fuerza de ley de reforma de la ley de impuesto sobre alcohol y especies alcohólicas.

14) Decreto con rango, valor y fuerza de ley del código orgánico tributario.

15) Decreto con rango, valor y fuerza de ley de reforma de la ley de impuesto sobre la renta.

16) Decreto con rango, valor y fuerza de ley de reforma de la ley que establece el impuesto al valor agregado.

17) Decreto con rango, valor y fuerza de ley de inversiones extranjeras.

18) Decreto con rango, valor y fuerza de ley orgánica de turismo.

19) Decreto con rango, valor y fuerza de ley de fomento del turismo sustentable como actividad comunitaria y social.

20) Decreto con rango, valor y fuerza de ley de marinas y actividades conexas.

21) Decreto con rango, valor y fuerza de ley orgánica de los espacios acuáticos.

22) Decreto con rango, valor y fuerza de ley sobre inmunidad soberana de los activos de los bancos centrales u otras autoridades monetarias extranjeras.

23) Decreto con rango, valor y fuerza de ley de contrataciones públicas.

24) Decreto con rango, valor y fuerza de ley orgánica de la administración financiera del sector público.

25) Decreto con rango, valor y fuerza de ley de instituciones del sector bancario.

26) Decreto con rango, valor y fuerza de ley de reforma parcial de la ley del Banco de Desarrollo Económico y Social de Venezuela.

27) Decreto con rango, valor y fuerza de ley del Instituto Nacional de Capacitación y Educación Socialista.

28) Decreto con rango, valor y fuerza de ley de reforma parcial de la ley del Banco Central de Venezuela.

29) Decreto con rango, valor y fuerza de ley de reforma parcial del decreto con rango, valor y fuerza de ley orgánica de precios justos.

Literal "D": *"Fortalecer la lucha contra el acaparamiento y la especulación que afectan la economía nacional"*.

Ningún decreto ley invoca esta habilitación.

Literal "E": *"Regular lo concerniente a las solicitudes de divisas a objeto de evitar el uso contrario para el fin solicitado"*.

1) Decreto con rango, valor y fuerza de ley del Centro Nacional de Comercio Exterior y de la Corporación Venezolana de Comercio Exterior.

2) Decreto con rango, valor y fuerza de ley de reforma parcial de la ley contra los ilícitos cambiarios.

3) Decreto con rango, valor y fuerza de ley del régimen cambiario y sus ilícitos.

4) Decreto con rango, valor y fuerza de ley de inversiones extranjeras.

5) Decreto con rango, valor y fuerza de ley de instituciones del sector bancario.

Literal "F": *"Garantizar el derecho del pueblo a tener bienes y servicios seguros, de calidad y a precios justos"*.

1) Decreto con rango, valor y fuerza de ley orgánica de turismo.

2) Decreto con rango, valor y fuerza de ley de fomento del turismo sustentable como actividad comunitaria y social.

3) Decreto con rango, valor y fuerza de ley de inversiones turísticas y del crédito para el sector turismo.

III. RELACIÓN GRÁFICA DE LOS DECRETOS CON RANGO, VALOR Y FUERZA DE LEY DICTADOS EN EL PERÍODO 2013-2014, POR MES DE PUBLICACIÓN/CIRCULACIÓN

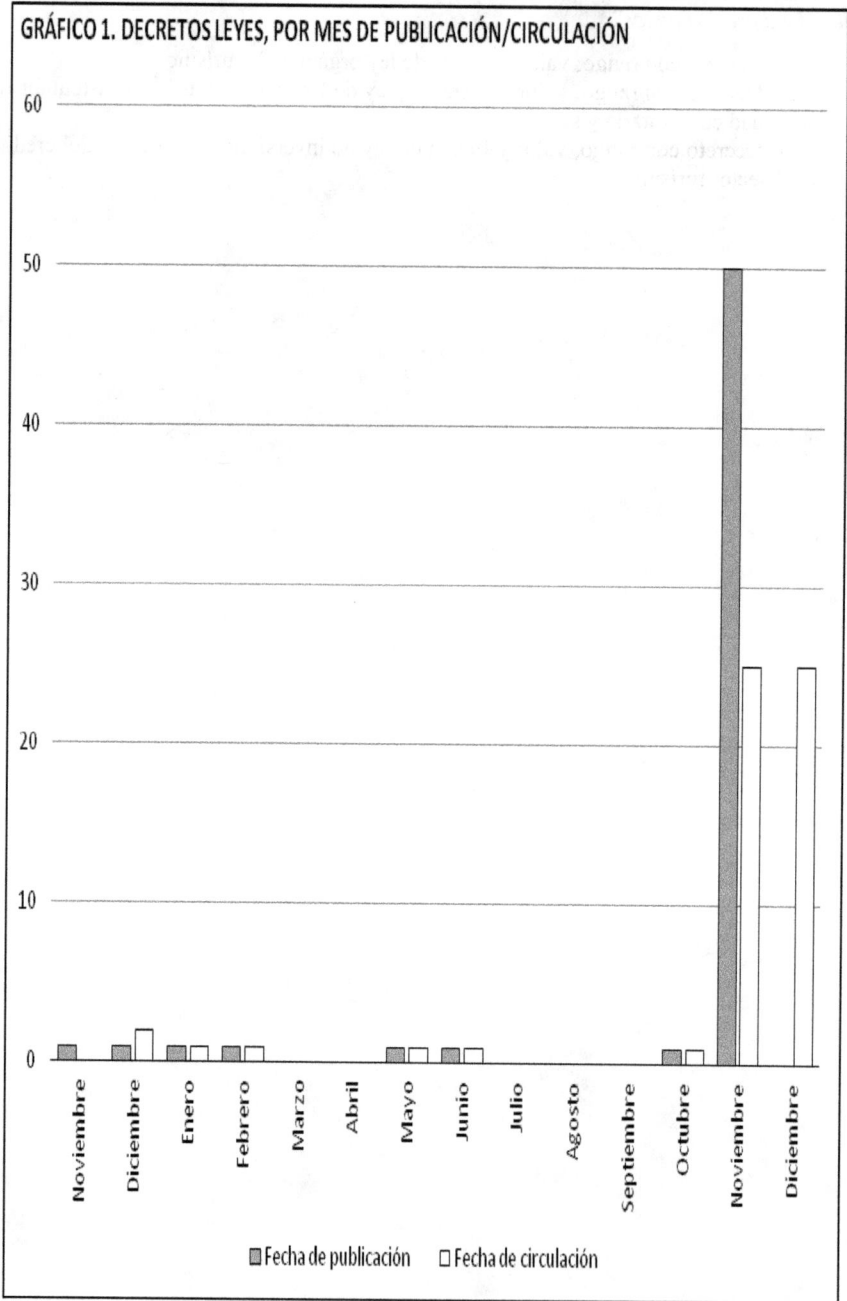

GRÁFICO 1. DECRETOS LEYES, POR MES DE PUBLICACIÓN/CIRCULACIÓN

	MES DE LA GACETA	FECHA DE PUBLICACIÓN	FECHA DE CIRCULACIÓN
2013	Noviembre	1	0
	Diciembre	1	2
2014	Enero	1	1
	Febrero	1	1
	Marzo	0	0
	Abril	0	0
	Mayo	1	1
	Junio	1	1
	Julio	0	0
	Agosto	0	0
	Septiembre	0	0
	Octubre	1	1
	Noviembre	50	25
	Diciembre		25
	TOTAL	**57**	**57**

Leyenda:

Fecha de publicación: Hace referencia al mes en el que, según la *Gaceta Oficial*, fue publicado el decreto ley. Al haber tenido la Ley Habilitante una vigencia de 12 meses contados a partir de su publicación en *Gaceta Oficial*, el margen temporal abarca desde el 19 de noviembre de 2013 al 19 de noviembre de 2014.

Fecha de circulación: Hace referencia al mes en el que se puso a disposición de los interesados el número de la *Gaceta Oficial* contentivo del decreto ley, según la información oficial publicada por el Servicio Autónomo Imprenta Nacional y *Gaceta Oficial* en su portal web (http://www.imprentanacional.gob.ve).

IV. RELACIÓN GRÁFICA DE LOS DECRETOS CON RANGO, VALOR Y FUERZA DE LEY DICTADOS EN EL PERÍODO 2013-2014, POR MATERIA DELEGADA

GRÁFICO 2. DECRETOS LEYES, POR MATERIA DELEGADA (GENERAL)

MATERIA DELEGADA	DECRETOS LEYES	PORCENTAJE
Lucha contra la corrupción	18	31,58%
Defensa de la economía	48	84,21%

Leyenda:

Decretos leyes: Indica el número de decretos leyes que invocan alguna de las materias que prevé la Ley Habilitante como su fundamento legal. El número total de decretos leyes resulta superior al número de decretos dictados por el Presidente de la República ya que, en más de una ocasión, se legisló en ambos ámbitos de modo concurrente.

Porcentaje: Indica la relación de proporción existente entre el número de decretos leyes que dictó el Presidente de la República (57) y la materia que se invocó como su fundamento legal. La sumatoria de ambos porcentajes supera el 100% pues, en varias ocasiones, se legisló en ambas materias.

GRÁFICO 3. DECRETOS LEYES, POR MATERIA DELEGADA (ESPECÍFICO)

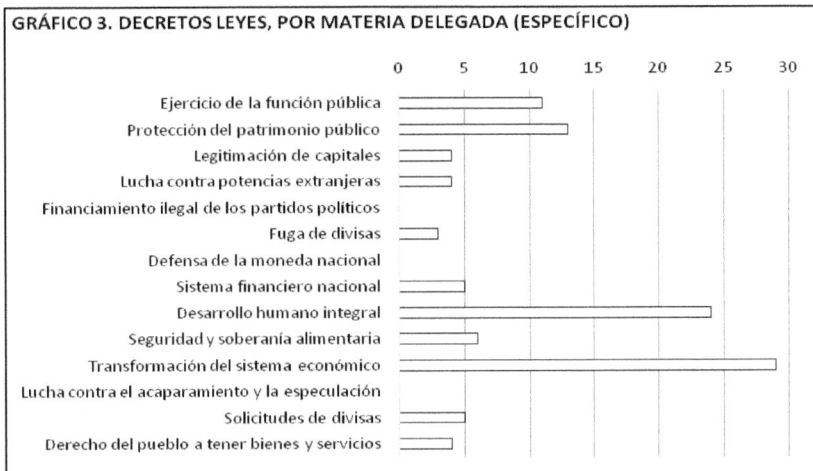

MATERIA DELEGADA	DECRETOS LEYES	PORCENTAJE
Ámbito de la lucha contra la corrupción		
Ejercicio de la función pública	11	19,30%
Protección del patrimonio público	13	22,81%
Legitimación de capitales	4	7,02%
Lucha contra potencias extranjeras	4	7,02%
Financiamiento ilegal de los partidos políticos	0	0%
Fuga de divisas	3	5,26%
Defensa de la moneda nacional	0	0%
Sistema financiero nacional	5	8,77%
En el ámbito de la defensa de la economía		
Desarrollo humano integral	24	42,11%
Seguridad y soberanía alimentaria	6	10,53%
Transformación del sistema económico	29	50,88%
Lucha contra el acaparamiento y la especulación	0	0%
Solicitudes de divisas	5	8,77%
Derecho del pueblo a tener bienes y servicios	4	7,02%

Leyenda:

Ver explicación del gráfico N° 2.

PRIMERA PARTE:
ASPECTOS GENERALES SOBRE LA HABILITACIÓN LEGISLATIVA Y LOS DECRETOS LEYES HABILITADOS

Sección I: Sobre la Ley Habilitante

¿Es necesaria la figura de la Ley Habilitante en el ordenamiento jurídico venezolano?

Luis Alfonso Herrera Orellana
Profesor de la Universidad Central de Venezuela.
Investigador de CEDICE

Resumen: *El ensayo examina la justificación dada a la figura de la Ley Habilitante, para evaluar críticamente la permanencia de esa figura en nuestro ordenamiento jurídico.*

Palabras Claves: *Ley Habilitante.*

Abstract: *The essay examines the common justification of the Enabling Act, in order to critically evaluate the permanence of that figure in our legal system.*

Keywords: *Enabling Act.*

INTRODUCCIÓN

El propósito de esta contribución es examinar la justificación dada tanto en países europeos con sistemas de gobierno parlamentarios, como en nuestro propio país, en la primera mitad del siglo XX, para adoptar a nivel constitucional la figura que hoy día se denomina "Ley Habilitante" (antes denominada *"autorización para dictar medidas extraordinarias en materia económica"*), y que está prevista en los artículos 203, último aparte, y 236, numeral 8, de la Constitución venezolana de 1999, para luego, a la luz de los usos que dicha institución ha tenido en los últimos años en Venezuela, evaluar, de un lado, en qué medida la misma es compatible con el sistema democrático de gobierno y el Estado de Derecho, y de otro, hasta qué punto es en verdad necesario mantenerla como parte del ordenamiento jurídico positivo para dar respuesta a situaciones de emergencia, al estar contemplada en la Constitución la institución del "Estado de Excepción".

I.   LA JUSTIFICACIÓN DE LA LEY HABILITANTE

Según autores como Manuel García Pelayo y Antonio Moles Caubet, como se verá, la justificación inicial de la figura de la Ley Habilitante era, en tiempos de tranquilidad, permitir al nuevo Gobierno ajustar el ordenamiento jurídico vigente a su propuesta política y así asegurar la efectiva ejecución de las propuestas que fueron respaldadas por el electorado en las elecciones de las que derivó ese Gobierno; y en tiempos de conflicto o emergencia por diferentes causas (guerra, desastre natural, conflicto civil interno, etc.), permitir al Gobierno dictar una legislación de emergencia, de excepción, que sustituya en forma temporal el ordenamiento ordinario vigente, y le permita adoptar medidas apropiadas y proporcionales para enfrentar la situación anormal.

El profesor Gerardo Fernández nos sintetiza tanto su postura como la de Manuel García-Pelayo en las líneas que siguen:

"Desde el punto de vista jurídico político, las habilitaciones legislativas han sido aceptadas por numerosos países. Su necesaria existencia y el rol que han ejercido dentro de un estado democrático moderno es indiscutible. Es por ello, que en esta investigación no justificaremos la existencia de dichas habilitaciones legislativas, las cuales a nuestro modo de ver, están plenamente justificadas. Sin embargo, debemos señalar, que las razones más importantes que fundamenta la existencia de esta técnica jurídica, serían, en los términos de Manuel García Pelayo, las siguientes: '...se recurre a ella cuando las circunstancias impiden el funcionamiento de las competencias atribuidas a los poderes públicos para circunstancias normales. La segunda, puede ser también una respuesta al estado de necesidad antes mencionado, pero no sirve solo al restablecimiento de una situación, sino al establecimiento de nuevas situaciones, puede ser *actio,* pero también *constitutio,* no reposa en la *ratio status* –como el estado de necesidad– sin en la *ratio iuris,* es decir, no se trata de anteponer, aunque solo sea transitoriamente la razón de estado a la razón jurídica sino que es la propia razón jurídica la que impone el método de las delegaciones legislativas para –salvaguardando las funciones y potestades substanciales del parlamento- hacer que el derecho se manifieste en leyes establecidas en un tiempo útil y con un contenido funcional acorde con la naturaleza del objeto que se pretenda regular; se trata de que la razón legal se haga compatible con la oportunidad y con la exigencia de la racionalidad técnica; se trata de que la ley se adapte a la razón histórica la cual exige en nuestro tiempo una legislación dinámica y de contenido técnico; se trata de dar una respuesta adecuada a la complejidad del ambiente en el que se encuentra actualmente el proceso legislativo, pues, en efecto, el premiosos procedimiento parlamentario puede cooperar a la inseguridad jurídica y al bloqueo de los planes gubernamentales en el sentido de que leyes necesarias para la vida jurídica del país o decisivas para la política gubernamental puedan dilatarse considerablemente en su aprobación corriendo el riesgo de ser inoportunas o anticuadas cuando se proceda a su adopción o que el gobierno no sepa a qué atenerse en cuanto al plazo en que van a ser aprobadas o rechazados sus proyectos de ley'"[1].

Respecto de la postura de Antonio Moles Caubet, la misma puede resumirse en las siguientes líneas:

El siglo XX se abre con un acontecimiento dramático: la guerra de 1914-1918 que adquiere en todos los órdenes grandes proporciones mundiales. No solo porque sensiblemente convulsionaría, deja un legado de escasez, de desajustes y de inseguridades, sino porque además promueve transformaciones profundas –sociales, políticas y jurídicas- que constituyen en definitiva un nuevo ascenso en el progreso. Pues bien, los Decretos-leyes constituyen una de las novedades de la postguerra que aun cuando de momento estaban tan solo destinados a solucionar situaciones circunstanciales, acaban convirtiéndose en el elemento de un sistema jurí-

---

[1]   Fernández V., Gerardo: *Los Decretos-Leyes (La facultad extraordinaria del artículo 190, ordinal 8°, de la Constitución).* Editorial Jurídica Venezolana, Caracas 1992, pp. 39-40.

dico que adquiere gradualmente carta de naturaleza en las Constituciones. Si antes el Reglamento podía ser innovador, regulando materias legislativas sin perder su naturaleza de acto reglamentario, ahora se dará el salto con el cual el Reglamento puede llegar retroactivamente el valor de ley o bien se transmuta en ley desde el primer momento. Mas, ¿Qué se entiende por Decreto-ley? (…) Corresponde pues al Derecho positivo de cada Estado identificar con un *'nomen iuris'* sus respectivas especies normativas (…) En su sentido más abstracto, el régimen constitucional de los Decretos-leyes se configura mediante la preexistencia de una ley *'sui generis'*, en virtud de la cual un órgano del Ejecutivo está capacitado para emitir durante un cierto tiempo actos normativos que tienen o pueden llegar a tener valor de ley y asimismo dictar actos plurales o singulares de aquellos dimanantes"[2].

Varios autores nacionales, además de Gerardo Fernández, han examinado la figura de la Ley Habilitante. Uno de ellos es el profesor José Peña Solís, quien ha explicado, entre otras consideraciones sobre el tema, lo siguiente:

"Pues bien, la emanación de esas medidas de carácter normativo (decreto ley), derivada de la colaboración entre el Parlamento y Poder Ejecutivo, dio lugar a que tanto en el lenguaje coloquial como forense se denominase a esa ley especial autorizatoria *'ley habilitante'* (…) Igualmente se debe advertir, para evitar equívocos que no se trata de un nombre original de Venezuela, pues al parecer surge en Europa después de la primera Guerra Mundial, en el marco de la discusión acerca de la legislación de urgencia y la legislación delegada"[3].

Finalmente, vale la pena citar a otro especialista que ha expresado su opinión crítica sobre la figura de la Ley Habilitante, con las siguientes razones:

"De todo lo antes expuesto podemos expresar a título de conclusión, que por diversas situaciones extraordinarias y fortuitas, los países han tenido que acudir a un sistema de delegación o autorización por parte del órgano encargado de legislar en el gobierno. En este sentido, como fue posible apreciar, se acude a esta figura dependiendo de circunstancias concretas, pero siempre atendiendo a ciertos y determinados límites. En Venezuela, hoy por hoy, es posible afirmar que existe una delegación legislativa atípica, que no encuentra fundamento histórico ni jurídico que justifique la posibilidad de otorgar amplias facultades al Presidente de la República para legislar sobre diversas materias que son propias de la Asamblea Nacional. Por lo tanto, consideramos que esta institución debe ser utilizada cuidadosamente en precisos y determinados casos, teniendo en cuenta que el exceso o abuso de la misma, conllevaría a la violación del principio de distribución de los poderes públicos, pilar fundamental de la democracia y admitido hace más de 200 años en la Declaración de los Derechos del Hombre y del Ciudadano de 1789, al dejar sentado que «Toda sociedad en la cual no esté asegurada la garantía de los derechos, ni determinada la separación de los poderes, carece de Constitución»"[4] (subrayado de este escrito).

Tales son, en general, las razones que se han dado para justificar la figura de la Ley Habilitante en el ordenamiento jurídico venezolano, a nivel constitucional, así como algunas críticas a su régimen actual y utilización.

---

[2] Moles Caubet, Antonio: "Dogmática de los Decretos-Leyes", en ACOSTA-HOENICKA, Oswaldo (Comp.): *Estudios de Derecho Público.* Caracas: UCV, 1997, pp. 366-367.

[3] Peña Solís, José: *Manual de Derecho Administrativo.* Volumen Primero. Caracas: Tribunal Supremo de Justicia, 2001, p. 296.

[4] Orlando G., Alfredo N.: "Consideraciones Sobre el Origen de los Decretos- Leyes y Justificación de las Leyes Habilitantes Previstas en la Constitución de la República Bolivariana de Venezuela de 1999" en *Erga Omnes.* Caracas: Sindicatura del Municipio Chacao, 2008, pp. 46-47.

II. DISCUSIÓN SOBRE SU NATURALEZA JURÍDICA

En Venezuela, la doctrina más reconocida en materia de Derecho Constitucional y de Derecho Administrativo han discutido sobre la naturaleza jurídica de la Ley Habilitante, a fin de establecer si ella corresponde a una autorización para ejercer una competencia propia del Gobierno nacional, sólo en las materias en que señale esa autorización, o si se trata de una delegación para ejercer, en forma temporal, una competencia propia del Parlamento, en las materias que éste le señale[5].

La discusión es pertinente hasta el día de hoy, pues según la tesis que se adopte se reconocerá o no que el Poder Ejecutivo ejerce, en el mismo plano político que el Poder Legislativo, la función legislativa, más allá de la autorización que en forma previa este último debe darle, desvinculando así a la legislación de la legitimidad democrática que la acompaña cuando es dictada por la Asamblea Nacional (que representa a la pluralidad de tendencias políticas de la sociedad), al permitir que un Poder no democrático como el Ejecutivo (sólo un cargo tiene origen electoral) la dicte sin mayores limitaciones.

En atención a las críticas que más adelante se hacen a la justificación jurídica de la Ley Habilitante, se estima que la tesis de la autorización es contraria al principio de división de Poderes, y que por tanto es la tesis de la delegación, a pesar de los graves problemas que también ella comporta para el funcionamiento democrático del Estado, la que debe seguirse mientras tenga vigencia la peligrosa figura de la Ley Habilitante.

III. EL VIGENTE RÉGIMEN CONSTITUCIONAL DE LA LEY HABILITANTE

En su antecedente más inmediato, de la Constitución de 1961, la Ley Habilitante sólo autorizaba al Presidente de la República en Consejo de Ministros el dictar normas de rango legal en materia económica y financiera (la Constitución no le permitía al antiguo Congreso Nacional autorizar al Presidente a dictar normas en otras materias distintas), para dar respuesta a situaciones extraordinarias o de emergencia. Dicha figura estaba prevista en el artículo 190, numeral 8, en los términos que siguen:

"Artículo 190.- Son atribuciones y deberes del Presidente de la República:

(…)

8. Dictar medidas extraordinarias en materia económica o financiera cuando así lo requiera el interés público y haya sido autorizado para ello por la ley especial".

Bajo la vigente Constitución de 1999, la Ley Habilitante, que se asume más como delegación que como autorización, permite al Presidente dictar normas de rango legal en cualquier materia, sin limitación expresa de ninguna índole (de modo que incluye la posibilidad de dictar normas legales en materia penal, tributaria, etc.), salvo las que indique o establezca la Asamblea Nacional en la Ley Habilitante misma. La figura, actualmente, está prevista en los artículos 203, último aparte, y 236, numeral 8, de la forma siguiente:

"Artículo 203. Son leyes habilitantes las sancionadas por la Asamblea Nacional por las tres quintas partes de sus integrantes, a fin de establecer las directrices, propósitos y marco de las materias que se delegan al Presidente o Presidenta de la República, con rango y valor de ley. Las leyes habilitantes deben fijar el plazo de su ejercicio".

---

[5] El resumen de esta polémica doctrinaria se encuentra en las obras antes citadas de Gerardo Fernández y de José Peña Solís.

"Artículo 236. Son atribuciones y obligaciones del Presidente o Presidenta de la República:

(…) 8. Dictar, previa autorización por una ley habilitante, decretos con fuerza de ley".

Entre 2001 y 2014, la Ley Habilitante ha sido otorgada al Ejecutivo Nacional hasta en 4 oportunidades, sin que en ninguno de esos casos haya existido, en realidad, ninguna situación de emergencia o circunstancia extraordinaria que tornara el ordenamiento jurídico vigente inapropiado o insuficiente para dar respuesta eficaz a tal problemática (es paradójico que, en cambio, no se haya activado la figura para enfrentar las complejas consecuencias económicas de las movilizaciones, paralizaciones y protestas ciudadanas que se desarrollaron entre 2002 y 2003 en Venezuela, con graves efectos políticas incluidos).

En todos esos casos, incluida la Ley Habilitante de 2010 (cuando se trató, sobre la base de falacias y propaganda política, justificar esa Habilitante, de casi año y medio de vigencia, en la supuesta emergencia nacional derivada de las fuertes lluvias que tuvieron lugar en algunas partes del territorio nacional, cuando en realidad de lo que se trató fue de usarla con fines electorales), la justificación real que tuvieron esas habilitaciones fue la que dio en su momento García Pelayo a la figura, a saber, el entendimiento político de que el Gobierno tiene una suerte de "derecho" a modificar y ajustar el ordenamiento jurídico (el autor habla de dictar *planes gubernamentales en el sentido de que leyes necesarias para la vida jurídica del país o decisivas para la política gubernamental, en las materias que lo considere"*, como vimos), a su proyecto político, y que el Parlamento está en la obligación política de permitir el ejercicio de ese derecho.

IV. LA LEY HABILITANTE DE 2013 Y SUS EFECTOS

Tal y como ocurrió con la vigencia de las anteriores Leyes Habilitantes de 2000, 2007 y 2010, la vigente entre 2013 y 2014, dio lugar a la producción de un elevado número de Decretos-Ley que lejos de ajustarse en su conjunto a la Constitución y a dar respuesta a necesidades efectivas de la ciudadanía, tienen por única finalidad profundizar la ejecución del proyecto socialista del Gobierno nacional, contrario a la normativa constitucional, y que está contenido en el Plan de la Patria 2013-2014. A continuación, el siguiente cuadro que elaboró el Observatorio Económico Legislativo de CEDICE nos informa de las abultadas cifras de Decretos-Ley dictados en cada caso, que prueba además cómo en los últimos 15 años el Poder Ejecutivo ha dictado más normas con rango de ley que el Poder Legislativo, en una clara inversión anti-democrática de la función estatal legislativa:

Cambios en el Marco Regulatorio vía Habilitante   cedice
Observatorio
Económico-Legislativo

Leyes Habilitantes

G.O No. 36.687	G.O No. 37.076	G.O No. 38.617	G.O Ext. No. 6.009	G.O Ext. No. 6.112
26/04/1999	13/11/2000	02/02/2007	17/12/2010	19/11/2013
6 meses	12 meses	18 meses	18 meses	12 meses
50	51	63	54	54
	(49 publicadas en sumario el 13/11/2001)	(26 publicadas en sumario el 31/07/2008)	(14 publicadas en sumario el 15/06/2012)	(14 anunciadas el 18/11/2014)

- Han sido leyes aprobadas de manera inconsulta
- Fallas en técnica legislativa
- Han construido un "tinglado legislativo" costoso para todos los sectores.
- Énfasis en la planificación centralizada.

En un estudio preparado por el profesor José Ignacio Hernández González y la abogada Diveana Rojas M., consultado en original, se indica que la última Ley Habilitante, de 2013, cuyo título completo es Ley que autoriza al Presidente de la República para dictar Decretos con Rango, Valor y Fuerza de Ley en las materias que se delegan *"habilitó al Presidente de la República a dictar Decretos-Leyes, en el amplio catálogo de materias enumeradas, básicamente respecto de los ejes temáticos de la lucha contra la corrupción y la llamada ofensiva económica. La habilitación se extendió por un año, y venció el 19 de noviembre de 2014. En total han sido dictados 57 Decretos-Leyes* [la cifra varía respecto de la ofrecida por CEDICE, en muestra de la inseguridad jurídica que se deriva de esta forma de "legislar" compulsiva e inconsulta], *de los cuales, 45 fueron dictados los últimos dos días de la habilitación".*

Sobre el balance preliminar de algunos de estos Decretos-Ley remitimos al lector interesado al completo análisis costo-beneficios elaborado por el Observatorio Económico Legislativo de CEDICE[6].

V. LAS CONSECUENCIAS DE LA LEY HABILITANTE PARA LA DEMOCRACIA Y LA DIVISIÓN DE PODERES

El uso dado en los últimos 15 años tanto por el Parlamento como por el Gobierno a la Ley Habilitante en Venezuela, ha debilitado gravemente la legitimidad democrática de la legislación (los venezolanos, de estar sujetos a leyes hemos pasado a quedar sometidos a mandatos), que dejó de ser resultado de debates entre fuerzas políticas con origen electoral en representación de los ciudadanos para ser expresión del partido de Gobierno y los exclusivos intereses de sus más cercanos aliados en la economía y la sociedad.

---

[6]   Disponible en la dirección: http://goo.gl/cmupNZ, consultada el 05 de marzo de 2015.

Asimismo, el uso dado a la figura ha debilitado el sistema de pesos y contrapesos que es la división de Poderes, ya que con esa delegación constante de su función legislativa (casi sin límite en cuanto a las materias en que se han dictado normas jurídicas legales), el Parlamento ha renunciado a su función de limitación de las actuaciones del Ejecutivo (tampoco ha ejercicio su función de control político) y se ha mostrado inútil, innecesario, costoso y segundón ante la ciudadanía, que podría en no pocos casos pensar que sólo importa el Poder Ejecutivo, si a fin de cuentas, además de gobernar también puede, y con mucha más "efectividad" (por elevado número de Decretos-Ley que dicta si se lo compara con las Leyes que dicta la Asamblea Nacional), legislar en cualquier materia.

VI. CRÍTICA A LA JUSTIFICACIÓN POLÍTICA DE LA LEY HABILITANTE

Hoy día no es aceptable, y por el contrario es censurable, e incluso contrario a la Constitución, la tesis según la cual el Gobierno que deriva de una elección popular tiene una suerte de "derecho" a pedir y recibir una habilitación parlamentaria para modificar el derecho vigente en función del proyecto político que desea ejecutar, para evitar así que leyes vigentes sean un obstáculo con miras a ese fin. Y lo es porque ese punto de vista convierte, con o sin conciencia, al Gobierno en un tirano que puede, sin que exista emergencia alguna, acomodar el ordenamiento jurídico a sus intereses político-partidistas.

La Ley Habilitante, sea una autorización o una delegación, le permite al Gobierno actuar como legislador, lo que, en sí mismo, es contrario a la forma democrática de gobierno, más en un sistema presidencialista como el venezolano, ya que le permite a un Poder como el Ejecutivo, que no tiene la misma legitimidad político-democrática que el Poder Legislativo, dictar normas con rango de ley que limiten las libertades ciudadanas, impongan penas y creen tributos.

Por otro lado, como el Gobierno no sigue el procedimiento parlamentario de formación de la ley, ni lleva a cabo ningún tipo de consulta pública institucional (lo que podría perfectamente hacer aplicando lo previsto en este sentido en el vigente Decreto-Ley Orgánica de Administración Pública, sobre la participación ciudadana en la actividad normativa de la Administración, pero ni siquiera), lo que convierte los Decretos-Ley en actos unilaterales del Poder Ejecutivo, entonces cabe afirmar que la Ley Habilitante es una fuente para el desconocimiento de los derechos ciudadanos a la participación, a que se consideren sus propuestas sobre la legislación a dictar. Valga añadir, que es tal la deferencia en este sentido hacia el Presidente de la República al dictar Decretos-Ley, que ni en la Ley Habilitante ni el Reglamento Interior y de Debates de la Asamblea Nacional, se incluyen normas a este respecto, que limiten los poderes del Ejecutivo y garanticen los derechos de los ciudadanos.

VII. CRÍTICA A LA JUSTIFICACIÓN JURÍDICA DE LA LEY HABILITANTE

Actualmente, la tesis jurídica según la cual la Ley Habilitante no implicaría una violación al principio esencial del Estado de Derecho de la separación de poderes, que no es otra que la teoría formal sustancial de las funciones del Estado (según la cual la separación de funciones no es rígida, y por lo tanto todos los Poderes ejercen todas las funciones, sólo que una la ejercen de forma sustancial y las otras de manera secundaria o formal, así que todos por ejemplo ejercerían la función legislativa), es conceptual y empíricamente refutable, contraria al mencionado principio y fuente de los más inaceptables abusos por parte no sólo del Gobierno, sino de otros Poderes Públicos (se usa el plural aquí para facilitar la explicación, ya que, como es sabido, en realidad existen ramas y no Poderes, siendo el Poder Público uno sólo).

Como bien lo argumentó Gonzalo Pérez Luciani en su momento[7], la teoría formal sustancial de las funciones estatales es una teoría tautológica y "aberrada" en lo conceptual, pues parte de definiciones cuestionables de lo que es la función legislativa, la función administrativa, la función jurisdiccional, etc., y no es apropiada para que funcionen los pesos y contrapesos entre los Poderes Públicos, ya que según el capricho del legislador (que puede ser el propio Gobierno), daría igual que en las leyes se indique que sea un juez o un Ministro el que resuelva una controversia jurídica, que sea el Presidente, el TSJ, el CNE o la Asamblea Nacional quien dicte normas con rango legal para limitar derechos humanos, o que la Contraloría General dicte actos sancionatorios ejecutivos y ejecutorios a pesar de que ella no tutela de forma directa el interés general, que limitan derechos humanos (como las inhabilitaciones políticas) pues todos los órganos del Poder Público pueden ejercer todas las funciones (la distinción "formal" y "sustancial", en la práctica, no supone límites jurídicos).

Gracias a esta tesis anti-liberal, por contraria al Estado de Derecho, al principio de legalidad y tributaria del intervencionismo estatal en la economía y la sociedad, el Gobierno nacional podría ejercer sin mayores limitaciones la función legislativa vía Decretos-Ley, y así, con el apoyo de una mayoría de su partido en el Parlamento, dictar toda una legalidad que se ajuste a sus intereses político-ideológicos-partidistas y mercantilistas, sustituyendo al Legislativo y el contrapeso que éste puede –y debe por mandato constitucional- ejercer mediante la sanción de las normas jurídicas que dicte para limitar la acción del Ejecutivo. Tal posibilidad anula la posibilidad de vigencia del principio del Estado de Derecho, tal y como éste fue concebido en la tradición liberal orientada a la limitación del Poder, que defienden Locke, Montesquieu, Hume, Smith y Hayek, entre otros.

VIII. LA NECESIDAD DE EVALUAR LA ELIMINACIÓN DE LA LEY HABILITANTE ANTE LA EXISTENCIA DE LA FIGURA DEL ESTADO DE EXCEPCIÓN

Si la justificación política y la justificación jurídica de la Ley Habilitante carecen hoy día de aceptabilidad, por las razones ya expuestas, si esta figura, por otro lado, ha sido empleada con abuso de Poder, para aumentar y desbordar los poderes del Gobierno nacional en la vida económica y social del país, con resultados negativos y en casos irrelevantes respecto de su impacto en la ciudadanía (la brutal cantidad de Decretos-Ley dictados entre 2001 y 2014 no han mejorado en ningún sentido la calidad institucional, la garantía de los derechos humanos y la situación de la pobreza en el país), aunque siempre con un elevado costo para el presupuesto nacional por la innecesaria y populista burocracia que suelen crear.

Por otro lado, si ya existe en la Constitución la figura del "Estado de Excepción", que permite al Ejecutivo Nacional, en casos de emergencia comprobada, el suspender de manera temporal la legalidad ordinaria vigente, restringir incluso algunas garantías de ciertos derechos constitucionales (no de todos, y nunca de los derechos en sí) y el dictar normas con rango legal que sustituyan la legalidad ordinaria por un tiempo determinado, para así enfrentar y superar la situación de emergencia con apoyo en esta legalidad extraordinaria, entonces cabe considerar y proponer la eventual exclusión de la figura de la Ley Habilitante en una futura reforma constitucional.

Los artículos 337 y 338 de la Constitución regulan la figura de los Estados de Excepción en los términos que siguen:

---

[7]   En Pérez Luciano, Gonzalo: "Funciones del Estado y actividades de la Administración", en *Revista de Derecho Público* N° 13 (enero-marzo 1983). Editorial Jurídica Venezolana, Caracas 1983, p. 24.

"Artículo 337. El Presidente o Presidenta de la República, en Consejo de Ministros, podrá decretar los estados de excepción. Se califican expresamente como tales las circunstancias de orden social, económico, político, natural o ecológico, que afecten gravemente la seguridad de la Nación, de las instituciones y de los ciudadanos y ciudadanas, a cuyo respecto resultan insuficientes las facultades de las cuales se disponen para hacer frente a tales hechos. En tal caso, podrán ser restringidas temporalmente las garantías consagradas en esta Constitución, salvo las referidas a los derechos a la vida, prohibición de incomunicación o tortura, el derecho al debido proceso, el derecho a la información y los demás derechos humanos intangibles".

"Artículo 338. Podrá decretarse el estado de alarma cuando se produzcan catástrofes, calamidades públicas u otros acontecimientos similares que pongan seriamente en peligro la seguridad de la Nación o de sus ciudadanos y ciudadanas. Dicho estado de excepción durará hasta treinta días, siendo prorrogable hasta por treinta días más.

<u>Podrá decretarse el estado de emergencia económica cuando se susciten circunstancias económicas extraordinarias que afecten gravemente la vida económica de la Nación. Su duración será de hasta sesenta días, prorrogable por un plazo igual.</u>

Podrá decretarse el estado de conmoción interior o exterior en caso de conflicto interno o externo, que ponga seriamente en peligro la seguridad de la Nación, de sus ciudadanos y ciudadanas, o de sus instituciones. Se prolongará hasta por noventa días, siendo prorrogable hasta por noventa días más.

La aprobación de la prórroga de los estados de excepción corresponde a la Asamblea Nacional. Una ley orgánica regulará los estados de excepción y determinará las medidas que pueden adoptarse con base en los mismos" (subrayado de este artículo).

Como se observa, una de las modalidades del Estado de Excepción es el "estado de emergencia económica", cuyos supuestos coinciden con los supuestos que, al menos en el período democrático venezolano (1958-1998) dieron lugar a que se solicitara y otorgaran Leyes Habilitantes (emergencias económicas y financieras), de modo que si se presenta ese supuesto, por vía del Decreto de Estado de Excepción (que además dicta el propio Ejecutivo, sin permiso del Legislativo), el Presidente puede hacer frente, mediante una legalidad extraordinario por él dictada, a la situación de emergencia económica.

IX. RESPUESTAS A POSIBLES REFUTACIONES

No se propone la eventual eliminación de la Ley Habilitante por el abuso de poder con que se ha utilizado la figura bajo la vigencia de la Constitución de 1999, ya que otras instituciones políticas y jurídicas, como la Asamblea Nacional, la Sala Constitucional, la potestad de autotutela, la potestad sancionatoria, las medidas cautelares judiciales y la revisión constitucional extraordinaria, han sido utilizadas con abuso de poder también y no por ello resulta razonable, al menos para quien suscribe, proponer su eliminación.

Tal circunstancia abona en ese sentido, pero la razón principal es lo contrario a la democracia y al Estado de Derecho que en sí misma resulta la figura de la Ley Habilitante, debido a lo antes expuesto, y porque la idea misma de una habilitación para ajustar a un plan de Gobierno la legislación vigente (es decir, convertir las normas generales en vigor en mandatos con fines específicos en los más diferentes sectores) se alinea con la idea de planificación central de la economía, de raíz socialista y contraria tanto a la economía social de mercado, como a los derechos centrales en ella, la propiedad privada, la libre empresa y la libertad de elección de los consumidores.

En todo caso, la Ley Habilitante es además innecesaria dada la existencia del Estado de Excepción. Respecto de esto, debe indicarse que no se ignoran o desconocen los riesgos y excesos que se pueden cometer al decretar un Estado de Excepción y dictar legislación de emergencia vía decreto presidencial con base en aquél, lo ocurrido en los hechos del 27 y 28 de febrero de 1989, y primeros días de marzo de ese año, en los que estuvo vigente un Estado de Excepción (otro nombre tenía en ese tiempo) y se dictaron normas de emergencia vía decreto, así lo evidencian.

Sin embargo, hoy día tanto la Constitución como la Ley Orgánica vigente en la materia (con aspectos siempre mejorables), establecen un sistema de pesos y contrapesos en cuanto al uso de esta figura, que permiten tanto al Legislativo nacional como al Tribunal Supremo, vía Sala Constitucional, limitar la duración, contenido y efectos tanto del decreto de Estado de Excepción, como de los Decretos-Ley que se dicten bajo la vigencia de aquél.

Finalmente, para quienes la figura de la Ley Habilitante no implique un peligro ni una institución en sí misma contraria a la democracia y al Estado de Derecho, tienen la carga entonces de demostrar con argumentos y ejemplos prácticos, más allá de los lugares comunes, falacias y ambigüedades de tipo metafísico que encontramos en los puntos de vista de autores como García Pelayo y Moles Caubet citados en este trabajo (con el respeto que merecen como politólogo y jurista, respectivamente), cómo es que la Ley Habilitante no afecta al pluralismo político, la representatividad democrática, la participación de los ciudadanos, la función de control vía legislación del Parlamento sobre el Gobierno, cómo puede beneficiar a la población en lugar de transferirle más poder al Ejecutivo Nacional y, por último, si logran todo eso, deben indicar qué medidas a nivel constitucional y del Reglamento Interior y de Debates habría que adoptar para que nunca más se emplee con el descarado y autoritario poder con que se ha usado entre el 2001 y el 2014 en Venezuela.

Las leyes habilitantes y los decretos-leyes dictados con base en aquéllas

José Antonio Muci Borjas
Profesor de Derecho Administrativo
Universidad Católica Andrés Bello

Resumen: *El artículo analiza críticamente la Ley Habilitante 2013 y los Decretos-Leyes dictados en ejecución de ésta.*

Palabras Claves: *Ley Habilitante, Decretos-Leyes.*

Abstract: *The article critically examines the 2013 Enabling Law 2013 and Decree-Laws promulgated in accordance with that Law.*

Keywords: *Enabling Act, Decree-Law.*

I. INTRODUCCIÓN

§ 1. El presente artículo tiene por objeto formular un juicio crítico sobre la Ley Habilitante de 2013 y los Decretos-Leyes dictados con fundamento en aquélla a finales de 2014, y, para hacerlo, luce necesario disertar, en este preciso orden, en torno a los asuntos que de seguida se mencionan:

a. las distintas normas constitucionales que en el pasado han regulado, directa o indirectamente, las leyes habilitantes y los decretos-leyes que pueden ser dictados por el Ejecutivo con base en aquéllas;

b. la regulación constitucional sobre las leyes orgánicas en las Constituciones de 1961 y 1999, las leyes habilitantes como especie (*species*) del género (*genus*) ley orgánica, y la jerarquía de las normas contenidas en las leyes orgánicas;

c. el objeto de las leyes habilitantes, con miras a dilucidar si contienen una autorización o una delegación legislativa, y la trascendencia, por sus efectos, que comporta la expedición de decretos-leyes con base en una ley habilitante;

d. las materias que una ley habilitante puede encomendarle a decretos-leyes dictados por el Ejecutivo; y,

e. el contenido mínimo con el cual debe contar una ley habilitante por mandato constitucional.

§ 2. Y concluido el análisis de las materias mencionadas con anterioridad, centraremos nuestra atención en la Ley Habilitante de 2013 y los Decretos-Leyes dictados con fundamento en aquélla.

II.   LAS LEYES HABILITANTES Y LOS DECRETOS-LEYES DICTADOS CON BASE
      EN AQUÉLLAS SEGÚN LAS CONSTITUCIONES VENEZOLANAS

1.   *Los antecedentes normativos del artículo 236, numeral 10, de la Constitución de*
     1999

§ 3. La Constitución de 1945 fue la primera de nuestras constituciones en reconocerle al
Congreso poder para habilitar al Ejecutivo Nacional para dictar actos con rango de ley.[1] A
tenor de su artículo 78, numeral 23, correspondía al Congreso «*autorizar temporalmente* al
Presidente de la República *para ejercer* determinadas y precisas *facultades extraordinarias*
destinadas a proteger la vida económica y financiera de la Nación, cuando la necesidad o la
conveniencia pública lo requieran».[2]

§ 4. La disposición citada con anterioridad fue luego reproducida en el artículo 162, numeral 9°, de la Constitución de 1947.[3]

§ 5. Más recientemente, el artículo 190, numeral 8°, de la Constitución de 1961 establecía que eran atribuciones y deberes del Presidente de la República, en Consejo de Ministros,
«dictar *medidas extraordinarias* en materia económica o financiera cuando así lo requiera el
interés público y *haya sido autorizado* para ello por ley especial».[4]

§ 6. Por su ubicación en el cuerpo normativo, durante la vigencia de la Constitución de
1961 algunos autores afirmaron que los poderes que el artículo 190 -numeral 8°- de la Constitución le reconocía al Presidente de la República podían ser calificados como *poderes pro-*
pios, y que el ejercicio de tales poderes se encontraba sometido a una condición: la previa
concesión de una autorización legislativa. Otros, por el contrario, sostuvieron que los decretos-leyes se expedían con base en *poderes delegados*.[5]

2.   *El artículo 236, numeral 8°, de la Constitución de 1999*

§ 7. El artículo 236, numeral 8°, de la Constitución venezolana en vigor establece que
corresponde al Presidente de la República «dictar, *previa autorización* por una *ley habilitan-*
te, decretos con fuerza de ley».[6] De acuerdo con la Constitución, esa atribución sólo puede

---

[1]   Planchart Manrique, Gustavo, "Ley Habilitante del 13-11-00 y los Decretos Leyes resultantes",
      Ley Habilitante del 13-11-2000 y sus Decretos Leyes, Academia de Ciencias Políticas y Sociales,
      Caracas, 2002, pp. 20 y 21.

[2]   Brewer-Carías, Allan Randolph, *Las Constituciones de Venezuela*, Tomo II, tercera edición am-
      pliada y actualizada, Academia de Ciencias Políticas y Sociales, Caracas, 2008, pp. 1.274 y 1.275.
      La norma constitucional parcialmente transcrita formaba parte del Título V (*Del Poder Legislati-*
      vo), Sección Sexta (De las atribuciones comunes a ambas Cámaras como Cuerpos Colegisladores),
      de la Constitución de 1945.

[3]   Brewer-Carías, Allan Randolph, *op. cit.*, pp. 1.325 y 1.326.

[4]   Brewer-Carías, Allan Randolph, *op. cit.*, p. 1.404. A diferencia de las dos normas de las Constitu-
      ciones de 1945 y 1947 citadas con anterioridad, el artículo 190 formaba parte integrante del Título
      VI (*Del Poder Ejecutivo Nacional*), Capítulo II (De las atribuciones del Presidente de la Repúbli-
      ca), de la Constitución de 1961.

[5]   Los precisos términos del debate doctrinal pueden ser consultados en *20 años de doctrina de la*
      Procuraduría General de la República 1962-1981, Tomo I, Publicación de la Procuraduría Gene-
      ral de la República, Caracas, 1984, pp. 35 y ss. En propósito, puede consultarse también Pérez Lu-
      ciani, Gonzalo, *Escritos del doctor Gonzalo Pérez Luciani*, Fundación Bancaribe para la Ciencia y
      la Cultura, Caracas, 2013, pp. 301-305.

[6]   Copiado a la letra el artículo 236 establece textualmente: «Son atribuciones y deberes del Presi-
      dente de la República:... 8. Dictar, previa autorización por una ley habilitante, decretos con fuerza

ser ejercida por el Presidente de la República, en Consejo de Ministros. En consecuencia, salta a la vista que la facultad para expedir decretos-leyes con base en una ley habilitante debe ser ejercida por *un órgano colegiado*, presidido por el Presidente de la República.[7]

§ 8. Con base en el artículo 236, numeral 8°, no hay duda, pueden dictarse decretos-leyes en las materias reservadas a la *ley ordinaria*. El debate o discusión doctrinario y jurisprudencial se ha centrado en torno a la posibilidad de aprobar decretos-leyes en las materias reservadas a las *leyes orgánicas* (*infra*, Parágrafos § 33 y siguientes).

§ 9. Vale la pena observar que el numeral 8° del artículo 236 constitucional -y la facultad, de excepción, que él contempla- debe ser leído e interpretado a la luz del artículo 203 *eiusdem*.[8] Copiado a la letra, el artículo 203 dispone:

«Son leyes orgánicas las que así denomina esta Constitución; las que se dicten para organizar los poderes públicos o para desarrollar los derechos constitucionales y las que sirvan de marco normativo a otras leyes.

Todo proyecto de ley orgánica, salvo aquel que la propia Constitución así califica, deberá ser previamente admitido por la Asamblea Nacional, por el voto de las dos terceras partes de los miembros presentes antes de iniciarse la discusión del respectivo proyecto de ley. Esta votación calificada se aplicará también para la modificación de las leyes orgánicas.

Las leyes que la Asamblea Nacional haya calificado de orgánicas serán remitidas, antes de su promulgación, a la Sala Constitucional del Tribunal Supremo de Justicia, para que se pronuncie acerca de la constitucionalidad de su carácter orgánico. La Sala Constitucional decidirá en el término de diez días contados a partir de la fecha de recibo de la comunicación. Si la Sala Constitucional declara que no es orgánica la ley perderá este carácter.

Son leyes habilitantes, las sancionadas por la Asamblea Nacional por las tres quintas partes de sus miembros, a fin de establecer las directrices, propósitos y el marco de las materias que se delegan al Presidente de la República, con rango y valor de ley. Las leyes de base deben fijar el plazo de su ejercicio».

§ 10. Sobre el preciso sentido y alcance del artículo 203 de la Constitución volveremos más adelante.

---

de ley». El artículo 236 de la Constitución de 1999 forma parte del Título V (De la organización del Poder Público Nacional), Capítulo II, (*Del Poder Ejecutivo Nacional*), Sección II (*De las atribuciones del Presidente o Presidenta de la República*).

[7] Según el artículo 236 *in fine*, «el Presidente de la República ejercerá en Consejo de Ministros las atribuciones señaladas en los numerales 7, 8, 9, 10, 12, 13, 14, 18, 20, 21, 22 y las que le atribuya la ley para ser ejercidas en igual forma». El artículo 242 *eiusdem* precisa que «los Ministros son órganos directos del Presidente de la República, y reunidos conjuntamente con este y con el Vicepresidente Ejecutivo, integran el Consejo de Ministros». Complementariamente, el Reglamento del Consejo de Ministros establece que el Consejo de Ministros «...es *el órgano* superior de dirección política, estratégica y administrativa de la Administración Pública Nacional» (artículo 2°, "Naturaleza jurídica y principios"), (*Gaceta Oficial de la República* N° 40.580, del 14 de enero de 2014).

[8] El artículo 203 de la Constitución de 1999 forma parte del Título V (De la organización del Poder Público Nacional), Capítulo I (*Del Poder Legislativo Nacional*), Sección Cuarta (*De la formación de las leyes*).

III. LAS LEYES ORGÁNICAS SEGÚN LAS CONSTITUCIONES VENEZOLANAS

1.   *El artículo 163 de la Constitución de 1961*

§ 11. Las leyes orgánicas, entendidas como categoría específica de las leyes nacionales, porque contaban con particularidades técnico-jurídicas propias, que las distinguían de las leyes ordinarias, nacen con la Constitución de 1961.

§ 12. En efecto, el artículo 163 de la Constitución de 1961 disponía que eran leyes orgánicas las que así denominaba esa Constitución (leyes orgánicas por denominación constitucional), así como las que fuesen investidas con tal carácter por la mayoría absoluta de los miembros de cada Cámara al iniciarse en ellas la discusión del respectivo proyecto de ley (leyes orgánicas por denominación parlamentaria). Disponía, además, que las leyes ordinarias que se dictasen en materias reguladas por leyes orgánicas quedaban sometidas a las normas de estas últimas.[9]

§ 13. Por causa de las circunstancias indicadas con anterioridad (*supra*, Parágrafos § 11 y § 12), las leyes, *anteriores a* 1961, que habían sido denominadas como orgánicas por el Poder Legislativo, carecían del superior rango –*id est*, de la mayor jerarquía normativa– que (i) distinguía a las leyes orgánicas dictadas *durante la vigencia de* la Constitución de 1961 y, por tanto, (ii) diferenciaba a tales leyes de las leyes ordinarias.[10]

§ 14. Según la Corte Suprema de Justicia, con la inclusión del artículo 163 se procuraba dispensarle a las leyes orgánicas un «...*carácter privilegiado*...» en el ordenamiento jurídico venezolano, porque esas leyes debían servir para determinar el «...*marco normativo*...», «...*preeminente y preferente a las leyes ordinarias*...» en los asuntos regulados por aquéllas, tanto en lo adjetivo como en lo sustantivo.[11] En el fallo judicial citado se destacaba, *e.g.*, que esa interrelación entre leyes orgánicas y leyes ordinarias era obvia en el caso de la Ley Orgánica de Régimen Presupuestario, a cuyas previsiones debían atenerse las leyes anuales de presupuesto.[12] Más recientemente, la jurisprudencia ha arribado a análoga conclusión por lo que respecta a la Ley Orgánica de la Administración Financiera del Sector Público.[13]

---

[9]   El artículo 163 establecía textualmente lo siguiente: «Son leyes orgánicas las que así denomina esta Constitución y las que sean investidas con tal carácter por la mayoría absoluta de los miembros de cada Cámara al iniciarse en ellas el respectivo proyecto de ley. Las leyes que se dicten en materias reguladas por leyes orgánicas se someterán a las normas de éstas» (Brewer-Carías, Allan Randolph, *op. cit.*, p. 1.401).

[10]   Aguilar Gorrondona, José Luis, "Las leyes orgánicas en la Constitución de 1961", en *Estudios sobre La Constitución, Libro Homenaje a Rafael Caldera*, Tomo III, Universidad Central de Venezuela, Caracas, 1979, pp. 1.957 y 1.958; y, Lares Martínez, Eloy, *Manual de Derecho Administrativo*, 5ª Edición, Facultad de Ciencias Jurídicas y Políticas de la Universidad Central de Venezuela, Caracas, 1983, p. 56.

[11]   Sentencia dictada por la Corte Suprema de Justicia en Corte Plena en fecha 23 de noviembre de 1995, N° 871, asunto *José Godoy et al*, en *Revista de Derecho Público*, N° 63-64, julio-diciembre 1995, Editorial Jurídica Venezolana, Caracas, 1995, pp. 133 y 134.

[12]   En propósito, puede consultarse también, *mutatis mutandis*, a Rondón de Sansó, Hildegard, "Análisis Crítico de la Ley Orgánica de Procedimientos Administrativos", en *Boletín de la Academia de Ciencias Políticas y Sociales*, Academia de Ciencias Políticas y Sociales, Caracas, Vol. 38, No. 85-86, 1981, p. 71.

[13]   Decisión de la Sala Constitucional del Tribunal Supremo de Justicia del 31 de julio de 2008, N° 1.256, asunto *Constitucionalidad del carácter orgánico del Decreto con rango, valor y fuerza de Ley Orgánica del Sistema Financiero Público y del Consejo Superior Financiero*.

2.   *Las leyes marco y las leyes habilitantes según el artículo 203 de la Constitución de 1999*

§ 15. Como ha quedado asentado ya, el artículo 203 de la Constitución en vigor (*supra*, Parágrafo § 9) establece que son leyes orgánicas las que sirven de *marco normativo* a otras leyes.[14]

§ 16. El artículo 203 establece, además, que son *leyes habilitantes* las sancionadas por la Asamblea Nacional por las tres quintas (3/5) partes de sus miembros, a fin de establecer las directrices, propósitos y el marco de las materias que se delegan al Presidente de la República, con rango y valor de ley.

§ 17. El artículo 203 agrega, finalmente, que las *leyes de base* deben fijar el plazo para el su desarrollo.

§ 18. ¿Cuáles son, cabe preguntarse entonces, las *interrelaciones* que median entre las leyes orgánicas, las leyes marco, las leyes habilitantes y las leyes de bases? O, dicho de otra manera, ¿cómo cabría clasificar a unas y otras leyes? Pues bien, a nuestro entender:

a. Las leyes que sirven de marco normativo a otras leyes constituyen una de las especies (*species*) del género (*genus*) ley orgánica. A esa primera especie de ley orgánica se suman, *e.g.*, las leyes que tienen por objeto desarrollar los derechos y libertades constitucionales, y las que tienen por objeto organizar los Poderes Públicos (*supra*, Parágrafo § 9); y,

b. Las leyes habilitantes y las leyes de bases son dos subespecies (*subspecies*) o subtipos –distintos y diferentes– de ley marco.[15] En efecto, de acuerdo con la Constitución venezolana las leyes de bases deben ser calificadas como una subespecie de las leyes marco, porque sirven de marco normativo a las leyes sancionadas por los Estados para desarrollar una cual-

---

[14]   La Sala Constitucional del Tribunal Supremo ha dejado sentado que la calificación de una ley marco como orgánica responde a un «...criterio técnico-formal...», agregando a renglón seguido que las leyes marco son leyes orgánicas por «...*investidura parlamentaria*...», y no por investidura constitucional (Sentencias de la Sala Constitucional del Tribunal Supremo de Justicia del 12 de junio de 2000, N° 537, asunto *Constitucionalidad de la Ley Orgánica de Telecomunicaciones*, y 26 de septiembre de 2013, N° 1262, asunto *Constitucionalidad del carácter orgánico del Decreto con Rango, Valor y Fuerza de Ley Orgánica de Cultura*). Empero, esa apreciación luce incorrecta, porque las leyes de bases llamadas a desarrollar las materias respecto de las cuales la República y los Estados tienen competencias concurrentes, son consideradas *por la propia Constitución* como un *subtipo de ley marco*, llamado a *coordinar o armonizar normas pertenecientes a ordenamientos distintos* (el nacional, por una parte, los estadales por la otra), y, por consiguiente, como un subtipo de ley orgánica (*infra*, nota a pie de página N° 16).

[15]   Rondón de Sansó pareciera entender que leyes habilitantes y leyes de bases son términos *sinónimos* (Rondón de Sansó, Hildegard, "Los decretos normativos dictados en base a una ley formal", *Ley Habilitante del 13-11-2000 y sus Decretos Leyes*, Academia de Ciencias Políticas y Sociales, Caracas, 2002, p. 49). La sinonimia a la cual alude pareciera encontrar su justificación en que las leyes de base, *ex*-artículo 203 de la Constitución, deben contar con un plazo para su ejercicio. También pareciera encontrar su justificación en el criterio sentado por la Sala Constitucional del Tribunal Supremo de Justicia, conforme al cual «...la ley habilitante es una ley base...», porque sirve de marco normativo a otras leyes (Sentencia del 19 de septiembre de 2001, N° 1.719, asunto *Constitucionalidad del carácter orgánico del Decreto con Fuerza de Ley Orgánica de Ciencia, Tecnología e Innovación*). Pareciera encontrar su justificación, finalmente, en el Derecho comparado. Cabe citar aquí, *arguendi gratia*, a los Profesores García de Enterría y Fernández, quienes afirman (i) que en España las *leyes de bases* tienen por objeto conceder delegaciones legislativas al Gobierno; (ii) que en virtud de tales delegaciones el Gobierno puede expedir actos con rango o jerarquía de ley formal; y, (iii) que los actos dictados por el Gobierno tendrán rango o jerarquía legal en la medida en que se sujeten a los condicionamientos -*i.e.*, a las directrices y límites- de la delegación (García de Enterría, Eduardo y Fernández, Tomás Ramón, *Curso de Derecho Administrativo*, Tomo I, quinta edición, Editorial Civitas, S.A., Madrid, 1991, p. 275 y ss.).

quiera de las materias respecto de las cuales la República y los Estados tienen *competencias concurrentes*.[16] Las leyes de bases, por consiguiente, sólo pueden servir de marco normativo *ciertas y determinadas* leyes estadales. Las leyes sancionadas para que sirvan de marco normativo en otras materias, como la presupuestaria (*supra*, Parágrafo § 14), no pueden ser clasificadas como leyes de bases, porque (i) la administración de los bienes y la inversión y administración de los recursos de los Estados, y (ii) la organización, recaudación, control y administración de los ramos tributarios propios, son, *e.g.*, materias de la competencia exclusiva de los Estados (artículo 164, numeral 3° y 4°, de la Constitución).

3. *Las leyes habilitantes como un especie (species) singular del género (genus) Ley orgánica*

§ 19. A pesar de que la Constitución de 1999 no contiene una norma equivalente al artículo 163 de la Constitución de 1961, conforme al cual las disposiciones de las leyes orgánicas *prevalecían* sobre las normas de las leyes ordinarias en las materias reguladas por aquéllas (*supra*, Parágrafo § 12), a nuestro entender no hay duda alguna que las leyes habilitantes dictadas al amparo de la Constitución de 1999 prevalecen –*ex rerum natura*– sobre los decretos-leyes dictados en ejecución de aquéllas. Las previsiones de las leyes habilitantes prevalecen o se imponen sobre las de los decretos-leyes dictados con base en aquéllas porque las leyes habilitantes fungen como *supuesto* o *antecedente* -lógico y necesario- y como *marco normativo de referencia* para el diseño y ulterior aprobación de los decretos-leyes.[17] Las leyes habilitantes están llamadas, por diseño constitucional, a *delimitar* –id est, a *condicionar*– los poderes normativos que el Presidente de la República, en Consejo de Ministros, puede ejercer válidamente mediante decretos-leyes. Habida consideración de tales circunstancias, es evidente que las leyes habilitantes tienen un *rango superior* –una *jerarquía normativa mayor*– que la de los decretos-leyes dictados con base en aquélla.[18]

§ 20. La "superioridad" de *las otras* leyes orgánicas, *distintas a* las leyes que sirven de *base* o *fundamento* legal para la ulterior expedición de decretos-leyes, pareciera ser hoy en día un tema abierto al debate y la discusión.[19] Por lo que a estas leyes orgánicas se refiere, la derogatoria de la Constitución de 1961 y de su artículo 163 ha dejado un vacío que el legislador y la jurisprudencia han tratado de colmar. Veamos.

---

[16] El encabezamiento del artículo 165 de la Constitución dispone textualmente lo siguiente: «Las materias objeto de competencias concurrentes serán reguladas mediante leyes de bases dictadas por el Poder Nacional, y leyes de desarrollo aprobadas por los Estados».

[17] El Tribunal Supremo de Justicia ha sostenido que la ley habilitante califica como ley orgánica *por denominación constitucional*, porque sirve de marco normativo a otras leyes (Sentencia de la Sala Constitucional del Tribunal Supremo de Justicia del 19 de septiembre de 2001, N° 1.719, asunto *Constitucionalidad del carácter orgánico del Decreto con Fuerza de Ley Orgánica de Ciencia, Tecnología e Innovación*).

[18] En Italia Cervati reconoce, *mutatis mutandis*, que las leyes delegadas -*i.e.*, el equivalente de los decretos-leyes a los cuales alude el artículo 236, numeral 8° de la Constitución venezolana-, dictadas con base en una ley delegante -*i.e.*, el equivalente a las leyes habilitantes sancionadas con base en el artículo 203 *eiusdem*-, tienen «…una "fuerza" menor que las leyes del Parlamento e incluso una ubicación *sui generis* en la "jerarquía de las fuentes"» (Cervati, Angelo Antonio, "Legge delega e delegata", en *Enciclopedia del Diritto*, XXIII, Giuffrè Editore, Milano, 1973, p. 960).

[19] En sentido coincidente, Carrillo Artiles, Carlos Luis, "La paradójica situación de los Decretos Leyes Orgánicos frente a la Ingeniería Constitucional de 1999", *Revista de Derecho Público N° 115 (Estudios sobre los Decretos Leyes)*, julio-septiembre 2008, Editorial Jurídica Venezolana, Caracas, 2008, p. 96.

§ 21. Por lo que al legislador se refiere, cabe citar aquí, *e.g.*, el artículo 10 de la Ley Orgánica sobre el Derecho de las Mujeres a una Vida Libre de Violencia, a tenor del cual «las disposiciones de esta Ley serán de aplicación preferente por ser Ley Orgánica».[20] Esa norma legal, empero, merece un puñado de reflexiones:

a. Si fuese evidente que las leyes orgánicas tuvieran mayor rango o jerarquía que las ordinarias, esa *declaración de principios* sería a todas luces innecesaria. Pero como la preferencia - esto es, la primacía o preeminencia- de todas las leyes orgánicas, de todas sin excepción, ha dejado de ser un dato objetivo, se ha pretendido remediar el vacío con la inclusión de esa *intrascendente* disposición.

b. Esa declaratoria no es idónea -*per se*- para colmar el vacío dejado tras la derogatoria -poco meditada, nada prudente- del artículo 163 de la Constitución de 1961, que estaba llamado a resolver los conflictos entre leyes orgánicas y ordinarias atendiendo a su diferente jerarquía,[21] porque en ausencia del precitado artículo 163, cualquier ley posterior en fecha, contentiva de norma contraria a lo dispuesto por la Ley Orgánica sobre el Derecho de las Mujeres a una Vida Libre de Violencia, podría –en principio– privar a ésta última de eficacia. La regulación del sistema de fuentes es materia constitucional por definición.

c. La declaración legal de preferencia en la aplicación de la Ley, por tanto, nada asegura, para nada sirve.

§ 22. La Sala Constitucional del Tribunal Supremo también ha hecho esfuerzos por colmar el vacío que quedó tras la derogatoria del artículo 163 de la Constitución de 1961. En efecto, la Sala Constitucional ha afirmado que no obstante la supresión del artículo 163 de la Constitución de 1961, la superior jerarquía de una ley orgánica *es principio* «...de relevancia y arraigo en nuestro medio forense que gobierna el sistema de fuentes...», y que, por ello, dicho principio «...debe sostenerse...», aun en ausencia de una norma, equivalente al artículo 163 de la Constitución de 1961, que lo contemple (¿?).[22] La Sala Constitucional afirma, pero no razona.

§ 23. Resulta difícil compartir la afirmación hecha por la Sala porque equivale a decir que el artículo 163 *in fine* de la Constitución de 1961 contenía una regla *innecesaria*, porque la misma nada añadía (¿?); dicho en otras palabras, que la regla era *redundante* (¿?); en síntesis, que la norma *sobraba* (¿?). Resulta difícil compartir esa afirmación porque fue precisamente con base en el artículo 163 *in fine* de la Constitución de 1961, hoy en día derogado, que la doctrina y jurisprudencia venezolanas concluyeron que las leyes orgánicas tenían mayor jerarquía que las leyes ordinarias.

§ 24. En el fallo citado con anterioridad (*supra*, Parágrafo § 22) la Sala ha agregado que debe reconocerse la mayor jerarquía de las leyes orgánicas porque si las leyes orgánicas y las ordinarias tuviesen, todas ellas, igual rango, idéntica jerarquía, el Constituyente:

---

[20]   *Gaceta Oficial de la República* N° 38.647, del 19 de marzo de 2007.

[21]   Sentencia de la Corte Suprema de Justicia en Pleno del 23 de abril de 1991, asunto *Cristóbal Colón*, en *Revista de Derecho Público* N° 46, abril-junio 1991, Editorial Jurídica Venezolana, Caracas, 1991, pp. 72 y ss.

[22]   Sentencias de la Sala Constitucional del Tribunal Supremo de Justicia del 16 de octubre de 2001, N° 1.971 (asunto *Víctor Rafael Hernández Mendible*), 16 de octubre de 2002, N° 2573/2002 (asunto *Constitucionalidad de la Ley Orgánica Contra la Delincuencia Organizada y Financiamiento al Terrorismo*), y 14 de marzo de 2008, N° 385 (asunto *Constitucionalidad del carácter orgánico del Decreto con rango, valor y fuerza de Ley Orgánica del Servicio de Policía y del Cuerpo de Policía Nacional*).

a. Primero, no hubiese creado las dos categorías (leyes orgánicas, por una parte, y por la otra, leyes ordinarias). Las dos categorías de ley responden, la verdad sea dicha, a la existencia de *dispares procedimientos* legislativos. En ausencia de una norma con el artículo 163 *in fine* de la Constitución de 1961, resulta difícil predicar la superioridad de las leyes orgánicas sobre la base de ese solo dato objetivo.

b. Segundo, hubiese permitido que el Legislador calificara libremente a una ley como orgánica u ordinaria. Las dos categorías normativas, la verdad sea dicha, responden a las materias que deben ser reguladas por cada uno de los dos tipos de ley. A las leyes orgánicas se reserva (i) la organización los poderes públicos, (ii) el desarrollo de los derechos constitucionales, y (iii) el establecimiento de reglas que han de servir como marco normativo a otras leyes. Dicho esto, debe subrayarse aquí que, a nuestro entender, es sólo con respecto de esta última especie de leyes orgánicas –nos referimos a las llamadas a servir como límite normativo de otras leyes– que cabría predicar una superioridad normativa, porque la creación de un marco general de obligatoria observancia supone, *ex rerum natura*, la aludida superioridad. La jurisprudencia no ha logrado identificar argumentos, convincentes se entiende, que permitan concluir en la superioridad normativa de las otras dos especies de leyes orgánicas mencionadas con anterioridad. Tampoco lo ha hecho por lo que respecta a las leyes, distintas a las ya mencionadas en este párrafo, que la Constitución designa como orgánicas (*e.g.*, la ley de fronteras a la cual aluden el artículo 15 y la Disposición Transitoria Sexta de la Constitución).

c. Tercero, no hubiese exigido mayoría calificada para la tramitación de las leyes orgánicas. Existen leyes orgánicas, la verdad sea dicha, que pueden ser discutidas y aprobadas por la Asamblea Nacional sin necesidad de mayorías calificadas. Así lo prevé expresamente el artículo 203 de la Constitución, al disponer que «todo proyecto de ley orgánica, *salvo aquel que la propia Constitución así califica*, deberá ser previamente admitido por la Asamblea Nacional, por el voto de las dos terceras partes de los miembros presentes antes de iniciarse la discusión del respectivo proyecto de ley».[23] Sólo con base en la mayoría requerida para admitir un proyecto de ley a trámite en la Asamblea, no cabe deducir la superioridad normativa de las leyes orgánicas. Habida consideración de la circunstancia anotada con anterioridad, la superior jerarquía de las leyes orgánicas no puede ser predicada sobre la base de su mayor estabilidad, producto de la mayoría calificada exigida por el artículo 203 constitucional y, por ende, de un más riguroso procedimiento legislativo.

§ 25. En síntesis, el dispar rango o jerarquía de las leyes orgánicas y ordinarias es, pues, tema abierto al debate.

IV. EL OBJETO DE LAS LEYES HABILITANTES

1.   *¿Autorización legislativa o delegación de poderes normativos?*

§ 26. De acuerdo con el artículo 203 de la Constitución en vigor, la Asamblea Nacional puede delegarle al Ejecutivo el ejercicio de poderes normativos mediante ley habilitante. La disposición constitucional citada agrega que las leyes habilitantes deben establecer con precisión cuál es el objeto de la *delegación normativa* en virtud de la cual el Presidente, en Consejo de Ministros, queda facultado para dictar disposiciones *con rango de ley*. Atendiendo a la letra del artículo 203 de la Constitución en vigor, las leyes habilitantes tienen por objeto una delegación legislativa, no una autorización.

---

[23]   Por citar una sola, mencionemos aquí la Sentencia dictada por la Sala Constitucional del Tribunal Supremo de Justicia el 26 de enero de 2004, N° 34 (asunto *Vestalia Sampedro de Araujo et al.*), conforme a la cual no hace falta la mayoría calificada exigida por el artículo 203 de la Constitución, si de lo que se trata es de aprobar las leyes orgánicas «...por denominación constitucional...», pues esa mayoría sólo resulta exigible para «...aquellas leyes que no estén expresamente investidas del carácter orgánico por la propia Norma Fundamental...».

§ 27. Empero, el artículo 203 de la Constitución de 1999 coexiste con el artículo 236, numeral 8°, *eiusdem*, que le atribuye al Presidente de la República, en Consejo de Ministros, poder para dictar decretos-leyes, previa autorización expedida al efecto por la Asamblea Nacional mediante ley habilitante.

§ 28. En síntesis, una lectura conjunta de los artículos 236, numeral 8°, y 203 de la Constitución, pone de relieve que el Constituyente afirma, a un mismo tiempo, que las leyes habilitantes (i) contienen una *autorización legislativa* (artículo 236, numeral 8°), y (ii) que las leyes habilitantes son sancionadas con el objeto de *delegar poderes normativos*. Esa inconsistencia terminológica por lo que se refiere al verdadero contenido de la ley habilitante, ha reavivado el viejo debate en torno a la naturaleza de esta especie de ley (*supra*, Parágrafo § 6). Repasemos los términos de ese debate.

a. Para un sector de la doctrina venezolana, las leyes habilitantes tienen un contenido típico, porque se dictan -siempre- con el objeto de conceder una autorización.[24] Esa tesis, propuesta sobre la base de la letra del artículo 190, ordinal 8°, de la Constitución de 1961, tomaba en consideración que la precitada norma constitucional contenía una *proposición afirmativa*, y que de acuerdo con dicha proposición el Ejecutivo podía dictar decretos con fuerza de ley en materia económica o financiera, cuando así lo demandase el interés público y hubiere sido autorizado para ello por ley especial, porque *ese poder formaba parte de sus atribuciones*. Con base en tales circunstancias se afirmó que al ejercer esa potestad normativa el Presidente de la República, en Consejo de Ministros, no hace más que ejercer *poderes propios*.[25] De acuerdo con esta postura, la habilitante era una *condición* para el ejercicio de poderes que le eran inherentes al Ejecutivo. La letra del artículo 236, numeral 8°, de la Constitución política de 1999, y la ubicación de la norma dentro de la Constitución a la que dicha norma pertenece (*supra*, nota a pie de página N° 6), vendrían a confirmar esta primera postura.

b. Para otros, los decretos-leyes se dictaban *en ejercicio de poderes delegados*, es decir, en ejercicio de *poderes derivados*,[26] porque tales poderes dimanaban de una ley -la ley habilitante- sancionada para asignar o conferir facultades legislativas sobre las materias que la propia ley habilitante especificaba.[27] Desde esta perspectiva, el artículo 190, ordinal 8°, de la

---

[24]   En torno a los orígenes de las autorizaciones legislativas, consúltese a García Pelayo, Manuel, "Sobre las autorizaciones legislativas", *Obras Completas*, Tomo III, Centro de Estudios Constitucionales, Madrid, 1991, pp. 2.773 y ss.

En Venezuela la tesis ha sido defendida entre otros por Andueza, para quien «no debe confundirse la delegación de poderes con la autorización que puede conceder el Parlamento para que el Poder Ejecutivo ejerza determinadas atribuciones constitucionales», pues en el Derecho Público la delegación es una acto que tiene por objeto trasmitir el ejercicio de poderes a una autoridad que no los tiene...» (Andueza, José Guillermo, "Las potestades normativas del Presidente de la República", *Estudios sobre La Constitución, Libro Homenaje a Rafael Caldera*, Tomo IV, Universidad Central de Venezuela, Caracas, 1979, p. 2.066). Sobre este particular puede consultarse también a Pérez Luciani, Gonzalo, *op. cit.*, pp. 298 y ss., y a Fernández, Gerardo, *Los Decretos-Leyes (La facultad extraordinaria del artículo 190, ordinal 8° de la Constitución)*, Editorial Jurídica Venezolana, Caracas, 1992, pp. 40 y ss.

[25]   Brewer-Carías, Allan Randolph, *Instituciones Políticas y Constitucionales*, Tomo III, Universidad Católica del Táchira-Editorial Jurídica Venezolana, 3ª. Edición, Caracas-San Cristóbal, 1996, pp. 40 y 41.

[26]   Miele, Giovanni, "Delega (Diritto Ammnistrativo)", *Enciclopedia del Diritto*, Volume XI, Giuffrè Editore, Milano, 1962, p. 908.

[27]   Pérez Luciani, Gonzalo, *op. cit.*, p. 304 Esta segunda postura se apoyaba en calificada doctrina italiana (Massimo Severo Giannini y Giovanni Miele, entre otros). Por ese dato, resulta pertinente destacar aquí el contenido de dos (2) disposiciones de la Constitución italiana, a saber: (i) Primero, el artículo 76, según el cual «el ejercicio de la función legislativa no puede ser delegado al Gobierno si no es con determinación de principios o criterios directivos y solamente por tiempo limitado y para asuntos determinados». (ii) Segundo, el artículo 77 *eiusdem*, en cuyo encabezamiento se es-

Constitución de 1961 servía para reconocerle al Ejecutivo *competencia para ejercer* legítimamente *los poderes normativos que se le delegaran*; servía también, para reconocerle al Congreso de la República poder para delegar –en parte– el ejercicio de sus competencias constitucionales, de su *poderes originarios*.

c. Hoy en día la letra del artículo 203 de la Constitución de 1999 abona la tesis de la delegación, porque en él se afirma que las leyes habilitantes son sancionadas para «...establecer las directrices, propósitos y el marco de las *materias que se delegan* al Presidente de la República...», para su regulación mediante actos con rango de ley.[28] Esta tesis también pareciera apuntalarla la *supresión de las materias* («...económica o financiera...») respecto de las cuales cabe legislar según el artículo 190, numeral 8°, de la Constitución de 1961, porque la atribución que ahora reconoce el artículo 236, numeral 8°, de la Constitución en vigor, carece de un contenido nítidamente definido. Asimismo, pareciera acreditarlo la posibilidad, normativamente prevista, de establecer *directrices vinculantes* al delegado, pues ese tipo de imposiciones suele ser nota característica de la delegación.[29]

d. El *silencio* del artículo 236, numeral 8°, de la Constitución de 1999, en torno a las materias sobre las cuales cabe legislar, por una parte, y por la otra, la trascendencia que el artículo 203 *eiusdem* le concede a la ley habilitante, al disponer que en ella se debe especificar «...*las directrices, propósitos y el marco de las materias* que se delegan...», parecieran, pues, confirmar que nos hallamos frente a un supuesto de delegación para el ejercicio de poderes legislativos, porque es en la ley habilitante que se le asignan o atribuyen al Ejecutivo *competencias normativas ciertas*. Se trataría, por tanto, de una delegación interorgánica de poderes normativos, de raíz constitucional, que se concreta mediante una ley habilitante sancionada por la Asamblea Nacional; de una atribución al Ejecutivo de competencias normativas específicas, concretas, que encuentra su fundamento en *la potestad que la Constitución le confiere a la Asamblea Nacional para "disponer"* –en parte y por tiempo limitado– *de sus propias competencias*; de una delegación excepcional, porque en el Derecho venezolano la regla general es que los poderes normativos no pueden ser delegados.[30]

---

tablece que «el Gobierno *no puede*, sin delegación de las Cámaras, dictar decretos con valor de ley ordinaria» (Álvarez Vélez, María Isabel y Alcón Yustas, María Fuencisla, *Las Constituciones de los Quince Estados de Europa*, Dykinson, Madrid, 1996, p. 426). Resulta pertinente destacar también que a diferencia del artículo 236, ordinal 8°, de la Constitución venezolana, el encabezamiento del artículo 77 de la Constitución italiana contiene una *proposición negativa* («el Gobierno *no puede*...»), y que esa circunstancia gramatical abona la tesis de la delegación, pues el artículo 77 *niega* la existencia de poderes propios.

[28] Más recientemente, la tesis de la delegación de poderes ha sido defendida por Leañez Sievert, Carlos, "Magnitud de la delegación legislativa e inconstitucionalidad de la Ley Habilitante de noviembre de 2000", *Ley Habilitante del 13-11-2000 y sus Decretos Leyes*, Academia de Ciencias Políticas y Sociales, Caracas, 2002, p. 28; Rondón de Sansó, Hildegard, "Los decretos normativos dictados en base a una ley formal", *op. cit.* p. 49; y, Brewer-Carías, Allan Randolph, "Apreciación general sobre los vicios de inconstitucionalidad que afectan los decretos leyes habilitados", *Ley Habilitante del 13-11-2000 y sus Decretos Leyes*, Academia de Ciencias Políticas y Sociales, Caracas, 2002, p. 65.

[29] Consúltese, *mutatis mutandis*, Miele, Giovanni, *op. cit.,* p. 915.

[30] El artículo 35, ordinal 1°, de la Ley Orgánica de la Administración Pública dispone: «Sin perjuicio de lo dispuesto en la Constitución de la República Bolivariana de Venezuela o en leyes especiales, la delegación intersubjetiva o interorgánica no procederá en los siguientes casos: 1. Cuando se trate de la adopción de disposiciones de carácter normativo...» (*Gaceta Oficial de la República* N° 6.147 Extraordinario, del 17 de noviembre de 2014).

e. En síntesis, las leyes habilitantes contienen una delegación legislativa y no una autorización. Esa delegación de poderes normativos *niega* la tesis de la autorización, defendida por un sector de la doctrina nacional, e impide realizar una lectura literal –literal y aislada– del artículo 236, numeral 8°, de la Constitución para afirmar, con base en esa lectura –literal y aislada, insistimos–, que las leyes habilitantes autorizan el ejercicio de *poderes originarios.*[31]

§ 29. Más allá de la letra de la norma, lo cierto es que la Asamblea Nacional, no obstante la "delegación" del ejercicio de sus poderes, *continúa siendo competente* para legislar en las materias propias de la competencia nacional. En efecto, no obstante la delegación, la Asamblea Nacional retiene su *auctoritas* legislativa –retiene, esto es, la titularidad de su poder normativo–.[32] Por ello, la Asamblea Nacional puede en cualquier momento ejercer su competencia, de rango constitucional, para normar las materias objeto de autorización, sin necesidad de derogar expresamente, de manera parcial o total, la ley habilitante previamente sancionada. La Asamblea Nacional, en síntesis, nunca se desprende de su poder para legislar sobre tales materias.

§ 30. La precisa y necesaria determinación del campo en el que el Ejecutivo puede obrar como legislador (*supra*, Parágrafo § 28, literal d) no es más que es una consecuencia –lógica y necesaria– del *régimen excepcional de redistribución de competencias* constitucionales resultante de una ley habilitante, que se contrapone al régimen de asignación o distribución de competencias que la Constitución le asigna al Poder Ejecutivo en tiempos de "normalidad".[33] Tratándose de una delegación *sui generis*, la ley habilitante es sancionada para permitir que el Ejecutivo Nacional pueda aprobar normas que en normalidad de circunstancias tendría prohibido o vedado dictar, porque versan sobre materias que integran la reserva legal[34] y que, por consiguiente, deben ser disciplinadas por el Poder Legislativo mediante ley formal,[35] siguiendo el procedimiento constitucionalmente prescrito para la formación de las leyes.[36]

---

[31] En el caso de la especie cabe hablar, en sentido técnico, del ejercicio "en nombre propio" de una "competencia ajena" (García de Enterría, Eduardo, *Legislación delegada, potestad reglamentaria y control judicial*, segunda edición, Editorial Tecnos, Madrid, 1981, p. 107).

[32] Linares Martínez, Aurilivi, "Notas sobre el uso del poder de legislar por decreto por parte del Presidente venezolano", *Revista de Derecho Público N° 115 (Estudios sobre los Decretos Leyes)*, julio-septiembre 2008, Editorial Jurídica Venezolana, Caracas, 2008, p. 81.

[33] *20 años de doctrina de la Procuraduría General de la República 1962-1981*, op. cit., p. 42. Para la Procuraduría General de la República, es por esa redistribución de competencias que «...el ejercicio de competencias extraordinarias o de excepción debe tener fijados, necesariamente, *límites concretos* en la ley de autorización del Congreso, *en cuanto al tiempo, a las materias y a la finalidad...*».

[34] Según el artículo 187, numeral 1°, de la Constitución venezolana, es a la Asamblea Nacional a la que le corresponde «legislar en las materias de la competencia nacional y sobre el funcionamiento de las distintas ramas del Poder Nacional». Esas materias incluyen, entre otros asuntos, los derechos y garantías constitucionales (artículo 157, numeral 32, *eiusdem*).

[35] Según el artículo 202 de la Constitución venezolana en vigor (Título V, "De la organización del Poder Público Nacional", Capítulo I, "Del Poder Legislativo Nacional", Sección Cuarta, "De la formación de las leyes"), «la ley es el acto sancionado por la Asamblea Nacional como cuerpo legislador».

[36] Trátase de una delegación *sui generis* porque (i) versa sobre el ejercicio de poderes normativos, (ii) quien la expide es la Asamblea Nacional, y (iii) el Ejecutivo Nacional no se halla en el deber de ejercer los poderes normativos que delegados por la Asamblea Nacional (consúltese, *mutatis mutandis*, García de Enterría, Eduardo, op. cit., p. 108).

Se trata, pues, de habilitar al Ejecutivo Nacional para que, por vía de excepción, "invada" y regule, con el visto bueno del Legislador, espacios –esto es, objetos o materias– reservados a la ley formal.[37] Ese es, pues, el objeto de las leyes habilitantes.

§ 31. Restan por destacar aquí un par de circunstancias que estimamos dignas de mención:

a. Primero, en momentos en los que se encontraba vigente la Constitución de 1961, un sector de la doctrina venezolana sostuvo que las leyes habilitantes carecían de contenido normativo y que, por tanto, eran leyes sólo desde un punto de vista formal.[38] Para otro sector, por el contrario, las leyes habilitantes eran leyes tanto desde el punto de vista formal, como desde la perspectiva material.[39]

b. Segundo, se ha afirmado que una vez ejercidos los poderes normativos delegados al Ejecutivo, esto es, una vez dictados los decretos-leyes contemplados por la ley habilitante, el Presidente de la República no puede volver a expedir nuevos decretos-leyes sobre las materias ya reguladas, porque «…quedó agotada la facultad legislativa excepcionalmente delegada…» por el Parlamento.[40]

§ 32. En todo caso, la concesión de la delegación legislativa es el resultado de un *juicio político*, en el cual han de participar el Poder Legislativo y el Poder Ejecutivo, para asegurar la eficacia de la ley habilitante.[41]

---

[37] García de Enterría, Eduardo, *op. cit.,* p. 91.

[38] Brewer-Carías ha sostenido que la ley habilitante «…tiene un solo destinatario: el Presidente de la República…», en realidad, el Presidente de la República en Consejo de Ministros, «…y en sí misma no tiene contenido normativo, establece más bien una situación jurídica individualizada que habilita al Presidente de la República a dictar actos de carácter legislativos y contenido normativo» (Brewer-Carías, Allan Randolph, *El Control de Constitucionalidad de los Actos Estatales*, Editorial Jurídica Venezolana, Caracas, 1977, p. 74).

[39] Para Andueza, «la autorización que conceden las Cámaras tiene que otorgarse siguiendo el procedimiento legislativo para la formación de la ley. Esta ley no es puramente formal, ya que ella no se limita a conceder la autorización. Esta ley tiene un contenido normativo, no obstante tener un solo destinatario: El Ejecutivo Nacional. La ley autorizante señala la materia económica o financiera sobre la cual puede actuar el Presidente de la República y establece las bases que contienen las directrices y límites que la autorización fija al Ejecutivo Nacional» (Andueza, José Guillermo, *op. cit.,* p. 2.069).

[40] Bendahán, Daniel, "Estudio Analítico de las Disposiciones Laborales Fundamentadas en la Ley Habilitante de 1984", en *Revista de Derecho Público*, N° 20, octubre-diciembre 1984, Editorial Jurídica Venezolana, Caracas, 1984, p. 78. En idéntico sentido, consúltese la Sentencia dictada por la Sala Constitucional del Tribunal Supremo de Justicia del 6 de diciembre de 2000, N° 1.515, asunto *Alberto J. Melena Medina et al.*, en *Revista de Derecho Público* N° 84, octubre-diciembre 2000, Editorial Jurídica Venezolana, Caracas, 2000, p. 103. Véase también Araujo Juárez, José, *Derecho Administrativo. Parte General*, Ediciones Paredes, Caracas, 2008, p. 201.

Consúltese también, *mutatis mutandis*, García de Enterría, Eduardo y Fernández, Tomás Ramón, *op. cit.,* p. 277. En propósito, téngase presente que la Constitución española establece (i) que las Cortes Generales pueden delegar en el Gobierno la potestad de dictar normas con rango de ley (artículo 82.1), y (ii) que la delegación se agota por el uso que de ella haga el Gobierno mediante la publicación de la norma correspondiente (artículo 82.3), (Álvarez Vélez, María Isabel y Alcón Yustas, María Fuencisla, *op. cit.,* pp. 227 y 228).

[41] En palabras de Andueza, «…las medidas extraordinarias deben dictarse "cuando así lo requiera el interés público"…», y «…la apreciación de que el interés público requiere que el Ejecutivo Nacional adopte "medidas extraordinarias" es un juicio de naturaleza política en el que participan el Presidente de la República y el Congreso. En efecto, el Presidente de la República puede presentar a las Cámaras el proyecto de ley autorizante por considerar que el interés público así lo demanda» (Andueza, José Guillermo, *op. cit.*, p. 2.065).

2. *Los decretos leyes como actos con rango o jerarquía de ley*

§ 33. Los decretos-leyes se traducen, siempre, en un relajamiento de la garantía constitucional de reserva legal, pues permiten (i) que un órgano colegiado de la Administración Pública Nacional (el Presidente de la República, en Consejo de Ministros),[42] con una legitimidad distinta a la que tiene la Asamblea Nacional (órgano, este último, integrado por representantes directos de la voluntad popular y reflejo de la composición política de una sociedad plural),[43] y (ii) al margen del procedimiento para la formación de las leyes, (iii) ejerza el poder que conduce a la expedición de normas con fuerza de ley (*infra*, Parágrafo § 45). Habida consideración de esas circunstancias, la delegación legislativa sólo puede justificarse en *circunstancias de excepción*. Es más, habida consideración de esa circunstancia, la delegación legislativa debe rodearse de *las mayores garantías*.

§ 34. Aunque en el Parágrafo que antecede observamos ya que los decretos-leyes no son aprobados siguiendo el procedimiento constitucionalmente prescrito para la sanción de las leyes, interesa precisar -aquí y ahora- un par de datos o circunstancias adicionales, relacionados, ambos, con temas de procedimiento:

a. El procedimiento que debe seguir la Asamblea Nacional a los efectos de sancionar las leyes es un procedimiento público, rodeado de singulares garantías, que procuran asegurar que las minorías parlamentarias puedan influir sobre las decisiones que en definitiva se adopten. Ese, no hay duda, es un propósito loable, pues los consensos sobre las medidas legislativas tienden a garantizar la permanencia de las normas que en definitiva se sancionen.

b. Esas garantías *son inexistentes* cuando de lo que se trata es de aprobar decretos-leyes, porque la Constitución no prescribe procedimiento o trámite alguno para la expedición de tales instrumentos. Esas carencias, incompatibles con el derecho constitucional a la participación en los asuntos públicos, pretendió ser remediada por el Legislador en 2001, a través de la Ley Orgánica de la Administración Pública, que contemplaba un *procedimiento de consulta previo* para la aprobación de «...*normas legales*, reglamentarias o de otra jerarquía...».[44] Sin

---

[42] De acuerdo con el Reglamento Interno del Consejo de Ministros (*Gaceta Oficial de la República* N° 39.279, del 6 de octubre de 2009, y N° 40.580, del 14 de enero de 2015), (i) dicho Consejo es el órgano superior de dirección política, estratégica y administrativa de la Administración Pública Nacional (artículo 1°), y (ii) está integrado por el Presidente de la República, quien lo preside, el Vicepresidente Ejecutivo, los Vicepresidentes Sectoriales, los Ministros y su Secretario Permanente (artículo 3°).

[43] El artículo 186 de la Constitución en vigor establece que «la Asamblea Nacional estará integrada por Diputados electos en cada entidad federal por votación universal, directa, personalizada y secreta con representación proporcional, según una base poblacional del uno coma uno por ciento de la población total del país. Cada entidad federal elegirá además tres diputados. Los pueblos indígenas de la República Bolivariana de Venezuela elegirán tres diputados de acuerdo con lo establecido en la ley electoral, respetando sus tradiciones y costumbres. Cada diputado tendrá un suplente, escogido en el mismo proceso».

[44] *Gaceta Oficial de la República* N° 37.305, del 17 de octubre de 2001. El artículo 136 de la Ley Orgánica de la Administración Pública disponía: «Cuando los órganos o entes públicos, en su rol de regulación, propongan la adopción de normas legales, reglamentarias o de otra jerarquía, deberán remitir el anteproyecto para su consulta a las comunidades organizadas y las organizaciones públicas no estatales inscritas en el registro señalado por el artículo anterior. En el oficio de remisión del anteproyecto correspondiente se indicará el lapso durante el cual se recibirán por escrito las observaciones, y el cual no comenzará a correr antes de los diez días hábiles siguientes a la entrega del anteproyecto correspondiente. Paralelamente a ello, el órgano o ente público correspondiente publicará en la prensa nacional la apertura del proceso de consulta indicando su duración. De igual manera lo informará a través de su página en la internet, en la cual se expondrá el o los documentos sobre los cuales verse la consulta. Durante el proceso de consulta cualquier persona puede presentar por escrito sus observaciones y comentarios sobre el correspondiente anteproyec-

embargo, algunos años después el Ejecutivo Nacional dictó un decreto-ley con el objeto de reformar la Ley Orgánica de la Administración Pública para, *inter alia*, excluir las «*...normas legales...*» del procedimiento (normativo) de consulta previa.[45] Dicho sea de paso, esa *regresiva reforma*, implementada, sin procedimiento de consulta previo, para *renegar* del deber legal que le imponía la Ley Orgánica de la Administración Pública de 2001 al Poder Ejecutivo, violenta el principio constitucional de progresividad en el goce y ejercicio de los derechos constitucionales.[46] Vulnera también el principio constitucional de transparencia que debe caracterizar las actuaciones del Ejecutivo.

V. LAS MATERIAS QUE PUEDEN SER REGULADAS CON BASE EN UNA LEY HABILITANTE

1. *Antecedentes: la regulación de materias económicas y financieras*

§ 35. Las Constituciones de 1945 y 1947 permitían al Ejecutivo Nacional dictar medidas extraordinarias en el ámbito económico y financiero (*supra*, Parágrafos § 3 y § 4). Otro tanto establecía, *mutatis mutandis*, la Constitución de 1961 (*supra*, Parágrafo § 5).

2. *La aparente ausencia de límites rationae materia de acuerdo con la letra de la Constitución de 1999. Reflexiones fragmentarias sobre esa ausencia de límites explícitos*

§ 36. El artículo 236, numeral 8°, de la Constitución política de 1999 no contiene la explícita limitación, *rationae materiae*, mencionada con anterioridad (*supra*, Parágrafo § 35).

§ 37. Con base en esta circunstancia, algunos han entendido que los decretos-leyes dictados con base en una ley habilitante pueden versar sobre cualquier materia de competencia nacional.[47] No habría más límites que los establecidos por el Legislador en la ley habilitante. La posición, empero, no es pacífica.

§ 38. Comencemos por la jurisprudencia. Para la Sala Constitucional del Tribunal Supremo de Justicia, a la luz de la letra del numeral 8° del artículo 236 de la Constitución, «...no existe un límite material en cuanto al objeto o contenido del decreto ley, de manera que, a través del mismo, pueden ser reguladas materias que, según el artículo 203 de la Constitución, corresponden a leyes orgánicas»; y, por consiguiente, «...no existe limitación en cuanto a la jerarquía del decreto ley que pueda dictarse con ocasión de una ley habilitante, por lo cual podría adoptar no sólo el rango de una ley ordinaria sino también de

---

to, sin necesidad de estar inscrito en el registro a que se refiere el artículo anterior. Una vez concluido el lapso de recepción de las observaciones, el órgano o ente público fijará una fecha para que sus funcionarios o funcionarias, especialistas en la materia que sean convocados y las comunidades organizadas y las organizaciones públicas no estatales intercambien opiniones, hagan preguntas, realicen observaciones y propongan adoptar, desechar o modificar el anteproyecto propuesto o considerar un anteproyecto nuevo. El resultado del proceso de consulta no tendrá carácter vinculante».

[45] *Gaceta Oficial de la República* N° 5.890, del 31 de julio de 2008.

[46] Según el artículo 19 de la Constitución, «el Estado garantiza a toda persona, conforme al principio de progresividad y sin discriminación alguna, el goce y ejercicio irrenunciable, indivisible e interdependiente de los derechos humanos. Su respeto y garantía es obligatorio para los órganos del Poder Público de conformidad con la Constitución, los tratados sobre derechos humanos suscritos y ratificados por la República y las leyes que los desarrollen».

[47] Según Rondón de Sansó, de la letra del artículo 236, numeral 8°, no se deriva la existencia de límite alguno con relación a las materias que pueden ser objeto de autorización (Rondón de Sansó, Hildegard, *op. cit.*, p. 49).

una ley orgánica».[48] La conclusión se funda, pues, en una lectura literal -sí, literal- de la norma constitucional; únicamente en eso.

§ 39. Esa interpretación literal, empero, contradice abierta o frontalmente la forma en la que, según el más alto Tribunal de la República, deben ser interpretadas las normas jurídicas. Según la Corte Suprema de Justicia, el alcance e inteligencia de las normas constitucionales no puede determinarse sobre la base de la lectura aislada y, por tanto, descontextualizada, de una única norma jurídica; por el contrario, más allá del texto literal de la norma, el sentido de ésta debe ser precisado tomando en consideración los *principios y valores constitucionales*,[49] incluidos, hoy por hoy, la *libertad*, la *democracia* y la *preeminencia de los derechos humanos*.[50] En sentido análogo, la Sala Constitucional del Tribunal Supremo de Justicia ha dejado sentado que para determinar el significado de una norma ésta no puede ser leída e interpretada «...aislada de su contexto normativo...»; su recto sentido, por el contrario, sólo puede precisarse teniendo presente que la Constitución constituye un conjunto «...armónico y sistematizado...» de normas.[51]

§ 40. Parafraseando a Tribe y Dorf, lo que la Sala Constitucional ha propuesto al momento de interpretar el artículo 236, numeral 8°, de la Constitución de 1999, es una interpretación *"des-integrada"* de la Constitución, porque ha tomado con pinzas una única norma; ha fijado su mirada sólo en ella; y, atendiendo a su sola letra de la norma, ha procedido a interpretarla de la manera más amplia, es decir, de la manera que más favorecía al Poder, sin tener en cuenta que esa norma forma parte integrante de un todo más grande.[52] Es, insistimos en la idea, una interpretación *"des-integrada"*, porque toma en cuenta una norma, aisladamente considerada, pero ignora el espíritu de la Constitución -*i.e.*, los principios y valores que le insuflan vida y aliento-.[53]

§ 41. No obstante lo afirmado por la Sala Constitucional del Tribunal Supremo de Justicia tras leer el artículo 236, numeral 8°, de la Constitución, lo cierto es que una detenida lectura del artículo 203 de la Constitución permite constatar que es la propia letra de la norma la que desdice, de manera virtual o implícita (*eadem vis taciti atque expressi*), la postura defendida por la Sala Constitucional. En efecto, dispone el artículo 203 que

---

[48] Sentencia de la Corte Suprema de Justicia en Pleno del 22 de marzo de 1988 (Fernández, Gerardo, *op. cit.*, p. 70). En sentido análogo, consúltese las Sentencias de la Sala Constitucional del Tribunal Supremo de Justicia del 19 de septiembre de 2001, N° 1716/2001 (asunto *Decreto con Fuerza de Ley Orgánica de los Espacios Acuáticos e Insulares*), y del 22 de junio de 2007, N° 1159 (asunto *Decreto con Rango y Fuerza de Ley Orgánica de Reorganización del Sector Eléctrico*).

[49] Sentencia de la Sala Político-Administrativa de la Corte Suprema de Justicia de fecha 19 de enero de 1999, N° 17 (asunto *Interpretación del artículo 181 de la Ley de Sufragio y Participación Política*), ratificada mediante sentencia de la Sala Electoral del Tribunal Supremo de Justicia del 16 de octubre de 2003, N° 179 (asunto *Frente Cívico Democrático*).

[50] El artículo 2° de la Constitución en vigor dispone que «Venezuela se constituye en un Estado Democrático y Social de Derecho y de Justicia, que propugna como *valores superiores* de su ordenamiento jurídico y de su actuación, la vida, *la libertad*, la justicia, la igualdad, la solidaridad, *la democracia*, la responsabilidad social y en general, *la preeminencia de los derechos humanos*, la ética y el pluralismo político».

[51] Sentencia de la Sala Constitucional del Tribunal Supremo de Justicia de fecha 22 de enero de 2003, N° 24 (asunto *Elba Paredes Yéspica et al.*).

[52] Tribe, Lawrence H. y Dorf, Michael C., *On Reading the Constitution*, Harvard University Press, Cambridge Masschusetts and London, England, 1991, p. 23.

[53] Linares Quintana, Segundo V., *Tratado de Interpretación Constitucional*, Abeledo Perrot, Buenos Aires, 1998, p. 289.

«*todo proyecto de ley orgánica*, salvo aquel que la propia Constitución así califica, *deberá ser previamente admitido por la Asamblea Nacional*, por el voto de las dos terceras partes de los miembros presentes antes de iniciarse la discusión del respectivo proyecto de ley. Esta votación calificada se aplicará también para la modificación de las leyes orgánicas.

Las leyes que la Asamblea Nacional haya calificado de orgánicas serán remitidas, antes de su promulgación, a la Sala Constitucional del Tribunal Supremo de Justicia, para que se pronuncie acerca de la constitucionalidad de su carácter orgánico».

§ 42. Es a la Asamblea a quien corresponde pronunciarse (i) sobre el proyecto de ley presentado a la consideración del Poder Legislativo (*input*), admitiéndolo a trámite, y (ii) sobre la ley sancionada (*output*). Y sancionada la ley debe remitirla al Tribunal Supremo, en fecha anterior a su promulgación, para que éste confirme que la ley califica como orgánica. Por mandato constitucional, la Asamblea Nacional está llamada a desempeñar *un rol medular* en la sanción de las leyes orgánicas que desarrollen derechos y garantías constitucionales.[54] Para comprender ese rol resulta necesario tener presente, por una parte, que el procedimiento para la formación de las leyes se caracteriza por *su apertura* hacia los otros Poderes Públicos y la sociedad,[55] y por la otra, la ausencia de un procedimiento formal, de rango constitucional, que ordene el proceder del Poder Ejecutivo al legislar sobre una materia trascendental como son los derechos y libertades ciudadanas. Parafraseando al más alto Tribunal de la República, la regla es que las leyes orgánicas, por su contenido, demandan *mayores niveles de discusión, participación, deliberación*, en suma, *consensos políticos más amplios*.[56] En

---

[54]   La Constitución califica como orgánicas y, por tanto, exceptúa del trámite inicial previsto por el artículo 203 de la Constitución, *inter alia*, a las leyes orgánicas que se ocupen de las siguientes materias: (i) fronteras (artículo 15 y Disposición Transitoria Sexta), (ii) división político territorial (artículo 16), (iii) Fuerza Armada Nacional (artículo 41), (iv) sistema de seguridad social (artículo 86), (v) ordenación del territorio (artículo 128), (vi) emolumentos (artículo 147), (vii) régimen municipal (artículo 169), (viii) Administración Pública Nacional, centralizada y descentralizada (artículo 236, numeral 20), (ix) Procuraduría General de la República (artículo 247), (x) Tribunal Supremo de Justicia (artículo 262), (xi) Poder Ciudadano (artículo 273), (xii) Poder Electoral (artículo 292), (xiii) hidrocarburos (artículo 302), (xiv) crédito público (artículo 312), (xv) presupuesto (artículo 313), (xvi) Consejo de Defensa de la Nación (artículo 323), (xvii) estados de excepción (artículo 338), (xviii) refugiados y asilados (Disposición Transitoria Cuarta), (ixx) procesal del trabajo (Disposición Transitoria Cuarta), (xx) defensa pública (Disposición Transitoria Cuarta), (xxi) pueblos indígenas (Disposición Transitoria Sexta) y (xxii) educación (Disposición Transitoria Sexta). Una detenida lectura de ese inventario de *leyes orgánicas por denominación constitucional* permite constatar que ésta especie de ley orgánica, dejando a salvo sólo una que otra contada excepción, *no tiene por objeto desarrollar derechos constitucionales*.

[55]   A tenor del artículo 211 de la Constitución, «la Asamblea Nacional o las Comisiones Permanentes, durante el procedimiento de discusión y aprobación de los proyectos de leyes, deberán *consultar* a los *otros órganos del Estado*, a los *ciudadanos* y a la *sociedad organizada* para oír su opinión sobre los mismos. Tendrán derecho de palabra en la discusión de las leyes los Ministros en representación del Poder Ejecutivo; el magistrado del Tribunal Supremo de Justicia a quien éste designe, en representación del Poder Judicial; el representante del Poder Ciudadano designado por el Consejo Moral Republicano; los miembros del Poder Electoral; los Estados a través de un representante designado por el Consejo Legislativo del Estado y los representantes de la sociedad organizada, en los términos que establezca el Reglamento de la Asamblea Nacional».

[56]   Sentencia de la Sala Constitucional del Tribunal Supremo de Justicia del 26 de enero de 2004, N° 34, asunto *Vestalia Sampedro de Araujo et al*. Según la sentencia invocada, la distinción entre las leyes ordinarias y las orgánicas «…no son producto de un capricho del constituyente…»; «…por el contrario, tienen su fundamento en atendibles *razones de orden político-constitucional*…». La sentencia agrega que «…para darle carácter orgánico a un proyecto de ley deben necesariamente estar presentes de forma cabal, concurrente…», «…los requisitos establecidos por la Constitución…». Agrega, finalmente, que los requisitos exigidos por el artículo 203 encuentran su razón de ser en las materias, «…*de especial impacto*…», incluido «…*el ejercicio de los derechos constitucionales*…», materias estas que «…*requieren de mayores niveles de discusión, participación, de-*

virtud de todas y cada una de esas razones de peso -*i.e.*, de esas razones, serias y atendibles- invocadas por el más alto Tribunal de la República, debe concluirse que las leyes orgánicas llamadas a desarrollar derechos y libertades constitucionales tienen que ser *leyes formales*, o, dicho de otra forma, que los decretos-leyes no constituyen instrumento idóneo para limitar o restringir los derechos constitucionales y las libertades ciudadanas.

§ 43. Pero más allá de la letra -de la sola letra- del artículo 203 de la Constitución, la postura defendida por la Sala Constitucional debe ser rechazada por otras razones.

§ 44. Debe ser rechazada, decíamos, porque desconoce una de las claves del Estado constitucional y democrático de Derecho contemporáneo, a saber, (i) que la Constitución conforma o configura un elaborado *sistema de garantías*, y (ii) que ese sistema ha sido dise- ñado para proteger al ciudadano frente al ejercicio del Poder.[57] De ese sistema de garantías forman parte integrante, no hay duda, el principio constitucional de división del Poder y la garantía constitucional de la reserva de ley.

§ 45. La regulación de los derechos y libertades fundamentales es materia propia de la *reserva legal* y, por tanto, debe ser regulada mediante *norma con rango de ley*, o sea, me- diante norma de rango secundario.

§ 46. Pero más allá de esa obviedad, cuando se trata de derechos y libertades constitu- cionales, la inclusión de una determinada materia en las materias reservadas al legislador, *ex*- artículo 156, numeral 32, de la Constitución, lleva aparejada una segunda garantía, de orden institucional, cuya existencia reconoce el artículo 203 de la Constitución. En virtud de esa segunda *garantía*, de carácter *institucional*, derivada de principios constitucionales (división del Poder Público) y valores superiores del ordenamiento (libertad, democracia y preeminen- cia de los derechos fundamentales), las leyes orgánicas llamadas a regular los derechos y libertades tienen que ser *discutidas y sancionadas* por la Asamblea Nacional.[58]

§ 47. Es precisamente por ello que el artículo 203 trata o disciplina las leyes orgánicas y las leyes habilitantes *por separado*.

§ 48. En uno de los casos, nos referimos aquí a las leyes orgánicas *stricto sensu*, la Constitución dispone que es la Asamblea la que debe aprobar *el producto terminado*. Por mandato del Constituyente, el producto terminado, finalizado o completo -esto es, *la regula- ción misma de los derechos constitucionales*- tiene que ser de su autoría. En el otro caso, aludimos ahora a las leyes habilitantes, incluidas en el artículo 203 porque constituyen el *marco normativo* de otras leyes —*rectius*, de decretos-leyes–, la Asamblea sólo produce o

---

liberación y consensos, así como de mayor estabilidad y permanencia en el tiempo, que las dirigi- das a normar ámbitos donde, al no estar comprometidas relaciones o situaciones jurídicas tan deli- cadas, es necesario mayor flexibilidad y rapidez para su progresiva y oportuna modificación o re- forma». El fallo judicial citado con anterioridad ha sido ratificado por la Sala Constitucional del Tribunal Supremo de Justicia mediante Sentencias del 14 de febrero de 2007, N° 229 (asunto *Constitucionalidad de la Ley Orgánica sobre el Derecho de la Mujer a una Vida Libre de Violen- cia*); 15 de junio de 1012, N° 794 (asunto *Constitucionalidad del Decreto con rango, valor y fuer- za de Ley Orgánica de Bienes Públicos*); 26 de septiembre de 2013, N° 1262 (asunto *Constitucio- nalidad del carácter orgánico del Decreto con rango, valor y fuerza de Ley Orgánica de Cultura*); y, del 18 de noviembre de 2014, N° 1586 (asunto *Constitucionalidad del carácter orgánico del Decreto Con Rango, Valor y Fuerza de Ley Orgánica De Misiones, Grandes Misiones y Micro- Misiones*).

[57]   Requena López, Tomás, *Sobre la función, los medios y los límites de la interpretación de la Cons- titución*, Editorial Comares, Granada, 2001, p. 112.

[58]   Carrillo Artiles, Carlos Luis, *op. cit.*, p. 96.

elabora un producto intermedio o inacabado, caracterizado por *un contenido mínimo*, porque su verdadera *eficacia* depende de la ulterior aprobación de decretos-leyes; un producto incompleto o inacabado, decíamos, porque está llamado a condicionar o delimitar la ulterior regulación que el Ejecutivo debe aprobar en ejercicio de los poderes normativos previstos en la ley habilitante. Ese contenido mínimo, propio y característico de las leyes habilitantes, *es incompatible con* la *garantía institucional* y los *principios constitucionales* y *valores superiores* del ordenamiento mencionados con antelación. En efecto, no luce posible compaginar el aludido contenido mínimo, por una parte, y la garantía institucional, los principios constitucionales y los valores superiores del ordenamiento, por la otra.

§ 49. Una cosa es que la Asamblea Nacional sancione una ley orgánica *para desarrollar ella directamente, sin intermediarios*, los derechos constitucionales y libertades ciudadanas, otra muy distinta es que sancione una ley habilitante para *encomendarle a otro* el desarrollo de tales derechos. Se trata, es obvio, de reglamentaciones con *una esencia distinta*, porque:

a. Existe "identidad" entre la voluntad general, por una parte, y por la otra, la voluntad expresada por la Asamblea Nacional, porque la Asamblea se halla integrada por representantes inmediatos del pueblo, esto es, por exponentes de la voluntad popular. Es precisamente esa "identidad" la que legitima la normas sancionadas por el Poder Legislativo.

b. Esa "identidad", sin embargo, no puede ser extrapolada a, ni tampoco invocada por, un órgano colegiado como el Consejo de Ministros, en el que hay un único funcionario, el Presidente de la República, elegido mediante sufragio.[59]

§ 50. Por diseño constitucional, es en el seno de la Asamblea donde los representantes de la comunidad y las distintas fuerzas políticas deben alcanzar *los acuerdos* que permitan sancionar normas que tengan por objeto las cuestiones políticas esenciales, incluido el desarrollo –*consensuado*, se entiende– de los derechos constitucionales.[60]

§ 51. Aunque las normas legales ostentan, todas ellas, rango secundario, y es por esta circunstancia que un decreto-ley puede regular materias reservadas a la ley, es innegable que *no todas las leyes tienen una misma e idéntica jerarquía*. Dicho en otros términos, si bien es cierto que las normas de los decretos-leyes tienen grado o rango secundario, porque pertenecen al mismo nivel, capa o estrato normativo de las demás normas con rango de ley, no es menos cierto que su validez depende, a un mismo tiempo, de *su conformidad con la Constitución* y de *su adecuación a las prescripciones de las reglas establecidas en ley contentiva de la habilitación*. En el caso de los decretos-leyes dictados con base en una ley habilitante, las normas de aquéllos son, a un mismo tiempo, ejecución directa e inmediata de la Constitución y ejecución de la ley habilitante en virtud de la cual la Asamblea Nacional delega su poder para normar, pero sujeto al cumplimiento de ciertos condicionamientos, sujeto, esto es, a la observancia de limitaciones o restricciones determinadas.

§ 52. Y aprehendida esa circunstancia, aludimos –es obvio– a la *subordinación* de los decretos-leyes a los preceptos de la ley habilitante, resta por subrayar que al *exigir* que los derechos constitucionales sean desarrollados mediante *leyes orgánicas*, lo que el artículo 203 de la Constitución realmente dispone es que esas materias *deben ser desarrollados por normas legales de la más alta jerarquía* –esto es, por normas legales que *sólo estén subordinadas a la Constitución*, porque la ejecutan de manera directa e inmediata–, producidas por la Asamblea Nacional.

---

[59]   De Otto, Ignacio, *op. cit.*, p. 103.

[60]   Maurer, Harmut, *Derecho Administrativo. Parte General*, Marcial Pons Ediciones Jurídicas y Sociales, S.A., Madrid, 2011, p. 110.

§ 53. El "desarrollo" de los derechos constitucionales y libertades ciudadanas, que ha de producir la Asamblea Nacional -sólo la Asamblea Nacional- comprende las leyes que tengan por objeto:

a. La regulación global –o en términos generales– de un determinado derecho o libertad;

b. La regulación de aspectos medulares -por contraposición a secundarios- de un derecho o libertad; la disciplina, dicho de otra forma, de cuestiones básicas o esenciales, asociadas a la eficacia de dicho derecho o libertad; y

c. La imposición de límites al ejercicio de tales derechos y libertades, incluyendo, *e.g.*, la creación de tipos penales, cuya comisión comporta privación de libertad. [61]

§ 54. Dicho en otras palabras, más allá de contener (i) un inventario de las materias que pueden ser reguladas mediante leyes orgánicas, y de especificar (ii) el procedimiento que ha de seguirse para su discusión, el artículo 203 de la Constitución es en realidad (iii) una *norma atributiva de competencia*, porque le reconoce a la Asamblea Nacional, únicamente a la Asamblea Nacional, el poder para desarrollar los derechos constitucionales y las libertades ciudadanas, mediante ley orgánica de su autoría. Estamos en presencia, por consiguiente, (i) de una norma atributiva de competencia que descansa sobre el *principio constitucional de división del Poder*, y (ii) de un poder, el de desarrollar los derechos constitucionales, que no es susceptible de delegación. Por ello, no obstante su rango o fuerza de ley, los decretos-leyes no son, pues, instrumento idóneo para limitar o restringir derechos constitucionales.

§ 55. Es por tales razones, *mutatis mutandis*, que Hernández Camargo sostiene que las leyes habilitantes no pueden autorizar al Ejecutivo para dictar normas que se traduzcan en restricciones o limitaciones a los derechos y garantías constitucionales...».[62] Es por tales razones, *mutatis mutandis*, que Hernández González afirma que una ley habilitante no puede autorizar al Ejecutivo Nacional para crear tipos y sanciones.[63]

§ 56. A similar conclusión ha arribado también Nikken, siguiendo un derrotero totalmente diferente, porque invoca el artículo 30 de la Convención Americana sobre Derechos Humanos, a tenor del cual las restricciones al goce y ejercicio de los derechos y libertades reconocidas por dicha Convención «...no pueden ser aplicadas sino conforme *a leyes* que se

---

[61] Luce pertinente citar aquí los siguientes fallos, pronunciados por la Sala Constitucional del Tribunal Supremo de Justicia: (i) Sentencia del 12 de febrero de 2007, N° 229 (asunto *Constitucionalidad del carácter orgánico de la Ley sobre el Derecho de la Mujer a una Vida Libre de Violencia*); (ii) Sentencia del 28 de enero de 2011, N° 3 (asunto *Constitucionalidad del carácter orgánico de la Ley Orgánica de Emergencia para Terrenos y Vivienda*); (iii) Sentencia del 23 de abril de 2010, N° 290 (asunto *Constitucionalidad del carácter orgánico de la Ley Orgánica de la Jurisdicción Contencioso Administrativa*); y, (iv) Sentencia del 15 de junio de 2012, N° 795 (asunto *Constitucionalidad del Decreto con Rango, Valor y Fuerza de Ley del Código Orgánico Procesal Penal*).

[62] Hernández Camargo, Lolymar, "Límites del Poder Ejecutivo en el ejercicio de la habilitación legislativa: Imposibilidad de establecer el contenido de la reforma constitucional rechazada vía habilitante", *Revista de Derecho Público N° 115 (Estudios sobre los Decretos Leyes)*, julio-septiembre 2008, Editorial Jurídica Venezolana, Caracas, 2008, p. 53). La tesis defendida por Hernández Camargo tiene asidero -asidero expreso, explícito, se entiende- en el ordenamiento positivo español, porque la Constitución española establece (i) que los derechos fundamentales y las libertades públicas son materia de ley orgánica (artículo 81), por una parte; y por la otra, que la potestad para dictar normas con rango de ley orgánica no puede ser delegada al Gobierno (artículo 82), (Álvarez Vélez, María Isabel y Alcón Yustas, María Fuencisla, *op. cit.*, p. 227).

[63] Hernández González, José Ignacio, "La Ley Habilitante 2013: Un atentado a los principios republicanos", *Revista de Derecho Público N° 136*, octubre-diciembre 2013, Editorial Jurídica Venezolana, Caracas, 2013, p. 143.

dictaren por razones de interés general...», esto es, mediante *leyes formales*, sancionadas por la Asamblea Nacional obrando como cuerpo legislador.[64]

VI. EL CONTENIDO MÍNIMO DE LAS LEYES HABILITANTES

§ 57. Comencemos por destacar lo que a nuestro entender es una obviedad: Las leyes habilitantes tiene que contar –*ad essentia*– con un contenido mínimo. Su contenido, en otros términos, no puede ser vago o impreciso;[65] por el contrario, el alcance de la habilitación concedida al Ejecutivo debe ser cierta, determinada.[66]

§ 58. Ese contenido mínimo es el resultado de un *programa normativo compartido* por el Poder Legislativo y el Poder Ejecutivo, porque en Venezuela las delegaciones legislativas han sido concedidas por aquél a instancia de este último, con el objeto de que el Ejecutivo legisle sobre materias de las que el Poder Legislativo puede "disponer" *lato et improprio sensu*. Un programa compartido que supone –*ex rerum natura*– acuerdos mínimos, es decir, acuerdos con un objeto cierto por lo que respecta a las legislación que el Ejecutivo está llamado a dictar.[67] Un programa normativo compartido, insistimos, que no es más que el resultado del deber constitucional de colaboración impuesto a los órganos estatales llamados a ejercer el Poder Público.[68]

§ 59. La existencia del programa normativo compartido al cual hemos hecho alusión salta a la vista, *e.g.*, en la Ley Habilitante de 1998, conforme a la cual al Ejecutivo Nacional

«en el ámbito de la economía, se le autoriza para que dicte la normativa que regule: el Fondo de Estabilización Macroeconómica, el Régimen de Aduanas, *en los términos aprobados por la Comisión de Economía en la Cámara de Diputados*, en ocasión de considerar las modifica-

---

[64]   Nikken, Pedro, "Constitución Venezolana de 1999: La habilitación para dictar decretos ejecutivos con fuerza de ley restrictivos de derechos humanos y su contradicción con el derecho internacional", en *Revista de Derecho Público* N° 83, julio-septiembre de 2000, Editorial Jurídica Venezolana, Caracas, 2000, p.

[65]   En propósito, Brewer-Carías ha afirmado que la Constitución no autoriza al Ejecutivo a dictar cualquier medida, sino las «...medidas, disposiciones, actos o decisiones concretas previstas en la Ley especial», razón por la cual, concluye, están prohibidas las autorizaciones genéricas, ambiguas o imprecisas, esto es, las «...autorizaciones "en blanco", sujetas a la sola interpretación del Ejecutivo» (Brewer-Carías, Allan Randolph, *El control de constitucionalidad de los actos estatales, op. cit.*, p. 76).

[66]   Coincidimos con Planchart Manrique, para quien el contenido mínimo de toda Ley Habilitante desempeña un rol "garantista", porque procura que la futura letra y espíritu de los decretos-leyes que se dictarán con base en aquélla, sea previsible o predecible (Planchart Manrique, Gustavo, *op. cit.*, p. 22). Es ésta, no cabe duda en propósito, una exigencia que se deriva del principio constitucional de seguridad jurídica.

[67]   Consúltese, *e.g.*, a Andueza, quien comenta que la sanción de la Ley Habilitante de 1974 fue solicitada por el Presidente de la República (Andueza, José Guillermo, *op. cit.*, pp. 2.065 y 2.066). En idéntico sentido, consúltese las siguientes notas, publicadas en presa nacional: http://www.el universal.com/2010/12/10/pol_ava_chavez-pide-ley-habi_10A4840371 y http:// www.el-nacional. com/politica/AN-HABILITANTE-LEY-MADURO-PROCESO_0_277772453.html.

[68]   El artículo 136 de la Constitución en vigor establece que «el Poder Público se distribuye entre el Poder Municipal, el de los Estados y el Nacional. El Poder Público Nacional se divide en Legislativo, Ejecutivo, Judicial, Ciudadano y Electoral», y que «cada una de las ramas del Poder Público tiene sus funciones propias, pero los órganos a los que incumbe su ejercicio colaborarán entre sí en la realización de los fines del Estado» (el subrayado es nuestro).

En propósito, consúltese la Sentencia dictada por la Sala Constitucional del Tribunal Supremo de Justicia del 6 de diciembre de 2000, N° 1.515, asunto *Alberto J. Melena Medina et al.* (*supra*, nota a pie de página N° 40). Véase también Araujo Juárez, José, *op. cit.*, p. 201.

ciones presentadas por la Cámara del Senado a dicho Proyecto de Ley, el Refinanciamiento de la Deuda Pública *en los términos a que se refiere* el Proyecto de Ley que Autoriza al Ejecutivo Nacional para Realizar Operaciones de Crédito Público destinadas al Refinanciamiento de la Deuda Pública Externa e Interna, al Pago de las Obligaciones Laborales de la República, de los Estados y Municipios y a la Reposición del Patrimonio del Banco Central de Venezuela en los términos y montos establecidos en el Proyecto de Ley».[69]

§ 60. Si las leyes habilitantes permiten que el Ejecutivo Nacional realice actos que de otra manera estarían vedados, porque la aprobación de normas con fuerza de ley no forma parte de sus *tareas ordinarias*, por exigencia del principio constitucional de legalidad y de vinculación positiva con la ley habilitante de que se trate, la delegación debe precisar cuál es el alcance de los poderes –extraordinarios por definición–[70] que se le permite ejercer al Presidente de la República, en Consejo de Ministros.

§ 61. A ese contenido mínimo alude el artículo 203 de la Constitución, al establecer que las leyes habilitantes son dictadas con el objeto de fijar las directrices, los propósitos y el marco de las materias que se delegan. Veamos.

a. Con el empleo de la voz "directrices" se alude a la necesidad de determinar, en la ley habilitante, cuáles son los *criterios* –concretos o específicos– que han de *guiar* o *informar* el ejercicio de la función legislativa por parte del Poder Ejecutivo; se alude, pues, a las *reglas* que el Poder Legislativo debe incorporar en sus leyes habilitantes a los fines de *orientar* -esto es, *de dirigir*- el ejercicio de la función legislativa por el Ejecutivo; se alude, en síntesis, *el modo* o *la manera* en que deben ejercerse los poderes. Tales criterios, no podría ser de otra manera, tienen carácter vinculante, y, por consiguiente, limitan las facultades del Poder Ejecutivo, que al legislar no cuenta con la "libertad" que caracteriza el quehacer de la Asamblea Nacional como órgano legislador. La voz "directrices" apunta, pues, a la necesidad de precisar las condiciones –concretas o específicas– que deben ser satisfechas al elaborar y aprobar las normas que han de ser dictadas con base en la habilitación legislativa.

b. La palabra "propósito" significa objeto, mira o cosa que se pretende conseguir. Con ella se alude a la necesidad de precisar, en la ley habilitante se entiende, cuál es el *objeto* sobre el cual pueden versar los decretos-leyes dictados con base en aquélla. Como en todo negocio jurídico, ese objeto debe ser *cierto, determinado.* Aunque programáticas, las normas y reglas de una ley habilitante deben servir para identificar un objeto *definido* que delimita –*rationae materia*– la competencia del Ejecutivo en su rol de legislador. Pero con la palabra "propósito" se alude también a la necesidad de precisar, y *de forma explícita*, cuál es la *finalidad* que deben perseguir las normas que el Ejecutivo puede dictar con base en la delegación legislativa.

c. Con la voz "marco" se alude, finalmente, a las demás condiciones, restricciones o límites que la delegación impone, incluidos, a nuestro entender, el plazo para el ejercicio de los poderes (limitación *rationae temporis*), o el deber de informar al Poder Legislativo acerca de las normas aprobadas antes de que éstas sean publicadas y entren vigor. La voz "marco" reconoce que los Decretos-Leyes dictados en ejecución de la Ley habilitante deben también ajustarse a esas otras restricciones impuestas por el Poder Legislativo, porque estos precisan ulteriormente los contornos de las potestades normativas concedidas al Ejecutivo.

---

[69] Artículo Único, numeral 2, de la Ley que autoriza al Presidente de la República para dictar medidas extraordinarias en materia económica y financiera de 1998 (*Gaceta Oficial de la República* N° 36.531, del 3 de septiembre de 1998).

[70] Hernández González, José Ignacio, *op. cit.*, p. 143. Según Hernández González, habida consideración del carácter excepcional de la autorización legislativa, las normas de las leyes habilitantes deben ser interpretadas restrictivamente (Fernández, Gerardo, *op. cit.*, p. 51).

§ 62. Los condicionamientos reseñados con anterioridad coinciden, *mutatis mutandis*, con las exigencias impuestas por (i) la Constitución alemana, cuyo artículo 80 dispone que la ley que autorice al Gobierno para dictar decretos debe indicar «*el contenido, el objeto y el alcance de la autorización* otorgada...»;[71] (ii) la Constitución francesa, cuyo artículo 38 establece que «el Gobierno podrá, *para la ejecución de su programa*, solicitar la autorización del Parlamento, para adoptar, por vía de ordenanzas, durante un plazo limitado, medidas normalmente pertenecientes al dominio de la ley»;[72] o, finalmente, (iii) la Constitución italiana, cuyo artículo 76 establece, que las Cámaras no pueden *delegarle* al Gobierno el ejercicio de la función legislativa «...si no es con determinación de *principios o criterios directivos* y solamente por *tiempo limitado* y para *asuntos determinados*».[73]

§ 63. Las directrices, los propósitos y el marco que la delegación legislativa debe contener por mandato constitucional no son más, unos y otros, que una exigencia derivada del principio (general) de legalidad.[74] La interrelación de unos y otros termina definiendo el *objeto* –por la naturaleza de las cosas, cierto, preciso, definido– de la habilitación legislativa.[75] En palabras de la Corte Suprema de Justicia, la

«...delegación excepcional que hacen las Cámaras Legislativas de funciones que le son propias, no sólo está delimitada por la norma constitucional que le sirve de fundamento -materia económica o financiera-, sino también a *la precisa determinación del campo en que el Ejecutivo Nacional puede actuar como legislador emergente* y del tiempo dentro del cual puede ejercerse semejante facultad».[76]

§ 64. En síntesis, al legislar sobre la base de una delegación legislativa previa, el Poder Ejecutivo no goza de la misma "libertad" de determinación que la Constitución le reconoce al Poder Legislativo,[77] no sólo porque su poder normativo se halla condicionado por otra ley, la

---

[71] Álvarez Vélez, María Isabel y Alcón Yustas, María Fuencisla, *op. cit.*, p. 42.

[72] Álvarez Vélez, María Isabel y Alcón Yustas, María Fuencisla, *op. cit.*, p. 314.

[73] Álvarez Vélez, María Isabel y Alcón Yustas, María Fuencisla, *op. cit.*, p. 426. En torno a la multiplicidad de acepciones de la palabra "principios" en materia jurídica, consúltese Santamaría Pastor, Juan Alfonso, "Presentación", en *Los Principios Jurídicos del Derecho Administrativo*, obra coordinada por Santamaría Pastor, Juan Alfonso, La Ley, Madrid, 2010, p. 47.

[74] Aunque los representantes del Estado venezolano -hoy en día en funciones- se empeñan en desdecir o desmentir, cada vez que la oportunidad se les presenta, el vigor de nuestras leyes escritas, lo cierto es que nuestra Constitución establece que el Estado venezolano es, primero que nada, un *Estado de Derecho* (artículo 2°), y, precisamente por ello, dispone que las actividades que realicen los entes y órganos llamados a ejercer el Poder Público deben sujetarse a las atribuciones que la Constitución y las leyes definan (artículo 136 *eiusdem*).

[75] Weffe, Carlos, "Delegación Legislativa y Libertad. La Ley Habilitante de 2010 y su relación con la Libertad", *Revista de Derecho Público* N° 130, abril-junio 2012, Editorial Jurídica Venezolana, Caracas, 2012, p. 61.

[76] Sentencia de la Sala Político-Administrativa de la Corte Suprema de Justicia del 7 de marzo de 1988, N° 83, en *Revista de Derecho Público* N° 34, abril-junio 1988, Editorial Jurídica Venezolana, Caracas, 1988, p. 65. En idéntico sentido, el más alto Tribunal de la República ha afirmado también que la ley habilitante «...*debe contener en su texto el conjunto de materias que se van a regular* por los respectivos Decretos-Leyes, es decir, debe *delimitar el programa legislativo* que el Poder Ejecutivo pretende desarrollar» (Sentencia de la Sala Político-Administrativa de la Corte Suprema de Justicia del 24 de abril de 1989, N° 107, en *Revista de Derecho Público* N° 38, abril-junio 1989, Editorial Jurídica Venezolana, Caracas, 1989, p. 71).

[77] Consúltese, *mutatis mutandis*, García de Enterría, Eduardo y Fernández, Tomás Ramón, *op. cit.*, p. 145.

habilitante,[78] sino porque la "identidad" existente entre la voluntad expresada por la Asamblea Nacional, integrada por representantes de la voluntad popular, y la voluntad general, no puede ser extrapolada a la voluntad expresada por el Presidente de la República, en Consejo de Ministros.[79]

§ 65. Una delegación normativa formulada en términos vagos o imprecisos, porque arroja pocas o ningunas luces sobre el contenido de los futuros decretos-leyes, no puede ser conciliada ni con la letra, ni con el espíritu del artículo 203 constitucional, (i) porque no fija o determina -de forma expresa- cuál es el preciso ámbito de las competencias[80] concedidas al Poder Ejecutivo para normar mediante decreto-ley, y, por vía de consecuencia, (ii) porque no permite controlar si las normas, expedidas por el Ejecutivo Nacional, observaron las directrices, propósito y marco que la ley habilitante debía contener.

§ 66. Parafraseando a García Pelayo, para asegurar la previsibilidad de los decretos-leyes que el Ejecutivo Nacional está llamado a dictar, la Asamblea Nacional debe determinar suficientemente cuatro circunstancias, a saber: (i) *qué* ha de dictarse (objeto), (ii) *para qué* debe dictarse (propósito o finalidad), (iii) *cómo* ha de ser dictado (directrices generales) y, finalmente, (iv) *cuándo* ha de ser dictado (oportunidad).[81]

§ 67. Tales exigencias permiten afirmar que la ley habilitante, amén de servir como fundamento formal de los poderes normativos que el Poder Ejecutivo está llamado a ejercer mediante decretos-leyes, es también fuente -*i.e.*, fuente (sustantiva) del Derecho- de tales decretos, porque contiene o prescribe reglas que *condicionan* el contenido de los decretos-leyes que el Ejecutivo puede adoptar válidamente.

VII. JUICIO CRÍTICO SOBRE LA LEY HABILITANTE DEL AÑO 2013 CON LA BASE DE UN ESTUDIO COMPARATIVO CON LEYES HABILITANTES PREVIAS

1. *El contenido de las leyes habilitantes*

§ 68. A los fines de emitir juicio sobre la ley habilitante de noviembre de 2013, estimamos pertinente comparar, primero que nada, el contenido de ese texto normativo con el de las leyes habilitantes sancionadas por el Congreso Nacional y la Asamblea Nacional en abril de 1999, noviembre de 2000, febrero de 2007 y 17 de diciembre de 2010.

§ 69. Comencemos con la ley habilitante de abril de 1999. Según la Ley, en el «ámbito tributario» el Presidente de la República, en Consejo de Ministros, podía, *e.g.*

«establecer un Impuesto a los Débitos Bancarios de cuentas mantenidas en Instituciones Financieras, cuya vigencia será de hasta un (1) año, contado a partir de la promulgación del correspondiente Decreto-Ley; con una alícuota de hasta 0,5%, por retiros de fondos efectuados en cuentas corrientes, de ahorro, fondos de activos líquidos o en cualquier otra clase de depósitos a la vista, fondos fiduciarios y en otros fondos del mercado financiero, y cualquier otra operación que implique retiros, realizados en los bancos o instituciones financieras regidas por leyes especiales.

---

78 De Otto, Ignacio, *Derecho Constitucional (Sistema de Fuentes)*, Editorial Ariel, S.A., Barcelona, 2001, p. 190.

79 De Otto, Ignacio, *op. cit.*, p. 103; y, Lares Martínez, Eloy, *Manual de Derecho Administrativo*, XIV edición, Facultad de Ciencias Jurídicas y Políticas de la Universidad Central de Venezuela, Caracas, 2013, p. 134 y 135.

80 Consúltese, *mutatis mutandis*, a Cervati, Angelo Antonio, "Legge delega e delegatta", *Enciclopedia del Diritto*, XXIII, Giuffrè Editore, Milano, 1973, p. 939.

81 García Pelayo, Manuel, *op. cit.*, pp. 2.791 y 2.792.

Estarán gravados los débitos de retiros en cuentas de cualquier tipo, realizados por los entes regidos por leyes especiales y destinados a cancelar gastos de transformación, incluido.

El pago de intereses por tasas pasivas y los gastos de inversión que no estén directamente vinculados con la actividad de intermediación financiera, tales como la adquisición de inmuebles, mobiliarios, equipos y servicios de los cuales sean beneficiarios.

Las exenciones al pago de este impuesto serán determinadas por el Presidente de la República en el respectivo Decreto-Ley».[82]

§ 70. La ley habilitante de noviembre de 2000 también delegó poder para la legislar en materia tributaria. Según la Ley, el Presidente de la República, en Consejo de Ministros, podía

«reformar la materia del impuesto de explotación o regalía, a fin de garantizar mayor eficacia en el control fiscal e incrementar la recaudación de ingresos para la República, armonizándolo con la correspondiente adecuación del impuesto sobre la renta y la reforma en materia de impuestos al consumo de los productos derivados de hidrocarburos con el propósito, al mismo tiempo, de mantener condiciones que favorezcan las inversiones necesarias en las actividades de exploración, extracción, transporte, almacenamiento, refinación y comercialización de los hidrocarburos y sus productos».[83]

§ 71. La ley habilitante de 2007 concedió nuevamente poder legislar en materia tributaria. En efecto, la Ley disponía que en el «ámbito financiero y tributario» el Presidente de la República, en Consejo de Ministros, podía...

«dictar normas que profundicen y adecuen el sistema financiero público y privado a los principios constitucionales y, en consecuencia, modernizar el marco regulatorio de los sectores monetario, banca, seguros, tributario e impositivo».[84]

§ 72. Al Ejecutivo Nacional le fueron concedidos nuevos poderes normativos en materia financiera en el año 2010. Según la ley habilitante de ese año, «en el ámbito financiero y tributario» el Presidente de la República, en Consejo de Ministros, podía...

«dictar o reformar normas para adecuar el sistema financiero público y privado a los principios constitucionales y, en consecuencia, modernizar el marco regulatorio de los sectores tributario, impositivo, monetario, crediticio, el mercado de valores, de la banca y de los seguros».[85]

---

[82] *Gaceta Oficial de la República* N° 36.687, del 26 de abril de 1999 (artículo 1°, numeral 3., literal a). La ley habilitante en referencia llevaba por título "Ley orgánica que autoriza al Presidente de la República para dictar medidas extraordinarias en materia económica y financiera requeridas por el interés público".

[83] *Gaceta Oficial de la República* N° 37.076, del 13 de noviembre de 2000 (artículo 1°, numeral 2, literal f). Esta ley habilitante llevaba por título "Ley que autoriza al Presidente de la República para dictar decretos con fuerza de ley en las materias que se delegan".

[84] *Gaceta Oficial de la República* N° 38.617, del 1 de febrero de 2007 (artículo 1°, numeral 5.). La ley habilitante llevaba por título "Ley que autoriza al Presidente de la República para dictar decretos con rango, valor y fuerza de ley, en las materias que se delegan". Atendiendo al título de esta ley habilitante, vale la pena subrayar que si bien es cierto que los decretos-leyes dictados con base en la habilitante tienen rango de ley, no es menos cierto que aquéllos, valga la aclaratoria –*i.e.*, la precisión– no tienen el *valor* que caracteriza a las leyes, porque el valor de estas últimas deriva de la "identidad" existente entre la voluntad general y la voluntad expresada por la Asamblea Nacional. Dicho en otras palabras, los decretos-leyes se equiparan a la ley sancionada por la Asamblea Nacional desde un punto de vista formal.

[85] *Gaceta Oficial de la República*, N° 6.009 Extraordinario, del 17 de diciembre de 2010 (artículo 1, numeral 5, literal a.). El título de esta ley habilitante reproduce el de la Ley Habilitante de 2007.

§ 73. Basta leer la distintas normas transcritas con antelación para constatar, con honda preocupación, que las garantías exigidas por la Constitución se fueron *evanesciendo* o *esfumando* progresivamente. El contenido mínimo quedó reducido a nada, porque la Asamblea Nacional hizo dejación de su deber constitucional de establecer las directrices, el propósito y el marco al cual debía sujetarse el Ejecutivo al elaborar y aprobar los decretos leyes. Pero, como veremos de seguida, la degradación del "contenido mínimo" no se detuvo allí.

§ 74. La Ley habilitante de 2013 autorizó al Presidente de la República, en Consejo de Ministros, para, «en el ámbito de la lucha contra la corrupción», dictar decretos-leyes que permitiesen «fortalecer el sistema financiero nacional» (artículo 1., numeral primero, literal h).[86]

§ 75. Ya no hay límites, ningún límite, sólo un gran vacío. En efecto, una simple lectura de la norma transcrita con anterioridad, sancionada para habilitar -así de amplia es- la expedición de normas legales con el objeto de «fortalecer el sistema financiero…», permite constatar, sin mayores esfuerzos, que dicha norma, por su total y absoluta vaguedad o imprecisión, permitía aprobar cualquier cosa.

§ 76. El contenido de nuestras leyes habilitantes es cada vez menor, o, dicho de otra forma, los condicionamientos legislativos que deben serle impuestos al Poder Ejecutivo han ido despareciendo de manera paulatina, hasta quedar reducidos a la nada.

§ 77. Estamos -no hay duda- en presencia de una "deslegalización" *lato et improprio sensu*, porque una ley habilitante que no define el alcance de los poderes normativos que el Ejecutivo puede ejercer mediante decreto-ley no tiene el contenido mínimo e indispensable exigido por la Constitución y, por tanto, carece de su necesaria sustancia; una "deslegalización" –*lato et improprio sensu*, ya lo acotamos– contraria a los principios constitucionales de jerarquía de fuentes y de división del Poder Público, porque la ley habilitante se abstiene de regular la materia propia de ese tipo de ley orgánica, y con esa omisión le abre las puertas al Poder Ejecutivo de par en par, para que disponga, mediante decreto-ley, de temas *propios de* una orgánica, es decir, de temas *reservados a* la ley orgánica, únicamente a la ley orgánica.[87] Y como toda "deslegalización", es incompatible con la Constitución. En síntesis, estamos en presencia, de una habilitante con *normas en blanco*, que no cabe conciliar con el contenido mínimo exigido por la Constitución de 1999 y las garantías que ese contenido mínimo representa para las libertades ciudadanas.

§ 78. ¿Pero para qué sirvió la habilitación, contenida en la ley habilitante de 2013, concedida para, «en el ámbito de la lucha contra la corrupción», dictar normas que permitiesen «fortalecer el sistema financiero nacional»? Veamos:

a. Antes de su reforma mediante decreto-ley dictado con base en la Ley Habilitante de 2013,[88] el artículo 46 de la Ley de Instituciones del Sector Bancario establecía que la banca debía destinar el cinco por ciento (5%) del resultado bruto antes del impuesto sobre la renta al financiamiento de Consejos Comunales u otras formas de organización social. La aludida norma legal agregaba que correspondía a Superintendencia de las Instituciones del Sector

---

[86] *Gaceta Oficial de la República*, N° 6.112 Extraordinario, del 19 de noviembre de 2013 (artículo 1., numeral primero, literal h). El título de esta ley habilitante reproduce el de las Leyes Habilitantes de 2007 y 2010.

[87] *Mutatis mutandis*, García de Enterría, Eduardo y Fernández, Tomás Ramón, *op. cit.*, p. 292 y ss. En torno a la "deslegalización", consúltese, *mutatis mutandis*, la Sentencia de la Sala Constitucional del Tribunal Supremo de Justicia de fecha 21 de noviembre de 2001, N° 2338, asunto *José Muci-Abraham et al.*

[88] *Gaceta Oficial de la República* N° 40.557, del 8 de diciembre de 2014.

Bancario, previa opinión vinculante del Ministerio con competencia en materia de comunas, establecer los mecanismos de asignación, ejecución y distribución de tales recursos entre las diversas regiones del país. ¿Qué añadió el Decreto-Ley de Reforma? Pues bien, se limitó a agregar que la banca pública, es decir, las instituciones bancarias propiedad del Estado venezolano, no se halla en el deber de saldar esa contribución parafiscal. Resulta difícil imaginar –realmente difícil– cómo es que la dispensa de una contribución parafiscal a los bancos del Estado puede enmarcarse en el ámbito de «…la lucha contra la corrupción».

b. Antes de su reforma mediante decreto-ley dictado con base en la Ley Habilitante de 2013, el artículo 119 de la Ley de Instituciones del Sector Bancario establecía que todas las instituciones bancarias –sin excepción– debían efectuar aportes mensuales al Fondo de Protección Social de los Depósitos Bancarios. Dicho esto, la norma legal citada establecía una odiosa distinción, pues fijaba tarifas mínimas dispares: (i) Las instituciones bancarias públicas debían pagar tarifas que en ningún caso serían inferiores al cero coma veinticinco por ciento (0,25%) del total de los depósitos del público que estas instituciones hubiesen tenido para el cierre del semestre inmediatamente anterior a la fecha de pago. (ii) Las instituciones bancarias privadas debían saldar tarifas que en ningún caso serían inferiores al cero coma setenta y cinco por ciento (0,75%) del total de los depósitos del público que estas instituciones hubiesen tenido para el cierre del semestre inmediatamente anterior a la fecha de pago. ¿Qué añadió el Decreto-Ley de Reforma? Pues bien, agregó que la banca pública no se halla en el deber de saldar tarifa alguna por ese concepto. Resulta difícil imaginar -realmente difícil- cómo es que la dispensa del pago de la tarifa a los bancos del Estado puede enmarcarse en el ámbito de «…la lucha contra la corrupción».

c. Una detenida lectura de las dos normas que anteceden, por sólo citar dos, acredita con claridad *el exceso* en el ejercicio de la delegación legislativa contenida en la Ley Habilitante de 2013, y, por ende, la patente usurpación de funciones que vicia tales normas por haber sido dictadas *ultra vires*.

2.   *Los mecanismos de rendición de cuentas al Parlamento*

§ 79. En oportunidades, el Parlamento le ha exigido al Presidente de la República que le informe o participe a aquél la forma y contenido de los decretos-leyes antes[89] o inmediatamente después[90] de su promulgación o publicación. Ha exigido, además, que le rinda cuentas del ejercicio de las facultades extraordinarias concedidas y sus resultados.[91]

---

[89]   Ley que autoriza al Presidente de la República para dictar medidas extraordinarias en materia económica y financiera (artículo 4°), (*Gaceta Oficial de la República* N° 30.412, del 31 de mayo de 1974); 4° de la Ley que autoriza al Presidente de la República para dictar medidas extraordinarias en materia económica y financiera de 1993 (artículo 4°), (*Gaceta Oficial de la República* N° 35.280, del 23 de agosto de 1993); Ley que autoriza al Presidente de la República para dictar medidas extraordinarias en materia económica y financiera de 1998 (Artículo Único, numeral 3); y, Ley que autoriza al Presidente de la República para dictar decretos con fuerza de ley en las materias que se delegan del año 2000 (artículo 2°).

[90]   Ley Orgánica que autoriza al Presidente de la República para adoptar medidas en materia económica y financiera de 1994 (artículo 3°), (*Gaceta Oficial de la República* N° 35.442, del 18 de abril de 1994).

[91]   Ley que autoriza al Presidente de la República para dictar medidas extraordinarias en materia económica y financiera de 1974 (artículo 3°). Según la norma, dicha rendición debía ser especial y suficientemente detallada; Ley Orgánica que autoriza al Presidente de la República para adoptar medidas en materia económica y financiera requeridas por el interés público (artículo 4°), (*Gaceta Oficial de la República* N° 33.005, del 22 de junio de 1984). Según la disposición legal citada, cada seis meses el Ejecutivo debía informar al Congreso, por órgano de las Comisiones Permanente de Finanzas de las Cámaras de Diputados y Senadores, de las medidas adoptadas y sus resultados; Ley que autoriza al Presidente de la República para dictar medidas extraordinarias en materia económica y financiera de 1993 (artículo 4°). Según la norma, el Presidente de la República debía

§ 80. La Ley Habilitante de 2013 no contemplaba ninguna modalidad de control parlamentario ni sobre el ejercicio de la delegación legislativa, ni tampoco sobre sus resultados.

3. *Las leyes habilitantes y la seguridad jurídica*

§ 81. La Ley Habilitante de 1984 le imponía al Ejecutivo el deber de respetar las previsiones de la Ley de Publicaciones Oficiales,[92] cuando el decreto-ley aprobado comportara la reforma de una ley existente.[93]

§ 82. La Ley Habilitante de 2013 no contenía ninguna disposición en propósito. Ese silencio, inocuo en oportunidades anteriores, porque el Ejecutivo había entendido que debía obrar conforme a lo dispuesto por el artículo 5° de la Ley de Publicaciones Oficiales, sirvió para que muchos de los decretos-leyes dictados con base en la Ley Habilitante de 2013 apareciesen publicados en *Gaceta Oficial sin especificar* cuáles eran las concretas modificaciones legales que estaban siendo introducidas al ordenamiento jurídico positivo. Ese modo de obrar –no hay duda– es censurable, porque no puede ser conciliado con los principios constitucionales de seguridad jurídica y transparencia.

§ 83. En otro orden de ideas, la Ley Habilitante de 2000 exigía que todo decreto-ley dictado con base en aquélla estuviese acompañado de su respectiva exposición de motivos.[94] En ejecución de esa norma legal, el Ejecutivo publicó en *Gaceta Oficial* sus decretos-leyes, precedidos de sus respectivas exposiciones de motivos.[95]

§ 84. Ese requisito no ha sido exigido por ninguna de las leyes habilitantes posteriores, incluida la del año 2013.

4. *El plazo concedido al Ejecutivo Nacional para legislar mediante Decreto-Ley*

§ 85. No todas las leyes habilitantes han autorizado al Poder Ejecutivo para legislar por igual plazo.

§ 86. En efecto, en Venezuela las autorizaciones legislativas han sido concedidas por días,[96] meses,[97] un año calendario[98] e, incluso, por un término superior al año.[99] Vencido ese plazo, la habilitación para legislar decae.

---

dar cuenta de la utilización de la habilitación dentro de los primeros diez días de las sesiones ordinarias del Congreso del año 1994.

[92] *Gaceta Oficial de la República* N° 20.546, del 22 de julio de 1941. El artículo 5° de la Ley de Publicaciones Oficiales establece (i) que «la Ley que sufra una reforma parcial deberá publicarse íntegramente con las modificaciones que hubiere sufrido, las cuales se insertarán en su texto suprimiendo los artículos reformados de manera de conservar su unidad», y (ii) que «esta publicación deberá estar precedida por la de la ley que hace la reforma». Esta modalidad de publicación, que exige la publicación, previa y por separado, de las reformas legales introducidas, no es más que una exigencia de los principios constitucionales de seguridad jurídica y necesaria transparencia en el quehacer público.

[93] Ley Orgánica que autoriza al Presidente de la República para adoptar medidas en materia económica y financiera requeridas por el interés público de 1984 (artículo 3°); y, Ley que autoriza al Presidente de la República para dictar medidas extraordinarias en materia económica y financiera de 1993 (artículo 3°).

[94] Ley que autoriza al Presidente de la República para dictar decretos con fuerza de ley en las materias que se delegan de 2000 (artículo 2°).

[95] Consúltese, *e.g.*, la Ley General de Bancos y Otras Instituciones Financieras (*Gaceta Oficial de la República* N° 5.555 Extraordinario, del 13 de noviembre de 2001).

[96] La Ley Orgánica que autoriza al Presidente de la República para adoptar medidas en materia económica y financiera de 1994 sólo reconocía poder para legislar «...dentro de los treinta días

§ 87. Los largos plazos -en oportunidades un año, en oportunidades dieciocho meses- lucen incompatibles con la naturaleza o carácter extraordinario de la delegación que la Asamblea Nacional está llamada a expedir *ex*-artículos 203 y 236, numeral 8°, de la Constitución.

5. *Conclusión*

§ 88. Es innegable la *pobreza* de la delegación legislativa contenida en la Ley Habilitante de 2013. Sus *carencias* son *múltiples*.

§ 89. En efecto, su contenido es *pobre*, escaso, *prácticamente nulo*, y, por tanto, se encuentra reñido con la letra y el espíritu del artículo 203 de la Constitución. La sanción de la Ley Habilitante de 2013 sólo sirvió para *cumplir las formas* exigidas por la Constitución. Sólo las formas, nada más que las formas.

§ 90. A esto se añade que los mecanismos de control parlamentario brillaron por su ausencia, esto es, fueron inexistentes.

§ 91. Y como si lo dicho no bastara, debe subrayarse también que la delegación legislativa fue concedida, por un *plazo excesivo*, quizás porque no existía un programa normativo compartido por los Poderes Ejecutivo y Legislativo. Esa ausencia de un programa legislativo pareciera ser la causa por la cual la inmensa mayoría de decretos-leyes fueron publicados, *en bloque*, a última hora, es decir, cuando sólo faltaban días u horas para que venciera el plazo previsto por la habilitante. Pero más allá de tales causas, lo cierto es que el plazo de un año calendario se encuentra reñido, por su extensión, con el carácter –por definición *provisional* y, por tanto, *de excepción*– que debe caracterizar la concesión de poderes legislativos *extraordinarios* al Poder Ejecutivo.

---

hábiles siguientes a la publicación de esta Ley…» (artículo 1°). Por su parte, la Ley que autoriza al Presidente de la República para dictar medidas extraordinarias en materia económica y financiera de 1998, sólo reconocía poder para legislar «…dentro de los cuarenta y cinco días hábiles siguientes a la publicación de esta Ley…» (artículo 1°).

[97] La Ley que autoriza al Presidente de la República para dictar medidas extraordinarias en materia económica y financiera de 1993, autorizaba la expedición de decretos leyes «…a partir de la publicación de esta Ley y hasta el 31 de diciembre de 1993» (artículo 1°). La Ley Orgánica que autoriza al Presidente de la República para dictar medidas extraordinarias en materia económica y financiera requeridas por el interés público de 1999, autorizaba al Ejecutivo para legislar «…dentro del lapso de seis (6) meses, contados a partir de la publicación de esta Ley…» (artículo 1°).

[98] Ley de medidas económicas de urgencia (Artículo Único), (*Gaceta Oficial de la República* No. 26.590, del 29 de junio de 1961); Ley que autoriza al Presidente de la República para dictar medidas extraordinarias en materia económica y financiera de 1974 (artículo 1°); Ley Orgánica que autoriza al Presidente de la República para adoptar medidas en materia económica y financiera requeridas por el interés público de 1984 (artículo 1°); Ley que autoriza al Presidente de la República para dictar medidas extraordinarias en materia económica y financiera de 1998 (artículo 1°); Ley que autoriza al Presidente de la República para dictar decretos con fuerza de ley en las materias que se delegan de 2000 (artículo 3°); y, Ley que autoriza al Presidente de la República para dictar decretos con rango, valor y fuerza de ley en las materias que se delegan 2013 (artículo 3°).

[99] Ley que autoriza al Presidente de la República para dictar decretos con rango, valor y fuerza de ley en las materias que se delegan de 2007 (artículo 3°); y, Ley que autoriza al Presidente de la República para dictar decretos con rango, valor y fuerza de ley en las materias que se delegan de 2010 (artículo 3°). En ambas leyes habilitantes el plazo fue el mismo: dieciocho meses calendarios.

El fraude a los límites temporales de la habilitación legislativa

Juan Manuel Raffalli

Profesor de Teorías Políticas y Derecho Constitucional en la UCAB.
Profesor de Teoría General de la Constitución en
Posgrado de la Universidad Monte Ávila

Resumen: *El objeto del artículo es estudiar los límites temporales de la Ley Habilitante y su reciente violación.*

Palabras Claves: *Ley Habilitante.*

Abstract: *The purpose of the article is to study the temporal limits of the Enabling Act, and its recent violation.*

Keywords: *Enabling Act.*

INTRODUCCIÓN

Faltando solamente cuarenta y ocho horas para que expirara la vigencia temporal de la Ley habilitante conferida al Presidente Nicolás Maduro en fecha 19 de noviembre de 2014, nuevamente se ha incurrido en la indeseable práctica de ejercer a última hora de manera exagerada y abusiva dicha habilitación, en perjuicio de los operadores jurídicos y en claro fraude a los requisitos y límites constitucionalmente establecidos para las leyes habilitantes.

Pretendemos acá establecer de manera concreta, cómo y porqué se ha abusado de esta figura durante toda la vigencia de la constitución de 1999, bajo la apariencia del cumplimiento de los requisitos de limitación material y principalmente temporal que la propia constitución establece de manera expresa, lo cual ha derivado en una anormalidad constitucional en el ejercicio de los poderes ejecutivo y legislativo en detrimento de las competencias legislativas naturales de la asamblea Nacional.

I. LÍMITES GENERALES DE LA HABILITACIÓN LEGISLATIVA

La Constitución de 1961 en su artículo 190, siguiendo la línea de la reforma constitucional de 1945, disponía que el Presidente de la República podía dictar medidas extraordinarias en materia económica y financiera, pero siempre habilitado para ello por una "ley especial" que debía emanar del Congreso de la República. Así, Venezuela se inscribió por varias décadas en la corriente de las llamadas *"legislaciones de necesidad"*, que subordinan la delegación de funciones legislativas en beneficio del Presidente a la existencia de situaciones extraordinarias, que requieren atención normativa urgente para ser solventadas lo cual no sería factible de tener que acudir al extenso y complejo proceso de formación de las leyes establecido constitucionalmente[1].

Al estar circunscrita esta facultad a materias económicas y financieras extraordinarias, evidentemente durante el imperio de la Constitución de 1961 la habilitación se encontraba constitucionalmente limitada en el aspecto material y circunstancial, además de sujeta a la formalidad sustancial de una ley especial. Sabemos sin embargo que todos los Presidentes beneficiarios de habilitaciones para legislar durante la vigencia de la Constitución de 1961, poco respetaron esta limitación material, pero al menos en apariencia daban fundamentos económicos a las medidas que dictaban en ejercicio de sus respectivas habilitaciones, asumiendo siempre que se trataba de habilitaciones temporales, breves y limitadas por el Congreso en la propia Ley Especial que las contenía.

El gran cambio en esta materia que se consumó con la Constitución de 1999 fue que los límites temporales y materiales, así como el carácter extraordinario de las circunstancias que justificaban la habilitación para que el Presidente legislara, fueron absolutamente eliminados del texto constitucional, remitiéndose a la Asamblea Nacional la competencia para determinar discrecionalmente las materias sobre las cuales el Presidente podría legislar; su duración y directrices de la habilitación. De este modo la Constitución de 1999 abandona la línea de las llamadas *legislaciones de necesidad* y se ubica dentro de las habilitaciones legislativas propiamente dichas, caracterizadas por su amplitud.[2]

Nótese que en el marco de un parlamento unicameral este tratamiento podía implicar el grave riesgo de que una mayoría parlamentaria, aún siendo calificada pues se requiere para su aprobación el voto favorable de las dos terceras partes de sus integrantes, pudiera despojar a la Asamblea Nacional de su función legislativa natural para delegarla ampliamente y por un tiempo considerablemente largo al Presidente de la República, como en efecto ha ocurrido durante los más de 15 de años de vigencia de la Constitución de 1999.

En definitiva este cambio de tendencia hacia una amplitud indeseable en materia de habilitaciones legislativas al Presidente, se concreta en los siguientes artículos del texto constitucional vigente:

"*Artículo 236: Son atribuciones y obligaciones del Presidente o Presidenta de la República:* .... *Dictar,* **previa autorización por una ley habilitante,** *decretos con fuerza de ley*" (Destacados agregados).

---

[1] García Pelayo, Manuel, Eduardo. *Obras Completas* Tomo III – Centro de Estudios Constitucionales. Madrid 1991, p. 2774: "La primera guerra mundial comenzó a quebrantar este esquema, pues los Parlamentos de los países beligerantes se vieron obligados a otorgar poderes legislativos a sus gobiernos para hacer frente a las necesidades de la contienda. Se pensaba que ello tendría carácter transitorio, pero aquí como en otros aspectos lo excepcional se convirtió en normal y, finalmente, lo normal en normativo."

[2] Rondón de Sansó, Hildegard. Esta facultad del Presidente de la República estaba prevista ya en la Constitución del 61 y a través de ella se le permitía dictar decretos leyes regulares, en materia económica o financiera. Al efecto era necesario que el legislador dictase una ley habilitante, ley ésta que debía ser dictada como una medida extraordinaria y cuando así lo requiriese el interés público. La Constitución del 99 ha eliminado las indicadas condiciones específicas para que operen los decretos leyes, esto es, que ya los mismos no quedan limitados a la materia económica y financiera, ni tampoco se exige que tal situación posea un carácter extraordinario".

"Artículo 203: " ... Son Leyes Habilitantes las sancionadas por la Asamblea Nacional por las tres quintas partes de sus integrantes, a fin de **establecer las directrices, propósitos y marcos de las materias que se deleguen al Presidente** *o Presidenta de la República, con rango y valor de ley. Las Leyes Habilitantes* **deben fijar el plazo de su ejercicio**". (Destacados agregados).

Como se puede apreciar, la Constitución de 1999 no sólo eliminó el carácter excepcional y extraordinario de la habilitación legislativa a favor del Presidente sino mucho peor, dejó en la Asamblea Nacional, sin ninguna condición o parámetro constitucionalmente establecido, la delimitación material y temporal de la misma lo cual ha representado un campo yermo para abusos y extralimitaciones desde el punto de vista de la normalidad en el funcionamiento de los poderes públicos en los términos establecidos en la propia constitución.

II. DIRECTRICES, PROPÓSITOS Y MARCOS DE LA HABILITACIÓN

Como vimos, el artículo 203 de la Constitución tímidamente establece como límite o requisito formal que las Leyes Habilitantes establezcan las "directrices, propósitos y marcos" que delimitan las materias sobre las cuales el Presidente podrá legislar. Lo anterior implica obviamente que la Ley Habilitante debe expresar sobre qué materias versa la habilitación; cuál es el objetivo que se persigue al delegar al Presidente la función legislativa; y qué tipo de medidas o situaciones deben ser tratadas para lograrlo. Resulta evidente que a su vez la Asamblea Nacional a los fines de establecer estos requisitos formales, deberá considerar la solicitud de habilitación que a tal efecto presente el propio Presidente de la República por cuanto será éste quien en mayor medida debe conocer las acciones que justifican su petición[3].

En efecto, un exceso en el nivel de detalle de la habilitación y de las medidas que el Presidente pueda dictar en su ejercicio, representaría una suerte de *corsé* para tomar acciones efectivas desde el Poder Ejecutivo, contradiciendo la finalidad y justificación de la delegación misma. Pero bajo el mismo argumento visto desde la acera de enfrente, resulta evidente también que una amplitud excesiva en los términos de la habilitación equivaldría a no establecer límites reales y efectivos a las facultades legislativas que se delegan al Presidente de la República. Así la Asamblea Nacional al hacer uso de su facultad de habilitar al Presidente para que legisle por Decretos con rango, fuerza y valor de ley, debe hacerlo bajo los principios generales de razonabilidad, proporcionalidad y adecuación que limitan naturalmente el ejercicio de la función pública.

---

[3] En cuanto a la adecuación de la habilitación de funciones legislativas al Presidente de la República a las materias en las cuales realmente requiera accionar, el Tribunal Constitucional Español ha sentado el siguiente criterio de especial interés para el tema que abordamos: La necesidad justificadora de los decretos leyes no se puede entender como una necesidad absoluta que suponga un peligro grave para el sistema constitucional o para el orden publico entendido como normal ejercicio de los derechos fundamentales y libertades públicas y normal funcionamiento de los servicios públicos, sino que hay que entenderlo con mayor amplitud, como necesidad relativa respecto de situaciones concretas de los objetivos gubernamentales que por razones difíciles de prever requieren de una acción normativa inmediata en un plazo más breve que el requerido por la vía normal o por el procedimiento de urgencia para la tramitación parlamentaria de las leyes. Tribunal Constitucional Español en sentencia 6/83 del 4 de febrero de 1983; citado por en *Manual De Derecho Administrativo, Adaptado a la Constitución de 1999*, Volumen Primero, Colección de Estudios Jurídicos del Tribunal Supremo de Justicia; Caracas, 2009, p. 460.

Incluso por lo delicado de esta potestad que en el fondo implica cierto grado de anomalía en el funcionamiento de la organización del poder público, con mayor razón deben ser rigurosamente observados tales principios e interpretarse dichas leyes de manera restrictiva[4].

En todo caso, lo que sí resulta indiscutible es que la carencia de algunos de estos tres requisitos formales (directrices, propósitos y marcos) al momento de otorgarse la Ley Habilitante, vulneraría frontalmente el precitado artículo 203 constitucional.

Pues bien, lo que ha venido ocurriendo inveteradamente en Venezuela con las cinco Leyes Habilitantes dictadas por la Asamblea Nacional entre 1999 y 2015, es un claro fraude a los requisitos previstos en el artículo 203 de la Constitución los cuales en apariencia se cumplen pero cuya amplitud los hace inocuos, y ello en el fondo implica una desnaturalización de la figura de la Leyes Habilitantes en detrimento de la función legislativa de los parlamentarios electos popularmente.

En cuanto a los límites materiales, bajo la apariencia de sujeción a temas concretos como por ejemplo el abordaje de la problemática de los ciudadanos afectados por las lluvias; o la supuesta necesidad urgente de luchar contra la corrupción, se ha permitido a los Presidentes Hugo Chávez y Nicolás Maduro legislar en materias tan amplias y disímiles como: Organización de la Administración Pública; Banca y Finanzas; Actividad Agrícola; Impuestos, Tasas y Contribuciones; Finanzas y Contrataciones Públicas; Relaciones Laborales y Seguridad Social; Servicios Públicos; Corrupción; Inmuebles; Seguros y Telecomunicaciones.

De esta forma, materias sobre las cuales debe legislarse bajo un ambiente de debate y consensos políticos, hasta la Ley Orgánica del Trabajo, Los Trabajadores y Trabajadores y La Ley de Impuesto Sobre la Renta, que afectan un número inmenso de sujetos de aplicación, han sido modificadas unipersonalmente y además obviando el mecanismo de consulta pública previsto en el artículo 206 de la Constitución con el objeto de asegurar la participación ciudadana en el proceso legislativo, como parte de la llamada democracia protagónica que inspira al texto constitucional y representa su gran bandera.

Dicho lo anterior sobre los límites materiales casi inexistentes bajo los cuales se han conferido las últimas habilitaciones legislativas, pasamos seguidamente a abordar el tema de la amplitud de los límites temporales que también debe aplicarse inexorablemente a las leyes habitantes dictadas bajo la vigencia de la constitución de 1999 e incluso el fraude a esta limitación que se ha ejecutado mediante la extensión fáctica de las últimas habilitaciones.

III. LÍMITES TEMPORALES Y SU DEFRAUDACIÓN

Además de la mayoría calificada para su aprobación y la determinación de marcos, propósitos y directrices materiales, la formalidad esencial y que a su vez representa también la única limitación expresa para las Leyes Habilitantes, es que la misma determine su propia vigencia temporal, esto es el tiempo durante el cual el Presidente de la República quedará efectivamente facultado para dictar Decretos con fuerza, y valor de Ley en las materias determinadas en las directrices, marcos y propósitos que disponga la habilitación.

---

[4]   Sobre el carácter restrictivo e importancia de la extensión y temporal y material de las leyes habilitantes, la Sala Constitucional ha señalado: "Las leyes de habilitación al Ejecutivo deben ser ejecutadas con consciencia de que el poder que se ejerce no es propio, sino entregado temporalmente por la representación parlamentaria. Por ello, cualquier interpretación que se haga debe ser restrictiva, sin posibilidad alguna de extender los supuestos a casos que puedan guardar cierta relación, cercana o no, pero que en definitiva no son la materia específicamente asignada". (Sentencia del 14 de diciembre de 2006. Caso *Recuso de Nulidad contra el Fondo de Estabilización Macro económica -FIEM-*. Magistrado Ponente Carmen Zuleta de Merchán).

Pero realmente lo que ha ocurrido entre 1999 y 2015 en cuanto a los límites temporales de las Leyes Habilitantes, ha sido coincidente con la amplitud abusiva que se han extendido las mismas en cuanto a su contenido material. En total se han conferido 5 leyes habilitantes, 4 al Presidente Hugo Chávez y una al Presidente Nicolás Maduro. Veamos:

1. La primera Ley Habilitante bajo el imperio de la Constitución vigente fue solicitada en el mismo año de su aprobación referéndum popular (1999) y fue conferida al Presidente Chávez por un lapso de **seis meses**. En ejercicio de la misma, se promulgaron en total 53 Decretos con rango y fuerza de Ley.[5]

2. En el año 2000 el Presidente Chávez solicitó una segunda Ley Habilitante en poco más de un año pero esta vez se aumentó el límite a **doce meses**, es decir el doble de tiempo de la habilitante anterior. En virtud de esta segunda habilitación se dictaron 49 Decretos.[6]

3. En 2007 el Presidente Chávez solicitó una tercera Ley Habilitante en el 2007, la cual le fue otorgada ésta vez con una vigencia de **dieciocho meses**, triplicándose así la vigencia temporal de la primera habilitación. En ejercicio de esta tercera habilitación el Presidente Chávez dictó 59 Decretos con rango y fuerza de ley.[7]

4. La cuarta y última Ley Habilitante conferida al Presidente Chávez fue promulgada el 17 de diciembre de 2010, y nuevamente por un período exagerado de **dieciocho meses** y en ejercicio de la misma se promulgaron 54 Decretos con rango y fuerza de Ley[8].

5. Con la misma tendencia que su predecesor, a pocos meses de asumir el cargo el Presidente Maduro, requirió su primera Ley Habilitante en noviembre de 2013. La misma le fue conferida por **un año** y su ejercicio incluso después de dicha vigencia temporal, es precisamente la que ha motivado esta contribución[9]. En total el Presidente Maduro dictó en ejercicio de esta habilitación un total de 59 Decretos-Leyes.

Esta amplitud temporal ha implicado que en 15 años y algunos meses que es el tiempo de vigencia actual de la Constitución de 1999, el Presidente de la República ejerciera funciones legislativas en materias reservadas por el artículo 187 ordinal 1 de la Constitución al Poder Legislativo Nacional, durante **sesenta y seis meses, es decir cinco años medio**, tiempo que incluso supera un período constitucional quinquenal de la Asamblea Nacional.

Este abuso fraudulento en los términos temporales de las habilitaciones conferidas a los presidentes Chávez y Maduro, ha supuesto que en poco más de 15 años el Presidente legisle más que la Asamblea Nacional, al dictarse por esta vía excepcional **271 Decretos con rango, fuerza y valor de Ley** en las materias más disimiles y delicadas incluyendo aquéllas que por desarrollar derechos constitucionales y organizar los poderes públicos, están expresamente reservadas al tratamiento de Leyes Orgánicas conforme el artículo 203 de la constitución,

---

[5] *Gaceta Oficial* N° 36.687, de fecha 26 de abril de 1999.

[6] *Gaceta Oficial* N° 37.076, de fecha 13 de noviembre de 2000.

[7] *Gaceta Oficial* N° 38.617, de fecha 1° de febrero de 2007.

[8] *Gaceta Oficial* 6.009 Extraordinario, de fecha 17 de diciembre de 2010.

[9] *Gaceta Oficial* N° 6.112 Extraordinario, de fecha 19 de noviembre de 2013.

hecho éste que deja de bulto el abuso de esta figura y en consecuencia la inconstitucionalidad de su ejercicio en tanto ha trastornado las competencias naturales de la Asamblea Nacional[10].

Pero la defraudación a una efectiva limitación temporal de las leyes habilitantes establecido como requisito expreso en la Constitución, no solo viene dada por la duración efectiva de las mismas otorgadas entre 1999 y 2015, sino por otro hecho igualmente grave y generador de una profunda inseguridad jurídica. Nos referimos a la práctica ya habitual de dictar en los últimos días de la habilitación un considerable número de decretos con rango y fuerza de ley en materias de alto interés nacional, las cuales además son promulgadas efectiva e íntegramente varios días después de la expiración de la vigencia de la ley habilitante respectiva.

De este modo debemos recordar que el Presidente Hugo Chávez, ante la inminencia de un retorno de sus opositores a la Asamblea Nacional en número importante, luego de abstenerse de participar en las elecciones parlamentarias de 2005, dictó en los últimos días de su habilitación de 2010, un paquete importante de Decretos-Leyes dentro de los cuales figuran nada menos que las que dan soporte normativos al llamado "Poder Popular", estos son: La Ley Orgánica de los Consejos Comunales, la Ley Orgánica del Poder Popular, la Ley Orgánica de las Comunas, la Ley Orgánica del Sistema Económico Comunal, la Ley Orgánica de la Contraloría Social, la Ley Orgánica del Consejo Federal de Gobierno, La Ley Orgánica de la Planificación Publica y Popular, La Ley Orgánica para la Gestión Comunitaria.

En el caso del ejercicio de la única habilitación legislativa recibida hasta ahora por el Presidente Nicolás Maduro, la situación es aún más grave. Durante el año de su vigencia prácticamente no la ejerció, hasta que entre los días 18 y 19 de noviembre de 2014 que eran los dos últimos días de vigencia de su habilitación, anunció un total de 27 Decretos que regulan materias fundamentales en todo ámbito lo que además excede con creces el límite material de la "lucha contra la corrupción" que era el marco y la directriz bajo la cual fue le fue conferida. Dichos Decretos son:

1. Decreto N° 1.393 del 13 de noviembre de 2014, mediante el cual se dicta el Decreto con Rango, Valor y Fuerza de Ley de Alimentación para los Trabajadores y las Trabajadoras.

2. Decreto N° 1.424, mediante el cual se dicta el Decreto con Rango, Valor y Fuerza de Ley Orgánica de la Administración Pública.

3. Decreto N° 1.406, mediante el cual se dicta el Decreto con Rango, Valor y Fuerza de Ley de Reforma de la Ley Orgánica de Planificación Pública y Popular, publicado en la *Gaceta Oficial* N° 6.148 extraordinario de 18 de noviembre de 2014.

---

[10]   Esta inconveniente situación ha sido avalada incluso por la Sala Constitucional del Tribunal Supremo de Justica al resolver lo siguiente: "La nueva Carta Magna estableció formalmente en su artículo 236, numeral 18, la posibilidad de que la Asamblea Nacional delegue su potestad normativa al Presidente de la República, sin ningún tipo de límites de contenido. No obstante, se observa que la referida norma constitucional no solamente plantea la inexistencia de limites materiales para la habilitación legislativa en cuanto al objeto o contenido de la ley, sino que además, tampoco establece limitación en cuando a la jerarquía de la norma legal, motivo por el cual esta Sala considera que el Presidente de la Republica, en ejercicio de tal habilitación, podría dictar no solo leyes ordinarias, sino también leyes orgánicas, pero le corresponderá a la sala Constitucional declarar la constitucionalidad del carácter orgánico del decreto legislativo, solo cuando el acto no haya sido calificado como con tal carácter por la Constitución". (Sentencia de 19 de septiembre de 2001, relativa al decreto con fuerza de ley orgánica de ciencia, tecnología e innovación).

4. Decreto N° 1.395, mediante el cual se dicta el Decreto con Rango, Valor y Fuerza de Ley Orgánica que Reserva al Estado las Actividades de Exploración y Explotación del Oro, así como las Conexas y Auxiliares a éstas.

5. Decreto N° 1.397, mediante el cual se dicta el Decreto con Rango, Valor y Fuerza de Ley de Reforma Parcial del Decreto con Rango, Valor y Fuerza de Ley de Tasas Portuarias.

6. Decreto N° 1.398, mediante el cual se dicta el Decreto con Rango, Valor y Fuerza de Ley que Reforma Parcialmente la Ley de Timbres Fiscales.

7. Decreto N° 1.403, mediante el cual se dicta el Decreto con Rango, Valor y Fuerza de Ley del Régimen Cambiario y sus Ilícitos.

8. Decreto N° 1.405, mediante el cual se dicta el Decreto con Rango, Valor y Fuerza de Ley del Sistema Nacional Integral Agroalimentario.

9. Decreto N° 1.408, mediante el cual se dicta el Decreto con Rango, Valor y Fuerza de Ley de Reforma del Decreto con Rango, Valor y Fuerza de Ley de Pesca y Acuicultura.

10. Decreto N° 1.409, mediante el cual se dicta el Decreto con Rango, Valor y Fuerza de Ley de la Gran Misión Agrovenezuela.

11. Decreto N° 1.411, mediante el cual se dicta el Decreto con Rango, Valor y Fuerza de Ley de Reforma de la Ley Orgánica de Ciencia, Tecnología e Innovación.

12. Decreto N° 1.413, mediante el cual se dicta el Decreto con Rango, Valor y Fuerza de Ley de Reforma de la Ley para la Promoción y Desarrollo de la Pequeña y Mediana Industria y Unidades de Propiedad Social.

13. Decreto N° 1.415, mediante el cual se dicta el Decreto con Rango, Valor y Fuerza de Ley Antimonopolio.

14. Decreto N° 1.417, mediante el cual se dicta el Decreto con Rango, Valor y Fuerza de Ley de Reforma de la Ley de Impuesto sobre Cigarrillos y Manufacturas de Tabaco.

15. Decreto N° 1.418, mediante el cual se dicta el Decreto con Rango, Valor y Fuerza de Ley de Reforma de la Ley de Impuesto sobre Alcohol y Especies Alcohólicas.

16. Decreto N° 1.423, mediante el cual se dicta el Decreto con Rango, Valor y Fuerza de Ley de Simplificación de Trámites Administrativos.

17. Decreto N° 1.425, mediante el cual se dicta el Decreto con Rango, Valor y Fuerza de Ley de Regionalización Integral para el Desarrollo Socioproductivo de la Patria.

18. Decreto N° 1.434, mediante el cual se dicta el Decreto con Rango, Valor y Fuerza de Ley del Código Orgánico Tributario.-

19. Decreto N° 1.435, mediante el cual se dicta el Decreto con Rango, Valor y Fuerza de Ley de Reforma de la Ley de Impuesto Sobre la Renta.

20. Decreto N° 1.436, mediante el cual se dicta el Decreto con Rango, Valor y Fuerza de Ley de Reforma de la Ley que Establece el Impuesto al Valor Agregado.

21. Decreto N° 1.438, mediante el cual se dicta el Decreto con Rango, Valor y Fuerza de Ley de Inversiones Extranjeras.

22. Decreto N° 1.441, mediante el cual se dicta el Decreto con Rango, Valor y Fuerza de Ley Orgánica de Turismo.

23. Decreto N° 1.442, mediante el cual se dicta el Decreto con Rango, Valor y Fuerza de Ley de Fomento del Turismo Sustentable como Actividad Comunitaria y Social.

24. Decreto N° 1.443, mediante el cual se dicta el Decreto con Rango, Valor y Fuerza de Ley de Inversiones Turísticas y del Crédito para el Sector Turismo.

25. Decreto N° 1.445, mediante el cual se dicta el Decreto con Rango, Valor y Fuerza de Ley de Marinas y Actividades Conexas.

26. Decreto N° 1.446, mediante el cual se dicta el Decreto con Rango, Valor y Fuerza de Ley Orgánica de los Espacios Acuáticos.

27. Decreto N° 1.391, mediante el cual se dicta el Decreto con Rango, Valor y Fuerza de Ley Orgánica de Cultura.

Es muy importante destacar a los fines de esta contribución que de todos estos Decretos, solamente tres fueron publicados íntegramente en la Gaeta Oficial antes del 19 de noviembre de 2014 que fue el último día de vigencia de la ley habilitante. Los otros 23 simplemente fueron "anunciados" en las Gacetas Oficiales N° 40.543 y 40.544 de fechas 18 de noviembre de 2014 y 19 de noviembre de 2014, respectivamente, pero su contenido, es decir su promulgación íntegra, no se conoció sino progresivamente y hasta varias semanas después de haber fenecido el ya extenso plazo de la habilitación. En este punto es menester recordar que el hecho de tratarse de Decretos con rango, fuerza y valor de Ley, en modo alguno los excluye del deber de promulgación oportuna mediante la publicación en la *Gaceta Oficial*, de conformidad con lo establecido en el artículo 215 de la constitución.

Esta conducta del habilitado, supuso una extensión de hecho del plazo de su habilitación, situación ésta que añade un nuevo elemento de fraudulencia en el tratamiento de los límites temporales a la habilitación legislativa del Presidente y que con abstracción de todo elemento político, en un ambiente de plena institucionalidad e imperio de la constitución, supondría un vicio de nulidad por haber usurpado el Presidente de la República atribuciones legislativas de la Asamblea Nacional al excederse en el límite temporal de la Ley Habilitante[11]. Todo ello, además de la ya referida situación de profunda inseguridad que supone para los operadores jurídicos esta práctica abusiva e inconstitucional.

IV. BREVES CONCLUSIONES.

La conclusión obligada de todo lo expuesto es que el tratamiento de las leyes habilitantes contenido en los artículo 203 y 236 de la Constitución de 1999 ha implicado un cambio en

---

[11]   Sobre el exceso de los límites temporales de las Leyes Habilitantes, la propia Sala Constitucional ha señalado: "Es pertinente destacar, que este tipo de leyes habilitantes se caracterizan por su vigencia determinada, siendo el propio legislador quien incorpora al acto legislativo autorizatorio las circunstancias determinantes de su vigencia, por lo que, una vez transcurrido el lapso previsto en la ley -habiéndose dictado o no las normas (Decretos-leyes) de las materias habilitadas-, la ley autorizatoria fenece. De modo tal, que la delegación se agota por el uso que de ella haga el Ejecutivo Nacional mediante la publicación de la norma para la cual fue habilitado, o bien, por el transcurso del tiempo establecido en la misma ley habilitante para que sean dictados los instrumentos normativos que se requieran. Por esta razón, normas como la impugnada, tienen una vigencia de carácter temporal, esto es, que transcurrido el plazo establecido en la propia ley para su existencia, éstas pierden su eficacia, encuadrando así dentro del supuesto denominado por algunos autores como leyes *a término*, puesto que la cesación de su vigencia es definida *a priori*" (Sentencia 1515 del 6 de diciembre de 2000. Ponente Héctor Peña Torrelles, caso *Alberto Melena y otro*, recurso de nulidad de la Ley Habilitante publicada en la *G.O* 35280 del 23 de agosto de 1993)

la naturaleza y fines de las mismas, caracterizándose ahora por una amplitud que ha facilitado abusos mediante el cumplimiento aparente de los requisitos y límites formales que para su procedencia establece la propia constitución.

La amplitud en el ámbito material ha permitido que los Presidentes Chávez y Maduro legislaran ilimitadamente en prácticamente todo tipo de materias, incluyendo las reservadas al tratamiento mediante leyes orgánica. Debido a ello la actividad legislativa en los últimos 15 años ha sido mucho más profusa en el Poder Ejecutivo que en el Parlamento nacional.

En cuanto a las limitaciones temporales, requisito expresamente exigido por la constitución, las cinco leyes habilitantes conferidas bajo el imperio de la constitución de 1999, se han caracterizado por una extensión creciente en el tiempo, al extremo que en total las habilitaciones así conferidas, suman más de un quinquenio constitucional de la Asamblea Nacional.

La otra modalidad que ha supuesto un evidente fraude a la exigencia de límites temporales y razonables a las leyes habilitantes, es su exacerbado ejercicio en los últimos días de su vigencia, y más aún, la reciente modalidad de anunciar los Decretos-Leyes dentro dela vigencia de habilitación, pero la promulgación íntegra de su texto después de haber expirado la vigencia de la Ley Habilitante.

Todo lo anterior supone una anomalía en el funcionamiento de los poderes Ejecutivo y Legislativo que implica una usurpación de funciones legislativas por parte del Presidente y una clara inseguridad jurídica para los sujetos pasivos de las normas así promulgadas.

La reiterada inobservancia a los límites de la delegación legislativa

Alejandro Gallotti
Abogado especialista en Derecho Administrativo
Profesor de pregrado y postgrado en la Universidad Católica Andrés Bello
Profesor de pregrado de la Universidad Central de Venezuela

Resumen: *El artículo analiza el indebido ejercicio de la delegación legislativa por el Presidente de la República.*

Palabras claves: *Decreto-Ley, Ley Habilitante, delegación legislativa.*

Abstract: *The article analyzes the improper exercise of the legislative delegation by the Republic President.*

Keywords: *Decree-Law, Enabling Law, legislative delegation.*

INTRODUCCIÓN

Para el momento en que se escribe este artículo, la Constitución de la República Bolivariana de Venezuela tiene ya 15 años de vigencia, mientras que el movimiento político que propuso ese texto constitucional tiene más de 16 años en el poder. Desde marzo de 1999 hasta la presente fecha, el Poder Legislativo Nacional ha otorgado 5 habilitaciones para legislar al Presidente de la República. Entre el período 1999/2010 se concedieron 4 delegaciones que sumaron 54 meses, lo que representa 4 años y medio en los que la máxima autoridad del Poder Ejecutivo ostentó igualmente la potestad legislativa (con muy pocos límites materiales), dictando un total de 213 leyes habilitadas[1]. Similar ritmo se observa entre 2013 y 2014 donde al presidente le fue nuevamente delegada la potestad legislativa, esta vez por 12 meses dictando un total de 54 leyes habilitadas.

En efecto no hay duda que la Asamblea Nacional ostenta la facultad para delegar su potestad legislativa, claramente consagrada en el artículo 203 de la CRBV, previsto también entre las atribuciones presidenciales donde precisamente se prevé la posibilidad de dictar, previa habilitación, decretos con rango valor y fuerza de ley tal y como lo dispone el numeral 8 del artículo 236 *eiusde*m, sin embargo, aun cuando los artículos antes indicados no sean expresos e inequívocos en cuanto a limitaciones materiales y formales, dichas normas no pueden ser estudiadas de forma aislada del resto de los preceptos constitucionales y principios fundamentales del derecho público y del derecho constitucional.

Es notable el contraste entre la facultad de delegación prevista en la Constitución de 1999 frente a su referente en la Constitución de 1961, donde el extinto Congreso solo podía

---

[1] Fuente diario El Universal http://www.eluniversal.com/nacional-y-politica/120617/con-46-leyes-culmina-hoy-habilitacion-del-presidente

habilitar al Presidente para dictar medidas extraordinarias en materia económica y financiera, tal y como lo indicaba el numeral 8 del artículo 190[2]. Ahora, partiendo de una base sumamente amplia, hemos podido observar que en los últimos 16 años el Presidente de la República ha emitido leyes habilitadas en materias que deberían estar reservadas a ley formal de la Asamblea Nacional, situación que, a pesar de su reiterada inobservancia, no puede dejar de ser motivo de crítica y discusión no solo desde el ámbito académico, sino también social y político de nuestro país.

Así, luego de la habilitación publicada en *Gaceta Oficial* N° 6.112 Extraordinario del 19 de noviembre de 2013, que culminó el pasado 19 de noviembre de 2014, siguen surgiendo las discusiones en torno a los límites del poder habilitante, tanto en las materias que se pueden delegar como en el tiempo máximo de la habilitación, tema que buscaremos recordar seguidamente una vez más.

I. DE LOS DECRETOS CON RANGO VALOR Y FUERZA DE LEY Y SU JUSTIFICACIÓN

Ante todo vale recordar que la ley *"...es el acto sancionado por la Asamblea Nacional como cuerpo legislador..."*, tal y como lo establece el artículo 202 de la CRBV. De manera que, como acto normativo o norma escrita de derecho emanada de un órgano legislativo, por subordinación del Principio de Separación de Poderes, resultaría en principio una función ajena al Poder Ejecutivo, sin embargo, las disposiciones ya indicadas en párrafos precedentes conceden la posibilidad de autorizar o delegar al Presidente de la República esas competencias que le son propias a la Asamblea Nacional, con muy pocas limitaciones objetivas, puesto que el texto constitucional no indica de forma expresa impedimentos para esa habilitación presidencial, más allá de lo dispuesto en el artículo 203 *eiusdem* que nos señala que la Asamblea Nacional debe *"...establecer las directrices, propósitos y el marco de las materias que se delegan..."* así como también *"fijar el plazo para su ejercicio"*.

De manera que en la disposición normativa que otorga la posibilidad de delegar al presidente la competencia para dictar actos con rango valor y fuerza de ley quedará supeditada a lo que en su debida oportunidad disponga el órgano legislador nacional como "directrices, propósitos y el marco" de esa habilitación, además del plazo.

Ahora, es posible obtener del propio texto constitucional otras limitaciones a la delegación legislativa del Presidente de la República, ya que conforme a ciertos Principios de Derecho Público y Constitucional, como a la propia redacción de diversas normas constitucionales, podemos inferir que, independientemente de las directrices, propósitos y materias delegadas por la Asamblea Nacional, existirán otras áreas normativas restringidas a la Ley Habilitante.

Inicialmente debemos considerar el *quorum* requerido para dictar la habilitación presidencial, siendo dispuesto en el artículo 203 que será una Ley habilitante *"las sancionadas por la Asamblea Nacional por las tres quintas partes de sus integrantes"*, esto es, el 60% de los integrantes del órgano legislativo. Vemos que se trata de una rigurosidad inferior a la prevista para las leyes orgánicas, puesto que estas requieren de al menos dos terceras partes (66,66%). Esto nos permitiría en principio estimar que la ley habilitante es un acto sancionado por la Asamblea distinto a la ley orgánica, sin embargo, la decisión N° 1716 del 19 de

---

[2]   La Constitución de 1961 indicaba: Artículo 190. Son atribuciones y deberes del Presidente de la República: 8. Dictar medidas extraordinarias en materia económica o financiera cuando así lo requiera el interés público y haya sido autorizado para ello por ley especial.

septiembre de 2001 de la Sala Constitucional del TSJ, estimó que la ley habilitante constituía una ley marco, es decir, una categoría de ley orgánica, por *"...estar contenidas en el artículo 203 (...) el cual se encuentra íntegramente referido a las leyes orgánicas. Así, las leyes habilitantes son por definición, leyes marco –lo que determina su carácter orgánico..."*.

En consecuencia, conforme al criterio vinculante de la Sala, la ley habilitante es una ley orgánica, por ser, según la decisión analizada, una ley marco y por estar contenida en el artículo 203 de la CRBV, a pesar de contar con un quórum diferente y otros parámetros procedimentales a seguir. Además se trataría de una particular ley marco sometida a temporalidad, puesto que la habilitación conlleva a que la Asamblea fije su plazo. Tampoco, a pesar de ser ley marco, requerirá del control previo que ejerce la Sala Constitucional para determinar si la misma tiene carácter orgánico (así expresamente lo sostuvo la Sala en la sentencia N° 1716 antes indicada) ya que, a decir de la Sala *"...el propio Constituyente, en su artículo 203 (...) las definió como tales..."*.

De esta forma, tendríamos que la ley habilitante es una ley marco en sentido formal, puesto que se trataría de un acto sancionado por la Asamblea Nacional (conforme a los artículos 202 y 203), pero no presentaría los aspectos materiales que procura toda ley como compendio de derechos y obligaciones, es decir, no regularía conductas o comportamientos de la sociedad o de las organizaciones públicas.

1.   *Límites formales de la ley habilitante*

Expuesto lo anterior, es menester considerar si este poder de delegación de parte de la Asamblea Nacional puede verificarse en cualquier circunstancia, o es menester contar con una justificación, es decir, ya observamos que el artículo 203 indica qué debe contener de forma muy general una ley habilitante, pero qué criterios delimitan la activación de esa atribución constitucional.

Hemos podido observar que en las numerosas habilitaciones legislativas que se han suscitado desde 1999 hasta el año 2013, en algunas ocasiones se ha tratado de justificar la delegación en ciertos acontecimientos como fue la situación ambiental o climática de 2010, o la denominada *guerra económica* que sirvió de argumento para la habilitación de 2013. Motivos que, además de genéricos, dieron pie a leyes habilitadas que no guardaban relación con las supuestas causas de la habilitación[3]. Ahora bien, deberíamos estimar que siempre debe justificarse la habilitación legislativa o su otorgamiento simplemente queda a criterio de oportunidad, conveniencia o juicio del Órgano Legislativo.

En principio, el ejercicio de toda atribución de un órgano que conforma el Poder Público debe estar justificada. A menudo se interpreta erradamente que los poderes que ostenta el Estado constituyen simplemente facultades de espontánea y caprichosa ejecución, cuando lo correcto es que el ejercicio del Poder Público conlleva el sometimiento en todo momento no solo al título jurídico que sirve de legitimación para el proceder del órgano o ente público, sino también a los presupuestos constitucionales y fines del Estado para los cuales ha sido prevista una determinada atribución. Por lo tanto, el ejercicio de una facultad, sea esta administrativa, judicial, legislativa, etc., deberá ante todo contar con una clara justificación de

---

[3]   Por ejemplo, se reformó la Ley Orgánica de la Administración Pública una vez más, la Ley de Simplificación de Trámites Administrativos, la Ley de Registro y Notarías, el Código Orgánico Tributario, entre otras que no solo no tenían un nexo con la causa de la habilitación –supuestamente la crisis económica– sin que incluso valdría discutir si guardaban vínculo con las directrices de la propia ley habilitante.

carácter jurídico, económico, social o técnico, de lo contrario estaríamos ante erráticas actuaciones del Poder Público, que dependiendo de su contenido, causa y objeto podrían ser susceptibles de nulidad, independientemente de que exista esa atribución dentro del ordenamiento jurídico.

Así, podemos dar como ejemplo la potestad expropiatoria, que si bien está claramente consagrada en el ordenamiento jurídico venezolano, esta requerirá no solo de una justificación dirigida a la utilidad pública e interés social, sino también a la sustanciación previa de un procedimiento administrativo o judicial, así como el pago de una justa indemnización, por lo tanto, si el Poder Ejecutivo no está dispuesto a cumplir con dichas rigurosidades formales y presupuestarias, pues no podrá hacer uso de esa facultad que le permitiría la apropiación de la propiedad privada. Del mismo modo, podemos exponer que todo juez tiene el poder o la facultad para decidir una causa que fue sometida a su conocimiento, pero de no seguir los parámetros procesales y garantizar el derecho a la defensa de los involucrados, pues no podrá sentenciar el fondo de la controversia ni ejecutar lo decidido. El poder legislativo puede reformar, derogar o dictar leyes, pero una vez más ello debe estar apegado a procedimientos y a las necesidades jurídicas, sociales y económicas del país, de lo contrario, estaríamos haciendo un uso errático del Poder Público, independientemente de contar con esas atribuciones constitucionales o legales.

En este contexto podemos traer a colación la opinión consultiva OC-6-87 de la Corte Interamericana de Derechos Humanos (CIDDHH) que de conformidad con el artículo 30 de la Convención Americana de Derechos Humanos (CADDHH), sostuvo lo siguiente:

> "La Convención no se limita a exigir una ley para que las restricciones al goce y ejercicio de los derechos y libertades sean jurídicamente lícitas. Requiere, además, que esas leyes se dicten 'por razones de interés general y con el propósito para el cual han sido establecidas'. (...) El requisito según la cual las leyes han de ser dictadas por razones de interés general significa que deben haber sido adoptadas en función del 'bien común' (art. 32.2)"[4]

Vemos que emitir leyes, en especial cuando ello sea capaz de restringir o limitar algún derecho debe observar una justificación, que esencialmente será el interés general y bien común que se persigue, sin que la noción de interés general pueda servir de argumento para denegar otros derechos constitucionales de carácter individual.

Expuesto esto, surge la interrogante de cuándo se justifica la habilitación legislativa. Se reitera que no se puede negar que existe esa facultad de delegación a favor del presidente de la República, pero el punto a discutir es si resultará suficiente alegar una causa jurídica, económica o social por parte del Presidente –quien en principio solicita la habilitación– o si debería observarse algo más.

Tratándose de una cuota de Poder Público propia del Órgano Legislativo Nacional, se entendería que la delegación debería partir de la necesidad de otorgar habilitación al Presidente ante circunstancias que le impedirían al Poder Legislativo lograr los mismos objetivos en un plazo de tiempo similar.

Se hace referencia a circunstancias temporales, puesto que en principio no hay motivos para sostener que una materia que ha sido delegada no pueda igualmente ser examinada y legislada por el órgano parlamentario, en consecuencia, se justificaría una habilitación ante

---

[4]   Opinión Consultiva respecto a la expresión *"leyes"* en el artículo 30 de la Convención Americana sobre Derechos Humanos (1986)

circunstancias de crisis que requieran toma de decisiones inmediatas o a corto plazo, pero que, por tratarse de materia reservada a normas con rango valor y fuerza de ley, ameriten la delegación a favor del Poder Ejecutivo (con las limitaciones propias a leyes formales tal y como se examinará más adelante).

En principio, debería estimarse insuficiente una situación de calamidad, o una circunstancia social o económica, puesto que ello podría ser abarcado perfectamente por el órgano competente (la Asamblea Nacional), por lo tanto, se aprecia que tendrían que observarse elementos de urgencia que requieran una respuesta expedita que no pueda ser alcanzada de conformidad con los procedimientos de admisión, aprobación, sanción y promulgación de las leyes ordinarias u orgánicas que debe seguir el cuerpo legislador.

Esto nos llevaría a concluir que delegar facultades legislativas al Presidente de la República por lapsos tan extensos como los que se suelen suscitar en Venezuela, constituye una clara contradicción en lo que debería ser el sentido y justificación de esa habilitación. Esto se evidencia además por la tradición que se observa de que la gran mayoría de las leyes habilitadas son publicadas el último día del plazo fijado, luego de que el Presidente tuviera 12 y hasta 18 meses para emitir el Decreto Ley. En estos casos cabe preguntar dónde estaba la urgencia y justificación de delegar esa materia para que el Presidente la legislara.

En este orden de ideas, una de las principales interrogantes en cuanto a los límites temporales de la habilitación presidencial sería ¿cuánto tiempo debe durar? Como ya hemos observado, la Constitución no impone límite de tiempo, por lo tanto, podría entenderse que el lapso de la habilitación deberá circunscribirse a cada caso en concreto, es decir, a las situaciones jurídicas, económicas, sociales o técnicas que hayan sido admitidas y validadas por la Asamblea para delegar la función legislativa y el tiempo que se estime prudente para cubrir y dar respuesta a esas circunstancias de urgencia o inminente necesidad de habilitación, y que claramente resultarán más expeditas que los tiempos de respuesta que podría dar la Asamblea Nacional.

Ahora, qué hay del mandato de los diputados de la Asamblea Nacional, que como bien sabemos tiene un vencimiento, ¿podría el plazo de la habilitación exceder el mandato? Aquí debemos considerar primero el lapso propiamente dicho del período parlamentario para el cual es electo cada diputado que es de 5 años de conformidad con el artículo 192 de la CRBV, y, segundo, el momento en que es otorgada la habilitación. Lógicamente constituiría un fraude a la Constitución y al Principio de Separación de Poderes otorgar una delegación legislativa por 5 años, pero qué ocurre si se otorga la habilitación poco tiempo antes de que venza el período de los diputados de la Asamblea Nacional, tal y como ocurrió el 17 de diciembre de 2010, cuando fue otorgada una habilitación para legislar a favor del presidente por el período de 18 meses pocas semanas antes de que feneciera el período parlamentario.

En su momento un sector de la población sostuvo que esto fue un fraude a la CRBV y un desconocimiento de la voluntad popular, sin embargo debemos considerar que la delegación legislativa es una atribución de la Asamblea Nacional como órgano constitucional del Poder Público Nacional, la permanencia de sus miembros parlamentarios no debería incidir en la vigencia y eficacia de los actos dictados por el órgano legislativo, salvo lo dispuesto en la Constitución o en la Ley. Por lo tanto, aunque ciertamente podamos considerar que la habilitante de 2010 fue una actuación que buscó mantener al margen de la formación legislativa a un sector de la población, debe aceptarse que la promulgación de esa ley formal fue dictada por el órgano y, tanto el órgano, como sus actuaciones, resultan eficaces y vigentes en los términos del ordenamiento jurídico independientemente del cambio de sus integrantes (en este caso del parlamento). De lo contrario, cabría sostener que una ley tendrá vigencia por el tiempo de ejercicio de funciones de los diputados, lo que resultaría un absurdo a la eficacia y vigencia de las leyes, así como cualquier otra actuación (reglamento de interior y debates, decisiones de naturaleza administrativa, presupuestaria etc.) que ese órgano legislativo hubiese dictado a través de las autoridades que ejercieron sus competencias en los límites de su mandato.

Por último, tenemos el singular caso de algunos decretos con rango, valor y fuerza de ley, emitidos y publicados en Gaceta Oficial, fuera del lapso concedido por la Asamblea Nacional. Esto particularmente ocurrió en la habilitación de 2013, la cual, si bien vencía el 19 de noviembre de 2014, de cualquier modo, el Presidente de la República continuó publicando durante días y hasta semanas después el texto de numerosas leyes habilitadas (siempre colocando como fecha 18 o 19 de noviembre de 2014). El plazo fijado para la habilitación (límite objetivamente impuesto en el artículo 203 de la CRBV), no puede estar simplemente referido al nombre de la ley o a la intención de dictarla, sino a su contenido íntegro, es decir, el texto normativo del decreto ley. En consecuencia, todos los decretos ley que fueron indicados en la *Gaceta Oficial* del 18 o del 19 de noviembre de 2014, pero cuyo texto fue emitido y publicado con posterioridad, mediante publicación en Gaceta Extraordinaria (aun cuando tuviera esa misma fecha), fueron dictados luego del vencimiento de la habilitación, por lo tanto deberían ser considerados nulos de nulidad absoluta por inconstitucionalidad[5].

2. *Límites materiales de las leyes habilitadas*

En primer lugar cualquier ley habilitada, dictada claramente conforme a una ley habilitante, estará supeditada a las directrices, propósitos y marco impuesto por la Asamblea Nacional. Sin embargo, vale examinar si el Presidente de la República podría dictar cualquier clase de acto con rango valor y fuerza de ley, siempre que se circunscriba a esas materias indicadas por la habilitante o si, por el contrario, podemos estimar que hay otros parámetros de limitación.

Inicialmente debe considerarse que la Asamblea Nacional, por propio *principio de competencia*[6], solo podrá delegar competencias que le son propias, en consecuencia, la habilitación legislativa para el Presidente deberá mantenerse dentro de los parámetros de materias que corresponden al Órgano Legislativo Nacional, por lo tanto, las competencias legislativas de los estados federados (consejos legislativos estadales) o de los municipios (concejos municipales), quedarían al margen de delegación por parte de la Asamblea Nacional.

Esto permite tomar como punto de partida de la habilitación presidencial el artículo 156, fundamentalmente el numeral 32, que prevé la legislación del Poder Público Nacional, a saber:

1. materia de derechos, deberes y garantías constitucionales;

2. la civil, mercantil, penal, penitenciaria, de procedimientos y de derecho internacional privado;

---

[5] Lógicamente no debería tomarse como fecha de la publicación del decreto ley lo indicado formalmente por la Gaceta Extraordinaria, sino la fecha en que realmente se publicó y se hizo efectivo su conocimiento, puesto que en esta última habilitación legislativa continuaron apareciendo por Gaceta Extraordinaria con fecha de 18 o 19 de noviembre de 2014 numerosos decretos ley que realmente fueron publicados posterioridad al plazo de la habilitación, lo que constituye una inobservancia y un fraude a los límites de la delegación legislativa.

[6] Vale indicar el artículo 137 de la Constitución de la República y el artículo 156 *eiusdem*.

3. la de elecciones;

4. la de expropiación por causa de utilidad pública o social;

5. la de crédito público;

6. la de propiedad intelectual, artística e industrial;

7. la del patrimonio cultural y arqueológico;

8. la agraria;

9. la de inmigración y poblamiento;

10. la de pueblos indígenas y territorios ocupados por ellos;

11. la del trabajo, previsión y seguridad sociales;

12. la de sanidad animal y vegetal;

13. la de notarías y registro público;

14. la de bancos y la de seguros;

15. la de loterías, hipódromos y apuestas en general;

16. la de organización y funcionamiento de los órganos del Poder Público Nacional y demás órganos e instituciones nacionales del Estado;

17. la relativa a todas las materias de la competencia nacional.

Ahora, se observa que tenemos materias que involucran derechos y garantías constitucionales, también materia penal, de procedimientos, organización del Poder Público, entre otras que constituirían áreas en principio referidas leyes de carácter orgánico o bien a leyes formales.

Uno de los principales aspectos a considerar sería precisamente el de legislar por vía habilitante materia de derechos humanos, que son igualmente derechos constitucionales. El profesor Brewer-Carías (2007)[7], examinó los límites de la delegación legislativa y en atención al principio de reserva legal concluyó que la habilitación presidencial *"...no puede abarcar materias que se refieran al régimen relativo a los derechos humanos y garantías constitucionales..."* por lo que *"...solo pueden ser establecidas por el órgano colegiado que represente al pueblo, es decir, por la Asamblea Nacional..."*, tomando como uno de sus argumentos jurídicos principales el artículo 30 de la Convención Interamericana de Derechos Humanos en concordancia con el artículo 23 de la CRBV, sosteniendo que:

"...la Corte Interamericana de Derechos Humanos ha establecido que la expresión 'leyes' contenida en esta norma sólo puede referirse a los actos legales emanados de 'los órganos legislativos constitucionalmente previstos y democráticamente electos' y que en el caso de Venezuela, es la Asamblea Nacional...".

En efecto, el artículo 30 de la CADH dispone que las restricciones permitidas al goce y ejercicio de los derechos y libertades reconocidas en esa Convención, no pueden ser aplicadas sino conforme a *"leyes que se dictaren por razones de interés general y con el propósito para el cual han sido establecidas"* (subrayado añadido).

---

[7] *Estudios sobre el Estado Constitucional*, Editorial Jurídica Venezolana, p. 597 y siguientes.

Al tratarse entonces de ley formal, tenemos nuevamente que ello es dispuesto en el artículo 202 de la CRBV como *el acto sancionado por la Asamblea Nacional como cuerpo legislador*[8].

De esta manera, cabe afirmar que la delegación legislativa no implica el poder para legislar cualquier área del derecho o para asumir cualquier atribución de la Asamblea Nacional que conlleve la sanción de leyes. Ahora, no siempre es sencillo diferenciar en nuestro texto constitucional cuándo una materia debe ser reservada exclusivamente a ley formal sancionada por la Asamblea y cuando se admitiría su delegación por habilitación presidencial. Sin embargo, pueden inferirse ciertos supuestos algunos de manera objetiva y otros que requieren de cierta interpretación.

Una postura estricta conllevaría a que todas aquellas materias que la Constitución expresamente ha indicado que deben regularse por "ley" queden al margen de habilitación legislativa. Desde este punto de vista, y tomando cada referencia a "ley" en sentido formal como acto sancionado por la Asamblea Nacional, nos encontraríamos seguramente con muchísimas limitaciones a la delegación. Esto sería una posición que igualmente mantendría bien delimitado la autonomía de cada rama del Poder Público y que restringiría los poderes del Presidente de la República. En contraste, podemos mencionar que ciertas disposiciones constitucionales no se hace referencia a "ley" sino a "disposición legislativa" (ejemplo artículo 24) o "normas" (por ejemplo las *normas de gobierno* de las universidades), estas últimas puede que tengan rango de ley o no, pero no se limita a *ley formal*, como tampoco a Ley Nacional, salvo lo expresamente dispuesto en la Constitución.

Otra postura sería examinar las referencias a "ley" previstas en la Constitución y observar igualmente el contenido íntegro de la norma para concluir si la intención del constituyente era circunscribir la materia a ley formal sancionada por la Asamblea Nacional o a cualquier acto con rango valor y fuerza de ley.

Por ejemplo, la incorporación de territorios a la República (artículo 14), por su propia redacción se presenta como algo que no debería ser susceptible de delegación. Misma situación con la ley de presupuesto (artículo 313) cuya aprobación está claramente sometida a la Asamblea Nacional y a un procedimiento que amerita la revisión del órgano legislativo. Igualmente la aprobación de tratados y acuerdos internacionales celebrados por el Ejecutivo Nacional (186.18). Asimismo, ante las claras competencias en materia presupuestaria y económica que ostenta la Asamblea, el fondo de estabilización macroeconómica tampoco debería ser objeto de delegación (artículo 321).

Adicionalmente pueden inferirse otras limitaciones a la delegación legislativa, especialmente podemos referirnos a aquellas leyes que requieren de procedimientos especiales para su admisión o modificación, ya sea por el área jurídica que vendrían a regular como por la propia naturaleza jurídica que la Constitución le ha conferido a ciertas materias y actos normativos. Esto corresponde particularmente a las leyes orgánicas, ya sea aquellas que así denomina la Constitución, la regulación de derechos constitucionales, la organización del Poder Público y las que sirven de marco a otras leyes (artículo 203).

Sobre este punto se ha pronunciado la Sala Constitucional en sentencia previamente citada en este trabajo, considerando lo siguiente:

---

[8]   Ver igualmente a Brewer-Carías *ob. cit.*, p. 597.

"Puede apreciarse, en consecuencia, que, de acuerdo con el nuevo régimen constitucional, no existe un límite material en cuanto al objeto o contenido del decreto ley, de manera que, a través del mismo, pueden ser reguladas materias que, según el artículo 203 de la Constitución, corresponden a leyes orgánicas; así, no existe limitación en cuanto a la jerarquía del decreto ley que pueda dictarse con ocasión de una ley habilitante, por lo cual podría adoptar no sólo el rango de una ley ordinaria sino también de una ley orgánica."[9]

Frente a lo decidido por la Sala Constitucional vale considerar, como ya ha sido expuesto, que las leyes de carácter orgánico ostentan rigurosidades particulares en virtud de la importancia de las materias que deben desarrollar, de allí que el constituyente haya impuesto un quórum especial y ciertos parámetros de verificación de la naturaleza jurídica de la norma en aquellos casos en que no haya sido expresamente catalogado-en el texto constitucional- como orgánica una determinada área que requiera ser desarrollada a través de un acto normativo de esa jerarquía y naturaleza.

Lo expuesto ha sido también reconocido por la propia Sala Constitucional en sentencias Nros. 537 del 12/6/2000, 1723 del 31/7/2002, 34 del 26/01/2004, donde ha sostenido, entre otros aspecto que dichas rigurosidades en la admisión, modificación y verificación de su carácter orgánico *"...no son producto de un capricho del constituyente (…) tienen su fundamento en atendibles razones de orden político-constitucional que sean cuales fueren, justifican su cumplimiento riguroso, esto es, los requisitos establecidos por la Constitución..."*, tal y como se sostuvo en sentencia N° 1723 del 31/07/2002. En consecuencia, dichas razones de orden político constitucional no podrían ser objeto de inobservancia a través de la habilitación legislativa, en el sentido que además de tratarse de materias que el constituyente ha estimado de mayor importancia o relevancia de debate por los diputados y la población, se tratan de materias reservadas a ley formal que en gran medida son capaces de regular derechos y garantías constitucionales, procesos judiciales, delitos, penas, entre otros, que deberían ser desarrollados y sancionados por el Poder Legislativo.

En este sentido, si en efecto estimamos que esas rigurosidades deben observarse ante la admisión de los proyectos o modificaciones de leyes orgánicas, pues ello no debería verse relajado o inobservado por la delegación legislativa a favor del Presidente de la República. Ciertamente no hay una limitación expresa en el artículo 203 respecto a la posibilidad de dictar *Decretos con rango valor y fuerza de Ley orgánica*, sin embargo, y en adición a lo ya expuesto, la norma referida delimita un *quorum* más alto para lograr la admisión del proyecto de ley orgánica o bien su modificación (un procedimiento propio), rigurosidades que serían burladas –por ejemplo, en el supuesto hipotético que un sector del parlamento ostente más del 60% de los escaños, mas no el 66,66% necesario-, al otorgarse habilitación legislativa, evadiendo así el *orden político constitucional*.

II.   DE LA CONSULTA PÚBLICA DE LAS LEYES HABILITADAS

Como es bien sabido, a través de la habilitación legislativa que la Asamblea Nacional concedió al Presidente de la República en el año 2007 y que culminó el 31 de julio de 2008, fue reformada la Ley Orgánica de Administración Pública de 2001 (vigente al momento de la redacción y previa promulgación en *Gaceta Oficial* de esas leyes habilitadas). En esa oportunidad el Presidente de la República eliminó la obligación que tenía el Ejecutivo Nacional de seguir el procedimiento de Consulta Pública para proyectos de leyes del Poder Público (lo que evidentemente solo involucraba al Presidente de la República).

---

[9]   Decisión N° 1716 del 19 de septiembre de 2001.

Así, la LOAP de 2001 indicaba en el Título VI denominado *"De la Participación Social en la Gestión Pública"*[10], una seria de disposiciones que procuraba la promoción de la participación ciudadana en la gestión pública, no solo en el caso de estados federados y municipios, sino igualmente en actos del Poder Nacional. Así, el artículo 136 de la derogada Ley Orgánica de Administración Pública establecía que cuando los órganos o entes públicos, en su rol de regulación normativa, propongan la adopción de *"proyectos legales, reglamentarios o de otra jerarquía"*, debían remitir el anteproyecto para su consulta a las comunidades organizadas y las organizaciones públicas no estatales inscritas en el registro señalado por el artículo 135 *eiusdem*, resultando nulas las normas que inobservaran ese procedimiento (artículo 137 de la LOAP derogada, 141 de la vigente). Así, en el año 2008, a través de la habilitación legislativa, el Presidente de la República eliminó la consulta pública para "proyectos legales", manteniendo dicho procedimiento solo para *"normas reglamentarias o de otra jerarquía"*[11].

Ahora surge una nueva interrogante referente a si un proyecto de decreto ley debe ser consultado o no, ya que la disposición actualmente prevista en el artículo 140 de la LOAP sigue exigiendo la consulta pública para "normas reglamentarias o de otra jerarquía", siendo posible afirmar que los Decretos con rango, valor y fuerza de ley, son normas de otra jerarquía distinta al reglamento, se podría sostener que el procedimiento de consulta sigue siendo obligatorio para esos proyectos normativos. No obstante, no queda duda que ante la reforma de 2008 la intención fue eliminar esa exigencia a los proyectos de decretos con rango, valor y fuerza de ley. Ahora, ante dicha circunstancia, se entendería que el Ejecutivo Nacional no tiene obligación de conceder consulta pública para la emisión y promulgación de esos actos o hay argumentos para considerar lo contrario.

Aun cuando el resultado del proceso de consulta no tenga carácter vinculante, se presenta como un procedimiento previo de obligatoria observancia y que por tanto incide en la validez de los referidos proyectos normativos (artículo 141 de la vigente LOAP), no solo por imposición de la ley sino también para garantizar el derecho constitucional a la participación ciudadana, que debería ser observado por todos los niveles y ramas del Poder Público. Así, el artículo 62 de nuestra Carta Magna prevé que *"Todos los ciudadanos y ciudadanas tienen el derecho de participar libremente en los asuntos públicos, directamente o por medio de sus representantes elegidos o elegidas"*.

Además, el artículo 211 de la CRBV dispone que la Asamblea Nacional o las Comisiones Permanentes, durante el procedimiento de discusión y aprobación de los proyectos de leyes, consultarán a los otros órganos del Estado, a los ciudadanos y a la sociedad organizada para oír su opinión sobre los mismos. Concediendo derecho de palabra a todas las ramas del Poder Público e incluso a los representantes de la sociedad organizada, en los términos que establezca el Reglamento de la Asamblea Nacional.

Resultaría una nueva violación al derecho de participación ciudadana considerar que esa obligación de consulta de los proyectos de leyes sea solo para la Asamblea Nacional o las Comisiones Permanentes y no para el Presidente de la República cuando actúa por delegación legislativa, ya que no se trata de una mera formalidad (que de cualquier modo debe ser cumplida por el órgano del Poder Público actuante), sino de un deber constitucional dirigido a procurar y garantizar la participación ciudadana en asuntos y materias que son del interés de

---

[10]   Igualmente previsto en la LOAP vigente en los artículos 139 y ss.

[11]   Actualmente el artículo 140 de la vigente LOAP.

todos los venezolanos, de allí que deba afirmarse que la consulta de los proyectos de los decretos con rango, valor y fuerza de ley deben seguir un procedimiento de consulta pública, ya sea en los términos de la LOAP o bien en los términos del artículo 211 de la CRBV, so pena de nulidad absoluta del Decreto Ley de conformidad con el artículo 141 de la LOAP o bien de conformidad con los numerales 1 y 4 del artículo 19 de la LOPA. Una vez más, emplear la delegación legislativa para evadir procedimientos y rigurosidades impuestas en la Constitución conllevaría no solo un fraude a la Carta Magna, sino también a la ruptura del *orden político constitucional*[12].

---

[12]   Una vez más la decisión N° 1716 del 19 de septiembre de 2001 de la Sala Constitucional.

Sección II: Sobre los Decretos-Leyes

Análisis sobre la constitucionalidad los Decretos Ley Orgánicos

Armando Luis Blanco Guzmán

Profesor de Postgrado en la Universidad Católica Andrés Bello,
Universidad Monteávila, Universidad Central de Venezuela,
Universidad Católica del Táchira y del
Instituto de Estudios Constitucionales Venezolano

Resumen: *El presente trabajo busca analizar la constitucionalidad de los Decretos Ley Orgánicos.*

Palabras claves: *Decree-Ley, Ley Orgánica.*

Abstract: *The articles analyses the constitutionality of the Organic Law contained in a Decree-Law.*

Keywords: *Decree-Law, Organic Law.*

INTRODUCCIÓN

El ordenamiento constitucional venezolano reconoce diversos tipos normativos entre los que se encuentran los decretos ley. Esta figura ha sido ampliamente utilizada por el Poder Ejecutivo Nacional, previa habilitación del Poder Legislativo, al punto que se han dictado 260 decretos ley (53 en el año 1999, 49 en el 2001, 59 en el año 2008, 54 en el año 2012 y 45 en el año 2014) en los últimos 16 años de la denominada quinta República.

Tal situación, es *sui generis* desde el punto de vista cuantitativo ya que ha permitido que el Poder Ejecutivo "legisle" más que el propio órgano representativo del Estado, tal como ocurrió en el año 2014, en el cual, se dictaron más decretos ley que leyes formales (45 decretos ley, mientras que se dictaron sólo 5 leyes formales), en ejercicio de una habilitación legislativa que duró 12 meses.

Al mismo tiempo, es una situación particular desde el punto de vista cualitativo, porque ha permitido que el Ejecutivo Nacional invada la denominada reserva de ley orgánica y que en consecuencia, dicte decretos ley "orgánicos" a través de los cuales se regulan las materias más importantes del debate parlamentario.

Siendo ello así, el presente trabajo busca analizar la constitucionalidad de los Decretos Ley Orgánicos, para lo cual, se expondrá la doctrina que ha desarrollado la Sala Constitucional del Tribunal Supremo de Justicia sobre la materia, para luego, analizar lo que son las leyes orgánicas y si es constitucionalmente admisible que los decretos ley regulen las materias sometidas a reserva de Ley Orgánica.

I.   LOS DECRETOS LEY ORGÁNICOS

La institución de los Decretos Ley Orgánicos ha sido desarrollada en Venezuela, conforme a la doctrina establecida por la Sala Constitucional del Tribunal Supremo de Justicia en la sentencia N° 1719, dictada el 19 de septiembre de 2001, en el caso Decreto con Fuerza de Ley Orgánica de Ciencia, Tecnología e Innovación, en el cual, se estableció lo siguiente:

"la ley habilitante es una ley base que sirve de marco normativo a otras leyes (legislación delegada), por lo que debe afirmarse que se trata de una ley que reviste carácter orgánico según la disposición constitucional mencionada *ut supra*, cuya única particularidad es la exigencia de un quórum calificado distinto al resto de las leyes orgánicas investidas con tal carácter por la Asamblea Nacional. Pero, si la ley habilitante es una ley marco por su naturaleza, ciertamente también se tratará de una ley orgánica así denominada por la Constitución, por lo cual no resulta necesario que sea calificada como tal por la Asamblea Nacional, ni que sea remitida a esta Sala Constitucional para que se pronuncie acerca de la constitucionalidad de su carácter orgánico.

Partiendo de las aseveraciones anteriormente expresadas, esta Sala precisa señalar que la nueva Carta Magna -al contrario de lo previsto en la Constitución de 1961- estableció formalmente en su artículo 236, numeral 8, la posibilidad de que la Asamblea Nacional delegue su potestad normativa al Presidente de la República, sin ningún tipo de límites de contenido. No obstante, se observa que la referida norma constitucional no solamente plantea la inexistencia de límites materiales para la habilitación legislativa en cuanto al objeto o contenido de la ley, sino que además, tampoco establece limitación en cuanto a la jerarquía de la norma legal, motivo por el cual esta Sala considera que el Presidente de la República, en ejercicio de tal habilitación, podría dictar no sólo leyes ordinarias, sino también leyes orgánicas, pero le corresponderá a la Sala Constitucional declarar la constitucionalidad del carácter orgánico del decreto legislativo, sólo cuando el acto no haya sido calificado con tal carácter por la Constitución.

...omissis....

Para el establecimiento de este nuevo régimen, el Presidente de la República, en ejercicio de la discrecionalidad que le permite realizar el análisis de la materia objeto de regulación y precisar así la normativa procedente para cumplir con la finalidad de la mencionada Ley habilitante, dictó, con fuerza de ley orgánica, el Decreto Legislativo de Ciencia, Tecnología e Innovación, dado que consideró que esa debía ser la eficacia de la normativa necesaria para adecuar y establecer los correctivos indispensables en pro del interés público, lo cual resulta estar ajustado -en cuanto a su denominación orgánica- a las previsiones de la habilitación legislativa, pues la disposición antes transcrita no refirió si el instrumento normativo que debía dictar en esta materia, era con rango de ley orgánica u ordinaria.

En definitiva, esta Sala concluye que el Presidente de la República puede, en ejercicio de la legislación delegada mediante ley habilitante, dictar decretos legislativos orgánicos".

Del análisis de la decisión parcialmente transcrita se evidencia, que el Máximo Tribunal de la República admite la atribución del carácter orgánico a los decretos ley, sobre las siguientes premisas:

1.- La posibilidad que tiene el Poder Legislativo de delegar su función preponderante en el Poder Ejecutivo.

2.- Que las leyes habilitantes son "leyes de base" y por tanto, "leyes orgánicas".

3.- Que contrariamente a lo que prescribía la Constitución de 1961, las leyes habilitantes no tienen límites de contenido y por tanto, puede "delegarse" la legislación sobre cualquier materia.

4.- Que no hay restricción en cuanto a la "jerarquía" de las normas que puede dictar el Poder Ejecutivo una vez habilitado para dictar decretos ley.

5.- Que, el poder Ejecutivo puede dictar decretos ley orgánicos siempre que el decreto verse sobre el catálogo de materias a que se refieren las leyes orgánicas.

6.- Que, todo decreto ley orgánico, deberá ser sometido a la consulta sobre el carácter orgánico ante la Sala constitucional del Máximo Tribunal, salvo que sea una "ley Orgánica" por denominación constitucional.

II. LA RESERVA DE LEY ORGÁNICA

Las Leyes Orgánicas son un tipo especial de ley formal y material, tal como se desprende del artículo 203 de la Carta Magna que dispone lo siguiente:

"Artículo 203. Son leyes orgánicas las que así denomina esta Constitución; las que se dicten para organizar los poderes públicos o para desarrollar los derechos constitucionales y las que sirvan de marco normativo a otras leyes.

Todo proyecto de ley orgánica, salvo aquel que esta Constitución califique como tal, será previamente admitido por la Asamblea Nacional, por el voto de las dos terceras partes de los o las integrantes presentes antes de iniciarse la discusión del respectivo proyecto de ley. Esta votación calificada se aplicará también para la modificación de las leyes orgánicas.

Las leyes que la Asamblea Nacional haya calificado de orgánicas serán remitidas, antes de su promulgación a la Sala Constitucional del Tribunal Supremo de Justicia, para que se pronuncie acerca de la constitucionalidad de su carácter orgánico. La Sala Constitucional decidirá en el término de diez días contados a partir de la fecha de recibo de la comunicación. Si la Sala Constitucional declara que no es orgánica la ley perderá este carácter.

Son leyes habilitantes las sancionadas por la Asamblea Nacional por las tres quintas partes de sus integrantes, a fin de establecer las directrices, propósitos y marco de las materias que se delegan al Presidente o Presidenta de la República, con rango y valor de ley. Las leyes habilitantes deben fijar el plazo de su ejercicio".

La disposición constitucional transcrita, hace clara mención a que corresponde al Poder Legislativo la admisión de todo proyecto de ley orgánica, salvo las que tengan tal carácter por denominación del Texto Fundamental. Es decir, todas las leyes orgánicas presentan un componente orgánico, según el cual, emanan de la Asamblea Nacional.

Asimismo, la referida disposición constitucional establece que todas las leyes calificadas como orgánicas por el Poder Legislativo, deben ser admitidas, discutidas, aprobadas y sancionadas por las dos terceras partes de sus integrantes. Por último, la propia norma concluye que las leyes calificadas como orgánicas por el Poder Legislativo, serán remitidas antes de su promulgación al Tribunal Supremo de Justicia, a los fines de que determine la constitucionalidad del carácter orgánico que le fuera atribuido.

De acuerdo a lo expuesto, las leyes orgánicas son un tipo especial de ley formal, que como tal, debe emanar del Poder Legislativo, conforme al procedimiento agravado de creación que dispuso el constituyente para este tipo de leyes.

Luego, la especificidad de las leyes orgánicas no es un asunto exclusivamente orgánico y procedimental. Antes bien, ocupan una posición central en el ordenamiento jurídico, pues su finalidad es la de regular ciertas materias que el constituyente consideró de singular importancia. De allí, la afirmación de Peña Solís (2000. 119), según la cual, las leyes orgánicas responden al principio de competencia y no de jerarquía (salvo las leyes constitucionales, todas las leyes se ubican entre la Constitución y los reglamentos, y por tanto, tienen el mismo rango normativo dentro de la estructura piramidal del ordenamiento o la división por grados del mismo), toda vez que versan sobre materias de especial interés para el Estado.

Siendo ello así, precisemos cuáles son las materias que determinan la especialidad sustancial de las Leyes Orgánicas.

En primer lugar, están las leyes orgánicas por denominación constitucional, esto es, las que el propio Texto Fundamental califica como tales. Verbigracia la ley de orgánica de fronteras, la ley orgánica de la fuerza armada, la ley orgánica de seguridad social, etc.

En segundo lugar, se encuentran las leyes orgánicas que se dictan para organizar Poderes Públicos. En términos de la sentencia N° 1565, dictada por la Sala Constitucional del Tribunal Supremo de Justicia el 21 de octubre de 2008, en el caso Ley Orgánica de Gestión Integral de Riesgo Socio natural y Tecnológico, este tipo de leyes orgánicas son aquellas que delinean como se compone cada rama del Poder Público.

De manera tal que, este tipo de leyes orgánicas se enmarcan dentro de la potestad organizativa del Estado, pero de una forma integral sobre cada rama del Poder Público, regulando de manera general y exhaustiva cuales son las estructuras subjetivas que lo componen y complementariamente, cuales son las atribuciones que tienen para actuar en sus relaciones interorgánicas e intersubjetivas.

Entonces, para identificar a estas leyes del resto de los instrumentos que el ordenamiento jurídico reconoce para el ejercicio de la potestad organizativa, debe analizarse si en la misma se traza todo el esquema subjetivo de un Poder Público o si por el contrario, se desarrolla la potestad organizativa para crear o modificar alguna (o algunas) unidades funcionales en concreto (verbigracia, creando tribunales, institutos autónomos, etc.).

En tercer lugar, se encuentran las leyes orgánicas dictadas para desarrollar los derechos constitucionales, es decir, aquellas en las cuales se regulan los aspectos esenciales, básicos o medulares para el ejercicio o prestación de un derecho.

Este tipo de ley orgánica tiene como particularidad que traza los parámetros generales para el goce de un derecho fundamental y por tanto, determina el sentido, el alcance y las eventuales limitaciones que pueden recaer sobre el mismo.

Por tanto, cuando una ley sólo toca algún aspecto secundario o indirecto de un derecho o una de las modalidades del mismo (como podría ser el caso de la regulación de un procedimiento judicial), no estamos en presencia de una ley orgánica que desarrolla derechos fundamentales, ya que este tipo de leyes está referido exclusivamente a aquellas que trazan los aspectos generales y nucleares del ejercicio o goce de un derecho fundamental.

En cuarto lugar, se encuentran las denominadas leyes marco, esto es, los conjuntos normativos que elaboran un cuadro general cuyo desarrollo queda encomendado al legislador ordinario. En otros términos, las leyes que sientan las bases para una legislación complementaria ulterior, tal como ocurre con las leyes de base (artículo 165 de la Constitución).

De lo expuesto se desprende que las leyes orgánicas tienen tres elementos característicos, el órgano que las dicta, el procedimiento agravado que debe cumplir el órgano para su aprobación y finalmente, un elemento sustancial, que se refiere a las materias que deben ser reguladas vía ley orgánica.

Tales características son precisamente las que generan sobre este tipo normativo la denominada reserva de ley orgánica, que como afirma Girón (2003. 13), no es otra cosa que la condición que ha impuesto el constituyente para que determinadas materias de especial importancia sean reguladas por una mayoría calificada del Poder Legislativo.

III. EL PRINCIPIO DE COLABORACIÓN DE PODERES COMO FUNDAMENTO DE LAS LEYES HABILITANTES Y DE LOS DECRETOS LEY

El principio de división de poderes es un elemento esencial del Estado constitucional, según el cual, el Poder Público se divide orgánicamente en distintas ramas a las cuales se le atribuye el desarrollo preponderante y específico de una de las funciones esenciales del Estado. Ello con el fin de evitar la acumulación del poder y así, impedir que la concentración directa o indirectamente las potestades, pues eso conduce al establecimiento de regímenes totalitarios.

En palabras de Pérez Royo (2000. 719), es un elemento esencial de la ordenación jurídica del Estado, que plantea el control del poder por el poder, a través de una organización plurisubjetiva en la cual, el Poder Público se ramifica y a cada rama se le atribuye una potestad para que la ejerza de forma predominante y de manera particular.

Se trata entonces, de un precepto fundamental de arte político (La Roche. 1991, 419) que forma parte del Estado constitucional y tiene por objeto evitar el exceso en el ejercicio del poder y al mismo tiempo, garantizar el equilibrio necesario entre el poder y la libertad (Hauriou 1927. 8).

Desde el punto de vista histórico, el principio de división de poderes tienen un primer antecedente en Aristóteles y su idea de separar la función normativa y la administrativa del Estado, para restarle poder al gobernante y someterlo a juridicidad.

Sin embargo, no sería sino hasta la edad moderna y concretamente a partir de 1790, con la revolución francesa, cuando se produciría la definitiva reacción contra el modelo absolutista del Estado y se proclamaría la separación tripartita de los Poderes Públicos, con la advertencia de que el Poder Judicial no podría intervenir en los idearios revolucionarios y por tanto, no podría controlar al propio Estado.

Empero, posteriormente se advirtió que la consecución de los ideales revolucionarios ameritaba de un mecanismo de control que difuminara las inmunidades del Poder y garantizara la legitimidad de la actuación del Estado y es así como se enraizó al control de la actuación del Estado como un elemento natural del principio de separación de poderes.

Ahora bien, sin menoscabo de lo expuesto *supra*, el principio de división de poderes, no se presenta actualmente como un valor de carácter estanco, donde las funciones del Estado se encuentran atribuidas de forma exclusiva y excluyente entre las tres ramas del poder público.

En efecto, tal como señaló Castillo Alonzo, (1932. 205), sólo la pobreza y la riqueza son las que no pueden estar reunidas en las mismas manos y de allí, que el principio de división de poderes, haya evolucionado desde una concepción de funciones categorizadas en compartimientos cerrados e impenetrables, hacia una visión según la cual, cada rama del Poder Público ejerce de manera preponderante y particular, pero no excluyente ni exclusiva, la función que le es propia por atribución constitucional.

Ciertamente, el principio orgánico dogmático de la separación de poderes trasciende la concepción monopólica que en sus orígenes tuvo justificación en la idea de evitar tanto el despotismo legislativo como el absolutismo ejecutivo y pasó a recoger la noción de la colaboración de poderes que se manifiesta a través de dos formas:

1) La primera se basa en la idea de que la división de poderes es orgánica, es decir, que el Poder Público está organizado plurisubjetivamente, pero que las funciones del Estado no están atribuidas de manera privativa o exclusiva entre cada una de las denominadas ramas del poder. Por el contrario, la moderna concepción de la división de poderes y dentro de ella, el

principio de colaboración, no tiene como postulado una eventual separación de funciones, sino que se basa en que cada rama del Poder Público desarrolla con carácter principal y de forma específica la función que le es natural, sin menoscabo de la posibilidad de desarrollar de forma accesoria el resto de las funciones esenciales del Estado.

Así, el Poder Judicial desarrolla preponderantemente la función jurisdiccional y es el único Poder que puede dictar sentencias con autoridad de cosa juzgada. No obstante, también puede normarse (sin detrimento de las restricciones derivadas del principio de reserva legal) y desarrollar actividad administrativa sobre sus órganos. Por su parte el Poder Legislativo desarrolla preponderantemente la función normativa a través de un tipo especial de leyes, a saber, leyes formales. Pero de igual forma, puede administrarse y desarrollar función jurisdiccional sobre sus integrantes, por ejemplo, sancionando las faltas administrativas en las que incurran. Finalmente, el Poder Ejecutivo desarrolla preponderantemente la función ejecutiva que engloba la función de gobierno y la administrativa, sin menoscabo de la posibilidad de desarrollar la función normativa a través de la potestad reglamentaria (y eventualmente de dictar actos con rango y fuerza de ley, siempre que se den las condiciones constitucionales para ello) y de resolver conflictos a través de actos administrativos.

2) La segunda formulación del principio de colaboración de poderes, denominada la interdependencia por coordinación (Loewenstein. 1965. 132), supone que el desarrollo de ciertas actividades demanda la actuación de al menos dos Poderes del Estado, tal como ocurre en el proceso legislativo con la promulgación de las leyes (según lo dispuesto en los artículos 213 y 215 de la Constitución) o la celebración de los contratos de interés nacional (artículo 187.9 *ibídem*), entre otros.

En el marco de las consideraciones vertidas anteriormente, las leyes habilitantes y con ellas, los decretos ley son una manifestación del principio de colaboración de poderes que como afirmó el maestro Lares (1992. 111), se justificaba únicamente en situaciones de anormalidad en la vida pública, en las cuales se necesita regular de manera urgente la actuación del Estado frente a una contingencia que no es posible atender conforme al ordenamiento preexistente.

Ciertamente, las leyes habilitantes y consecuencialmente, los decretos ley, surgen cuando la Administración debe afrontar urgentemente un suceso imprevisto, pero no encuentra un soporte jurídico idóneo en el ordenamiento y adicionalmente, no puede esperar que se desarrolle el proceso legislativo ordinario, pues ello paralizaría a la Administración mientras se discute la ley. Entonces, para evitar la inoperancia del Estado en estas circunstancias, se admite que la Administración, en ejercicio del principio de colaboración de poderes, le solicite al legislador la habilitación necesaria para dictar normas con rango y fuerza de ley que le den fundamento jurídico a las actuaciones que debe desarrollar para atender la situación que se ha presentado.

En otras palabras, los decretos ley son una excepción al monopolio legislativo de los órganos deliberantes del Estado (Pérez Royo. 2000. 810), y como excepción, no deben operar en todo tipo de circunstancias, sino cuando la necesidad de regulación desborda la capacidad de respuesta del Poder Legislativo.

IV. LA APLICACIÓN DE LA TEORÍA DE LOS DECRETOS LEY A LAS LEYES ORGÁNICAS

En el marco de las consideraciones expuestas, consideramos que los decretos ley no pueden invadir la reserva de ley orgánica por cuanto:

1.- Tal como se estableció *supra*, el principio de colaboración de poderes, no desconoce el hecho de que cada rama del Poder Público debe desarrollar con carácter principal y de forma específica la función que le es natural y en este contexto, el Poder Legislativo es el único que puede dictar leyes orgánicas.

En efecto, las leyes orgánicas son por disposición expresa de la Constitución leyes formales y por tanto, sólo pueden emanar del Poder Legislativo ya que éste es el órgano ordinario de expresión de soberanía popular (De Esteban J. González-Trevijano, 1993, 394) y por ende, el que tiene la capacidad de subrogarse en la misma y así, crear normas originarias investidas de una legitimidad democrática que no puede ser ejercida por los demás Poderes Públicos, debido a su condición de ejecutores de la ley.

2.- Tal como se señaló *supra*, las leyes habilitantes y con ellas, los decretos ley sólo se justifican en circunstancias de anormalidad institucional, donde resulta apremiante regular la actuación del Estado ante un suceso que no puede atenderse conforme al ordenamiento jurídico positivo del momento.

En otras palabras, los Decretos Ley se dan en aquellos casos en que la Administración debe afrontar un suceso imprevisto, pero carece de la normativa que le permita atenderlo y entonces, para evitar la paralización del Estado mientras el legislador discute una nueva normativa, se ha reconocido que la Administración invada excepcionalmente la reserva legal, pero en ningún caso, la reserva de ley orgánica ya que ésta recae sobre el objeto más trascendental del debate parlamentario y el análisis de estas materias debe estar apartado de todo apremio o circunstancia anómala que pueda atentar contra la debida ponderación que exige el estudio de las grandes decisiones legislativas.

Lo expuesto encuentra su soporte axiológico en el principio de proporcionalidad, que como afirma el maestro Casal (2005, 44), permite evaluar la oportunidad, la conveniencia y la racionalidad de la actuación del Estado, en este caso, lo inconveniente que resulta abordar los asuntos más importantes de la legislatura en una situación imprevista, apremiante y por parte de un órgano que no es representativo de la voluntad popular.

Ciertamente, el principio de proporcionalidad, también denominado test de compatibilidad con el sistema democrático, es como señala Casado Ollero (citado por Moreno, 1998, 56), un parámetro que permite evaluar la adecuación de los medios que se emplean a los fines que se persiguen y en este sentido, la vocación de los decretos ley no es la de sustituir al legislador en cualquier circunstancia, menos aun en la tarea de deliberar sobre las materias sometidas a reserva de ley orgánica, porque no es legítimo que un órgano no representativo regule en condiciones excepcionales y urgentes aquello que está llamado a ser objeto de una concienzuda deliberación.

De tal manera que, aun cuando la Constitución de 1999 no restringe los Decretos Ley a determinadas materias, como sí lo hacía la Constitución de 1961, ello en modo alguno implica un menoscabo a la reserva de ley orgánica a que se refiere el artículo 203 del Texto Fundamental y al principio de proporcionalidad que permite la interdicción de la legislación que pretende regular las materias sometidas a reserva de ley orgánica en condiciones de apremio.

CONCLUSIONES

Sobre la base de las consideraciones expuestas podemos concluir que, aun cuando la Constitución de 1999 no circunscribe las habilitaciones legislativas a la materia económica y financiara, sino que admite que otras razones de orden sanitario, de seguridad, etc., den lugar a que se dicte una ley habilitante, ello en modo alguno supone que las leyes habilitantes no tengan limites de contenido, concretamente los limites que derivan de la reserva de ley orgánica.

En segundo lugar, que en nuestro ordenamiento jurídico no es admisible la tesis francesa de la jerarquía de las Leyes Orgánicas, en primer término, porque la jerarquía no es una categoría aplicable al ordenamiento jurídico (estructurado en grados y no en jerarquías) y en segundo término, porque las Leyes Orgánicas responden al principio de especialidad (por el órgano que las dicta, por el procedimiento que deben cumplir y por las materias que regulan).

En tercer lugar, el principio de colaboración de poderes no da lugar a que se puedan dictar Decretos Ley Orgánicos, pues este principio no admite que un órgano distinto al parlamento dicte leyes formales. Menos aun este tipo especialísimo de ley formal.

En cuarto lugar, resulta lesivo del principio de proporcionalidad que se regulen las materias sometidas a reserva de ley orgánica en las circunstancias excepcionales de urgencia que son las que justifican a los decretos ley.

Por tanto, los decretos ley orgánicos son una manifestación del fenómeno de la concentración de poderes y en consecuencia, de paleopositivismo jurídico, que como afirma Hassemer (2005. 60), es aquel donde ni siquiera se cumplen las exigencias formales del Estado constitucional, en este caso, los principios división de poderes y de reserva de ley orgánica.

De allí, la inconstitucionalidad de estos decretos y la consecuente nulidad de las actuaciones que se desarrollan en ejecución de los mismos.

BIBLIOGRAFÍA

CASAL, J. *Algunos Cometidos en la Jurisdicción Constitucional en la Democracia. La Jurisdicción Constitucional, Democracia y Estado de Derecho*, 1° Edición, Universidad Católica Andrés Bello, Caracas 2005.

CASTILLO ALONZO, G. *Derecho Político y Constitucional Comparado*. Tercera Edición, Barcelona 1932.

Constitución de la República Bolivariana de Venezuela. *Gaceta Oficial de la República de Venezuela*. N° 5.453 (Extraordinario), Marzo 24 de 2000.

DE ESTEBAN J. GONZÁLEZ-TREVIJANO P. *Curso de Derecho Constitucional Español II*, Madrid 1993.

GIRÓN, Emilia. *Control de constitucionalidad en Colombia*. VIII Congreso Iberoamericano de Derecho Constitucional. Sevilla 2003.

HASSEMER, W. *Jurisdicción Constitucional en una Democracia. La Jurisdicción Constitucional, Democracia y Estado de Derecho*, 1° Edición, Universidad Católica Andrés Bello, Caracas 2005.

HAURIOU, M. *Derecho Público Constitucional*. Editorial Reus, Madrid 1927.

LARES MARTÍNEZ, E. *Manual de Derecho Administrativo*. 2° Edición. Universidad Central de Venezuela, Caracas 1992.

LARES MARTÍNEZ, E. *Manual de Derecho Administrativo*. 2° Edición. Universidad Central de Venezuela, Caracas 1992.

LA ROCHE, H. *Derecho Constitucional*, Tomo I. Ediciones Vadell Hermanos. Caracas Valencia 1991.

LOEWENSTEIN, K. *Teoría de la Constitución*. Ediciones Ariel. Barcelona 1964.

MORENO J. *La Discrecionalidad en el Derecho Tributario.* Editorial Lex Noca. Madrid 1998.

PEÑA, J. *Manual de derecho Administrativo.* Tomo I. Colección de Estudios Jurídicos. Tribunal Supremo de Justicia. Caracas 2000.

PÉREZ ROYO, J. *Curso de derecho Constitucional.* Ediciones Jurídicas y Sociales Marcial Pons. Madrid 2000.

Tribunal Supremo de Justicia. Sala Constitucional, sentencia N° 1719, dictada el 19 de septiembre de 2001, en el caso *Decreto con Fuerza de Ley Orgánica de Ciencia, Tecnología e Innovación.*

Tribunal Supremo de Justicia. Sala Constitucional, sentencia N° 1565, dictada el 21 de octubre de 2008, en el caso *Ley Orgánica de Gestión Integral de Riesgo Socionatural y Tecnológico.*

La publicación y eficacia de los Decretos con fuerza de Ley dictados por el Presidente de la República en el marco de la Ley Habilitante de 2013

Cosimina Pellegrino Pacera

Abogado. Doctora en Derecho.
Profesora de Derecho Administrativo en la
Escuela de Derecho y en la Escuela de Estudios Internacional UCV

Resumen: *El tema tratado es la publicación y vigencia de los Decretos Leyes publicados en el marco de la Ley Habilitante 2013.*

Palabras claves: *Decretos-Leyes, vigencia.*

Abstract: *The theme of the article is the publication and the force of the Decree-Law promulgated in accordance of the 2013 Enabling Act.*

Keywords: *Decree-Law, effectiveness.*

El 19 de noviembre de 2013 se publicó en la *Gaceta Oficial* de la República Bolivariana de Venezuela N° 6.112 Extraordinario, la Ley Habilitante que permitía al Presidente de la República dictar decretos con fuerza de ley, por un año. Hasta el 14 de noviembre de 2014, a pocos días de culminar la vigencia de la Ley Habilitante, el Presidente solo había dictado 11 decretos legislativos.[1]

---

[1] Decreto-Ley del Centro Nacional de Comercio Exterior y de la Corporación Venezolana de Comercio Exterior (*G.O.* Extraordinario N° 6.116, de fecha 29 de noviembre de 2013). Decreto-Ley de Reforma Parcial de la Ley Contra los Ilícitos Cambiarios (*G.O.* Extraordinario N° 6.117, de fecha 4 de diciembre de 2013).Este decreto-ley quedó derogado mediante el Decreto con rango, valor y fuerza de Ley del Régimen Cambiario y sus Ilícitos, publicado en *Gaceta Oficial* N° 6.126 Extraordinario, de fecha 19 de febrero de 2014. A su vez, este último quedó derogado por la Ley del Régimen Cambiario y sus Ilícitos, publicada en *G.O.* Extraordinario N° 6.150, de fecha 18 de noviembre de 2014. Decreto-Ley Orgánica de Precios Justos (*G.O.* N° 40.340, de fecha 23 de enero de 2014). Este decreto-ley quedó parcialmente reformado mediante Decreto Ley publicado en la *G.O.* N° 6.156 Extraordinario, del 19 de noviembre de 2014. Decreto-Ley de Regulación del Arrendamiento Inmobiliario para el Uso Comercial (*G.O.* N° 40.418, de fecha 23 de mayo de 2014). Decreto-Ley de Atención al Sector Agrario (*G.O.* N° 40.440, de fecha 25 de junio de 2014). Decreto-Ley de Supresión y Liquidación del Instituto Nacional de la Vivienda (*G.O.* N° 40.526, de fecha 24 de octubre de 2014). Decreto-Ley Orgánica para la Gestión Comunitaria de Competencias, Servicios y Otras Atribuciones (*G.O.* N° 40.540, de fecha 13 de noviembre de 2014). Decreto-Ley para Establecer los Lineamientos de Financiamiento a las Organizaciones de Base del Poder Popular (*G.O.* N° 40.540, de fecha 13 de noviembre de 2014). Decreto-Ley para la Juventud Productiva (*G.O.* N° 40.540, de fecha 13 de noviembre de 2014). Decreto-Ley de Reforma Parcial de Ley de Alimentación para los Trabajadores y las Trabajadoras (G. O. Extraordinario N° 6.147, de fecha 17 de noviembre de 2014). Decreto-Ley Orgánica de la Administración Pública (*G.O.* Extraordinario N° 6.147, de fecha 17 de noviembre de 2014).

Fue el 18 de noviembre cuando se anunció, a partir de varios canales de la televisión venezolana, la firma de más de 20 decretos con rango, valor y fuerza de ley que debían publicarse en la *Gaceta Oficial* y circular al día siguiente para su potencial conocimiento por las personas, es decir, para que entraran en vigor. Sin embargo, el 19 de noviembre de 2014, por cierto, día en el cual vencía el lapso previsto en la Ley Habilitante, los decretos legislativos firmados por el Presidente de la República el día anterior no fueron publicados en la Gaceta Oficial.

Se anunciaron, más bien, otros decretos legislativos que también debían ser publicados en la Gaceta Oficial, pero tampoco fueron publicados. Fue a los pocos días que estos actos jurídicos aparecieron en la *Gaceta Oficial* situación que a nuestro parecer generó incertidumbre en el país en cuanto a su vigencia o no, y por ende, a su cumplimiento o no por las personas, como para los órganos del Poder Público.

Al respecto es necesario destacar lo siguiente. El artículo 12 de la Ley de Publicaciones Oficiales,[2] actualmente vigente, estipula que "LA *GACETA OFICIAL* DE LOS ESTADOS UNIDOS DE VENEZUELA se publicará todos los días hábiles, sin perjuicio de que se editen números extraordinarios, siempre que fuere necesario; y deberán insertarse en ella sin retardo los actos oficiales que hayan de publicarse", pues la publicidad o comunicación delos actos jurídicos, formalidad posterior a su emisión, determina su vigencia y de allí su eficacia, es decir, que es una exigencia para que el acto sea capaz de producir sus efectos en el mundo jurídico (subrayado nuestro).

En tal sentido, conviene citar la sentencia N° 1.368/2002, del 21 de noviembre, del Tribunal Supremo de Justicia, en Sala Político-Administrativa, bajo la ponencia del Magistrado Hadel Mostafá Paolini, recaída en el caso *Medardo Vargas Salas*, mediante la cual asevera de forma contundente que "mientras la publicidad o comunicación no hayan tenido lugar, se considera que los administrados ignoran la existencia del acto, para quienes es, como si el acto no existiese. En otras palabras, la publicación o comunicación constituyen la base de la presunción del conocimiento de la existencia del acto".

Señala Peña Solís que "la publicación es la condición necesaria para que la ley entre en vigencia, es decir, para que se incorpore al ordenamiento jurídico, y consecuencialmente adquiera eficacia, o sea, surta efectos frente a los ciudadanos y a todos los Poderes Públicos, incluyendo el que la sancionó".[3]

Como todo acto que pretende surtir efectos más allá de los órganos que los emanan, la ley está sometida al principio de publicidad, aunque la Constitución no contemple dicho principio explícita y expresamente, como ocurre en España (art. 9.3. C.E). Sin embargo, sí establece que la publicación constituye una condición de eficacia de la ley, debido a que es el acto que le otorga carácter vinculante tanto para las personas, como para los órganos de los Poderes Públicos, inclusive para aquellos que intervinieron en su formación.[4]

Aplicando este principio de publicación en la *Gaceta Oficial* (publicación formal), advierte Peña Solís que está descartada la publicación material "tal como el pregón, la publicación en la prensa, la lectura por estaciones de radio, estaciones de televisión, etc., porque crea un clima

2   *Vid. Gaceta Oficial* de los Estados Unidos de Venezuela N° 20.546 de fecha 22 de julio de 1941.
3   Peña Solís, José. *Las Fuentes del Derecho en el Marco de la Constitución de 1999.* Fundación Estudios de Derecho Administrativo (FUNEDA), Caracas, 2009, p. 27.
4   Peña Solís, José. *El procedimiento legislativo en Venezuela.* Universidad Central de Venezuela. Facultad de Ciencias Jurídicas y Políticas, Caracas, 2009, p. 140.

de inseguridad jurídica, puesto que pueden suscitarse discusiones razonables, debido a las características de estos medios, sobre la existencia misma de la ley y sobre su contenido".[5]

De tal manera, que la eficacia de los actos jurídicos se encuentra supeditada a su publicidad, en nuestro caso, en la *Gaceta Oficial*, que es el medio a través del cual se da publicidad o comunicación a los diferentes actos emanados de los órganos del Poder Público que lo requieran, por ejemplo, los decretos con fuerza de ley dictados por el Presidente de la República.

Por otra parte, el Código Civil, en su artículo 1, también proporciona un principio general sobre esta materia que se debe utilizar. De hecho, establece que "La ley es obligatoria desde su publicación en la *GACETA OFICIAL* o desde la fecha posterior que ella misma indique". Igualmente, la Ley de Publicaciones Oficiales, contempla en su artículo 2, que las "Leyes entrarán en vigor desde la fecha que ellas mismas señalen; y, en su defecto, desde que aparezcan en la *GACETA OFICIAL* DE LOS ESTADOS UNIDOS DE VENEZUELA, conforme lo estatuye la Constitución Nacional".

De modo, pues, la regla general es que la publicación en la *Gaceta Oficial* (publicación formal) de los decretos con fuerza de ley y de cualquier acto jurídico de carácter normativo "marca el momento a partir del cual la Ley es obligatoria", es decir, que publicada la norma inmediatamente entra en vigencia, regla que queda exceptuada solo cuando está sujeta a un plazo o vacancia, situación en la cual la vigencia y aplicación de la norma publicada está en suspenso.

Sobre la utilización de la "*vacatio legis*" advierte Peña Solís, que cuando se publica una ley con un lapso de vacancia, una de las finalidades perseguidas "es lograr que los interesados y los órganos administrativos durante ese lapso adopten todas aquellas decisiones necesarias para su cumplimiento y para la mejor aplicación de la misma, respectivamente".[6]

Queda pues demostrado que la regla general sobre la entrada en vigencia de los decretos con fuerza de ley dictados por el Presidente de la República está establecida a partir de la publicación de sus textos en la Gaceta Oficial.

Así las cosas, los decretos con fuerza de ley dictados y firmados por el Jefe del Ejecutivo Nacional los días 18 y 19 de noviembre de 2014, al no haber sido publicados en la Gaceta Oficial, tal como lo prevé el artículo 12 de la Ley de Publicaciones Oficiales, ¿podía sostenerse su entrada en vigor y por ende, exigible su cumplimiento?

De hecho, solo se había anunciado en el Sumario de la *Gaceta Oficial* N° 40.543, de fecha 18 de noviembre de 2014, la lista de 24 decretos legislativos dictados, los cuales serían publicados en seis ediciones extraordinarias de la Gaceta Oficial. Asimismo, en la *Gaceta Oficial* N° 40.544, de fecha 19 de noviembre de 2014, se publicó la lista de 21 decretos legislativos, los cuales serían publicados en tres Gacetas extraordinarias. Entonces, ¿cómo podíamos conocer el contenido de estos decretos con fuerza de ley? La ignorancia de las leyes no excusa de su cumplimiento, pero en este caso ¿los decretos legislativos estaban vigentes? ¿Podían las personas infringir estos decretos legislativos, que solo aparecían anunciados en los sumarios de las Gacetas?

Es necesario dejar sentado que la publicidad en la *Gaceta Oficial* constituye un mecanismo para el respeto de las garantías jurídicas de las personas ante la actuación de los órga-

---

[5]   *Ibíd.*, p. 142.

[6]   Peña Solís, José. *Las Fuentes del Derecho...*, p. 29.

nos del Poder Público, más aún cuando está vinculada con el postulado de la seguridad jurídica, pilar fundamental para la confianza y certeza práctica sobre el ordenamiento jurídico aplicable. Al respecto, vale la pena traer a colación que la Sala Constitucional del Tribunal Supremo de Justicia, en sentencia N° 3.180/2004, del 15 de diciembre, bajo la ponencia del Magistrado Jesús Eduardo Cabrera Romero, recaída en el caso *TECNO AGRÍCOLA LOS PINOS TECPICA, C.A.,* sostuvo que

> Seguridad Jurídica se refiere a la cualidad del ordenamiento jurídico, que implica certeza de sus normas y consiguientemente la posibilidad de su aplicación. En ese sentido en Venezuela existe total seguridad jurídica desde el momento que la normativa vigente es la que se ha publicado, después de cumplir con los diversos pasos para su formación, en los órganos de publicidad oficiales, por lo que surge una ficción de conocimiento para todos los habitantes del país, y aún los del exterior, de cuál es el ordenamiento jurídico vigente, el cual no puede ser derogado sino por otra ley, que a su vez, tiene que cumplir con los requisitos de validez en su formación, y con los de publicidad.
>
> Pero, a juicio de esta Sala, este no es sino un aspecto de la seguridad jurídica, ya que el principio lo que persigue es la existencia de confianza por parte de la población del país en el ordenamiento jurídico y en su aplicación, por lo que el principio abarca el que los derechos adquiridos por las personas no se vulneren arbitrariamente cuando se cambian o modifican las leyes; y porque la interpretación de la ley se hace en forma estable y reiterativa, creando en las personas confianza legítima de cuál es la interpretación de las normas jurídicas a la cual se acogerán.

Queda claro que una vez publicada la norma en la Gaceta Oficial, entra en vigor según disponga la propia ley o cualquier acto jurídico normativo, por ejemplo, los decretos con fuerza de ley, al día siguiente de su completa publicación o bien pasado el tiempo que establezca *"vacatio legis"*, lo contrario debe entenderse como carencia de obligatoriedad jurídica del acto, pues su eficacia está diferida en el tiempo hasta que no se verifique la publicación formalmente del contenido del acto.

SEGUNDA PARTE:
SOBRE LA ORGANIZACIÓN DEL PODER PÚBLICO

Sección I: Organización de la Administración Pública

Las sucesivas reformas de la Ley Orgánica de la Administración Pública: 2008-2014. Cambiando todo para que nada cambie

Miguel Ángel Torrealba Sánchez
Profesor de la Universidad Central de Venezuela

Resumen: *Se analizan los cambios principales de la Reforma de 2014 de la Ley Orgánica de la Administración Pública.*

Palabras Clave: *Administración Pública – Ley Orgánica de la Administración Pública.*

Abstract*: This paper analyzes the legal reform of Public Administration Venezuelan Act 2014.*

Key Words: *Public Administration – Public Administration Act.*

PRELIMINAR

En el año 2008 tuvimos la oportunidad de exponer una reseña de los principales cambios que se produjeron en la Ley Orgánica de la Administración Pública, con ocasión de su reforma mediante el Decreto-Ley de 2008[1]. Corresponde ahora comentar las modificaciones

---

[1]   *G.O.* 5.890 Extraordinario del 31 de julio de 2008. Decreto con Rango, Valor y Fuerza de Ley Orgánica de la Administración Pública N° 6.217 del 15 de julio de 2008. *Cfr.* Torrealba Sánchez, Miguel Ángel: *Breves apuntes sobre los principales cambios derivados de la reforma de la Ley*

acaecidas recientemente con el Decreto-Ley de 2014[2]. Pero desde ya, cabe adelantar que, si en el caso de la primera reforma, esas modificaciones no incidían sustancialmente en el texto normativo, sino en algunos de sus aspectos, con el reciente texto se está en presencia de cambios en el mayor de los casos bastante inocuos –no en lo que se refiere a revelar las crecientes tendencias centralistas del Legislador-Ejecutivo, sino en cuanto a producir una alteración sustancial en el diseño organizativo y funcional de la Administración Pública Venezolana–, que llevan a preguntarse su justificación, tanto desde el punto de vista de la técnica legislativa, como en cuanto a si realmente subyacían objetivos de fondo que ameritaran tales reformas.

Es por ello que hemos añadido una hipótesis en el título, vinculada con el conocido postulado <<gatopardiano>>, y que pretendemos, si no demostrar, al menos sí postular como tesis interpretativa plausible ante la constatación de una reforma legislativa injustificada, improvisada y carente de coherencia.

Veamos a continuación pues, los principales aspectos que han cambiado con la entrada en vigencia del Decreto Ley ya referido. A tales fines, en un primer apartado se resumirán los asuntos primordiales sobre los que versó la reforma del 2008, para confrontarlos, en un segundo apartado, con lo modificado el pasado año.

I.   LA PRIMERA REFORMA (2008)[3]

1.   *Ámbito de aplicación (Artículo 2°)*

Se produjo la primera ampliación del ámbito de aplicación subjetivo de la Ley originaria, toda vez que, mientras esta establecía que era la Administración Pública Nacional la destinataria fundamental de sus mandatos, en la Reforma se extendió su aplicabilidad directa y total a los entes político-territoriales, en menoscabo de la original autonomía de estos para adoptar y desarrollar los principios y normas de la Ley. De allí que la Reforma de 2008 inició con una severa carga centralizadora[4].

2.   *Sustitución del término <<particulares>> por personas (Artículo 5)*

Este cambio fue más nominal que sustancial, aunque en la Exposición de Motivos se pretendió justificar en la supuesta intención de eliminar equívocos respecto a la prevalencia del interés general sobre el particular. No obstante que en su oportunidad consideramos no demasiado trascendente ese reemplazo de términos[5], evidenció sin embargo la tendencia, no solo legislativa sino también jurisprudencial, de invocar de forma genérica y retóri-

---

Orgánica de la Administración Pública. En: *Anuario de Derecho Público.* Año 2. Centro de Estudios de Derecho Público. Universidad Monteávila. Caracas, 2009, pp. 97-104.

[2]   *G.O.* 6.147 Extraordinario del 17 de noviembre de 2014. Decreto con Rango, Valor y Fuerza de Ley Orgánica de la Administración Pública N° 1.424 del 17 de noviembre de 1014.

[3]   Este apartado tiene su base en nuestro trabajo referido en la nota al pie N° 2. Sobre la Reforma de la Ley Orgánica de la Administración Pública acaecida en 2008, véanse también: Brewer-Carías, Allan R.: *El sentido de la reforma de la Ley Orgánica de la Administración Pública,* pp. 161-165; Pellegrino Pacera, Cosimina G.: *La reedición de la propuesta constitucional de 2007 en el Decreto N° 6.217 con Rango, Valor y Fuerza de Ley Orgánica de la Administración Pública,* pp. 163-167 y Caballero Ortiz, Jesús: *Algunos comentarios sobre la descentralización funcional en la nueva Ley Orgánica de la Administración Pública,* pp. 169-174, todos en: Revista de Derecho Público N° 115. Estudios sobre los Decretos Leyes. Editorial Jurídica Venezolana. Caracas, 2008.

[4]   *Cfr.* Brewer-Carías, *El sentido de la reforma...,* pp. 157-159.

[5]   Torrealba Sánchez, *Breves apuntes...,* p. 98.

ca el interés general como justificación de la actividad administrativa contraria a Derecho y lesiva de los derechos de la persona[6].

3. *Eliminación definitiva del agotamiento obligatorio de la vía administrativa como requisito de admisibilidad para interponer pretensiones procesales de nulidad de actos administrativos (Artículo 7.10)*

Al suprimirse la respectiva Disposición Transitoria que impedía la vigencia de la norma original, terminaba ya por vía legislativa lo que había iniciado la Jurisprudencia, en una interpretación aislada de la Ley Orgánica del Tribunal Supremo de Justicia de 2004[7], en cuanto a consagrar el derecho de los particulares de acudir a la jurisdicción contencioso-administrativa para interponer pretensiones de nulidad de actos administrativos sin tener que agotar previamente los recursos administrativos.

4. *Inclusión de los principios de <<modernidad>> y de <<paralelismo de formas>> (Artículo 10)*

Se trató de uno de los cambios más carentes de sustancia de la Reforma de 2008.

5. *Tendencia a la planificación centralizada*[8]

Fue esta una de las orientaciones que determinaron la Reforma de 2008. Veamos dos de sus manifestaciones:

A. Eliminación del término <<autonomía>> del texto de la Ley, que se evidenció en el cambio de denominación de los Servicios Autónomos por el de Servicios Desconcentrados, así como la regulación de los Institutos Autónomos[9].

B. Instauración de la Comisión Central de Planificación en la estructura organizativa de la Administración Central. Aunque la misma había sido creada previamente[10], en la reforma de 2008 se le otorgó un gran protagonismo al caracterizársele como el órgano encargado de armonizar y adecuar las actuaciones de la Administración Pública a la Planificación Centralizada.

---

[6] Véase por ejemplo: Herrera Orellana, Luis Alfonso: *La argumentación jurídica y la Ley Orgánica de la Jurisdicción Contencioso- Administrativa.* Ley Orgánica de la Jurisdicción Contencioso Administrativa. Un balance a los tres años de su vigencia. Fundación Estudios de Derecho Administrativo (FUNEDA), Caracas, 2014, pp. 83-107; Torrealba Sánchez, Miguel Ángel: *Interés general y tutela cautelar en el contencioso-administrativo: reseña de una peligrosa tendencia jurisprudencial de la Sala Político-Administrativa del Tribunal Supremo de Justicia.* Revista Electrónica de Derecho Administrativo Venezolano. Centro de Estudios de Derecho Público. Universidad Monteávila. Caracas, enero-abril 2014, pp. 211-257. Documento en línea: http://redav.com.ve/wp-content/uploads/2014/10/INTERES-GENERAL-Y-TUTELA-CAUTE-LAR- EN- EL-CONTENCIOSO.pdf.

[7] *Cfr.* Torrealba Sánchez, Miguel Ángel: *Manual de Contencioso administrativo.* Editorial Texto C.A., 2° edición, Caracas, 2007, pp. 221-233, así como la bibliografía allí citada.

[8] *Cfr.* Brewer Carías, *El sentido...*, pp. 157-159.

[9] *Cfr. Ibídem*, p. 157.

[10] *G.O.* 5.841 Extraordinario del 12 de junio de 2007, Decreto-Ley 5.384 del 12 de junio.

5.   *Referencia expresa a las Misiones (Artículo 15, in fine), sujetas a la Planificación Centralizada, aunque con un régimen de especial precariedad*

Se trató del primer intento de incorporar a la Ley las técnicas organizativas vinculadas con la fallida Reforma Constitucional de 2007, a manera de Administración paralela a la <<tradicional>>, aunque en una regulación bastante escueta[11].

6.   *Posibilidad de transferencia de potestades públicas a los Consejos Comunales (Artículo 20, primer aparte)*

Al respecto, sostuvimos en anterior oportunidad que solo mediante una tesis interpretativa conforme a la Constitución, podía entenderse que la regulación del artículo 20, primer aparte, de la Reforma de 2008, constituía un desarrollo del artículo 184 constitucional, en cuanto a la transferencia más bien de servicios o actividades prestacionales antes que una verdadera descentralización[12]. Ello sin menoscabo de la cuestionable constitucionalidad que ha tenido el desarrollo del llamado <<Poder Popular>>[13].

7.   *Creación de Autoridades Regionales (Artículo 70)*

Respecto a estas Autoridades Regionales, se trató de figura subjetiva cuya naturaleza jurídica –de forma semejante a las Misiones- no fue precisada en la Ley, y que produciría una innecesaria superposición de órganos o de entidades ya regulados en el texto legal con competencias similares, y que en definitiva, pretendía recoger la figura de las Vicepresidencias Regionales previstas en la fallida Reforma Constitucional de 2007.

8.   *Regulación de los Institutos Públicos como figura subjetiva paralela a los Institutos Autónomos (Artículo 96)*

Otra de las muestras de la aversión a la autonomía, como característica de la reforma legal de 2008, fue la pretendida sustitución de los Institutos Autónomos por los Institutos Públicos, al establecerse que los últimos tendrían el mismo régimen que anteriormente correspondía a los primeros, pero eliminando la autonomía[14].

---

[11]   *Cfr*. Brewer Carías, *El sentido...*, pp. 159-160, Torrealba Sánchez, *Breves apuntes...*, p. 99-100; Pellegrino Pacera, *op. cit.*, pp. 166-167. Sobre las Misiones, véanse entre otros: Hernández G., José Ignacio: "La Administración Paralela como instrumento del Poder Público". *Revista de Derecho Público* N° 112. Editorial Jurídica Venezolana. Caracas, 2007, pp. 175-178; Rondón De Sansó, Hildegard: "El concepto de Derecho Administrativo en Venezuela y las Administraciones Públicas". En: *100 Años de la enseñanza del Derecho Administrativo en Venezuela 1909-2009*. Tomo I. Fundación Estudios de Derecho Administrativo (FUNEDA). Caracas, 2011, pp. 358-365; León Álvarez, María Elena: "Estudios acerca de la Ley Orgánica de la Administración Pública de 2008: El concepto de acto administrativo y su aplicación a las Misiones". En: *100 años de la enseñanza del Derecho Administrativo en Venezuela 1909-2009*. Tomo II. Fundación de Estudios de Derecho Administrativo (FUNEDA). Caracas, 2011, pp. 813-823; Zambrano M., Paula E.: *Las Misiones en la organización administrativa venezolana*. Fundación Estudios de Derecho Administrativo (FUNEDA). Caracas, 2011.

[12]   Torrealba Sánchez, *Breves apuntes...*, p. 100.

[13]   *Cfr*. entre otros: AA.VV.: *Leyes Orgánicas sobre el Poder Popular y el Estado Comunal (Los Consejos Comunales, las Comunas, la Sociedad Socialista y el Sistema Económico Comunal)*. Colección Textos Legislativos N° 50. Editorial Jurídica Venezolana. Caracas, 2011.

[14]   Sobre el punto véase: Caballero Ortiz, *op. cit.*, pp. 171-173.

Esa intención se evidenció de la propia Exposición de Motivos del Decreto-Ley de reforma, pero como ya expusimos en anterior oportunidad[15], lo cierto es que, aparte de la expresa previsión constitucional (artículo 142), en los años siguientes a la Reforma se siguieron creando Institutos Autónomos, así como también Institutos Públicos, en una muestra de evidente incoherencia legislativa que impidió el propósito de sustituir a los institutos autónomos como entidad pública por antonomasia en la reciente evolución constitucional venezolana.

9. Cambio en la definición de las Empresas del Estado (Artículo 102)

Se trató de una modificación carente de antecedentes legales y de bases doctrinarias en el caso venezolano, al adoptarse una contradictoria definición legal de las Empresas del Estado como personas jurídicas de Derecho Público con un régimen de creación de Derecho Privado y una sujeción a la legislación ordinaria, incluyendo la laboral[16]. Con ello, se le otorgó una naturaleza de ente público a una figura cuyos índices de reconocimiento apuntaron siempre a que se trataba de un ente estatal con forma de Derecho Privado.

10. Reforma en la definición de órgano (Artículo 15, primer aparte)

El cambio pareció ser más técnico que sustancial, en cuanto a establecer que el órgano sería la unidad administrativa que ostente funciones con efectos jurídicos o cuya actuación tenga carácter regulatorio (y no preceptivo, como era la redacción original).

II. LA SEGUNDA REFORMA (2014)

Veamos a continuación, de forma sucinta, los principales cambios establecidos en la reforma del Decreto-Ley Orgánica de la Administración Pública de 2014[17]:

1. Ámbito de aplicación (Artículo 2)

Se incorpora a la enumeración de entidades político-territoriales destinatarias de la Ley, al Distrito Capital y al Territorio Insular Miranda[18]. Se trata de una mera inclusión de forma, y que obedece a la técnica legislativa de enumerar cada entidad específica que conforma territorialmente al Estado Venezolano[19].

---

[15] Cfr. Torrealba Sánchez, Breves apuntes..., p. 102.

[16] Cfr. Brewer Carías, El sentido..., p. 157; Caballero Ortiz, op. cit., pp. 173-174.

[17] En la elaboración de este apartado fue de especial utilidad el cuadro comparativo entre las reformas legales de 2008 y 2014 facilitado por el Profesor Antonio Silva Aranguren (inédito).

[18] Ya se señaló que en la Reforma de 2008, se habían incorporado en el artículo 15 a las Misiones dentro de la estructura organizativa de la Administración Pública Nacional, pero no como entidades político-territoriales. De hecho, su régimen, que se mantiene, sigue siendo insuficiente por cuanto nada detalla sobre su naturaleza jurídica (Cfr. Torrealba Sánchez, Breves apuntes..., pp. 99-100; Brewer Carías, El sentido..., p. 157).

[19] Por ser ajeno al objeto de estas páginas, prescindimos del examen de constitucionalidad de la regulación legal de esas dos entidades político-territoriales, la primera expresamente prevista en el artículo 18 in fine de la Constitución de 1999.

2. *Sustitución del término <<funcionarios de la Administración Pública>> por <<funcionarios públicos>> (Artículos 8 y 9)*

Se trata de un cambio nominal[20], pues si bien es cierto que el término funcionario público se refiere a aquél que está al servicio de todas las ramas del Poder Público en sus diversos ámbitos político-territoriales, y no solo a los de la Administración Pública (entendida esta como Ejecutivo a tales efectos), también lo es que ya el propio texto legal dispuso su aplicación directa a todos los niveles de la Administración Pública, y supletoria a todas las ramas del Poder Público.

3. *Incorporación de los <<Jefes de Gobierno>> (Artículos 34, 41 y 44)*

Se trata en este caso de incluir en el elenco de autoridades administrativas, a los llamados <<Jefes de Gobierno>>, de las entidades político-territoriales creadas por el Ejecutivo Nacional al margen de la Constitución[21]. Téngase en cuenta, entre otros elementos, como ha advertido la doctrina, que consagrado como uno de los caracteres fundamentales de la forma de Estado de la República la de ser electivas sus autoridades (artículos 5 y 6), resulta contraria al Texto Fundamental la creación de entidades territoriales paralelas a las ya existentes, así como la consagración de que las máximas autoridades de estas sean funcionarios de libre nombramiento y remoción del Presidente de la República, y no de elección popular[22].

4. *Decrecimiento del protagonismo de la Comisión Central de Planificación*

Aunque nada señala al respecto la Exposición de Motivos, la reforma vigente pretendió restarle importancia a la Comisión Central de Planificación, precisamente, en el sentido opuesto a la de 2008. En ese sentido, ella deja de estar incluida dentro de los órganos **superiores** de la Administración Pública Nacional, como lo estaba con el carácter de <<*órgano*

---

[20] Un cambio también nominal en la previa Reforma de 2008, fue la inclusión de los vocablos <<funcionarios y funcionarias>> (*Cfr.* Brewer-Carías, *El sentido de la reforma...*, p. 156). A ese se añade el agregado actual de Ministerios <<del Poder Popular>>.

[21] Al respecto señala la Exposición de Motivos: <<*...se incorporaron en el texto legal las nuevas figuras de gobierno y territoriales, para asegurar que la lucha contra el flagelo de la corrupción abarque toda la extensión del territorio de la República, preservando la integridad territorial, la soberanía, la seguridad, la identidad nacional y la defensa de acuerdo con el desarrollo cultural, económico, social y la integración de la Nación*>>. Es difícil encontrar un intento de justificación más precario y carente de pertinencia para instaurar entidades político-territoriales con sus autoridades designadas por el Ejecutivo Nacional, al margen de los postulados constitucionales.

[22] Véase entre otros: AA.VV: *Leyes sobre el Distrito Capital y del Área Metropolitana de Caracas.* Colección Textos Legislativos N° 45. Editorial Jurídica Venezolana. Caracas, 2009; Brewer-Carías, Allan R.: *El Estado totalitario y la ausencia de Estado Democrático y Social de Derecho y de Justicia, de Economía Mixta y Descentralizado.* En: XVII Jornadas Centenarias Internacionales del Colegio de Abogados del Estado Carabobo. Constitución, Derecho Administrativo y Proceso: Vigencia, reforma e innovación Fundación Estudios de Derecho Administrativo (FUNEDA). Caracas, 2014, pp. 144-145; Brewer-Carías, Allan R.: *La problemática del régimen jurídico del "Distrito Capital" en la estructura federal del Estado en Venezuela, y su inconstitucional regulación legal.*
Documento en línea: http://www.allanbrewercarias.com/Content/449725d9-f1cb-474b-8ab2-41efb 849fea8/Content/II,%204,%20603.%20CONSIDERACIONES%20SOBRE%20LA%20LEY%20ES PECIAL%20SOBRE%20EL%20DISTRITO%20CAPITAL%20abril%202009.doc.pdf; SÁNCHEZ FALCÓN, Enrique: *Inconstitucionalidad del Estado Comunal.* En: XVII Jornadas Centenarias Internacionales del Colegio de Abogados del Estado Carabobo. Constitución, Derecho Administrativo y Proceso: Vigencia, reforma e innovación Fundación Estudios de Derecho Administrativo (FUNEDA). Caracas, 2014 pp. 171-175.

superior de coordinación y control de la planificación centralizada>> (artículo 44, primer aparte, de la reforma de 2008), aunque contradictoriamente, en el artículo 60 se la define como *<<órgano superior de coordinación y control de la planificación centralizada>>*.

No obstante, en el artículo 60 se incluye una mención que también determina el decrecimiento de su importancia funcional y operativa, al señalarse que la misma *<<... contará con el apoyo del Ministerio del Poder Popular con competencia en materia de Planificación para la coordinación, soporte técnico, metodológico, formación así como el sistema de seguimiento e indicadores del sistema nacional de planificación>>*, agregado que, interpretado armónicamente con el resto de las normas reguladoras de la referida Comisión, parece apuntar a que, a partir de la Reforma bajo análisis, sus atribuciones se encuadran como competencias concurrentes con el respectivo Ministerio[23].

Por otra parte, las menciones expresas que se hacían reiteradamente en el texto de 2008 a la misma se sustituyen por una fórmula más genérica al *<<órgano al cual compete la planificación central>>* o expresiones semejantes (*v.g.* artículo 15, segundo aparte, 19 encabezamiento, 85.6 y 122 del texto de 2014), lo que implica que no necesariamente la competencia le corresponderá a la referida Comisión.

1.   *Cambios en los requisitos para la creación y modificación de órganos y entes administrativos (Artículo 16.1)*

Se añade una nada clara referencia a la descripción de la *<<configuración subjetiva>>*, como requisito para la creación o modificación de órganos y entes, en tanto que se elimina la necesidad de determinar su adscripción funcional y organizativa, lo que sí era una variable importante para determinar, entre otros elementos, la racionalidad y eficacia en la organización administrativa de la figura subjetiva a crear o modificar.

2.   *Modificación de las potestades para establecer el régimen competencial de entes y órganos administrativos (Artículo 32)*

Mientras que en el Decreto-Ley de 2008, la potestad para *<<atribuir o delegar competencias y atribuciones a los referidos entes, regulando su organización y funcionamiento en coordinación con los lineamientos de la planificación centralizada>>* correspondía únicamente a los Ministros, en la reforma vigente se amplía el número de destinatarios de tal potestad, visto que la ostentan también *<<los titulares de los órganos superiores o las máximas autoridades de dichos órganos y entes>>*, a los fines de *<<distribuir las competencias y atribuciones otorgadas a éstos, regulando su organización y funcionamiento en coordinación con los lineamientos de la planificación centralizada>>*. Como contrapartida, se requiere la expresa previsión de tal potestad en el instrumento de creación de la respectiva figura subjetiva.

3.   *Cambios menores en las fórmulas organizativas de delegación (Artículos 34 y 35)*

Se incluye, dentro de la delegación interorgánica, además de la transferencia de atribuciones y de firmas, la delegación de la *<<celebración de actos>>*. A reserva de un estudio más detallado de tal figura, en principio pareciera que se trata de una adición meramente formal, pues en la gran mayoría de los casos, el acto material de celebración encuadraría bien en la delegación de atribuciones o de firmas (Artículo 34).

---

[23]   La otra hipótesis pudiera ser entender que más bien se pretendió darle apoyo técnico a la Comisión Central de Planificación para el ejercicio de sus potestades, pero ello no parece ajustarse al resto del articulado. En todo caso, lo que resulta es la escasa coherencia de la Reforma en este punto.

Por otra parte, dentro del régimen de la delegación, se agrega como exigencia formal en el acto de delegación, la oportunidad y forma en que el delegado deberá rendir cuenta al delegante (Artículo 35).

4. Inclusión de las Vicepresidencias Sectoriales (Artículos 49 al 51)

Se agregan a la estructura organizativa de la Administración Pública las Vicepresidencias Sectoriales, que son encuadradas como órganos superiores de la Administración Pública Nacional Central <<encargados de la supervisión y control funcional, administrativo y presupuestario de los ministerios (...) que determine el Presidente (...) de la República...>>. Se trata de la adopción en la Reforma de un hecho cumplido en la práctica, pues estos órganos ya habían sido creados previamente y estaban en funcionamiento dentro del Consejo de Ministros[24]. Por supuesto, la denominación no se ajusta a los parámetros Constitucionales, que solo prevé con tal nombre la figura del Vicepresidente Ejecutivo (artículo 238)[25], y no la inclusión de una serie de órganos a título de escalón intermedio en la jerarquía administrativa entre este y los Ministros.

Se está en presencia pues, de una inclusión formal, al margen de la Constitución, de autoridades en el diseño organizativo que no están previstas en el texto fundamental, de suficiente importancia, al punto que esos Vicepresidentes Sectoriales, por ejemplo, ostentan competencias para evaluar la gestión Ministerial, (artículo 50.6), dar órdenes a los Ministros del Ejecutivo Nacional (artículo 78.4), y resolver, a modo de superior jerárquico, los asuntos en los que los Ministros no puedan hacerlo por encontrarse incursos en alguna causal de recusación o inhibición que evidencie su falta de objetividad y, por tanto, de competencia subjetiva.

La justificación de estas figuras vendría dada, según señala la Exposición de Motivos - en una de las escasas explicaciones que esta pretende aportar al entendimiento de la Reforma- a los fines de darle rango legal con el propósito de <<...control a nivel superior de la Administración Pública, de la adecuada ejecución de políticas y la eficiente Administración de los recursos de pueblo soberano, otorgando a dichas estructuras de nivel superior de supervisión y control funcional, administrativo y presupuestario de los ministerios del poder popular, en aras de garantizar y proteger los intereses del pueblo en sus diferentes niveles de gobierno>>.

---

[24]   A partir –al menos- del Decreto 6.918 del 16 de septiembre de 2009, contentivo del Reglamento Interno del Consejo de Ministros Revolucionarios del Gobierno Bolivariano, publicado en G.O. 39.267 del 18 de septiembre de 2009.

[25]   La adición de <<Vicepresidentes>> fue una tendencia planteada por el Ejecutivo a partir de la fallida reforma de 2007 (véase: Ahora la batalla es por el SÍ. Presentación del proyecto de Reforma Constitucional ante la Asamblea Nacional, por parte del Comandante Hugo Chávez, presidente de la República Bolivariana de Venezuela. Palacio Federal Legislativo, Caracas, Miércoles, 15 de agosto de 2007; documento en línea: http://www.minpi.gob.ve/minpi/downloads/reforma const. pdf), que aunque fue rechazada en consulta popular, ha venido siendo establecida mediante leyes, en contravención a la Constitución. Véase al respecto, entre otros: Brewer Carías, Allan R.: Estudio sobre la propuesta de Reforma Constitucional para establecer un Estado Socialista, Centralizado y Militarista (Análisis del Anteproyecto presidencial de reforma de la Constitución, agosto 2007). Estudios Constitucionales, Año 5, N° 2, 2007, pp. 381-424, ISSN 0718-0195 Centro de Estudios Constitucionales de Chile, Universidad de Talca, pp. 407-410. Disponible en línea: http://www.cecoch.cl/htm/revista/docs/estudiosconst/5n_2_5_2007/18_Estudio_sobre.pdf. Rachadell, Manuel: Socialismo del Siglo XXI. Análisis de la Reforma Constitucional propuesta por el Presidente Chávez en agosto de 2007. Editorial Jurídica Venezolana-Fundación Estudios de Derecho Administrativo (FUNEDA). Caracas, 2007.

Como puede verse, la pretendida justificación no pasa de ser una de tantas superficiales fórmulas de estilo vacías de real contenido tan al uso en el actual discurso de los jerarcas de la Administración Pública venezolana, y que por su propia vacuidad, no justifica de forma concreta la razón política, jurídica o técnica que determinó el cambio en la estructura administrativa. De allí, que al margen de su cuestionable constitucionalidad, ya en cuanto a su conveniencia, tal inclusión no se apoya en un diagnóstico de las carencias del diseño organizativo que se propone modificar, y mucho se justifica en el examen de las diversas opciones que determinaron la escogencia concreta para instaurar esas <<Vicepresidencias Sectoriales>>[26].

5. *Modificación de la organización y funcionamiento del Consejo de Ministros (Artículo 51)*

En primer término, la reforma parece ampliar las potestades del Presidente de la República en cuanto a que debe regular, mediante Decreto, todo lo relativo al Consejo de Ministros, y no solo los aspectos de su organización y funcionamiento. No obstante, en realidad serán pocos los asuntos que de alguna forma no encuadren justamente en materias organizativas u operativas, por lo que el cambio en realidad es más formal que sustancial.

Por otra parte, el artículo detalla lo que deberá contener el referido Decreto de regulación del Consejo de Ministros, en cuanto a organización y funcionamiento. En ese último aspecto se establece el *quórum* y los mecanismos de toma de decisiones (con dos niveles de debate y consulta: de definición conceptual y estratégica). Se trata de asuntos de importancia, pero que no parecen ameritar de tal escala de detalle en el plano legal, bastando el marco regulatorio previamente existente. A ello se añade que el artículo 54.7 de la Reforma remite el desarrollo de tales previsiones al Reglamento Orgánico del Consejo de Ministros, por lo que se está ante preceptos de índole reglamentaria que, a su vez, remiten su desarrollo a un Reglamento, lo que corrobora que su propia naturaleza y contenido aconsejaba mantenerlos en el rango sub-legal.

6. *Intento de asimilación de los Institutos Autónomos con los Institutos Públicos (Artículo 98)*

En la Reforma de 2008, como ya se indicó, el Legislador-Ejecutivo, procurando eliminar la fórmula organizativa de la autonomía, se encontró con el obstáculo de la existencia de los Institutos Autónomos, ente público ejemplo por antonomasia de la descentralización funcional, y previsto en el texto Constitucional a partir de 1961 (véase el epígrafe II. 9). De allí que optó por establecer a los Institutos Públicos como entidad paralela, en la búsqueda del reemplazo paulatino de los Institutos Autónomos, eliminando la referencia expresa en la definición a la independencia patrimonial (*rectius*: autonomía) con los entes de adscripción (Artículo 95 de la Ley de 2001)[27].

Ahora en la Reforma de 2014, presumiblemente visto el fracaso de tal propósito, dado que el propio Legislador ha seguido creando Institutos Autónomos, se intenta otra estratage-

---

[26] Adicionalmente, estas figuras de las Vicepresidencias Sectoriales, parecen superponerse a la de las Autoridades Regionales, incluidas en la Reforma de 2008 y que se mantienen en la actual, las cuales, justamente reproducían la figura de los Vicepresidentes Ejecutivos planteados en la fallida reforma, generando disonancias entre el régimen federal establecido en la Constitución y la tendencia centralizadora (Pellegrino Pacera, *op. cit.*, pp. 165-166). La nueva inclusión evidencia entonces la escasa racionalidad de la Reforma incluso respecto de la inmediatamente anterior.

[27] *Cfr.* Torrealba Sánchez, *op. cit.*, pp. 101-102. "Un ensayo de interpretación de las posibles consecuencias de tal regulación" puede verse en: Caballero Ortiz, *op. cit.*, pp. 171-173.

ma, a saber: pretender asimilar a los Institutos Autónomos con los Públicos, con el fin de conseguir soslayar la necesaria autonomía de los primeros. A tal fin, se engloba en una misma norma y se les denomina reiteradamente <<Institutos Públicos o Autónomos>>, lo que muestra que se trata de una maniobra especialmente evidente, al tratar identificar con un mismo nombre dos figuras subjetivas distintas (pues la autonomía determina tal diferenciación), en detrimento de las mínimas exigencias de la técnica legislativa en cuanto a precisión terminológica[28].

No obstante, la supremacía Constitucional determina que los Institutos Autónomos seguirán existiendo, al menos como categoría jurídica subjetiva, hasta tanto se modifique el texto fundamental, por más intentos de supresión que se hagan por vía legislativa.

7.   Posibilidad de adscribir entes y órganos a otros entes (Artículos 119 y 120)

Este supuesto, que resulta innovador al permitir la adscripción de entes y órganos a otros entes y no solo a órganos (conforme a las previsiones de los originarios artículos 118 y 119), incluye como novedad el que en tales casos, la máxima autoridad del ente tutelar debe a su vez rendir cuentas al titular del órgano superior de adscripción con referencia al ejercicio de las potestades de control <<... a los fines de garantizar la unidad en el ejercicio del control correspondiente por parte de los órganos superiores de la Administración Pública>>. Se trata de una suerte de control de segundo grado del órgano superior, que a reserva de un estudio más detallado, no parece modificar el régimen de los recursos administrativos regulados en la Ley Orgánica de Procedimientos Administrativos, por tratarse de un control a los fines internos.

CONSIDERACIONES FINALES

La Exposición de Motivos de la Reforma de 2014 del Decreto-Ley Orgánica de la Administración Pública culmina señalando:

> <<...el presente Decreto con Rango, Valor y Fuerza de Ley, coadyuvará en la acción del Ejecutivo Nacional en la implementación de criterios organizativos del sector público, para la construcción de la democracia protagónica y en ejercicio de la corresponsabilidad social, en plena ofensiva contra la corrupción, promoviendo de esta manera un modelo de inclusión social alternativo del pueblo y el Estado venezolano>>.

Una primera constatación es el exacerbado centralismo del cual parten tales afirmaciones, al pretender reducir la Administración Pública en sus diversos ámbitos político-territoriales (Nacional, Estadal y Municipal), al Ejecutivo Nacional, contrariando a la propia naturaleza del Estado Federal diseñado en la Constitución. Pero es que además, prescindiendo también de las deficiencias gramaticales así como de la escasa pertinencia de la invocación de la lucha contra la corrupción que se evidencia en el párrafo transcrito, lo cierto es que las afirmaciones en cuestión son de una absoluta carencia de sustancialidad y concreción –lo que caracteriza a toda la Exposición de Motivos–. Todo lo cual obliga a concluir que la justificación de los cambios acaecidos en la Reforma legal de 2014 no se encuentra allí explicitada[29].

---

[28]   Al respecto se había sostenido con relación a la inclusión de los Institutos Públicos en la Reforma de 2008: <<...institutos públicos y autónomos se presentan como dos categorías jurídicas distintas, en un mismo nivel, sin que del articulado del decreto-ley aparezca el criterio diferenciador >> (*Ibídem*, p. 172).

[29]   De hecho, los cambios del 2014 contribuyen a restarle aún más la coherencia interna del instrumento legislativo que venía perdiendo desde 2008, aun cuando la doctrina, al comentar la Reforma

De allí que la finalidad de tales modificaciones parecen estar al margen del propósito de darle adecuado desarrollo legal a los postulados constitucionales a que se refiere el artículo 141 de la Carta Fundamental, los cuales deben regir la organización y el funcionamiento de la Administración Pública Venezolana, y que, en última instancia, no pueden perseguir otra cosa –en el plano constitucional– que el servicio de la ciudadanía, o mejor aún, de las personas, atendiendo sus necesidades básicas. No otra cosa le es exigible a la Administración Pública del Estado Constitucional, Social, de Derecho y Democrático, y tales lineamientos habrán de determinar también las políticas públicas del gobierno de turno, con los matices que este último adopte. Ese es al menos, el papel que la Constitución le asigna al Ejecutivo.

Por el contrario, con el texto de 2014, se está ante una Reforma basada en el propósito de acrecentar el centralismo autoritario de la Administración Pública Nacional, que va hacia lo nominal antes que lo sustancial, que cambia nombres y términos sin justificar por qué, e incluso muchas veces contrariando lineamientos constitucionales Una Reforma que añade estructuras sin partir de un diagnóstico de las carencias y fortalezas del marco legal e institucional previo, que suprime órganos para luego volver a incluirlos en otros preceptos, y que se ha impuesto de forma unilateral y sin una mínima consulta ni participación ciudadana[30]. Una reforma que, en definitiva, no se realizó en su forma ni se ajusta en su contenido a los cometidos constitucionales, ni tampoco considera los principios de Buen Gobierno y de Buena Administración. La mejor prueba de ello es que poco o nada cambió –al menos para bien– en la Administración Pública Venezolana, con la Reforma de 2008, y es de esperar que tampoco lo haga con la de 2014.

---

anterior, ya proponía de *lege ferenda* una revisión de sus inconsistencias (Caballero Ortiz, *op. cit.*, p. 174). Sucedió fue justamente lo contrario.

[30] En estas páginas nos limitamos a describir brevemente los cambios acaecidos en el texto de la Ley, sin abordar los vicios de inconstitucionalidad que se evidenciaron en la delegación legislativa y en sus productos. Tampoco hemos querido tratar la relación de estos cambios con otros sucedidos en el régimen de la Administración Pública mediante la modificación de diversos instrumentos legales, visto que tales asuntos serán tratados en otros trabajos de esta Revista.

El régimen de las Misiones y su aparataje burocrático en el Decreto Ley de la Ley Orgánica de Misiones, Grandes Misiones y Micro Misiones de noviembre de 2014

Allan R. Brewer-Carías

Profesor Emérito, Universidad Central de Venezuela

Resumen: *Este comentario analiza la Ley Orgánica de Misiones, la cual sin establecer mayores regulaciones sustantivas sobre dichas políticas públicas, si estableció un enorme marco burocrático, adicional a los diversos órganos y entes que las conforman, para la conducción de las mismas.*

Palabras Clave: *Administración Pública; Misiones; Políticas públicas.*

Abstract: *This comment is referred to the Organic Law on Misianes, a statute that without establishing major substantive provisions on such public policies, has provided for a huge bureaucratic organization to conduct them, in addition to the organs and entities that conform them.*

Key Words: *Public Administration; Misiones; Public policies.*

Con fecha 13 de noviembre de 2014, mediante decreto ley N° 6154, se dictó la Ley Orgánica de Misiones, Grandes Misiones y Micro Misiones,[1] con el objeto regular los "mecanismos a través de los cuales el Estado Venezolano, conjunta y articuladamente con el Poder Popular bajo sus diversas formas de expresión y organización, promueven el desarrollo social integral; así como la protección social de los ciudadanos" mediante el establecimiento de las mencionadas misiones "orientadas a asegurar el ejercicio universal de los derechos sociales consagrados en la Constitución"(Art. 1), destacándose entre los fines de la Ley el establecer los criterios para la creación, desarrollo, supresión o fusión de las Misiones, el "Sistema Nacional de Misiones, Grandes Misiones y Micro-misiones como la estructura orgánica del Estado y del Poder Popular", y "garantizar las condiciones para el financiamiento de las Misiones, Grandes Misiones y Micro-misiones (art. 6).

Las disposiciones de la Ley se declararon como "de orden público" siendo sus normas aplicables "en todo el territorio de la República a la Administración Pública Nacional, Estadal y Municipal, a las organizaciones del Poder Popular, así como a todas las personas naturales o jurídicas de derecho público o privado que tengan responsabilidades, obligaciones, derechos y deberes vinculados al ejercicio de los derechos sociales de las personas y del pueblo (art. 5); y además, la ley declaró como "de interés general" y con el "carácter de servicio público" todas las actividades vinculadas a la prestación de bienes y servicios a la población objeto de las Misiones (art. 7).

---

[1]   Véase en *Gaceta Oficial* N° 6.154 Extraordinario del 19 de noviembre de 2014

I.   LA MISIÓN COMO POLÍTICA PÚBLICA

Siguiendo la orientación que se adoptó en la Ley Orgánica de la Administración Pública, la ley Orgánica de Misiones las reguló, exclusivamente, una "política pública destinada a materializar de forma masiva, acelerada y progresiva las condiciones para el efectivo ejercicio y disfrute universal de uno o más derechos sociales de personas o grupos de personas, que conjuga la agilización de los procesos estatales con la participación directa del pueblo en su gestión, en favor de la erradicación de la pobreza y la conquista popular de los derechos sociales consagrados en la Constitución," (art. 4.1) que por tanto, se ejecuta por los órganos y entes que se determine en el acto de su creación (art. 36).

A tal efecto, el artículo 8 de la Ley enumera entre los derechos sociales a ser desarrollados y atendidos por las Misiones, además de los consagrados en la ley y en los tratados y acuerdos suscritos y ratificados por la República, los derechos a la alimentación, a la protección de la familia, a la identidad, a la vivienda y al hábitat, a la salud, a la seguridad social, al trabajo, a la educación, a la cultura, al deporte y la recreación, a los servicios básicos, a la seguridad personal, y de los pueblos y comunidades indígenas.

Además de los cometidos por los que fueren creadas, las Misiones, conforme al artículo 13 de la ley, deben atender al desarrollo de proyectos socio-productivos que contribuyan al fortalecimiento de la soberanía del país, a la satisfacción de las necesidades de la población y "a la construcción de la Venezuela potencia". A los efectos de la ejecución de la Ley, como actor en la política pública denominada Misión, la Ley identifica al "Misionero" que son tanto "los ciudadanos que desde su accionar diario contribuyen al desarrollo de los planes y acciones en favor del cumplimiento de los objetivos de cada misión desde el ámbito institucional, así como a los grupos y personas sujetos de atención específicos de las Misiones, Grandes Misiones y Micro-misiones, quienes se organizan en los territorios para empoderarse de sus derechos y contribuir a la transformación de la sociedad a través del poder popular"(Art. 4.4). Los artículos 9 y 10 de la Ley enumeran los derechos y deberes de dichos misioneros.

II.   PRESTACIONES DE BIENES Y SERVICIOS A CARGO DE LAS MISIONES

Conforme se indica en el artículo 11 de la Ley, corresponde a las Misiones las siguientes prestaciones de bienes y servicios: 1. Programas de atención a grupos y personas en situación de vulnerabilidad. 2. Atención en los diversos niveles del Sistema Público Nacional de Salud. 3. Establecimientos de servicios sociales, entre los que se incluyen centros educativos, de salud, deportivos, de alimentación, culturales, recreativos y de protección especial. 4. Transferencias dinerarias condicionadas. 5. Pensiones no contributivas. 6. Subsidios. 7. Ayudas técnicas para personas con discapacidad. 8. Suministro de medicamentos. 9. Desarrollo de equipamiento urbano. 10. Jornadas de atención de los servicios sociales. 11. Desarrollo de actividades educativas, culturales, deportivas y recreativas. 12. Suministro de bienes esenciales para el disfrute de los derechos a la educación, la salud, el deporte, la cultura, entre otros. 13. Suministro de servicios básicos, entre los que se incluye el agua, la electricidad, el gas, la telefonía, el internet, aseo urbano, vialidad, transporte público y saneamiento ambiental. 14. Financiamiento de proyectos socio-productivos. 15. Financiamiento y subsidio de la vivienda.

En ese marco de prestaciones, uno de los objetivos del Sistema Nacional de Misiones es "erradicar la pobreza" (art. 15.2); para cuyo efecto se dispone que a los efectos del desarrollo de sus actividades prestacionales en estas áreas de actividad, los órganos y entes que participen en la ejecución de las Misiones se deben regir para la definición, identificación y medición de la pobreza, por los lineamientos y criterios que establezca el Consejo Nacional de Política Social y el Instituto Nacional de Estadística, sin menoscabo del uso de otros datos que se estimen convenientes.

III.   LA ADMINISTRACIÓN DE LAS MISIONES O EL APARATAJE BUROCRÁTICO DE LAS MISIONES

Aparte de las previsiones generales de la Ley, lo que la misma ha hecho es organizar un aparataje burocrático, que podría denominarse la "Administración de la Misiones" que dirigido por un "Alto Mando del Sistema" integrado por el Presidente de la República, Vicepresidentes y Ministros, se integra en un Sistema Nacional de Misiones compuesto por órganos de Dirección del mismo en los niveles político-territoriales; una Coordinación General del Sistema; un Consejo Nacional de Política Social; un Servicio Nacional de Información Social; el Fondo Nacional de Misiones (art. 43), las organizaciones de las diversas Misiones, Grandes Misiones y Micro-misiones, y un Consejo Nacional de Misioneros (art. 16).

Además, en los niveles estadales, el Sistema debe contar con "Coordinaciones Estadales" (art. 24) como sus instancias de dirección a nivel estadal; y con "Coordinaciones Municipales, como instancias de dirección del Sistema a nivel municipal (art. 26), las cuales deben crear instancias de articulación comunal denominadas Mesas de Misiones de la Comuna, (art. 28), y donde un haya Comuna, se denominarán "comités de trabajo del Consejo Comunal" (art. 29).

En el Sistema, además, se establecen las "Bases de Misiones" "como espacios para la prestación de servicios de las Misiones y de otros servicios públicos, destinados a la atención y protección integral de las comunidades y familias" (art. 32), desde donde las Misiones desarrollarán los siguientes ámbitos de atención: 1. Promoción y fortalecimiento de las organizaciones del Poder Popular. 2- Atención Primaria en Salud, incluyendo visitas domiciliarias y seguimiento nutricional. 3. Desarrollo de los programas de abastecimiento y comercialización de alimentos. 4. Promoción de la inserción y de la permanencia escolar de todos los niños, niñas y adolescentes. 5. prestación de servicios de identificación, registro civil y trámites de servicios públicos. 6. Promoción de actividades y emprendimientos productivos. Y 7. Desarrollo de programación cultural, deportiva y recreativa (art. 35).

IV.   PRINCIPIOS PARA LA CREACIÓN DE MISIONES

La Ley Orgánica, por otra parte ha establecido una serie de principios para la creación de las Misiones por parte del Presidente de la República en Consejo de Ministros, "bajo la rectoría de las políticas aprobadas conforme a la planificación centralizada," para lo cual debe "estar precedida por un estudio diagnóstico y un análisis prospectivo de la situación y problema que se busca atender o resolver elaborado por el Consejo Nacional de Política Social."

Tratándose de una política pública, las Misiones deben atribuirse en el Decreto de su creación, a un determinado órgano o ente de la Administración 'Pública, en los términos dela ley Orgánica de la Administración Pública, al cual se atribuye la responsabilidad de la ejecución de la misma, las formas de financiamiento, funciones y la conformación del nivel directivo encargado de dirigir la ejecución de las actividades encomendadas (art. 36). En caso de supresión de las Misiones, el Decreto respectivo, en caso que se hayan creado órganos o entes para la ejecución de las mismas debe disponer el cumplimiento de las formalidades legales para su supresión y liquidación (art. 37).

El Presidente igualmente puede resolver la fusión de las mismas estableciendo las reglas básicas para su funcionamiento (art. 38), y podrá, igualmente modificar el objeto de las mismas estableciendo las nuevas reglas para su funcionamiento (art. 39).

V. LA ORGANIZACIÓN POPULAR EN EL MARCO DE LAS MISIONES

La Ley Orgánica, por otra parte, ha regulado los principios de organización popular en el marco de las Misiones, estableciendo las siguientes instancias de participación y organización comunitaria: 1. El Consejo de Planificación Comunal. 2. El Consejo de Contraloría Comunal. 3. El Consejo Nacional de Misioneros y Misioneras. 4. El Comité de trabajo de la Comuna y del Consejo Comunal. Y 5. El Área de trabajo (art. 45).

Entre estos órganos, se destaca el Consejo Nacional de Misioneros, creado como una instancia de encuentro, evaluación y de formulación de propuestas de los voceros de las Misiones, en el cual además deben participar las autoridades de los órganos y entes responsables de la ejecución de las Misiones (art. 46); y tendrá como objetivo generar un espacio nacional para el debate, la evaluación y el fortalecimiento de las Misiones (art. 47). Dicho Consejo está conformado por el Presidente de la República, los voceros nacionales de cada una de las Misiones, que hayan sido electos por las organizaciones de base que congregan a los Misioneros, por los Jefes de las Misiones, y por los Ministros o Viceministros de los órganos que tienen rectoría sobre las Misiones (art. 48).

VI. EL FONDO NACIONAL DE MISIONES Y EL FINANCIAMIENTO DE LAS MISIONES

El artículo 43 de la ley Orgánica "creó" el Fondo Nacional de Misiones "para la gestión, asignación y administración de recursos destinados a las mismas" pero sin establecer si se trata de un órgano o de un ente, dejando al Presidente de la República la determinación eventual mediante Reglamento de "la naturaleza jurídica del ente u órgano que administrara los recursos asignados a este fondo y su patrimonio," lo cual excluye la posibilidad de que se trate de un ente de derecho público (instituto autónomo o público), que solo podría ser creado por Ley conforme a la Constitución y a la Ley Orgánica de la Administración Pública.

Dicho Fondo, en todo caso, conforme al artículo 44 de la ley Orgánica de Misiones, tiene a su cargo administrar, centralizar y sistematizar la gestión y asignación de los recursos destinados a los subsidios, transferencias dinerarias condicionadas y financiamientos de proyectos socio-productivos de las Misiones.

En cuanto al financiamiento de las Misiones la Ley Orgánica declaró los recursos destinados para su desarrollo como "prioritarios y de interés público," estableciendo que los mismos "no podrán sufrir disminuciones en sus montos presupuestarios, excepto en los casos y términos que establezca la Ley de Presupuesto" (art. 50). Igualmente La Ley estableció el principio de progresividad de la inversión social, lo que implica que las asignaciones presupuestarias destinadas a la misma "no podrán ser inferiores, en términos reales, al del ejercicio económico financiero anterior, por lo cual tendrá carácter progresivo y sustentable, con base en la disponibilidad de recursos a partir de los ingresos previstos en la Ley de Presupuesto y en los fondos de inversión administrados por el Poder Ejecutivo" (art. 50).

La distribución de los recursos previstos para las Misiones debe ser recomendada por el Consejo Nacional de Política Social al Alto Mando del Sistema Nacional de Misiones antes de su incorporación en la Ley de Presupuesto (art. 52); estableciendo la Ley, además, los siguientes criterios para la distribución de los recursos: Primero, la inversión social per cápita no debe ser menor en términos reales al asignado el año inmediato anterior; y segundo, la misma se debe destinar de forma prioritaria a las personas y comunidades en situación de pobreza y pobreza extrema; se debe basar en indicadores y lineamientos generales de eficacia y de cantidad y calidad en la prestación de los servicios sociales, establecidos por el Consejo Nacional de Política Social; y debe estar orientada a la promoción de un desarrolle regional equilibrado.

Sección II: Régimen de la Administración Pública y Estado Comunal

Organización administrativa y Poder Popular en los Decretos-Leyes de 2014

Carlos E. García Soto
Director de la Escuela de Derecho de la Facultad de Ciencias Jurídicas y Políticas de la Universidad Monteávila

Resumen: *Los Decretos-Leyes dictados al amparo de la Ley Habilitante 2013, incluyen reformas importantes en organización administrativa y Poder Popular.*

Palabras Claves: *Organización administrativa, Poder Popular.*

Abstract: *The Decree-Laws promulgated in accordance with the 2013 Enabling Act, include relevant reforms related with the Administration organization and the Popular Power.*

Keywords: *Administration organization, Popular Power.*

INTRODUCCIÓN

Dos de los temas fundamentales que fueron objeto de los Decretos-Leyes dictados en noviembre de 2014 fueron el régimen de la Administración Pública y el régimen del Poder Popular.

En ambos temas se mantuvo la tendencia en dos rasgos comunes en los últimos años: una Administración centralizada y el fomento de lo que se ha denominado como "Poder Popular", pero siempre bajo control político.

Las consecuencias de esos rasgos hoy son evidentes.

Estas notas pretenden simplemente dejar constancia de los principales aspectos en estas materias en los Decretos-Leyes de noviembre de 2014.

I. EL RÉGIMEN DE LA ADMINISTRACIÓN PÚBLICA EN LOS DECRETOS-LEYES DE 2014

1. *Introducción*

Entre los distintos aspectos que se regularon en los Decretos-Leyes dictados en noviembre de 2014 hubo algunas regulaciones de interés en cuanto a la organización administrativa.

No se trató, como era de esperar, y quizá afortunadamente, de una reforma planificada y sistemática. Más bien, se trató fundamentalmente de otorgar base legal a ciertas situaciones que venían ocurriendo de hecho en la Administración Pública venezolana.

Con todo, la reforma no implicó atender a las notables carencias que se observan en la actividad de la Administración Pública venezolana. Por el contrario, las reformas pretenden acercar aún más a la Administración a un modelo de planificación centralizada, cuyo fracaso está a la vista desde hace ya bastantes años.

1. *La reforma a la Ley Orgánica de la Administración Pública: la regulación de las vicepresidencias sectoriales, la denominación de los Ministerios como del "Poder Popular", la figura de los "Jefes de Gobierno", la equiparación de los "institutos públicos" y de los "institutos autónomos" y la adscripción de entes a entes y no sólo a órganos*

Una de las reformas en el ámbito de la organización administrativa sería la realizada sobre la Ley Orgánica de la Administración Pública (LOAP)[1], norma que como es sabido tiene importancia fundamental para la actividad de la Administración Pública.

A. *Regulación de las vicepresidencias sectoriales*

En la práctica administrativa de los últimos años se había utilizado la figura de las vicepresidencias sectoriales, como una forma de agrupar por materias el control de la actividad de diversos ministerios. Esta figura había sido reconocida en el Decreto N° 6.936 de 22 de septiembre de 2009, por el cual se dictó el Reglamento Interno del Consejo de Ministras y Ministros Revolucionarios del Gobierno Bolivariano[2]. En el artículo 10 de ese Decreto se establecían las atribuciones de los Vicepresidentes Sectoriales.

Ahora en la LOAP esa figura se encuentra reconocida en el artículo 49, en el cual se señala que las Vicepresidencias Sectoriales son "órganos superiores del nivel central de la Administración Pública Nacional, encargados de la supervisión y control funcional, administrativo y presupuestario de los ministerios del poder popular que determine el Presidente o Presidenta de la República, quien fijará además el número, denominación, organización, funcionamiento y competencias de éstas".

De tal manera, la función de las Vicepresidencias Sectoriales es supervisora y contralora de la actividad de los ministerios. Por ello, las Vicepresidencias Sectoriales se constituyen como un órgano intermedio entre el Presidente de la República y sus ministros. Recuérdese que conforme al artículo 242 de la Constitución, y de acuerdo a una tradición en la organización administrativa venezolana, los Ministros son órganos directos del Presidente de la República, y reunidos conjuntamente con éste y con el Vicepresidente Ejecutivo, integran el Consejo de Ministros.

El nuevo artículo 50 establecerá las atribuciones de los Vicepresidentes Sectoriales. Es de resaltar que el ámbito de atribuciones que se otorgan a través del nuevo artículo 50 de la LOAP tiene un ámbito de mayor alcance material al que se había establecido en el artículo 10 del Reglamento Interno del Consejo de Ministras y Ministros Revolucionarios del Gobierno Bolivariano.

Por su parte, el nuevo artículo 51 de la LOAP advierte que corresponderá al Decreto que regule la organización y funcionamiento de la Administración Pública Nacional la concreción de las atribuciones de las distintas Vicepresidencias Sectoriales.

---

[1] Decreto N° 1.424 con Rango, Valor y Fuerza de Ley Orgánica de la Administración Pública (*Gaceta Oficial* 6.147 extraordinario de 17 de noviembre de 2014).

[2] *Gaceta Oficial* N° 39.279 de 6 de octubre de 2009.

B.   *Denominación de los Ministerios como "del Poder Popular"*

Conforme a otra práctica administrativa que se ha mantenido desde hace ya varios años a los Ministerios se les ha agregado el adjetivo posesivo "del Poder Popular". Esa práctica administrativa luego fue recogida expresamente por primera vez en el Decreto sobre organización y funcionamiento de la Administración Pública Nacional, dictado en 2007[3].

Esa denominación ahora sido recogida por primera vez en la LOAP. Así, por ejemplo, en el artículo 64, al regularse las competencias específicas de esos órganos se señala que "Las materias competencia de cada uno de los *ministerios del Poder Popular*, serán establecidas en el Decreto que regule la organización y funcionamiento de la Administración Pública Nacional" (resaltado nuestro).

C.   *La figura de los "Jefes de Gobierno"*

Otra de las reformas contenidas en la LOAP ha sido la inclusión de la figura de los "Jefes de Gobierno".

En efecto, cuando en el artículo 34 se señalan los órganos y entes que pueden realizar la delegación interorgánica se señalan a los Jefes de Gobierno. También, al indicar cuáles órganos y entes pueden realizar el avocamiento, se incluye a los Jefes de Gobierno (artículo 41).

D.   *La equiparación de los "institutos públicos" y de los "institutos autónomos"*

En la reforma a la LOAP de 2008 se incluiría una figura denominada como "institutos públicos", sin regularlos de alguna manera determinada.

Inmediatamente surgió la duda sobre si trataba de una nueva figura en la organización administrativa venezolana. Sin embargo, se entendió que se trataba de los tradicionales institutos autónomos.

En todo caso, la duda ha sido resuelta por la LOAP 2014, que al referirse a los institutos públicos utiliza el término como sinónimo de los institutos autónomos. (artículos 98 y siguientes).

E.   *La adscripción de entes a entes y no sólo a órganos*

Conforme al nuevo artículo 119 de la LOAP la adscripción de los entes no sólo puede ser realizada con respecto a un Ministerio u órgano de la Administración, como había sido tradición en la organización administrativa venezolana, sino que puede ser realizada con respecto a otro ente, a los efectos del control correspondiente.

2.   *La reforma a la Ley de Simplificación de Trámites Administrativos: la creación del Sistema Nacional de Trámites Administrativos*

La Ley de Simplificación de Trámites Administrativos (LSTA), otra Ley fundamental sobre la actividad de la Administración Pública, también será reformada[4]. En esta ocasión, la reforma de la Ley que tiene como objeto la simplificación de los trámites administrativos se realizó para algo que no pareciera cónsono con la simplificación de trámites, como lo será la creación de un "Sistema Nacional de Trámites Administrativos".

---

[3]   *Gaceta Oficial* N° 5.836 extraordinario del 8 de enero de 2007.

[4]   Decreto N° 1.423, mediante el cual se dicta el Decreto con Rango, Valor y Fuerza de Ley de Simplificación de Trámites Administrativos (*Gaceta Oficial* N° 6.149 extraordinario de 18 de noviembre de 2014).

A. *La creación del Sistema Nacional de Trámites Administrativos*

En efecto, con la supuesta intención de simplificar los trámites administrativos, el artículo 54 de la LSTA crea el Sistema Nacional de Trámites Administrativos (SISTRAD), el cual "está conformado por el conjunto de políticas públicas, estrategias, órganos y entes, procedimientos, archivos físicos y electrónicos, plataformas tecnológicas, sistemas de tecnología de la información, procedimientos, servicios y prestaciones aplicados a los trámites administrativos, o que sirven a su funcionamiento".

B. *Instituto Nacional para la Gestión Eficiente de Trámites y Permisos*

Por su parte, el artículo 57 crea el Instituto Nacional para la Gestión Eficiente de Trámites y Permisos (INGETYP), que será un instituto público con personalidad jurídica y patrimonio propio, distinto e independiente del Fisco Nacional, el cual constituirá una autoridad nacional, unificada, en materia de trámites administrativos y su simplificación, a cuyas direcciones se someterán los órganos y entes de la Administración Pública en lo referente a dicha materia, de conformidad con lo dispuesto en los artículos precedentes.

El artículo 55 de la LSTA señala que el INGETYP ejercerá la rectoría del SISTRAD, mientras que de acuerdo con el artículo 56 la formulación de la política nacional en materia de trámites administrativos, y su simplificación, corresponde al ministerio del poder popular con competencia en materia de planificación.

Los principios que deben regir su actuación están señalados en el artículo 58.

Las competencias son descritas en el artículo 59 de la LSTA, mientras que las atribuciones son descritas en el artículo 62.

3. *La base legal para la actividad de fomento a través de las Misiones, Grandes Misiones y Micro-Misiones, como figuras de una Administración paralela*

Las Misiones tienen su origen en el año 2004, como planes de asistencia extraordinaria a personas con necesidades o carencias en su calidad de vida.

Cuando se reforma la LOAP en el año 2008, se incorpora a las Misiones como una de las figuras incluidas en su artículo 15, junto con los entes y órganos, al hacerse referencia a la potestad organizativa de la Administración. Sin embargo, la LOAP de 2008 no reguló a las Misiones, con lo cual si bien se les reconocía como una de las figuras propias de la organización administrativa, no se regulaba el ámbito de su actuación.

Ese vacío quiso ser llenado por el Decreto N° 1.394, mediante el cual se dicta el Decreto con Rango, Valor y Fuerza de Ley Orgánica de Misiones, Grandes Misiones y Micro-Misiones (LOM)[5], cuyo artículo 1 define su objeto: "regular los mecanismos a través de los cuales el Estado Venezolano, conjunta y articuladamente con el Poder Popular bajo sus diversas formas de expresión y organización, promueven el desarrollo social integral; así como la protección social de los ciudadanos y ciudadanas, mediante el establecimiento de Misiones, Grandes Misiones y Micro-misiones, orientadas a asegurar el ejercicio universal de los derechos sociales consagrados en la Constitución de la República Bolivariana de Venezuela".

La LOM viene entonces a sostener jurídicamente al fenómeno de las Misiones, en tanto figura de lo que puede considerarse como Administración Pública paralela a la tradicional organización administrativa venezolana compuesta por órganos y entes.

---

[5]   *Gaceta Oficial* N° 6.154 extraordinario de 19 de noviembre de 2014.

En efecto, una de las críticas fundamentales que se han planteado en torno a la figura de las Misiones es que vienen a replicar las actividades administrativas típicas que deberían ser atendidas por la Administración venezolana, a partir de su propia organización administrativa conformada por entes y órganos.

Ese paralelismo se nota especialmente cuando en el artículo 8 de la LOM se enumeran los derechos a ser desarrollados y atendidos por las Misiones, Grandes Misiones y Micromisiones, que coinciden con las típicas materias que debe atender la Administración Pública, según su régimen jurídico: (i) derecho a la alimentación; (ii) derecho a la protección de la familia; (iii) derecho a la identidad; (iv) derecho a la vivienda y al hábitat; (v) derecho a la salud; (vi) derecho a la seguridad social; (vii) derecho al trabajo; (viii) derecho a la educación; (ix) derecho a la cultura; (x) derecho al deporte y la recreación; (xi) derecho a los servicios básicos; (xii) derecho a la seguridad personal; (xiii) derecho de los pueblos y comunidades indígenas, y (xiv) los demás derechos consagrados en la ley y en los tratados y acuerdos suscritos y ratificados por la República.

Igualmente, el paralelismo se encontrará en lo dispuesto en el artículo 11 de la LOM, el cual advierte que las Misiones, Grandes Misiones y Micro-misiones podrán desarrollarse y alcanzar sus objetivos a través de las siguientes prestaciones de bienes y servicios: (i) programas de atención a grupos y personas en situación de vulnerabilidad; (ii) atención en los diversos niveles del Sistema Público Nacional de Salud; (iii) establecimientos de servicios sociales, entre los que se incluyen centros educativos, de salud, deportivos, de alimentación, culturales, recreativos y de protección especial; (iv) transferencias dinerarias condicionadas; (v) pensiones no contributivas; (vi) subsidios; (vii) ayudas técnicas para personas con discapacidad; (viii) suministro de medicamentos; (ix) desarrollo de equipamiento urbano; (x) jornadas de atención de los servicios sociales; (xi) desarrollo de actividades educativas, culturales, deportivas y recreativas; (xii) suministro de bienes esenciales para el disfrute de los derechos a la educación, la salud, el deporte, la cultura, entre otros; (xiii) suministro de servicios básicos, entre los que se incluye el agua, la electricidad, el gas, la telefonía, el internet, aseo urbano, vialidad, transporte público y saneamiento ambiental; (xiv) financiamiento de proyectos socio-productivos, y (xv) financiamiento y subsidio de la vivienda.

4.   *Reformas nominales a la Ley Orgánica para la Gestión Comunitaria de Competencias, Servicios y Otras Atribuciones*

La Ley Orgánica para la Gestión Comunitaria de Competencias, Servicios y Otras Atribuciones[6] también sería reformada con ocasión de la Ley Habilitante, a través del Decreto N° 1.389 con Rango, Valor y Fuerza de Ley Orgánica para la Gestión Comunitaria de Competencias, Servicios y Otras Atribuciones[7].

El mismo título de la Ley fue reformado. Mientras que el título de la Ley dictada en 2012 era el de "Decreto con Rango, Valor y Fuerza de Ley Orgánica para la Gestión Comunitaria de Competencias, Servicios y Otras Atribuciones", en la reforma realizada ahora se titula como "Decreto Con Rango, Valor y Fuerza de Ley Orgánica para la Transferencia al Poder Popular, de la Gestión y Administración Comunitaria de Servicios, Bienes y Otras Atribuciones".

---

[6]   *Gaceta Oficial* N° 39.954 del 28 de junio de 2012.
[7]   *Gaceta Oficial* N° 40.540 de 13 de noviembre de 2014.

Las modificaciones en el título se refieren a los siguientes aspectos: (i) se advierte que la Ley se dicta para regular la transferencia de la gestión y administración comunitaria de servicios, bienes y otras atribuciones al *Poder Popular*[8]; (ii) se señala que la transferencia alcanza no sólo a la gestión, sino también a la *administración*; (iii) se elimina la mención a la transferencia de *competencias*, y (iv) se agrega a los *bienes* como objeto de las transferencias.

Pero cuando se analiza el contenido de las reformas realizadas, se concluye que en realidad las reformas fueron muy puntuales, referidas en la mayoría de los casos a (i) cambios en la nomenclatura de los órganos y entes involucrados, y en algunos otros casos a (ii) cambios en los órganos de control en la aplicación de la Ley.

II. EL RÉGIMEN DEL PODER POPULAR EN LOS DECRETOS-LEYES DE 2014

1. *Introducción*

El régimen del Poder Popular también fue incidido por los Decretos-Leyes de noviembre de 2014. En realidad, se trató fundamentalmente de reformas puntuales y de algunas novedades cuyo impacto habrá que precisar más adelante.

2. *Reformas puntuales a la Ley para la Promoción y Desarrollo de la Pequeña y Mediana Industria y Unidades de Propiedad Social*

A través del Decreto N° 1.413, mediante el cual se dicta el Decreto con Rango, Valor y Fuerza de Ley de Reforma de la Ley para la Promoción y Desarrollo de la Pequeña y Mediana Industria y Unidades de Propiedad Social[9] fue reformado el Decreto con Rango, Valor y Fuerza de Ley de Reforma de la Ley para la Promoción y Desarrollo de la Pequeña y Mediana Industria y Unidades de Propiedad Social de 2008[10].

Los aspectos más resaltantes de la reforma son los siguientes:

A. *Definición de pequeña industria*

En el numeral 1 del artículo 5 del Decreto-Ley de reforma, al definirse a la pequeña industria, se señala que se considerará pequeña industria a aquéllas que tengan una nómina promedio anual de hasta cincuenta (50) trabajadores y con una facturación anual de hasta doscientas mil unidades tributarias (200.000 U.T.).

En la Ley derogada se consideraba como pequeña industria a aquéllas que tenían una nómina promedio anual de hasta cincuenta (50) trabajadores y con una facturación anual de hasta cien mil unidades tributarias (100.000 U.T.).

B. *Definición de mediana industria*

En el numeral 1 del artículo 5 del Decreto-Ley de reforma, al definirse a la mediana industria, se señala que se considerará como mediana industria a aquéllas que tengan una

---

8   En el artículo 1 de la Ley de 2012 se señalaba que la transferencia se realizaba a favor del "pueblo organizado, el cual la asumirá mediante la gestión de Empresas Comunales de Propiedad Social de servicios y socioproductivas, o de las organizaciones de base del Poder Popular y demás formas de organización de las comunidades, legítimamente reconocidas, que se adecúen a lo establecido en el presente Decreto Ley y su objeto".

9   *Gaceta Oficial* N° 6.151 extraordinario de 18 de noviembre 2014.

10   Decreto 6.215, de 15 de julio de 2008 (*Gaceta Oficial* N° 5.890 extraordinario de fecha 31 de julio de 2008).

nómina promedio anual desde cincuenta y un (51) trabajadores hasta cien (100) trabajadores y con una facturación anual desde doscientas mil una unidades tributarias (200.001 U.T.) hasta quinientas mil unidades tributarias (500.000 U.T.).

En la Ley derogada se consideraba como mediana industria a aquéllas que tenían una nómina promedio anual de hasta cien (100) trabajadores y una facturación anual de hasta doscientas cincuenta mil unidades tributarias (250.000 U.T.).

C.   *Rescate de bienes*

Se incluye un nuevo artículo (18), conforme al cual en casos de situaciones de riesgo por pérdida o deterioro de los activos adquiridos a través del financiamiento otorgado a la pequeña y mediana industria y unidades de propiedad social, se aplicarán medidas preventivas y temporales de resguardo de los bienes, con el objeto de proteger y defender la garantía del financiamiento y el patrimonio público.

D.   *Sistema de taquilla única*

A través del artículo 27 del Decreto de reforma se crea el sistema de taquilla única de tramitación administrativa, como un espacio de articulación donde los ciudadanos, empresarios, emprendedores, innovadores, unidades de propiedad social, cooperativas y cualquier otra forma de cooperación existentes, puedan realizar en un solo lugar los distintos trámites necesarios para su funcionamiento, en la búsqueda de fortalecer el sistema productivo nacional, el cual operará por medio de una red de tramitación e información interconectada con los órganos y entes de la Administración Pública vinculados a la promoción y desarrollo de la pequeña y mediana industria y unidades de propiedad social de manera obligatoria.

3.   *El financiamiento público a las organizaciones de base del Poder Popular: Decreto N° 1.390, con Rango, Valor y Fuerza de Ley para Establecer los Lineamientos de Financiamiento a las Organizaciones de Base del Poder Popular*

A través de este Decreto-Ley[11] se establecen mecanismos de lo que puede identificarse como actividad administrativa de fomento, a través del financiamiento público a las actividades realizadas por las organizaciones de base del Poder Popular.

En efecto, conforme al artículo 1 del Decreto-Ley su objeto es establecer los lineamientos de financiamiento que realizan los órganos y entes del sector público dirigidos a emprendedores individuales o asociados, cooperativas, comunidades, organizaciones socioproductivas, instancias del poder popular y demás movimientos sociales que impulsen al desarrollo de la economía comunal.

Los tipos de proyectos que pueden ser financiados son los descritos en el artículo 10 del Decreto-Ley:

(i) Proyectos Socio productivos: conjunto de actividades de producción, distribución, intercambio y consumo de bienes y servicios orientados a lograr uno o varios objetivos para dar respuesta a las necesidades, aspiraciones y potencialidades de la comunidad, comuna u organizaciones de base del poder popular, formulado de conformidad a los principios del sistema económico comunal en correspondencia con el Plan de Desarrollo Económico y Social de la Nación. Los recursos otorgados para este tipo de financiamiento tendrán carácter retornable.

---

[11]   *Gaceta Oficial* N° 40.540 de 13 de noviembre de 2014.

(ii) Proyectos Sociales: conjunto de actividades orientadas a satisfacer las necesidades más urgentes y apremiantes de la comunidad para la construcción y desarrollo de su hábitat, que impacten aspectos diferentes a los económicos como calidad de vida, salud, recreación, educación, cultura entre otros, en correspondencia con el Plan de Desarrollo Económico y Social de la Nación. Los recursos otorgados para este tipo de financiamiento tendrán carácter no retornable.

4. *Reformas puntuales a la Ley Orgánica de Planificación Pública y Popular: el Plan de Desarrollo Subregional y el Plan Operativo Subregional*

El Decreto N° 1.406, mediante el cual se dicta el Decreto con Rango, Valor y Fuerza de Ley de Reforma de la Ley Orgánica de Planificación Pública y Popular[12] reformó puntualmente a la Ley Orgánica de Planificación Pública y Popular dictada en 2010[13]. En realidad, la reforma fue muy puntual. Quizá lo que pueda resaltarse sea (i) la regulación del Plan de Desarrollo Subregional, como un Plan estratégico adicional a los que enumeraba la Ley de 2010 (artículos 32 y 33), y (ii) la regulación del Plan Operativo Subregional, como un Plan operativo adicional a los que enumeraba la Ley de 2010 (artículos 65 al 68).

5. *La reforma a la regionalización del desarrollo socioproductivo: Decreto N° 1.425, mediante el cual se dicta el Decreto con Rango, Valor y Fuerza de Ley de Regionalización Integral para el Desarrollo Socioproductivo de la Patria*

El Decreto N° 1425, mediante el cual se dicta el Decreto con Rango, Valor y Fuerza de Ley de Regionalización Integral para el Desarrollo Socioproductivo de la Patria[14] vendrá a derogar el Decreto N° 1.469 con Fuerza de Ley de Zonas Especiales de Desarrollo Sustentable[15], y tiene por objeto "regular la creación, funcionamiento y administración de las distintas unidades geográficas de planificación y desarrollo, en el marco del Sistema de Regionalización Nacional; estableciendo las escalas regionales, subregionales y locales, como estrategias especiales para el desarrollo sectorial y espacial del Plan de Desarrollo Económico y Social de la Nación; en el contexto del Sistema Nacional de Planificación" (artículo 1).

---

[12] *Gaceta Oficial* N° 6.148 extraordinario de 18 de noviembre de 2014.
[13] *Gaceta Oficial* N° 6.011 Extraordinario del 21 de diciembre de 2010.
[14] *Gaceta Oficial* N° 6.151 extraordinario de 18 de noviembre de 2014.
[15] *Gaceta Oficial* N° 5.556 extraordinario de 13 de noviembre de 2001.

Sección III: Régimen de la Fuerza Armada Nacional

El Decreto con rango, valor y fuerza de Ley que organiza la Fuerza Armada Nacional (2014) desconoce la Constitución de la República (1999)

Cecilia Sosa Gómez
Profesora de la Universidad Católica Andrés Bello

Resumen: *El Decreto con rango, valor y fuerza de Ley que Organiza la Fuerza Armada Nacional, fue dictado al margen de la Ley Habilitante. Además, distorsiona el significado constitucional de corresponsabilidad del Estado y la sociedad civil, promoviendo la militarización de ésta.*

Palabras claves: *Fuerzas armadas, sociedad civil.*

Abstract: *The Decree-Law of the National Armed Force Organic Law was promulgated in violation of the 2013 Enabling Act. In addition, the Decree-Law distorts the constitutional meaning of the joint responsibility of the State and the civil society, promoting their militarization.*

Keywords: *Armed Force, civil society.*

I.   PUNTO PREVIO

La Fuerza Armada Nacional calificada como institución profesional por la Constitución de la República, impide que alguno de sus miembros no sea profesional de las armas. La institución está creada para que la misión y objeto sea **garantizar la independencia y soberanía de la Nación y asegurar la integridad del espacio geográfico**, mediante la **defensa militar**, la **cooperación** en el **mantenimiento del orden interno** y la **participación activa** en el desarrollo nacional, de acuerdo con la Constitución y con la ley.

El nombre de la organización es Fuerza Armada Nacional (FAN) de allí que agregarle el calificativo de Bolivariana, resulta absolutamente inconstitucional, por cuanto implica la defensa de un proyecto político específico (Revolución Bolivariana) y ya no de la Nación como un todo; de la misma manera es inconstitucional que junto a sus miembros formados en una carrera militar, se incorporen personas no profesionales de las armas. Igualmente, es contrario a la Constitución la violación al mandato de que sólo la FAN puede poseer y utilizar armas, municiones, explosivos de guerra[1], al establecer mediante Ley que la Milicia pueda utilizar armamento no teniendo la profesión militar.

---

[1]   Artículo 324 constitucional.

La Constitución prohíbe expresamente a los miembros activos de la FAN tener militancia política y les ordena dedicarse al servicio del Estado (no al poder político) por eso están al servicio de la Nación "…y en ningún caso al de persona o parcialidad política alguna…"; sin embargo, la Sala Constitucional del Tribunal Supremo de Justicia mediante sentencia[2] interpretó que cuando los militares participan en actos políticos no significa menoscabo de su profesionalidad sino participación protagónica y democrática, nada mas alejado de las exigencias constitucionales.

El primer cuerpo normativo dictado por la Asamblea Nacional para cumplir con la reserva legal fue la Ley Orgánica de la Fuerza Armada Nacional (2005)[3], respeta, al menos en su nombre y componentes, lo ordenado por la Constitución. Mientras, el 31/07/2008 el presidente de la República para la época, Hugo Chávez, dicta vía Ley Habilitante el Decreto con Valor, Rango y Fuerza de Ley Orgánica de la **Fuerza Armada Nacional Bolivariana**, imponiendo desde esa fecha tal denominación, la que se mantiene en la dictada por Nicolás Maduro, igualmente vía Ley Habilitante.

II.   EL DECRETO-LEY SIN DELEGACIÓN LEGISLATIVA HABILITANTE.

El Decreto con Rango, Valor y Fuerza de Ley Orgánica de la Fuerza Armada Nacional Bolivariana (Decreto N° 1.439, en adelante identificado como Decreto-Leyes presentado como una nueva Ley Orgánica de la Fuerza Armada Nacional Bolivariana (aún cuando mantiene un número importante de artículos de texto idéntico al que se deroga)[4].Establece como la misión fundamental de la FAN, la misma del texto constitucional[5];sin embargo, cambia la esencia de la Institución como ya lo hacía el derogado Decreto con Rango, Valor y Fuerza de Ley de la FANB de 2011[6] al identificar como su **objeto**: establecer los principios y las disposiciones que rijan la organización, funcionamiento, integración y administración de la Fuerza

---

[2]   Sentencia. Ponencia de Juan José Mendoza Jover, Sala Constitucional, de fecha 11 de junio de 2014, Expediente N° 14-0313. (Caso: IMPROCEDENTE *in liminelitis*, la acción de amparo constitucional incoada por el *"FRENTE INSTITUCIONAL MILITAR 'FIM', asociación civil integrada por oficiales de la Fuerza Armada Nacional* y militares venezolanos, mayores de edad que accionaron el forma personal, contra el acto inconstitucional continuado y arbitrario emanado del Ministerio de la Defensa y los Mandos Militares)
"…que la participación de los integrantes de la Fuerza Armada Nacional Bolivariana en actos con fines políticos no constituye un menoscabo a su profesionalidad, sino un baluarte de participación democrática y protagónica que, para los efectos de la República Bolivariana de Venezuela, sin discriminación alguna, representa el derecho que tiene todo ciudadano, en el cual un miembro militar en situación de actividad no está excluido de ello por concentrar su ciudadanía, de participar libremente en los asuntos políticos y en la formación, ejecución y control de la gestión pública – siguiendo lo consagrado en el artículo 62 de la Constitución de la República de Venezuela-, así como también, el ejercicio de este derecho se erige como un acto progresivo de consolidación de la unión cívico-militar, máxime cuando su participación se encuentra debidamente autorizada por la superioridad orgánica de la institución que de ellos se apresta."

[3]   Ley Orgánica de la Fuerza Armada Nacional *Gaceta Oficial* Número: N° 38.280 del 26-09-05 reformada parcialmente; se publicó la nueva ley Orgánica de la Fuerza Armada Nacional Bolivariana el 21/10/2009. *Gaceta Oficial* Ext. N° 5.933 de 21 de octubre de 2009.

[4]   El Decreto N 1.439 de fecha 17 de noviembre de 2014 publicado en la *Gaceta Oficial* N° 6.156 de 19 de noviembre de 2014 el cual contiene el Decreto con Rango, Valor y Fuerza de Ley Orgánica de la Fuerza Armada Nacional Bolivariana, deroga el Decreto-Ley de la Fuerza Armada Nacional publicado en Gaceta Número Extraordinario N° 6.020 de fecha 21 de marzo de 2011 reimpresa en *Gaceta Oficial* N° 39.846 de fecha 06 de febrero de 2012 (Disposición Derogatoria).

[5]   Artículo 3 del Decreto-Ley N° 6.156.

[6]   Decreto N° 8.096 de 09 de marzo de 2011. *Gaceta Oficial* N° 6.020 Extraordinario del 21 de marzo de 2011.

Armada Nacional Bolivariana **dentro del marco de la corresponsabilidad entre el Estado y la Sociedad**, como fundamento de la seguridad de la Nación, consecuente con los **fines supremos de preservar la Constitución y la República.**[7]

En este punto es ineludible precisar que en la delegación legislativa de la Asamblea Nacional otorgada al presidente de la República en 2007, a texto expreso éste recibió el mandato de la Asamblea Nacional para modificar la Ley Orgánica de la FAN vigente para ese momento; sin embargo, en las materias delegadas a Nicolás Maduro mediante la habilitación recibida, esta no contiene mención ni referencia alguna a materia referida a las FAN, por tanto no le fue conferida tal delegación, por tanto el Decreto-Leyes ineficaz, al haber el Ejecutivo Nacional usurpado la competencia de la Asamblea Nacional de legislar sobre las materias de competencia nacional y surge la responsabilidad individual por violación de la Constitución, del Presidente y de los Ministros que lo refrendaron.[8][9][10]

III. DISTORSIÓN DEL SIGNIFICADO CONSTITUCIONAL DE CORRESPONSABILIDAD DEL ESTADO Y LA SOCIEDAD CIVIL, EN EL ÁMBITO MILITAR

Al analizar el artículo 1° del Decreto-Ley que fija el objeto de la FAN se constata cómo se cambia de función a la FAN confundiendo, a voluntad, su objeto constitucional con la corresponsabilidad, dándole a este principio un contenido constitucional que no tiene, al alterar la misión de la Institución militar al hacerla parte de la sociedad civil.[11]

Ciertamente la Constitución de la República establece la **corresponsabilidad** para la seguridad de la Nación y la deposita en **el Estado y la sociedad civil**; por ello enumera los fines que debe cumplir: la democracia, la igualdad, la paz, la independencia, la libertad, la solidaridad, la protección ambiental, la afirmación de los derechos humanos y la satisfacción progresiva de las necesidades individuales y colectivas de los venezolanos.

Por tanto, el principio de corresponsabilidad constitucional tiene aplicación en todos los ámbitos, económico, social, político, cultural, geográfico, ambiental **y también en el militar**.

Resulta inconstitucional ubicar la corresponsabilidad entre la institución militar y la sociedad civil, como lo hace el Decreto-Ley que se analiza, ya que lo que sostiene la Constitución como corresponsabilidad en el ámbito militar, se concreta en una FAN integrada al Estado, como cuerpo no político, y como Institución profesional asumir la corresponsabilidad que a ella corresponde con fundamento en el cumplimiento de los principios exigidos en la

---

[7]   Artículo 1 del Decreto-Ley N° 6.156.

[8]   Ley que Autoriza al presidente de la República para Dictar Decretos con Rango, Valor y Fuerza de Ley, en las materias que se le delegan, de fecha 19 de noviembre de 2013 publicada en *Gaceta Oficial* Ext. N° 6.112

[9]   Artículos 138 y 139 de la Constitución.

[10]   Responsabilidad personal del presidente de la República y responsabilidad personal de los Ministros al aprobar este Decreto-Ley en Consejo de Ministros. Véase artículo 232 y 244 de la Constitución de la República.

[11]   **Título VII De la Seguridad de la Nación. Capítulo II De los Principios de Seguridad de la Nación. Artículo 326.** "La seguridad de la Nación se fundamenta en la corresponsabilidad entre el Estado y la sociedad civil, para dar cumplimiento a los principios de independencia, democracia, igualdad, paz, libertad, justicia, solidaridad, promoción y conservación ambiental y afirmación de los derechos humanos, así como en la satisfacción progresiva de las necesidades individuales y colectivas de los venezolanos y venezolanas, sobre las bases de un desarrollo sustentable y productivo de plena cobertura para la comunidad nacional. El principio de la corresponsabilidad se ejerce sobre los ámbitos económico, social, político, cultural, geográfico, ambiental y militar."

Constitución. Por tanto en el ámbito militar corresponde garantizar la soberanía de la Nación y asegurar la integridad del espacio geográfico mediante la defensa militar, para el logro de un desarrollo sustentable y productivo de plena cobertura para la comunidad nacional.

IV. CAMBIOS EN LA FINALIDAD DE LA FUERZA ARMADA NACIONAL

En ningún caso la Constitución le otorga a la FAN la finalidad de preservar la Constitución y menos combinar esa tarea de manera permanente con la garantía de defensa militar del Estado. Quien tiene atribuida constitucionalmente la competencia para proteger la Constitución son los jueces de la República y en particular el Tribunal Supremo de Justicia.[12] A lo que está obligada constitucionalmente las FAN es a defender la Nación venezolana, es decir su responsabilidad esencial está consagrada en el artículo 329 constitucional cuando le exige "…la planificación, ejecución y control de las operaciones militares requeridas para asegurar la **defensa de la Nación**. La Guardia Nacional **cooperará** en el desarrollo de dichas operaciones y tendrá como responsabilidad básica la conducción de las operaciones exigidas para el mantenimiento del orden interno del país."

De manera que tres componentes militares tienen la ejecución y control de operaciones militares, el ejercito, la marina y la aviación y el cuarto componente, la Guardia Nacional colaborar con el mantenimiento **del orden interno**, objetivo distinto al que cumple, ya que se la ha transformado en un cuerpo de policía de **orden público**, función prohibida constitucionalmente distorsionando su naturaleza y afectando la respetabilidad de la institución armada ante la violación de los derechos de los ciudadanos.

La misión de la Guardia Nacional como componente de la FAN se concreta en colaborar, nunca asumir la función de mantenimiento de orden interno como tarea principal[13], función distinta a la que **corresponde a los órganos de carácter civil como son los de seguridad ciudadana**, quienes sí tienen como función mantener y restablecer el **orden público**.

V. LA MILITARIZACIÓN DE LA SOCIEDAD VENEZOLANA Y LA POLITIZACIÓN DE LA FUERZA ARMADA NACIONAL

Las normas constitucionales dejaron de regir para las Fuerzas Armadas, dando paso a la transformación del papel de los militares al confundirlos con la sociedad civil, fue un militar (retirado) en ejercicio de la presidencia de la República por elección popular, quien hizo desaparecer el fortalecimiento del control civil por sobre el militar, desarrollando un proceso creciente de militarización de la sociedad en paralelo a la politización de los militares; todo ello detrás de una nueva doctrina, contraria a la Constitución, como es que los militares tengan un papel rector en la conducción del futuro económico y socio económico del país. Eso explica la presencia del militar en diferentes instancias tanto del gobierno central como de los regionales y locales, con conducción y ejecución cada vez mayor en las políticas públicas.[14]

---

[12]   Artículo 334 y 335 de la Constitución.

[13]   Esta afirmación queda confirmada en el artículo 332 de la Constitución cuando se ordena al Ejecutivo Nacional mantener y restablecer el orden público, proteger a los ciudadanos, hogares y familias por lo cual organizará un cuerpo uniformado de policía nacional como órgano de seguridad ciudadana de carácter civil.

[14]   Véase trabajo de Francine, Jácome "Fuerza Armada, Estado y Sociedad Civil en Venezuela" ILDIS, octubre de 2011.

VI. CAMBIOS SUSTANCIALES

Resulta determinante conocer algunas de las materias nuevas que se incorporan en el Decreto-Ley:

1. Los deberes y pilares militares. (Artículos 5 al 17)

2. Los componentes militares reducidos a integrantes de las FAN y el Comando Estratégico Operacional (CEO) asume todo el poder militar.(Artículos 18,35,39, 41,51, 53)

3. La "Unión Cívico-Militar". (Artículo 76 a 78)

4. La Milicia Alistada es personal militar y tiene grados militares (Artículo 88)

5. La educación militar; otro contenido. (Artículo 146)

1. *Los deberes y pilares militares*

El nuevo Capítulo II del Decreto-Ley está dedicado a enumerar los deberes y los pilares fundamentales del militar. Lo primero que se regula y define es el **Pundonor**, conceptualizándolo de manera negativa cuando establece que **un militar no puede ser cobarde, ni carecer de dignidad**. El diccionario de la Lengua Española (Real Academia Española) define pundonor como un estado en que la gente cree que consiste la honra, el honor o el crédito de alguien. Lo interesante del contenido normativo del deber de pundonor, es que un Militar para ser digno tiene que desempeñarse como **guardián de la libertad, honra e independencia de la patria**, por ello castiga la falta a sus deberes, al que tenga miedo al sacrificio o ultraje sus armas con infames vicios.[15] **La libertad de la cual es guardián un militar, es la libertad de sus ciudadanos.**[16]

Ahora bien, el Decreto-Ley le imprime contenido a los siguientes principios: Cumplimiento de las leyes, Respeto a la Institución, Lealtad, Deber Cívico, Derechos y Deberes Militares, Conducta Militar, Igualdad del Deber, Verdad, Ejercicio del Mando, Respeto al Superior y Amor a la Patria.[17]

Es el caso, que estos principios a los que nos hemos referido sólo podrán aplicarse a los militares activos. No podrían exigirse a los civiles a quienes corresponden otros deberes (no militares) establecidos en la Constitución de la República.[18] Los militares tienen que cumplir los deberes en tanto militares, prevaleciendo la función especial que cumplen para con la Nación.[19]-[20]

---

[15]   Véase artículo 5 (Pundonor), artículo 6 (Pilares Fundamentales), artículo 7 a 17 (otros deberes del Militar) del decreto-ley N° 1.439.

[16]   La Constitución estableció que los pilares fundamentales que rigen a los miembros activos de la FAN son la disciplina, la obediencia y la subordinación, artículo 328 Constitucional y los repite el artículo 6 del Decreto-Ley N° 1.439 agregando que esos pilares son los que sostienen la organización, la unidad de mando, moralidad y **empleo útil** de la FAN.

[17]   Artículos 6 a 17 del Decreto–Ley N° 1.439.

[18]   Artículo 130 y siguientes de la Constitución.

[19]   Véase sentencia de la SC del TSJ de fecha 11 de junio de 2014 Exp. 14-0313.

[20]   Los militares tienen prohibido constitucionalmente participar en actos de propaganda, militancia o proselitismo político.

Por tanto resulta incompatible unir al militar con el civil en la llamada Unión Cívico-Militar, puesto que obedecen a criterios diferentes de asociación, así el primero nunca podrá deshacerse de los que le impone la carrera militar para unirse a civiles quienes no pertenece a sus filas, de allí que les resulte imposible a los civiles ser profesionales de la guerra.

2. *Los componentes militares reducidos a integrantes de las FAN y el Comando Estratégico Operacional (CEO) asume todo el poder militar*

Para la Constitución de la República los **componentes** de La Fuerza Armada Nacional son el Ejército, la Armada, la Aviación y la Guardia Nacional, los que **deben funcionar de manera integrada** dentro de las competencias que le corresponde cómo misión a cada uno.[21] Por tanto, distingue entre la identidad y naturaleza de cada componente en su misión particular y ordena que funcionen integradamente.

Por eso al Ejército, la Armada y la Aviación tienen como responsabilidad esencial la planificación, ejecución y control de las **operaciones militares** requeridas para asegurar la defensa de la Nación, mientras a la Guardia Nacional la **cooperación en el desarrollo de dichas operaciones** con la responsabilidad básica la conducción de las **operaciones exigidas para el mantenimiento del orden interno** del país. Así mismo la Constitución permite que La Fuerza Armada Nacional ejercer las actividades de policía administrativa y de investigación penal que le atribuya la ley.[22]

La nueva organización militar (no administrativa) que consagra el Decreto-Ley tiene la estructura siguiente:

- La Comandancia en Jefe
- El Comando Estratégico Operacional
- El Ejercito Bolivariano
- La Armada Bolivariana
- La Aviación Militar Bolivariana
- La Guardia Nacional Bolivariana, y
- La Milicia Bolivariana

El artículo 51 del Decreto-Ley establece:

"La Fuerza Armada Nacional Bolivariana, **esta integrada por** el Ejercito Bolivariano, la Armada Bolivariana, la Aviación Militar Bolivariana y la Guardia Nacional Bolivariana, **dependen** del Presidente/a de la República Bolivariana de Venezuela y Comandante en je-

---

[21] **Título VII De la Seguridad de la Nación. Capítulo III De la Fuerza Armada Nacional.** "La Fuerza Armada Nacional constituye una institución esencialmente profesional, sin militancia política, organizada por el Estado para garantizar la independencia y soberanía de la Nación y asegurar la integridad del espacio geográfico, mediante la defensa militar, la cooperación en el mantenimiento del orden interno y la participación activa en el desarrollo nacional, de acuerdo con esta Constitución y con la ley. En el cumplimiento de sus funciones, está al servicio exclusivo de la Nación y en ningún caso al de persona o parcialidad política alguna. Sus pilares fundamentales son la disciplina, la obediencia y la subordinación. La Fuerza Armada Nacional está integrada por el Ejército, la Armada, la Aviación y la Guardia Nacional, que funcionan de manera integral dentro del marco de su competencia para el cumplimiento de su misión, con un régimen de seguridad social integral propio, según lo establezca su respectiva ley orgánica."

[22] Artículo 329 CRBV lo establece, pero será la Ley la que tendrá que determinar cuales actividades de policía administrativa y de investigación penal podrá realizar, como las ejercerá, la naturaleza, los límites, las garantías de imparcialidad, las condiciones, entre otras. El Decreto-Ley esa competencia no se desarrolla.

fe de la Fuerza Armada Nacional Bolivariana, **mando que ejerce** directamente o por intermedio del o la Comandante Estratégico Operacional".

Mientras el artículo 29 de la anterior Ley (ahora suprimido) establecía:

"La Fuerza Armada Nacional está integrada por **cuatro componentes:** el Ejercito Bolivariano, la Armada Bolivariana, la Aviación Militar Bolivariana y la Guardia Nacional Bolivariana. **Los componentes dependen** del Presidente/a y Comandante en Jefe de la Fuerza Armada Nacional Bolivariana, mando que ejerce directamente o por intermedio del o la Comandante Estratégico Operacional. Administrativamente dependen del Ministerio del Poder Popular para la Defensa.

Cada Componente Militar cuenta con su organización operacional, administrativa y funcional adecuada a la misión y funciones respectivas; y tienen su respectiva Comandancia general."

Desaparecen los cuatro componentes de la FAN que dependían del Comandante en Jefe, cuyo mando lo ejercía el presidente de la República directamente o por intermedio del Comandante Estratégico Operacional, y ahora le corresponde **el mando al Comando Estratégico Operacional**(CEO) como órgano de integración de la Fuerza Armada en tiempos de paz, de conmoción interior o exterior, en caso de conflicto interno o externo, con ámbito de actuación en el espacio geográfico de la República, significa centralizar el mando del poder militar.[23]

Por tanto la actuación del Ejército, Armada, Aviación, Guardia Nacional y Milicia bajo mando y directrices establecidas por el Comando Estratégico Operacional[24]se les asigna a cada cuerpo integrante de la FAN un Comandante General quien será responsable de la organización, adiestramiento, dotación, apresto operacional, funcionamiento, administración y ejecución de los recursos asignados, con la organización y estructura correspondiente.[25]

El punto no es cuestionar la unidad de mando de la Institución Militar, sino constatar de debilitamiento de la conducción civil, ya que aún cuando se conserva la norma que establece que el Comando Estratégico Operacional depende directamente del presidente de la República y Comandante en Jefe en todo lo relativo a los aspectos operacionales, sin embargo es el Comandante Estratégico Operacional es el competente para ejercer el poder de mando sobre "...las Regiones de Defensa Integral, Ejército Bolivariano, Armada Bolivariana, Aviación Bolivariana, Guardia Nacional Bolivariana, Milicia Bolivariana y demás órganos subordinados, debidamente organizados, equipados y preparados, incluyendo recursos materiales y logísticos para el cumplimiento efectivo de la misión."[26]

Igualmente el Comandante Estratégico Operacional ejerce el mando sobre las actividades de su Estado Mayor Conjunto y sobre el Ejército, Armada, Aviación Guardia Nacional y **Milicia**[27]; además de planificar, conducir y dirigir el empleo de la FANB en el apoyo, al

---

[23] El Comando Estratégico Operacional (CEO) ahora es el órgano estratégico de **integración, comando y control estratégico operacional, específico, conjunto y combinado de la FANB**. Para cumplir sus funciones el Comandante Estratégico Operacional ejerce el mando tanto sobre las actividades de su Estado Mayor Conjunto (Artículo 41.2) como sobre las regiones de defensa integral, ejército, armada, aviación, guardia nacional, milicia y demás órganos subordinados. (artículo 41.4) y planifica, conduce y dirige el empleo de la FANB en el apoyo al desarrollo integral de la Nación, la asistencia social y la asistencia humanitaria. (artículo 41.6)

[24] Artículo 52 del Decreto-Ley N° 1.439.

[25] Artículo 53 del Decreto-Ley N° 1.439.

[26] Artículo 37 del Decreto-ley N° 1.439.

[27] En el Decreto-Ley N° 1.439, la Milicia es una fuerza militar integrante de la FAN.

desarrollo integral de la Nación, la asistencia social y a la asistencia humanitaria. Además la concentración de la unidad de mando operacional se une al control administrativo de la Institución visto que el General Vladimir Padrino López desempeña dos cargos incompatibles, el mando operacional y el mando administrativo, como el Comandante Estratégico Operacional y como Ministro del Poder Popular para la Defensa.

3.   La "Unión Cívico-Militar"

El Capítulo VI del el Decreto-Ley es "De la Integración de la FANB", y la Sección Cuarta regula la "Unión Cívico Militar", a la que el artículo 76 define como "...**la actividad diaria y permanente de la Fuerza Armada Nacional**.., para materializar el principio de corresponsabilidad previsto en la Constitución, **unida al pueblo**; sustentada en valores de independencia, soberanía y libertad, sobre la base del Estado social de derecho y de justicia **para garantizar la Defensa Integral de la Nación.**"

Para la unión cívico-militar se establece un órgano rector que se deposita en el Presidente de la República y Comandante en Jefe, a través del Ministro/a del Poder Popular para la Defensa quien, "...rige las políticas, lineamientos y estrategias establecidas para la Unión Cívico-Militar."[28]

Insiste el Decreto-ley en retomar como la finalidad de la unión cívico-militar: "...garantizar la defensa integral de la Nación mediante el ejercicio del **principio de la corresponsabilidad** en los ámbitos económico, social, político, cultural, geográfico, ambiental y militar" siendo la milicia compuesta por venezolanos que sin ejercer la profesión militar al ser movilizados cumplen funciones orientadas a la seguridad y defensa integral de la Nación, como militares en la condición de oficiales de milicia, sargentos de milicia y milicianos.[29]

4.   La Milicia Alistada es personal militar y tiene grados militares

El artículo 88 del Decreto-Ley clasifica el **personal militar** en las siguientes categorías: Oficial, Tropa Profesional, Cadete, Alumno, De Reserva, Tropa Alistada y Milicia Movilizada. Igualmente establece grados militares y los enumera así: efectivo, asimilado, de reserva, de milicia y honorario. Esta categoría de milicia, como personal militar y grado militar, constituye una manera disfrazada de incorporar civiles a la función militar, lo que violenta el profesionalismo de las armas exigido por la Constitución, como es contar con una formación académica y operativa de las ciencias militares, alejadas de la participación y ejercicio de la política, propia de los civiles.[30]

5.   La educación militar; otro contenido

El tema de La Educación Militar la rige un Titulo IV del Decreto-Ley en el que se consagra que la modalidad de la Educación Militar forma parte del Sistema Educativo Nacional, como conjunto orgánico e integrador de doctrinas, de valores, de funciones, estructuras docentes y administrativas necesarias, para armonizar y unificar las Políticas de Estado en la ejecución del proceso de enseñanza y aprendizaje para la Defensa integral de la Nación.[31]

---

[28]   Artículo 77 del Decreto-Ley N° 1.439.
[29]   Artículo 93 del Decreto-Ley N° 1.439.
[30]   Artículo 89 y 104 del Decreto-Ley N° 1.439.
[31]   Artículo 146 del Decreto-Ley N° 1.439.

Se considera que la Educación Militar **es una modalidad del Sistema Educativo Nacional,** lo cual es absolutamente impropio por cuanto la Ley Orgánica de Educación no resulta aplicable al sector defensa ya que ésta educación exige el desarrollo eficiente y eficaz de los procesos de formación, capacitación, perfeccionamiento, actualización y adiestramiento del talento humano para asegurar la condición de profesional de la guerra y garantizar mediante la educación para la defensa militar, la preparación para el control de operaciones militares que aseguren la defensa de la Nación.

Por tanto, lo establecido por el Decreto-Ley cuando pretende que el adiestramiento militar permita la participación protagónica y de corresponsabilidad en la defensa integral de la Nación, deberes propios de la sociedad civil, de acuerdo al artículo 130 y 134 constitucionales, busca desprofesionalizar la FAN y transformarla en una fuerza revolucionaria militar, es decir un ejercito rebelde antiimperialista que defienda la revolución llamada Bolivariana y que poco a poco sustituya a los cuerpos militares existentes, cuando a los civiles les corresponde como pueblo proteger la soberanía que le es propia como pueblo (véase artículo 5 constitucional) lo que incluye el deber de prestar el servicio militar.

Se establece que la autonomía académica[32] se regirá por su respectiva ley especial, así como las normas para la orientación, organización y administración de los procesos educativos y las estructuras docentes requeridas para coadyuvar en el cumplimiento de la misión de la Fuerza Armada, y su corresponsabilidad en la defensa integral de la Nación. Estos artículos en materia de educación militar evaden la naturaleza particular de esta disciplina, remitiendo a una ley especial, cuando los fundamentos de la formación militar han debido establecerse en la ley que rige para la FAN.

Afirmar que la educación militar promueve y difunde las ideologías y filosofías así como los pensamientos de "nuestros precursores, emancipadores, próceres, héroes y heroínas venezolanas", es propio de una superficialidad que no se corresponde con la Institución Militar, aún cuando se les califique como elementos de formación. Se constata que se suprimieron las referencias a Simón Bolívar, Simón Rodríguez y Ezequiel Zamora para el estudio e interpretación de la historia patria, tal como se establecía en el artículo 121 de la ley que este Decreto-Ley que expresamente se deroga.

6. *Conclusiones*

A.- Venezuela es irrevocablemente libre e independiente y fundamenta su patrimonio moral y sus valores de libertad, igualdad, justicia y paz internacional en la doctrina de Simón Bolívar[33], por tanto, el valor normativo de estos principios se imponen a cada persona que viva en el territorio y demás espacios geográficos incluyendo a los miembros componentes de la FAN; por ello, al calificarse a la FAN como Bolivariana además de violentar el nombre que le dio la sociedad civil el 15 de diciembre de 1999 al ejercer la soberanía y aprobar la Constitución; su naturaleza apolítica ha sido cambiada por órdenes de los presidentes de la República, Hugo Chávez y Nicolás Maduro transformado a los militares en adherentes de un proyecto político "Revolución Bolivariana", que ya se integra al partido oficial (PSUV), prohibido constitucionalmente.

B. El Decreto-Ley Orgánica de la "Fuerza Armada Nacional Bolivariana" fue dictado con fundamento en el literal "a", numeral 1 del artículo 1° de la Ley que Autoriza al presiden-

---

32   Artículo 148 del Decreto-Ley N° 1.439.

33   Artículo 1 de la Constitución de la República.

te de la República para Dictar Decretos con Rango, Valor y Fuerza de ley en las materias que se delegan[34], sin que esta materia esté establecida en la Ley de la delegación, de manera que la usurpación de funciones legislativas hace que ésta no exista constitucionalmente.

C. La corresponsabilidad se establece en la Constitución en el área de Seguridad de la Nación. De acuerdo a los principios que la rigen, la corresponsabilidad se consagra entre el Estado y la Sociedad Civil. Las FAN pretende atribuirse esa relación sólo con el fin de sustituirse a las funciones políticas del ejercicio del poder civil y justificar la unión cívico-militar, expresamente prohibida por la Constitución al exigir de cada miembro de la FAN ser profesional de las armas.

D. El Decreto-Ley suprime los cuatro componentes de la FAN con la excusa de que funcionen de manera integrada, pero la realidad es que el poder militar se impone al poder civil cuando el Decreto-Ley incorpora a la Milicia (venezolanos civiles) a la Institución militar y deposita en el CEO el mando absoluto de las FAN quedando los civiles a su merced.

E. Se produce la sustitución de una de las obligaciones constitucionales de la FAN como es colaborar con el mantenimiento del **orden interno** por la de restablecer el **orden público**, ello demuestra que los órganos de seguridad ciudadana han sido suplantados por militares; todo contrario a lo expresamente establecido en el artículo 332 constitucional.

F. El Decreto-Ley formaliza la desaparición del control civil sobre el militar, la sociedad civil queda dirigida por militares y los mandos militares se ejercitan y actúan en política, conduciendo la economía y las políticas públicas al desempeñarse en el gobierno tanto nacional como las regiones. La distinción entre las áreas de seguridad y defensa se hacen cada vez más difusas, y la situación del narcotráfico mira hacia el estamento militar. El ejercicio del poder político se hace con la incorporación de los militares en la conformación de la élite política y económica del país. Es difícil conocer, si después de diez y seis años, esta tendencia produce tensiones internas dentro de la FAN entre el sector que acepta la perspectiva político-partidista y los que mantienen una visión profesional e institucional de la Fuerza Militar.

---

[34] El artículo 1°, numeral 1 letra a) de la Ley Habilitante se refiere al ámbito de la lucha contra la corrupción, en lo referente a dictar o reformar normas e instrumentos destinados a fortalecer los valores esenciales del ejercicio de la función pública.

TERCERA PARTE:
SOBRE EL FUNCIONAMIENTO Y LA ACTIVIDAD DE LA ADMINISTRACIÓN PÚBLICA

Sección I: Régimen de la función pública

"Luces y sombras" en el nuevo Decreto con fuerza de Ley sobre el régimen de jubilaciones y pensiones de los trabajadores y trabajadoras de la Administración Pública Nacional

José Peña Solís
Profesor de la Universidad Central de Venezuela

Resumen: *El artículo resume las principales innovaciones el nuevo Decreto con fuerza de Ley que regula las jubilaciones y pensiones de los trabajadores de la Administración Pública, tanto las que mejoran ("luces") como las que desmejoran ("sombras") tal derecho.*

Palabras Claves: *Jubilaciones y pensiones de los trabajadores de la Administración Pública.*

Abstract: *The article analyses the main innovations of the Decree-Law of pension for the Public Administration workers, including the positive ("lights") and negative ("shadows") reforms.*

Keywords: *Pension for the Public Administration workers.*

I.   INTRODUCCIÓN

Este trabajo tiene como finalidad reseñar de manera sintética las principales innovaciones contenidas en el nuevo decreto con fuerza de ley que regula las jubilaciones y pensiones de los trabajadores de la Administración Pública, destacando las que mejoran ("luces") y las que desmejoran ("sombras") este derecho de los trabajadores públicos.

Se trata prácticamente de una enunciación, pues pretendemos posteriormente realizar un examen más acabado de algunas de ellas.

II. EL MARCO CONSTITUCIONAL DEL RÉGIMEN DE JUBILACIONES Y PENSIONES

1. *Coexistencia de dos regímenes de jubilación en la Constitución*

El derecho a la seguridad social está consagrado en el artículo 86 constitucional, con un carácter **integral,** porque cubre todas o la mayoría de las contingencias asociadas a la previsión social, entre las cuales destacan maternidad, paternidad, enfermedades catastróficas, desempleo, **discapacidad y vejez**, entre otras. Por consiguiente, es obvio que las jubilaciones y pensiones forman parte o mejor dicho constituyen atributos del derecho a la seguridad social, cuya satisfacción por parte del Estado se viabiliza a través del sistema de seguridad social definido en el artículo 5 de la Ley Orgánica del Sistema de Seguridad Social (LOSSS). Sin embargo, al mismo tiempo la Constitución en el artículo 147, *"parte in fine"*, preceptúa que la "Ley nacional establecerá el **régimen de las jubilaciones y pensiones de los funcionarios públicos y funcionarias públicas nacionales, estadales y municipales**", el cual está contenido actualmente en el Decreto con fuerza de Ley sobre el Régimen de Jubilaciones y Pensiones de los Trabajadores y las Trabajadoras (DFLRJPTAP), de 19 de noviembre de 2014.

Ante estas dos disposiciones constitucionales que regulan el mismo derecho, pueden formularse las siguientes tesis:

a) que la voluntad de la Constitución es otorgarle un mandato legislador para que cree un **régimen exclusivo** de jubilaciones y pensiones de los funcionarios públicos, razón por la cual esta contingencia no sería cubierta por el sistema de seguridad social, mediante el cual se concreta el ejercicio de ese derecho. No obstante, la validez de esta tesis encuentra una dificultad derivada del carácter universal e integral del derecho constitucional a la seguridad social, del cual son acreedores todos los ciudadanos, incluyendo lógicamente a los trabajadores públicos, en los términos previstos en la ley. Cabe destacar que esa universalidad subjetiva encuentra una **única excepción** expresamente estatuida en el artículo 328 constitucional, concebida así: los integrantes de la Fuerza Armada Nacional contarán con un régimen de seguridad social **propio**, según lo establezca su ley orgánica". En suma, conforme a esta tesis interpretativa las jubilaciones y pensiones constituyen atributos del derecho a la seguridad social consagrado en el artículo 86 constitucional, por lo que resulta concluyente que el régimen de jubilaciones y pensiones de los trabajadores de la Administración Pública se viabiliza a través del sistema de seguridad social creado para hacer efectivo el referido derecho.

b) La otra tesis que podría formularse constituiría en realidad una matización de la primera, pues partiría de la premisa según la cual las jubilaciones y pensiones ciertamente son atributos del derecho a la seguridad social, y por ende, deben ser atendidas por el referido sistema, **pero para ello se requiere que esté implantada completamente su institucionalidad**, lo cual como es sobradamente conocido, hasta ahora no ha ocurrido, pese a que la primera ley Orgánica de Seguridad Social es de 2002. En ese orden de ideas cabe destacar que aún no ha sido promulgada la Ley del Régimen Prestacional de Pensiones y otras Asignaciones Económicas, que como su nombre lo indica, debe diseñar dicho régimen desde el punto de vista principista, pero sobre todo desde el punto de vista organizativo (creación del Instituto Nacional del Pensiones y otras Asignaciones Económicas).

Inclusive la ausencia de dicha implantación es reconocida en la disposición transitoria cuarta de la LOSSS, la cual dispone que hasta tanto se promulgue la ley que regule el Régimen Prestacional de Pensiones y Otras Asignaciones Económicas, se mantiene vigente la Ley del Estatuto de Jubilaciones y Pensiones de los Funcionarios o Empleados de la Administración Pública Nacional, de los Estados y de los Municipios, que resultó derogada por el Decreto con fuerza de Ley sobre el Régimen de Jubilaciones y Pensiones de los Trabajadores y Trabajadoras de la Administración Pública Nacional, de los Estados y los Municipios (DFRJPTAP), vigente desde el 19 de noviembre de 2014. O sea, que la vigencia de este instrumento normativo demuestra que no ha sido promulgada la mencionada ley, y por ende, que no ha sido implantada la parte de la institucionalidad del sistema de seguridad social que permite tornar operativo el régimen de jubilaciones de los funcionarios públicos.

Por tanto, la referida matización impone que hasta tanto se implante la institucionalidad concerniente al régimen de pensiones y jubilaciones contemplado en la LOSSS, en el caso de los trabajadores de la Administración Pública debe prevalecer el artículo 147, parte *"in fine"* constitucional; configurándose de esa manera una especie de transitoriedad que terminará en el momento en que se complete la referida implantación; de allí que deba mantenerse el régimen exclusivo derivado del citado artículo 147 constitucional, el cual no podrá contener normas operativas de **reenvío** al sistema de la seguridad social, y si las contiene, como en el caso del artículo 3 del DFLRJPTAP, referido a los regímenes especiales, dotados de sus propios fondos de jubilaciones, su vigencia quedará suspendida hasta se complete la tantas veces mencionada implantación de la institucionalidad.

2. *Los regímenes especiales de pensiones y jubilaciones. En realidad desde la primera ley de Jubilaciones y Pensiones de los funcionarios públicos de 1986, siempre ha estado presente en las mismas, una disposición que exceptuaba y exceptúa de su ámbito subjetivo de aplicación a los funcionarios o empleados públicos, cuyo régimen de jubilación estuviese y esté consagrado en leyes nacionales, verbigracia para esa época los maestros, en el caso de la Ley Orgánica de Educación y de los profesores universitarios, en el caso de la Ley de Universidades. Meses después de la promulgación de ese primer texto legislativo se impuso una tesis jurisprudencial, según la cual los órganos con autonomía funcional podían dictar sus propios regímenes (especiales) de jubilación, en virtud de que también estaban exceptuados del ámbito de aplicación de la citada ley. Posteriormente esa excepción se extendió a los trabajadores de las Empresas del Estado*

En los sucesivos textos legislativos las disposiciones aludían a excepciones, razón por la cual la doctrina comenzó a utilizar la expresión "regímenes especiales" de jubilación, que fue recogida por primera vez en la Ley Orgánica del Sistema de Seguridad Social de 2002 (art. 147), y en el DFLRJPTAP de 2014 (art 4, núm. 6). Ahora bien, desde la ley de 1986, los denominados regímenes especiales de jubilaciones, estaban caracterizados porque los requisitos de procedencia del derecho (años de edad y años de servicio), así como el monto de las pensiones de jubilaciones, eran y son diferentes a los previstos en **el régimen ordinario** previsto en el mencionado Decreto con fuerza de ley (por supuesto siempre más favorables para los beneficiarios de dichos regímenes). Por cierto a esa noción responde la definición contenida por primera vez en el artículo 4, núm. 6, del DFLRJPTAP.

A partir de ley de 2006 esos regímenes especiales pasaron a ser contributivos en los términos previstos en el Reglamento, el cual en su artículo 2 estableció esa contribución conforme a la siguiente escala: sueldos hasta Bs 3000 mensuales, en un 1%; desde Bs 3001 hasta Bs 6000 mensuales, en un 2%; y desde Bs 6001 mensuales en adelante, en un 3%. A la Administración le corresponde aportar igual porcentaje al que se deduzca a cada funcionario. Hasta ahora esa disposición reglamentaria se mantiene inalterada. Atendiendo a ese carácter contributivo propio de los regímenes especiales, fueron creados en algunos órganos y entes de la Administración Pública **Fondos de Jubilaciones**, básicamente bajo la modalidad de entes privados estatales (fundaciones), con la finalidad de que estos pagasen las respectivas pensiones de jubilaciones, liberando de esa obligación a los correspondientes órganos y entes de la Administración Pública.

Sin embargo, hasta ahora en aquellos pocos entes u órganos que han sido creados esos Fondos, la mayoría, por razones derivadas de la aplicación de la escala de cotización y aportación reglamentaria antes transcripta, han resultado inviables a los fines del pago de las jubilaciones, verbigracia, el caso de las Universidades Nacionales, razón por la cual la Contraloría General de la República en el año 2014 ordenó en una decisión sumamente cuestionable, su disolución (debido a su inviabilidad para el cumplimiento de su fin u objeto), y el traspaso de todos sus bienes a la Tesorería de la Seguridad Social, decisión que al parecer no llegó a ejecutarse. Por tanto, dichos fondos siguen existiendo como por lo demás se reconoce implícitamente en el DFLRJPTAP, con cantidades significativas de recursos económicos. Planteada así la situación, no se puede considerar que ese poquísimo número de fondos sea una condición sustancial para predicar la existencia del respectivo régimen especial, pues para ello basta –insistimos- la constatación de los elementos diferenciadores de procedencia del derecho, antes enunciados. Así por ejemplo, no cuentan con los mismos el Tribunal Supremo de Justicia, ni la Contraloría General de la República, ni SIDOR, entre muchos otros y sin embargo tienen regímenes especiales de jubilación. Una vez realizado el encuadramiento normativo del régimen de jubilaciones y pensiones de los trabajadores de la Administración Pública, pasamos examinar el nuevo DFLRJPTAP, con la finalidad de detectar en el mismo lo que hemos denominado metafóricamente sus "luces" y sus "sombras".

3.   *Sombras*

A.   *La "jubilación especial" entre sombras y luces*

De conformidad con el artículo 20 del DFLRJPTAP, la potestad de la Administración para conceder la jubilación especial a los trabajadores pasa de **discrecional** en las leyes de 2006 y 2010, a **reglada**, lo que puede considerarse como un mejoramiento de esta modalidad del derecho de jubilación. No obstante, un examen de dicho precepto demuestra que al mismo tiempo el derecho es desmejorado, porque reenvía a un reglamento dictado por el Poder Ejecutivo el establecimiento de las condiciones de procedencia de su ejercicio, las cuales estaban expresamente previstas en los citados textos legislativos, a saber: que los trabajadores tuvieren **más de quince años de servicio** y **no reuniesen los requisitos de edad y tiempo**, cuando circunstancias excepcionales así lo justificasen. En efecto, en ese orden de ideas (desmejoramiento) el citado artículo 20 del Decreto con fuerza de Ley bajo examen, pauta que el Presidente de la República **otorgará** la jubilación especial de acuerdo "con las condiciones para la jubilación especial de los trabajadores..." (Ese Decreto es el 1289 del 2-10-2014).

Observamos que el mencionado reenvío deja al arbitrio normativo del Poder Ejecutivo el establecimiento de unas condiciones de procedencia del derecho, que como hemos dicho estaban claramente fijadas en la ley, las cuales no podían ser modificadas por el reglamentista, so pena de nulidad. En ese orden de ideas cabe destacar que el aludido Decreto (1289) dictado por el Presidente de la República, el 2 de octubre de 2014, omite el presupuesto básico –previsto en las leyes anteriores– concerniente a que el trabajador **no reúna los requisitos de edad y tiempo exigidos legalmente** (55 años la mujer y 60 el hombre, y 25 años de servicio, o 35 años independientemente de la edad), e igualmente omite el número de años mínimos de servicio del trabajador, y faculta de esa manera al reglamentista para establecer a su arbitrio las referidas condiciones.

Fue precisamente lo que hizo en el artículo 5, numeral 3, del referido Decreto sobre los requisitos y términos para la jubilación especial de los trabajadores de la Administración

Pública, al pautar que esta clase de jubilación procede cuando el hombre cumpla sesenta años y la mujer cincuenta y cinco, erigiendo de esa manera el mismo requisito de edad de la jubilación ordinaria, en requisito de la jubilación especial, lo que desnaturaliza ese derecho de los trabajadores, pues bajo la vigencia de las leyes anteriores bastaba tener más de quince años de servicio, sin importar la edad para que procediese su otorgamiento, por supuesto siempre que existiesen circunstancias excepcionales que lo justificasen. Más aún, si bien mantuvo ese número mínimo de años de servicios (más de quince), nada obsta para que pueda aumentarlo mediante una especificación, verbigracia dieciocho, veinte o más, lo que no era posible durante la vigencia de la ley derogada; pues bastaba que el trabajador tuviese más de quince año de servicio, pudiendo ser ese plus un mes o un año, no una determinación realizada por el reglamentista; de allí pues, que en este caso pareciera que las "sombras" superan a las "luces".

3.1. **"Sombra" en materia de Bonificación de año.** En principio el nuevo DFLRJPTAP desmejora el derecho de los jubilados a la bonificación de fin de año, porque las leyes anteriores establecían que debía pagárseles una bonificación anual de fin de año, **calculada en la misma forma que se hiciera para los funcionarios activos**, y el citado instrumento normativo en su artículo 22 suprime esa equiparación entre jubilados y activos, en virtud de que atribuye al Ejecutivo Nacional la potestad para determinar la forma de cálculo de dicho bono, razón por la cual puede establecer una diferente a la utilizada para los activos, lo que obviamente estaba impedido de hacer bajo la vigencia de la ley derogada, y en tal caso todo pareciera indicar que no sería precisamente para superar el monto del bono de los trabajadores activos.

3.2. **"Sombra" en materia de beneficios salariales obtenidos a través de la contratación colectiva.** Las leyes de 2006 y 2010 contenían una norma de corte progresista en esta materia, según la cual "...Los beneficios salariales obtenidos a través de la **contratación colectiva** para trabajadores activos y trabajadoras activas, **se harán extensivos** a los pensionados y pensionadas o jubilados y jubiladas de los respectivos organismos" (disposición final cuarta). Esta disposición es suprimida en el DFLRJPTAP, atentando esa manera contra el principio de intangibilidad y progresividad de los derechos y beneficios laborales, consagrado en el artículo 89 de la Constitución, y obviamente desmejorando la situación de los jubilados.

3.3. **"Sombra" en materia de prestación del servicio en horario especial.** El principio que rige en materia de cómputo de la antigüedad a los fines de determinar la procedencia de la jubilación, es que debe ser ponderado todo el tiempo de servicio en los órganos y entes de la Administración Pública, siempre que el número de horas de trabajo diario sea al menos igual a la mitad de la jornada ordinaria del órgano en el cual se prestó el servicio. Este principio fue recogido en las leyes de 2006 y 2010, con la particularidad de que dichos textos legislativos teniendo en cuenta la universalidad del derecho, se cuidaron de prever la posibilidad de que cuando debido a la naturaleza de la jornada, la prestación del servicio estuviese regida por un "horario especial" (trabajo discontinuo, a tiempo convencional en más de un órgano o ente, trabajo asistencial, docente, etc.), entonces el órgano o ente al que le correspondía otorgar el beneficio debía pronunciarse sobre los extremos que configuran el aludido principio (art. 10). Pues bien, esta disposición es suprimida en el DFLRJPTAP, y probablemente creará problemas a los trabajadores que se encuentren en la referida situación, al momento de solicitar su jubilación, pues dicha supresión puede dar lugar a que algunos jerarcas consideren que no son acreedores de ese derecho.

3.4. **"Sombra" en materia de pensión de sobreviviente.** Prescribían las leyes de 2006 y 2010 que el cónyuge tenía derecho a la pensión de sobreviviente cuando fuese mayor de sesenta años, y cuando no habiendo alcanzado esa edad, estuviese **totalmente incapacitado**. El DFLRJPTAP, además de mantener la discriminación presente en las leyes anteriores, las cuales pautaban que a la cónyuge le correspondía la pensión de sobreviviente cualquiera que fuese su edad, y al cónyuge solo si era mayor de sesenta años, eliminó el derecho del cónyuge en el caso de que se encuentre totalmente incapacitado, independiente de su edad, que por cierto se corresponde con la contingencia de la "gran discapacidad" introducida *ex novo* en su artículo 4, numeral 7. Este desmejoramiento del cónyuge sobreviviente (reducción de las causales para la procedencia de la pensión de sobreviviente a una sola), carece de toda fundamentación, máxime ahora que existe un Instituto especializado, como lo es INPSASEL, en calificar este tipo de contingencias.

3.5. **"Sombra" en la materia relativa al monto de la pensión de discapacidad.** Cabe advertir que el nuevo Decreto con fuerza de ley bajo examen, convirtió con bastante acierto, la pensión de sobreviviente prevista en todas las leyes anteriores en **pensión de discapacidad** (discapacidad absoluta permanente y gran discapacidad), pero desmejoró la situación de los beneficiarios porque las leyes de 2006 y 2010 establecían que el monto de pensión no podía ser ni mayor del setenta por ciento **ni menor del cincuenta por ciento** del último sueldo (art. 14); en cambio, el artículo 15 del DFLRJPTAP establece el mismo monto máximo (70%), pero se abstiene de establecer un monto mínimo, sin que esto se corrija con la disposición según la cual las pensiones de jubilación (de cualquier clase), no pueden ser menores al salario mínimo nacional, porque el cincuenta por ciento del último salario normal puede ser superior al salario mínimo nacional. En fin, perfectamente el monto mínimo fijado en términos porcentuales por el Ejecutivo puede ser inferior al previsto en las leyes anteriores, produciéndose de esa manera el desmejoramiento antes señalado.

4.   *Luces*

4.1. **"Luz" en la determinación de la base de cálculo de la pensión de jubilación.** En las leyes anteriores de 2006 y 2010 la base de cálculo del monto de la pensión de jubilación se obtenía dividiendo entre veinticuatro (24) la suma de los sueldos devengados por el funcionario durante los dos últimos años de servicio activo; en cambio, el nuevo DFLRJPTAP, en el artículo 10 establece que esa base está constituida por el promedio de la suma de los últimos **doce** salarios mensuales devengados por el trabajador, razón por la cual esta nueva base de cálculo beneficia a los trabajadores, porque la eventual variabilidad del salario que incide sobre el promedio se reduce a doce meses, en lugar de veinticuatro, lo que debido a la poca movilidad vertical de los funcionarios públicos, así como a las pocas modificaciones que sufren las respectivas tablas de remuneraciones, ciertamente representa un mejoramiento poco significativo, pero mejoramiento al fin.

4.2. **"Luz" y en materia de pensiones por discapacidad.** El DFLRJPTAP introduce en sus artículos 4 y 10 las pensiones por discapacidad, a los fines de sustituir las denominadas pensiones de invalidez permanente previstas en las leyes anteriores, con la particularidad de que establece una clara diferencia entre **discapacidad absoluta y permanente y gran discapacidad.** La primera es la contingencia que implica una disminución total o definitiva, igual o mayor al sesenta y siete por ciento de la capacidad física, intelectual o ambas, del trabajador, que lo inhabilita para realizar cualquier tipo de oficio o actividad laboral, debido a accidente o enfermedad común, a un accidente de trabajo o enfermedad ocupacional. La segunda es una contingencia derivada de un accidente de trabajo o enfermedad ocupacional, o de un accidente o enfermedad común no preexistente al momento del ingreso a la Administración, que obliga al trabajador a auxiliarse de otras personas para realizar actos elementales de la vida diaria. La ampliación del derecho aparece sustentada precisamente en esa diferencia, ya que en las leyes anteriores existía una única pensión genérica de invalidez permanente, que era otorgada al trabajador solo cuando hubiese prestado servicios por un lapso no menor de tres años, y ahora al diferenciarse en términos operacionales las dos modalidades de discapacidad –invalidez permanente en términos de las leyes anteriores- se amplía, como ya dijimos, la cobertura de esa contingencia, porque si se determina que la contingencia configura una **gran discapacidad** el trabajador tendrá derecho a la pensión aun cuando no haya prestado servicio por ese lapso mínimo de tres años.

4.3. "Luz" en la materia del programa de jubilaciones excepcionales. El nuevo DFLRJPTP repite la disposición contenida en el artículo 5 de la Ley de 2010 concerniente al denominado "régimen excepcional" de jubilaciones y pensiones, sustentado en la potestad que se le confiere al Presidente de la República en Consejo de Ministros, para establecer requisitos y tiempo de servicio distintos a los previstos en el indicado texto, para aquellos trabajadores que por razones excepcionales, derivadas de las características del servicio o riesgos para la salud así lo justifiquen. Cabe recordar que este régimen introducido *ex novo* en la ley de 2010, es totalmente distinto al de las jubilaciones especiales, pero sobre todo que hasta la publicación del Decreto con fuerza de ley bajo examen, aún no había sido puesto en vigencia, existiendo como es sabido grupos de trabajadores que están constantemente expuestos a los aludidos riesgos, verbigracia los integrantes de los cuerpos policiales, los bomberos, grupos de trabajadores que prestan servicios en las industrias siderúrgica, petrolera y petroquímica del Estado, etc.

Ahora bien, destacamos que la disposición transitoria primera del DFLRJPTP establece que "El Ejecutivo Nacional, mediante decreto implementará y ejecutará, durante el período de un (1) año un programa especial y temporal para otorgar nuevas jubilaciones y pensiones en **condiciones excepcionales**, para los trabajadores y trabajadoras de la Administración Pública nacional, estadal y municipal". A la luz de esta disposición pensamos que ahora sí será cumplido lo dispuesto en el citado artículo 5 *ejusdem*, porque se impone que el Ejecutivo dicte el régimen contemplado en el mismo, mediante la determinación de las clases de trabajadores que por razones excepcionales, derivadas de las características de servicio o riesgos para la salud **así lo justifiquen**, para implementar y ejecutar el programa especial y temporal **de un año** destinado a otorgar jubilaciones a esas categorías de trabajadores.

En fin, una vez dictado el correspondiente reglamento contentivo del mencionado régimen excepcional, se creará una vía expedita para que los trabajadores públicos puedan solicitar sus jubilaciones invocando el cumplimiento de los requisitos previstos en él, quedando la Administración obligada a otorgárselas. Por supuesto, que teniendo en cuenta el estado de postración en que se encuentra el Estado de derecho en Venezuela, nada garantiza que se cumpla efectivamente la disposición transitoria primera del nuevo DFRJPTAP.

Soslayamos el punto relativo a la situación de los Fondos de Jubilaciones creados en el marco de los regímenes especiales de jubilación, derivada de la disposición contenida en el artículo 5 del DFRJPTAP que prohíbe a los trabajadores, los entes y órganos que sigan cotizando en dichos Fondos, en virtud de que en adelante esas cotizaciones deben enterarse a la Tesorería de la Seguridad Social, porque excede los límites del presente trabajo.

Sobre el Decreto con rango, valor y fuerza de Ley sobre el régimen de jubilaciones y pensiones de los trabajadores y las trabajadoras de la Administración Pública Nacional, estadal y municipal

Manuel Rojas Pérez

Director fundador de la Revista de Derecho Funcionarial

Resumen: *El artículo comenta la reforma del régimen de jubilaciones y pensiones de los trabajadores y las trabajadoras de la administración pública nacional, estadal y municipal.*

Palabras claves: *Pensiones y jubilaciones de funcionarios públicos.*

Abstract: *The article analyses the reform of the pension regime for the Public Administration workers.*

Keywords: *Pension of the Public Administration workers.*

INTRODUCCIÓN

Enmarcado en las potestades legislativas que el Poder Legislativo Nacional confirió al Poder Ejecutivo Nacional, el presidente de la República dictó el Decreto con rango, valor y fuerza de Ley sobre el régimen de jubilaciones y pensiones de los trabajadores y las trabajadoras de la administración pública nacional, estadal y municipal, publicada en *Gaceta Oficial* Extraordinaria número 6.156 del 19 de noviembre de 2014. Vale destacar que este Decreto Ley entró en vigencia desde el mismo momento en que fue publicado en Gaceta Oficial, es decir, desde el mismo 19 de noviembre de 2014.

El objeto del mismo es, a tenor de su artículo 1°, es regular el derecho a la jubilación y pensión de los *trabajadores* de los órganos y entes de la Administración Pública.

Notar que la norma habla de "trabajadores" y no de "funcionarios públicos", "empleados públicos" ni "servidores públicos". El término "trabajadores" como tal no existe formalmente en la Administración Pública. En ella hay funcionarios públicos –de carrera, de libre nombramiento y remoción y de elección popular-, contratados y obreros, tal como se puede verificar de la Ley del Estatuto de la Función Pública. Incluso, en un sentido amplísimo del concepto, la Ley contra la Corrupción denomina funcionario público a toda aquella persona que recibe una remuneración con dinero público por prestar un servicio a la Administración Pública en cualquiera de sus formas[1]. En sentido también amplio, se denominan "servidores

---

[1] Decreto con Rango, Valor y Fuerza de Ley de Reforma de la Ley contra la Corrupción. *Gaceta Oficial* Extraordinaria número 6.155 del 19 de noviembre de 2014. Artículo 3. Sin perjuicio de lo que disponga la Ley que establezca el Estatuto de la Función Pública, a los efectos de este Decreto

públicos" a todo ese ciudadano que presta un servicio a la Administración y a la colectividad a cambio de una contraprestación pagada con erario[2]. Pero hablar de "trabajadores públicos" es un error en el que incurren muchos especialistas en Derecho laboral que, erróneamente, consideran que esa rama del derecho es la que regula la relación de los servidores públicos con la Administración.

El Decreto sigue este argumento propio del derecho administrativo moderno que diferencia a los trabajadores de los servidores públicos, aunque confundiendo el término utilizado. El numeral 1° del artículo 4 establece el concepto de "trabajador" de cara al Decreto: "todos los funcionarios o funcionarias, empleados o empleadas, obreros u obreras, contratados o contratadas, cualquiera sea su naturaleza, al servicio de la Administración Pública Nacional, estadal y municipal, tanto de los órganos y entes centralizados como descentralizados".

Ante ello, debe entenderse que cuando el legislador habla de "trabajadores públicos" se refiere al concepto amplio de funcionario público a que hace referencia la Ley contra la Corrupción o al de servidor público que, en términos similares a la Ley contra la Corrupción, hace la doctrina. Es decir, a todo aquel que recibe dinero público por un servicio que ha prestado al Estado.

Esta nueva legislación en materia de jubilaciones y pensiones en el sector público deroga la Ley del estatuto sobre régimen de jubilaciones y pensiones de los funcionarios, funcionarias, empleados y empleadas de la administración pública nacional, de los estados y de los municipios, que fuera publicada en la *Gaceta Oficial* Extraordinaria número 5.976 del 24 de mayo de 2010.

---

con Rango, Valor y Fuerza de Ley se consideran funcionarios o empleados públicos a: 1. Los que estén investidos de funciones públicas, permanentes o transitorias, remuneradas o gratuitas originadas por elección, por nombramiento o contrato otorgado por la autoridad competente, al servicio de la República, de los estados, de los territorios y dependencias federales, de los distritos, de los distritos metropolitanos o de los municipios, de los institutos autónomos nacionales, estadales, distritales y municipales, de las universidades públicas, del Banco Central de Venezuela o de cualesquiera de los órganos o entes que ejercen el Poder Público. 2. Los directores y administradores de las sociedades civiles y mercantiles, fundaciones, asociaciones civiles y demás instituciones constituidas con recursos públicos o dirigidas por algunas de las personas a que se refiere el artículo 4 de este Decreto con Rango, Valor y Fuerza de Ley, o cuando la totalidad de los aportes presupuestarios o contribuciones en un ejercicio provenientes de una o varias de estas personas represente el cincuenta por ciento (50%) o más de su presupuesto o patrimonio; y los directores nombrados en representación de dichos órganos y entes, aun cuando la participación fuere inferior al cincuenta por ciento (50%) del capital o patrimonio. 3. A cualquier otra persona en los casos previstos en este Decreto con Rango, Valor y Fuerza de Ley. A los fines de este Decreto con Rango, Valor y Fuerza de Ley deben considerarse como directores y administradores, quienes desempeñen funciones tales como: 1. Directivas, gerenciales, supervisoras, contraloras y auditoras. 2. Participen con voz y voto en comités de: compras, licitaciones, contratos, negocios, donaciones o de cualquier otra naturaleza, cuya actuación pueda comprometer el patrimonio público. 3. Manejen o custodien almacenes, talleres, depósitos y, en general, decidan sobre la recepción, suministro y entrega de bienes muebles del ente u organismos, para su consumo. 4. Movilicen fondos del ente u organismo depositados en cuentas bancarias. 5. Representen al ente u organismo con autoridad para comprometer a la entidad. 6. Adquieran compromisos en nombre del ente u organismo o autoricen los pagos correspondientes. 7. Dicten actos que incidan en la esfera de los derechos u obligaciones de los particulares o en las atribuciones y deberes del Estado. Las disposiciones del presente Decreto con Rango, Valor y Fuerza de Ley se aplican a las personas indicadas en este artículo, aun cuando cumplan funciones o realicen actividades fuera del territorio de la República.

[2]   Rojas Pérez, Manuel. *"La Ética Pública y el Código de Conducta de los Servidores Públicos"*. Fundación Estudios de Derecho Administrativo. Caracas, 2006. Primera reimpresión 2007, p. 40.

Pasamos de seguidas a establecer cuáles son los puntos resaltantes de esta nueva legislación, lo que haremos de manera sistemática y resumida, ya que es la filosofía de esta compilación especial que presenta a ustedes la Revista de Derecho Público.

II. SOBRE SU ÁMBITO DE APLICACIÓN

El Decreto Ley establece en su artículo 2 que su aplicación abarca a todos los órganos y entes de la Administración Pública Nacional, Estadal y Municipal, la Procuraduría General de la República, las fundaciones del Estado y las sociedades anónimas donde el Estado tenga una participación mayor al cincuenta por ciento (50%) del capital social.

Así, esta norma es la que regula de manera directa a todos los servidores públicos a todo nivel. Los Estados y Municipios, por ejemplo, se deben regir directamente por esta normativa, sin posibilidad de legislar de manera especial en sus jurisdicciones.

El artículo 3 del decreto exceptúa a los órganos y entes que tengan una legislación especial en materia de jubilación. Tampoco abarca el Decreto Ley aquí analizado a las empresas del Estado y demás personas jurídicas de derecho público constituidas de acuerdo a las normas de derecho privado que hayan establecido sistemas de jubilación o de pensión especial[3].

Nótese que el Decreto Ley no limita el derecho a la jubilación o pensión solamente a funcionarios de carrera o de libre nombramiento y remoción, como dijimos previamente, el concepto de trabajador o servidor público que utiliza y que abarca en cuanto a sus beneficios, agrega a los contratados. Luego, al contratado que cumpla con los requisitos de tiempo necesarios, le nacerá el derecho a la jubilación o a la pensión respectiva. Señalamos esto porque existe un mito en la Administración Pública que dice que los contratados no tienen derecho a la jubilación, lo cual no es cierto, y se corrobora con este Decreto Ley de jubilaciones y pensiones.

III. DE LA JUBILACIÓN. SOBRE LOS TIEMPOS PARA OBTENER EL DERECHO A LA JUBILACIÓN

El Decreto, como veremos, mantiene la tradicional distinción entre jubilación ordinaria y especial.

Para la *jubilación ordinaria*, el artículo 8 establece los requisitos concurrentes, esto es, que se deben verificar todos para que sea procedente el nacimiento del derecho, que deben cumplir los beneficiarios. A saber:

a. cuando el servidor público haya alcanzado la edad de sesenta (60) años si es hombre o de cincuenta y cinco (55) si es mujer, siempre que hubiere cumplido, por lo menos, veinticinco (25) años de servicio en la Administración Pública;

b. cuando el servidor público haya cumplido treinta y cinco (35) años de servicio independientemente de la edad.

Vale destacar que para que nazca el derecho de jubilación será necesario que el servidor público haya efectuado no menos de sesenta (60) cotizaciones.

---

[3]   Hay casos como el de Petróleos de Venezuela (PDVSA) que tiene un Plan Especial de Jubilaciones, o como la Universidad Central de Venezuela que tiene un Reglamento de Jubilaciones y Pensiones del Personal Docente y de Investigación. Estas normativas se vienen aplicando de manera directa, con preferencia a la legislación nacional especial en la materia. Habría que esperar a que los tribunales contencioso administrativos determinen si estos rigen de manera directa o si aplica el decreto con rango, valor y fuerza de Ley sobre el régimen de jubilaciones y pensiones de los trabajadores y las trabajadoras de la administración pública nacional, estadal y municipal.

El artículo 4 del Decreto Ley establece el concepto de cotización: "Contribución especial obligatoria en que (a) nombre del trabajador o trabajadora debe ser enterada mensualmente a la Tesorería de Seguridad Social, y está conformada por dos elementos: la contribución del trabajador o trabajadora y el aporte patronal".

Como se verá más adelante, el servidor público tiene la obligación de hacer un aporte que será definido en un reglamento de este Decreto Ley, el cual esperamos para analizar, y la Administración Pública hace la otra parte del aporte para que el servidor público vaya generando un fondo de jubilación o pensión que garantizará su derecho a la seguridad social.

Señala la norma que los años de servicio en la Administración en exceso de veinticinco (25) años, serán tomados en cuenta como si fueran años de edad. Tal norma beneficia sustancialmente al servidor público al que le ha nacido el derecho a la jubilación.

Importante destacar que, según el artículo 5 del Decreto Ley, el Presidente de la República, en Consejo de Ministros, podrá establecer requisitos de edad y tiempo de servicio distintos a los anteriormente señalados.

Por su parte, el artículo 21 consagra que el presidente de la República podrá otorgar *jubilaciones especiales* conforme a las condiciones y términos establecidos en el Decreto sobre las normas que regulan los requisitos y trámites para la jubilación especial. Se otorgarán mediante resolución motivada y serán pagadas con cargo al presupuesto del órgano o ente que las solicite.

Como dijimos, el artículo 2 consagra que el ámbito de aplicación de este Decreto abarca a la República, Estados y Municipios. Sin embargo, el artículo 21 reduce la competencia para otorgar jubilaciones especiales al presidente de la República. ¿Quiere decir esto que los gobernadores y alcaldes no pueden conceder tales beneficios? Creemos que la respuesta debería ser atada a una interpretación en beneficio del trabajador y de la autonomía constitucional de los Estados y Municipios. De una primera lectura podría pensarse que el legislador al decir "presidente de la República" quiso –y debió- decir "Poder Ejecutivo", y que, en consecuencia, los gobernadores y alcaldes si podrían conferir jubilaciones especiales a los servidores públicos en sus respectivos entes.

Sin embargo, la disposición transitoria primera del Decreto Ley señala que "El Ejecutivo Nacional, mediante Decreto, implementará y ejecutará, durante el período de un (1) año, un programa especial y temporal para otorgar nuevas jubilaciones y pensiones en condiciones excepcionales, para trabajadores y trabajadoras de la Administración Pública nacional, estadal y municipal".

Luego, la propia normativa legal elimina las competencias a gobernadores y alcaldes de dictar jubilaciones especiales. A nuestro entender, esta norma es inconstitucional y debería ser sometida a la jurisdicción constitucional para que esta haga respetar la autonomía de los Estados y Municipios, como lo dicta la Constitución y permita a gobernadores y alcaldes otorgar las jubilaciones especiales cuando se den las condiciones para ello.

IV. DE LA PENSIÓN. SUS FORMAS Y CAUSAS

El Decreto Ley no solo regula la figura de la jubilación. Como siempre ha ocurrido en Venezuela, se establecen diversas figuras de la pensión, consagrada en los artículos 17, 18 y 19.

El artículo 4 define los tipos de discapacidades.

La *discapacidad absoluta* permanente se refiere a la contingencia que, a consecuencia de un accidente o enfermedad común o de un accidente de trabajo o enfermedad ocupacional, genera en el servidor público una disminución total y definitiva igual o mayor al sesenta y siete por ciento (67%) de su capacidad física, intelectual o ambas, que lo inhabilita para realizar cualquier tipo de oficio o actividad laboral, mientras que la *gran discapacidad* es la contingencia que, como consecuencia de un accidente de trabajo o enfermedad ocupacional, o de un accidente o enfermedad común no preexistente al momento del ingreso a la Administración Pública, obliga al servidor público amparado a auxiliarse de otras personas para realizar los actos elementales de la vida diaria.

Así, la *pensión por discapacidad* es una prestación dineraria otorgada en virtud de una enfermedad profesional o accidente de trabajo la cual disminuye al servidor público su capacidad para prestar su servicio en la Administración Pública.

El servidor público sin haber cumplido los requisitos para obtener el beneficio de jubilación, recibirá una pensión en caso de discapacidad absoluta permanente o gran discapacidad.

Para la primera (discapacidad absoluta), se requiere que el servidor público haya prestado servicios por un período no menor de tres (3) años.

La discapacidad absoluta permanente y la gran discapacidad serán certificadas por el Instituto Nacional de Prevención, Salud, y Seguridad Laboral (INPSASEL), a tenor del artículo 15 del Decreto Ley.

También existe –ya existía desde hace muchos años– la figura de la *pensión de sobreviviente*, la cual se causará por el fallecimiento de un beneficiario de jubilación o de un servidor público que a la fecha de su muerte cumpliere con los requisitos para obtener el derecho a la jubilación.

Tienen derecho a esta pensión los hijos menores de catorce años, o menor de dieciocho años si cursaren estudios en el sistema educativo formal; los hijos de cualquier edad si se encuentran en una situación de discapacidad absoluta o permanente; el cónyuge, a partir de los sesenta años de edad y la cónyuge, cualquiera sea su edad.

Importante hacer notar un cambio significativo de la legislación en cuanto a las uniones de hecho. La pensión de sobreviviente también corresponderá a la persona con quien el causante haya mantenido una unión estable de hecho.

El cónyuge, o pareja de la unión de hecho no perderá el derecho aunque contraiga nuevas nupcias.

V. DE LOS DERECHOS SOCIOECONÓMICOS DE LOS JUBILADOS Y PENSIONADOS

1. *De los jubilados*

A los efectos del Decreto Ley, se entiende por *salario mensual*, el salario básico y las compensaciones por antigüedad y servicio eficiente. El *salario base* para el cálculo de la jubilación será el promedio de la suma de los últimos doce (12) salarios mensuales devengados por el servidor público, como lo determinan los artículos 9 y 10.

El *monto de la jubilación* viene a ser el resultado de multiplicar los años de servicio por un coeficiente de dos y medio (2,5). La jubilación podrá ser hasta un máximo de ochenta por ciento (80%) del salario base devengado por el servidor público. Nunca será inferior al salario mínimo nacional vigente, todo ello de conformidad con el artículo 11.

Según el artículo 12, la *antigüedad* a ser tomada en cuenta para otorgar del beneficio de jubilación será el resultado de computar los años de servicio prestados en forma ininterrumpida o no en órganos o entes de la Administración Pública nacional, estadal o municipal en calidad de funcionario, obrero o contratado, siempre que el número de horas de trabajo diario sea al menos igual a la mitad de la jornada ordinaria de trabajo. La fracción mayor de ocho meses, se computará como un (1) año de servicio.

Se destaca del artículo 13 del Decreto Ley que el órgano o ente respectivo podrá autorizar la *continuación en el servicio* de las personas con derecho a jubilación siempre que se trate de cargos de libre nombramiento y remoción, académicos, accidentales, docentes o asistenciales.

Por último, el monto de la jubilación podrá ser *revisado* periódicamente, tomando en cuenta el salario mensual para el momento de la revisión que tenga el último cargo con el que se otorgó el beneficio de jubilación y el mismo porcentaje de referencia para el cálculo del monto de la jubilación.

VI. DE LOS PENSIONADOS

En las *pensiones por incapacidad*, el monto de las pensiones será hasta un máximo del setenta por ciento (70%) del último salario normal y nunca será inferior al salario mínimo nacional vigente.

Para las *pensiones de sobreviviente*, el monto será igual al setenta y cinco por ciento (75%) del salario correspondiente y se distribuirá en partes iguales entre los beneficiarios.

VII. BONIFICACIÓN DE FIN DE AÑO DE JUBILADOS Y PENSIONADOS

Como puede verse en el artículo 22 del Decreto, los jubilados y pensionados recibirán anualmente una bonificación de fin de año en la oportunidad y la forma que determine el Ejecutivo Nacional. (Artículo 22). Creemos que aquí los Poderes Ejecutivos Estadales y Municipales tienen competencia en cuanto les corresponda a su jurisdicción, todo ello, siendo coherentes con el artículo 2 del Decreto Ley y con la autonomía que la Constitución otorga a los entes político territoriales descentralizados

VIII. REGISTRO NACIONAL DE JUBILADOS, JUBILADAS, PENSIONADOS Y PENSIONADAS

Haciendo gala de la "maxiburocracia" que ha imperado en los últimos tiempos desde el Poder Ejecutivo Nacional, el Decreto establece en su artículo 23 la creación del Registro Nacional de jubilados, jubiladas, pensionados y pensionadas, que estará adscrito al ministerio con competencia en materia de planificación. El artículo 23 ordena que se dicte un reglamento sobre dicho registro.

Cada ente u órgano tiene, de cara a este sistema, la obligación de registrarse ante el mismo, afiliar a sus servidores públicos dentro de los primeros tres días de la relación laboral, calcular y retener mensualmente los porcentajes correspondientes a la contribución de cada servidor público y aportar un monto igual por este mismo concepto, advertir la contribución del servidor público dentro de un lapso de cinco días hábiles a partir de la fecha de retención, en la Tesorería de Seguridad Social y mantener actualizada ante la Tesorería de Seguridad Social la información sobre la nómina de los servidor público, según el artículo 24 del Decreto Ley.

IX. LA CONTRIBUCIÓN OBLIGATORIA DEL SERVIDOR PÚBLICO

El sistema de jubilaciones y pensiones de los servidores públicos venezolanos se configura de manera dual, esto es, con colaboración del propio servidor público a su futura jubilación o pensión.

Los servidores públicos deberán contribuir de acuerdo a sus ingresos y dicha contribución será desde el uno por ciento (1%) hasta el diez por ciento (10%) del salario mensual. En todo caso, un reglamento del Decreto Ley determinará las condiciones de dicha contribución.

X. DEL FONDO PARA JUBILACIONES Y PENSIONES DE LOS TRABAJADORES Y TRABAJADORAS DE LA ADMINISTRACIÓN PÚBLICA O DONDE ESTÁ EL DINERO DE LOS JUBILADOS Y PENSIONADOS

El decreto señala que "se mantiene" el Fondo para Jubilaciones y Pensiones de los trabajadores y trabajadoras de la Administración Pública, para financiar las jubilaciones y pensiones de los servidores públicos de la Administración Pública Nacional Estadal y Municipal. La administración de este fondo va a estar a cargo directamente de la Tesorería de Seguridad Social.

Cada pensión y jubilación será pagada por la Tesorería de Seguridad Social con cargo al Fondo. Pero, y esto es muy importante de cara a la ejecución presupuestaria de los entes y órganos públicos, las jubilaciones y pensiones previamente otorgadas seguirán siendo pagadas con cargo al presupuesto del respectivo órgano o ente que las otorgó, como se puede leer en los artículos 27 y 29.

El monto que maneje ese Fondo será invertido mediante colocaciones en el mercado de capitales por parte de la Tesorería de Seguridad Social. "...a los fines de acrecentar, en beneficio de los contribuyentes, el fondo referido". Así lo dice el artículo 28.

XII. PARTICIPACIÓN PROTAGÓNICA DE LOS CIUDADANOS Y CIUDADANAS

No podía faltar el llamado al Poder Popular aunque, extrañamente no nombran ese "poder" de manera directa. El artículo 6 señala que la Tesorería de Seguridad Social garantizará la participación de los ciudadanos y ciudadanas sobre la formulación de la gestión, las políticas, planes y programas del Fondo para Jubilaciones y Pensiones de los trabajadores y trabajadoras de la Administración Pública, así como el seguimiento, evaluación y control de los beneficios.

Igualmente, promoverá la cultura de seguridad social, orientada al desarrollo de una sociedad fundamentada en una conducta previsiva y de los principios de solidaridad, justicia social y equidad.

XII. LAS DISPOSICIONES TRANSITORIAS Y FINALES DEL DECRETO LEY

Ya comentamos que el Decreto ordena implementar y ejecutar durante el primer año de vigencia del mismo un programa especial y temporal para otorgar nuevas jubilaciones según su sistema.

De otra parte, el Instituto Venezolano de Seguros Sociales seguirá realizando las certificaciones para el otorgamiento de las pensiones por discapacidades hasta tanto el Instituto Nacional de Prevención Salud y Seguridad Laboral asuma las certificaciones de la discapacidad absoluta y la llamada gran discapacidad.

Se señala así mismo que las cotizaciones de los servidores públicos enteradas en fondos distintos al previsto en el Decreto Ley para el otorgamiento del beneficio de jubilación o pensión, en virtud de acuerdos o convenciones colectivas de trabajo durante el tiempo que hayan laborado en condición de obreros u obreras al servicio de éstos, les serán computadas a todos los efectos y serán transferidas a la Tesorería de Seguridad Social, a fin de que ésta continúe su administración.

Destacan las disposiciones finales que son incompatibles el disfrute de la pensión o jubilación con el salario proveniente del ejercicio de un cargo en alguno de los órganos o entes público, excepción que hay que hacer en el caso de la posibilidad de continuación del servicio a que hace referencia el ya comentado artículo 13 del Decreto Ley.

De otra parte, el Ministerio con competencia en planificación actualizará el Registro Nacional de jubilados, jubiladas, pensionados y pensionadas con la información obtenida a través de un censo, previsto este en la disposición final primera de la Ley Orgánica del Sistema de Seguridad Social.

El Régimen de Jubilaciones y pensiones es concurrente con el Régimen de contingencias y prestaciones contemplado en la Ley del Seguro Social.

Para culminar, las jubilaciones y pensiones derivadas de regímenes establecidos antes del 18 de julio de 1986, es decir, antes de la entrada en vigencia de la primera ley nacional de Venezuela en materia de jubilaciones, y los posteriormente autorizados por el Ejecutivo Nacional, seguirán siendo pagadas por los respectivos órganos y entes.

Todos los servidores públicos de estos regímenes cotizarán a la Tesorería de Seguridad Social. Cuando las jubilaciones y pensiones sean otorgadas mediante un régimen especial, luego de la entrada en vigencia del Decreto Ley aquí analizado, la Tesorería de Seguridad Social podrá asumir el pago del monto determinado mediante la base de cálculo establecida en el presente Decreto con Rango, Valor y Fuerza de Ley y la diferencia con respecto al monto total del beneficio, estará a cargo del Órgano o ente que la otorgue.

Sección II: Régimen de la planificación

Juicio crítico al "Decreto con valor, rango y fuerza de Ley de reforma de la Ley Orgánica de Planificación Pública y Popular"

Armando Rodríguez García
Profesor de la Universidad Central de Venezuela
Coordinador del Postgrado en Derecho Administrativo

Resumen: *El artículo analiza los principales cambios del Decreto-Ley de Reforma de la Ley Orgánica de Planificación Pública y Popular.*

Palabras claves: *Planificación, Estado Comunal.*

Abstract: *The article analyzes the main changes of the Decree-Law of Reform of the Popular and Public Planning Organic Law.*

Keywords: *Planning, Comunal State.*

I.   CUESTIÓN PREVIA: EL CONTEXTO (*PLURIMAE LEGES PESSIMA RES PÚBLICA*)

En el Sumario de la *Gaceta Oficial* de la República Bolivariana de Venezuela N° 40.543 del 18/11/2014 –que circuló efectivamente el 20/11/2014– aparece *anunciado* el Decreto N° 1.406, mediante el cual, el Presidente de la República dicta el "Decreto con rango, valor y fuerza de Ley de Reforma de la Ley Orgánica de Planificación Pública y Popular".

Sin embargo, el contenido del mencionado Decreto N° 1.406 se publicó en la *Gaceta Oficial* N° 6.148 Extraordinario, fechada el 18/11/2014 (que circuló efectivamente el 20/11/2014). Este acto se inscribe en un entorno amplio y complejo que viene dado, en primer término, por un conjunto de cuarenta y cinco (45) Decretos-Leyes o *Decretos con fuerza de ley* –denominación formal que asigna la Constitución (artículo 236,8) a *estos* actos[1]– que

---

[1] En este punto procede advertir que, en el artículo 203 *in fine*, de la Constitución, se emplean los adjetivos *rango y valor de ley*, al momento de identificar la figura de la *Ley habilitante*. Ahora bien, esta norma tanto por su contenido específico, como por su ubicación en la estructura del Texto constitucional (Titulo V: "De la Organización del Poder Público Nacional"; Capitulo I: "Del Poder Legislativo Nacional"; Sección Cuarta "De la Formación de las Leyes") esta dirigida, única y exclusivamente, a regular *categorías o tipos* de *Leyes*, esto es los actos formalmente legislativos, y en este sentido, los adjetivos empleados están referidos a la calificación de las *directrices, propósitos y marco de las materias que se delegan (sic) al Presidente*, y no a los actos ("Decretos con fuerza de ley", conforme al artículo 236,8 constitucional) que ese funcionario produzca en virtud de la *habilitación* legal. La deficiente redacción y el inadecuado empleo de los términos lleva a precisar que, obviamente, las "materias" no son objeto de *delegación*; se delegan competencias o atribuciones; por otro lado, entendemos que tampoco es válido optar por considerar que la figura en cuestión comporta una *delegación*, sino una *autorización o habilitación*, puesto que las *funciones* son intransferibles (conforme al artículo 136 de la Constitución: "*Cada una de las ramas del*

fueron anunciados (aunque no *publicados*, en términos de su eficacia jurídica) en las ediciones ordinarias de la *Gaceta Oficial* N° 40.543 y 40.544 del 18 y 19 de noviembre de 2014, respectivamente.

Podemos advertir la presencia de un conjunto de circunstancias que concurren alrededor de estos Decretos-Leyes, determinando un contexto que exhibe diversos umbrales de referencia cuya mención, al menos en términos muy breves, resulta adecuada para su compresión, dentro de un análisis integral. Así, un primer dato, es que todos estos Decretos-Leyes están anclados a un acto común: la "Ley que autoriza al Presidente de la República para dictar Decretos con rango, valor y fuerza de Ley en las materias que se delegan", vigente desde el 19 de noviembre de 2013 (*Gaceta Oficial* N° 6.112 Extraordinario del 19 de noviembre de 2013).

Otro dato que contribuye a delimitar las particularidades del contexto en el caso de estudio viene dado por el elevado número de Decretos que se publican, precisamente, en el corto período que corresponde a los dos (2) últimos días del lapso de vigencia de la Ley Habilitante que les sirve de soporte. Este dato permite reflexionar, de entrada, sobre cuales han sido las verdaderas causas que generaron la decisión de apelar a ese mecanismo excepcional para la actuación del Poder Ejecutivo; y de seguidas surge la demanda de una mínima evaluación en cuanto a la eficacia real de su empleo, desde el punto de vista de la producción de instrumentos normativos (*Decretos con fuerza de Ley*) conducentes a incrementar *cualitativamente* el ordenamiento jurídico positivo, es decir, a mejorar sus cualidades de instrumento para la justicia, modernidad y eficiencia operativa, es decir, su función esencial - y por eso, *existencial* - como clave normativa dispuesta para alcanzar mejores condiciones de vida tanto individual como colectiva, destacándose de esta manera su sentido utilitario, pues no hay dudas en canto a que el derecho nos aporta "... el marco deóntico al cual adecuar nuestras conductas, nos provee de instituciones que hacen menos costosas las transacciones sociales, y nos dota de mecanismos racionales para la resolución de conflictos. Tampoco es exagerado señalar al derecho como un poderoso factor en la educación de los comportamientos, y un reforzador vital de la trama del tejido social ..."[2].

Ello convoca a realizar este ejercicio de análisis mediante el empleo de diferentes niveles de enfoque, tanto global o panorámico, como individualizado, dentro lo cual, es pertinente el dato de las experiencias anteriores, a partir de la vigencia de la Constitución del 99 (Leyes Habilitantes y Decretos-Leyes derivados, que se dictaron en los años 2000-2001, 2007-2008 y 2010-2012) destacando algunas características similares a lo ocurrido en esta última oportunidad.

---

*Poder Público tiene sus funciones **propias**"*, lo que es una norma principal, por estar vinculada al Principio de División del Poder), pero además, la *delegación*, por definición implica una relación de subordinación (por ello, el prefijo de que abre el vocablo) que no existe entre Poderes del Estado.

En conclusión, la facultad para dictar Decretos con valor de ley (Decretos-Ley) es una atribución del Presidente de la República, cuyo ejercicio se sujeta a un especial control parlamentario, por el carácter excepcional que tiene, de donde deriva el valor jurídico asimilable a la Ley. Al respecto véase el ensayo del profesor Moles Caubet, Antonio, *Dogmática de los Decretos-Leyes*. En: Estudios de Derecho Público. UCV, Caracas, 1997, pp. 363 y ss.

En todo caso, debe quedar claro que, pese a todas las adjetivaciones que puedan agregarse para *reforzarlo*, el Decreto-Ley no es igual a la Ley, entre otras razones, porque carece de la cualidad medular de ser *legítima expresión de la **voluntad general***, cualidad que está solo en la esencia de la Ley, puesto que proviene de la *representatividad* que ostenta únicamente el órgano parlamentario. El órgano Ejecutivo no es representante de la voluntad general, es solo un agente, sometido a ella en todas sus actuaciones.

[2] Barragán, Julia. *Estrategias y derecho*. Instituto Tecnológico Autónomo de México / Miguel Ángel Porrúa. México 2009, p. 15.

Resalta, primero, la extensión de los lapsos de *habilitación* o autorización para producir Decretos-Leyes, comenzando por un período de doce (12) meses (previsto en la Ley Habilitante del 2.000) y después dieciocho (18) meses (en las Habilitantes de 2007 y 2010), a lo que se añade la última habilitación por un año (2013), dando como resultado general que, en catorce (14) años de vigencia de la Constitución –que corresponden, además, a un mismo gobierno– se registra un total de cinco (5) años de ejercicio de facultades *extraordinarias* del Poder Ejecutivo para dictar Decretos-Leyes. La *producción* normativa acumulada por Ejecutivo en estos eventos supera los doscientos (200) Decretos-Leyes; pero junto a lo llamativo de esas cifras aparece lo abultado de la *horneada final* como tendencia, es decir, el importante volumen de Decretos que se dictan en las últimas horas de habilitación, dando la sensación de respuesta atropellada, de reacción en el límite de las posibilidades, lo que cobra una significación singular al analizar, justamente, el tema de la *planificación* como técnica propia de la gestión administrativa, aplicada a las manifestaciones del gobierno venezolano de esta etapa.

La visión global del contexto aludido lleva a apreciar en las instancias gubernamentales una suerte de *delirio normativista* proveniente de entender, tal como sucede en algunos espacios de la práctica forense –y lo que es peor, también en algún segmento de los medios académicos, dentro de una patética ignorancia y debilidad formalista–, que no se considere como Derecho lo que no ha sido legislado, o dicho de otra manera, que solo se considere como Derecho lo que esta legislado.

Esta situación es lo que invita a recordar aquí la expresión de Tácito, que por su contundencia adquiere el valor de apotegma: *plurimae leges pessima res publica...,* muchas leyes, pésimo gobierno; o lo que es igual, mientras más numerosas son las reglas, peor es el gobierno... Y no hay que dudar en cuanto a la sabiduría que encierra tal juicio, pues el asunto de la regulación jurídica es fundamentalmente, como ya indicamos, una cuestión de calidad y no de cantidad; de donde es conveniente menos leyes pero mejores leyes, pues, "...los continuos cambios de normas en poco tiempo desconciertan a todos los operadores jurídicos, a unos mas que a otros, y transmiten a la ciudadanía una imagen mas bien negativa del proceso de elaboración de las leyes y de los reglamentos. De ahí que algunos postulemos una vuelta a los principios del viejo y buen Derecho construido a través de pocas leyes pero bien fundamentadas a partir de grandes y sencillos principios..."[3]

De este modo, el normativismo exacerbado, unido a una ingenua fantasía, una verdadera *quimera* normativa –por la cual se presume la resolución de todo problema con la sola expresión de su diagnostico y tratamiento en una norma–, genera una proliferación de reglas descoordinadas, equiparables a las células cancerosas y con sus mismas consecuencias nefastas: la producción de metástasis en la estructura general del orden jurídico, que lleva a hacerlo incomprensible o inaplicable.

Ahora bien, tomando en consideración que el tema objeto del Decreto-Ley bajo análisis es la Planificación (*"pública, popular y participativa..."*), resulta adecuado traer también a la comprensión general, una tercera dimensión del contexto en que se inscribe. Esta es la dimensión de contexto que deriva del desempeño que ha desplegado el autor del Decreto-Ley (Ejecutivo Nacional) en materia de planificación, dada la naturaleza eminentemente gerencial del concepto, que lo ubica claramente en el campo propio de la función administrativa del Estado, a lo que se suma, como una nota destacable en esta oportunidad, el hecho de haber sido la propia Administración quién ha diseñado y aprobado el instrumento normativo dis-

---

[3]   Rodríguez-Arana Muñoz, Jaime. *Derecho Administrativo Español*. Netbiblo, La Coruña 2008. Tomo I, p. 108

puesto para servir como marco legal de referencia y soporte para el despliegue de tal tarea, de contenido eminentemente técnico pero con una inevitable y muy importante trascendencia jurídica[4].

Desde luego, para ello debemos insistir en la consideración básica y elemental de la planificación como *una técnica gerencial dispuesta para reducir los niveles de incertidumbre*, una práctica racional, sistemática y sostenida que, desde luego, trae asociados otros aspectos, tales como, la transparencia, el seguimiento, el control, la responsabilidad, la disciplina, la eficiencia, etc., todo lo cual demanda, en su conjunto, adecuados niveles de coherencia.

En consecuencia, de poco o nada vale la simple consideración o referencia a la existencia (real o virtual) de instrumentos formales identificados como *planes* para encontrar y calificar la presencia efectiva de esa práctica administrativa, de esa expresión técnica de una verdadera cultura de disciplina en el proceso de diseño y toma de decisiones en el espectro de la Administración pública que en el fondo constituye una credencial de responsabilidad y respeto frente a los ciudadanos, a los cuales debe servir como única razón de ser o fundamento de su existencia, y por ello, fuente de legitimación de sus atribuciones.

En este sentido, la *praxis* administrativa del Gobierno Nacional durante los últimos tres lustros no arroja como resultado, precisamente un ejemplo de coherencia estratégica y conducta racionalmente estable en cuanto a los procesos de toma de decisiones y su conversión en resultados tangibles en cuanto al alcance de los objetivos planteados, con apego y respeto a la legalidad y la transparencia que impone el orden democrático.

Una brevísima relación de conductas (formas de hacer) y acontecimientos, puede dar cuenta de lo afirmado. Así tenemos: el crecimiento exagerado de la estructura de la Administración Central con la multiplicación de los Ministerios y entes descentralizados, a partir de la atribución del Presidente de la República para crear Ministerios y otros organismos de la Administración Pública Nacional (artículo 236, 20 constitucional) que cambió la formula de creación por Ley, todo lo cual ocurre en abierta contradicción con las afirmaciones oficiales del Presidente Chávez sobre la abultada burocracia que encontró al iniciar su gobierno; la decisión de ocupar a una de las primeras empresas petroleras del mundo (PDVSA) en actividades diversas y dispersas tales como comercialización, distribución y venta de alimentos u otros productos, o financiación de programas ajenos a la actividad petrolera incluyendo el patrocinio de deportistas, en paralelo con el aumento vertiginoso de su nómina al tiempo que se significativamente el nivel de producción petrolera; plantear como objetivo la construcción de un "país potencia" y en paralelo pretender afincar la economía nacional en la concepción del "conuco", los "gallineros verticales", las "monedas locales" y el "trueque" como fórmulas de producción y comercio; plantear un "gasoducto transcontinental" al mismo tiempo en que desaparece la distribución de gas domestico; decidir expropiaciones, adquisición de empresas y bienes –o apropiaciones sin procedimiento–, u otorgar préstamos o dádivas internacionales de improviso y por impulsos emocionales; propugnar el crecimiento de la producción interna y reducir el tiempo de la jornada laboral; decidir la construcción de complejos urbanísticos a partir de la "selección" de un "buen lugar para hacer una ciudad" observado (o "descubierto")

---

[4]   Sobre el tema de la planificación como técnica administrativa y su particular relieve para el análisis jurídico-público, ya he advertido e insistido en diversas oportunidades, desde hace bastante tiempo. Véase, Armando Rodríguez García: *Nuevas perspectivas en la planificación territorial*, en "Derecho Urbanístico". Archivo de Derecho Público y Ciencias de la Administración. Vol. V. Instituto de Derecho Público. Facultad de Ciencias Jurídicas y Políticas. Universidad Central de Venezuela. Caracas, 1983, p. 261 y ss.

en la oportunidad de un eventual vuelo en helicóptero (caso *Ciudad Caribia*); promover u ordenar la ocupación de terrenos y edificaciones en cualquier lugar de la ciudad para ser utilizados como viviendas, contrariando abiertamente las previsiones urbanísticas formalmente vigentes, a la vez que se demuestra incapaz de recuperar –en una década– un edificio de oficinas dañado por un incendio; ubicar dependencias públicas en cualquier inmueble, irrespetando las regulaciones de uso, perturbando el entorno y la funcionalidad urbana, y sobre todo, despreciando la oportunidad de operar estratégicamente *(planificadamente)* en beneficio del ambiente civilizado que es la Ciudad….; todo ello, encajado en la práctica –establecida y sostenida por todo el tiempo de gestión– de dirigir la acción de gobierno desde un *plató* de televisión, mediante la expresión de decisiones imprevistas, intempestivas e irreflexivas –una suerte de *inspiración*– que sorprende incluso a los mismos funcionarios encargados de *planificar y proponer* estrategias y acciones, privilegiando el sentido de *espectáculo* frente a la consistencia, ponderación y disciplina de la gestión.

Se pueden multiplicar exponencialmente los ejemplos sin agotar la despensa, pero, para abreviar, basta recordar –por lo cercanos del momento- que, en la encrucijada económica y financiera de mayor gravedad que registra el país, y luego de una gira internacional buscando apoyo (*"buscando oxígeno"*), el Presidente de la República, ante la Asamblea Nacional, resume sus expectativas indicando que: *"...llegarán otros tiempos mejores..."* y *"... Dios proveerá..."*.

En síntesis, estos y otros datos permiten dibujar el talante de la Administración autora del Decreto-Ley bajo análisis, lo que tiene relevancia, insistimos, por tratarse de una materia típicamente operativa o gerencia, que presupone, demanda e impone, simultáneamente, una conducta disciplinada y racional, antes que emocional, improvisada, ambigua y desordenada. Sin embargo, los antecedentes conductuales del autor no deben descalificar anticipadamente sus *productos*, por lo que es menester revisar el texto en sus parámetros de coherencia y plausibilidad, además de la evaluación de legalidad en sentido estricto.

2.   *El texto (coherencia, plausibilidad y legalidad)*

El Decreto-Ley de Reforma de la Ley Orgánica de Planificación Pública y Popular, consta de diecisiete (17) artículos que en su contenido están dispuestos para modificar catorce (14) artículos y la Disposición Transitoria, además de agregar seis (6) nuevos artículos al texto legal objeto de la reforma (Ley Orgánica de Planificación Pública y Popular del 21 de diciembre de 2010).

La reforma comienza por fijar como las *Finalidades* de la Planificación: *fortalecer la capacidad del Estado y del Poder Popular en función de los objetivos del Plan de Desarrollo Económico y Social de la Nación (numeral 5), y forjar un Estado transparente, eficaz, eficiente y efectivo...*(numeral 6). Al respecto destaca la ambigüedad de la expresión Poder Popular empleada en un sentido subjetivo, en paralelo con el Estado, lo que se resalta de inmediato, cuando en el numeral siguiente se postulan finalidades de la planificación (forjar transparencia, eficacia, eficiencia y efectividad) aplicadas solamente al Estado, no al Poder Popular (¿?). Se observa entonces, como las denominaciones vacías, acuñadas y empleadas únicamente con fines demagógicos conducen a la incoherencia de los postulados y a la ineficiencia de la normativa, desde la perspectiva jurídica, lo que se percibe con mayor intensidad y ruido, al reparar en que, de facto se ha visto empleando esa expresión (Poder Popular) como denominación oficial para los Ministerios que conforman la estructura del Poder Ejecutivo Nacional, con lo cual, se deriva de esa presentación que, el supuesto Poder Popular esta circunscrito y sometido al Poder Ejecutivo y por lo mismo, se reduce a un mero eslogan o lema publicitario –propaganda política– que, al insertarse en textos jurídico-normativos los intoxica, afectándolos con el virus de la incoherencia, que atrae la ineficiencia.

Luego, el artículo 2° (que modifica el artículo 5) se cambia la definición del *Consejo de Planificación Comunal,* mediante la sustitución del término *órgano* –empleado en el texto reformado–, por el vocablo *instancia,* lo que se afilia en la misma línea de ambigüedad e imprecisión que señalamos en el párrafo anterior, ya que, el término *órgano* tiene un significado preciso en el Decreto Ley de la Administración Pública (art. 15), como *unidades administrativas a las que se atribuyen funciones con efectos jurídicos.* Esto se vincula con la definición de Plan y Planificación –que ofrece el mismo artículo en sus numerales 4 y 5–, como el *instrumento de planificación pública* (sin incluir los adjetivos *popular y participativa*), lo que encuentra una referencia expresa en la modificación del artículo 7 (*Planificación participativa*), que se limita a reafirmar el principio general de participación a través de la *incorporación de los ciudadanos y ciudadanas* (*sic*) a las discusiones que desarrollen los órganos y entes del Poder Público durante las etapas de formulación, ejecución, seguimiento y control de los planes. Ahora bien, tal *participación* se reduce, en el texto de la misma disposición, al espectro de los *consejos comunales, comunas y sus sistemas de agregación,* con lo cual resulta evidente la incoherencia derivada de la parcialidad o restricción que choca con la amplitud de los *medios de participación y protagonismo del pueblo* consagrados como postulado fundamental en el artículo 70 constitucional, en el cual, paradójicamente, no aparecen previstas las modalidades parciales (*consejos comunales, comunas y sus sistemas de agregación*) privilegiadas por voluntad singular del Jefe del Ejecutivo -no por la voluntad general- mediante la norma en comento.

El artículo 4 modifica la integración del *Sistema Nacional de Planificación* (artículo 10 del Texto reformado), mediante la incorporación de los *consejos de planificación comunal y consejos comunales* con lo cual se afianza la ambigüedad, al tiempo que se profundiza la incoherencia, en tanto tal *Sistema* es (según el mismo instrumento, art. 5, numeral 7) la *articulación de las instancias de planificación de los distintos **niveles de gobierno**,* con lo cual queda excluida la participación popular, que presupone una posición externa a la estructura organizativa del gobierno, esto es, la posición de ciudadano.

En síntesis, el Decreto Ley es consistente y sólido en cuanto a su falta de coherencia interna, lo que lleva a insertarlo como una manifestación mas del talante de indisciplina, imprevisión, improvisación y contradicción que caracteriza el desempeño sistemático de la conducta gubernamental de los últimos tres lustros. Frente al incoherente, limitado y mediocre alcance de la *reforma* aprobada a través del Decreto Ley -uniéndolo al contexto y la oportunidad en que se produce-, cabe preguntarse si no era preferible tramitar, en menos tiempo y con mas eficacia, una verdadera reforma –si es que fuera necesaria– por la vía regular de la Ley, es decir, mediante la actuación jurídica y política de la Asamblea, exclusiva y genuina *instancia* de expresión de la soberana *voluntad general* de la población, a través de sus representantes.

Tal circunstancia conduce inexorablemente a la frustración en cuanto a expectativas objetivas de resultados derivables del instrumento, es decir, a su carencia de plausibilidad en términos racionales que, como hemos indicado, son los únicos términos científicamente procedentes para valorar la calidad del diseño y evaluar la aplicación de un instrumento jurídico dispuesto para sustentar la planificación, en tanto técnica de gestión pública.

Pero como es suficientemente conocido, también pueden existir agendas embozadas y objetivos desviados que impulsan a poner en práctica la subversión, desde las mismas estructuras del Poder público. Por ello, esas agendas y objetivos son ajenos al *deber ser* que imponen la lógica y el sentido común, y que consagra el ordenamiento jurídico como postulados de obligatoria observancia para la validez de las decisiones y conductas de los agentes públicos, con lo cual, tales agendas y objetivos resultan –además de absurdos– contrarios al Estado de Derecho y lesivos a la Democracia, como valores fundamentales de la Sociedad contemporánea.

Es en este punto del análisis donde la referencia al normativismo y su nefasto empleo como distractor de las cuestiones medulares adquiere especial relevancia. El Decreto Ley de Reforma de la Ley Orgánica de Planificación Pública y Popular (al igual que otros muchos actos similares) no es más que un *trampantojo*, la imagen real de una falsedad, lo que en definitiva no pasa de ser un engaño visual.

La Exposición de Motivos indica que la planificación... *pública, popular y participativa, como herramienta fundamental para la construcción de la nueva sociedad, se inspira en la doctrina de nuestro Libertador...*, seguidamente invoca que *...el presente momento histórico de la Cinco Revoluciones dentro de la Revolución, exige planificar de manera coherente y coordinadamente en función del desarrollo integral de la nación...; y luego añade: ...los objetivos del Plan de la Patria reclaman nuevos instrumentos y mecanismos no contemplados en las normativas vigentes...*

No se hace explícito el vínculo que pueda haber entre la *planificación*, su cualidad de *herramienta para construir la nueva sociedad* y lo que puede entenderse como la *doctrina del Libertador,* a los fines de motivar esta reforma, con lo cual cabe preguntar si es que en este momento cuando el gobernante de turno descubre esos vínculos y su demanda urgente por una *nueva* normativa. Luego, resulta inútil exhibir, como motivación, la necesidad de *planificar coherente y coordinadamente en función del desarrollo integral de la nación*, siendo que el único sentido de la planificación es, precisamente, ordenar o disciplinar las decisiones y acciones en forma coherente y coordinada, de donde resulta su cualidad estratégica, y que decir de la finalidad de desarrollo integral de la nación, pues la Administración Pública no puede tener otro objetivo sin salirse de la constitucionalidad. De su parte, el motivo consistente en el reclamo del *Plan de la Patria* por nuevos instrumentos y mecanismos *no contemplados en la normativa vigente*, lleva a recordar, precisamente cual es la categoría jurídico formal de ese *Plan*, y además, cual es el fundamento legal de sus propios *objetivos.*

Destaca, entonces que, el llamado *momento histórico* que sirve de motivación al Decreto Ley se contrae a la presencia de *cinco Revoluciones dentro de la Revolución*, lo que, unido al objetivo central expreso de: *lograr la mayor eficacia política y calidad revolucionaria en la construcción del Socialismo...*, lleva a concluir, desde la estricta perspectiva de su legalidad, que en este Decreto Ley –como en todos los demás dictados bajo el mismo protocolo–, hay *mucha revolución y muy poca Constitución*, lo que permite corroborar y reafirmar lo que hemos dicho en anterior oportunidad, en cuanto a que *Constitución y Revolución* son términos y categorías antitéticas, ya que, *la Constitución no sirve en revolución, y ésta, definitivamente, no cabe en aquella...*[5].

Este punto pone en alto relieve el grosero vicio de desviación de poder que aniquila al Decreto Ley de Reforma de la Ley Orgánica de Planificación Pública y Popular en cuanto a su validez, y genera responsabilidad personal, a tenor de lo prescrito en la Constitución (artículo 139). Basta contrastar los motivos y objetivos expresamente declarados por su autor con la norma principal consagrada en el artículo 2 de la Constitución (*pluralismo político como un valor supremo del Estado* venezolano) para concluir en la imposibilidad jurídica de pretender *la construcción del Socialismo* –ni de cualquier otra parcialidad–, empleando los instrumentos dispuestos por el Ordenamiento Jurídico para el ejercicio del Poder Público que, por definición, en la Democracia y el Estado de Derecho, solo existen para servir al ciudadano y, en consecuencia, no pertenecen a ninguna ideología o parcialidad política.

---

[5]   Rodríguez García, Armando. *El caminos hacia el cambio constitucional, 2007.* En VVAA "Temas Constitucionales. Planteamientos ante una Reforma". FUNEDA. Caracas, 2007, p. 488.

Sección III: Régimen de la contratación administrativa

El compromiso de responsabilidad social en el nuevo Decreto Ley de Contrataciones Públicas

Alejandro Canónico Sarabia

Profesor de la UNIMAR

Resumen: *Análisis de la reforma del régimen del compromiso de responsabilidad social en la Ley de Contrataciones Públicas.*

Palabras claves: *Compromiso de responsabilidad social.*

Abstract: *Analysis of the social responsibility commitment reform, in the Public Contrac Law.*

Keyword: *Social responsibility commitment.*

I. LA VIGENCIA DEL DECRETO LEY DE CONTRATACIONES PÚBLICAS Y EL COMPROMISO DE RESPONSABILIDAD SOCIAL

En el marco de la ley habilitante recibida por el parlamento en el año 2013,[1] el Presidente de la República promulgó el Decreto N° 1.399 Con Rango, Valor y Fuerza de Ley de Contrataciones Públicas, publicada en la *G.O.* N° 6.154 Extraordinario del 19 de noviembre de 2014 (en lo adelante DLCP), el cual derogó expresamente la Ley de Reforma Parcial de Contrataciones Públicas Venezolana, publicada en la *G.O.* N° 39.503 del 6 de septiembre de 2010.

Una de las características principales de este nuevo Decreto-Ley, en comparación con el texto de la Ley derogada, es que incorpora en –gran medida– disposiciones que se encontraban previstas en el Reglamento de la Ley de Contrataciones Públicas de 2009, y que por lo tanto, recibieron cobertura legislativa, muchas de ellas sin mayores novedades de fondo, otras con algunos cambios profundos, y alterándose un poco la estructura del texto legal, como veremos seguidamente.

Específicamente, en lo que respecta al tema del compromiso de responsabilidad social, que es el objeto de estudio de este trabajo, se incorporó un nuevo Capítulo distinguido como VII correspondiente al Título Primero, relativo a las disposiciones generales, dentro del cual se regula esta obligación legal, y donde se reeditan algunas disposiciones que ya

---

* Profesor UNIMAR, UCAB y UCAT. Miembro del Foro Iberoamericano de Derecho Administrativo y de la Asociación Internacional de Derecho Administrativo. Coordinador Nacional de la Red Iberoamericana de Contratación Pública. canonico1511@gmail.com

[1] La Ley que autoriza al Presidente de la República a dictar Decretos con Rango, Valor y Fuerza de Ley en las materias que se delegan, publicada en la *G.O.* N° 6.112 extraordinario del 19 de noviembre de 2013.

se encontraban previstas en el mencionado Reglamento, manteniendo además su vigencia transitoria en esta materia hasta tanto se dicte el decreto que regulará el funcionamiento del fondo de responsabilidad social.[2]

Normativamente se define al compromiso de responsabilidad, como todos aquellos compromisos que los oferentes establecen en su oferta, para la atención de demandas sociales (Artículo 6.24 del DLCP); encaminado a garantizar el cumplimiento de lo establecido en la Constitución Nacional,[3] respecto de la contribución de los particulares, según su capacidad, en la consecución del bienestar general, en virtud de la solidaridad y responsabilidad compartida entre éstos y el Estado (Artículo 29 DLCP).A través del cumplimiento de esta obligación se pueden brindar importantes beneficios a las personas, contribuyendo a elevar el nivel de vida de la población.

Sin embargo, más allá de esta definición normativa, se puede agregar que teniendo naturaleza contractual,[4] las obligaciones derivadas del compromiso de responsabilidad social, no sólo se constituyen en los compromisos que el oferente establece en su oferta para participar en los procedimientos de selección de contratistas, sino que de manera integral se debe traducir en la *"...convención que celebran el contratante y el contratista, en atención al pliego de condiciones y a la oferta formulada, que queda expresado en el instrumento jurídico que contiene las obligaciones que adquiere el contratista a favor de terceros extraños al contrato y que tiene como finalidad establecer una obligación de satisfacción de una necesidad social en la comunidad, donde se va a ejecutar el objeto del vínculo jurídico contractual."*[5]

Esto quiere decir que el compromiso de responsabilidad social debe ser incorporado dentro de las condiciones del contrato, fijando los criterios o elementos que deben comprometerse a cumplir los contratistas, en función de esa naturaleza contractual[6] que adquiere el compromiso de responsabilidad social; Sin embargo, es independiente del objeto principal de la contratación, es complementario o colateral a aquella, ya que aun cuando en principio no guarde relación sustancial con el objeto principal del contrato de suministro, servicios u obras de que se trate, comparte la finalidad última de la contratación pública que es generar beneficios a la comunidad, así sea de manera indirecta. Tampoco se convierte en un obstáculo insalvable, pudiera coincidir con la naturaleza de la prestación original del contrato, a los fines de aprovechar las potencialidades y ventajas competitivas de los contratistas beneficiarios de la adjudicación del contrato para satisfacer las necesidades o requerimientos sociales del entorno, pero nunca puede sustituir la competencia o la gestión de los operadores públicos en sus atribuciones propias.

---

[2] Disposición Transitoria Tercera del DLCP: *"Hasta tanto no se emita el Decreto que regule el funcionamiento del manejo del Fondo de Responsabilidad Social"*, se mantendrán las disposiciones que regulan el manejo del Compromiso de Responsabilidad Social señaladas en el Reglamento de la Ley de Contrataciones Públicas, publicado en la *Gaceta Oficial* de la República Bolivariana de Venezuela N° 39.181 del 19 de mayo de 2009."

[3] Ver artículos 132 y 135 de la Constitución de la República Bolivariana de Venezuela.

[4] El carácter contractual es definido en el artículo 30 del DLCP, de la siguiente forma: "El compromiso de responsabilidad social se constituirá en una obligación contractual para el beneficiario de la adjudicación, y su ejecución debe estar debidamente garantizada."

[5] Hernández-Mendible, Víctor:"La Responsabilidad Social en la Ley y el Reglamento de Contrataciones Públicas", AAVV (V. Hernández-Mendible Coord.), *Desafíos del Derecho Administrativo Contemporáneo*, Ediciones Paredes, Caracas, 2009, p. 1248.

[6] Ver artículo 30 del DLCP.

Otro aspecto que se debe destacar, relevante para el objeto de estudio, es que el DLCP amplía la noción de "Oferente", cuando en su artículo 6.6 establece que se trata de *"la persona natural o jurídica o conjunto de ellas, independientemente de su forma de organización que ha presentado una manifestación de voluntad de participar, o una oferta en alguna de las modalidades previstas en el presente Decreto con Rango, Valor y Fuerza de Ley o en los procedimientos excluidos de modalidad."* Aclarando de esta forma que se considera oferente, a toda persona o grupo de ellas que ha presentado una manifestación de voluntad de participar u oferta, tanto en alguna de las modalidades de contratación,[7] como incluso en las contrataciones que el propio DLCP excluye de la aplicación de las modalidades de contratación.

Con la vigencia de la derogada Ley de Contrataciones Públicas se consideraba oferente sólo a aquella persona que había presentado una manifestación de voluntad u oferta en una modalidad de contratación; en virtud de ello, inicialmente la nueva regulación pareciera no tener sentido, ya que si no existe un procedimiento de selección de contratista en curso (modalidad) no habría oferta ni oferente; no obstante, y a los fines de buscarle justificación a la norma, podría interpretarse que estamos en presencia de una persona que voluntariamente formula una propuesta a la Administración para suministrarle un bien, servicio o ejecutar una obra, o también pudiéramos estar frente al supuesto de la convocatoria del contratante a alguna persona para que presente una oferta o una manifestación de voluntad en algunos de los supuestos de exclusión de modalidad que el DLCP establece en el artículo 5. Pero lo importante es que en todos estos casos, hasta en las exclusiones de las modalidades legales, los oferentes tendrían la obligación de manifestar expresamente su voluntad de cumplir con el compromiso de responsabilidad social en su respectiva oferta, como regla general, salvo en los supuestos de excepción que veremos más adelante, lo cual es coherente con la disposición contenida en el artículo 38 del Reglamento de la Ley de Contrataciones Públicas.[8]

II.   ÁMBITO DE APLICACIÓN DEL COMPROMISO DE RESPONSABILIDAD SOCIAL

La regla general contenida en el artículo 34 del Reglamento de la Ley de Contrataciones Públicas(RLCP) en concordancia con el artículo 31 del DLCP, es que el compromiso de responsabilidad social será requerido en todas las ofertas presentadas en las modalidades de selección de contratistas previstas en el DLCP, así como en las contrataciones excluidas de las referidas modalidades, previstas en el artículo 5 del DLCP, convirtiéndose en una obligación legal general para las ofertas presentadas dentro de las modalidades de selección de contratistas y los contratos excluidos expresamente de las referidas modalidades de contratación; sin embargo, como la misma no viene determinada de manera precisa por el legislador, quedará en cabeza del contratante el diseño específico de la prestación complementaria en función de la necesidad social concretizada; generándose también excepciones o exclusiones a esa regla general, determinadas por ley.

Como lo manifiesta la doctrina, existen cuatro criterios que establece el legislador para excluir la exigencia del compromiso de responsabilidad social:[9] i. El criterio subjetivo, ii. El

---

[7]   Las modalidades de contratación son las categorías que disponen los contratantes para efectuar la selección de contratistas para la adquisición de bienes, prestación de servicios y ejecución de obras, y específicamente son: Concurso Abierto, Concurso Cerrado, Consulta de Precios y Contratación Directa.

[8]   El citado artículo 38, señala:*"Los oferentes en las modalidades de selección de contratistas previstas en la Ley de Contrataciones Públicas, así como en los procedimientos excluidos de la aplicación de estas modalidades, deben presentar, junto con sus ofertas, una declaración jurada mediante la cual especifique el compromiso de responsabilidad ofrecido."*

[9]   Hernández-Mendible, Víctor: "La Responsabilidad Social...*op. cit...* p. 1250.

criterio cuantitativo, iii. El criterio cualitativo, y iv. El criterio combinado de nacionalidad y territorialidad. Sólo los supuestos que la propia Ley señale pueden excluir de la obligación que la misma impone, en función del mandato constitucional (artículo 135), en virtud de ello no compartimos la posición de la doctrina al indicar: *"...el hecho de que ni la derogada Ley de Licitaciones ni la vigente Ley de Contrataciones Públicas no establecieren la exigencia de los compromisos de responsabilidad social en los contratos excluidos, no obstaba para que el órgano o ente contratante si lo considerare conveniente lo incorporase como requisito obligatorio en su normativa interna...cuando un ente público establece como normativa interna la exigencia del cumplimiento del compromiso de responsabilidad social en los contratos excluidos, esa norma debe ser cumplida,...".*[10] La razón del disentimiento, es que la citada disposición constitucional que sirve de fundamento a la exigencia de solidaridad y responsabilidad social, establece una reserva legal, al indicar de manera clara que la *"...Ley proveerá lo conducente para imponer el cumplimiento de estas obligaciones en los casos en que fuere necesario."* Lo que excluye la posibilidad que se imponga esta obligación por un acto de rango inferior a la Ley. En todo caso, siendo un compromiso de responsabilidad social, el contratista pudiera voluntariamente ofrecer cumplir con alguna demanda social, pero sin que se convierta en una verdadera obligación por una disposición de rango sub legal.

i. El criterio subjetivo: Según el artículo 3 del RLCP, no se exigirá el compromiso de responsabilidad social para la adquisición de bienes, prestación de servicios y ejecución de obras contratadas directamente entre los órganos y entes regulados en el DLCP o cuando la selección del contratista sea encomendada a estos órganos o entes. Se trata de una exclusión especial que determina el reglamentista, sin que lo establezca el DLCP, debido a que la contratación entre órganos o entes de la administración pública, se encuentra excluido expresamente de las modalidades de selección de contratistas, según lo previsto en los numerales 8, 9 y 10 del artículo 5 del DLCP, pero ello no es condición para entender que el contratista –público– está exento del cumplimiento del compromiso social; Pues todo lo contrario, la regla de la exclusión de las modalidades de contratación prevista en el artículo 5, no exime del cumplimiento del resto de las obligaciones que impone el DLCP, que entre otras obligaciones se encuentra el compromiso de responsabilidad social, según lo dispuesto en el artículo 31 del DLCP. Y para reforzar más la tesis, existen supuestos de exclusión de las modalidades de contratación, que no se encuentran exentos de cumplir con el compromiso de responsabilidad social, como por ejemplo la prestación de servicios profesionales, las alianzas comerciales y estratégicas, entre otros. A pesar de lo comentado, y mientras se mantengan vigentes las disposiciones del Reglamento de la Ley de Contrataciones Públicas, el criterio interpretativo se inclinará por mantener la influencia del artículo 3 del RLCP, antes comentado.

ii. El criterio cuantitativo: Con base en este segundo criterio de exclusión, no será obligatorio exigir el cumplimiento del compromiso de responsabilidad social a las ofertas cuyo monto total, incluidos los impuestos, sea inferior a una cantidad equivalente a dos mil quinientas unidades tributarias (2.500 UT),[11] según lo previsto en el citado artículo 31 del DLCP. Cabe destacar, que según las disposiciones del Reglamento de la Ley de Contrataciones Públicas (Artículo 34), este criterio cuantitativo de exclusión se aplicaba, sólo en los

---

[10]   Colina Fonseca, Pablo: *Comentarios Sobre el Nuevo Reglamento de la Ley de Contrataciones Públicas*, Fundación Estudios de Derecho Administrativo, Caracas, 2010, p. 72 y 74

[11]   Se entiende por unidad tributaria: "Magnitud numérica que se fundamenta en la variación del índice de precios al consumidor en el Área Metropolitana de Caracas." Márquez, H., *Diccionario de Contabilidad*, Ediciones Libros de El Nacional, 2002, p. 156. El valor para el 2014 de la unidad tributaria en bolívares es 127, 00 equivalente a USD 2,28 dólares de los Estados Unidos de América, a la tasa oficial de conversión. En consecuencia 2500 UT equivale a Bs. 317.500,00.

contratos no incluidos dentro de alguna de las modalidades de selección de contratistas, esto quiere decir, todo contrato que se otorgaba previa verificación de una modalidad de contratación debía cumplir con el compromiso de responsabilidad social, independientemente del monto del contrato. Sin embargo, en la actualidad el DLCP no hace distinción de procedimientos de selección de contratistas y establece un límite cuantitativo general para todas las formas de contratación; esto es, si el monto del contrato, más los impuestos, supera las dos mil quinientas unidades tributarias (2.500 UT), se le requerirá el compromiso de responsabilidad social en la correspondiente oferta.

iii. El criterio cualitativo: En este caso también se presenta una novedad, debido a que antes de la vigencia del DLCP, sólo se encontraban sustancialmente excluidos de la exigencia del cumplimiento del compromiso de la responsabilidad social, los contratos para la prestación de servicios laborales, según lo establecido en el artículo 40 del RLCP, aun cuando este supuesto fue ubicado en la exclusión de las modalidades de selección de contratistas en la derogada Ley de Contrataciones Públicas. Según nuestro criterio, hoy mantiene su exclusión debido a que los contratos para la prestación de servicios laborales fueron ubicados en las exclusiones generales del DLCP, según la disposición contenida en el artículo 4.3, por lo que si no le es aplicable el DLCP, menos le será aplicable el RLCP. Adicionalmente, por el aumento de la lista de contratos excluidos en genérico del DLCP, podemos afirmar que también estarían exentos de cumplir con el compromiso de responsabilidad social, los contratos de arrendamiento de bienes inmuebles, inclusive el arrendamiento financiero (artículo 4.4) y los contratos de patrocinio en materia deportiva, artística, literaria, científica o académica (artículo 4.5). Adicionalmente, estarían excluidos otros contratos que ya se encontraban en la redacción original de la norma: *"la ejecución de obras, la adquisición de bienes y la prestación de servicios, que se encuentren en el marco del cumplimiento de obligaciones asumidas en acuerdos internacionales entre la República Bolivariana de Venezuela y otros Estados, o en el marco de contratos o convenios suscritos con organismos internacionales"* (artículo 4.1.) y *"La contratación con empresas constituidas en el marco de acuerdos internacionales"* (artículo 4.2).[12]

iv. El criterio combinado de nacionalidad y territorialidad: determina que no procede la exigencia de la oferta del compromiso de responsabilidad social, frente a los contratistas de nacionalidad extranjera, que no tengan filiales ni domicilio en Venezuela, siempre que la ejecución del contrato de adquisición de bienes o prestación de servicios, se vaya a realizar fuera del país y no pueda ser satisfecha la demanda por la oferta nacional (Artículo 48 RLCP); pero si se trata de contratistas domiciliadas en el exterior que tengan filiales en el país, y cuyo suministro de bienes, prestación de servicios o ejecución de obras, se realizaría en el territorio nacional, debe obligatoriamente exigírsele el cumplimiento del compromiso de responsabilidad social (Artículo 49 RLCP).

---

[12] A nuestro criterio la disposición del artículo 4 del DLCP deja una gran duda interpretativa, debido a que esa norma se refiere a supuestos o contratos que se encuentran excluidos de manera general de la aplicación del DLCP, sin embargo, luego de señalar el catálogo de supuestos excluidos, en el primer aparte genera una incongruencia interna, al establecer que: *"Estas exclusiones no privan de cumplir con lo establecido en las demás disposiciones que regulan la materia de contratación pública, a los fines de establecer garantías que aseguren el cumplimiento de las obligaciones contractuales y además promuevan la participación nacional"*. Pareciera que el legislador confundió la ubicación de esta disposición, que parece más lógica incorporarla en el siguiente artículo donde se excluye de la modalidad de contratación, manteniendo la aplicación del resto del articulado, pero no en la exclusión general del artículo 4, debido a que no existen parámetros para determinar cuáles son las demás disposiciones que sin son aplicables, cuando la exclusión es total. En virtud de ello, sugerimos que la interpretación de eta norma debe ser referida al tema de las garantías en la contratación pública sobre el cumplimiento del objeto principal del contrato, y no el tema del compromiso de responsabilidad social.

III. FORMAS O MODALIDADES DE CUMPLIMIENTO DEL CRS

Uno de los principios fundamentales de la contratación pública es la planificación, debido a que todo procedimiento de selección de contratista, cualquiera que sea su naturaleza o dimensión, debe contar con una fase previa de planificación, con el objeto de que los órganos o entes sean más eficientes en el desarrollo de las actuaciones administrativas y así lograr los objetivos propios de la relación bilateral entre el contratante y el contratista.

El compromiso de responsabilidad social no se encuentra exento de esta premisa fundamental, no puede improvisarse, debe ser planificado desde antes de iniciarse el procedimiento de contratación. En virtud de ello, empleando mecanismos de participación ciudadana, como asamblea de ciudadanos, censos, consultas con las comunas o consejos comunales, o a través de informes técnicos de diagnóstico sobre las comunidades, realizados por expertos; el contratante debe tener conocimiento de las necesidades colectivas de su entorno social o de las comunidades organizadas ubicadas en las áreas de influencia del mismo, y de sus prioridades, a los fines de que le sirva de base para determinar la forma del cumplimiento del compromiso de responsabilidad social, para la contratación en particular, tanto en las modalidades de selección de contratistas, como en los procedimientos excluidos de la aplicación de estas modalidades.

La fórmula adoptada por el contratante, en función de la necesidad del entorno, convertido en un proyecto social, será incorporado en el pliego de contrataciones o en las condiciones generales de contratación, cualquiera que sea el caso, para que sea ejecutado en definitiva por quien obtenga la adjudicación del contrato.[13] También podrá ser consultado con la comisión de contrataciones, que tiene la atribución[14] para considerar y emitir recomendaciones sobre la estrategia de contratación, las especificaciones técnicas y condiciones de la contratación, la modalidad de selección de contratista empleada, parámetros y criterios de selección, y sobre el compromiso de responsabilidad social, entre otros temas.

Según el DLCP, estos proyectos sociales deberán estar vinculados con los siguientes aspectos:

a. La ejecución de proyectos de desarrollo socio comunitario.

b. La creación de nuevos empleos permanentes.

c. Proyectos de formación socio productiva de integrantes de la comunidad.

d. Venta de bienes a precios solidarios o al costo.

e. Aportes en dinero o especie a programas sociales determinados por el Estado o a instituciones sin fines de lucro.[15]

f. Cualquier otro que satisfaga las necesidades prioritarias del entorno social del contratante.

---

[13] Ver artículos 32 y 66 numeral 15 DLCP y 41 RLCP.

[14] Ver artículo 15 ordinal 6 del DLCP.

[15] La doctrina ya había advertido que la derogada Ley de Contrataciones Públicas utilizaba impropiamente la expresión que los aportes serán en dinero o especie, cuando todo aporte en especie se efectúa en dinero y la otra forma de efectuar el aporte sería por equivalente (Víctor Hernández-Mendible:... op.cit... p. 1249). Por su parte, el Reglamento de la Ley, que se dictara con posterioridad, había corregido la terminología impropia, en el artículo 41.5, cuando se determina que el aporte puede ser en especie a programas sociales; no obstante, vuelve el Decreto Ley de Contrataciones Públicas a insistir en el error.

El artículo 34 del DLCP determina de manera categórica que el aporte correspondiente al Compromiso de Responsabilidad Social en ningún caso se podrá utilizar para atender requerimientos que formen parte de las obligaciones y competencias contempladas en los Planes Operativos de los órganos y entes de la Administración Pública.[16] Esta situación limitativa se refiere principalmente al cumplimiento del compromiso de responsabilidad social vía aporte en dinero; estableciendo que en ese caso no se podrá utilizar dicho aporte para destinarlo a la atención de necesidades que formen parte de competencias del contratante, fijadas en los respectivos planes operativos, y con esto evitar que el contratante se releve del cumplimiento de su deber.

IV. APORTE EN DINERO Y EL FONDO DE RESPONSABILIDAD SOCIAL

La derogada Ley de Contrataciones Públicas no establecía el monto o valor que debía alcanzar el compromiso de responsabilidad social, principalmente cuando se adoptaba la modalidad de aporte de sumas de dinero por parte del contratista. Posteriormente, el Reglamento de la Ley en su artículo 35, definía unos parámetros en ese sentido, estableciendo como valor mínimo el uno por ciento (1%) y como máximo el cinco por ciento (5%) sobre el monto del contrato, dejándole la obligación a los contratantes de fijar en definitiva, dentro de los parámetros antes señalados, los porcentajes a ser aplicados en cada contratación, con motivo del compromiso de responsabilidad social, así como las categorías o escalas proporcionales con base en los montos de los contratos a ser celebrados.

Sin embargo, la anterior regulación queda sin efecto al entrar en escena el artículo 31 del DLCP, que de manera específica determina que el valor del compromiso de responsabilidad social, será del tres por ciento (3%) sobre el monto de la contratación, lo que pareciera representar un promedio de los límites que regulaba el Reglamento.

Pero la mayor novedad en esta materia, no viene representada por el porcentaje a aplicar correspondiente al compromiso de responsabilidad social, sino por la creación de un Fondo de Responsabilidad Social, donde se deberá depositar el aporte en dinero que efectúe el contratista con motivo de la comentada obligación legal. Señala la norma que este fondo funcionará como un *patrimonio separado* e independiente del Tesoro Nacional, y será administrado directamente por el Presidente de la República Bolivariana de Venezuela, o por la autoridad que éste señale.

Esta nueva disposición genera algunas reflexiones, para comprender la institución y aplicarla adecuadamente. En primer lugar, se entiende por patrimonio separado al núcleo o fondo patrimonial que se distingue o segrega de un patrimonio general, para cumplir un fin específico o para ser protegido de la afectación de que pudiera ser objeto la generalidad del patrimonio. En el Derecho Civil, nos encontramos con múltiples ejemplos de patrimonios separados, como podrían ser: el patrimonio del menor no emancipado, el hogar legalmente constituido, la herencia aceptada a beneficio de inventario, entre otros. En Derecho Público, existen figuras organizativas que operan bajo la modalidad de fondos separados, como sería el caso de los servicios desconcentrados sin personalidad jurídica, previsto en el artículo 95

---

[16]   El artículo 43 del RLCP contenía una prohibición más estricta y amplia que la actual redacción, en virtud de que –en principio– señalaba que el compromiso de responsabilidad social, sin determinar ninguna modalidad, no podía utilizarse para atender requerimientos que formen parte de las obligaciones o competencias del contratante, y adicionalmente determinaba que, la adquisición de bienes, prestación de servicios o ejecución de obras que se sugieran para el cumplimiento del Compromiso de Responsabilidad Social en los pliegos o condiciones de contratación no podrán corresponder a las contempladas en los Planes Operativos de los órganos o entes contratantes.

del Decreto de Ley Orgánica de la Administración Pública, al cual se le asigna un patrimonio para cumplir con un fin específico. Sin embargo, en todos ellos el titular del patrimonio separado sigue siendo el titular del patrimonio general; situación que no se verifica en el fondo de responsabilidad social, ya que el aporte en dinero que realiza el contratista no se transmite al patrimonio público.

Este supuesto convierte inmediatamente al aporte en dinero del compromiso de responsabilidad social en una contribución parafiscal, debido a que los aportes son importes en dinero, impuestos por una ley, con carácter obligatorio y coercible, exigidos –principalmente– por un órgano o ente público, con la finalidad de atender intereses colectivos, pero que dicho importe no va al Tesoro nacional, sino a un patrimonio separado administrado por un órgano público (El Presidente de la República), desnaturalizando así el origen voluntario y de desprendimiento del compromiso de responsabilidad social.

Además, se concibe el fondo de responsabilidad social, como un fondo único y nacional, donde se depositarán los aportes en dinero de los contratistas que colaboran con la administración, y que será administrado por el Presidente de la República, independientemente de que la obra sea contratada por un órgano o ente Estadal o Municipal. En este caso, se tendrán que generar mecanismos de comunicación entre los funcionarios estadales y municipales contratantes, y el ejecutivo nacional, para transmitirle la información sobre las necesidades del entorno social del contratante, y así no vulnerar el artículo 32 del propio DLCP.

En ese mismo sentido, consideramos que la creación y funcionamiento de este fondo, donde se depositarán todos los aportes en dinero correspondientes al cumplimiento del compromiso de responsabilidad social, contraría la disposición contenida en el literal e del ordinal 24 del artículo 6 del propio DLCP. Observamos que en dicha norma se establecen dos supuestos para el cumplimiento del compromiso de responsabilidad social, cuando se opta por el aporte en dinero: 1. Aporte a programas sociales determinados por el Estado, donde pudiera encuadrar perfectamente el Fondo de Responsabilidad Social, como vehículo para garantizar que dicho aporte llegue a cumplir con su objeto en un programa social refrendado por el contratante, y 2. El aporte a Instituciones Sin Fines de Lucro, donde se pudieran incluir personas jurídicas de derecho privado que no tengan fines de lucro y que desarrollen programas sociales, pero donde no se exige que lo autorice o determine el Estado, como si lo hace en el supuesto anterior, y por supuesto, en este caso se podría prescindir de la figura del comentado fondo, debido a que el aporte pudiera entregarse directamente a la institución, sin la intermediación del contratante.

La práctica actual de los órganos públicos, antes de verificarse las comentadas disposiciones legales, es la constitución de contratos de fideicomisos con instituciones bancarias, para recibir los aportes en dinero que efectúan los contratistas y así garantizar el cumplimiento de la obligación contractual; sin embargo, muchas veces los fondos no se ejecutan inmediatamente porque no se tiene claro el destino de dicho importe, en virtud de que no se planifica adecuadamente el cumplimiento de la responsabilidad social en los casos concretos, y no se cuenta previamente –en algunos casos- con el diagnostico de las necesidades del entorno social del contratante. La utilización de la figura del fideicomiso, fue avalada por la Contraloría General de la República en dictamen que emitiera con base en una consulta que se le formulara, aceptando que el aporte en dinero entregado por el contratista pueda ser administrado por el contratante, a través de un fideicomiso, para no hacer nugatoria el contenido de la

Ley, en cuanto al propósito de la referida obligación.[17] Particularmente consideramos que el fideicomiso resulta ser más adecuado a la naturaleza jurídica del compromiso de responsabilidad social, debido a que aun cuando se trata –igualmente– de un patrimonio separado, sigue siendo un patrimonio separado del contratista, quien es el obligado a cumplir con la responsabilidad social, sólo que participa el contratante para garantizar su cumplimiento; el compromiso de responsabilidad social no se transformaría en una obligación parafiscal, manteniendo su naturaleza contractual; adicionalmente lo manejaría cada órgano o ente contratante, en función de las necesidades sociales de su entorno, sin que se corra el riesgo de diluirse en un fondo nacional manejado desde el poder central.

No obstante los comentarios anteriores, le corresponderá al propio Presidente de la República, por vía de Decreto, reglamentar el funcionamiento del mencionado Fondo de Responsabilidad Social, en fecha posterior. Sin embargo, hasta que no se dicte el referido decreto presidencial, se mantendrán vigentes todas las disposiciones contenidas en el Reglamento de la Ley de Contrataciones Públicas, que se refieren al manejo del compromiso de responsabilidad social.[18] Esto quiere decir que actualmente se aplica las disposiciones del RLCP en lo concerniente a la operatividad de la obligación de responsabilidad social.

V.   OPORTUNIDAD DE CUMPLIMIENTO DEL CRS Y SU CONTROL

Recordemos que el DLCP en su artículo 30, además de reafirmar la naturaleza contractual del compromiso de responsabilidad social, obliga a que su ejecución deba estar garantizada. Esa norma se conecta inmediatamente con la disposición contenida en el único aparte del artículo 32 *eiusdem*, que obliga a cumplir la obligación de responsabilidad social antes del cierre administrativo del contrato. Todo esto para evitar que el contratista culmine, o no, con la obligación principal del contrato, cobre su contraprestación, no cumpla con el compromiso de responsabilidad social, y luego tenga la obligación el contratante de ejercer acciones legales en su contrato e imponer las sanciones correspondientes. Se trata de garantizar el cumplimiento del compromiso de responsabilidad social asumido por el contratista en el contrato respectivo, y que se pueda cumplir, por lo menos, simultáneo a la prestación principal, siendo muy lógico pensar que no se pueda cerrar administrativamente el contrato si está pendiente el cumplimiento de una obligación contractual, aunque complementaria, como lo es la responsabilidad social.

En el artículo 36 del RLCP, aunque tiene una redacción distinta a la comentada, establece una condición similar, indicando que el plazo de ejecución de la obra o proyecto social debe ser menor al plazo de la ejecución de la actividad u objeto del contrato principal, para asegurar su terminación y entrega, a entera satisfacción de la comunidad beneficiada, antes o en la misma fecha del cierre administrativo del contrato.

En los contratos de obras, de suministros de bienes y de prestación de servicios, el contratante deberá velar por el cumplimiento de las obligaciones por parte del contratista, incluyendo las derivadas del objeto principal del contrato, como del compromiso de responsabili-

---

[17]   File:///C:/Users/Alejandro/Downloads/Oficio_01_00_000647_2012.pdf consultada el 22 de enero de 2015.

[18]   La Disposición Transitoria Tercera del DLCP, expresamente establece: "Hasta tanto no se emita el Decreto que regule el funcionamiento del manejo del Fondo de Responsabilidad Social, se mantendrán las disposiciones que regulan el manejo del Compromiso de Responsabilidad Social señaladas en el Reglamento de la Ley de Contrataciones Públicas, publicado en la *Gaceta Oficial* de la República Bolivariana de Venezuela N° 39.181 del 19 de mayo de 2009."

dad social,[19] dejando constancia de todo lo observado a los fines de la terminación del contrato. Deberá en consecuencia el contratante participar en la recepción definitiva de la obra, certificar el cumplimiento de todos los aspectos requeridos en el contrato, realizar el finiquito contable para proceder a la devolución de las retenciones que aun existieren y a la liberación de las garantías que se hubiesen otorgado y, por último, realizar el cierre administrativo del contrato.[20] Para el referido momento, ya se debe haber cumplido con el compromiso de responsabilidad social, bien sea, a través de la entrega del aporte en dinero o la ejecución de la prestación prometida en el contrato.

VI. RÉGIMEN SANCIONATORIO VINCULADO AL CRS

El nuevo DLCP amplió el régimen sancionatorio contenido en la derogada Ley de Contrataciones Públicas, incorporando una norma que –de manera expresa– establece supuestos de responsabilidad administrativa sobre los sujetos contratantes, aplicados bajo los parámetros de la Ley Orgánica de la Contraloría General de la República y del Sistema Nacional de Control Fiscal.

En ese sentido el artículo 166 ordinal 5 del DLCP, establece tres supuestos de hechos vinculados al compromiso de responsabilidad, generadores de responsabilidad administrativa, a saber: i. Omitir la solicitud del compromiso de responsabilidad social, esto es, no incluirlo en el pliego de contrataciones, o no incorporarlo en el contrato respectivo; ii. Omitir recibir el compromiso de responsabilidad social, esto es, luego de incorporado en el pliego de contrataciones y en el contrato, no velar ni exigir su cumplimiento; y iii. Destinarlo en términos distintos a los establecido en el DLCP, aun cuando la redacción no es muy feliz, pareciera referirse a la modalidad del aporte en dinero, cuando las cantidades de dinero no sean enteradas en el fondo que a tal efecto se creara, o para el caso que los fondos no se destinen para satisfacer las necesidades del entorno social del contratante.

La declaratoria de responsabilidad administrativa le corresponderá al órgano de control fiscal competente, de acuerdo a la naturaleza del sujeto infractor. Declarada la responsabilidad administrativa sobre el funcionario, se le sancionará con multa de entre 100 U.T. a 1.000 U.T., de acuerdo con la gravedad de la falta y a la entidad de los perjuicios causados; luego, el Contralor General de la República podrá acordar la suspensión del cargo sin goce de sueldo por un periodo no mayor a 24 meses o la destitución del declarado responsable, según la entidad del ilícito cometido; y podrá imponer adicionalmente, atendiendo a la gravedad de la irregularidad cometida, su inhabilitación para el ejercicio de funciones públicas por un máximo de 15 años; todo esto conforme a lo establecido en los artículos 94 y 105 de la Ley Orgánica de la Contraloría General de la República y del Sistema Nacional de Control Fiscal, aplicable por disposición expresa del DLCP.

Para el caso de las sanciones a los particulares, el DLCP curiosamente reduce considerablemente el monto de la sanción pecuniaria que deben pagar los infractores a las normas de la contratación pública, con respecto a la derogada Ley de Contrataciones Públicas, pasa de 3000 U.T. a 300 U.T., monto que será pagado al Servicio Nacional de Contrataciones.

El procedimiento administrativo sancionatorio frente a los particulares será sustanciado por el contratante respectivo, y en vista de que el DLCP no determina cuál procedimiento resulta ser el adecuado, se deberá aplicar alguno de los procedimientos de la Ley Orgánica de

---

19   Ver artículo 118 ordinales 3° y 9° del DLCP
20   Ver artículos 145 y 151 DLCP

Procedimientos Administrativos, el procedimiento ordinario o el procedimiento sumario. En tal sentido, se considerará supuesto generador de sanción al contratista, el hecho de no dar cumplimiento al compromiso de responsabilidad social o no cumplir la modalidad exigida contractualmente;[21] imponiéndosele al contratista infractor la referida multa.

El acto a través del cual se le impone la sanción al infractor, deberá ser remitido al Servicio Nacional de Contrataciones con la constancia de la debida notificación al sancionado, a los fines de que el Servicio Nacional de Contrataciones proceda a imponer como sanción accesoria la inhabilitación para contratar con el Estado, por el periodo de tres años, previa notificación al interesado para que en el lapso de cinco días hábiles, alegue lo que considere pertinente en cuanto a la aplicación de la inhabilitación. Señala el DLCP que en esta incidencia procedimental no se analizarán razones de fondo que hubieren motivado la decisión del contratante, en vista de que no se estaría revisando la legalidad de dicha decisión, sólo argumentos que ayuden a desestimar la imposición de la sanción accesoria.

La inhabilitación de los infractores para contratar con el Estado, se hará efectiva por medio de la suspensión de la inscripción ante el Registro Nacional de Contratistas y será extensiva a personas naturales que participen como socios, miembros o administradores dentro de la conformación y organización, de los inhabilitados.[22]

---

[21] Artículo 167 DLCP
[22] Ver artículo 168 del DLCP

Sección IV: Régimen de los bienes públicos

El Decreto con rango, valor y fuerza de Ley de reforma parcial del Decreto con rango, valor y fuerza de Ley Orgánica de Bienes Públicos: otra oportunidad pérdida

Ramsis Ghazzaoui
Profesor de la Universidad Católica Andrés Bello

Resumen: *Se analiza la reforma parcial de la Ley Orgánica de Bienes Públicos, en donde se incrementan las potestades del órgano rector, se hacen cambios a los procedimientos establecidos, y se pierde la oportunidad de corregir la lesión a la garantía institucional de la autonomía de los entes públicos territoriales y otros aspectos de dudosa constitucionalidad.*

Palabras clave: *Bienes Públicos, dominio público, autonomía, sistema de bienes públicos.*

Abstract: *This research analyzes the amendments of the Public Property Organic Law, where we find an increase in the authority of the governing body; a substantial modification in the proceedings, and the missed opportunity to correct the violation of the autonomy of the estates and municipal entities, among others issues related with the unconstitutionality on this law.*

Keywords: *Public Property, Public Domain, Autonomy, Public Property Systems.*

I. LA REGULACIÓN GENERAL Y HETEROGÉNEA ANTERIOR A LA LEY ORGÁNICA DE BIENES PÚBLICOS

En la historia del Derecho público venezolano las normas relativas a los bienes de la Nación o de la Republica, y de las entidades territoriales ha estado difuminada en diversas leyes a lo largo del ordenamiento jurídico positivo. Se partía, y en gran parte aun es así, de la inicial concepción de los bienes en el derecho común, esto es, de la regulación general que estable el Código Civil en sus artículos 538 al 544.[1] De un análisis exegético de las disposiciones señaladas se desprenden fundamentalmente las siguientes notas:

---

[1] Una aproximación al régimen jurídico pasado y presente de los bienes públicos en la doctrina venezolana podemos encontrarlo en: Araujo-Juárez, José, *Derecho Administrativo, Parte General*, Ediciones Paredes, Caracas, 2007, p. 726 y ss. Brewer-Carías, Allan R., *Código de Derecho Administrativo*, Colección Textos Legislativos N° 55, Editorial Jurídica Venezolana, Caracas, 2013, pp. 115-122. Brewer-Carías, Allan R., "El nuevo régimen de las zonas costeras. Inconstitucionalidades, dominio público, limitaciones a la propiedad privada e insuficiencias normativas" en *Ley Habilitante del 13/11/2000 y sus Decretos-Leyes*, Academia de Ciencias Políticas y Sociales, Caracas, 2002, p. 253 y ss. Brewer-Carías, Allan R., *Estudios de Derecho Administrativo 2005-2007*, Colección Estudios Jurídicos N° 86, Editorial Jurídica Venezolana, Caracas, 2007, p. 332 y ss. La-

a. Los bienes son de las personas jurídicas y de los particulares.

b. Los bienes de las personas jurídicas de Derecho Público son del dominio público o del dominio privado (o bienes patrimoniales).

c. Los bienes del dominio público son de *uso público* o de *uso privado*.

d. Los bienes del dominio público están afectados al uso público o a un servicio público. Los bienes del dominio público que no estén afectados al uso público o a un servicio público pasan al dominio privado de las personas jurídicas de Derecho Público correspondientes.

e. El régimen de las tierras baldías.[2]

f. Los bienes del dominio público son inalienables, los del dominio privado no[3].

De igual manera, se regulaban algunas cuestiones relativas a los bienes públicos en la ya derogada Ley Orgánica de la Hacienda Pública Nacional y desde el punto de vista de los bienes públicos en particular y el dominio público especial, en las distintas leyes sectoriales.[4] A este complejo normativo heterogéneo le siguió la regulación general de diferentes bienes en la Constitución de la República Bolivariana de Venezuela así como el diferente tratamiento de ellos como bienes dominicales o patrimoniales, entre estas disposiciones destacan:

1) El régimen de los yacimientos mineros[5] y de hidrocarburos[6], y de las costas marinas[7], artículos 12 y 156, numeral 16.

2) El régimen y administración del espectro radioeléctrico, artículo 156, numeral 28.[8]

---

res Martínez, Eloy, *Manual de Derecho Administrativo*, Facultad de Ciencias Jurídicas y Políticas, Universidad Central de Venezuela, Caracas, 2001, p. 576 y ss. Turuhpial Cariello, Héctor, *Teoría General y Régimen Jurídico del Dominio Público en Venezuela*. Fundación Estudios de Derecho Administrativo. Caracas, 2008, p. 132 y ss.

[2]   Sobre los baldíos, su régimen está determinado en la Constitución en los artículos 13, in fine; 156, núm. 16°; 164, núm. 5°; 181 segundo aparte y en la Disposición Transitoria Decima Primera; en la Ley de Tierras Baldías y Ejidos aún vigente (*Gaceta Oficial* del 03 de septiembre de 1936); en el artículo 147 de Ley Orgánica del Poder Público Municipal (*Gaceta Oficial* Extraordinario N° 6.015 del 28 de diciembre de 2010); en los artículos 2 y 95 de la Ley de Tierras y Desarrollo Agrario (*Gaceta Oficial* Extraordinario N° 5.991 del 29 de julio de 2010) y los artículos 15, núm. 5° y 50 del Decreto con rango, valor y fuerza de Ley de Reforma Parcial del Decreto con rango, valor y fuerza Ley Orgánica de Bienes Públicos (*Gaceta Oficial* Extraordinaria N° 6.155 del 19 de noviembre de 2014) en lo sucesivo, Ley Orgánica de Bienes Públicos (LOBP).

[3]   Ghazzaoui, Ramsis, "Notas sobre el uso, aprovechamiento y gestión de los bienes del dominio público" en Canónico Sarabia, Alejandro (Coordinador) *Temas relevantes sobre los contratos, servicios y bienes públicos*. Editorial Jurídica Venezolana, Caracas, 2014, p. 119-120.

[4]   Cuestión esta que sigue siendo así, a tenor de lo dispuesto en el artículo 15 de la Ley Orgánica de Bienes Públicos.

[5]   En concordancia con el artículo 2 del Decreto con Rango y Fuerza de Ley de Minas (*Gaceta Oficial* Extraordinaria N° 5.382 del 28 de septiembre de 1999).

[6]   En concordancia con los artículos 6, numeral 4 de la Ley Orgánica de Bienes Públicos; 3 de la Ley Orgánica de Hidrocarburos (*Gaceta Oficial* N° 38.443 del 24 de mayo de 2006) y 1 del Decreto con Rango y Fuerza de Ley Orgánica de Hidrocarburos Gaseosos (*Gaceta Oficial* N° 36.793 del 23 de septiembre de 1999).

[7]   En concordancia con el artículo 9 del Decreto con fuerza de Ley de Zonas Costeras (*Gaceta Oficial* N° 37.349 del 19 de diciembre de 2001) y artículo 6, numeral 3 de la Ley Orgánica de Bienes Públicos.

3) El régimen y aprovechamiento de minerales no metálicos[9], artículo 164 numeral 5; el régimen del dominio público vial estadal, numeral 9; la conservación, administración y mantenimiento de las vías nacionales, de puertos y aeropuertos comerciales[10], numeral 10.

4) El régimen y administración de los ejidos, artículo 181[11] y

5) El régimen y aprovechamiento de las aguas, artículo 304.[12]

---

[8]   En concordancia con el artículo 7 de la Ley Orgánica de Telecomunicaciones: "El espectro radio-eléctrico es un bien de dominio de la República, para cuyo uso y explotación deberá contarse con la respectiva concesión, de conformidad con la ley" (*Gaceta Oficial* Extraordinaria N° 6.015 del 28 de diciembre de 2010).

[9]   En concordancia con el artículo 13, numeral 2 de la Ley Orgánica de Descentralización, delimitación y transferencia de competencias del Poder Público.

[10]   Bajo la figura organizativa de coordinación; la cual fue objeto de una tergiversada interpretación del artículo 164, numeral 10° de la Constitución, violatoria de la misma y de la garantía institucional de la autonomía territorial de los Estados como ente político territorial por parte de la Sala Constitucional y por medio de la cual sirvió como punto de apoyo para el arrebato de los puertos y aeropuertos comerciales localizados en jurisdicciones de los estados catalogados como "opositores" al régimen centralizado del poder nacional. *Vid.* Sentencia SC/TSJ N° 564 del 15/04/2008. *Vid.* artículo 14 de la Ley Orgánica de Descentralización, delimitación y transferencia de competencias del Poder Público (*Gaceta Oficial* N° 39.140 del 17 de marzo de 2009) "El Ejecutivo Nacional ejercerá **la rectoría y establecerá los lineamientos** para el desarrollo de la coordinación señalada en el presente artículo" (negritas nuestras).

[11]   En concordancia con los artículos 133 y 147 de la Ley Orgánica del Poder Público Municipal (*Gaceta Oficial* Extraordinaria N° 6.015 del 28 de diciembre de 2010).

[12]   En concordancia con los artículos 5, numeral 10 y 6 de la Ley de aguas (*Gaceta Oficial* N° 38.595 del 2 de enero de 2007). La Sala Constitucional del Tribunal Supremo de Justicia en una sentencia del 4 de marzo de 2004 (N° 285) interpreto el artículo 304 constitucional, determinando que el vocablo "Nación" establecido en la disposición debía entenderse como sinónimo de "República" creemos alejándose de la ratio del constituyentista que quiso con esto apartarse (por lo menos en cuanto al dominio público acuático o hidráulico, dependiendo de su gestión y aprovechamiento) de la noción propietarista o patrimonialista francesa del dominio público (liderizada por Maurice Hauriou) imperante en Venezuela, tanto en la legislación como en la jurisprudencia, acercándose a la noción del dominio público como título de intervención o haz de potestades, que en resumen, ve en el "pueblo" al titular de los bienes de dominio público, y sin barreras en el caso del llamado dominio público natural, tesis que compartimos a cabalidad. De hecho el legislador de la Ley de Aguas en el citado artículo 6 ratifica este criterio, a pesar que la Sentencia *in comento* es del año 2004 y la ley especial del año 2007: "Son bienes del dominio público de la Nación…". Sobre la sentencia comentada y otros temas de la legislación de aguas, Brewer-Carias, Allan R., *Ley de Aguas*. Colección textos legislativos N° 41, Caracas, 2007, p. 17 y ss. Sobre las teorías que tratan de explicar la relación o naturaleza jurídica del derecho que tiene el Estado sobre sus bienes y la titularidad de los mismos puede verse una muy completa sistematización de estas teorías en Diez, Manual María. *Dominio Público. Teoría General y Régimen Jurídico*. Valerio Abeledo Editor, Buenos Aires, 1940, p. 288 y ss. También, con más profundidad, Marienhoff, Miguel Santiago. *Tratado del Dominio Público*. Tipográfica Editora Argentina, Buenos Aires, 1960, p. 55 y ss. Un análisis más actualizado en González García, Julio V., *La titularidad de los bienes del dominio público*. Marcial Pons, Madrid, Barcelona, 1988, pp. 34 y ss. López Ramón, Fernando. *Sistema jurídico de los bienes públicos*. Civitas – Thomson Reuters, Cizur Menor, Navarra, 2012, p. 38 y ss. Un estudio muy completo a favor de la doctrina objetiva, liderizada en España por el Profesor José Luis Villar Palasí, en Parejo Alfonso, Luciano. "La summa divisio de las cosas. Las cosas públicas: el patrimonio de las administraciones y el dominio público" en Parejo Alfonso, Luciano y Palomar Olmeda, Alberto (Directores). *Derecho de los Bienes Públicos*, Volumen I, Thomson Reuters Aranzadi, Cizur Menor, Navarra, 2013, pp. 86-100.

II. LA PRIMERA OPORTUNIDAD PÉRDIDA: LA LEY ORGÁNICA DE BIENES PÚBLICOS

En el año 2012 se dictó por primera vez en nuestro país una legislación general relativa a los bienes públicos. Fue el Decreto con Rango, Valor y Fuerza de Ley Orgánica de Bienes Públicos[13]. Se pensó en una unificación de criterios general del régimen básico de los bienes públicos, y eso era lo que esperaba el foro jurídico venezolano e inclusive parte de los organismos de gestión y control de bienes (Contraloría General de la República, contralorías estadales, municipales y unidades de auditoría).

El resultado, una Ley hasta hoy día poco aplicada (por inaplicable), y por desconocimiento de cómo desarrollar sus disposiciones; pero al mismo tiempo, y quizás lo más grave, atentatoria de garantías constitucionales e institucionales y sobre todo implícitamente derogatoria de algunas construcciones dogmáticas doctrinales y del régimen jurídico administrativo de algunos bienes, que tanto constitucional como legalmente tienen plena vigencia; no sabemos si por desconocimiento, por fallos de técnica legislativa (que le sobran) o con toda la intención de desmontar un régimen de articulación competencial entre los distintos entes políticos territoriales a favor de un régimen centralizado de regulación, administración, gestión y control de todos los bienes públicos, lógicamente a favor de la República.[14]

A pesar que el presente opúsculo se circunscribe a la reforma parcial de la Ley de Bienes Públicos, tratare de hacer una concisa sistematización de las disposiciones que considero más relevantes y de mayor problemática en el Decreto con Rango, Valor y Fuerza de Ley Orgánica de Bienes Públicos de 2012:

1) El artículo 2 de la Ley establece que sus disposiciones son de estricto cumplimiento a todas las personas que conforman el Sistema Nacional de Bienes. Se dispone que quedan a salvo las competencias y autonomía atribuidas en la materia por la Constitución y leyes correspondientes. Esta última mención no es óbice para afirmar que el ámbito de aplicación extendido que proclama la ley puede ser atentatorio contra la autonomía de los entes políticos territoriales, que la misma Constitución garantiza en sus artículos 159 y 164 relativa a los Estados y 168 relativa a los Municipios.

2) En el artículo 3 se estable que las disposiciones de la ley son de orden público y se aplicaran con preferencia a cualquier otra del mismo rango; cabe preguntarse ¿qué pasaría en los casos de colisión de normas de igual rango, como por ejemplo entre la Ley Orgánica de Bienes Públicos y la Ley Orgánica del Poder Público Municipal? ¿Cómo se aplica el criterio de la especialidad? Pensamos que en aras de salvaguardar la garantía institucional[15]

---

[13] *Gaceta Oficial* N° 39.952 del 26 de junio de 2012.

[14] Acerca de la centralización del poder, la violación de la autonomía territorial y semejantes tópicos, con provecho, Brewer-Carías, Allan R., "El Estado totalitario y la ausencia de Estado Democrático y Social de Derecho y de Justicia, de economía mixta y descentralizado" en Ghazzaoui, Ramsis (Coordinador) *Constitución, Derecho Administrativo y Proceso: vigencia, reforma e innovación.* XVII Jornadas Centenarias del Colegio de Abogados del Estado Carabobo, Fundación Estudios de Derecho Administrativo (FUNEDA), Caracas, 2014, pp. 31 y ss.

[15] Dos obras fundamentales para comprender el concepto y características de la teoría alemana de la garantía institucional, por cierto, en ambas se trata el tema de la autonomía y como funciona en las Constituciones: Parejo Alfonso, Luciano. *Garantía institucional y autonomías locales.* Instituto de Estudios de Administración Local, Madrid, 1981, pp. 17 y ss. Gallego Anabitarte, Alfredo. *Derechos fundamentales y garantías institucionales: análisis doctrinal y jurisprudencial (Derecho a la Educación; autonomía local; opinión pública).* Ediciones de la Universidad Autónoma de Madrid, Civitas, Madrid, 1994, pp. 45 y ss.

de la autonomía municipal, habría que decantarse por la segunda, a pesar que la propia Ley Orgánica de Bienes Públicos declara en su artículo 18, numeral 1 la especialidad de sus disposiciones.

3) En el artículo 4, numeral 11 se establece que el Sector Público comprende las sociedades mercantiles en la cuales las personas a que se refiere el numeral anterior (empresas del Estado, estaduales, municipales o distritales) tengan participación igual o mayor al cincuenta por ciento (50%) del capital social; esta redacción se presta a una verdadera confusión, siendo más sencillo citar como parte del mencionado sector a las empresas filiales de aquellas, que es sin duda lo que ha querido mencionarse.

4) En el artículo 6, numeral 3, se cataloga al mar territorial como bien del dominio público, cuestión que rompe con el criterio dogmático por el cual sobre el mar territorial y espacios acuáticos se ejerce soberanía, conforme al artículo 11 de la Constitución. En estos espacios la República es titular de una especie de dominio eminente, jamás equivalente a la propiedad, ni pública ni privada. Es tal la descoordinación e incoherencia del legislador habilitado (valga decir, la Presidencia y Vice-Presidencia de la República, las Vice-presidencias sectoriales, la Procuraduría General de la República y el Ministerio del Poder Popular de Planificación) que en el Decreto con Rango, Valor y Fuerza de Ley Orgánica de los Espacios Acuáticos[16] no se estableció la categoría demanial al mar territorial, más bien, se siguió la línea constitucional del artículo 11 citado, así:

"Artículo 8°. La soberanía nacional en el mar territorial se ejerce sobre el espacio aéreo, las aguas, el suelo, el subsuelo y sobre los recursos que en ellos se encuentren"

5) El artículo 7 está referido a la figura de la desafectación expresa de bienes del dominio público, los cuales se entienden incorporados al dominio privado de la República (con lo cual se infiere que la norma regula solo los bienes públicos nacionales) una vez dictado por el Presidente de la República el respectivo Decreto y previa autorización de la Asamblea Nacional. Esta disposición que tiene íntima relación con la siguiente del artículo 8 relativa a la afectación expresa de bienes patrimoniales al uso o servicios públicos no tiene paradigmas en la legislación venezolana, ya que rompe con toda la unidad de criterios doctrinales y jurisprudenciales hasta hoy conocidos. Según el legislador habilitado se puede afectar solo a través de ley especial dictada por la Asamblea Nacional, pero se desafecta expresamente por Decreto presidencial en Consejo de Ministros, rompiendo por el completo el principio de paralelismo de las formas en Derecho y acabando con la posibilidad de afectar y desafectar a través de actos administrativos. Reiteramos, ambas disposiciones se infiere son aplicables solo a bienes nacionales, vale decir, de la República.

6) Con respecto a las disposiciones que se encuentran en los artículos 9 y 10, considero una pérdida de oportunidad para introducir criterios jurisprudenciales de avanzada a nivel mundial relativos al tema de los privilegios y prerrogativas de los entes políticos territoriales, veamos: El artículo 9 dispone que los bienes del dominio público son imprescriptibles, inembargables e inalienables, en plena consonancia con la construcción dogmática de los caracteres jurídicos y protección de los bienes demaniales, sin embargo el artículo 10 dispone que los bienes que formen parte del patrimonio de la República no están sujetos a embargos, secuestros, hipotecas, ejecuciones interdictales y en general a ninguna medida preventiva o ejecutiva. Aquí se incluyen todos los bienes (de dominio público y dominio privado). Por la lectura de las normas pensamos que lo que quiso el legislador habilitado fue establecer en el

---

[16]   *Gaceta Oficial* Extraordinaria N° 6.153 del 18 de noviembre de 2014.

artículo 9 las características jurídicas de los bienes de dominio público y en el artículo 10 disponer los privilegios y prerrogativas de que gozan todos los bienes de la República. El problema radica en incluir los bienes patrimoniales, que no gozan de protección demanial por no estar afectados ni a usos públicos ni a servicios públicos en los privilegios y prerrogativas de la República, cuestión que por demás está superada en legislaciones extranjeras.[17]

7) La pretendida primacía de las normas de la Ley Orgánica de Bienes Públicos y las normas reglamentarias y complementarias de la misma como principio, conforme al artículo 18, numeral 1, sin duda atentatorio a la autonomía financiera, de gestión y administración de las entidades municipales y a la autonomía de administración y gestión de los bienes de los estados, conforme a los artículos constitucionales 168 y 164, numeral 3 respectivamente. Lo mismo puede decirse de la previsión competencial otorgada a la Superintendencia de Bienes Públicos en el artículo 21, numeral 11 de la Ley, referido a la posibilidad de acceder a los registros de bienes y datos de los órganos del Sector Público y de la disposición a todas luces inconstitucional a que se contrae el último párrafo del artículo 27 de la Ley, relativo a la observancia obligatoria por parte de las entidades político territoriales diferentes a la República de las normas de registro, conservación y mantenimiento de Bienes Públicos. Igualmente la autorización de la Comisión de Enajenación de Bienes Públicos para enajenar un bien propiedad de una entidad territorial (artículo 28) es atentatoria a los disposiciones constitucionales aquí señaladas; como también lo es la pretendida obligación de los estados, municipios, distritos, distritos metropolitanos y entes públicos no territoriales a informar a la Superintendencia de Bienes Públicos sobre la adquisición de bienes inmuebles y la enajenación de toda clase de bienes de su propiedad (artículos 50, *in fine* y 84). Esto se suma a la descripción en la ley como falta grave de los sujetos que conforman el Sector Público que

---

[17]   Esta regulación se encuentra en semejante forma en otras normas: artículo 75 del Decreto con Rango, Valor y Fuerza de Ley Orgánica de la Procuraduría General de la República (*Gaceta Oficial* Extraordinaria N° 5.892 del 31 de julio de 2008); artículo 100 del Decreto con Rango, Valor y Fuerza de Ley Orgánica de la Administración Pública (*Gaceta Oficial* Extraordinaria N° 6.147 del 17 de noviembre de 2014); artículos 29 y 156 de la Ley Orgánica del Poder Público Municipal; artículo 36 de la Ley Orgánica de Descentralización, delimitación y transferencia de competencias del Poder Público; artículo 13 de la Ley especial sobre la organización y régimen del Distrito Capital (*Gaceta Oficial* N° 39.156 del 13 de abril de 2009); artículo 10 de la Ley especial del régimen municipal a dos niveles del Área Metropolitana de Caracas (*Gaceta Oficial* N° 39.276 del 1 de octubre de 2009). La inembargabilidad no es un rasgo característico propio de los bienes demaniales, sino un privilegio general de la Administración financiera, aplicable a la totalidad de los bienes y derechos que integran su patrimonio en virtud de varias disposiciones arriba señaladas. El Tribunal Constitucional Español en una sentencia ya de vieja data estableció lo siguiente: "…lo que caracteriza a los bienes demaniales frente a los patrimoniales – y lo que legitima su régimen jurídico exorbitante – es el criterio de la afectación a un uso público o a la prestación de un servicio público. La inembargabilidad se vincula con el destino del bien para la satisfacción de necesidades colectivas. En la medida en que los bienes patrimoniales no reúnen esta característica de la afectación o destino, no pueden gozar del privilegio de la inembargabilidad…" (STCE N° 166 del 15 de julio de 1998). Esta última doctrina jurisprudencial ya ha sido acogida en nuestro país. *Vid.* sentencias SC/TSJ N° 1869 del 15 de octubre de 2007; SPA/TSJ N° 1769 del 7 de noviembre de 2007. Sin embargo, en criterio contrario, retornando al viejo sistema, SC/TSJ N° 1582 del 21 de octubre de 2008. Criticas a esta última sentencia en Reverón Boulton, Carlos. "La sentencia 1582 de la Sala Constitucional y los privilegios procesales de la República" en *Anuario de Derecho Público* N° 2, Centro de Estudios de Derecho Público, Universidad Monteávila, Caracas, 2009, p. 266. Díaz Candia, Hernando. La inembargabilidad de la República y su condena en costas: crítica interpretativa a la sentencia dictada por la Sala Constitucional del Tribunal Supremo de Justicia el 21 de octubre de 2008 en el caso *Jorge Neher y Hernando Díaz Candia*" en *Cuadernos Infolex*, N° 2, Ediciones Paredes, Valencia, 2010, pp. 83 y ss.

incumplan el deber de suministrar la información requerida por la Superintendencia de Bienes Públicos de conformidad con la ley (artículo 98, numeral 4).

8) El artículo 39 señala que para la incorporación al patrimonio de la República de los bienes muebles e inmuebles que se encuentren en el territorio de la República y que no tengan dueño, el Superintendente solicitara la posesión real al Juez de Primera Instancia en lo Civil, obviando por completo las previsiones relativas a los baldíos como bienes inmuebles (al igual que lo hace la categorización de bienes públicos que hace el artículo 5, numeral 2 de los bienes que no tienen dueño) y la ocupación como forma tradicional de adquisición de los muebles abandonados (Artículo 797 y 801 del Código Civil).

9) La peligrosa estipulación del artículo 46 que permite a la República recuperar por sí misma, sin mediar procedimiento alguno la posesión que considere indebidamente perdida sobre bienes que considere de su patrimonio. El legislador habilitado parece ignorar por ejemplo el régimen de baldíos, que al ser bienes de dominio privado pueden ser objeto de prescripción adquisitiva o usucapión, y el procedimiento para recuperar la posesión perdida de los mismos establecido en los artículos 10 y 11 de la Ley de Tierras Baldías y Ejidos y el juicio declarativo de prescripción establecido en los artículos 690 y siguientes del Código de Procedimiento Civil.

10) El desconocimiento en la Ley de los derechos del concesionario de una concesión de dominio público, al estipular el artículo 64 que las mismas no crean derechos reales; desconoce el legislador habilitado todo el edificio dogmático en materia de concesiones administrativas. Claro está que las mismas no crean derechos reales típicos de derecho privado, crean derechos reales administrativos a favor de concesionario, que van más allá del derecho a realizar el uso, aprovechamiento o explotación de los bienes y que si son oponibles a terceros y a la propia administración concedente[18].

11) En el Capítulo VIII, del Título III, referente a la desincorporación y enajenación de bienes, a pesar de su regulación expresa en los artículos 73 y 76 respectivamente, el mismo no establece los procedimientos para llevar a cabo estas importantes formulas en la administración pública. Solo se disponen unas normas básicas relativas a la enajenación de bienes bajo la modalidad de venta y permuta y los casos de adjudicación directa.[19]

---

[18]   *Vid.* por ejemplo el artículo 33 del Decreto con Rango y Fuerza de Ley Orgánica sobre promoción de la inversión privada bajo el régimen de concesiones (*Gaceta Oficial* Extraordinaria N° 5.394 del 25 de octubre de 1999), el cual establece los derechos que nacen para el concesionario desde que se perfecciona el contrato de concesión, y el artículo 35 *ejusdem* el derecho del concesionario a ceder o transferir su derecho en la concesión, ambos aplicables por remisión del artículo 74 de la vigente Ley Orgánica de Bienes Públicos a las concesiones demaniales, en oposición a lo establecido en el citado artículo 64 de la Ley Orgánica de Bienes Públicos de 2012. No obstante, sorprendentemente, en el artículo 66 de la LOBP del 2012 (reiterado textualmente en el artículo 77 de la vigente Ley Orgánica de Bienes) el legislador previo un derecho preferente a favor de "los titulares de derechos vigentes sobre bienes públicos que resulten de concesiones otorgadas", en franca contradicción con el mencionado artículo 64. Es otra de las incongruencias y fatalidades de la ley.

[19]   La Superintendencia de Bienes Públicos dicto unas "Normas Generales sobre la licitación para la venta y permuta de bienes públicos" (*Gaceta Oficial* N° 40.054 del 20 de noviembre de 2012). Una revisión de las mismas en Trias Bertorelli, Diana. "Comentarios sobre el régimen jurídico de licitación para la venta y permuta de bienes públicos" en Canónico Sarabia, Alejandro (Coordinador). *Temas relevantes sobre los contratos, servicios y bienes públicos*. Editorial Jurídica Venezolana, Caracas, 2014, pp. 137 y ss.

12) Por último, la falta de un procedimiento constitutivo sancionatorio que establezca y garantice los derechos de los presuntos infractores administrativos y sobre todo su participación en el mismo. La ley se limita a indicar la formación de expediente a las unidades de bienes del Sector Público, a establecer los tipos y las sanciones, las causales atenuantes y agravantes, la forma de imposición de la sanción, la posibilidad de ejercer el recurso de reconsideración una vez dictada la providencia con la multa, la promoción de pruebas en vía recursiva y estableciendo un plazo muy amplio para decidirlo, la posibilidad de interponer recurso jerárquico contra la negativa de admisión del recurso de reconsideración y la no suspensión del acto impugnado en vía administrativa.

Vistos los aspectos más relevantes de la Ley Orgánica de Bienes Públicos, pasemos a detallar las reformas a la misma en la Ley de Reforma Parcial de la Ley Orgánica de Bienes Públicos.

III. OTRA OPORTUNIDAD PERDIDA: EL DECRETO CON RANGO, VALOR Y FUERZA DE LEY DE REFORMA PARCIAL DEL DECRETO CON RANGO, VALOR Y FUERZA DE LEY ORGÁNICA DE BIENES PÚBLICOS

En el marco de una Ley Habilitante (una vez más) el Ejecutivo Nacional dicto el Decreto con Rango, Valor y Fuerza de Ley de Reforma Parcial del Decreto con Rango, Valor y Fuerza de Ley Orgánica de Bienes Públicos. No conocemos cual fue el propósito de la reforma, pues de la lectura y análisis de la misma no se encuentran modificaciones sustanciales que nos lleven a indicar una corrección de los errores materiales o formales de la Ley Orgánica de Bienes Públicos de 2012, más bien todo lo contrario, la reforma trata de ampliar aún más el ámbito de aplicación de la ley, extender y recalcar el marcado centralismo en el marco de la arquitectura competencial de los órganos y entes que ejercen rectoría en el sistema de bienes públicos y que están en cabeza del Poder Público Nacional y quizás lo más grave, no se reforma ninguna disposición en aras de garantizar la autonomía de las entidades políticas territoriales, manteniendo así la ley visos de inconstitucionalidad. Es, pues, otra oportunidad perdida. Sin embargo, consideramos que lo más atractivo de la reforma es la incorporación de un procedimiento administrativo acorde con los derechos y garantías de los entes y órganos del Sector Público o personas involucradas, sobre todo, en donde se permite la participación de los presuntos infractores.

Pero pasemos a señalar los cambios que consideramos más importantes de esta reforma:

1) Se modificó el artículo 4, en el cual se prevén los órganos y entes que conforman el Sector Público. En ese sentido, se incorporaron dos nuevos numerales (11 y 12), relativos a las personas jurídicas previstas en la ley que regula la materia del poder popular y añadiendo la aplicación de las disposiciones legales a sociedades de cualquier tipo, no solo mercantiles, y eliminando la mención a la categoría general de personas jurídicas estatales de derecho público, quedando redactado de la siguiente manera:

Artículo 4°. Para los efectos del presente Decreto con Rango, Valor y Fuerza de Ley Orgánica, el Sector Público comprende los órganos y entes que a continuación se detallan:

1. Los órganos y entes a los que incumbe el ejercicio del Poder Público Nacional.

2. Los órganos y entes a los que incumbe el ejercicio del Poder Público Estadal.

3. Los órganos y entes a los que incumbe el ejercicio del Poder Público en los Distritos y Distritos Metropolitanos.

4. Los órganos y entes a los que incumbe el ejercicio del Poder Público Municipal y en las demás entidades locales previstas en la Ley que regulan la materia del Poder Público Municipal.

5. Los órganos y entes a los que incumbe el ejercicio del Poder Público en los territorios Federales y Dependencias Federales.

6. Los institutos autónomos o públicos nacionales, estadales, distritales y municipales.

7. El Banco Central de Venezuela y el Sector Público Financiero en General.

8. Las Universidades Públicas.

9. Las sociedades mercantiles en las cuales la República o las demás personas a que se refiere el presente artículo tengan participación igual o mayor al cincuenta por ciento (50%) del capital social. Quedarán comprendidas además las sociedades de propiedad totalmente estatal, cuya función, a través de la posesión de acciones de otras sociedades, sea coordinar la gestión empresarial pública de un sector de la economía nacional.

10. Las sociedades mercantiles en las cuales las personas a que se refiere el numeral anterior tengan participación igual o mayor al cincuenta por ciento (50%) del capital social.

11. Las personas jurídicas previstas en la ley que regula la materia del poder popular.

12. Las sociedades de cualquier naturaleza en las cuales las personas a que se refieren los numerales anteriores tengan participación igual o mayor al cincuenta por ciento (50%) del capital social, así como las que contribuyan con la partición de aquellas.

13. Las fundaciones, asociaciones civiles y demás instituciones creadas con fondos públicos o que sean dirigidas por las personas a que se refieren los numerales anteriores o en las cuales tales personas designen sus autoridades, o cuando los aportes presupuestarios o contribuciones efectuados en un ejercicio presupuestario por una o varias de las personas a que se refieren los numerales anteriores representen el cincuenta por ciento (50%) o más de su presupuesto.

Se suprimieron los numerales 7 y 12 del texto legal anterior, pertenecientes al Territorio Insular Francisco de Miranda y a las Empresas de Propiedad Social Indirecta Comunal, respectivamente.

2) El artículo 20, ahora artículo 22, se prevé la creación de la Superintendencia de Bienes Públicos, agregando que la misma es un servicio "especializado y sin personalidad jurídica" y que, a parte de las facultades ya mencionadas en el texto anterior, también tiene capacidad de gestión administrativa y operativa.

3) El artículo 21, ahora artículo 30, el cual regula las competencias de la Superintendencia de Bienes Públicos, incorporo en el numeral 23 la posibilidad de establecer los lineamientos para el diagnóstico el estado físico, legal y administrativo de los Bienes de los órganos y entes del Sector Público, en el marco de las atribuciones conferidas en el presente Decreto con Rango, valor y Fuerza de Ley, cuestión que aparte de atentar contra la autonomía de los órganos y entes políticos territoriales le confiere al mencionado servicio desconcentrado un alto grado de discrecionalidad al momento de determinar, por ejemplo, que se considera un bien obsoleto, o que bien está en posesión o en propiedad de una persona pública.

4) El artículo 33, ahora artículo 44 establece la obligación a todos los órganos y entes que conforman el Sector Público la obligación de suministrar información se sus inventarios de bienes. Una vez más se ratifica la violación a la autonomía administrativa y de gestión de los entes políticos territoriales y sus organismos.

5) Se modificó el artículo 92 pasando a ser el artículo 103, ampliando el rango de responsabilidades ya no solo a funcionarios públicos sino a toda persona natural que ejerza función de gestión pública.

6) Se modificó en su totalidad el Título VI del texto legal relativo a los procedimientos y recursos, del artículo 113 al 131, ambos inclusive.

De esa manera, el procedimiento administrativo se iniciará a instancia de parte o de oficio. En el caso de apertura de oficio, el Superintendente ordenará el inicio del procedimiento administrativo sancionatorio y notificará a los órganos y entes, así como a los particulares cuyos derechos subjetivos o interesas legítimos, personales y directos pudieran verse afectados, concediéndoles un lapso de 10 días hábiles para que presenten sus alegatos y argumentos (artículo 113).

Cuando se dé inicio al procedimiento por instancia de parte interesada, en el escrito deberá constar (artículo 114):

1. Fecha expresando lugar, día mes y año.

2. Escrito dirigido al Superintendente.

3. Identificación de la persona o representante legal con expresión de los nombres, apellidos, domicilio, nacionalidad, estado civil, profesión, número de cédula o pasaporte.

4. En caso de tratarse de un órgano o ente, o persona jurídica de derecho privado, deberá constar el número de Registro de Información Fiscal, y la identificación del representante legal.

5. La dirección del lugar donde se harán las notificaciones pertinentes.

6. Los hechos, razones y pedimentos correspondientes, expresando la materia objeto de la solicitud.

7. Referencia a los anexos que lo acompañan, si tal es el caso.

8. Cualesquiera otras circunstancias que exijan las normas legales o reglamentarias.

9. La firma de los interesados.

Las unidades responsables patrimoniales encargadas de la administración y custodia de los bienes públicos en los órganos o entes del Sector Público deberán formar expediente administrativo. Asimismo deberán incorporar al expediente aquellos documentos que tengan en su poder, relacionados directa o indirectamente con la presunta comisión de los hechos. Deberán remitir el expediente administrativo a la Superintendencia dentro de los 30 días hábiles siguientes a la presunta comisión del hecho a fin de dar inicio al procedimiento administrativo sancionatorio (artículo 115).

Si el escrito de solicitud de inicio de procedimiento administrativo tuviese algún error u omisión, se notificará al solicitante y tendrá 15 días hábiles para subsanarlos (artículo 116).

Dentro de los 3 días hábiles, de no contener errores la solicitud, deberá ser admitido el escrito de solicitud, se ordenará abrir el procedimiento administrativo sancionatorio mediante acto motivado y se designará al funcionario instructor del expediente (artículo 117).

Iniciado el procedimiento el funcionario debe abrir el expediente administrativo (artículo 118). Además, el acto administrativo que da inicio al procedimiento será notificado en la sede principal del órgano o ente del Sector Público o del domicilio fiscal de la persona natural o jurídica de derecho privado de que se trate, y surtirá pleno efecto una vez que conste la recepción del órgano o ente involucrado o la parte interesada (artículo 119).

Cuando resulte impracticable la notificación se procederá a la publicación del cartel en un diario de mayor circulación nacional, se entenderá como notificado a los 5 días hábiles siguientes a la publicación del cartel o cuando se deje constancia en el expediente administrativo (artículo 120).

Dentro de los 5 días hábiles siguientes al vencimiento del lapso de notificación, las partes podrán presentar sus escritos de prueba. Una vez concluido dicho lapso, habrá 3 días hábiles para la oposición a las pruebas. Vencido el lapso de oposición se abrirá un lapso de 3 días hábiles para que el funcionario admita las pruebas y ordenará su evacuación, la cual se hará a los 10 días hábiles siguientes (artículo 121).

El Superintendente podrá, de oficio o a solicitud de parte, acumular los expedientes en caso de haber conexión o relación con cualquier otro asunto (artículo 122).

Los interesados y sus representantes tendrán libre acceso al expediente con la finalidad de revisar todas las actuaciones, a excepción de aquellas que sean declaradas como confidenciales (artículo 123).

Vencido el lapso de pruebas, mediante acto motivado que se agregará al expediente administrativo, el funcionario instructor lo remitirá a la unidad administrativa competente con la finalidad de que se pronuncie dentro de los 15 días hábiles siguientes. Dicho pronunciamiento deberá ser remitido junto con el expediente al Superintendente, a fines de que este decida mediante providencia administrativa debidamente motivada dentro de los 20 días hábiles siguientes las sanciones a que hubiere lugar (artículo 124).

La notificación de la decisión se hará de acuerdo a las formalidades legales establecidas en le Ley Orgánica de Procedimientos Administrativos. En caso de que la decisión sea la imposición de una sanción de multa, la misma deberá ser pagada dentro de los 15 días siguientes a la notificación y consignando el recibo dentro de los 3 días hábiles siguientes (artículo 125).

Contra la Providencia Administrativa emitida por el Superintendente se podrá interponer Recurso de Reconsideración dentro de los 15 días hábiles siguientes a su notificación y deberá ser admitido o no por el Superintendente dentro de los 10 días hábiles siguientes (artículo 126)

La inadmisibilidad del Recurso de Reconsideración deberá ser motivada y contra dicha decisión se podrá interponer Recurso Jerárquico ante el Ministro con competencia en la materia de Finanzas, bajo las formalidades y plazos de la Ley Orgánica de Procedimientos Administrativos (artículo 127).

La interposición de los recursos no impedirá o suspenderá la ejecución del acto recurrido (artículo 128).

Cuando se trate de multa, se fijará para cada caso según la mayor o menor gravedad de la infracción, la magnitud de los perjuicios causados al Tesoro Nacional y las circunstancias agravantes o atenuantes previstas en el Decreto-Ley y conforme al principio de proporcionalidad y adecuación entre el supuesto de hecho y fines de la norma (artículo 129).

Se entenderán por circunstancias atenuantes (artículo 130):

1. Que el hecho o la omisión constitutivo de la infracción se haya cometido sin intencionalidad por parte de quien lo cometió.

2. Que el hecho o la omisión constitutivo de la infracción no haya causado grave perjuicio al patrimonio público o a las personas.

3. La reparación del daño por iniciativa de quien cometió el mismo.

Finalmente, se entenderán como circunstancia agravantes (artículo 131):

1. Que el hecho o la omisión constitutivo de la infracción se cometió intencionalmente.

2. Que el hecho o la omisión constitutivo de la infracción haya causado grave perjuicio al patrimonio público o a las personas.

3. Que el hecho o la omisión constitutivo de la infracción haya producido ganancias o provecho para quien lo cometió o para sus cómplices si los hubiese.

4. La reincidencia.

CUARTA PARTE:
SOBRE EL RÉGIMEN DE LA ECONOMÍA

Sección I: Constitución económica y legislación delegada

La Constitución económica y los decretos Leyes dictados en ejecución de la Ley Habilitante 2013

José Ignacio Hernández G.

Director del Centro de Estudios de Derecho Público
de la Universidad Monteávila

Resumen: *El artículo analiza los Decretos-Leyes dictados en ejecución de la Ley Habilitante 2013, desde la Constitución económica de 1999.*

Palabras claves: *Constitución económica.*

Abstract: *The article analyzes the Decrees Law promulgated under the 2013 Enabling Act, from the perspective of the 1999 economic Constitution.*

Keywords: *Economic Constitution.*

I. LA INTERPRETACIÓN DE LA CONSTITUCIÓN ECONÓMICA Y LOS DECRETOS-LEYES

La Constitución económica en el Texto de 1999, es decir, el marco jurídico fundamental de la economía establecida en la Constitución, ha sido interpretada de distintas maneras en los últimos años[1].

Una *primera* interpretación, guiada por diversas sentencias del Tribunal Supremo de Justicia, consideró que el marco jurídico fundamental de la economía, en el Texto de 1999, se regía por los mismos principios vigentes bajo la Constitución de 1961.

---

[1] Para el análisis de estas sentencias, y nuestra opinión, *vid.* Hernández G., José Ignacio, *Derecho administrativo y regulación económica*, Editorial Jurídica Venezolana, Caracas, 2006, pp. 173 y ss.

Por ello, ese marco jurídico fue calificado -siguiendo, sin citarla, a la doctrina alemana- como "*sistema de economía social de mercado*".

Una *segunda* lectura se basó en la reinterpretación del artículo 2 de la Constitución, considerando que el Estado social allí previsto se basaba en una especie de "*lucha de clases*" que llevaba a la "*desprotección*" de los "*poderosos*" (sentencia de la Sala Constitucional de 24 de enero de 2002, caso *Asovediprilara*). Ese Estado social fue considerado como un "Estado total", es decir, un Estado que dirige todo el proceso económico sin reconocer a la libre autonomía privada (sentencia de la Sala Constitucional de 23 de julio de 2009, recaída en el caso *nulidad de la Ley de Protección al Consumidor y al Usuario*). Por ello, se ha considerado que la libertad de empresa no tiene un contenido esencial oponible al Estado: todo su contenido es de discrecional configuración por el Estado (sentencia de 27 de mayo de 2011, caso *Ana Ysabel Hernández*). Más recientemente, la Sala Constitucional ha señalado, en sentencia de 18 de agosto de 2014, caso *Superintendente Nacional para la Defensa de los Derechos Socio Económicos*, lo siguiente:

> "Lo anterior comporta tanto para la concepción de los derechos de rango constitucional como los de rango legal, un auténtico cambio en la formulación de los mismos, que impone que no puedan estar circunscritos a simples e irrestrictos parámetros de libertad para los ciudadanos, o representar normas permisivas, bajo una postura en sentido negativo o abstencionista del Estado, en los términos verificados bajo una concepción liberal de aquél; sino que las normas y la actividad de producción normativa, pasan a ser materializadas en términos de imposición de derechos imprescindibles y vitales para la vida de los ciudadanos, con el correspondiente correlativo de los deberes impuestos al Estado en la tutela y en el alcance de los mismos.
>
> De esta manera, se configura una nueva manera de concebir la interpretación normativa, partiendo de la conciencia de la dimensión dentro de la cual el elemento normativo pasará a desempeñarse, esto es, dentro de un Estado de naturaleza social; y a su vez, de que el Estado detenta una serie de deberes ineludibles, que no quedan a su mero arbitrio o capacidad discrecional, sino que por el contrario, comportan un imperativo del más alto nivel, que debe encontrar reflejo y sustento en preceptos normativos en los que el Estado, se encuentre igualmente obligado al cumplimiento de la dimensión de su fin social.
>
> No obstante ello, debe necesariamente dejar claro esta Sala, que la reformulación en la concepción de los derechos y de la concepción normativa a la que aquí se alude, no supone en modo alguno, un desconocimiento o menoscabo de los derechos de libertad de los ciudadanos, ya que el Estado Social "sigue siendo un Estado de derecho, esto es, un Estado garantista del individuo frente al poder y en el intercambio con los demás ciudadanos, pero es también un Estado Social, esto es un Estado comprometido con la promoción del bienestar de la sociedad y de manera muy especial con la de aquellos sectores más desfavorecidos de la misma." (Pérez Royo, Javier: *Curso de Derecho Constitucional*, Editorial Marcial Pons. Madrid 2003, p. 202)".

El párrafo demuestra la manipulación conceptual de la cláusula del Estado social por la Sala Constitucional. Pese a reconocer que ese Estado no se opone a la libertad como derecho fundamental, la sentencia admite que el contenido de tales derechos queda marcado por la referida cláusula, valorada desde una concepción puramente estatista. Sobre la base de estas interpretaciones se ha pretendido sostener la constitucionalidad del sistema económico comunal desarrollado en el marco del denominado Estado Comunal[2].

---

[2]   Para un análisis de este sistema, véanse los comentarios de los profesores Juan Domingo Alfonso, Allan Brewer-Carías, Román Duque Corredor, Oscar Ghersi, José Ignacio Hernández G. Claudia Nikken, Flavia Pesci-Feltri y Daniela Urosa, sobre "El Estado Comunal", en el seminario de Pro-

En *tercer* lugar, y en sintonía con algunos de los criterios manejados en estas sentencias, se ha considerado que la Constitución de 1999 ampara un modelo socialista. Esta posición ha sido defendida desde algún sector de la doctrina que se autocalifica de liberal. De acuerdo con esa posición, la Constitución de 1999 ampara figuras que promueven el totalitarismo, como la cláusula del Estado social o los llamados "derechos sociales", figuras que de acuerdo con esta opinión, resultan propias de la socialdemocracia o de un modelo socialista[3].

Las dos últimas interpretaciones deben criticarse al apartarse de la adecuada técnica de interpretación de la Constitución. No puede negarse, ciertamente, que las cláusulas económicas de la Constitución de 1999 acusan un marcado estatismo[4], a través de un sistema en el que predomina el rol del Estado como actor económico y como regulador. Muy especialmente por cuanto la Constitución asumió, de manera inflexible, el modelo de la reserva sobre las actividades de exploración y explotación de hidrocarburos bajo la gestión monopólica de la empresa pública. Al ser la economía venezolana dependiente de la renta petrolera, ese monopolio constitucional promueve la "estatización" de toda la economía[5].

Pero es necesario considerar, además, las muchas normas que en la Constitución de 1999 reconocen la existencia de la economía de mercado, de acuerdo a lo expuesto por Alfredo Morles[6]. Esa economía de mercado queda configurada en los artículos 112, 113, 115 y 117, principalmente. De conformidad con estas normas, la economía venezolana debe quedar informada por la concurrencia de operadores privados que, autónomamente, y sobre la base de la propiedad privada, ofrecen bienes y servicios en condiciones efectivas de competencia, permitiendo así el derecho de los consumidores al acceso y selección de tales bienes y servicios. Tal economía de mercado no se opone a la intervención pública, la cual se desarrolla bajo dos títulos habilitantes básicos: *(i)* garantizar el propio funcionamiento de la economía de mercado y *(ii)* asegurar la satisfacción de necesidades consideradas de interés general, vinculadas con derechos prestacionales. Esta última intervención debe quedar caracterizada por una actividad prestacional no coactiva de la Administración económica, de acuerdo con los principios de subsidiariedad y menor intervención.

Tal sistema de economía social de mercado ha quedado desfigurado en un conjunto de Leyes y Decretos-Leyes que han dado construcción al denominado "modelo socialista". No se trata, advertimos, de una etiqueta carente de contenido. Todo lo contrario, ese modelo socialista ha sido específicamente definido en diversas Leyes, como la Ley Orgánica del Poder Popular. Así, el modelo socialista puede ser definido como aquel en el cual el Poder

---

fesores de Derecho Público de la Universidad Monteávila: http://www.uma.edu.ve/interna/220/420/ponencias_sobre_el_estado_comunal

[3]   La explicaciones de estas posiciones y nuestra crítica, en Hernández G., José Ignacio, "Repensando a la libertad de empresa: breve ensayo sobre la libertad de empresa en Venezuela en 2012", en *Libro Homenaje a Clarisa Sanoja de Ochoa*, Academia de Ciencias Políticas y Sociales, Caracas, 2013, pp. 145 y ss.

[4]   Véase nuestro análisis crítico en Hernández G., José Ignacio, *La libertad de empresa y sus garantías jurídicas. Estudio comparado del Derecho español y venezolano*, Caracas, 2004, pp. 73 y ss.

[5]   Que es una de las críticas formuladas por José Valentín González, y en la cual coincidimos, aun cuando no compartimos algunas de las consideraciones adicionales que el autor formula. Véase al respecto su trabajo "Una nueva aproximación a la Constitución económica de 1999", *Enfoques sobre Derecho y libertad en Venezuela*, Academia de Ciencias Políticas y Sociales, Caracas, 2013, pp. 107 y ss.

[6]   Morles Hernández, Alfredo, "El derecho de la economía de mercado", en *Homenaje a Carrillo Batalla, Tomo II*, Universidad Central de Venezuela, Caracas, 2009, pp. 1119 y ss.

Ejecutivo Nacional Central asume la planificación central vinculante de toda la economía, "funcionalizando" a la empresa privada y promoviendo como modo de propiedad a la llamada "propiedad social", que es en realidad una propiedad estatal, o sea, pública. Bajo esta posición la empresa privada queda marginada por varios instrumentos: desde técnicas sujetas al arbitrio de la Administración que aniquilan la autonomía empresarial privada, hasta técnicas que derivan en la expropiación –directa o indirecta- de la empresa privada[7].

Ese modelo es contrario al sistema de economía social de mercado reconocido en la Constitución. Como explica Allan R. Brewer-Carías, ello constituye un intento fraudulento de alterar el contenido de la Constitución de 1999 para reinterpretar ese Texto de acuerdo con el –fallido– proyecto de reforma constitucional de 2007[8].

Por ello, ese modelo desconoce las garantías jurídicas de la libertad de empresa, a saber: la garantía formal, que impone que toda técnica de limitación de la Administración cuente con suficiente cobertura legal; la garantía del contenido esencial, de acuerdo con la cual no puede la intervención administrativa aniquilar la autonomía empresarial privada; y finalmente, las garantías materiales, que pivotan sobre los principios de igualdad, proporcionalidad, menor intervención y racionalidad, entre otros.

En este contexto conviene efectuar un análisis general de los 57 Decretos-Leyes dictados bajo la Ley Habilitante promulgada en 2013, uno de cuyos objetivos fue, precisamente, promover la regulación económica para atender la llamada "guerra económica"[9]. Esta intención se reflejó en el resultado final: 44% de los Decretos-Leyes fueron dictados en materia económica, con regulaciones generales –defensa de la competencia, por ejemplo– y sectoriales – regulación bancaria, entre otras.

Frente a cada uno de esos Decretos-Leyes se impone un análisis especial a fin de determinar en qué medida se han respetado las garantías jurídicas de la libertad de empresa en el marco del sistema de economía social de mercado. El análisis aquí contenido solo pretende dar una visión de conjunto, con todas las limitaciones que ello tiene.

II. LAS GARANTÍAS JURÍDICAS DE LA LIBERTAD DE EMPRESA EN LOS DE-CRETOS-LEYES DICTADOS AL AMPARO DE LA LEY HABILITANTE 2013

1. *La garantía formal: las remisiones en blanco y la deslegalización*

Toda limitación al ejercicio de la libertad de empresa, incluyendo limitaciones al ejercicio de la propiedad privada, debe estar establecida en la Ley. Es decir, que la Ley debe abor-

---

[7] Hernández G., José Ignacio, *Reflexiones sobre la Constitución económica y el modelo socioeconómico*, FUNEDA, Caracas, 2008, pp. 321 y ss.

[8] Brewer-Carías, Allan, "La reforma de la Constitución económica para implantar un sistema económico socialista", en http://www.brewercarias.com/Content/449725d9-f1cb-474b-8ab2-41 efb849fea2/Content/I,%201,%201026.%20Brewer.%20Los%20cambios%20en%20la%20Constitu ci%C3%B3n%20Econ%C3%B3mica%20sin%20reformar%20la%20Constituci%C3%B3n.%20XI %20Congreso%20Dcho%20Co).pdf. Del autor véase también *El Estado Totalitario y el desprecio a la Ley*, Editorial Jurídica Venezolana, Caracas, 2014, pp. 332 y ss.

[9] Sobre esa Ley Habilitante véanse nuestros comentarios "La Ley Habilitante 2013: un atentado a los principios republicanos", *Revista de Derecho Público N° 136*, Caracas, 2013, pp. 142 y ss. Cabe destacar que 57 de esos Decretos Leyes fueron formalmente promulgados antes del vencimiento de esa Ley -19 de noviembre de 2014- pero fueron *efectivamente* publicados en *Gaceta Oficial* luego de esa fecha. Por consiguiente, esos Decretos-Leyes deben entenderse publicados fuera del lapso de vigencia de la Ley Habilitante, todo lo cual acarrea su nulidad.

dar, con claridad, el contenido básico de la limitación que podrá adoptar la Administración económica. Esta garantía, asociada a la reserva legal, se opone a toda remisión en blanco o deslegalización. Es decir, que no puede la Ley remitir abiertamente a la Administración el desarrollo normativo o la concreción de la limitación.

Como principio general, los Decretos-Leyes dictados al amparo de la Ley Habilitante 2013 se apartan de esta técnica, pues contienen normas amplias y abiertas que remiten ilimitadamente a la Administración el desarrollo y concreción de limitaciones a la libertad de empresa y propiedad privada. Todo ello dejando a salvo el ejercicio abusivo del Decreto-Ley, no solo como instrumento de ordenación de la economía, sino como instrumento para tipificar delitos económicos, materia que debe entenderse reservada a la Ley dictada por el Poder Legislativo.

Así, por ejemplo, la *Ley del Sistema Nacional Integral de Agroalimentario*[10] delega en la Administración la regulación del sector agroalimentario de manera amplia e indeterminada. De acuerdo con su artículo 51:

> "El Ejecutivo Nacional, por órgano de los Ministerios del Poder Popular con competencia en comercio y alimentación, debe establecer las normas sobre calidad, recepción, sistemas de envasado, empaque, etiquetado y clasificación de los productos agroalimentarios, en concordancia con las normas del Codex Alimentarius y las normas de calidad, en lo que sea aplicable, que garanticen una información veraz y confiable de las características del producto. Así mismo, debe establecer las normas para su verificación y la certificación de origen de los productos que lo requieran"

No se pierde de vista la relevancia de las normas técnicas en materia de alimentos, que han venido siendo recopiladas y sistematizadas en el marco del *Codex Alimentarius*. Pero el citado artículo 51, en realidad, excede de ese ámbito, pues en la práctica, contiene una habilitación abierta para que sea la Administración económica, mediante actos administrativos normativos, la que regule el sector.

Esta deslegalización está presente incluso en la tipificación de infracciones, lo que constituye una violación adicional a la garantía constitucional de la legalidad de las penas y sanciones (artículo 49.6 constitucional). Según el artículo 54 de la *Ley Antimonopolio*[11], por ejemplo, toda infracción a la Ley y a sus reglamentos *"no castigada expresamente, será sancionada con multa entre el uno por ciento (1%) y el veinte por ciento (20%) del valor del patrimonio del infractor, según la gravedad de la falta, y a juicio de la Superintendencia Antimonopolio"*.

Precisamente, una norma similar de la derogada Ley había sido anulada por la Sala Constitucional al considerarse que esa norma *"permite una apertura indefinida de los supuestos ilícitos administrativos, ya que cualquier conducta exigida por vía reglamentaria que es incumplida por el administrado daría lugar a la sanción que la norma prevé"* (sentencia de la Sala Constitucional de 11 de junio de 2002, caso *Víctor Manuel Hernández*).

---

[10]   *G.O.* N° N° 6.150 extraordinario de 18 de noviembre de 2014.

[11]   *G.O.* N° 6151, luego publicado por error material en la *G.O.* N° 40.549 de 26 de noviembre de 2014.

2. *El desconocimiento de la autonomía privada empresarial y la violación del conte-
    nido esencial de la libertad de empresa. La libertad de empresa como garantía
    institucional y la soberanía del consumidor*

La libertad de empresa y la propiedad privada tienen una doble valencia: son derechos subjetivos de rango constitucional y además, son instituciones constitucionalmente garantiza-das en el marco del sistema de economía social de mercado. En tanto derechos constituciona-les, ellos encuentran una protección específica en la garantía del contenido esencial: la limi-tación a su ejercicio no podrá afectar el conjunto de atributos básicos que conforman su núcleo duro, es decir, los atributos que caracterizan a esos derechos tal y como ellos fueron recogidos en la Constitución. Estos atributos básicos están conformados por la autonomía privada: la libertad de empresa debe ser consecuencia del ejercicio de la autonomía del em-presario, incluso, en cuanto al uso, goce y disposición de sus bienes.

Dentro del sistema de economía social de mercado, esta autonomía garantiza el ejercicio del derecho de los consumidores y usuarios a acceder y seleccionar los bienes y servicios de su preferencia (artículo 117). Esto es, la soberanía del consumidor, caracterizada así como una institución constitucionalmente garantizada.

Varios Decretos-Leyes desconocen este contenido esencial y por ende, desnaturalizan la libertad de empresa y la propiedad privada, cuyo ejercicio ya no depende de decisiones autó-nomas, sino de la aplicación el marco jurídico derivado de estos Decretos-Leyes, que parten de una planificación central vinculante. El mejor ejemplo que podemos colocar es la *Ley Orgánica de Precios Justos*[12], la cual establece un sistema centralizado de control de costos y precios de todos los bienes y servicios. Al eliminar la libertad de precio, esa Ley desnaturali-za el derecho fundamental de libertad de empresa.

La *Ley de Inversiones Extranjeras*, por su parte, condiciona el reconocimiento de la in-versión extranjera a un previo acto administrativo de control, cuyo otorgamiento depende - entre otros parámetros– de la valoración del cumplimiento de los objetivos del llamado Plan de la Patria[13]. La inversión extranjera –que es manifestación del derecho de libertad de em-presa– queda sujeta a la configuración social de la Administración, al punto que esa iniciativa solo se tolera en la medida en que se ajuste al citado Plan de la Patria. Con ello, se desnatura-liza todo contenido esencial de la libertad de empresa.

Esta desnaturalización queda en evidencia, por último, en la *Ley de Regionalización In-tegral para el Desarrollo Socioproductivo de la Patria*[14]. Se trata ciertamente de un texto amplio y de contenido impreciso, pero que insiste en el principio de centralización territorial, mediante la creación de áreas o zonas de promoción del sistema económico comunal centrado en la propiedad social, que es una propiedad estatal en los términos de la Ley Orgánica del Sistema Económico Comunal. Dentro de esas áreas o zonas la autonomía privada de la inicia-tiva queda desplazada, en función a la planificación vinculada al socialismo.

---

[12]   *G.O.* N° 6.156 extraordinario del 18 de noviembre de 2014. Sus artículos 28 y 37 reconocen que el control de costos y precios y márgenes de ganancias aplica de manera central para todos los bienes y servicios, salvo aquellas actividades que conforme al artículo 2 de la Ley quedan excluidas de su ámbito de aplicación.

[13]   *G.O.* N° 6.152 extraordinario de 18 de noviembre. Las inversiones extranjeras quedan condiciona-das al Plan de la Patria (artículo 1). Ello se traduce en un conjunto de obligaciones que debe cum-plir la inversión, como realizar aportes de responsabilidad social y "contribuir con la producción de bienes y servidos nacionales a los fines de cubrir la demanda interna" (artículo 31).

[14]   *G.O.* N° 6.151.

3. *La violación de las garantías materiales y en especial, la violación del principio de menor intervención*

Las potestades administrativas de ordenación y limitación sobre la libertad de empresa y sobre la propiedad privada, además de contar con expresa cobertura legal y respetar el contenido esencial de tales derechos, deben ajustarse al principio de menor intervención. La Administración debe emplear la técnica de intervención menos restrictiva, siempre, partiendo de su carácter vicarial, según señala el artículo 141 constitucional.

Este principio de menor intervención rige también para la actividad prestacional de la Administración, de acuerdo con el principio de subsidiariedad. Tal actividad prestacional debe encaminarse a aportar prestaciones materiales propias del mínimo vital, siempre y cuando esas prestaciones no puedan ser atendidas eficientemente por la libre iniciativa privada.

Muchos Decretos-Leyes dictados se apartan de esta garantía al asumir una visión estatista de la economía, esto es, una visión en la cual el Estado es el principal actor económico, según corresponde al modelo socialista, colocando en un segundo plano a la libre iniciativa privada. Eso es así, incluso, respecto de las instancias del Poder Popular que puedan participar en la economía, en tanto esas instancias actúan bajo el control de la Administración Central, y por ello, según su configuración legal, no pueden comprenderse dentro del derecho de libertad de empresa. Tan es así que la llamada propiedad social –base del mencionado modelo socialista– no es una propiedad privada, en tanto su dominio pertenece al Estado. Es, pues, una propiedad estatal o pública.

Un ejemplo de lo anterior lo encontramos en la citada *Ley del Sistema Nacional Integral Agroalimentario.* Esa Ley permite a la Administración intervenir para "conciliar" en conflictos entre empresas del sector y sus trabajadores, o empresas de otros sectores (artículos 83 y 84). Con tal competencia, la Ley parece asignarle a la Administración funciones propias a las de los Tribunales, todo lo cual se aparta del artículo 141 constitucional, en detrimento del principio de menor intervención.

La violación del principio de menor intervención se aprecia también la regulación de los procedimientos aplicables para dictar actos administrativos. Así, en la *Ley Orgánica de Precios Justos* se confieren a la Administración amplias potestades para dictar actos de limitación antes incluso del inicio del precio procedimiento (artículos 44 y 74). En cuanto a la ejecución de los actos administrativos, el artículo 64.1 de la *Ley del Sistema Nacional Integral Agroalimentario* permite a la Administración efectuar inspecciones en el domicilio de los sujetos investigados, sin requerir para ello autorización judicial, lo que contradice el artículo 47 constitucional.

Más grave es, en este sentido, el *Código Orgánico Tributario*[15], el cual se aparta del artículo 141 constitucional, asignando potestades a la Administración Tributaria que desconocen la existencia del principio de mínima intervención. En especial, su artículo 290 reconoce la potestad de autotutela para la ejecución forzosa de actos que obligan al pago de cantidades de dinero, todo lo cual puede llegar hasta el embargo, se insiste, declarado por la propia Administración. La violación del principio de menor intervención enlaza, en este punto, con la violación del principio de separación de poderes, en tanto la ejecución forzosa de actos contra la propiedad privada es una potestad privativa del Poder Judicial.

---

[15]   *G.O.* N° 6.152.

Finalmente, la violación del principio de menor intervención se evidencia en la regulación de la actividad prestacional de la Administración, concretamente, en el régimen de las misiones. La *Ley Orgánica de Misiones, Grandes Misiones y Micro-Misiones*[16] concibe a las misiones como una actividad administrativa prestacional orientada a satisfacer un amplio catálogo de derechos –artículo 8– conforme al –igualmente amplio– catálogo de prestaciones descritas en el artículo 11. En esa regulación el desarrollo económico se concibe como responsabilidad exclusiva de la Administración sin reconocer el rol de la libre iniciativa privada, todo lo cual socava los principios constitucionales de menor intervención y subsidiariedad.

Ya más concretamente, encontramos a la *Ley de la Gran Misión Agrovenezuela*[17]. Esa Ley menciona la existencia de a la empresa privada –artículo 5, por ejemplo. Empero, el sentido de la Ley es que la atención del sector agrícola conforme al principio de seguridad alimentaria (artículos 1 y 3) es responsabilidad del Estado. Es decir, la concepción estatista de desarrollo que, según lo explicado, es contraria a la Constitución por apartarse del principio de menor intervención.

4. *Decretos-Leyes, Constitución económica y democracia*

Los ejemplos citados permiten concluir en la existencia de Decretos-Leyes que desarrollan un modelo opuesto a la Constitución económica, al reconocer técnicas de actuación de la Administración contrarias a la libertad económica, la propiedad privada y el derecho de los consumidores y usuarios a seleccionar bienes y servicios de su preferencia. El rasgo común es la clara preferencia por la iniciativa pública y la subordinación de la iniciativa privada a los objetivos políticos asumidos por la Administración Central, típicamente, a través del llamado Plan de la Patria.

Tal visión estatista se traduce en un amplio sistema de ordenación y limitación, que socava el contenido esencial de la libertad de empresa. Asimismo, los Decretos-Leyes regulan la actividad prestacional de la Administración marginando el alcance de la libre iniciativa privada, en menoscabo del principio de subsidiariedad.

Todas estas violaciones no solo contradicen a la Constitución económica, sino que por ello, socavan al Estado democrático. Las intervenciones arbitrarias sobre la libertad económica afectan a la libertad general del ciudadano, puesto que la libertad es una sola. Lo propio cabe afirmar de las limitaciones arbitrarias de la propiedad privada, en tanto ese derecho es una extensión de la libertad. Por ello, estos Decretos-Leyes son, también, un menoscabo a la democracia.

---

[16]   *G.O.* N° 6.154 extraordinario del 19 de noviembre de 2014.
[17]   *G.O.* N° 6.151.

Sección II: Régimen de la legislación antimonopolio

Objeto y ámbito de aplicación de la nueva Ley Antimonopolio

José Ignacio Hernández G.
Profesor de la Universidad Central de Venezuela

Resumen: *El artículo analiza el objeto y ámbito de aplicación de la nueva Ley Antimonopolio.*

Palabras claves: *Libre competencia, antimonopolio.*

Abstract: *The article analyzes the object and scope of the new Antitrust Law.*

Keywords: *Free competition, antitrust.*

INTRODUCCIÓN

En la *Gaceta Oficial* N° 40.543 de 18 de noviembre de 2014 –que circuló el 20 de noviembre– se anunció la publicación de 24 Decretos-Leyes, que serían publicados en seis Gacetas Oficiales extraordinarias. Entre ellos, se anunció la publicación del Decreto N° 1.415, mediante el cual se dicta el Decreto con Rango, Valor y Fuerza de Ley Antimonopolio[1].

En realidad, el texto de ese Decreto solo circuló el 24 de noviembre. Pocos días después, será reimpreso por error del ente emisor, para incorporar una disposición derogatoria[2].

La Ley Antimonopolio derogó a la Ley para Promover y Proteger el Ejercicio de la Libre Competencia (LPPLC)[3], manteniendo sin embargo los perfiles básicos de esa Ley.

Por ello, la nueva Ley contradice el espíritu de muchos de los Decretos-Leyes dictados bajo la Ley Habilitante 2013 y en general, contradice los fundamentos del llamado modelo socialista, en ejecución desde el 2006. Como apunta Alfredo Morles Hernández[4], la Ley Antimonopolio se basa en la defensa de la competencia económica de acuerdo con la garantía de la libertad económica, mientras que tal modelo socialista parte de la funcionalización de la competencia y de esa libertad.

---

[1]   *Gaceta Oficial* N° 6.151 extraordinario.

[2]   *Gaceta Oficial* N° 40.549 de 26 de noviembre de 2014.

[3]   *Gaceta Oficial* N° 34.880 del 13 de enero de 1992. Sobre esa Ley, en general, *vid.* Brewer-Carías, Allan, *et al, Ley para Promover y Proteger el Ejercicio de la Libre Competencia*, Editorial Jurídica Venezolana, Caracas, 1996. Para una recopilación básica de la jurisprudencia y legislación, *vid.* Giraud, Armando y Castro, Ignacio, *Derecho administrativo de la competencia*, FUNEDA, Caracas, 1999.

[4]   "La repercusión en el derecho privado de los actos dirigidos a consolidar el orden económico socialista", Caracas, 2015, consultado en original.

La contradicción es especialmente evidente al comparar la Ley Antimonopolio con la Ley Orgánica de Precios Justos (LOPJ)[5]. La LOPJ parte de la defensa del "orden económico socialista" (artículos 1 y 3.1). Desde esa óptica, la LOPJ promueve la intervención administrativa para *atacar los efectos nocivos y restrictivos derivados de las prácticas monopólicas, monopsónicas, oligopólicas y de cartelización"* (artículo 3.9).

Salvo algunas menciones confusas en sus primeros artículos, no hay en la Ley Antimonopolio referencia alguna a tal orden económico socialista. Por el contrario, la Ley se basa en la defensa de la competencia económica y la libertad de empresa. Partiendo de este dato, en este trabajo se insiste en la necesidad de interpretar la nueva Ley en el marco de la Constitución económica de 1999.

I. ÁMBITO DE APLICACIÓN DE LA LEY ANTIMONOPOLIO

1. *Ámbito objetivo*

La Ley Antimonopolio aborda adecuadamente su ámbito objetivo de aplicación, en un todo de acuerdo con los postulados del comentado artículo 113 constitucional. De esa manera, la Ley aplica a las actividades económicas, con o sin fines de lucro, realizadas en Venezuela (artículo 3). Ello incluye a las actividades derivadas del ejercicio del derecho fundamental de libertad económica, definido en el literal a) del artículo 2, como el derecho a dedicarse a la actividad económica de su preferencia. A su vez, el literal b) define actividad económica como toda manifestación de producción, distribución o comercialización de bienes y servicios.

Debe entonces entenderse que el ámbito de aplicación de la Ley se limita a aquellas actividades económicas con efectos sobre Venezuela, como corresponde al principio de aplicación territorial de la Ley administrativa, que aun cuando es el principio general, ha venido admitiendo excepciones, incluso, en materia de defensa de la competencia[6].

Con esta aproximación la Ley Antimonopolio reconoce –como antes asomábamos– que la competencia es un atributo de la libertad económica. De allí la definición de competencia económica, en el literal c):

> "Actividad que permite a los sujetos regulados en este Decreto con Rango, Valor y Fuerza de Ley en su condición de sujetos económicos, acceder, actuar y participar en el mercado, como oferentes o demandantes, sobre la base de los principios de complementariedad, intercambio justo y solidaridad; y que quienes estén dentro de él, no tengan la posibilidad de imponer condición alguna en las relaciones de intercambio, que desmejoren las posibilidades de actuación de los otros sujetos económicos"

El concepto requiere diversas acotaciones. Por un lado, hay cierta confusión entre *competencia* y *competencia efectiva*, que es un concepto incluido en el artículo 15, en el marco de la regulación del abuso de la posición de dominio. La competencia económica, como

---

[5]   En la *Gaceta Oficial* N° 6.156 extraordinario de 19 de noviembre de 2014 –que en realidad circuló el 4 de diciembre– fue publicado el Decreto N° 1.467, mediante el cual se dicta el Decreto con Rango, Valor y Fuerza de *Ley de reforma parcial del decreto con rango, valor y fuerza de Ley orgánica de precios justos*. Al no haber sido publicado dentro del lapso de vigencia de la Ley Habilitante, la validez de este Decreto-Ley puede ser cuestionada.

[6]   Para este aspecto y en general, la incidencia de ordenamientos internacionales y supranacionales sobre el Derecho local de la competencia, véase nuestro artículo "La mundialización del Derecho de la Competencia", en *La mundialización del Derecho,* Academia de Ciencias Políticas y Sociales, Caracas, 2009, pp. 69 y ss.

hemos visto, puede definirse como el derecho de los oferentes a rivalizar entre sí ofreciendo bienes y servicios en el mercado. Más que una *actividad*, la competencia es un atributo de la actividad económica.

Esa capacidad de rivalizar está determinada por el *poder de mercado,* o sea, la capacidad del operador de incidir en algunas de las condiciones de intercambio dentro del mercado. De allí deviene el concepto de *competencia efectiva,* es decir, aquella condición presente en un *mercado relevante* y de acuerdo a la cual, no solo hay concurrencia de operadores sino que además, esa concurrencia impide que cualquiera de los oferentes tenga poder de mercado susceptible de incidir totalmente en las condiciones de intercambio. Esta distinción ha sido reiterada en la doctrina de la extinta SPPLC y es tratada, como se verá, en la Ley Antimonopolio[7].

En este sentido, el artículo 2 de la Ley Antimonopolio reitera que la Ley protege precisamente a la *competencia económica*, como condición para salvaguardar el bienestar general de los consumidores y usuarios de acuerdo con el objeto de la Ley definido en su artículo 1.

2. *Ámbito subjetivo*

El artículo 3 de la Ley Antimonopolio, consecuente con la definición de actividad económica, señala que toda operador que lleve a cabo tal actividad quedará sujeto a la Ley, sea una empresa pública o privada. La aplicación del Derecho de la Competencia a la empresa pública y privada es consecuencia del principio de igualdad y, además, es una medida racional desde la perspectiva del objetivo último de salvaguardar el bienestar general de los consumidores y usuarios, tal y como vimos.

Es por ello criticable, e incluso, contrario al artículo 113 constitucional, que el citado artículo 3 haya excluido de la Ley a ciertos sujetos, incluyendo ciertos tipos de empresas públicas.

De esa manera, y en *primer lugar*, quedan excluidas de la Ley a las organizaciones de base del poder popular regidas por la Ley Orgánica del Sistema Económico Comunal. Tal es el caso de las llamadas empresas de propiedad social[8]. Tal exclusión es injustificada, pues el llamado sistema económico comunal no queda sustraído del artículo 113 constitucional. Todo lo contrario, incluso en ese sistema la competencia se presenta como una herramienta que favorece la eficacia económica.

---

[7]   Entre otras, véase, en el caso *Pro-Competencia vs. Cementos Caribe, C.A. y otros*, la Resolución: N° SPPLC/0033-2003 de 14 de noviembre de 2003. Allí se afirma que "en este sentido, es necesario recordar que el principio de libre competencia garantizado por la constitución y protegido por la Ley de Competencia, está sustentado en la rivalidad empresarial, toda vez que ésta en esencia propicia las acciones de los distintos agentes económicos que participan en un mercado". El poder de mercado "consiste en la facultad que posee un agente económico de afectar y modificar el precio y demás condiciones de comercialización de un producto, bien o servicio, sin tomar en cuenta a los demás competidores" (Resolución: N° SPPLC/001-97 de 19 de febrero de 1997, caso: *Haras Varsego C.A. v Instituto Nacional de Hipódromos)*. El poder de mercado no se opone a la existencia de una competencia efectiva. Lo que se opone a ésta es la posición de dominio, que es un grado extremo de poder de mercado. En general, sobre la competencia efectiva puede verse la Resolución N° SPPLC/0033-2006 de 18 de julio de 2006, caso *Comercializadora Internacional de Maderas C.I.M.C.A., vs. Terranova de Venezuela, S.A.*

[8]   Véase a Alvarado Andrade, Jesús María, "La Constitución económica y el Sistema Económico Comunal", en *Leyes del Poder Popular*, cit. Sobre este aspecto nos hemos pronunciado en "El Estado Comunal", *Anuario de Derecho Público IV-V,* Centro de Estudios de Derecho Público de la Universidad Monteávila, Caracas, 2011, pp. 99 y ss.

En *segundo* lugar, se excluyen a las empresas públicas o mixtas de carácter estratégico. No resulta posible determinar qué se entiende por "estratégico", concepto tan amplio que podría constituir una indebida válvula de escape para que todas las empresas públicas queden al margen de la Ley.

Por último, y en *tercer* lugar, se excluyen a las empresas estatales de prestación de servicios públicos. Esas "empresas estatales" son en realidad empresas públicas, y su exclusión pretende sustentarse en el tipo de actividad que gestionan, lo cual supone un trato desigual respecto de las empresas privadas que pueden gestionar actividades de "servicio público". De otro lado, la imprecisión del concepto "servicio público" es, igualmente, una amenaza de aplicación extensiva de este supuesto. Y en todo caso, se insiste, no puede justificarse esta exclusión total de las empresas públicas del artículo 113 constitucional. Lo que se ha admitido en Derecho Comparado, como ya se señaló, es la exclusión parcial de la libre competencia en los llamados servicios de interés económico general, pero no la sustracción total de las normas de libre competencia[9].

Estas dos últimas exclusiones son imprecisas, al punto que se solapan: es difícil considerar que un servicio público pueda no ser considerado una actividad estratégica.

Tal exclusión quizás pretenda motivarse en las preocupaciones levantadas desde el Proyecto de 2006, en atención a la aplicación del Derecho de la Competencia a las empresas públicas. Empero, como explicamos al tratar las bases constitucionales de la libre competencia, la aplicación del Derecho de la Competencia a la empresa pública es una modalidad de control que permite cumplir con el postulado de una Administración sometida a la Ley y al Derecho, de acuerdo con el artículo 141 del Texto de 1999.

Asunto muy distinto es excluir de ese Derecho a las empresas –públicas o privadas– que llevan a cabo su actividad en un área reservada al Estado de conformidad con el artículo 302 constitucional. La reserva suprime el derecho de libertad de empresa y con ello, suprime la libre competencia. En tales sectores reservados podrá existir concurrencia e incluso, podrán recrearse ciertos derechos propios de la competencia económica. Pero en sentido estricto no puede haber libre competencia, en tanto no hay libertad económica[10].

Esto último ha sido aceptado por la Sala Constitucional en sentencia de 15 de diciembre de 2004, caso *CEMEMOSA,* y reiterado por la sentencia de la Sala Político-Administrativa de 8 de julio de 2009, caso *CEMEMOSA,* en las cuales se concluyó que las actividades que constituyen un *"un monopolio constitucional"* permitido en procura de *"la tutela de un interés general, más superior que mantener un mercado libre"* no están sujetas a la –hoy derogada– LPPLC. Apartando el confuso uso de términos, este criterio debe ser extensible a las actividades reservadas por Ley Orgánica al Estado[11].

---

[9]   Como explicamos en Hernández G., José Ignacio, *La libertad de empresa y sus garantías jurídicas. Estudio comparado del Derecho español y venezolano*, IESA-FUNEDA, Caracas, 2003.

[10]   Esta tesis la sostuvimos inicialmente en La libertad de empresa y sus garantías jurídicas, *cit.*, Una posición contraria ha sido ampliamente fundamentada en Mónaco, Miguel, *Regulación de los monopolios en Venezuela desde la perspectiva del Derecho de la Competencia*, Tesis Doctoral, Facultad de Ciencias Jurídicas y Políticas de la Universidad Central de Venezuela, Caracas, 2013.

[11]   Un criterio contrario puede ser visto en la sentencia de la Corte Primera de lo Contencioso Administrativo de 10 de octubre de 2002, caso *Consorcio Guaritico-Guaritico III*, en la cual se consideró que los concesionarios sí están sujetos a las normas sobre libre competencia.

De allí que sea preciso interpretar restrictivamente esas exclusiones y en especial, sostener que la exclusión solo puede operar respecto de empresas públicas que operen en sectores reservados al Estado.

II. EL OBJETO DE LA LEY ANTIMONOPOLIO

El artículo 1 de la Ley define su objeto, en una redacción que sin embargo demuestra poca precisión, lo que dificulta identificar cuál es la finalidad inmediata de la Ley Antimonopolio, todo lo cual aconseja la interpretación constitucional de tal norma. Muchos de los objetivos contenidos en ese artículo 1 conectan con principios del modelo socialista[12], y por ende, coliden con el sistema de economía social de mercado reconocido en la Constitución de 1999. De allí la necesidad de interpretar constitucionalmente esa norma, de acuerdo con el artículo 117 constitucional[13].

1. La competencia económica justa

El artículo 1 establece que la Ley *"tiene por objeto promover, proteger y regular el ejercicio de la competencia económica justa"*. Este concepto de "competencia económica justa" no coincide con el concepto de "competencia económica", que es reiterado a lo largo de la Ley. Ello constituye un riesgo, en tanto el concepto de competencia podría distorsionarse a fin de discriminar entre una competencia "justa" y una competencia "injusta".

Esa posibilidad debe descartarse, en tanto el fundamento de la Ley no puede ser otro que la tutela de las *"condiciones efectivas de competencia"* a las cuales se contrae el artículo 113 constitucional, lo que debe coincidir a su vez con el concepto de "competencia económica" del literal c) del artículo 2. Esto es, la rivalidad que como mínimo ha de existir entre los oferentes dentro del mercado para favorecer la eficacia y así incidir favorablemente en el bienestar general de los consumidores y usuarios. El concepto de "competencia efectiva" del artículo 15 de la Ley es coincidente con esta interpretación[14].

2. La democratización de la actividad económica productiva

El artículo 1 alude al *"fin de garantizar la democratización de la actividad económica productiva con igualdad social"*. Esta expresión puede conducir a una interpretación de la Ley orientada a asegurar la existencia de diversos oferentes en condiciones de igualdad y a cuestionar, así, toda situación que propenda a condiciones de monopolio u oligopolio. O sea, preferir un análisis estructural sobre un análisis de la conducta.

---

[12] Antes hemos analizado esos principios en Hernández G., José Ignacio, *Reflexiones sobre la Constitución económica y el modelo socioeconómico,* FUNEDA, Caracas, 2008.

[13] Grau, María Amparo, "El inconstitucional modelo socialista", *El Nacional,* 17 de diciembre de 2014.

[14] El concepto clave de interpretación constitucional de la Ley Antimonopolio es el bienestar general de los consumidores y usuarios y la eficiencia. La extinta SPPLC insistió en este punto. En el caso *Pro-Competencia vs. Cementos Caribe, C.A. y otros* (Resolución: N° SPPLC/0033-2003 de 14 de noviembre de 2003), sostuvo que *"puede afirmarse, que el resultado básico de la competencia es la reducción del nivel de precios en el mercado, puesto que mientras menor sea el precio cobrado por un producto mayor será su nivel de demanda, por lo que aquellas empresas que deseen atraer un mayor número de compradores que sus competidores deben fijar precios más bajos que éstos, lo cual sólo será posible si las estrategias emprendidas por éstas generan resultados eficientes que se traducen en reducciones de costos, y que son en última instancia trasladados a los precios. En este sentido, es necesario recordar que el principio de libre competencia garantizado por la constitución y protegido por la Ley de Competencia, está sustentado en la rivalidad empresarial, toda vez que ésta en esencia propicia las acciones de los distintos agentes económicos que participan en un mercado"*.

Se trata de una interpretación que debe descartarse, en tanto el artículo 113 constitucional no protege una estructura del mercado conformada por "muchos" competidores, sino la existencia de condiciones efectivas y mínimas que incidan favorablemente en el bienestar general de los consumidores y usuarios. Por ello, lo que prohíbe la Ley Antimonopolio –artículo 4– es toda restricción indebida a la competencia económica.

3. El desarrollo endógeno

El citado artículo 1 establece, dentro de sus objetivos, fortalecer "la soberanía nacional" y propiciar el "desarrollo endógeno, sostenible y sustentable, orientado a la satisfacción de las necesidades sociales y a la construcción de una sociedad justa, libre, solidaria y corresponsable". Se trata de una expresión que desentona con el articulado general de la Ley y que, no puede obviarse, guarda una estrecha relación con los principios del modelo socialista[15]. De allí que, bajo una interpretación constitucional, tal expresión solo puede conducir a reiterar que la defensa de la competencia, al promover el ejercicio de la libertad económica y el bienestar general de los consumidores y usuarios, permite fomentar el desarrollo económico.

4. La prohibición de prácticas monopólicas y la Ley Orgánica de Precios Justos

La Ley Antimonopolio, según la norma comentada, tiene también por objeto "la prohibición y sanción de conductas y prácticas monopólicas, oligopólicas, abuso de posición de dominio, demandas concertadas, concentraciones económicas y cualquier otra práctica económica anticompetitiva o fraudulenta". Esa expresión, general, debe interpretarse dentro del catálogo de prohibiciones de la Ley, y que estudiaremos en la sección siguiente.

Tal objetivo está también incluido dentro de la LOPJ, como ya vimos (artículo 3.8). Esa Ley sin embargo no se orienta al desarrollo del artículo 113 constitucional, ni la Superintendencia Nacional para la Defensa de los Derechos Socioeconómicos tiene atribuciones específicas en materia de libre competencia. Todo lo contrario, tales atribuciones fueron asignadas a la Superintendencia Antimonopolio.

Estas expresiones deben evitar una conclusión que conduzca a señalar que en la Ley Antimonopolio todo monopolio u oligopolio está prohibido. No solo esa prohibición no está expresamente contenida en el citado artículo 1 sino que además, ella sería contraria al artículo 113 constitucional.

5. El objetivo de la Ley Antimonopolio y la cláusula del Estado social y democrático de Derecho. El concepto de eficiencia económica

La interpretación del objetivo de la Ley Antimonopolio debe concordarse con el artículo 2 de la Constitución, de acuerdo con el cual Venezuela es un Estado social y democrático de Derecho. Es importante recordar que no puede sostenerse que la defensa de la competencia es un objetivo reñido con el Estado social[16].

Así, la eficiencia económica –objetivo al cual se orienta la defensa de la competencia– enfoca el análisis de la razonabilidad a su impacto en los costos de producción o asignación. Sin embargo, la razonabilidad puede también ser ponderada atendiendo al impacto de la restricción sobre otros aspectos diferentes a la eficiencia económica: por ejemplo, incidencia en la calidad de los bienes y servicios, o los efectos sobre el desarrollo de la actividad

---

[15]   Véase lo tratado en Hernández G., José Ignacio, *Reflexiones sobre la Constitución económica y el modelo socioeconómico en Venezuela, cit.*

[16]   Fernández Ordóñez, Miguel Ángel, *La competencia*, Alianza Editorial, Madrid, 2000, pp. 43-62.

económica. Esto se ha llamado *"eficiencia social"*, o *"bienestar social"*. Sobre el sentido de esta expresión, Robles Martín-Laborda señala lo siguiente:

"el bienestar de los consumidores consagrado por los tribunales norteamericanos es aceptado como la verdadera finalidad del Derecho *antitrust*. Para la nueva corriente, sin embargo, el concepto de bienestar de los consumidores no coincide exactamente con la maximización de la eficiencia, al menos tal como ésta es definida por la Escuela de Chicago; este concepto –se entiende ahora– es demasiado restringido, y no tiene en cuenta los aspectos dinámicos, como por ejemplo, la mejora de las condiciones del mercado como consecuencia de las actuales inversiones en innovación"[17].

En realidad, Robles Martínez-Laborda no profundiza sobre este concepto, al cual se había referido ya, con amplias remisiones al Derecho alemán, Juan Ignacio Font Galán. La tesis que postula este autor es que la libre competencia ha dado paso a una noción que parte de los objetivos propios del Estado social, de forma tal que también la libre competencia tendría una "función social", referida básicamente a la promoción de la igualdad jurídica de los competidores y la tutela de los intereses de los consumidores:

"la competencia económica sólo encuentra justificación en su propia capacidad de funcionamiento (principio de rendimiento o de eficiencia), en la medida que efectivamente persigue y realiza una utilidad socioeconómica para toda la sociedad (...) desde esta nueva concepción dinámica y social, el principio decimonónico de libre competencia tiene, en la actualidad, como presupuesto legitimador inherente a su ejercicio, el cumplimiento de una función social que actúa, a su vez, como límite inmanente de la libertad de empresa en la organización y desarrollo de actividades económicas competitivas"[18].

Este planteamiento de una "función social" de la libre competencia debe criticarse, por contaminar el análisis de la materia. No se pone en duda que la competencia genera un beneficio social, medido en función del bienestar general de los consumidores y usuarios. Pero para sostener tal premisa no es necesario aludir a una "función social". El análisis de un caso de competencia debe ser un análisis económico, en el cual ese bienestar pueda determinarse económicamente, conforme al sistema de prohibiciones legalmente establecidas.

Por supuesto, desde la perspectiva del bienestar general de los consumidores y usuarios, el concepto de eficiencia económica se amplía. Así, en el ámbito de la Unión Europea se ha aludido a las eficiencias en los *costes* –similar a la eficiencia económica– y la eficiencia *cualitativa* similar a la eficiencia social. En relación con ésta última, la Comisión ha señalado que:

"En determinados casos, la principal mejora potencial de eficiencia del acuerdo no son las reducciones de costes, sino las mejoras de calidad y otras eficiencias de carácter cualitativo. Así, según el caso, este tipo de eficiencias pueden ser de igual o mayor importancia que las económicas"[19].

La extinta SPPLC también se ha referido a estos aspectos en su Resolución n° SPPLC/0034-2001 de 18 de julio de 2001, caso *Grupo Polar, Liga y Equipos de Béisbol*

---

17   Robles Martín-Laborda, Antonio, *Libre competencia y competencia desleal*, La Ley, Madrid, 2001, pp. 81 y ss.

18   *Cfr.: Constitución económica y Derecho a la competencia*, Tecnos, Madrid, 1987, pp. 148 y ss.

19   Comunicación de la Comisión *Directrices relativas a la aplicación del apartado 3 del artículo 81 del Tratado*, (DOCE 101/97) de 27 de abril de 2004. A estas eficiencias cualitativas aluden también las *Directrices sobre la aplicación del artículo 101 del Tratado de Funcionamiento de la Unión Europea a los acuerdos de cooperación horizontal* (2011/C 11/01).

Profesional. El objeto concreto analizado en esa decisión fueron los *contratos de patrocinio* que ciertas empresas celebraron con equipos de béisbol, contratos que objetivamente se estimaron restrictivos de la competencia. Al analizar el caso concreto, la Superintendencia reiteró que las exclusiones prohibidas por la Ley sólo eran aquellas ilegítimas, no amparadas, por tanto, en razones de eficiencia. Lo particular de esta decisión es que la extinta SPPLC partió del concepto de eficiencia medido en función al bienestar de los consumidores:

> "Estas eficiencias son relevantes para los objetivos que pretende alcanzar la Superintendencia en aras de coadyuvar la competencia en un mercado, siempre y cuando el consumidor se vea lo menos afectado por las acciones que conducen a tales eficiencias. *Es así, como el análisis de las eficiencias siempre va acompañado de un análisis del bienestar del consumidor. En otras palabras, se toman en cuenta los resultados finales y los medios que se utilizaron para obtenerlos.*
>
> En este contexto, se observa que es posible utilizar a las eficiencias como una justificación para permitir la continuación de una acción restrictiva a la libre competencia, y esto se debe a la aplicación de un principio que reza que bajo ciertas circunstancias, *la Superintendencia puede, temporalmente, subordinar el interés inmediato del consumidor, con la finalidad de alcanzar una ganancia durable en términos de eficiencia, en cualquiera de los elementos antes mencionados*" (destacado nuestro)[20].

En definitiva, la razonabilidad de las prácticas investigadas requiere ponderar cómo incide la restricción sobre el bienestar de los consumidores, lo que podrá implicar la realización de un balance entre los costes asociados a la práctica y sus beneficios: sólo si estos son objetivamente superiores que aquéllos, la restricción será tolerable.

Los actos de competencia prohibidos sólo deberían proscribirse cuando ellos restrinjan, irrazonablemente, la libre competencia. La medida de esta razonabilidad vendrá determinada básicamente por un análisis que determine qué efecto tiene la conducta en cuestión sobre el bienestar de los consumidores, es decir, sobre la eficiencia. Como ha señalado Ana Julia Jatar *"la competencia debe promoverse cuando conduce a una situación de mayor beneficio social, por lo tanto no es ni debe ser un objetivo de política en sí misma"*[21].

Todo ello en todo caso, no debe contaminar el análisis con objetivos fuera de la política de competencia, basada en la promoción de la eficiencia económica. Es esa eficiencia económica la que incidirá favorablemente en el bienestar de los consumidores y usuarios, de manera concordante con la cláusula del Estado social. Pero en modo alguno el análisis puede desviarse a fin de considerar cuándo una actividad económica es o no "socialmente favorable". De allí la importancia de insistir en la interpretación constitucional de la Ley, siempre de la mano de su análisis económico.

Este riesgo de contaminación no solo puede derivar de una sesgada interpretación de la Ley Antimonopolio, sino además, de las antinomias entre esa Ley y el resto de Leyes que desarrollan un modelo de planificación central vinculante contrario a la competencia efectiva, como es el caso de la LOPJ, según ha observado ya Morles Hernández[22],

---

[20]   Puede verse también el caso *Pro-Competencia vs. Marcelo Rivero, Compañía Anónima y otros*, Resolución: N° SPPLC/0041-2004, de 6 de julio de 2004.

[21]   Jatar, Ana Julia, "Políticas de competencia en economías recientemente liberalizadas: El caso de Venezuela", en *Revista de la Fundación de la Procuraduría General de la República N° 9*, Caracas, 1994, pp. 343 y ss.

[22]   "La repercusión en el derecho privado de los actos dirigidos a consolidar el orden económico socialista", *cit.*

Sección III: Régimen cambiario

Principales cambios de la nueva
Ley del Régimen Cambiario y sus Ilícitos

José Ignacio Hernández G.
Profesor de la Universidad Católica Andrés Bello

Resumen: *El artículo analiza los principales cambios de la Ley del Régimen Cambiario y sus Ilícitos.*

Palabras claves: *Régimen cambiario.*

Abstract: *The article analyzes the main reforms of the Exchange Regimen and its Illicit Law.*

Keywords: *Exchange Regime.*

Tres Decretos-Leyes han sido dictados, bajo la Ley Habilitante de 2013; *(i)* el Decreto N° 636, mediante el cual se dicta el *Decreto con Rango, Valor y Fuerza de Ley de Reforma Parcial de la Ley Contra los Ilícitos Cambiarios* (*Gaceta Oficial* N° 6.117 de 4 de diciembre de 2013); *(ii)* el Decreto N° 798 *mediante el cual se dicta el Decreto con Rango, Valor y Fuerza de Ley del Régimen Cambiario y sus Ilícitos* (*G.O.* N° 6.126 extraordinario de 19 de febrero de 2014. Derogó al Decreto N° 636) [1] y *(iii)* el Decreto N° 1.403, mediante el cual se dicta el *Decreto con Rango, Valor y Fuerza de Ley del Régimen Cambiario y sus Ilícitos* (*G.O.* N° 6.150 extraordinario de 18 de noviembre de 2014, que deroga al Decreto N° 798).

1. El Decreto-Ley N° 1.403 no es, en realidad, una Ley completamente nueva. Por el contrario, se aprecian solo algunas reformas respecto del Decreto-Ley N° 798.

2. La nueva Ley entrará en vigencia a partir del 01 de diciembre de 2014 (disposición transitoria).

3. De esa manera, las principales reformas de la "nueva" Ley de Régimen Cambiario y sus Ilícitos son los siguientes:

i. Las operaciones de cambio reguladas en el artículo 9 de la Ley derogada, que incluyen a operaciones cambiarias entre particulares, pasan a denominarse "mercado alternativo de divisas". Salvo ese cambio, la norma no sufre modificación alguna. Por ello, la reforma mantiene el reconocimiento de un mercado cambiario entre privados.

ii. En cuanto a las autoridades competentes –artículo 11– se sustituye a la Vicepresidencia del Área Económica como primera autoridad, por el Ministerio del Poder Popular con competencia en finanzas. Además, a dicho Ministerio corresponderá designar al "*órgano o ente a cuyo cargo estará la inspección y fiscalización del régimen de administración de divisas, quien ejercerá además la potestad administrativa sancionatoria en materia cambiaria*".

---

[1]   Hernández H., José Ignacio, *Comentarios a la nueva Ley del Régimen Cambiario y sus Ilícitos*, FUNEDA, Caracas, 2014.

iii.   En un cambio meramente formal, la excepción de declarar las divisas que se exporten e importen en casos de títulos valores públicos y de personas en tránsito –artículo 12– ahora fueron incluidas en el régimen general de excepciones declarar, del artículo 15.

iv.   Se incorpora un nuevo ilícito penal, en el artículo 16. Según esa norma, *"quienes a los efectos de participar o realizar operaciones relacionadas con el régimen cambiario, presenten o suscriban balances, estados financieros y en general, documentos o recaudos de cualquier clase o tipo que resulten falsos o forjados, o presenten información o datos que no reflejen su verdadera situación financiera o comercial, serán sancionados con pena de prisión de uno a tres años y multa equivalente a cinco décimas de la Unidad Tributaria (5 U.T.) vigente para la fecha de su liquidación, por cada dólar de los Estados Unidos de América o su equivalente en otra divisa, del monto correspondiente a la respectiva operación involucrada"*.

v.   En el ilícito penal relacionado con la utilización de divisas con fines diferentes –ahora, en el artículo 18– se acota que *"las autorizaciones de adquisición y liquidación de divisas emitidas por la administración del régimen cambiario son intransferibles y deben ser usadas únicamente a los fines y en los términos que fueron generadas conforme a la solicitud de adquisición de divisas respectiva"*. Esa acotación, en términos parecidos, estaba en el artículo 19 de la Ley derogada.

vi.   En ese artículo 18 se incorpora un nuevo ilícito penal. Así, se *"considera ilícito toda desviación o utilización de las divisas por personas naturales y jurídicas distintas a las autorizadas, los que incurrieren en dicho ilícito, serán sancionados de conformidad con lo previsto en este artículo"*.

vii.   Se incorpora un nuevo ilícito de naturaleza penal, en el ahora artículo 19. Quienes *"de manera directa o indirecta promuevan o estimulen la comisión de alguno de los ilícitos previstos en el presente Decreto con Rango, Valor y Fuerza de Ley, serán sancionados con pena de prisión de dos a seis años y multa equivalente a cinco décimas de la Unidad Tributaria (0,5 U.T.) vigente para la fecha de su liquidación, por cada dólar de los Estados Unidos de América o su equivalente en otra divisa, del monto correspondiente a la operación involucrada"*.

viii.   El delito penal cometido por funcionarios públicos, ahora se limita a funcionarios de *"los órganos y entes de la Administración Pública"* (artículo 21).

ix.   En todos los ilícitos penales, se modifica la sanción de multa accesoria. En la Ley derogada la multa accesoria era del doble del equivalente de la operación. Ahora, la multa es equivalente a cinco décimas de la Unidad Tributaria (0,5 U.T.) vigente para la fecha de su liquidación, por cada dólar de los Estados Unidos de América o su equivalente en otra divisa, del monto correspondiente a la respectiva operación cambiaría.

x.   Se establece como sanción accesoria la suspensión del RUSAD por el tiempo de la pena impuesta (artículo 23).

xi.   Se suprime el artículo 26 de la Ley derogada, que regulaba la colaboración de los órganos del Poder Público con la justicia penal.

xii.   Se incorpora como ilícito administrativo el incumplimiento de la orden de reintegro de divisas, pese a que ese incumplimiento reviste –como en la Ley derogada– carácter penal en el artículo 22 de la nueva Ley. De esa manera, quienes estando en la obligación de reintegrar divisas al Banco Central de Venezuela, en los términos y condiciones establecidos en el nueva Ley, incumplan con la orden de reintegro dentro de los quince días hábiles siguientes a la fecha en que corresponda, o quede firme en sede administrativa la orden de reintegro, según el caso, *"serán sancionados por la Autoridad Administrativa Sancionatoria en Materia Cambiaría, con multa equivalente a cinco décimas de la Unidad Tributaria (0,5 U.T.) vigente para la fecha de su sea inferior o igual a cincuenta mil dólares de los Estados Unidos de América (US$ 50.000,00) o su equivalente en otra divisa. El reintegro de las divisas por parte del sector público será efectuado en los términos convenidos por el sujeto obligado"* (artículo 28).

xiii.   La obtención de divisas violando las normas, que era delito penal en el artículo 18 de la Ley derogada, pasa a ser ilícito administrativo. De acuerdo con el artículo 29 de la nueva Ley, *"quienes hubiesen obtenido divisas mediante la violación de la normativa cambiaria que regula el régimen de administración de divisas, serán sancionados con multa equivalente a cinco décimas de la Unidad Tributaria (0,5 U.T.) vigente para la fecha de su liquidación, por cada dólar de los Estados Unidos de América o su equivalente en otra divisa, del monto correspondiente a la respectiva operación cambiaría, además del reintegro de las divisas al Banco Central de Venezuela"*. Esto realza la conclusión según la cual, no hay en la Ley una prohibición absoluta de operaciones cambiarias realizadas sin intervención del Estado, en tanto no se reconoce el principio de centralización de divisas en el Banco Central, como corrobora el citado artículo 9.

xiv.   El artículo 30 incorpora un nuevo ilícito administrativo. Quienes *"incumplan con la obligación de colaborar con la Autoridad Administrativa Sancionatoria en materia cambiaria, a los fines establecidos en el presente Decreto con Rango, Valor y Fuerza de Ley, serán sancionados con multa equivalente a una décima de la Unidad Tributaria (0,1 U.T.) vigente para la fecha de su liquidación, por cada dólar de los Estados Unidos de América o su equivalente en otra divisa, del monto correspondiente a la respectiva operación cambiaría"*.

xv.   Quienes sean sancionados administrativamente, de acuerdo con el artículo 32, quedarán suspendidos del RUSAD *"por el lapso de un año continuo, contado desde la fecha en que sea pagada la multa correspondiente a la sanción administrativa"*.

xvi.   Se eleva el lapso de prescripción de las infracciones administrativas a 10 años (artículo 49).

Sección IV: Régimen de las Inversiones Extranjeras

Comentarios al Decreto con rango, valor y fuerza de Ley de Inversiones Extranjeras

José Gregorio Torrealba R.
Abogado

Resumen: *El artículo resume los aspectos más relevantes de la Ley de Inversiones Extranjeras.*

Palabras claves: *Inversión extranjera.*

Abstract: *The article analyses the relevant topics of the Foreign Investment Law.*

Keyword: *Foreign Investment.*

I. INTRODUCCIÓN

El reciente Decreto con Rango, Valor y Fuerza de Ley de Inversiones Extranjeras[1] (LIE) derogó, entre otras normas, el Decreto con Rango, Valor y Fuerza de Ley de Promoción y Protección de Inversiones (LPPI) que era la legislación que regulaba las inversiones tanto nacionales como extranjeras en Venezuela y en el caso de las últimas, actuaba como norma supletoria en caso de no existir un acuerdo internacional que regulara su tratamiento. Entre ambas normas hay grandes y significativas diferencias, partiendo del punto que ambas se insertan en el Derecho Internacional de Inversiones en el que se desarrolla el sistema para la protección de inversiones extranjeras, pero sus efectos, derivados de las mencionadas diferencias, son muy distintos.

El sistema para la protección de inversiones extranjeras en Venezuela tiene dos niveles: (i) Los Tratados Bilaterales para la Promoción y Protección de Inversiones (TBI) que constituyen ley especial entre las partes del TBI, de cuyas previsiones pueden aprovecharse los nacionales de los países que los suscriben, y (ii) La LIE, aplicable a todos los inversionistas (nacionales y extranjeros) como régimen ordinario, por lo que en caso de existir un TBI que proteja a un inversionista en particular, sus disposiciones serán aplicables solo en caso de vacíos legales del tratado.

Una de las grandes diferencias que deben destacarse entre la LIE y la LPPI es relativa a su estructura, pues la LPPI, con las salvedades derivadas de su naturaleza de ley nacional, tenía una estructura muy similar a la de los TBI, lo que hacía posible complementar la interpretación de estos últimos y en caso de no existir un TBI aplicable a un caso particular, permitía brindar los estándares de protección comunes de este tipo de tratado.

---

[1] Publicado en la *Gaceta Oficial* N° 6.152 Extraordinario del 18 de noviembre de 2014

Venezuela mantiene 27 TBIs vigentes[2], tomando en cuenta que el TBI con el Reino de los Países Bajos fue denunciado por Venezuela en el año 2008, y por lo tanto, ya no protege inversiones realizadas en Venezuela por nacionales de esa jurisdicción, posteriores a esa fecha, pero mantiene su vigencia por 15 años para las inversiones realizadas con anterioridad, por lo que el tratado se encuentra vigente para esas inversiones hasta 2023.

II. BREVE DESCRIPCIÓN DE LOS TRATADOS BILATERALES DE INVERSIÓN

Los TBIs son una de las fuentes del Derecho Internacional de Inversiones. Su origen se remonta al primer TBI que fue suscrito en 1959 entre Alemania y Pakistán y actualmente existe una red de aproximadamente 2.860 TBIs[3]. Estos tratados generalmente cuentan con una estructura bastante similar y muchos países tienen ya modelos que utilizan como base para comenzar sus negociaciones. No obstante, hay actualmente una importante tendencia a negociar aspectos de protección de inversiones extranjeras en otros tratados como los de libre comercio[4].

La estructura general de los TBIs se indica a continuación:

1. *Definiciones de Inversión e Inversionista*

En términos generales todos los TBIs suscritos por Venezuela establecen como concepto de "inversión" todo tipo de activo, señalando un listado enunciativo de la clase de activos que especialmente van a considerarse como inversión, entre otros: propiedad de bienes muebles e inmuebles, acciones y participación en sociedades, derechos o prestaciones con valor económico, derechos de propiedad intelectual, etc.

Asimismo, a menudo (aunque en varios casos no se hace referencia a inversionista sino a "nacionales" *vgr.* Alemania, Francia y Reino Unido) se dispone también la definición de "inversor" o "inversionista", generalmente entendido éste como persona natural que de conformidad con la legislación de los países involucrados es considerado ciudadano de su respectivo país; así como también las personas jurídicas constituidas de conformidad con la legislación de alguno de los países firmantes del TBI, y que tengan su sede en su territorio.

2. *Estándares de Protección*

Los TBI contienen generalmente los siguientes estándares de protección a la inversión: Trato Justo y Equitativo, Total Protección y Seguridad, Protección contra Tratos Arbitrarios o Discriminatorios, Trato Nacional, Trato de la Nación Más Favorecida, garantías sobre expropiaciones y, finalmente, el Derecho a Transferencias o Repatriación de Capitales. Todos estos estándares son de un amplio contenido, de hecho, pueden ser clasificados como conceptos jurídicos indeterminados, cuya interpretación se fundamentará en el análisis casuístico.

---

[2]   Los TBIs de Venezuela que actualmente se encuentran vigentes fueron suscritos con: Alemania, Argentina, Barbados, Bielorrusia, Canadá, Chile, Costa Rica, Cuba, Dinamarca, Ecuador, España, Francia, Indonesia, Irán, Lituania, Paraguay, Perú, Portugal, Reino de los Países Bajos, Reino Unido, República Checa, Rusia, Suecia, Suiza, Unión Belgo-Luxemburguesa, Uruguay y Vietnam.

[3]   CONFERENCIA DE LAS NACIONES UNIDAS SOBRE COMERCIO Y DESARROLLO (2013): IIA Issues (2013). N° 4. Disponible en http://unctad.org/SearchCenter/Pages/Results.aspx?sq=1&k=IIA%202013 (visitada por última vez el 28 de enero de 2015)

[4]   Dolzer, Rudolf et al (2012): *Principles of International Investment Law*. Second Edition. Oxford: Oxford University Press, p.

3.   *Solución de Controversias*

Una de las características más relevantes de los TBIs es que permiten a los particulares, inversionistas extranjeros, acceder directamente al arbitraje internacional debido al consentimiento expresado en estos tratados por parte de los Estados que los suscriben para que toda disputa relacionada con la violación de las disposiciones del tratado, puedan ser conocidas por un tribunal arbitral internacional. Las modalidades pueden ser varias y los mecanismos arbitrales también: (i) puede estar condicionado a agotar períodos de negociación o de "enfriamiento", (ii) puede también depender del agotamiento de los recursos internos o ser opcional, y (iii) puede haber consentimiento para acudir a otros medios alternativos de solución de controversias como la conciliación o la mediación.

También prevén la posibilidad del arbitraje entre los Estados parte del tratado para resolver controversias que puedan surgir de la interpretación de las normas del tratado o de su incumplimiento.

II.   LA NUEVA LEY DE INVERSIONES EXTRANJERAS

La nueva LIE tiene una estructura y una finalidad muy distinta a los instrumentos que tradicionalmente, a nivel mundial, se utilizan para promover y proteger las inversiones extranjeras, bien hablemos de legislación nacional o de tratados internacionales. Abajo comentaremos, limitados por el espacio editorial, algunos de los aspectos que consideramos de mayor relevancia de esta novísima legislación.

1.   *Comentarios a las Disposiciones Generales de la LIE*

El objeto de la LIE no es promover ni proteger la inversión extranjera, sino regularla[5] mediante principios, políticas y procedimientos enmarcados en la Constitución, las leyes y el Plan de la Patria[6], que particularmente prevé el flujo de inversiones entre países de la América Latina y la denuncia de los TBI que actualmente se mantienen vigentes para Venezuela[7], lo que seguramente ocurrirá en el ámbito temporal de vigencia del mencionado plan (2013-2019). Puede preverse entonces el surgimiento en el mediano plazo de un marco regulatorio de la inversión extranjera netamente autártico frente al Derecho Internacional de Inversiones,

---

[5]   LEY DE INVERSIONES EXTRANJERAS. Artículo 1: El presente Decreto con Rango, Valor y Fuerza de Ley, tiene por objeto establecer los principios, políticas y procedimientos que regulan al inversionista y las inversiones extranjeras productivas de bienes y servicios en cualquiera de sus categorías, a los fines de alcanzar el desarrollo armónico y sustentable de la Nación, promoviendo un aporte productivo y diverso de origen extranjero que contribuya a desarrollar las potencialidades productivas existentes en el país, de conformidad con la Constitución de la República Bolivariana de Venezuela, las leyes y el Plan de la Patria, a los fines de consolidar un marco que promueva, favorezca y otorgue previsible a la inversión.

[6]   Publicado en *Gaceta Oficial* N° 6.118 del 4 de diciembre de 2013

[7]   Plan de la Patria: 1.3.6.4. Fortalecer el ALBA como instrumento para alcanzar un desarrollo justo, solidario y sustentable; el trato especial y diferenciado que tenga en cuenta el nivel de desarrollo de los diversos países y la dimensión de sus economías; la complementariedad económica y la cooperación entre los países participantes, y el fomento de las inversiones de capitales latinoamericanos en la propia América Latina y el Caribe. 4.4.1.1. Denunciar los tratados multilaterales, así como también los tratados y acuerdos bilaterales que limiten la soberanía nacional frente a los intereses de las potencias neocoloniales, tales como los tratados de promoción y protección de inversiones. Este último debe ser interpretado conjuntamente con lo establecido en el artículo 15, numeral 21 de la LIE, cuando atribuye competencias al presidente del Centro Nacional para el Comercio Exterior para "Emitir opinión sobre la suscripción o denuncia de convenios y tratados internacionales en el ámbito de la inversión extranjera".

que podrá tener plena aplicación a partir del momento en que todos los TBIs sean denunciados, una vez vencidos los plazos previstos en las correspondientes cláusulas de supervivencia que prevén la aplicabilidad de sus normas hasta varios años después de su terminación. Esta política ha sido puesta en marcha en Ecuador, aunque la fundamentación para la denuncia de los TBIs en ese país es de rango Constitucional y para nosotros resulta evidente la influencia que ha tenido en la redacción de la LIE.

El ámbito de aplicación subjetivo de la LIE[8] incorpora como sujetos de su aplicación a personas jurídicas y naturales, que incluyen personas jurídicas nacionales que reciban inversión extranjera y personas naturales que pueden ser inclusive nacionales que se encuentren domiciliadas en el extranjero.

Probablemente el punto más importante de la LIE se encuentra en lo relativo a la jurisdicción[9]. El artículo 5 establece una Cláusula Calvo absoluta con relación a las disputas que puedan surgir con inversionistas extranjeros[10], dejando a salvo sólo mecanismos de solución de conflictos creados en el marco de la integración latinoamericana y del Caribe, es decir, se pretende mediante esta disposición, impedir que los inversionistas extranjeros acudan al arbitraje internacional para resolver las controversias que puedan presentarse con el Estado venezolano. En nuestra opinión, esta norma resulta violatoria de lo dispuesto en el artículo 258 de la Constitución de la República Bolivariana de Venezuela[11] que claramente impone una obligación al legislador para promover el uso del arbitraje y demás medios alternativos de solución de controversias. Pero, adicionalmente, de pretender invocar el mencionado artículo 5 de la LIE, sólo podría surtir efectos sobre aquellos inversionistas que no se encuen-

---

[8] LEY DE INVERSIONES EXTRANJERAS. Artículo 4: Son sujetos de la aplicación del presente Decreto con Rango, Valor y Fuerza de Ley de Inversiones Extranjeras, los siguientes: 1. Empresas extranjeras y sus filiales, subsidiarias o vinculadas, regidas o no por Convenios y Tratados Internacionales; así como otras formas de organización extranjeras con fines económicos y productivos que realicen inversiones en el territorio nacional. 2. Empresas Gran Nacionales, cuyos objetivos y funcionamiento están sujetos a un plan estratégico de dos o más Estados, que garanticen el protagonismo del poder popular ejecutando inversiones de interés mutuo a través de empresas públicas, mixtas, formas cooperativas y proyectos de administración conjunta, fortaleciendo la solidaridad entre los pueblos y potenciando su desarrollo productivo. 3. Empresas nacionales privadas, públicas y mixtas, y sus filiales, subsidiarias o vinculadas, regidas o no por Convenios y Tratados Internacionales y las demás organizaciones con fines económicos y productivos receptoras de Inversión Extranjera, previstas en el ordenamiento jurídico de la República. 4. Personas naturales, nacionales o extranjeras, domiciliadas en el extranjero, que realicen inversiones extranjeras en el territorio nacional. 5. Personas naturales extranjeras residentes en el país que realicen inversiones extranjeras.

[9] *Idem.* Artículo 5: Las inversiones extranjeras quedarán sometidas a la jurisdicción de los tribunales de la República, de conformidad con lo dispuesto en la Constitución de la República Bolivariana de Venezuela y demás leyes. La República Bolivariana de Venezuela podrá participar y hacer uso de otros mecanismos de solución de controversias construidos en el marco de la integración de América Latina y El Caribe.

[10] Señala el autor Daniel Guerra Iñiguez para ilustrar el contenido de la cláusula o doctrina Calvo, que "…Las Repúblicas americanas reconocen esa responsabilidad [contractual y extracontractual conforme al Derecho Internacional]; lo que sucede es que dicha responsabilidad debe ventilarse a través de sus propios tribunales o leyes…, recurriéndose únicamente a la vía diplomática cuando haya manifiesta denegación de justicia o violación evidente del Derecho Internacional" (Guerra I., Daniel (1991): Derecho Internacional Público. 8va. Edición. Caracas: Daniel Guerra Iñiguez, p. 431)

[11] CONSTITUCIÓN DE LA REPÚBLICA BOLIVARIANA DE VENEZUELA. Artículo 258. La ley organizará la justicia de paz en las comunidades. Los jueces o juezas de paz serán elegidos o elegidas por votación universal, directa y secreta, conforme a la ley. La ley promoverá el arbitraje, la conciliación, la mediación y cualesquiera otros medios alternativos para la solución de conflictos.

tran protegidos por un TBI, y con relación a estos no era necesario establecer una prohibición semejante, pues el principio fundamental del arbitraje, como de cualquier otro mecanismo alternativo para la solución de controversias, es el consentimiento de las partes de someterse al mismo.

Con relación a los inversionistas protegidos por un TBI, la historia es muy distinta. La totalidad de los TBI suscritos y vigentes en Venezuela contiene ofertas de arbitraje[12] en las que el consentimiento del Estado ya ha sido expresado y basta con la aceptación del inversionista para perfeccionar el acuerdo de arbitraje requerido para la validez del arbitraje. En su condición de ley especial entre los Estados parte de cada TBI, lo dispuesto en el artículo 5 de la LIE no puede ser considerado como un retiro unilateral del consentimiento previamente expresado en los tratados, por lo que los inversionistas protegidos, podrán hacer uso del mencionado mecanismo.

La parte final del artículo in commento establece la posibilidad de que la República se someta a otros mecanismos de solución de controversias que puedan crearse en el marco de la integración de América Latina y El Caribe. Actualmente, Ecuador encabeza una comisión de la Unión de Naciones del Sur (UNASUR) para la creación de un centro de arbitraje regional para conocer disputas en materia de inversiones[13]. El éxito de este tipo de iniciativas, que en principio consideramos positiva para el Derecho Internacional de Inversiones, dependerá de la confianza que genere este mecanismo para que los demás Estados del mundo acepten incluirlo en los TBIs que negocien con países latinoamericanos. El instrumento mediante el cual se constituya este centro de arbitraje debe garantizar, por sobre todas las cosas, la independencia e imparcialidad de los tribunales arbitrales, pues si se pretende crear un mecanismo evidentemente parcializado, poco o nada podrá aportar para resolver este tipo de controversias[14] y probablemente pueda ejercer una influencia negativa en cuanto al flujo de inversiones extranjeras hacia la región.

2.   *La Definición de Inversión Extranjera*

El artículo 6 de la LIE establece una serie de definiciones importantes a los fines de su interpretación y aplicación[15]. A los efectos de su integración con los instrumentos que com-

---

[12]   Sobre las ofertas de arbitraje, ver Torrealba R., José Gregorio: *Promoción y Protección de las Inversiones Extranjeras en Venezuela.* FUNEDA, Caracas: 2008, p. 56 y ss. - 120 y ss.

[13]   Ver nota de prensa de la Cancillería ecuatoriana: "Avanza proceso de constitución para centro de arbitraje de UNASUR" disponible en http://www.cancilleria.gob.ec/avanza-proceso-de-constitucion-para-centro-de-arbitraje-de-unasur/ (visitado por última vez el 30 de enero de 2015)

[14]   La principal crítica de los países que han denunciado la Convención CIADI lo han hecho bajo el argumento de la parcialidad de los tribunales arbitrales formados bajo las reglas de esta Convención. La falsedad de este argumento ha sido demostrada estadísticamente tal y como lo hemos comentado anteriormente (Ver Torrealba R., José Gregorio: *Comentarios sobre Algunos Problemas Actuales del Arbitraje con Estados u Otros Entes Públicos* en la obra colectiva El Contencioso Administrativo y los Procedimientos Constitucionales. Editorial Jurídica Venezolana, Caracas: 2011, p. 655 y ss). Por el contrario, la falta de independencia e imparcialidad del Tribunal Supremo de Justicia, en particular de su Sala Político-Administrativa, ha sido también demostrada estadísticamente (Ver. Canova, Antonio *et al*, *El TSJ al servicio de la Revolución*. Editorial Galipán). Caracas 2014.

[15]   LEY DE INVERSIONES EXTRANJERAS: **Artículo 6°.** A los efectos del presente Decreto con Rango, Valor y Fuerza de Ley, se entiende por: **1. Inversión:** Todos aquellos recursos obtenidos lícitamente y destinados por un inversionista nacional o extranjero a la producción, de bienes y servicios que incorporen materias primas o productos intermedios con énfasis en aquellos de origen o fabricación nacional, en las proporciones y condiciones establecidas en el presente Decreto

con Rango, Valor y Fuerza de Ley, que contribuyan a la creación de empleos, promoción de la pequeña y mediana industria, encadenamientos productivos endógenos, así como al desarrollo de innovación productiva. **2. Inversión Nacional:** La inversión realizada por el Estado venezolano, las personas naturales o jurídicas nacionales y las realizadas por los ciudadanos extranjeros que obtengan la Credencial de Inversionista Nacional. **3. Inversión Extranjera:** Es la inversión productiva efectuada a través de los aportes realizados por los inversionistas extranjeros conformados por recursos tangibles e intangibles, destinados a formar parte del patrimonio de los sujetos receptores de Inversión Extranjera en el territorio nacional. Estos aportes pueden ser: a) Inversión financiera en divisas y/o cualquier otro medio de cambio o compensación instituido en el marco de la integración latinoamericana y caribeña. b) Bienes de capital físicos o tangibles como plantas industriales, maquinarias nuevas o reacondicionadas, equipos industriales nuevos o reacondicionados, materias primas y productos intermedios que formen parte del proceso productivo del sujeto receptor de la inversión. Cuando se trate de bienes reacondicionados deberá mantenerse la misma relación entre el valor de la inversión y la vida útil que aplicaría al caso de bienes nuevos; dicha relación será establecida por peritos que al efecto designará el Centro Nacional de Comercio Exterior. c) Bienes inmateriales o intangibles constituidos por marcas comerciales, marcas de producto, patentes de invención, modelos de utilidad, diseños o dibujos industriales y derechos de autor, así como todos los derechos de propiedad industrial e intelectual consagrados en la Constitución de la República Bolivariana de Venezuela y las Leyes que regulan esta materia. Incluido también la asistencia técnica y conocimientos técnicos que se refieran a procesos, procedimientos o métodos de fabricación de productos, debidamente soportados mediante el suministro físico de documentos técnicos, manuales e instrucciones. Los aportes intangibles mencionados, serán considerados como inversión extranjera cuando la cesión se realice entre empresas que no se encuentren directa o indirectamente vinculadas entre sí, previo registro del contrato de cesión ante el órgano nacional competente en materia de propiedad intelectual, siempre que la cesión de derechos involucre la transferencia efectiva al sujeto receptor de la inversión de la propiedad de los bienes inmateriales o intangibles cedidos. d) Las reinversiones de acuerdo con lo estipulado en el presente Decreto con Rango, Valor y Fuerza de Ley. **4. Reinversión:** Se considera reinversión a los aportes provenientes de la totalidad o parte de las utilidades o dividendos no distribuidos que con motivo de una inversión extranjera, registrada ante el Centro Nacional de Comercio Exterior y destinados al capital social o patrimonio del sujeto receptor de la inversión en el cual se haya generado dichos aportes. **5. Inversionista Extranjero:** La persona natural o jurídica extranjera que realice una inversión registrada ante el Centro Nacional de Comercio Exterior. No califica como tal aquella persona natural o jurídica venezolana que directamente o por interpuestas personas figure como accionista de empresas extranjeras. **6. Inversionista Nacional:** Se considera inversionista nacional al Estado, a las personas naturales o jurídicas nacionales y al titular de la Credencial de Inversionista Nacional otorgada por el Centro Nacional de Comercio Exterior. **7. Empresa Nacional Receptora de Inversión Extranjera:** Las sociedades mercantiles, cooperativas, empresas de propiedad social y otras formas de organización económica productiva definidas por la legislación nacional, cuyo capital social pertenezca mayoritariamente a inversionistas nacionales, en cincuenta y uno por ciento (51%) o más, y sea calificada como tal por el Centro Nacional de Comercio Exterior. **8. Empresa Extranjera:** Las sociedades mercantiles, así como otras formas de organización extranjeras con fines económicos y productivos, cuyo capital social pertenezca en cincuenta y uno por ciento (51%) o más a inversionistas extranjeros, y sea calificada como tal por el Centro Nacional de Comercio Exterior. **9. Empresa Filial, Subsidiarla o Vinculada:** Las empresas que por cualquier causa sean controladas en su capital o en su gestión por otra que se denomina casa matriz, y la que de manera directa o indirecta sea controlada separadamente, en su capital o en su gestión, por otra que a estos efectos es la casa matriz, aunque entre sí no tengan ninguna vinculación aparente, considerándose que existe tal relación de subsidiaridad entre dos empresas, cuando la casa matriz posea más del cincuenta por ciento (50%) del total del capital social de la empresa filial. El Centro Nacional de Comercio Exterior, como órgano nacional competente en materia de inversiones, será la instancia que decidirá mediante acto motivado, si existe o no vinculación o relación entre dos o más entidades y si de ésta se deriva el control sobre su capital y/o gestión. **10. Empresas Gran Nacionales:** Las sociedades mercantiles cuyos objetivos y funcionamiento están sujetos a un plan estratégico de dos o más Estados, que garanticen el protagonismo del poder popular ejecutando inversiones de interés mutuo a través de empresas públicas, mixtas, formas cooperativas y proyectos de administración conjunta, fortaleciendo la solidaridad entre los pueblos y potenciando

ponen el sistema de protección de inversiones extranjeras, cuando las definiciones establecidas en la LIE sean más favorables que las establecidas en el correspondiente TBI, estas disposiciones serán aplicables con preferencia si el TBI en virtud del estándar de no discriminación, usualmente incluido en estos tratados. A estos efectos, las definiciones de Inversión e Inversión Extranjera resultan a nuestro juicio las más relevantes, no así la definición de Inversionista Extranjero que no sería posible ampliar por vía de la aplicación de una definición más favorable de la LIE, pues en principio, para poder aprovechar los estándares de protección, el inversionista debe subsumirse en la definición establecida en el TBI.

Las definiciones de Inversión e Inversión Extranjera establecidas en la LIE son comprehensivas de todo tipo de activos, lo que es importante a los efectos de determinar lo que pudiera estar o no incluido en el ámbito de aplicación de la ley. Debemos llamar la atención sobre el numeral c del artículo 6, en el que se condiciona la calificación de inversión extranjera a activos intangibles a la cesión de su titularidad a una empresa que no esté vinculada al propietario, al registro del contrato de cesión ante el órgano competente en materia de Propiedad Intelectual y siempre que se realice la transferencia efectiva al sujeto receptor de la inversión. Como consecuencia de esa redacción, una marca registrada en Venezuela no podría ser considerada como inversión para un inversionista extranjero.

Aplicar estas restricciones a un inversionista extranjero protegido por un TBI, pudiera constituirse en una violación al tratado, que generalmente consideran los derechos de propiedad intelectual como una inversión, sin condicionamientos similares a los establecidos en la definición de la LIE. Excluye además otros derechos derivados de la propiedad intelectual, como son las regalías en el caso de licencias, pues si no es considerada una inversión extranjera, no habría derecho a transferir las mencionadas regalías al exterior.

3.   *El Sistema de Inversiones Extranjeras*

El Sistema de Inversiones Extranjeras es un conjunto de organismos que ejercen competencias en la materia, designados por los artículos 7, 8, 9 y 10 de la LIE[16] y está compuesto

---

su desarrollo productivo. **11. Transferencia Tecnológica:** El suministro desde el exterior, de un conjunto de conocimientos técnicos expresados o no en derechos de propiedad industrial, necesarios para la transformación productiva, la prestación de servicios y la comercialización de bienes, calificados como tales por el Centro Nacional de Comercio Exterior mediante contrato debidamente aprobado y registrado ante el mencionado órgano, conforme a los procedimientos, requisitos, vigencias y condiciones que se establezcan en el Reglamento del presente Decreto con Rango, Valor y Fuerza de Ley. **12. Fiscalización:** Las personas naturales y jurídicas sujetas a las disposiciones contenidas en el presente Decreto con Rango, Valer y Fuerza de Ley receptoras de inversión extranjera y de contratos de transferencia tecnológica son sujetos de fiscalización por parte del Centro Nacional de Comercio Exterior.

[16]   *Ídem.* **Artículo 7°.** El ministerio del poder popular con competencia en materia de comercio será el órgano rector en el establecimiento de las políticas para el cumplimiento del objeto del presente Decreto con Rango, Valor y Fuerza de Ley. **Artículo 8°.** El Centro Nacional de Comercio Exterior conforme a lo establecido en el Decreto con Rango, Valor y Fuerza de Ley, publicado en la *Gaceta Oficial* de la República Bolivariana de Venezuela N° 6.116 Extraordinario, de fecha viernes 29 de noviembre de 2013, mediante su estructura organizativa será el encargado de instrumentar los criterios, formas, requisitos, normativos y procedimientos en materia de inversiones extranjeras. Artículo 9°. El órgano administrativo sancionatorio, será el ministerio del poder popular con competencias en materia de finanzas. Artículo 10. Los órganos y entes nacionales competentes en las materias de petróleo y minas, banca, valores y seguro son concurrentes con el Centro Nacional de Comercio Exterior respecto al análisis, estudio y emisión del Registro de la Inversión Extranjera y sus respectivas actualizaciones y responsables de la emisión de la Constancia de Calificación de Empresas, el Registro de Contratos de Transferencia Tecnológica y las fiscalizaciones respectivas,

por (i) un órgano rector constituido por el ministerio con competencia en materia de comercio, (ii) el Centro Nacional de Comercio Exterior (CENCOEX) como órgano implementador (iii) un órgano sancionador, que es el ministerio con competencia en materia de finanzas, y (iv) los órganos y entes con competencias concurrentes, constituidos por aquellos que tienen competencias en materia de petróleo y minas, banca, valores y seguros, que concurren con CENCOEX en cuanto al registro de la inversión extranjera, constancia de calificación de empresa, registro de contratos de transferencia tecnológica y fiscalizaciones.

Como órgano implementador, el artículo 11 es el que otorga a CENCOEX las competencias correspondientes en materia de inversiones extranjeras. Sobre esas competencias, destacan la relacionada con aprobar o negar la remisión de capitales (numeral 10) y la de aprobar o negar "...la solicitud de autorización de transferencia al extranjero de propiedad sobre bienes de capital tangible e intangible" (numeral 11), este último en un claro intento por evitar que se obtenga para esos bienes la protección ofrecida por los TBI. Pero la más preocupante de todas es la establecida en el numeral 14, que violenta el principio de la legalidad al dejar abierta la posibilidad para los ministerios competentes en materia de finanzas o comercio, de atribuirle competencias al CENCOEX[17].

4.   *En cuanto al tratamiento a la Inversión Extranjera y los Deberes y Derechos de los Inversionistas*

Pese a que la LIE prevé disposiciones sobre el desarrollo de la inversión extranjera o los sectores reservados, que en realidad no se han designado expresamente sino bajo la ambigua denominación de "sectores estratégicos conforme al interés nacional", estimamos que el

---

de conformidad con los lineamientos establecidos en las leyes especiales que les rigen, en concordancia con los criterios y normativas establecidos por el Centro Nacional de Comercio Exterior y el presente Decreto con Rango, Valor y Fuerza de Ley.

En el ejercicio de esta competencia, estos órganos y entes deberán informar mensualmente al Centro Nacional de Comercio Exterior, el resultado de las actividades desempeñadas. El ministerio del poder popular con competencia en materia de petróleo y minería, otorgará el Registro de Inversión Extranjera, cuando las inversiones estén destinadas a los sectores de hidrocarburos, petroquímico, carbonífero y minero y el Registro de Contratos de Transferencia Tecnológica en cuanto se refieran a la exploración y explotación de yacimientos, la extracción y refinación de sus minerales y la manufactura de productos terminados, con ocasión a las actividades mencionadas dentro del territorio de la República Bolivariana de Venezuela.

[17]   *Idem.* Artículo 11. Son competencias adicionales a las establecidas en el Decreto con Rango, Valor y Fuerza de Ley, publicado en la *Gaceta Oficial* de la República Bolivariana de Venezuela N° 6.116 Extraordinario, de fecha viernes 29 de noviembre de 2013, del Centro Nacional de Comercio Exterior:... 10. Aprobar o negar la remisión de capitales por concepto de pagos relacionados con las inversiones de capital inicial, sumas adicionales para la ampliación y desarrollo de la inversión, beneficios, utilidades, intereses y dividendos, previa opinión vinculante del ministro o ministra del poder popular con competencia en materia de comercio. 11. Aprobar o negar la solicitud de autorización de transferencia al extranjero de la propiedad sobre bienes de capital tangible e intangible, que se realice mediante operaciones financieras, previa opinión vinculante del ministro o ministra del poder popular con competencia en materia de comercio. ... 14. Las demás competencias que le sean atribuidas por el ordenamiento jurídico o por el ministerio del Poder Popular con competencia en materia de comercio o el ministerio del poder popular con competencia en materia de finanzas.

Atribuir competencias es muy distinto al mecanismo de delegación de competencias intersubjetiva o interorgánica previstas en los artículos 33 y 34 de la Ley Orgánica de Administración Pública. La atribución de competencias solo puede ocurrir mediante ley conforme al artículo 137 de la Constitución: "La Constitución y la ley definen las atribuciones de los órganos que ejercen el Poder Público, a las cuales deben sujetarse las actividades que realicen".

énfasis de la normativa sobre el tratamiento de la inversión y los derechos y deberes de los inversionistas extranjeros, está puesto sobre el aspecto relacionado con la repatriación de capitales o transferencia de divisas provenientes de la inversión.

El registro de la inversión es constitutivo de los derechos del inversionista extranjero[18], sin embargo, el derecho de transferencia se ve limitado por 5 años contados a partir del registro de la inversión[19] y la inversión sometida a una serie de condiciones, inclusive de admisión cuando se pretenda establecer en territorios de pobladores originarios, que constituyen una importante carga para los inversionistas extranjeros, algunas de ellas, como las relacionadas a la reinversión, destinadas a hacer más difícil para los inversionistas el reconocimiento de su inversión y la transferencia de divisas o repatriación de capitales. Igualmente, se establece un nuevo requisito en materia de fusiones o adquisiciones de sociedades mercantiles, al exigir, so pena de nulidad, la notificación de la operación al CENCOEX[20].

---

[18]   *Ídem*. **Artículo 28.** Los derechos consagrados a los inversionistas extranjeros en el presente Decreto con Rango, Valor y Fuerza de Ley y demás normativas aplicables, surtirán sus efectos, a partir del momento en que se otorgue el Registro de Inversión Extranjera.

[19]   *Ídem*. **Artículo 29.** La inversión extranjera deberá permanecer en el territorio de la República por un lapso mínimo de cinco (5) años, contados a partir de la fecha en que haya sido otorgado el Registro. Cumplido este período, los inversionistas podrán, previo pago de los tributos y otros pasivos a los que haya lugar, realizar remesas al extranjero por concepto del capital originalmente invertido, registrado y actualizado.

[20]   *Ídem*. Artículo 31. Toda inversión extranjera deberá cumplir con las siguientes condiciones: 1. Contribuir con la producción de bienes y servicios nacionales a los fines de cubrir la demanda interna, así como el incremento de las exportaciones no tradicionales. 2. Contribuir con el desarrollo económico nacional y las capacidades de investigación e innovación del país, además de promover la incorporación de bienes y servicios de origen nacional, a tales efectos, tomará en cuenta los plazos estimados en los planes nacionales relativos a la cadena de producción, distribución y comercialización de productos para el consumo nacional. 3. Participar en las políticas dictadas por el Ejecutivo Nacional destinadas al desarrollo de proveedores locales que garanticen los encadenamientos necesarios, con el fin de que las empresas nacionales incorporen las tecnologías, conocimientos, talento humano y capacidades de innovación, adecuados para proveer la calidad y demás especificaciones requeridas por la Empresa Receptora de la inversión extranjera. 4. Establecer relaciones bajo la tutela del organismo rector, con las universidades, institutos de investigación y demás entes con capacidades de investigación, desarrollo e innovación del país. 5. Implementar programas de responsabilidad social acordes con los estándares internacionales típicos de la rama de actividad económica de la Empresa Receptora de la Inversión Extranjera, en los que se desarrolle alguna o algunas de las potencialidades económicas existentes en la comunidad o entidad federal donde ésta se encuentre localizada. 6. Contar con el aval del ministerio del poder popular con competencia en materia de pueblos indígenas, a efectos de autorizar la inversión extranjera, cuando do se prevé su establecimiento en territorios de pobladores originarios. 7. Canalizar los recursos monetarios provenientes de la inversión extranjera que se realice en el territorio venezolano, a través del sistema financiero nacional. 8. Garantizar el cumplimiento de los contratos de crédito externo o interno suscritos con personas naturales o jurídicas de derecho privado o público, venezolanas o extranjeras. Sólo se autorizará la capitalización de acreencias como inversión extranjera, cuando el inversionista pueda comprobar que los recursos financieros tomados en préstamo fueron destinados al aumento real del capital fijo o activos tangibles de la Empresa Receptora de la Inversión Extranjera. 9. Notificar ante el Centro Nacional de Comercio Exterior la realización de cualquier tipo de inversión en empresas nacionales o extranjeras, que se encuentren en el territorio nacional, que se realice con posterioridad al registro de la inversión extranjera inicial, a través de la compra o cesión de acciones u otros títulos de propiedad, acreencias, fusiones, adquisiciones o cualquier otra vía que no implique una inversión real de capital, sino meramente financiera. Cualquier operación de esta naturaleza que se materialice sin la notificación aquí establecida, se considerará nula. 10. Estar sujetos a la legislación nacional vigente en materia mercantil, laboral, tributaria, aduanera, ambiental y todos aquellos ámbitos que surjan con ocasión de la inversión ex-

Operaciones que ordinariamente se resuelven conforme a disposiciones del Código de Comercio o los propios documentos Constitutivos o Estatutos de las sociedades mercantiles, deben ahora cumplir con requisitos adicionales a los efectos de los inversionistas extranjeros, como es el caso de la reducción de capital de una empresa receptora de inversión extranjera, que deberá ser notificada al CENCOEX, a los efectos de que este organismo proceda a la actualización de la calificación de empresa y del registro de la inversión extranjera.

La LIE ha establecido estándares más altos para que el inversionista tenga derecho a la transferencia de divisas, tales como el requisito de valor establecido en el artículo 24, que exige que la inversión sea equivalente a un millón de dólares de los Estados Unidos de América[21], calculados a la tasa de cambio oficial, siempre que sea comprobada mediante los comprobantes emitidos por el CENCOEX[22] para que pueda ser registrada o su registro pueda ser actualizado, pues se tomarán en cuenta el capital efectivamente pagado y las pérdidas del respectivo ejercicio si las hubiere.

La remisión de utilidades y dividendos también se ve limitada al establecerse un límite de 80% y siempre que se demuestre el cumplimiento del objeto de la inversión y sólo podrá acumularse el diferencial con los dividendos del año inmediatamente siguiente[23]. Por otra parte, se reconoce el derecho de repatriar total o parcialmente, los ingresos provenientes de la venta de sus acciones o inversión y de la reducción de capital de la empresa receptora de la inversión, previo pago de tributos y el cumplimiento del tiempo mínimo de permanencia del inversión[24], mientras que en el caso de la liquidación de la empresa receptora de inversión,

---

tranjera. 11. Responder a los objetivos de la política económica nacional. 12. Suministrar cualquier información requerida por el Centro Nacional de Comercio Exterior en el ejercicio de sus funciones. 13. Cumplir con el resto de los deberes consagrados en el presente Decreto con Rango, Valor y Fuerza de Ley, su Reglamento y otras normas contenidas en el ordenamiento jurídico nacional.

[21]   *Ídem.* **Artículo 24.** A los fines de obtener el registro de una inversión extranjera, los aportes deberán estar constituidos a la tasa de cambio oficial vigente, por un monto mínimo de un millón de dólares de los Estados Unidos de América (USD 1.000.000,00) o su equivalente en divisa. El Centro Nacional de Comercio Exterior podrá establecer un monto mínimo para la constitución de la inversión extranjera que no podrá ser inferior al diez por ciento (10%) de la cantidad descrita en el presente artículo, atendiendo al interés sectorial, de promoción de la pequeña y mediana industria, y otras formas organizativas de carácter económico productivo.

[22]   *Ídem.* Artículo 25. En la determinación del valor real de la inversión extranjera, a los efectos de su registro ante el Centro Nacional de Comercio Exterior, se computarán las partidas que constituyen el capital social efectivamente pagado en el transcurso del respectivo ejercicio económico de los inversionistas extranjeros. De dicho monto, se deducirán las pérdidas si las hubiere.

[23]   *Ídem.* **Artículo 33.** Los inversionistas extranjeros tendrán derecho a remitir al exterior anualmente y a partir del cierre del primer ejercicio económico, hasta el ochenta por ciento (80%) de las utilidades o dividendos comprobados que provengan de su inversión extranjera, registrada y actualizada en divisas libremente convertibles, previo cumplimiento del objeto de la inversión; en caso de remisión parcial, la diferencia podrá ser acumulada con las utilidades que obtengan, únicamente en el siguiente ejercicio anual a los fines de su remisión al extranjero; de acuerdo a lo previsto en el presente Decreto con Rango, Valor y Fuerza de Ley y su Reglamento.

[24]   **Artículo 35.** Los inversionistas extranjeros tendrán derecho a remesar al país de origen, total o parcialmente, los ingresos monetarios que obtengan producto de la venta dentro del territorio nacional de sus acciones o inversión, así como los montos provenientes de la reducción de capital, previo pago de los tributos correspondientes, cumplimiento del tiempo mínimo de permanencia de la inversión establecido en el presente Decreto con Rango, Valor y Fuerza de Ley y los deberes establecidos por la normativa laboral, comercial, ambiental y de seguridad integral de la Nación. En el caso de liquidación de la empresa, se podrá remesar al extranjero hasta el ochenta y cinco por

sólo podrá repatriar al extranjero hasta el 85% del monto total de la inversión. Sólo podrá transferirse la totalidad de la inversión registrada si la liquidación de la empresa se produce a consecuencia de su venta directa a inversionista nacional y a su vez se compruebe el funcionamiento pleno de las operaciones productivas. Es importante resaltar que el legislador da a la liquidación de la empresa un tratamiento que no corresponde a tal situación sino a la venta de acciones o bienes de capital.

Los TBIs generalmente consagran el derecho de transferencia o repatriación de capitales conforme a la legislación interna. Sin embargo, debemos hacer énfasis en que en dicho derecho no puede ser violentado en su núcleo esencial, pues impedir a un inversionista extranjero la repatriación de capitales o dividendos, configuraría en sí mismo la violación del tratado aun cuando éste haga referencia a la legislación interna, pues se trata de un derecho inherente al inversionista extranjero.

5. Sobre el Régimen de Registro y Calificación

Los aspectos adjetivos del registro de inversión extranjera y la calificación de empresa no sufrieron mayores modificaciones en cuanto al régimen anterior, pues habrá que esperar el reglamento correspondiente. El registro de la inversión extranjera es un instrumento mediante el cual se acredita la condición de inversionista extranjero y garantiza los beneficios que corresponden conforme a la ley[25].

La calificación de empresa continúa siendo el instrumento mediante el cual se acredita la condición de empresa receptora de esa inversión como nacional, extranjera o gran nacional conforme a las definiciones establecidas en el artículo 6 de la LIE.

6. De las Fiscalizaciones, las Medidas Preventivas y las Sanciones

El CENCOEX, podrá fiscalizar el cumplimiento de la LIE y demás disposiciones aplicables a la inversión extranjera, para lo cual podrá obtener o proveer información a otros organismos de la Administración Pública, designar fiscales y ejercer otras atribuciones que se le asignen mediante el correspondiente Reglamento, nuevamente en violación al principio de legalidad. En el marco de los procedimientos igualmente está facultado el CENCOEX para dictar medidas preventivas que serán desarrolladas por el reglamento de la ley.

Finalmente, es competencia del ministerio con competencia en materia de finanzas el imponer las sanciones por violación a las disposiciones de la LIE, con multas entre 1.000 y 100.000 unidades tributarias.

CONCLUSIONES

Tal y como mencionábamos supra, la LIE debe ser interpretada no solo en su condición de legislación nacional, sino en el contexto del Derecho Internacional de Inversiones y particularmente de los TBIs vigentes para Venezuela. Es un instrumento que se aparta de lo que

---

ciento (85%) sobre el monto total de la inversión extranjera, salvo lo dispuesto en el artículo 37 del presente Decreto con Rango, Valor y Fuerza de Ley.

[25]   Idem. **Artículo 39.** El Registro de la Inversión Extranjera es el instrumento mediante el cual se acredita a una persona jurídica, la condición de inversionista extranjero. Dicho instrumento, garantiza los beneficios de ley que correspondan y sus funciones serán desarrolladas en el reglamento que se dictará con ocasión al desarrollo de las normativas en materia de inversión, procedimientos de registro y condiciones de aplicación del presente Decreto con Rango, Valor y Fuerza de Ley.

debería ser un régimen supletorio para promover la inversión extranjera y a nuestro juicio, está centrada en el derecho de repatriación o transferencia de capitales extranjeros, que ha sido regulado de manera excesiva, imponiendo condiciones que seguramente serán tomadas muy en cuenta por los inversionistas extranjeros al momento de evaluar si resulta conveniente o no efectuar una inversión en Venezuela.

Otro punto clave es el de la jurisdicción, que la ley reserva a los tribunales nacionales o a mecanismos alternos de solución de conflictos en el marco de la integración latinoamericana y caribeña. Tener acceso al arbitraje internacional, como mecanismo imparcial e independiente, es un factor importante, pero definitivamente no es crucial para que un inversionista extranjero tome la decisión de invertir o no en un determinado país. Tal carencia debe ser subsanada con un Poder Judicial que tenga la capacidad de decidir controversias de manera imparcial de manera que pueda ofrecerse seguridad jurídica a los inversionistas.

Finalmente, se repite en la LIE una práctica inconstitucional como la de delegar en instrumentos sub-legales la atribución de competencias a órganos de la Administración Pública, violando el principio de legalidad, tantas veces mencionado en este trabajo y deteriorando aún más el ya precario estado de derecho en Venezuela.

Ya en Venezuela se ha verificado una constante caída de la inversión extranjera. Lamentamos no tener pronósticos de cambio de esta situación mientras la LIE se encuentre vigente.

La resolución de conflictos surgidos con ocasión de las actividades extractivas y el Decreto con rango valor y fuerza de Ley de Inversiones Extranjeras: culminación del movimiento pendular en la actividad minera

Mauricio Rafael Pernía-Reyes
Profesor de la Universidad Católica del Táchira

Resumen: *La nueva Ley de Inversiones Extranjeras establece que éstas quedarán sometidas a la jurisdicción de los tribunales de la República, de conformidad con la Constitución de la República Bolivariana de Venezuela. No obstante, esa Constitución de modo general, y la costumbre y el Derecho Internacional Público de manera particular, utilizan para la resolución de conflictos en las inversiones extranjeras el arbitraje, instrumento que en Venezuela, a partir de noviembre de 2014 no integra el elenco de medios para la resolución de controversias en materia de inversiones, las cuales por su uso intensivo, son requeridas especialmente para el desarrollo de actividades mineras. Se sostiene que en las concesiones y contratos vigentes en los que esté establecido el arbitraje como medio de resolución de controversias, los inversionistas pueden acudir a la jurisdicción arbitral internacional, así como también si ello está previsto en un convenio bilateral de protección de inversiones al que puedan acogerse.*

Palabras clave: *Inversión, Arbitraje, Minería, Resolución de Controversias, Ley habilitante.*

Abstract: *The new Foreign Investment Law provides that they shall be subject to the jurisdiction of the courts of the Republic, in accordance with the Constitution of the Bolivarian Republic of Venezuela. However, the Constitution in general, and custom and public international law in particular, used to resolve conflicts in foreign investment arbitration instrument in Venezuela, from November 2014 not joined the cast of means for resolving investment disputes, which by their intensive use, are especially required for the development of mining activities. It is argued that existing concessions and contracts where arbitration is established as a means of dispute resolution, investors may turn to international arbitration jurisdiction, as well as if provided on a bilateral investment protection agreement that they qualify.*

Keywords: *Investment, Arbitration, Mining, Dispute, Enabling Act.*

I. INTRODUCCIÓN

El Ejecutivo Nacional, haciendo uso de Ley que Autoriza al Presidente de la República a dictar Decretos con Rango, Valor y Fuerza de Ley en las materias que se le delegan por parte de la Asamblea Nacional[1] (Ley Habilitante), dicta el Decreto con Rango Valor y Fuerza

---

[1] *Gaceta Oficial* N° 6.112 Extraordinario de 19 de noviembre de 2013

de Ley de Inversiones Extranjeras[2] (Decreto-Ley de Inversiones)el cual en su disposición derogatoria cuarta, expresamente deja sin efecto el Decreto N° 356, con Rango y Fuerza de Ley de Promoción y Protección de Inversiones[3] (LPPI).

La LPPI es la primera ley que reguló las inversiones extranjeras en Venezuela junto a las Decisiones N° 291 y N° 292 de la Comisión del Acuerdo de Cartagena, que establecían el Régimen común de Tratamiento a los Capitales Extranjeros y sobre Marcas, Patentes, Licencias y Regalías[4] (decisiones que mantenían vigencia aun cuando Venezuela comunica su retiro en 2006 de la Comunidad Andina de Naciones, materializándose su salida definitiva en 2011, manteniendo el debate sobre la vigencia o no del ordenamiento legal andino) siendo éstas y algunas otras disposiciones que se tratarán más adelante, las que configuraban hasta el 18 de noviembre de 2014 el marco normativo general dirigido a la promoción y protección de inversiones en Venezuela, incluyendo además los Tratados Bilaterales de Inversión (TBI) que ha suscrito la República.

Este marco regulatorio general, sin embargo, fue objeto de diversas impugnaciones y solicitudes de interpretación por ciudadanos y la Procuraduría General de la República, en concordancia con el contenido del artículo 258 de la Constitución de la República Bolivariana de Venezuela[5] (CRBV), en lo relacionado con la promoción de los medios alternativos de solución de conflictos, especialmente el arbitraje, y el procedimiento para su utilización en la protección de las inversiones extranjeras.

Lo anterior puede lucir contradictorio y por ello se titula este trabajo como culminación del movimiento pendular en razón de los cambios que ha llevado al Derecho de la Protección de Inversiones en Venezuela a recorrer varios estadios regulatorios. En efecto, estos se inician en la década de los 90 con la suscripción de TBI, le sigue la adhesión al Convenio del Centro Internacional de Arreglo de Diferencias relativas a Inversiones (CIADI), pasando por la conformación de tratados económicos como el Tratado de Libre Comercio entre México, Colombia y Venezuela (G-3), alcanzando la concreción de una regulación marco con la LPPI, para luego celebrar y ratificar nuevos TBI (con Italia, Francia, Irán, Belarús, Rusia y Vietnam). Sin embargo, el punto de inflexión se evidencia con la no renovación del Tratado Bilateral de Inversión con el Reino de los Países Bajos[6], así como la denuncia Convenio CIADI, deteniéndose el péndulo en la supresión del arbitraje como medio de resolución de controversias respecto de las inversiones extranjeras en la legislación marco en el reciente Decreto-Ley de Inversiones.

Como política pública, la suscripción de TBI o la promulgación de un marco jurídico favorable a los medios alternativos de resolución de conflictos, como el arbitraje internacional, tiene un propósito específico: atraer inversiones.

---

[2] *Gaceta Oficial* N° 6.152 Extraordinario de 18 de noviembre de 2014

[3] *Gaceta Oficial* N° 5.390 Extraordinario de 22 de octubre de 1999

[4] *Gaceta Oficial* N° 34.930 de 25 de marzo de 1992.

[5] *Gaceta Oficial* N° 36.860, de 30 de diciembre de 1999; reimpresa por error material en la *Gaceta Oficial de la República Bolivariana de Venezuela* N° 5.453 Extraordinario, del 24 de marzo de 2000 y enmendada según *Gaceta Oficial de la República Bolivariana de Venezuela* N° 5.908, del 19 de febrero de 2009

[6] En efecto, el 30 de abril de 2008 el Gobierno de Venezuela envió una nota de terminación de este tratado a Holanda, de manera que el término de duración venció el 1° de noviembre de 2008.

En efecto, se trata de garantizar a los inversionistas foráneos un régimen legal previsible y estable para que éstos decidan informadamente dirigir sus recursos e invertirlos con tasas de retorno razonables, conozcan anticipadamente los mecanismos de protección de sus inversiones y de la propiedad privada en general. Los Estados receptores de la inversión a su vez suman agentes que coadyuvan en la dinamización de diversos sectores de la economía, favorecen las exportaciones, utilizan o promueven el uso productos y servicios nacionales, facilitan la creación de empleo, transferencia tecnológica, aprovechamiento racional de recursos naturales y estimulan la formación de personal calificado. Ese es el objetivo de estas regulaciones.

Por ello, no debe dejarse de lado que el constituyente venezolano de 1999 estableció en sus artículos 253 y 258 de la CRBV que los medios de resolución de conflictos, especialmente el arbitraje, forman parte del sistema de justicia y, que con ellos, se protege igualmente el derecho de tutela jurisdiccional efectiva que se consagra en el artículo 26 constitucional. Ha sido la acción de gobierno del Ejecutivo Nacional con la anuencia y estímulo de la Asamblea Nacional, los órganos del Poder Público que en los últimos lustros han distorsionado la materialización de la decisión constituyente[7], hasta decantarse en la supresión de tal mecanismo de solución de controversias en un nuevo marco legal aun cuando, al decir del Presidente de la República, tiene como propósito, atraer inversiones extranjeras[8].

En razón de ello, esta comunicación se centrará en la definición de inversión, su relación con el arbitraje y con la actividad minera venezolana.

Finalmente, con el propósito de una mejor expresión de las ideas, el presente estudio se dividirá en los siguientes puntos, a saber: El concepto de inversión extranjera y el arbitraje como mecanismo de protección según la legislación venezolana (II); minería y la resolución de controversias por inversiones (III), y; consideraciones finales (IV).

I. EL CONCEPTO DE INVERSIÓN EXTRANJERA Y EL ARBITRAJE COMO MECANISMO DE PROTECCIÓN SEGÚN LA LEGISLACIÓN VENEZOLANA

Señala la doctrina científica que la inversión extranjera o internacional, en sentido amplio "(…) incluye toda transferencia de un país a otro de recursos financieros a largo plazo,

---

[7] Paradójicamente el Tribunal Supremo de Justicia en Sala Constitucional, mediante sentencia N° 1.541 de fecha 17 de octubre de 2008, señaló que Venezuela, al celebrar y ratificar diversos TBI en los que el arbitraje formaba parte de los mecanismos de solución de controversias, incluyendo el Convenio CIADI, nuestro país integraba al grupo de Estados promotores y favorables al arbitraje, política que habitualmente se denomina "foro amigable" para el arbitraje. Esta decisión puede verse en http://historico.tsj.gob.ve/decisiones/scon/octubre/1541-171008-08-0763.htm.

[8] En efecto, el Presidente de la República, el día 18 de noviembre de 2014, al momento de dictar y promulgar el Decreto-Ley de Inversiones en el marco de la Ley Habilitante, señaló: *(...) "estoy haciendo una reforma de la Ley de Inversiones Extranjeras. ¿Para qué? para establecer los mecanismos que nos permita* (sic) *atraer las inversiones extranjeras dentro del nuevo marco del Plan de la Patria, las necesidades reales del país. Establecer facilidades, combinadas con las zonas económicas de inversión, facilidades de inversión nacionales e internacionales, públicas y privadas, para el desarrollo de los sectores priorizados, en cada una de las zonas económicas que van a activarse, de manera muy especial. Así que a la Ley de Inversiones Extranjeras le hemos hecho una adecuación necesaria, para que las inversiones verdaderamente vengan, puedan fluir, hay importantes sectores que quieren invertir y, bueno, bienvenido* (sic) *las inversiones que traigan desarrollo al país, en el marco del Plan de la Patria como está planteada."* Alocución del Presidente de la República transmitida por Venezolana de Televisión. *Cfr.* https://www.youtube.com/watch?v=fGq4sYR5e3Y [Consultada en enero 20, de 2015].

independientemente de que se haga la transferencia con ocasión de un préstamo o con ocasión de la compra de participaciones en el capital social de un *(sic)* empresa."[9]

Sin embargo, la cuestión terminológica no termina ahí. Como lo señala la doctrina, "(…) el concepto del término 'inversión' se halla entre los aspectos más discutidos en esta área. No son pocas las definiciones de 'inversión'."[10]

En todo caso, y siendo que la mayoría de los TBI tienen una definición amplia de inversión y que el mismo Convenio CIADI optó por no definirlo, creemos que a los fines de este trabajo, resulta conveniente tratar la nueva definición que hace el Decreto-Ley de Inversiones para luego relacionarlo con el arbitraje.

Así las cosas, el Decreto-Ley de Inversiones, en su artículo 6, numeral 3, entiende por Inversión Extranjera: "(…) a la inversión productiva efectuada a través de aportes realizados por los inversionistas extranjeros conformados por recursos tangibles e intangibles, destinados a formar parte del patrimonio de los sujetos receptores de inversión extranjera en el territorio nacional."

Luego, el mismo artículo en sus literales a, b, c, y d, se definen los tipos de aportes, tales como inversión financiera en divisas y/o cualquier otro medio de compensación en el marco de la integración latinoamericana y caribeña; los bienes de capital tangibles, entre ellos plantas industriales, maquinarias, equipos industriales, materia primas o recursos intermedios; los bienes intangibles, representados por marcas comerciales, de producto, patentes, modelos de utilidad, diseño o derechos de propiedad industrial. Para esto último, deberá realizarse una cesión entre empresas que no formen parte de un grupo vinculadas entre sí. Finalmente también forman parte del concepto, las reinversiones de las utilidades, o parte de estas, no distribuidas producto de las inversiones extranjeras.

Contrasta así la perspectiva con la que el Ejecutivo Nacional en la actualidad trata a las inversiones extranjeras con la que se puede advertir en las definiciones de la LPPI.

En efecto, al momento de la entrada en vigencia de la LPPI (1999), Venezuela integraba aun la Comunidad Andina de Naciones, el G-3, y se hallaba en un entorno de bajos precios del barril de petróleo[11], atraer las inversiones extranjeras, resultaba un asunto clave, igual que para el resto de los países Latinoamericanos[12]. En razón de ello se produce el marco legal que ofrecía el mínimo de condiciones favorables a los inversionistas, pues los TBI subsiguientes a su promulgación, podían contener condiciones más ventajosas[13].

[9] Rodner, J., *La inversión internacional en Países en Desarrollo*, Editorial Arte, Caracas, 1993, p. 55, Citado por Torrealba, J., "Promoción y Protección de Inversiones Extranjeras en Venezuela: Los contratos de estabilidad Jurídica (con referencia a las inversiones extranjeras para la explotación de hidrocarburos)" en *Revista de Derecho Administrativo* N° 20 enero-diciembre 2005, pp. 245-269, p. 247.

[10] Tejera, V., *El Arbitraje de Inversiones en Venezuela*, Editorial Jurídica Venezolana, Caracas, 2012, pp. 83-89.

[11] Mommer, B., *La cuestión petrolera*, Ediplus, Caracas, 2008, pp. 302 y ss.

[12] Blackaby; N. "El arbitraje según los tratados bilaterales de inversión y tratados de libre comercio en América Latina", *Revista Internacional de Arbitraje*, número 1 junio-diciembre 2004, pp. 17-63.

[13] Así lo señalaba el encabezado del Artículo 5: "Los tratados o acuerdos que celebre Venezuela podrán contener disposiciones que ofrezcan una protección más amplia a las inversiones que la prevista en esta Decreto-Ley, así como mecanismos de promoción de inversiones distintos a los aquí consagrados. La vigencia y aplicación de los tratados, convenios y acuerdos de promoción y

El contraste señalado puede verse en las incorporaciones de nuevas categorías no presentes en la legislación venezolana para el momento de promulgación de la LPPI. Así, el Decreto-Ley de Inversiones entiende por inversión a los recursos obtenidos lícitamente y que los inversionistas (nacionales o extranjeros) destinen a la producción de bienes o servicios que incorporen elementos nacionales, que contribuyan a la "creación de empleos, promoción de la pequeña y mediana industria, encadenamientos productivos endógenos[14], así como al desarrollo de la innovación productiva"[15].

Debe resaltarse que el Decreto-Ley de Inversiones no señala expresamente a las actividades sobre bienes del dominio público (que permitirían producir materia prima en el país o actividades de interés general como sería el propósito de las inversiones), tales como la industria minera, petrolera o energética así como a los contratos de concesión para la prestación o explotación de servicios públicos. Llama la atención esta ausencia pues es en estos sectores en los que Venezuela tiene elementos objetivos de competitividad para captar inversiones por cuanto las actividades de exploración, explotación de recursos naturales así como de explotación de servicios públicos u obras de infraestructura, requieren de altos volúmenes de capital inicial[16], los cuales no pueden ser cubiertos con el presupuesto público del ejercicio económico 2015[17].

Por otra parte, respecto de las modalidades para conocer y resolver las disputas que se puedan presentar con ocasión de inversiones extranjeras, no debe olvidarse el natural espacio regulatorio de los Estados, lo que da lugar a las políticas públicas internas sobre el tejido empresarial doméstico y al inversionista foráneo. En este sentido, cuando el constituyente venezolano de 1999 incluye a los medios alternos de resolución de conflictos, como pudimos anotar *supra*, se entiende que la mediación, conciliación y principalmente el arbitraje, formarán parte de los TBI así como de la legislación que constituya el régimen aplicable a las inversiones, tanto las nacionales como las extranjeras. No obstante, como también pudimos anotar en la introducción de este estudio, el retroceso pendular en las acciones de gobierno, las contradicciones entre órganos públicos del Poder Nacional[18] aun frente a una legislación

---

protección de inversiones ratificados por Venezuela no serán afectadas por lo previsto en este Decreto-Ley."

[14] La doctrina ha señalado que: "El desarrollo endógeno persigue satisfacer las necesidades y demandas de la población local a través de la participación activa de la comunidad local en los procesos de desarrollo." Vázquez, A. *Desarrollo, redes e innovación lecciones sobre desarrollo endógeno*, Ediciones Pirámide, Madrid, 1999, p. 29.

[15] Artículo 6 numeral 1º del Decreto-Ley de Inversiones.

[16] Puede verse: Ritter, A, "La aglomeración en torno a la minería en Canadá: estructura, evolución y funcionamiento", AA.VV. (Comp. Rudolf Buitelaar), en Aglomeraciones mineras y Desarrollo local en América Latina CEPAL, Bogotá, 2001, pp. 17-46. Y también Otero, A., "Elementos claves para la financiación de proyectos de infraestructura", AA.VV. (Coord. A. Romero), en *Régimen legal de las concesiones públicas*, Editorial Jurídica Venezolana, Caracas, pp. 163-172.

[17] Al respecto véase: http://prodavinci.com/2015/01/22/actualidad/60-economistas-se-pronuncian-sobre-la-crisis-economica-en-venezuela-monitorprodavinci/[Consultada en enero 25, de 2015]

[18] Como se indicó, al tiempo que el Tribunal Supremo de Justicia en Sala Constitucional, mediante sentencia Nº 1.541 de fecha 17 de octubre de 2008 señalaba que Venezuela se incluía entre los Estados favorables al arbitraje de inversiones, y que así lo evidenciaban los TBI y la LPPI, también añadió que los árbitros tendían a favorecer los intereses de las corporaciones trasnacionales; por su parte, la Asamblea Nacional, en Acuerdo del 12 de febrero de 2008, publicado en *Gaceta Oficial* Nº 38.869 del 13 de febrero del mismo año, titulado *"Acuerdo sobre la campaña de la Transnacional Exxon Mobil contra Petróleos de Venezuela, S. A."*, exhortaba al Ejecutivo Nacional a *"retirarse del Convenio del Centro Internacional de Arreglo de Diferencias relativas a Inversiones (CIADI)"*. Sobre la imparcialidad de los árbitros y otros puntos relacionados puede verse: Torrealba J., "Comentarios sobre algunos problemas actuales del arbitraje con Estados u otros entes

marco y TBI favorables al arbitraje, no representa el escenario estable y previsible que atrae a las inversiones extranjeras pues progresivamente el arbitraje fue desconocido y finalmente se suprime en la legislación sectorial.

En el análisis de esto, la doctrina científica venezolana ha señalado con ocasión de la promulgación de la Ley Orgánica que reserva al Estado bienes y servicios conexos a las actividades primarias de hidrocarburos[19]-[20], y del Decreto Ley que reserva al Estado las Actividades de Exploración y Explotación del Oro así como las conexas y auxiliares a éstas[21]-[22], que con esta normativa se configuraba una clara modificación a las reglas en materia de disputas pues toda controversia será ahora conocida por los tribunales venezolanos (especialmente en la minería del oro), salvo en los supuestos de las concesiones o contratos mineros cuya terminación anticipada hubieren previsto que las disputas se solucionarían ante organismos internacionales de arbitraje[23]. La doctrina culmina señalando que se configura un ilícito de Derecho Internacional en el caso de las expropiaciones sobre las acciones de las empresas prestadoras de servicios así como de los bienes destinados a las actividades primarias en materia petrolera.[24]

En el momento presente, el Decreto-Ley de Inversiones establece el siguiente modo de solución de las controversias en su artículo 5, reza: "Las inversiones extranjeras quedarán sometidas a la jurisdicción de los tribunales de la República, de conformidad con lo dispuesto en la Constitución de la República Bolivariana de Venezuela y demás leyes. La República Bolivariana de Venezuela podrá participar y hacer uso de otros mecanismos de solución de controversias constituidos en el marco de la integración de América Latina y El Caribe."

Con lo anterior, Venezuela, luego de denunciar el Convenio CIADI, suprime el mecanismo del arbitraje de las inversiones extranjeras, supresión que en materia del mineral de oro, ya había hecho desde 2012 quedando sometidas de modo exclusivo a la jurisdicción de

---

públicos", AA.VV. (Dir. A. Brewer-Carías y V. Hernández-Mendible), en *El Contencioso Administrativo y los Procesos Constitucionales*, Editorial Jurídica Venezolana, Caracas, 2011, pp. 695-723.

[19]   *Gaceta Oficial* N° 39.173 de 7 de mayo de 2009

[20]   Muci Borjas, J., "La Ley venezolana que reserva al Estado bienes y servicios conexos a las actividades primarias de hidrocarburos: un ilícito de Derecho Internacional Análisis conforme a los Tratados Bilateral de inversión (BIT`S)", *Revista de Derecho Público* N° 118 abril-junio 2009, pp. 113-127.

[21]   *Gaceta Oficial* N° 39.759 de 16 de septiembre de 2011

[22]   Véase Brewer-Carías, A.., Comentarios sobre la Ley Orgánica de Nacionalización de la minería del oro y de la comercialización del oro, *Tratado de Derecho Administrativo Derecho Público en Iberoamérica*, Vol. V, Editorial Civitas-Thomson Reuters, Madrid, 2013, pp. 605-618. También Hernández-Mendible, V., "La regulación de la reserva del Estado de las actividades de exploración y explotación del oro, así como las conexas y su impacto sobre los medios de resolución de controversias", *Revista de Derecho Público* N° 130 abril-junio 2012, pp. 295-306. Así como, Pernía-Reyes, M., "La minería en Venezuela y el nuevo régimen jurídico del aprovechamiento del oro", *Revista Tachirense de Derecho* N° 23 enero-diciembre 2012, pp. 103, 129.

[23]   Así, por ejemplo, la minera Rusoro solicitó el arbitraje ante el Mecanismo complementario CIADI, por cuanto no pudo llegar a un acuerdo amistoso con ocasión de la nacionalización de sus activos, luego de la entrada en videncia del Decreto Ley que reserva al Estado las Actividades de Exploración y Explotación del Oro así como las conexas y auxiliares a éstas. Puede verse en http://www.   miningweekly.com/article/rusoro-secures-funding-for-venezuela-nationalisation-arbitration-2012-06-18[Consultada en enero 25 de 2015]. Para más detalles sobre el Mecanismo Complementario CIADI, Tejera, *Arbitraje...ob. cit.*, pp. 149-152.

[24]   Muci, *La ley venezolana... ob. cit.* p. 113

los tribunales de la República, con la excepción de participar en el futuro, en otros mecanismos de solución diferencias, con ocasión de la eventual creación de algún organismo multilateral Latinoamericano y Caribeño que sirva a la solución de conflictos por inversiones[25].

Es así como consideramos que el movimiento pendular señalado en este breve análisis han alcanzado el otro extremo de las posibilidades del establecimiento del arbitraje para la solución de conflictos derivados de inversiones al pasar de una ley marco como la LPPI que lo permitía –aun las dificultades de interpretación de su artículo 22– hasta la supresión de esa figura en el nuevo Decreto-Ley de Inversiones agregando en su Disposición Transitoria Tercera que todo acuerdo marco de inversión o acuerdo comercial internacional sobre inversiones que suscriba o renegocie la República, se fundamentará en las nuevas disposiciones, de manera que desaparece hacia el futuro con esta ley, el arbitraje de inversiones para Venezuela.

Este nuevo escenario muestra la carencia de un enfoque práctico de las políticas públicas en materia de inversiones. En efecto una política pública ajustada a la CRBV y a la legislación en la materia, le hubiese permitido al Gobierno venezolano no apartarse de la previsión del constituyente de 1999 pues un correcto enfoque del arbitraje de inversiones desde el Estado le hubiese permitido reconocer que el arbitraje de inversiones es un procedimiento de derecho internacional público y, por tanto, de interés público, y que existe además un "(…) interés legítimo de la sociedad por las decisiones arbitrales."[26]

Con lo anterior se presenta el siguiente escenario, a dos tiempos: el primero hace distinguir que los TBI vigentes en Venezuela, siguen conservando las modalidades de solución de controversias en ellos contenidos puesto que la plataforma de protección creada con anterioridad a este Decreto-Ley de Inversiones, se mantiene y, por lo tanto, deben regirse por las leyes que para el momento de la suscripción de los negocios jurídicos estaban vigentes. El segundo significa que la República, si decide renegociar sus TBI, no tendrá más que presentar como propuesta que la solución de diferencias la conocerán sus tribunales nacionales[27], o un eventual organismo de carácter subregional.

II.   MINERÍA Y LA RESOLUCIÓN DE CONTROVERSIAS POR INVERSIONES

La actividad minera permite colocar en los mercados mundiales un conjunto de bienes indispensables para la economía global, atrayendo las inversiones a los lugares donde se hallen los yacimientos económicamente aprovechables, y en los cuales la legislación domestica del país receptor provea de reglas claras para la movilización de recursos diversos para su explotación así como en la posible intervención en el encadenamiento productivo que puede resultar de las actividades mineras que requiera el yacimiento.

---

[25]   Este cambio legislativo coincide con las actividades promovidas por la "II Conferencia Ministerial de Estados Afectados por Intereses Transnacionales" cuyos miembros emitieron una declaración en torno a la creación del Observatorio del Sur sobre Inversiones y Transnacionales. Véase: http://www.vtv.gob.ve/articulos/2014/09/10/paises-afectados-por-intereses-transnacionales-crearan-observatorio-del-sur-sobre-inversiones-y-transnacionales-1245.html [Consultada en enero 25, de 2015].

[26]   González, L. "El arbitraje de inversión desde la perspectiva del Estado" Revista Internacional de Arbitraje N° 12 enero-junio 2010, pp. 173-188.

[27]   Respecto del desempeño de la justicia en Venezuela: Chavero Gazdik, R., *La justicia revolucionaria*, Editorial Aequitas, Caracas, 2011. Y más recientemente Canova González, A. y otros, *El TSJ al servicio de la Revolución*, Editorial Galipán, Caracas, 2014.

La minería pues se fundamenta precisamente en la realización de labores cuya *economía* permita obtener una renta de las inversiones realizadas[28]. Esto ha representado para el Estado venezolano un salto trascendental pues la abundancia de recursos naturales, particularmente de yacimientos mineros y de hidrocarburos permitió pasar de obtener ingresos principalmente por las actividades aduaneras en casi la totalidad del siglo XIX y comienzos del siglo XX[29], a convertirse en una economía rentista o de capitalismo rentístico[30] erigiéndose el Estado en el gran agente económico nacional[31].

No obstante, si bien es posible que los Estados propietarios de importantes recursos naturales puedan tener ventajas respecto de otros menos favorecidos, ello no es garantía de una economía estable, de manera que Venezuela, junto a un gran número de países ricos en recursos naturales "(...) han rendido por debajo de su potencial, como consecuencia de una mala gestión de sus recursos (...)"[32].

De allí que Venezuela entre los años 1991 y 1993 y luego entre 1999 y 2002 promovió reformas destinadas a crear condiciones favorables a la libre empresa y a la libertad económica, coincidiendo este último período con la promulgación de la LPPI, para maniobrar en un mercado petrolero de precios bajos. Incluso, se promulgó una nueva Ley de Minas también en 1999, que incluía el arbitraje para las controversias respecto de concesiones mineras. No obstante, cuando los precios del barril de petróleo (y del carbón mineral) mostraron tendencias de recuperación, especialmente a partir de 2005, se reasumen diversas técnicas de intervención en la economía[33], retornando al modelo estatista antes señalado.

Este retorno impacta negativamente en materia minera pues la extinción anticipada de los contratos o concesiones o la política de no renovación de concesiones mineras desde 2005[34], la promulgación de la Ley que reserva al Estado las Actividades de Exploración y Explotación del Oro así como las conexas y auxiliares a éstas, con cuya entrada en vigencia se dio inicio a diversas disputas legales que han llevado a Venezuela a Tribunales Arbitrales

---

[28] Particularmente el *"gasto real en nuevos bienes dirigidos a su utilización en los procesos productivos"*. Manzano, O., y otros, Macroeconomía y petróleo, Pearson Educación de México S. A. Estado de México, 2008. p. 400. La nueva definición en el Decreto-Ley de Inversiones incluye los bienes recuperados o reparados.

[29] Así lo expone Baptista Asdrúbal al citar parte de distintos jefes de hacienda de Venezuela, en los siguientes términos: *"Óigase al Secretario de Hacienda de la República, Santos Michelena, decir lo siguiente en su memoria de 1832: 'Siendo las rentas (léase ingresos A.B.) de las aduanas las únicas que propiamente hablando posee la nación para cubrir sus enormes gastos...' (Michelena, 1982:33). Por su parte, el Ministro Román Cárdenas en su Memoria de 1914 expresará un idéntico parecer: 'como es sabido, el 75 por ciento de la renta nacional (léase ingreso público, A. B.) lo constituye la renta aduanera...' (Cárdenas, 1982:419)."* Baptista, A., *Itinerario por la Economía Política*, Ediciones IESA y la Academia Nacional de Ciencias Económicas, Caracas, 2008, p 333.

[30] Baptista, A., *Itinerario...* ob. cit., p. 335. Para más profundidad: Baptista, A., *Teoría económica del capitalismo rentístico*, Banco Central de Venezuela, Caracas, 2010.

[31] Así, Hernández, J. señala: "El Estado se convirtió en el principal actor económico, insuflado por el petróleo, que marcó para siempre nuestra económica (sic), convirtiéndola en una economía rentística." En, Hernández, J., "La regulación económica de actividades de interés general y la vuelta a los modelos estatistas." *AA.VV.* (Coord. Asociación Peruana de Derecho Administrativo) En *Ponencias del IV Congreso Nacional de Derecho Administrativo: Modernizando el Estado para un país mejor*, Lima, 2010, p. 301

[32] Sachs, J., *Economía para un planeta abarrotado*, Random House Mondadori, Barcelona, 2008, p. 289.

[33] Hernández, J., *La regulación...* ob. cit., pp. 301-303.

[34] Soules, G., Latifundio minero, *Revista Veneconomía*, http://www.veneconomia.com/site/files/ articulos/artEsp3218_8187982.pdf [Consultado en Febrero 13 de 2015].

extranjeros por empresas nacionalizadas (casos de las mineras canadienses Crystallex, Gold Reserve y Vanessa Ventures), así como la compra de las acciones en los *joint ventures* que venían mostrando buen desempeño en la minería del carbón energético[35], sumado a una permanente transformación de la Administración Minera Nacional[36] que hace inviable el diseño, formulación implementación y seguimiento de políticas públicas en el sector, constituyen factores que, junto a al nuevo Decreto-Ley de Inversiones, configuran una política de restricción de inversiones y no en su promoción.

Las inversiones extranjeras requieren de un tratamiento concreto, estable y competitivo. Si bien existe y es necesario un espacio natural de los Estados para legislar y regular el modo en el cual se tratan a las inversiones extranjeras, en materia de industrias extractivas como la minera particularmente en Suramérica, se requiere de elementos competitivos que haga direccionar las inversiones a las economías con grandes recursos naturales. La integración al mundo globalizado, se promueve a través de la apertura a la inversión extranjera y de la participación creciente en los mercados internacionales, aprovechando sus ventajas específicas, particularmente el entorno regulatorio.

De allí que la supresión de los elementos tradicionales como el arbitraje en materia de inversiones extranjeras para la solución de controversias en Venezuela sella el conjunto de decisiones políticas y de legislaciones que promueve la iniciativa pública en lugar de la privada.

IV. CONSIDERACIONES FINALES

La Ley de Minas de 1999 permitía alcanzar una industria minera madura y eficiente. Ello junto a la LPPI, también de 1999, permitían que las inversiones extranjeras pudieran acceder a medios alternos de resolución de controversias, como es costumbre internacional, a través del arbitraje, en plena consistencia con lo consagrado por el constituyente en ese mismo año.

Los hechos 15 años después son otros, se ha completado el movimiento pendular alcanzando un extremo opuesto a la competitividad reduciendo sensiblemente las oportunidades para que Venezuela ingrese a los mercados globales, coincidiendo con la necesidad de captar el flujo de inversiones y tecnología dada la actual incapacidad interna, pública o privada, para acometer las labores mineras que sean proporcionales a nuestras reservas probadas. Como se anotó *supra*, la actividad minera en sus distintas etapas requiere de importantes volúmenes de capital con el cual realizar las inversiones para la exploración, estudios de prospección geológica, explotación, transporte, almacenamiento, infraestructura, industrialización y comercialización interna o externa de los minerales extraídos.

---

[35]   Como lo representó la asociación de la estatal Carbones del Zulia, S. A. con el grupo Anglo American Coal-Peabody Coal Venezuela Limited, en la operación de las minas del carbón del Estado Zulia, mediante la empresa mixta Carbones del Guasare, S. A., de la cual, el Ejecutivo Nacional ordenó la transferencia de las acciones de las empresas privadas a la estatal Carbones del Zulia, S. A. orden que se materializó mediante un "Acuerdo de Consentimiento", culminándose tal proceso el 22 de marzo de 2011 mediante Decreto de adscripción de la nueva empresa del Estado a la Vicepresidencia Ejecutiva de la República según *Gaceta Oficial* N° 39.646 del 31 de marzo de 2011.

[36]   Brewer-Carías, A., ¿Reforma administrativa en Venezuela? O la transformación no siempre planificada de la Administración pública, para la implementación de Un estado socialista al margen de la constitución, Mediante la multiplicación, dispersión y Centralización de sus órganos y entes, Ponencia elaborada para el Cuarto Congreso Iberoamericano y Quinto Mexicano de Derecho Administrativo, Xalapa, México, octubre 2012. En: http://allanbrewercarias.com/Content/ 449725d9-f1cb-474b-8ab2 41efb849fea2/Content/I,%201,%201057.%20 Reforma%20administrativa%20o %20trasformaci%C3%B3n%20no%20planificada%20de%20la%20Administraci%C3%B3n%20P%C3%BAblica.%20Venezuela%202001).pdf [Consultado en Febrero 13 de 2015].

No obstante la legislación en materia minera vigente mantiene el riesgo respecto del hallazgo, estudio, verificación de la condición, la calidad, las características físico-químicas, el desarrollo de infraestructura, y mercado del mineral, al concesionario-inversionista. Por lo cual se sostiene que todo inversionista de la industria minera en Venezuela que se halle dentro de los extremos de TBI válidamente suscritos y ratificados por el Estado venezolano que tengan previstos el uso del arbitraje como medio de resolución de conflictos, pueden hacer uso del mismo, si tales inversiones extranjeras constituyeron negocios jurídicos anteriores a las denuncias señaladas en este trabajo o se encuentren amparados por TBI.

Finalmente, este errático tratamiento a la inversión extranjera que ha recorrido los estadios aquí señalados tiene un doble efecto negativo para la República. El primero de ello es que mientras estén vigentes los TBI que contengan el arbitraje como medio de resolución de controversias, es posible aun el acceso a los tribunales arbitrales internacionales, así como la aplicación del Convenio de las Naciones Unidas para el reconocimiento y cumplimiento de las sentencias arbitrales extranjeras (Convención de Nueva York de 1958), por lo que Venezuela sigue teniendo responsabilidad internacional; y el segundo, las necesarias inversiones extranjeras que puedan mejorar las finanzas producto de la actual caída de los precios de petróleo, optarán por mercados con sectores mineros eficientes y maduros, incapacitando al Estado venezolano para la captación de inversiones extranjeras así como la drástica reducción de impuestos mineros.

Sección V: Régimen de precios justos

Análisis y comentarios en cuanto al Decreto 1.467 mediante el cual se dictó el Decreto con rango, valor y fuerza de Ley de Reforma Parcial del Decreto con rango, valor y fuerza de Ley Orgánica de Precios Justos publicado en la Gaceta Oficial N° 6.156 extraordinario de 19 de noviembre de 2014

Juan Domingo Alfonzo Paradisi

Profesor de la Universidad Central de Venezuela

Resumen: *El artículo estudia los aspectos más importantes de la reforma de la Ley Orgánica de Precios Justos.*

Palabras claves: *Ley Orgánica de Precios Justos, control de precio.*

Abstract: *The article analyzes the relevant reforms of the Fair Prices Organic Law.*

Keyword: *Fair Prices Organic Law, price control.*

El Decreto de Ley Orgánica de Ley de Precios Justos ha tenido severas implicaciones en el ámbito de la economía venezolana[1] al someter a un margen máximo de ganancia de 30% sobre la estructura de costo a la casi totalidad de los bienes y servicios. Esta regulación ha implicado la reducción de la oferta de bienes, así como la variedad de los mismos, al reducir los incentivos a la producción y en algunos casos la posible obligación de producción o comercialización a pérdida. Así mismo, en la práctica administrativa, la no aceptación de costos directos e indirectos en las fiscalizaciones e inspecciones por parte de la Superintendencia Nacional para la Defensa de los Derechos Socioeconómicos (SUNDDE) ha implicado la reducción de márgenes de rentabilidad. Al existir menos ofertas de productos y menos variedad en cuanto a las presentaciones se verán perjudicados los ciudadanos ya que tendrán menores alternativas para escoger productos y probablemente los consumidores se verán obligados a tomar el que exista en el mercado, de haberlo. De igual manera, al reducir los incentivos de la producción, se reducirá la calidad de los productos ofrecidos al consumidor, lesionando así el derecho a las personas a tener bienes de calidad (Art. 117 de la Constitución vigente). En efecto el Decreto Ley al limitar el margen de ganancia de cada actor de la cade-

---

[1] Véase: lo que señaláramos en Constitución Económica y el Decreto Ley de Costos y Precios Justos en el libro Análisis Jurídico Económico y Financiero del Decreto Ley de Costo y Precios Justos publicado por la Fundación Estudios de Derecho Administrativo (FUNEDA). Marzo 2012. p. 25 y ss

na reduce el incentivo a aportar valores agregados en los bienes y servicios y estandariza o uniformiza la oferta de bienes y productos, así como lleva a niveles básicos la presentación de los bienes al consumidor. En definitiva esta regulación socialista, reduce la variedad en la oferta y los ciudadanos tienen menos opciones o alternativas para su adquisición o consumo. Ello aunado con la ejecución por parte de la SUNDDE de la Providencia N° 003 publicada en la *Gaceta Oficial* N° 40.351 del 7 de febrero del 2014 y el no reconocimiento de algunos costos (tributos, contribución de Seguro Social Obligatorio, el Impuesto de Industria, Comercio y Servicios, entre otros), además del límite previsto por la propia Providencia N° 003 de la SUNDDE en relación con los gastos ajenos a la producción del 12,5% del costo de producción del bien o de la prestación del servicio.

Adicionalmente recientemente ha sido dictada la Providencia N° 057, publicada en la *Gaceta Oficial* N° 40.547 del 24 de noviembre de 2014, la cual ha sido 2 veces prorroga a la fecha, y que establece la determinación y marcaje del precio justo (PVJ) el cual debe ser entendido –conforme a la Providencia N° 073, publicada en la *Gaceta Oficial* N° 40.571 el 30 de diciembre de 2014– como el precio máximo en el cual el bien o el servicio puede ser comercializado. Lo que queremos destacar es que conforme a la última providencia citada, los fabricantes o importadores deben determinar los precios de todos aquellos productos cuyos precios no hayan sido determinados por la SUNDDE (Art. 6 de la Providencia N°. 057); implicando dicha regulación: o bien la imposición de precios para el resto de la cadena de comercialización o bien que tengan los diversos agentes económicos de la cadena que llegar a acuerdos en cuanto a los márgenes correspondiente a cada eslabón de la misma lo cual puede ser a su vez contrario a las disposiciones del Decreto Ley Antimonopolio recientemente dictado

Los aspectos más importantes del Decreto Ley N° 1.467 mediante el cual se dictó la Reforma Parcial del Decreto con Rango, Valor y Fuerza de Ley Orgánica de Precios Justos son: 1. La ampliación del tipo del delito de especulación a aquél que enajene bienes o presten servicios a precios o márgenes de ganancias superiores a los fijados mediante la auto regulación, de acuerdo a la normas que al efecto dicte la Superintendencia Nacional de Precios Justos; 2.-Derechos de las personas en relación a los bienes y servicios, y garantías; 3 Sistema de Adecuación Continua de Precios Justos; 4.- Incremento de las penas en relación con los delitos penales: especulación, acaparamiento, boicot, contrabando de extracción; los cuales desarrollaremos infra.

1.- La ampliación del tipo del delito de especulación a aquel que enajene bienes o preste servicios a precioso márgenes de ganancias superiores a los fijados o determinados por la autoridad competente a través de la fijación directa **o mediante la auto regulación de acuerdo a la normas que al efecto dicte la Superintendencia Nacional de Precios Justos** (lo destacado es lo novedoso del Decreto Ley en Comentario).

I.   LA AMPLIACIÓN DEL DELITO DE ESPECULACIÓN A: VENDER POR ENCIMA DEL MARGEN DE GANANCIA

En efecto, de acuerdo al decreto objeto de reforma (Decreto Ley N° 600 publicado en la *Gaceta Oficial* N° 40.340 del 23 de Enero de 2014) así como los decretos anteriores (Decreto N° 8.331 con Rango, Valor y Fuerza de Ley de Costos y Precios Justos y la derogada Ley para la Defensa de las Personas en el Acceso a Bienes y Servicios publicada en *Gaceta Oficial* N° 39.358 del 1 de febrero de 2010, se refirieron siempre al delito de especulación o al ilícito administrativo de especulación concerniente *a aquel que vendiese a precios superiores al determinado o fijado por la autoridad competente* y no se hacía referencia a vender por encima de márgenes de ganancia. Claro está, ello se debe a que por primera vez en Venezuela se estableció un límite de ganancias del 30 % sobre la estructura de costos mediante el art. 32 del Decreto Ley N° 600 de Precios Justos publicado en *Gaceta Oficial* el 23-01-2014, ahora objeto de reforma parcial, y por tanto se establece conforme al artículo 18 que pasa a ser el artículo 56 que: todo aquel que venda por encima de dicho margen de ganancia incurre en el delito de especulación. Así mismo, este artículo 56 al establecer este tipo penal para *aquel que enajene bienes o preste servicios a precios o márgenes superiores a los fijados o determinados por la autoridad competente* debiese hacer inaplicable el delito de usura para estos supuestos, ya que los elementos previstos en el delito de especulación son mucho más específicos que los establecidos para el delito de Usura. Esto lo señalamos, ya que, la práctica de la SUNDDE, en muchos de los casos, consistía en señalar en las actas de fiscalización o en los actos administrativos de apertura de los procedimientos administrativos sancionatorios, el artículo que preveía el delito de Usura con la correspondiente remisión al Ministerio Público, sin que efectivamente, el artículo 60 del Decreto Ley N° 600 hubiese previsto que el que vendiese por encima del margen de ganancia establecido incurría en usura. Con esta previsión del Decreto de Reforma Parcial es claro –desde nuestra perspectiva– que todo aquel que enajene bienes o preste servicios a precios o márgenes superiores a los fijados o determinados por la autoridad competente está dentro de los supuestos del delito de especulación.

II.   LA AMPLIACIÓN DEL DELITO DE ESPECULACIÓN A VENDER POR ENCIMA DE LA AUTO REGULACIÓN REALIZADA POR EL SUJETO DE APLICACIÓN

Ahora bien, el artículo 18 del Decreto Ley de Reforma Parcial que pasa a ser el artículo 56 contiene la disposición más relevante, en nuestra opinión, que es ampliar el supuesto de delito de especulación a aquellos casos donde se enajene el bien o se preste el servicio por encima de los precios o de márgenes determinados mediante **la auto regulación**. Si bien es cierto que ya el Decreto Ley N° 600 de 23 de Febrero de 2014 en su artículo 51 tercer párrafo establecía algo muy similar, esta nueva reforma reafirma el punto, implicando que pueden constituir delito de especulación el vender por encima de los precios determinados por la autoridad competente, así como también el enajenar bienes o prestar servicios a un precio superior o márgenes superiores a los determinados mediante la **auto regulación. Entendemos por auto regulación los precios o márgenes determinados por los sujetos de aplicación e informados a la administración competente**, fundamentados en la realización o conformación de su estructura de costos y en tanto y en cuanto no supere el margen de ganancia del treinta por ciento (30%) sobre esa estructura de costos.

Razón por la cual, habrá un mayor control y la reducción de espacios de libertad en cuanto al diseño de la política de precios.

En efecto, el derogado artículo 51 del Decreto Ley N° 600 publicado el 23-01-2014 establecía:

"De conformidad con el artículo 114 de la Constitución de la República Bolivariana de Venezuela. Quienes vendan bienes presten servicios a precios superiores a los fijados o determinados por la SUNDDE, serán sancionados por vía judicial con prisión de ocho (8) a diez (10) años.

Igualmente serán sancionados con la ocupación temporal del almacén, depósito, unidad productiva o establecimiento, hasta por ciento ochenta (180) días, más multa de un mil (1000) a cincuenta mil (50.000) unidades tributarias.

La misma sanción será aplicable a quienes vendan bienes o presten servicios a precios superiores a los que hubieren informado a la SUNDDE" (subrayado nuestro).

De tal manera que, desde la publicación del Decreto Ley N° 600 del 23-1-2014 se previó el delito de especulación para quienes vendieran bienes o presten servicios a precios superiores a los que hubieren informado a la SUNDDE. Así pues, que tal delito no sólo era aplicable para los que vendiesen por encima de los precios determinados por la autoridad competente sino también para aquellos que vendiesen o prestasen servicios a precios superiores a los informados, ampliando de esa manera el conjunto de bienes y servicios que podían ser objeto del delito de especulación tradicionalmente referido a bienes y servicios cuyos precios determinados fueran determinados por la autoridad competente y que se extendía también a los bienes o servicios cuyos precios fueran informados a las autoridades competentes. Ello amplia así el radio de control por parte de la administración y reduce la libertad en cuanto a la determinación de los precios, ya que una vez informado no puede excederse del referido precio informado.

Con el artículo 18 del Decreto Ley de Reforma Parcial que ahora pasa a ser el art. 56 queda reforzado el sistema de control sobre los precios, ya que no sólo serán objeto de especulación los bienes o servicios cuyos precios hayan sido determinados por la autoridad competente sino también aquellos precios que hayan sido determinados por los propios agentes económicos e informados a la SUNDDE (**autoregulación).** En otras palabras, si se vulnera **la autoregulación** y se traspasan los precios determinados e informados por los propios sujetos de aplicación a las autoridades competentes, así como sus márgenes estará subsumido en el delito de especulación. Además, con estas previsiones se ha reducido el ámbito de libertad económica y de organización empresarial ya que los sujetos de aplicación no podrán tener márgenes de ganancias superiores al 30% de su estructura de costos en ninguno de sus bienes o servicios. Así mismo, se reduce la libertad de organización empresarial porque al agente económico diseñar su política de precios e informarla a la administración competente pudiera quedar atado al precio del bien o servicio informado, pudiendo la administración competente determinar su precio justo o modificarlo (art. 32 del Decreto Ley N° 1.467). No obstante, queda la posibilidad también de si ha habido cambios en la estructura de costos el sujeto de aplicación podrá, en virtud del principio de favor *libertatis*, volver a informar los precios a que haya lugar por ante la administración competente. Esto es si la administración en base a la información realizada no determina o fija el Precio Justo y el sujeto de aplicación es el que determina su estructura de costos e informa sus precios, este último en caso de variación de su estructura de costos podrá informar sus nuevos precios. Lo contrario significaría un *congelamiento de precios* de todos los bienes cuyos precios hayan sido informados a la autoridad competente con la consecuente violación del derecho de libertad económica establecido en el artículo 112 de nuestra Constitución vigente.

Puede acontecer otra dificultad, que una vez determinados los precios conforme a la Providencia N° 003 de la SUNDDE publicada en la *Gaceta Oficial* N° 40.351 de fecha 7 de febrero de 2014 sea fiscalizado el sujeto de aplicación y la administración no reconozca determinados costos o gastos, ordenando mediante actos administrativos la reducción de su precio o márgenes, en estos casos puede haber diferencias de concepto entre la administración competente y los representantes del sujeto de aplicación en cuanto al reconocimiento o no de dichos costos. Así mismo, puede suceder que la empresa haya tomado en cuenta determinadas erogaciones como costos que la SUNDDE no reconozca, en cuyo caso puede afectarse la viabilidad de ciertas empresas.

III. OBLIGATORIEDAD DEL ESTABLECIMIENTO Y MARCAJE DEL PRECIO DE VENTA JUSTO

También en fecha reciente fue publicada en la *Gaceta Oficial* N° 40.547 del 24 de Noviembre de 2014 la providencia administrativa de la SUNDDE N° 057 de fecha 16 de Noviembre de 2014, mediante la cual se Regulan las Condiciones para la Obligatoriedad del Establecimiento y Marcaje del Precio de Venta Justo (PV Justo) en los Bienes y Servicios que sean Comercializados o Prestados en el Territorio Nacional. Según dicha providencia, **el Precio de Venta Justo (PVJ)** establecido por la Superintendencia Nacional para la Protección de los Derechos Socioeconómicos o demás organismos competentes es de obligatorio cumplimiento por todos los sujetos de aplicación. (art. 5 de la Providencia Nº 057) cuando se trate de productos bienes o mercancías cuyo precio de Venta Justo no ha sido establecido por la Superintendencia de Nacional para la Protección de Derechos Socioeconómicos, el mismo será determinado por el productor o importador(art. 6 de la Providencia Nº 057). De allí pues, que si no ha sido determinado el precio de venta justo (PVJ) por la Superintendencia, el precio lo determina el productor o importador basado en su estructura de costos.

IV. OPORTUNIDAD PARA LA REALIZACIÓN DEL MARCAJE DEL PRECIO DE VENTA JUSTO

Por otra parte, dado el artículo 6 de la Providencia Administrativa Nº 057 de la SUNDDE el Productor o importador puede determinar su precio y de acuerdo a la disposición transitoria tercera de dicha providencia los productores están obligados a realizar el marcaje del precio dentro de un plazo de treinta (30) días continuos y los importadores a realizar el marcaje de precios dentro de los cuarenta y cinco (45) días continuos contados a partir del 24 de noviembre de 2014 fecha de la publicación en la *Gaceta Oficial* de la referida providencia administrativa[2]. Pudiendo implicar ello que deba marcar su precio final en los bienes pero dado que se prohíbe el remarcaje de precios, otros eslabones de la cadena (distribuidores, comercializadores o vendedores al detal), no pudiesen marcar sus precios aconteciendo en virtud de la providencia una posible imposición de precios. Aunado a lo anterior de marcar el productor o importador el precio final al destinatario final pudiesen existir complicaciones ya que el productor o importador no conoce exactamente cuáles son las estructuras de costos y márgenes del resto de la cadena de comercialización.

V. EL PRECIO DE VENTA JUSTO COMO PRECIO MÁXIMO DE VENTA AL PÚBLICO

La Providencia Administrativa de la SUNDDE Nº 073 publicada en la *Gaceta Oficial* del 30 de Diciembre de 2014 en su art. 1 establece que el PV Justo definido en la Providencia Administrativa de la SUNDDE Nº 057 de fecha 18 de noviembre de 2014, ha de ser considerado en todos los casos como el *precio máximo* en el cual un bien o servicio debe ser comercializado.

1. *Derechos de las personas en relación a los bienes y servicios*

Uno de los vacíos que tuvo el Decreto Ley Nº 600 mediante el cual se estableció el Decreto de Ley Orgánica de Precios Justos y en virtud del cual se derogó la Ley para La Defensa de las Personas en el Acceso a Bienes y Servicios, fue el no establecer todo el régimen propio de protección al consumidor como era tradicional en las leyes de Protección al Consumidor y al usuario desde el año 1974 con su respectiva evolución legislativa y cuya últimas previsiones estuvieron contenidas en la Ley para la Defensa de las Personas en el Acceso a los Bienes y Servicios como un desarrollo incluso del artículo 117 Constitucional en cuanto

---

[2]   Cabe destacar que mediante Providencia Administrativa Nº 073 de fecha 15-11-2014 publicada en la *Gaceta Oficial* del 30 de Diciembre de 2014 fue extendido por 30 días hábiles el lapso para cumplir con la obligación de marcar, etiquetar o utilizar listas que indiquen el PVJUSTO de conformidad con la dispuesto en la Providencia Nº 057/2014 de fecha 18 de Noviembre de 2014. Contados dichos 30 días hábiles a partir del vencimiento del lapso previsto en la disposición transitoria tercera de la Providencia Administrativa Nº 057.

al Derecho de las personas a bienes y servicios de calidad. Sin embargo, el Decreto Ley N° 600 olvidó y derogó todo ese régimen garantista de protección al consumidor ya tradicional en Venezuela; siendo dichas normas únicamente reducidas al artículo 49 del Decreto Ley N° 600 publicado en la *Gaceta Oficial* de 23 de enero de 2014 relativo a infracciones genéricas y solo estableciendo sanciones en caso de incursión en las establecidas infracciones.

Esa omisión del Decreto Ley N° 600 publicado en la *Gaceta Oficial* N° 40.340 del 23 de Enero de 2014 ha podido responder al afán de consolidar un orden económico socialista (art. 3 numeral 1 del derogado Decreto Ley N° 600), consagrado en el Plan de la Patria; orden económico socialista, por cierto, contrario al sistema de economía social de mercado previsto en nuestra Constitución vigente de 1999. Esta finalidad de establecer un orden económico socialista a través de un sistema centralizado de precios y la determinación de precios justos de bienes y servicios mediante el análisis de la estructura de costos y la fijación por primera vez en Venezuela de un margen de ganancia para cada actor de la cadena no superior al treinta por ciento (30%) sobre la referida estructura de costos, pudo implicar dejar de un lado todo el régimen garantista de protección al consumidor y al usuario.

No obstante, ahora el Decreto Ley N° 1.467 contentivo de la Reforma Parcial establece en su artículo 2 que pasa a ser el artículo 10 del Decreto Ley Orgánica de Precios Justos una serie de derechos individuales mediante el cual se prevé los derechos de las personas en relación a los bienes y servicios, declarados o no bienes de primera necesidad, que recobran tímidamente el régimen garantista que se había establecido en las últimas leyes, hoy derogadas, concernientes a la protección al consumidor y al usuario, así como en la última Ley Para la Defensa del Derecho de las Personas al Acceso a Bienes y Servicios. Adicionalmente mantienen, pero como infracciones genéricas objeto de sanciones administrativas, algunas previsiones relativas a los derechos de las personas pero no desarrollando su parte sustantiva sino únicamente estableciendo la sanción en caso de infracción. Así las cosas, los artículos 10 y 11 del Decreto Ley Orgánica de Precios Justos dejan por fuera una serie de normas garantistas y de protección al consumidor que habían sido objeto de un importante desarrollo por la legislación venezolana de protección al consumidor así como por la derogada Ley Para la Defensa de las Personas en el Acceso a Bienes y Servicios. Dentro de los aspectos que habían desarrollado las derogadas leyes de Protección al Consumidor así como la Ley Para la Defensa de las Personas en el Acceso a los Bienes y Servicios y que ahora tienen una previsión escueta(ya sea de manera breve en el artículo 10 que enuncia los derechos de las personas o en el art. 54 que prevé sanciones genéricas por menoscabar, impedir o desconocer dichos derechos) se encuentran: los contratos de adhesión que tenían diversos artículos en las leyes derogadas que protegían los derechos de los consumidores; protección frente a condiciones abusivas; normas sobre el régimen de los servicios: trato reciproco, registro de reclamos , condiciones de seguridad, normas sobre la prestación del servicio y su suspensión, la facturación; normas sobre la protección del comercio electrónico y normas sobre la responsabilidad del proveedor de bienes o servicios además de todo lo concerniente a la indemnización por daños y perjuicios causados.

El artículo 10 del Decreto Ley N° 1.467 en comentario establece los derechos de las personas en relación a los bienes y servicios declarados o no bienes de primera necesidad.

Otra de las omisiones del Decreto ley N° 600 del 23 de Enero de 2014 fue el régimen de garantías, el cual también había sido una conquista desde el punto de vista de los derechos del consumidor y que era tradicionalmente establecido en las leyes de protección al consumidor que regularon la materia desde 1974 hasta el 2008, así como luego en la ley para la Defensa de las Personas en el Acceso a Bienes y Servicios y que servían para regular la relación entre proveedores de bienes y servicios, así como la posibilidad de su reparación gratuita del bien o su reposición en los casos en que la reparación no fuese posible o incluso la devolución de cantidades de dinero, dependiendo del caso. Pues bien, mediante el Decreto de Reforma Parcial 1.467 se ha incorporado el artículo 3 que pasa a ser el 11 concerniente al régimen de garantía que establece lo siguiente:

Artículo 11. Los vehículos, maquinarias, equipos o artefactos y demás bienes de naturaleza durable que posean sistemas mecánicos, eléctricos o electrónicos, susceptibles de presentar fallas o desperfectos, deberán ser obligatoriamente garantizados por el proveedor para cubrir deficiencias de la fabricación y de funcionamiento. Las leyendas "garantizado", "garantía" o cualquier otra equivalente, sólo podrán emplearse cuando indiquen claramente en qué consiste tal garantía; así como las condiciones, forma, plazo y lugar en que el sujeto de protección pueda hacerla efectiva.

Toda garantía deberá individualizar a la persona natural o jurídica que la otorga, así como los establecimientos y condiciones en que operará.

Sin duda, el régimen anterior de protección al consumidor y una vez derogado éste el establecido por la Ley para la Defensa de las Personas en el Acceso a Bienes y Servicios era mucho más completo y acabado que el establecido en estos últimos decretos leyes de Ley Orgánica de Precios Justos. Desde luego, puede ser objeto de nuevas reformas o también en un futuro de desarrollo mediante normas de carácter sublegal como los reglamentos lo que es lamentable es la derogatoria de todas esas normas que crearon un régimen de protección al consumidor hasta el 2014.

2.   *Sistema de Adecuación Continua de Precios justos:*

Mediante el Decreto de Reforma Parcial Nº 1.467 se incorpora un nuevo artículo, el art. 27, que establece El Sistema de Adecuación Continua de Precios Justos. Así se prevé que los precios de todos los bienes producidos, importados o comercializados por los sujetos de aplicación deben ser calculados de acuerdo al Sistema de Adecuación Continua de Precios Justos. Dicho sistema debe contar con los elementos técnicos, científicos y humanos que se requieran, cuya rectoría ejercerá la Superintendencia Nacional Para la Defensa de los Derechos Socioeconómicos.

El Sistema de Adecuación Continua de Precios Justos comprenderá la fijación de precios justos en la totalidad de la cadena de producción, distribución, importación, transporte y comercialización de bienes y servicios por parte de todos los sujetos de comercialización. Aunado a esta nueva previsión del Decreto Ley Orgánica de Precios Justos debemos comentar la Providencia Administrativa Nº 057 de fecha 18 de Diciembre de 2014, publicada en la *Gaceta Oficial* Nº 40.547 de fecha 24 de Noviembre de 2014, según la cual el precio de venta justo debe ser establecido y marcado a todos los productos, bienes y mercancías comercializados en el territorio nacional y ningún bien deberá ser comercializado sin que lleve marcado el precio de venta justo y ningún servicio deberá prestarse sin que esté indicado su precio de venta justo. De igual manera, el precio de venta justo establecido por la Superintendencia Nacional para la Protección de los Derechos Socioeconómicos previo obligatorio cumplimiento para todos los sujetos de aplicación y en el caso de productos, bienes o mercancías cuyo precio de venta justo no haya sido establecido por la SUNDDE, el mismo será determinado por el productor o importador (artículo 6 de la Providencia 057). Así las cosas, se reduce aún más la libertad en cuanto al diseño y determinación de la política de precios de las empresas así como los agentes económicos, ya que el sistema de adecuación continua de precios de acuerdo al Decreto Ley vigente comprenderá la fijación de precios justos en la totalidad de la cadena así como es aplicable a los precios de todos los bienes producidos importados o comercializados ya sea su precio justo determinado por la SUNDDE (precios regulados) o ya sea su precio justo determinado por el productor o importador. Por consiguiente, de aquellos diversos escenarios que habíamos planteado anteriormente[3] en cuanto al ámbito de aplicación se reconduce al escenario "C", consistente en que los márgenes de ganancias de todos los bienes y servicios en ningún caso pueden exceder de treinta puntos porcentuales (30%) sobre la estructura de costos salvo aquellas personas o empresas que se rijan por ley especial (artículo 37 y 2 del Decreto Ley Orgánica de Precios justos) implicando ello que el establecimiento y la determinación del precio justo es aplicable tanto a los determinados por la SUNDDE como los precios determinados por el productor o importador. Es decir, que en todos los productos, bienes y mercancías, así como en los servicios se debe determinar su precio justo ya sea por la administración competente o por los particulares en cumplimiento del artículo 37 del Decreto Ley Orgánica de Precios Justos. Esto es que no habrá ningún margen de ganancia superior al 30% sobre la estructura de costos salvo las excepciones que establece el Decreto Ley, esto es aquellos regímenes establecidos por la SUNDDE o las excepciones que establezca el Presidente de la República de conformidad con el artículo 37 de dicho Decreto Ley.

Al ser los precios de todos los productos calculados de acuerdo con el Sistema de Adecuación Continua de Precios Justos lo cual se compadece con lo previsto en el artículo 3 del Decreto Ley Orgánica de Precio Justos, que prevé como fin la consolidación del orden económico socialista consagrado en el Plan de la Patria, ello constituye una violación de la constitución económica[4] e implica el establecimiento de una economía central planificada reduciéndose así la libertad económica de los agentes económicos prevista en el artículo 112 de la Constitución vigente[5].

3. *Posibilidad de llevar las penas de prisión a su límite máximo en los casos de delitos de especulación, acaparamiento, boicot y contrabando de extracción cuando se cometan sobre bienes provenientes del sistema de abastecimiento del Estado u obtenido con divisas asignadas por el Estado. La previsión inconstitucional de la confiscación*

Cabe destacar que somos de la opinión que crear tributos (impuestos, tasas o contribuciones) o crear delitos y penas por un poder distinto al Legislativo y sin seguir el procedimiento constitucional de formación de leyes (arts. 202 y ss. de la Constitución vigente), constituye una ruptura de la reserva legal y del principio de la legalidad establecido en el artículo 317 de la Constitución (reserva legal tributaria) y del artículo 49,6 (reserva legal en materia penal). Conocemos que en muchos de los decretos leyes dictados con ocasión de las últimas delegaciones legislativas se han creados delitos, penas, privativa de libertad y tributos[6], pero

---

[3] Véase Alfonzo Paradisi, Juan Domingo: "El Decreto con Rango, Valor y Fuerza de Ley Orgánica de Precios Justos". *La limitación del Margen de Ganancia sobre la Estructura de Costos en Análisis Jurídicos, Económicos y Financieros de la Ley Orgánica de Precios justos y de la normativa complementaria.* Funeda, Caracas 2014 p. 33 y ss.

[4] Alfonzo Paradisi, Juan Domingo: *ídem* p. 11 y ss.

[5] Palacios Márquez, Leonardo: *La tributación y la Ley de costos y Precios Justos en Ley de Costos y Precios Justos,* colección Textos Legislativos, N° 53, EJV, Caracas 2012, p. 337 y ss Véase, así mismo, Hernández José Ignacio, quien se refiere a una política de control centralizado de precios y de cambio que desnaturaliza la economía social de mercado violando las cláusulas de la Constitución Económica en *Comentarios a la Nueva Ley de Régimen Cambiario y sus Ilícitos en el Contexto de la Nueva Ley Orgánica de Precios Justos .* FUNEDA, Caracas 2014 p. 50 y ss.

[6] Tampoco desconocemos, pero no compartimos el criterio lo señalado por la sentencia N° 1.716 del 19-009-2001 del Tribunal Supremo de Justicia en Sala Constitucional en el caso de la revisión Constitucional del Decreto con fuerza de ley Orgánica de Espacios Acuáticos en la cual se sentó que:" De acuerdo con el nuevo régimen constitucional, no existe un límite material en cuanto al

no dejamos de advertir que tal práctica desconoce las normas y principios constitucionales, ya que a pesar de que el artículo 236.8 de la Constitución vigente no establezca límites para la delegación legislativa, si se prevé en otras normas constitucionales los principios de legalidad y de reserva legal, tanto en la materia tributaria como en la penal, los cuales constituyen verdaderos límites de rango constitucional para la limitación y restricción de derechos constitucionales[7]. Por lo cual, establecer delitos y penas, así como la creación de tributos por el Poder Ejecutivo constituye una vulneración de la Constitución vigente.

A.   En cuanto a los Delitos de Especulación y Acaparamiento

Mediante el Decreto Ley de Reforma Parcial del Decreto Ley Orgánica de Precios Justos se prevé en los casos de delitos de especulación y acaparamiento que si los delitos se cometen sobre bienes o productos provenientes del sistema de abastecimiento del Estado u obtenidos con divisas asignadas por el Estado, la pena de prisión será aplicada a su límite máximo.

Se debe destacar en cuanto al delito de acaparamiento que fue suprimido del tipo penal, mediante el artículo 19 del Decreto de Reforma Parcial que pasa a ser el 59 del Decreto ley Orgánica de Precios Justos:" *la finalidad de provocar escasez o distorsiones en el mercado"*. De tal manera que *para incurrir en el delito de acaparamiento solo se establece: a) la restricción de la oferta, circulación o distribución de bienes regulados por la autoridad competente; y b) que se retengan los mismos con o sin ocultamiento.*

Además se prevé en los artículos 56 y 59 respectivamente que en los casos de los delitos de especulación y acaparamiento las multas serán aplicadas al doble de lo establecido y los bienes del infractor serán objeto de confiscación.

La Constitución vigente prohíbe, como garantía del derecho de propiedad, en el artículo 116 que sean decretadas o ejecutadas confiscaciones de bienes, salvo aquellos casos establecidos por vía de excepción en el referido artículo, que se hayan decidido mediante sentencia firme y que son los siguientes:

a)   Los bienes de personas natural eso jurídicas, nacionales o extranjeras, responsables de delitos cometidos contra el patrimonio público;

b)   Los bienes de quienes se hayan enriquecido ilícitamente al amparo del Poder Público;

c)   Los bienes provenientes de las actividades comerciales, financieras o cualesquiera otra vinculada al tráfico ilícito de sustancias psicotrópicas y estupefacientes.

---

objeto o contenido del decreto ley, de manera que a través del mismo, pueden ser reguladas materias que según el artículo 203 de la Constitución, corresponden a las leyes orgánicas…".

[7]   En efecto, constituye una limitación a la delegación legislativa el régimen de limitación de los Derechos humanos. Esto es, sólo por ley formal pueden establecerse limitaciones o restricciones a las garantías de los derechos humanos. En este sentido la convención interamericana de derechos humanos que en Venezuela tiene rango constitucional y es de aplicación prevalente en el derecho interno (Art. 23 de la Constitución), establece que: Art. 30: "Alcance de las restricciones. Las restricciones permitidas, de acuerdo con esta Convención, al goce y ejercicio de los derechos y libertades reconocidos en la misma, no pueden ser aplicadas sino conforme a leyes que se dicten por razones de interés general y con el propósito para el cual han sido establecidas". En este sentido la Corte Interamericana de Derechos Humanos ha establecido que la expresión "Leyes" contenida en esta norma solo puede referirse a los actos legales emanados de "los órganos legislativos constitucionalmente previstos y democráticamente electos" según opinión consultiva OC-6/87 de 9-03-86 revista IIDH, N° 3, San José 1986 pp. 187 y ss. Véase Brewer Carías, Allan R. en el "Régimen Constitucional de los Decretos Leyes y de los actos de Gobierno" publicado en http://www. allan-brewercarias.com/Content/449725d9-f1cb-474b-8ab2-41efb849fea8/Content /II. 4.428.pdf

Esta aplicación de la confiscación como sanción, desde nuestra perspectiva es inconstitucional.

Ya se había criticado severamente por la doctrina venezolana la aplicación como sanción de la institución de la expropiación en supuestos de ilícitos administrativos[8]. Pero ahora se establece algo peor, más severo y restrictivo para los derechos constitucionales y en relación con el respeto al derecho de propiedad, como lo constituye ahora establecer la confiscación, entendemos nosotros, como pena accesoria a una sentencia emanada de los tribunales penales[9]. La Confiscación constituye una medida coactiva que implica la transferencia forzosa de la propiedad privada sobre bienes muebles o inmuebles al Estado sin indemnización.[10]

En efecto, la expropiación es una institución de derecho público prevista para casos donde hay que traspasar la propiedad privada al Estado por causas o razones de utilidad pública o interés social mediante sentencia firme y el pago de justa indemnización al particular para ello. Por tanto, la expropiación no es para sancionar por la incursión en ilícitos administrativos económicos, lo cual se ha venido realizando en Venezuela incurriendo en actos inconstitucionales y apartando la institución de derecho público de la expropiación de su finalidad. Pero peor aún, se establece mediante el Decreto Ley bajo análisis la confiscación que está proscrita por la Constitución de la República Bolivariana de Venezuela permitiéndose únicamente y excepcionalmente en los supuestos que la propia Constitución prevé. Con lo cual ahora la sanción es aún más severa porque implica la transferencia forzosa de la propiedad de los particulares al Estado sin indemnización y porque se aparta de los supuestos de excepción constitucional que deben ser de interpretación restrictiva.

---

[8]   Ya habíamos criticado el establecimiento de la expropiación como sanción Véase Alfonzo Paradisi, Juan Domingo en "El Decreto con Rango, Valor y Fuerza de Ley Orgánica de Precios Justos. La Limitación al Margen de Ganancia sobre la Estructura de Costos" en *Análisis Jurídico, Económico y Financiero de la Ley Orgánica de Precios Justos y de la Normativa complementaria*, Funeda Caracas 2014 p 47 y ss. Véase así mismo los siguientes autores que han criticado la expropiación como sanción: Rondón de Sansó, Hildegard: "La expropiación como medida sancionatoria", publicado en Diario de la Voce d' Italia de 16 de febrero de 2011. (http:voce.com.ve/2011/02/16% E2%/80%9cla-expropiación- como medida sancionatoria%E2%80%9D); Azpurua,Jose Miguel: Análisis Económico de la Sanción de Expropiación en la Ley Para las Personas en el Acceso a Bienes y Servicios en Anuario de Derecho Público IV-V del Centro de Estudios de Derecho Público de la Universidad Monte Ávila,4 (2011) pp. 159-170 (http:// wwww.uma.edu.ve/regalo/Anuario Derecho Publico.pdf). Hernández José Ignacio: Puede el Gobierno expropiar a las empresas por violar La Ley Orgánica de Precios Justos en Prodavinci 6 de febrero de 2104 (http://prodavinci. com/blogs/José Ignacio Hernández/).

[9]   Cabe destacar que en el Decreto Ley N° 600 mediante el cual se dictó El Decreto con Rango, Valor, y Fuerza de ley Orgánica de Precios Justos publicado en la *Gaceta Oficial* N° 40.340 de fecha 23-01-2014 estableció en su artículo 45 N° 6 como sanción administrativa aplicable la confiscación de bienes. Con lo cual se establecía una inconstitucionalidad severa, violatoria del derecho de propiedad y al debido proceso, ya que la confiscación solo puede proceder en los casos excepcionales previstos en la Constitución y en ningún caso como sanción administrativa, sino como pena accesoria a una sentencia firme emanada de los tribunales penales.

[10] Véase Rondón de Sansó, Hildegard. *Ab Imis Fundamentis (II): Garantías y Deberes en la Constitución de 1999.* Caracas 2011 p. 381 Brewer Carías, Allan R. *La Constitución de 1999 y la Enmienda Constitucional* N° 1, Editorial Jurídica Venezolana, Caracas 2011 p 237. Arismendi Alfredo, *Derecho Constitucional Tomo II.* Universidad Central De Venezuela. Facultad de Ciencias Jurídicas y Políticas. Instituto de Derecho Público. Caracas 2009 p. 537. La Ley Orgánica Contra la Delincuencia Organizada y Financiamiento al terrorismo publicada en la *Gaceta Oficial* N° 39.912 de fecha 30 de abril de 2012 define como confiscación: "es una pena accesoria en la privación de la propiedad con carácter definitivo sobre algún bien por decisión de un tribunal"

De allí pues, de conformidad con lo previsto en el artículo 116 de la Constitución de la República Bolivariana de Venezuela, excepcionalmente como se ha destacado, se prevé la confiscación, mediante sentencia firme, de los bienes, de personas naturales o jurídicas, nacionales o extranjeras, responsables de delitos cometidos contra el patrimonio público, los bienes de quienes se hayan enriquecido ilícitamente al amparo del Poder Público y los provenientes de las actividades comerciales, financieras o cualesquiera otras vinculadas al tráfico ilícito de sustancias psicotrópicas y estupefacientes. De tal manera que, al no afectarse en estos delitos de especulación y acaparamiento el patrimonio público, ni preverse en el tipo de los mismos el detrimento del patrimonio público, se vulnera la Constitución. Aunado a lo anterior el supuesto del artículo 116 exige que podrán ser objeto de confiscación los bienes de las personas "responsables de delitos cometidos contra el patrimonio público". Habría que ver, en todo caso, si de cumplirse todos los requisitos que exige la Constitución ¿en cuál de los delitos contra el patrimonio público se incurre entre los tipos penales previstos en el Decreto Ley con Rango, Valor y Fuerza de Ley contra la corrupción?

Sin embargo, se sostiene por algunos sectores que al cometerse el delito sobre bienes o productos provenientes del sistema de abastecimiento del Estado u obtenidos con divisas asignadas por el Estado se afecta el patrimonio público. Estimamos difícil que en estos casos se afecte el patrimonio público, ya que dichos bienes son propiedad privada, salvo que dicha propiedad privada no sea reconocida como tal para los bienes que hayan sido adquiridos por particulares mediante divisas otorgadas por el Estado. Así mismo, luce una contradicción que si ello es así, esto es, que no se reconozca la propiedad privada, se imponga una pena de confiscación sobre bienes que según la interpretación expuesta formarían parte inicialmente de patrimonio público.

Una posible base legal para sostener que los bienes adquiridos con divisas asignadas por el Estado forman parte del patrimonio público pudiese ser conforme al señalado de Decreto Ley contra la Corrupción el único aparte del artículo 4 según el cual:

"Se considera igualmente patrimonio público los recursos entregados a particulares por los entes del sector público mencionados en el artículo anterior, mediante transferencias, aportes, subsidios, contribuciones, o alguna otra modalidad similar para el cumplimiento de finalidades de interés s o utilidad pública, hasta que se demuestre el logro de dichas finalidades". (Subrayado nuestro)

No obstante, de poder subsumirse en este único aparte el supuesto que contempla el Decreto Ley de Reforma del Decreto Ley Orgánica Precios Justos (asignación de divisas por el Estado) lo que constituiría patrimonio público serían los recursos entregados a los particulares, esto es las divisas asignadas a las personas naturales o jurídicas y no los bienes adquiridos con ellas, los cuales forman parte del patrimonio de cada agente económico o particular. Adicionalmente luce igualmente difícil que, en supuestos delitos de especulación y acaparamiento por el simple ejercicio de actividades económicas haya enriquecimiento de personas al amparo del Poder Público, salvo que se tratara de funcionarios públicos o de personas vinculadas con la administración pública; y por último, tendría que tratarse de actividades vinculadas al tráfico ilícito de sustancias psicotrópicas y estupefacientes para que se cumplan los extremos que establece el artículo 116 de la Constitución vigente. Así mismo, para que pueda aplicarse la pena accesoria de confiscación de los bienes en los supuestos de excepción que prevé la Constitución tiene que realizarse el debido proceso penal con todas sus fases e instancias para llegar a una sentencia definitivamente firme como lo exige la norma constitucional y establecer así la pena accesoria de confiscación.[11] Por tanto, no puede tratarse en ningún caso de una sanción administrativa lo cual fue derogado por el Decreto de Reforma Parcial en su artículo 17 que pasa a ser el 50 del Decreto Ley Orgánica de Precios Justos. De pretenderse aplicar la confiscación como una sanción administrativa se incurriría en una usurpación de las funciones propias del Poder Judicial por parte del Poder Ejecutivo ya que la confiscación requiere para su procedencia de una sentencia firme[12] en los términos del artícu-

---

[11]   La convención de Estrasburgo sobre Blanqueo, Detección, Embargo y Confiscación de los Productos de un Delito de 1990 prevé expresamente la Confiscación y la define como una pena o medida, ordenada por un tribunal tras un procedimiento judicial relacionado con un delito o delitos, que finaliza con la privación de la propiedad

12   En materia de delitos de drogas así como en materia de delitos contra el patrimonio público se ha permitido el dictado de medidas de aseguramiento o cautelares pero siempre emanada de autoridades judiciales competentes. En efecto, La Ley de Drogas publicada en la *Gaceta Oficial* N° 39.510 de fecha 15-09-2010 prevé en su artículo 183 que "El Juez o jueza de Control, previa solicitud del o de la fiscal del Ministerio Público, ordenará la incautación preventiva de los bienes muebles e inmuebles que se empleen en la comisión del delito investigado de conformidad con esta Ley, o sobre los cuales existan elementos de convicción de su procedencia ilícita" (subrayada y resaltado nuestro).En el área del derecho penal la jurisprudencia ha permitido el decreto de medidas de aseguramiento en el proceso penal sobre los bienes y derechos de las personas. Esto es, destacamos **dentro del proceso judicial y no en la fase administrativa o por decisión de la autoridad administrativa**. En efecto, se ha señalado en sentencia N° 333 del Tribunal Supremo de Justicia en Sala Constitucional de fecha 14-03-2001 caso *Claudia Ramírez Trejo* que: "ante algunos delitos, es posible confiscar bienes o inmovilizarlos preventivamente, lo que atiende a otro tipo de figura, dirigida hacia la cautela sobre los bienes objeto de delito, por lo que durante el proceso donde se ventilan tales delitos pueden ocuparse o incautarse derechos, tal como lo previene el artículo 271 constitucional en los procesos penales para salvaguardar el patrimonio público o en los casos de tráfico de estupefacientes. Para lograr tal finalidad, se podrá acudir al embargo y a prohibiciones de enajenar y gravar de bienes inmuebles, a los fines de asegurar el cumplimiento del fallo (confiscación de bienes), y también a lograr uno de los fines de las ocupaciones, de neto corte probatorio: prohibir se innoven los inmuebles.

Si una de las finalidades en los procesos penales que conocen delitos contra el patrimonio público y el tráfico de estupefacientes, es la confiscación de los bienes provenientes de esas actividades, necesariamente dichos bienes deben ser sujetos de medidas de aseguramiento, diferentes a las netamente probatorias, antes que se pronuncie el fallo definitivo.

De las figuras cautelares puede hacer uso el Ministerio Publico y hasta la policía, motu proprio (*sic*), en los casos de flagrancia, a pesar que el Código Orgánico Procesal Penal no lo prevea expresamente; igualmente cuando se inspecciona la escena del crimen; o en los casos de los artículos 219 numeral 1, 220, 221, y 222 *eiusdem*; o cuando la persona que habita o se encuentra en el lugar, presta su consentimiento; o cuando leyes especiales lo permitan, como la Ley Aprobatoria de la Convención de Naciones Unidas contra el Tráfico Ilícito de Estupefacientes y Sustancias Psicotrópicas. Se trata de situaciones que por su naturaleza hacen necesarias el aseguramiento inmediato de los bienes, a los efectos del artículo 285 Constitucional. La Ley Orgánica sobre Sustancias Estupefacientes y Psicotrópicas, en su artículo 71 permite a la Policía Judicial de oficio o a instancia del Ministerio Publico, tomar las medidas necesarias, tendentes al aseguramiento de los bienes, tales como capitales, valores, títulos, bienes muebles o inmuebles y haberes, cuando surja la presunción grave que son producto de las actividades ilícitas contempladas en el artículo 37 de dicha ley. Sin embargo, tal disposición junto con las contenidas en la Convención inmediatamente citada chocan con el artículo 271 constitucional, que señala que tales medidas las dictará la autoridad judicial competente, al igual que lo requiere la incautación prevista en el artículo 233 del Código Orgánico Procesal Penal.

Pero, a pesar de las facultades indicadas, no podrá el Ministerio Público de oficio inmovilizar activos (figura asegurativa, diferente a las cautelas ordinarias). El artículo 271 constitucional ha exigido la orden judicial para dictar las medidas cautelares preventivas sobre bienes, y por su inci-

lo 116 de la Constitución así como *de previa decisión judicial* en los términos del artículo 271 *eiusdem*[13]. Por consiguiente, de ser decidida la confiscación por autoridades administrativas se violaría el derecho constitucional al debido proceso y el derecho a la propiedad y dicho acto sería nulo por invadir las funciones atribuidas al Poder Judicial.

En resumen, la confiscación como medida coactiva restrictiva de la propiedad está prohibida en el ordenamiento jurídico venezolano por la Constitución vigente en su artículo 116 y excepcionalmente para poder aplicarse deben darse los siguientes extremos:

a) que sea subsumible en los casos que excepcionalmente permite la Constitución vigente en su artículo 116 o en su artículo 271.

b) debe dictarse sentencia definitivamente firme por los tribunales competentes, que son los tribunales penales, los cuales son los jueces naturales para determinar la comisión de un delito e imponer las penas de privación de libertad.

c) Debe tratarse de una pena accesoria la cual debe imponer el juez penal.[14]

B. *En cuanto al boicot*

Se prevé que si dichas acciones son cometidas *en detrimento del patrimonio público* los bienes serán objeto de confiscación estableciéndose adicionalmente que la ocupación temporal de depósitos, almacenes, comercios o medios de transporte hasta por ciento ochenta (180) días pueden ser prorrogados. De tal manera que, mediante el Decreto de Reforma Parcial, artículo 20 que pasa a ser el artículo 60 del Decreto ley Orgánica de Precios Justos, se inserta un nuevo elemento como lo constituye el detrimento del patrimonio público a los efectos de que se cumplan los extremos exigidos por el artículo 116 de la Constitución vigente.

Por tanto, en los casos de acciones o actos que impidan directa o indirectamente la producción, distribución, comercialización transporte, acopio de bienes así como la prestación de servicios para que pudiese ser dictada una pena accesoria de confiscación por parte de los tribunales competentes debe necesariamente de afectarse el patrimonio público, por tanto de

---

dencia sobre el derecho de propiedad, considera la Sala que tal autorización judicial atiende a un principio rector en materia de medidas cautelares". (Subrayado nuestro).

[13]   En efecto el artículo 271 de la Constitución de la República Bolivariana de Venezuela establece: "En ningún caso podrá ser negada la extradición de los extranjeros o extranjeras responsables de delitos de deslegitimación de capitales, droga, delincuencia organizada internacional, hechos contra el patrimonio de otros Estado y contra los derechos humanos. No prescribirán las acciones judiciales dirigidas a sancionar los delitos contra los derechos humanos, o contra el patrimonio público el tráfico de estupefacientes. Así mismo, **previa decisión judicial,** serán confiscados los bienes provenientes de las actividades relacionadas con los delitos contra el patrimonio público y contra el tráfico de estupefacientes."(subrayado y resaltado nuestro). De igual manera, se ha sostenido además de las medidas aseguratívas con fines probatorios que las medidas cautelares deben ser dictadas por autoridades judiciales y decretadas por los jueces. Así mismo, en materia de delitos contra el patrimonio público se exige igualmente que las medidas de aseguramiento debe solicitarlas el ministerio público por ante las autoridades judiciales y si por su propia iniciativa procediera a desposeer a las personas de sus bienes y derechos estaría cometiendo una ilegalidad e infringiendo el derecho de propiedad de los dueños (sentencia N° 333 Tribunal Supremo de Justicia-Sala Constitucional del 14 de marzo de 2001).Véase igualmente Sentencia N° 1427 del Tribunal Supremo de Justicia Sala Constitucional de fecha 14-08-2008 y sentencia N° 197 del Tribunal Supremo de Justicia en Sala Constitucional de fecha 18-06-2010.

[14]   Véase definición de confiscación en artículo 4 de La Ley orgánica Contra La Delincuencia Organizada y Financiamiento al terrorismo y las sanciones previstas en el artículo 32 de dicha ley que puede establecer el juez en la sentencia definitiva.

tratarse de bienes particulares, privados que no formen parte del patrimonio público mal puede dictarse la confiscación de bienes. Claro está, siempre deberá cumplirse el debido proceso ante el juez penal y dictarse sentencia firme, cuyo juez podrá establecer, de ser el caso y cumplido los extremos constitucionales y legales, la pena accesoria de confiscación en tanto y en cuanto se afecte el patrimonio público.

C.   *En cuanto al contrabando de extracción previsto en el artículo 64:*

Se establece que será sancionado en su límite máximo y la multa será llevada al doble cuando los bienes extraídos o que haya intentado extraer sean mercancías priorizadas para el consumo de la población, provengan del sistema de abastecimiento del Estado o sean para distribución exclusiva en el territorio nacional. Asimismo, se establece que cuando los bienes objeto de contrabando de extracción hubieren sido adquiridos mediante el uso de divisas otorgadas a través de los regímenes cambiarios establecidos en el ordenamiento jurídico, provengan del sistema de abastecimiento del Estado, o su extracción afecte directamente el patrimonio público, los mismos serán objeto de confiscación de acuerdo a lo establecido en la Constitución de la República Bolivariana de Venezuela. Aquí señalamos los mismos comentarios arriba expuestos ya que para no incurrir en vulneración del texto constitucional y respetar el principio de legalidad, debe comprobarse la afectación al patrimonio público y cumplirse el debido proceso ante el juez penal para llegar a una sentencia firme para así establecerse la pena accesoria de confiscación.

Comentarios al Decreto con Rango, Valor y Fuerza de Ley Orgánica de Precios Justos

Darrin J. Gibbs H.
Abogado

Resumen: *La finalidad del presente trabajo es describir brevemente las modificaciones la reforma de la Ley Orgánica de Precios Justos, a los fines de proponer algunas reflexiones sobre su impacto en quienes realizan cualquier tipo de actividad económica en Venezuela.*

Palabras claves: *Ley Orgánica de Precios Justos, control de precio.*

Abstract: *The purpose of the article is to briefly describe the reform of the Fair Price Organic Law, with the purpose to present some reflections about their impact over the economic activities in Venezuela.*

Keyword: *Fair Price Organic Law, price control.*

El Decreto con Rango, Valor y Fuerza de Ley Orgánica de Precios Justos (en adelante LOPJ), de fecha 19 de noviembre de 2014, publicado en la *Gaceta Oficial* de la República Bolivariana de Venezuela N° 6.156, de 19 de noviembre de 2014), es una reforma legislativa por vía de la Ley Habilitante del Decreto-Ley de fecha 23 de enero de 2014, publicado en *Gaceta Oficial* de la República Bolivariana de Venezuela N° 40.340, de 23 de enero de 2014.

Dicha reforma consistió, en términos numéricos, en la inclusión de seis (6) nuevos artículos (10, 11, 19, 27, 28 y 88) y la modificación de dieciséis (16) artículos: 8, 10 (ahora 12), 14 (ahora 16), 16 (ahora 18), 20 (ahora 23), 28 (ahora 33), 32 (ahora 37), 33 (ahora 38), 34 (ahora 39), 39 (ahora 44), 45 (ahora 50), 51 (ahora 56), 55 (ahora 60), 57 (ahora 62), 59 (ahora 64), y 67 (ahora 72).

Por otra parte, en términos de contenido normativo, las inclusiones realizadas consisten en la numeración de Derechos Individuales de los consumidores y usuarios (artículo 10); la obligación del proveedor de bienes de ofrecer garantías por fallas o desperfectos que presenten los *"vehículos, maquinarias, equipos o artefactos o demás bienes de naturaleza durable que posean sistemas mecánicos, eléctricos o electrónicos"* (artículo 11); la creación de la Intendencia Nacional para la Protección del Salario del Obrero y la Obrera, y sus atribuciones (artículo 19); la creación de Sistema de Adecuación de Precios Justos (artículo 27), y su ámbito de aplicación (artículo 28); y la excepción a los beneficios procesales para los delitos de especulación, acaparamiento, boicot y contrabando (artículo 88).

Cabe señalar que, desde el punto de vista de técnica legislativa, se observan deficiencias en la organización interna del texto legal, ya que inicia directamente en el Capítulo I *"Disposiciones Generales"* (artículo 1 al 11)[1], sin anunciar el *"Título I"*, y luego se señala

---

[1] En la *Gaceta Oficial* de publicación del Decreto-Ley se omite el enunciado "Título I".

el Título II *"De la Superintendencia Nacional Para La Defensa de los Derechos Socioeconómicos"*, el cual está integrado por siete (7) Capítulos que agrupan a 77 artículos (desde el artículo 12 al 88).

Con base en las consideraciones anteriores, la finalidad del presente trabajo consiste en describir brevemente las inclusiones y modificaciones planteadas en la reforma, a los fines de proponer algunas reflexiones sobre su impacto en quienes realizan cualquier tipo de actividad económica en el territorio nacional.

I. OBJETO DE LA LOPJ

El artículo 1 de la LOPJ consolida la determinación de precios justos de todos los bienes y servicios, sean o no de primera necesidad, como el objetivo fundamental de la Ley, para lograr así, por una parte, el desarrollo de la economía nacional, bajo los criterios de armonía, justicia, equidad, producción y soberanía, y la *"consolidación del orden económico socialista productivo"*.

Cabe destacar que la fórmula establecida para lograr la determinación material del precio justo consiste en el desarrollo de un conjunto de actividades que comprenden: (1) el análisis de las estructuras de costos; (2) la fijación del porcentaje máximo de ganancia (hasta el 30%); y, (3) la fiscalización efectiva de la actividad económica y comercial.

Por otra parte, como puede observarse, el objetivo expuesto se constituye, a su vez, en un mecanismo de: (1) protección de los ingresos de los ciudadanos, y, muy especialmente, del salario de los trabajadores; (2) para lograr acceder a los bienes y servicios para la satisfacción de las necesidades; y, (3) para establecer los ilícitos administrativos, sus procedimientos y sanciones, los delitos económicos, su penalización y el resarcimiento de los daños sufridos.

Sin embargo, tal objetivo es contrario al propuesto en el artículo 299 Constitucional, el cual dispone que el régimen socioeconómico *"...se fundamenta en los principios de justicia social, democracia, eficiencia, libre competencia, protección del ambiente, productividad y solidaridad"*, con el objeto de asegurar *"el desarrollo humano integral y una existencia digna y provechosa para la colectividad"*, así como *"generar fuentes de trabajo, alto valor agregado nacional, elevar el nivel de vida de la población y fortalecer la soberanía económica del país, garantizando la seguridad jurídica, solidez, dinamismo, sustentabilidad, permanencia y equidad del crecimiento de la economía"*, con el fin de lograr la *"justa distribución de la riqueza mediante una planificación estratégica democrática, participativa y de consulta abierta"*, los cuales se orientan a la consolidación de todo el sistema socioeconómico y no de un orden económico inexistente como es el llamado *"orden económico socialista productivo"*.

II. ELEMENTOS DE PROTECCIÓN DE LA LOPJ

Como se analizó, la LOPJ tiene como objetivo la determinación de precios justos, sin embargo, su protección o tutela está orientada a dos (2) elementos de la economía nacional: (1) los ingresos de todos los ciudadanos, muy especialmente, el salario de trabajadores; y, (2) el acceso a los bienes y servicios para la satisfacción de las necesidades.

En este sentido, desde el punto de vista subjetivo, los sujetos de protección se refieren, según el primer elemento, a las trabajadoras y los trabajadores que perciben ingresos, y especialmente, los que reciben salarios; y, conforme al segundo, a todas las personas naturales o jurídicas en el acceso de bienes o servicios.

Sin embargo, al comparar ambos objetos de protección y analizar el texto legal, se puede determinar que el primero está integrado en el segundo, y que no hay ninguna regulación específica acerca de la metodología, técnicas o formas de protección de los ingresos de los trabajadores, y especialmente de quienes perciben salarios (obreras y obreros). De hecho, se crea la Intendencia Nacional para la Protección del Salario del Obrero y la Obrera, cuyas atribuciones no guardan relación con la protección del ingresos de los (as) trabajadores (as), sino que se refieren a la tramitación de denuncias y peticiones que afecten la accesibilidad a bienes o servicios; prevenir distorsiones en el sistema económico; y coordinar acciones con los otros órganos administrativos previstos en la ley.

III. ÁMBITO DE APLICACIÓN

Con base en lo previsto en el artículo 2, el ámbito subjetivo de aplicación (sujeto pasivo) lo constituyen todas las personas, de cualquier tipo y nacionalidad, que realicen cualquier tipo de actividad económica en el territorio nacional; se aplica a todos los sujetos económicos de la cadena: fabricante (o productor), importador, almacenador, acopiador, transportista, distribuidor o comercializador mayorista o minorista de bienes o de prestación de servicios, salvo que dicha actividad económica esté regulada por Ley especial (Ley Orgánica de Telecomunicaciones, Ley de la Actividad Aseguradora, Ley de Banco y Otras instituciones Financieras, entre otras).

La condición determinante para el cumplimiento o no de la ley es el ejercicio de una actividad económica y comercial, realizada por un comerciante. Los profesionales quedan obligados sólo si realizan una actividad económica. Los egresados universitarios como los Abogados, Contadores Públicos, Administradores, Economistas, Ingenieros, Arquitectos, Licenciados en Educación, entre otros, que en razón de su profesión abran oficinas, bufetes, escritorios, firmas, colegios e instituciones de otra naturaleza, están exentos del imperativo legal, salvo que decidan realizar actividades mercantiles, pero por el hecho de ser profesionales están exentos de cumplir el imperativo legal impuesto[2].

Las actividades económicas o comerciales, en términos generales, son las actividades que realizan los comerciantes, a quienes el Código de Comercio define como "los que teniendo capacidad para contratar hacen del comercio su profesión habitual, y las sociedades mercantiles"[3]; es decir, las personas naturales y jurídicas que realizan las actividades califican comerciales. Para Goldschmidt, son comerciantes "quienes ejercen profesionalmente en nombre propio y con fines de lucro actos de comercio"[4].

En este sentido, los elementos concurrentes que determinan el concepto de comerciante, son: i) persona natural o jurídica; ii) dedicada habitualmente al desarrollo de actividades económicas; iii) ejerza profesionalmente la actividad con evidente ánimo de lucro.

---

[2] Para utilizar una orientación jurisprudencial referente a las premisas expuestas, resulta interesante atender al criterio ratificado por el Tribunal Supremo de Justicia, en Sala Constitucional, en la sentencia N° 649 del 23 de mayo de 2012, caso: *Tecnoconsult, S.A.*, el cual reitera la forma de analizar la naturaleza de los servicios que prestan las personas naturales o jurídicas con motivo del ejercicio de profesiones liberales, a los fines de verificar si presentan carácter civil, ello atendiendo al criterio sentado en la sentencia N° 3241 del 12 de diciembre de 2002, caso: *COVEIN*, desarrollado en la sentencia N° 781, del 6 de abril de 2006, caso: *Humberto Bauder*.

[3] Artículo 10 del Código de Comercio

[4] Goldschmidt, R. *Curso de Derecho Mercantil*. Universidad Católica Andrés Bello, Fundación Roberto Goldschmidt, Caracas 2009.

Por lo tanto, si no se cumple con alguno de estos elementos, el sujeto no puede ser considerado como comerciante y, por ende, no le está impuesto cumplir con las disposiciones de la LOPJ.

Al relacionar el objeto de la ley con su objeto de protección y los sujetos de aplicación, se observa que al estar prevista la determinación de precios justos de bienes y servicios, mediante el análisis de las estructuras de costos, la fijación del porcentaje máximo de ganancia y la fiscalización efectiva de la actividad económica realizadas por las personas naturales y jurídicas de derecho público o privado, nacionales o extranjeras, para proteger los ingresos de todos las ciudadanas y ciudadanos, y muy especialmente el salario de las trabajadoras y los trabajadores; esta previsión no garantiza el fomento, desarrollo y crecimiento de la actividad económica en el país, tampoco promueve la producción o importación continua, regular, eficaz, eficiente e ininterrumpida de bienes y la prestación de servicios, así como otras actividades que traen como beneficio el libre acceso a bienes y servicios.

Por lo señalado, se considera que la determinación de precios justos mediante los mecanismos legales impuestos, no se hace para garantizar el acceso a bienes y servicios, sino para limitar, a través de la intervención estatal, a toda actividad económica, lo cual no es coherente con los principios inspiradores de los derechos económicos constitucionales[5].

VI. NUEVOS ARTÍCULOS EN LA LOPJ

1. *De los Derechos Individuales y garantías de los consumidores y usuarios*

El nuevo artículo 10 incorpora un catálogo de catorce (14) derechos individuales, que se suman a *"los previstos en la Constitución de la República Bolivariana de Venezuela, en los tratados y convenios internacionales suscritos y ratificados por la República"*. Con esto, el Ejecutivo desarrolló por la habilitación excepcional un grupo de derechos en flagrante violación de la reserva legislativa.

Estos derechos de las personas en el acceso a bienes y servicios podemos agruparlos a partir del reconocimiento de los aspectos que lo conforman, a saber:

i. Los dirigidos a garantizar la vida, salud y seguridad; así como la satisfacción de sus necesidades fundamentales, el acceso a los servicios básicos (numeral 1), y elegir con libertad (numeral 2); y los que la Constitución de la República y la normativa vigente establezcan (numeral 14).

ii. Los dirigidos a garantizar que los bienes y servicios ofertados por proveedores públicos y privados sean competitivos y de óptima calidad (numeral 2); y que se encuentren a la disposición y disfrute de forma continua, regular, eficaz, eficiente e ininterrumpida (numeral 13);

iii. Los dirigidos a suministrar información y educación sobre los bienes y servicios ofrecidos: que información sea adecuada, veraz, clara, oportuna y completa sobre los bienes y servicios ofrecidos en el mercado, así como sus precios, características, calidad, condiciones de contratación y demás aspectos relevantes sobre los mismos, incluyendo los riesgos

---

[5] **Constitución de la República Bolivariana de Venezuela. Artículo 112.** Todas las personas pueden dedicarse libremente a la actividad económica de su preferencia, sin más limitaciones que las previstas en esta Constitución y las que establezcan las leyes, por razones de desarrollo humano, seguridad, sanidad, protección del ambiente u otras de interés social. El Estado promoverá la iniciativa privada, garantizando la creación y justa distribución de la riqueza, así como la producción de bienes y servicios que satisfagan las necesidades de la población, la libertad de trabajo, empresa, comercio, industria, sin perjuicio de su facultad para dictar medidas para planificar, racionalizar y regular la economía e impulsar el desarrollo integral del país.

que pudieran derivarse del uso o consumo (numeral 4); a la educación en la adquisición de bienes y servicios, orientada al fomento del consumo responsable y a la difusión adecuada sobre sus derechos (numeral 6).

iv. Los dirigidos a la protección de sus derechos e intereses: contra la publicidad falsa, engañosa o abusiva y a los métodos comerciales coercitivos o desleales (numeral 5); en los contratos de adhesión que sean desventajosos o lesionen sus derechos o intereses (numeral 10); en las operaciones a crédito (numeral 12);

v. Los dirigidos a la tutela administrativa y jurídica de sus derechos e intereses: a la reparación e indemnización por daños y perjuicios, por deficiencias y mala calidad de bienes y servicios (numeral 7); acceder a mecanismos efectivos que conduzcan a la adecuada prevención, sanción y oportuna reparación (numeral 8); y protección jurídica de sus derechos e intereses económicos y sociales en las transacciones realizadas por cualquier medio o tecnología (numeral 9); y a retirar o desistir de la denuncia y la conciliación en los asuntos de su interés, siempre que no se afecten los intereses colectivos (numeral 11).

vi. El dirigido al derecho de devolución del bien o la cesación del contrato de provisión del servicio, y el reintegro del precio, adquiridos por teléfono, catálogo, televisión, por medios electrónicos o a domicilio, el cual debe ser ejercido dentro de los quince (15) días posteriores a la recepción del bien o servicios, siempre y cuando lo permita la naturaleza del bien o servicio, y se encuentre en el mismo estado en el que fue recibido (penúltimo aparte).

2. *Garantías*

Sobre el derecho de obtener garantías en el acceso de bienes y servicios, el incorporado artículo 11 establece la obligación del proveedor de suministrar las garantías sobre los "*vehículos, maquinarias, equipos o artefactos y demás bienes de naturaleza durable que posean sistemas mecánicos, eléctricos o electrónicos, susceptibles de presentar fallas o desperfectos*".

Además, la garantía propuesta debe indicar claramente en qué consiste, así como las condiciones, forma, plazo y lugar en que el sujeto de protección pueda hacerla efectiva.

3. *Nueva estructura de la Superintendencia de Nacional para la Defensa de los Derechos Socioeconómicos (SUNDEE): Se crea la Intendencia Nacional para la Protección del Salario del Obrero y Obrera*

Se amplía la estructura de la Superintendencia de Nacional para la Defensa de los Derechos Socioeconómicos (SUNDEE), el cual estaba integrada tanto por una Intendencia de Costos, Ganancias y Precio Justos como la Intendencia de Protección de los Derechos Socioeconómicos, y se incorpora, en el contenido del artículo 19, la nueva Intendencia Nacional para la Protección del Salario del Obrero y la Obrera.

La ley no señala cual es el objetivo de esta nueva unidad administrativa de la estructura organizativa de la SUNDEE, solo enumera las funciones que se les encargaron: (1) recibir y tramitar las denuncias y peticiones de los obreros y obreras, sindicados o no, sobre prácticas industriales o comerciales que afecten el abastecimiento o accesibilidad a bienes o servicios desarrollados por los sujetos de aplicación; (2) coordinar las acciones tempranas de la SUNDEE, con los sectores obreros y sindicales dentro del proceso productivo para prevenir las distorsiones en el sistema económicos; (3) Acompañar a la SUNDEE, a las fiscalizaciones solicitadas por los obreros; (4) coordinar las acciones necesarias para que la Intendencia de Costos, Ganancia y Precios Justos incorpore la visión y exigencias de sector obrero en sus análisis y determinaciones; (5) enlazar, bien a solicitud de parte o de oficio, las actividades de la SUNDEE, y los ministros del poder popular con competencia en materia de industrias, comercio y trabajo y seguridad social; y (6) cualquier otra propia de su naturaleza.

En este sentido, el elemento exclusivo que condiciona las actuaciones de esta Intendencia es la participación (denuncias y peticiones) de los obreros en la actividad económica de las personas naturales o jurídicas, en tanto afecte el abastecimiento o la accesibilidad a bienes y servicios. De modo que, se orienta a la protección de los derechos e intereses de los obreros, lo que bien ya está reconocido en el objetivo general de la Ley (artículo 1), sin considerar cómo se realizará la protección específica del salario de los obreros.

4. *Nuevo Sistema de Adecuación Continua de Precios Justos (SACPJ)*

En el nuevo artículo 27, se crea el Sistema de Adecuación Continua de Precios (en adelante *SACPJ*), por medio del cual serán calculados los precios de todos los bienes producidos, importados o comercializados por los sujetos de aplicación, que contará con los elementos técnicos, científicos y humanos que se requieran. Su rectoría la ejercerá la Superintendencia Nacional para la Defensa de los Derechos Socioeconómico.

Adicionalmente, puntualiza el texto legal, que el ámbito de aplicación "*corresponderá la fijación de precios justos en la totalidad de la cadena de producción, distribución, importación, transporte y comercialización de bienes y servicios por parte de todos los sujetos de aplicación*"[6].

En este sentido, la LOPJ no especifica cómo funcionará este sistema, cómo se calcularán los precios de los bienes y servicios, ni cuál es su diseño o configuración, sólo revela que la SUNDEE ejercerá su rectoría. Sin embargo, es claro en el contenido de la escasa disposición que la fijación del precio de todos los bienes, ya sean producidos, importados o comercializados, serán calculados exclusivamente por este sistema, los cuales serán objeto de posterior fiscalización por parte de la SUNDEE. Cabe destacar, que no se menciona el término "servicios" en el artículo 27, sin embargo, si se emplea en el artículo 28 en la descripción del ámbito de su actuación.

5. *Excepción a los beneficios procesales*

El nuevo artículo 88 establece la prohibición legal de los beneficios procesales tanto en los procesos judiciales como en el cumplimiento de la pena impuesta en los delitos de especulación, acaparamiento, boicot y contrabando.

Cabe destacar, que esta norma se limita a restringir los beneficios procesales sin detenerse a delimitar su contenido. En términos generales, los beneficios procesales se tratan simplemente de Derecho Humanos que se reconocen al imputado y de las medidas alternativas del cumplimiento[7].

V. ARTÍCULOS MODIFICADOS EN LA LOPJ

1. *Nuevas atribuciones del Superintendente*

La LOPJ incorpora en el artículo 23 (anterior artículo 20), quince (15) nuevas atribuciones del Superintendente o Superintendenta, las cuales las agrupamos a los fines didácticos en varias categorías de acuerdo con los elementos que la componen:

1. De presupuesto y contabilidad pública: Ordenar los compromisos y pagos con cargo al Presupuesto de la SUNDEE (numeral 5); programar, dirigir, coordinar y ejecutar

---

[6]   Artículo 28

[7]   Edecio, A. "Constitución y Reformas del Código Penal", publicado en: *Derecho Penal: Ensayos*, Colección Estudios Jurídicos N° 13. Tribunal Supremo de Justicia. Caracas 2005, p. 167

las actividades financieras, fiscal, contable y de administración (numeral 14); y suscribir y tramitar las órdenes de pago directas y avances a pagadores o administradores por concepto de remuneración y gastos del personal adscrito a la SUNDEE y, llevar a cabo las actividades relacionadas con el pago al personal numeral 15);

2. De administración de bienes: adquirir, pagar, custodiar y registrar los bienes, así como otorgar los contratos relacionados con los asuntos propios de la SUNDEE, previo cumplimiento de las formalidades de ley (numeral 6);

3. De contratación pública: realizar los procesos de selección de contratistas (numeral 8); conformar los documentos constitutivos de las fianzas otorgadas por compañías de seguros o instituciones bancarias, previa revisión legal, para garantizar a la República el reintegro del anticipo, el fiel cumplimiento del contrato y otros conceptos previstos en los contratos que se celebren con terceros (numeral 9); liberar los documentos constitutivos de las fianzas otorgadas por compañías de seguros o instituciones bancarias (numeral 10); supervisar y controlar el reintegro de anticipos, de la fianza de fiel cumplimiento de contratos y otros conceptos que sean previstos en os contratos celebrados con terceros (numeral 11); y realizar todos aquellos actos y contratos que sean necesarios para el desarrollo de sus actividades, incluyendo el de administrar y disponer de los recursos y equipos que se le asigne u obtengan de conformidad con las normas legales y reglamentarias pertinentes (numeral 14);

4. De organización administrativa: dirigir las actividades relativas a los servicios de mantenimiento y transporte (numeral 7); suscribir las comunicaciones dirigidas al Órgano de Adscripción, la Oficina Nacional de Presupuesto, Oficia Nacional del Tesoro y la Oficina Nacional de Contabilidad Pública del ministerio del poder popular con competencia en materia de economía, finanzas y banca pública (numeral 12); suscribir la correspondencia interna y externa de la Unidad a su cargo (numeral 13); y la creación de los distritos de creación especial sin límites derivados de la conformación geopolítica nacional cuando así las características de la actividad económica lo requiera. Para su atención podrá destinarse un fiscal con competencia nacional (numeral 23).

5. De imposición de sanciones administrativas: imponer las sanciones previstas en el texto legal (numeral 20); y dictar la Providencias Administrativas vinculadas al acto conclusivo que agotan la vía administrativa y aplicar las sanciones correspondientes (numeral 21).

2.   *Nuevas Fuentes de Información*

Para la determinación del precio justo de bienes y servicios, así como la de los márgenes de ganancia, el artículo 33 (antes artículo 28) agrega a las cinco (5) fuentes de información establecidas una (1) nueva constituida por la información obtenida por cualquier otro medio que a consideración de la SUNDEE pueda constituir una fuente técnica y científica válida; y adicionalmente, agrega el citado artículo que para la determinación de precios, *"siempre se tendrá en cuenta el marco social y económico de la República, debiendo atender al principio de justicia social equilibrando el estímulo a la actividad productiva con la protección efectiva de salario"*.

Consideramos que estas nuevas fuentes exhiben elementos indeterminados que quedan a la exclusiva interpretación de la SUNDEE; además, la ley no hace ninguna referencia a los elementos que configuran el marco social y económico ni el principio de justicia social que debe ser atendido por el sujeto de la actividad económica.

3. *Margen Máximo de Ganancia*

El artículo 37 (antes artículo 32), mantiene el tope de ganancia máxima de treinta (30) puntos porcentuales de la estructura de costos del bien o servicio, el cual será establecido anualmente por la SUNDEE, atendiendo criterios científicos y tomando en consideración las recomendaciones emanadas de los Ministerios del Poder Popular en las materias de Comercio, Industria y Finanzas.

El cambio establecido en el nuevo artículo 37 consiste en la sustitución de la "*Vicepresidencia Económica de Gobierno*" por la "*Vicepresidencia de la República*", como uno de los órganos que puede dirigir recomendaciones al Presidente de la República para que en Consejo de Ministros pueda revisar y modificar el margen máximo de ganancia establecido en la Ley.

Con referencia a lo dispuesto en este artículo 37, es importante precisar que la competencia de establecer anualmente el margen máximo de ganancia está atribuida a la SUNDEE, la cual que tiene el deber de tomar en consideración las recomendaciones emanadas de los Ministerios del Poder Popular en las materias de Comercio, Industria y Finanzas; no obstante, dicha competencia la podrá ejercer excepcionalmente el Presidente de la República, en Consejo de Ministros, previa consideración de las recomendaciones de la Vicepresidencia de la República o SUNDEE, en tanto quiera favorecer actividades que se inician, o fortalece determinadas actividades existentes. En ambos casos, el margen de ganancia no puede exceder al límite legal de treinta (30) puntos porcentuales.

El margen máximo de ganancia puede ser diferente por sector, rubro, espacio geográfico, canal de comercialización, o actividad económica, según lo determine la SUNDEE.

Lo que resulta evidente entonces, es que la fijación del margen máximo de ganancia puede tener un impacto positivo de fortalecimiento o negativo de debilitamiento de un sector, rubro, espacio geográfico, canal de comercialización, o actividad económica que se inicia o existente.

4. *La eliminación del Certificado de Precios Justos y la nueva suspensión de sistemas de asignación de divisas*

Se modificó el anterior artículo 33, que ordenaba el otorgamiento del Certificado de Precios Justos cuando los sujetos de aplicación de la ley demostraban por ante la SUNDEE el cumplimiento de los criterios de precios justos establecidos, independientemente si existía o no fijación expresa. Ahora, el nuevo texto legal sustituye la referida norma y dispone en el artículo 38 la "*Suspensión de Sistemas de asignación de divisas*", lo cual que se refiere a la facultad de la SUNDEE de solicitar al órgano competente, la aplicación de la sanción administrativa accesoria a los sujetos de aplicación de la ley, específicamente, su suspensión temporal o definitiva en cualquier sistema de asignación de moneda extranjera por parte del Estado, cuando se compruebe que los mismos han incurrido en cualquiera de los ilícitos administrativo contemplados en la ley: especulación, acaparamiento, boicot, reventa de productos de primera necesidad, contrabando de extracción, entre otros. No obstante, en la LOPJ no se explican los supuestos normativos que comportan la suspensión definitiva ni temporal, lo que queda al arbitrio de la SUNDEE.

5.   *Procedimiento de Inspección y Fiscalización en Materia de Precios y Márgenes de Ganancia*

A.   *Del inicio de fiscalización*

Con respecto al procedimiento administrativo de inspección y fiscalización en materia de precios y márgenes de ganancia, el derogado artículo 34, relativo al "Inicio de Inspección", se sustituyó por el artículo 39, bajo el nuevo título: *"inicio de fiscalización"*, que establece que el funcionario competente, bien de oficio o con fundamento en denuncia, iniciará la fiscalización para verificar el cumplimiento de las regulaciones previstas en la LOPJ.

Cabe destacar, que el derogado artículo 34 establecía que el funcionario competente, bien de oficio o con fundamento en denuncia que hubiere sido interpuesta ante la oficina a su cago, *"podrá ordenar y da inicio a la inspección"*, lo que significaba su poder discrecional para iniciar o no el procedimiento administrativo sancionatorio. Este poder discrecional desapareció en el contenido del nuevo artículo 39, y ahora constituye un deber indubitable para el funcionario competente iniciar la fiscalización de oficio o por denuncia interpuesta por terceros.

B.   *Medidas preventivas*

El artículo 44 (anterior artículo 39), dispone que durante la inspección o fiscalización, – y agrega como punto nuevo– "o en cualquier etapa, fase o grado del procedimiento", el funcionario podrá dictar y ejecutar en el mismos acto medidas preventivas si detecta indicios de incumplimiento de las obligaciones previstas en la LOPJ, y existieren elementos que pudieran presumir que se pueden causar lesiones graves o de difícil reparación a la colectividad.

En este sentido, se conservan las seis (6) medidas preventivas previstas en el anterior artículo 39, con mínimas alteraciones, a saber: 1) Comiso –y se agrega–*"preventivo de mercancías"*, 2) Ocupación temporal de los establecimientos o bienes indispensables para el desarrollo de la actividad (se eliminan los términos *"o para el transporte o almacenamiento de los bienes decomisados"*); 3) Cierre temporal del establecimiento; 4) Suspensión temporal de las licencias, permisos o autorizaciones emitidas por la SUNDDE: 5) Ajuste inmediato de los precios de bienes a comercializar o servicios a prestar, conforme a los fijados por la SUNDDE (se eliminó el término *"destinados"*); y 6) Todas aquellas que sean necesarias para proteger los derechos de las ciudadanas y ciudadanos protegidos por este Decreto con Rango, Valor y Fuerza de Ley Orgánica (se cambiaron los términos anteriores: *"impedir la vulneración de los derechos de las ciudadanas y los ciudadanos, protegidos por la presente Ley"*).

Por otra parte, se cambian y amplían las condiciones de trámite de la medida preventiva de comiso preventivo de mercancías, al establecerse que *"se dispondrá su enajenación inmediata con fines sociales, lo cual deberá asentase en Acta que se levante al efecto. El producto de la enajenación de las mercancías se mantendrá en garantía en una cuenta bancaria abierta a tal efecto. En la providencia que ponga fin al procedimiento indicará el destino que deberá dársele al producto de la enajenación de la mercancía"*.

Estas últimas condiciones eran aplicadas sólo cuando el comiso se ordenaba sobre alimentos o productos perecederos, y ahora se aplican de manera general a cualquier tipo de mercancía.

Por otra parte, la nueva disposición ordena que al dictarse la providencia conclusiva del procedimiento, se debe indicar el destino del producto de la enajenación de la mercancía objeto del comiso preventivo, debido a que esta medida preventiva pasó a medida ejecutiva.

6. *Modificaciones en el Régimen Sancionatorio*

A. *De las Sanciones Administrativas*

El nuevo artículo 50 (anterior artículo 45), enumera las sanciones administrativas aplicables *"en los casos de las infracciones previstas en este Decreto con Rango, Valor y Fuerza de Ley Orgánica"*.

Se mantienen las siete (7) sanciones administrativas previstas en texto anterior, pero también se incorporan mínimos cambios, a saber: 1) Multas (se elimina la frase *"la cual será calculada sobre la base de Unidades Tributarias"*); 2) Suspensión temporal en el Registro Único de Personas que Desarrollan Actividades Económicas; 3) Cierre temporal de almacenes, depósitos o establecimientos dedicados al comercio, conservación, almacenamiento, producción o procesamiento de bienes (se eliminan los términos *"por un lapso de hasta ciento ochenta (180)* días"); Ocupación temporal con intervención de almacenes, depósitos, industrias, comercios, transporte de bienes, por un lapso de hasta ciento ochenta (180) días; Clausura de almacenes, depósitos y establecimientos dedicados al comercio, conservación, almacenamiento, producción o procesamiento de bienes; 6) Comiso de los bienes objeto de la infracción o de los medios con los cuales se cometió de conformidad con lo establecido en este Decreto con Rango, Valor y Fuerza de Ley Orgánica (se suprimió la sanción anterior: *"Confiscación de bienes, de conformidad con la Constitución de la República Bolivariana de Venezuela"*); y 7) Revocatoria de licencias, permisos o autorizaciones emitidas por órganos o entes del Poder Público Nacional (su suprimió la frase: *"y de manera especial, los relacionados con el acceso a las divisas"*).

Por otra parte, el último cambio en el nuevo artículo 50, consistió en que en el primer parágrafo se dispuso la frase *"y el valor o volumen de las operaciones del sujeto de aplicación"*, en sustitución de la que estaba prevista en el mismo parágrafo del anterior artículo 45: *"la última declaración del ejercicio fiscal anual"*.

B. *De la especulación*

El tipo penal de especulación se encontraba tipificado en el anterior artículo 51, y se cambia a estar regulado en el nuevo artículo 56. Al respecto, se modificó el encabezado quedando definido como aquel que enajene o presten servicios a precios o márgenes de ganancia superiores a los fijados o determinados por la autoridad competente a través de fijación directa o mediante la autorregulación de acuerdo a las normas que a tal efecto dicte la SUNDEE, serán sancionados con prisión de ocho (08) a diez (10) años.

Asimismo, se incorpora en la parte in fine del contenido del citado artículo, por una parte, la aplicación directa del límite máximo de pena de prisión (10 años) cuando la infracción de especulación se cometiere sobre bienes o productos provenientes del sistema de abastecimiento del Estado u obtenidos con divisas asignadas por el Estado, y por otra parte, la aplicación del doble de las multas establecidas y la confiscación de los bienes del infractor, de acuerdo con lo previsto en el texto constitucional.

Lo anterior significa, el interés del Estado de endurecer las sanciones penales sobre la infracción económica de especulación, especialmente, en el ámbito de los bienes que tiene como origen los sistemas de abastecimientos estatales o provenientes de procesos efectuados con divisas asignadas por el Estado.

C. *Del Boicot*

Con respecto al tipo penal referido al boicot, el artículo 60, anterior artículo 55, presenta como cambio principal la incorporación de la sanción de confiscación de bienes, cuando las acciones u omisiones impidan, directa o indirectamente, los procesos de producción, fabricación, importación, acopio, transporte, distribución y comercialización, se hubieren cometido en detrimento del patrimonio público.

Además, se prorroga el lapso de ocupación temporal de depósitos, almacenes, comercios o medios de transporte de ciento ochenta (180) días.

D. *De la Reventa Productos de Primera Necesidad*

El artículo 62, anterior artículo 57, incorpora a la infracción por reventa de productos de primera necesidad la sanción penal de prisión de uno (01) a tres (03) años, concurrente con la sanción pecuniaria de multa de doscientas (200) a diez mil (10.000) Unidades Tributarias y el comiso de las mercancías.

El nuevo artículo omite la sanción de suspensión del Registro Único, que estaba previsto en el derogado artículo 57, e incorpora la aplicación directa tanto del límite máximo de la sanción penal de tres (03) años como el doble de la sanción pecuniaria de diez mil (10.000) Unidades Tributarias, cuando haya reincidencia en la ocurrencia del delito de boicot.

E. *Del Contrabando de Extracción*

Se modifica el artículo 59, ahora 64, que tipifica el delito de contrabando de extracción, aumentándose en la nueva norma la cantidad de años (mínimo 14 y máximo 18) de la pena de prisión.

En segundo lugar, en la redacción de la nueva norma se cambia y se sustituye el supuesto abstracto regulado en la anterior: *"quien intente extraer del territorio nacional los bienes regulados por la SUNDEE"*, y se amplía significativamente por *"quien extraiga o intente extraer del territorio nacional [los] bienes destinados al abastecimiento nacional de cualquier tipo, sin cumplir con la normativa y documentación en materia de exportación correspondiente"*.

En tercer lugar, se incorporan los párrafos segundo y tercero de la norma relativos, en ese orden, a la sanción de multa equivalente al doble del valor de los bienes o mercancías objetos del delito, no siendo en ningún caso menor a quinientas (500) Unidades tributarias, y la aplicación directa del límite máximo de pena de prisión (18 años) y multa llevada al doble cuando los bienes extraídos o que haya intentado extraer sean mercancías priorizadas para el consumo de la población, provengan del sistema de abastecimiento del Estado o sean para la distribución exclusiva en el territorio nacional.

En cuarto lugar, se incorpora en la parte in fine del artículo 64, la sanción de confiscación, de acuerdo a lo establecido en el texto constitucional, cuando: (1) los bienes objeto de contrabando de extracción hubieren sido adquiridos mediante el uso de divisas otorgadas a través de los regímenes cambiarios establecidos en el ordenamiento jurídico, (2) provengan del sistema de abastecimiento del Estado; o, (3) su extracción afecte directamente el patrimonio público.

Lo anterior supone el aumento de las sanciones aplicadas en tanto se materialice el tipo penal de contrabando de extracción, y especialmente, cuando los productos adquiridos provengan de cualquiera de los sistemas del ámbito cambiario o de abastecimiento estatal, que suponen condiciones económicas diferentes y beneficiosas a las que están expuestos los particulares en el ámbito económico privado.

7. *De la remisión legal*

El nuevo artículo 72, agrega a lo que estaba previsto en el anterior artículo 67, específicamente, la determinación del conocimiento por la jurisdicción penal ordinaria tanto de los delitos tipificados en la LOPJ, como de lo no previsto exclusivamente en el Capítulo VI "Régimen Sancionatorio" del texto legal, la posibilidad de que tales conocimientos tengan lugar en jurisdicciones especiales en la materia.

En este sentido, el Poder Judicial puede crear jurisdicciones especiales que conozcan y decidan los delitos materializados en el ámbito de determinación de precios justos, no obstante, tales jurisdicciones deben tener normas sustantivas y adjetivas vigentes que regulen su funcionamiento.

CONSIDERACIONES FINALES

A manera de resumen, la reforma de la LOPJ, efectuada a través de la Ley Habilitante, se concentró, por una parte, en el aspecto organizativo, al crear una nueva Intendencia y ampliar las atribuciones de la máxima autoridad de la SUNDEE; por otra parte, en el aspecto operativo, al crear y definir el ámbito del aplicación del sistema de adecuación continuo de precios justos; y, por último, aumentar las sanciones penales y pecuniarias para las infracciones económicas prescritas.

Significa entonces, que este aumento estructural, de ámbito de aplicación y sancionatorio, configuran el carácter especialmente represivo de LOPJ y, por ende, la absoluta intervención estatal en el ejercicio y desarrollo de la actividad económica ejercida en el territorio nacional, sin ninguna limitación, incluso en plena contradicción con lo previsto en la Constitución de la República Bolivariana de Venezuela, específicamente, en lo tocante a las bases que configuran y sostienen la constitución económica y el régimen socio económico: artículo 299; y los derechos fundamentales reconocidos y protegidos en el texto constitución: artículos 49, 112 y 115.

Del Decreto con Rango, Valor y Fuerza de Ley Orgánica de Precios Justos

José Gregorio Silva Bocaney
Profesor de la Universidad Central de Venezuela

Resumen: *Se plantean algunos comentarios críticos a la reforma de la Ley Orgánica de Precios Justos.*

Palabras claves: *Ley Orgánica de Precios Justos.*

Abstract: *The article studies some critical comments to the reform of the Fair Prices Organic Law.*

Keyword: *Fair Prices Organic Law.*

Comentar acerca de los recientes Decretos Leyes, en el marco de la última Ley habilitante, luce complicado, dadas las exigencias de brevedad impuestas en el presente trabajo, pues –estoy seguro– que al igual que el resto de los autores que realizan sus aportes, es más lo que queda en el tintero de la mente que lo expresado, y comienza el gran trabajo de tratar de centrarnos en un punto entre todo lo discutible del tema.

Comenzando por el hecho de que lo que ha de ser extraordinario, como la habilitación del legislativo, para que el ejecutivo realice labores legislativas, se convierte en un hecho absolutamente ordinario, y lo que ha de ser restringido en las materias a tratar, se convierte en el más amplio catálogo, transformando al Presidente en el legislador ordinario; y, al legislativo, en un órgano que escasamente produce algún instrumento normativo; o queda, simplemente, para aprobar los créditos que solicite el Ejecutivo y autorizarle sus largos viajes allende fronteras en periplos no definidos, sin ninguna temporalidad previamente fijada y sin conocer la agenda que habría de cumplir. Y si acaso, el legislativo la conocía, se mantuvo en secreto para el común del venezolano. La situación se agrava cuando dicha sustitución del legislador ordinario se hace con el beneplácito y la aprobación del máximo rector judicial del país.

Ni siquiera se guardan las formas, pues aun cuando la habilitación sea amplia, se consigue con la limitación de áreas que corresponden el monopolio de la ley formal, contenida en la noción de reserva legal, que resguarda ciertas materias para que sean discutidas y aprobadas por el verdadero órgano democráticamente deliberante y representativo que constituye un congreso o parlamento. Y se tienen razonamientos complejos o simples para sostener esta posición, pues desde la propia naturaleza de las cosas, aceptar que el ejecutivo podría legislar sobre cualquier materia podría llevar a la errada conclusión que el legislativo es un órgano inútil, pues si su función principal es legislar, y tal función puede ser desarrollada por el ejecutivo, sin ningún tipo de límites ni cortapisas, para qué podría servir el órgano legislativo.

Por supuesto, tan descabellado razonamiento echaría al traste todo nuestro sistema jurídico-político, logrado durante siglos de luchas y verdaderas "revoluciones", magistralmente recogidos en los principios y postulados doctrinarios, legados por la Revolución Francesa, y que en nuestro país parece crear escozor en las cabezas de los Poderes Públicos; sin embargo, han servido de base dogmática a la mayoría de los países occidentales; en especial, en nuestro continente, aun cuando se tienda a pisotearlos con excesiva frecuencia.

Incluso, cuando revisamos la noción desde el punto de vista de juristas de la talla del maestro Moles[1], el producto legislativo emanado del Poder Ejecutivo, si bien tiene forma de ley, fuerza de ley y rango de ley, sencillamente, no siendo Ley, lo ubica dentro de la jerarquización de las normas, en su estrato grafía normativa, en un segundo estrato, luego del estrato superior donde coloca las "leyes", Tratados Internacionales, Actos Parlamentarios sin forma de ley y los Actos de Gobierno, pues aunque el decreto ley tenga rango de ley, sencillamente no es ley.

Así, entendiendo someramente los principios que han de regir esta figura excepcional, que como se indicara, pasa a ser el Presidente de la República un legislador ordinario, dada la frecuencia y abuso de la figura, se tiene que no debería interferir en materia de la denominada reserva legal; sin embargo, la "Ley que autoriza al Presidente de la República para dictar decretos con rango, valor y fuerza de ley en las materias que se delegan" o "ley habilitante", autoriza, en el ámbito de la lucha contra la corrupción a "Dictar y/o reformar normas destinadas a profundizar y fortalecer los mecanismos de sanción penal, administrativa, civil y disciplinaria para evitar lesiones o el manejo inadecuado del patrimonio público y prevenir hechos de corrupción".

Cabe destacar que el otro aspecto o ámbito, donde se le autoriza actuar es el de la "defensa de la economía".

Siendo la materia penal y de procedimientos –entre otras– de estricta reserva legal, resulta de por sí cuestionable que se habilite al Presidente a legislar sobre dichas materias, pero al revisar el decreto ley que nos ocupa, donde se equiparan ilícitos penales y administrativos, resulta su producto, aún más cuestionable.

Este Decreto Ley de Precios Justos, deroga la Ley de Costos y Precios Justos, dictado a través del Decreto 600 del 21 de noviembre de 2013, a tan solo dos días de otorgarse la habilitante, pero en el mismo periodo sufre una reforma a través del Decreto 1.467 publicada en la *Gaceta Oficial* 6.156 del 19 de noviembre de 2014. Es decir, en el mismo periodo de habilitación se dicta y se reforma el mismo Decreto Ley, bajo el mismo fundamento (textual) usado en los Decretos Ley dictados bajo el mandato de Hugo Chávez, del *"...compromiso y voluntad de lograr la mayor eficacia política y calidad revolucionaria en la construcción del socialismo, la refundación de la patria venezolana...".*

Del objeto del Decreto Ley se tiene que ha de establecer *"...los ilícitos administrativos, los procedimientos y sanciones, los delitos económicos, su penalización y el resarcimiento de los daños sufridos, para la consolidación de orden económico socialista productivo".*

Así, solo revisando el objeto de la Ley y obviando el detalle de que la materia penal y la de procedimientos –entre otras– son de reserva legal y por ende no susceptible de dictarse mediante decretos leyes[2], tenemos que una misma ley –decreto ley en este caso– compila

---

[1] Moles Caubet, Antonio. *El Principio de Legalidad y sus implicaciones*, publicado en, Estudios de Derecho Público, Instituto de Derecho Público U.C.V., Caracas 1997

[2] Detalle éste que parece insignificante o hasta despreciable para el Presidente de la Asamblea Nacional y los diputados que aprobaron la autorización, el Presidente de la República que lo dicta y el propio Tribunal Supremo de Justicia, que avala incluso su carácter orgánico.

ilícitos penales y administrativos en un mismo texto normativo, lo cual no sólo resulta contraproducente, sino que forma parte de un conjunto interminable de leyes punitivas, que tal como asienta el maestro Nieto[3], en el capítulo referido al Derecho Administrativo Sancionador, Sarcasmos y Paradojas:

> "*El sarcasmo continúa en la inmensidad de las infracciones. El repertorio de ilícitos comunitarios, estatales, autonómicos, municipales y corporativos ocupa bibliotecas enteras. No ya un ciudadano cualquiera, ni el jurista más estudioso ni el profesional más experimentado son capaces de conocer las infracciones que cada día pueden cometer. En estas condiciones, el requisito de la reserva legal y el de la publicidad de las normas sancionadoras son una burla, dado que físicamente no hay tiempo de leerlas ni, leídas, son inteligibles para el potencial infractor de cultura media*".

Igualmente, este potpurrí de ilícitos penales y administrativos conjugados en un mismo texto normativo, manifiesta igualmente desprecio a la noción de códigos, como conjunto de normas legales sistemáticas que regulan unitariamente una materia determinada o la recopilación sistemática de diversas leyes, conforme las dos primeras acepciones del término según la Real Academia de la Lengua Española, especialmente al Código Penal Venezolano, pues es más amplio el catálogo de ilícitos que se verifican en otras leyes que las contenidas en el cuerpo codificado.

El decreto ley que nos ocupa, ciertamente refiere a ilícitos penales y administrativos, pero lo hace de tal forma que el mismo supuesto constituye al mismo tiempo, un ilícito penal y administrativo, sólo diferenciando la autoridad que impondrá la pena, lo cual, si bien es cierto cubre el principio de legalidad y hasta de tipicidad (de seguidas nos ocuparemos de los ilícitos individualmente considerados), viola gravemente los principios de defensa constitucional recogido en el aforismo del "*non bis in ídem*", sin tomar en consideración las violaciones que refiere el procedimiento administrativo contenido en el decreto Ley.

Por otra parte, el decreto ley declara de utilidad pública e interés social todos los bienes y servicios requeridos para desarrollar las actividades descritos en su cuerpo, y por ende, el Ejecutivo puede iniciar el procedimiento expropiatorio "*cuando se hayan cometido ilícitos económicos y administrativos*", lo cual, desnaturaliza la institución de la expropiación, pues se instituye como una forma más de penalizar al administrado[4], agregando la posibilidad de adoptar medidas de ocupación temporal e **incautación** de bienes mientras dure el procedimiento expropiatorio.

Indica, entre las atribuciones y facultades de la Superintendencia, el sustanciar, tramitar y decidir los procedimientos de su competencia y aplicar las medidas preventivas y correctivas, además de las sanciones administrativas que correspondan en cada caso. Tal mención resultaría impecable, entendiendo que al no estar atribuida a ninguna autoridad, corresponde al superintendente, o en todo caso al intendente respectivo por mandato expreso de la misma ley; sin embargo, de la revisión del procedimiento se observa que quien impone la sanción es el funcionario que realiza la inspección, la cual puede quedar firme si no se manifiesta la inconformidad con la misma, y sin indicar cuál es el momento para manifestar la inconformidad.

---

[3]   Nieto, Alejandro. *Derecho Administrativo Sancionador*. Quinta Edición, Editorial Tecnos, Madrid 2012, p. 27

[4]   Sobre el tema ya hemos trabajado anteriormente en el trabajo titulado "De la transformación de potestades y otras mutaciones", *Revista de Derecho Público* N° 130 "Estudios sobre los decretos leyes 2010-2012" Abril-Junio 2012, Editorial Jurídica Venezolana, Caracas 2013.

Reseña la Ley, el procedimiento de inspección y fiscalización en materia de **precios y márgenes de ganancia**, indicando que puede iniciarse la fiscalización de oficio o por denuncia, iniciando una inspección y levantando un acta, la cual deberá indicar entre otros aspectos *"Narración de los hechos y circunstancias verificadas, con especial mención de aquellos elementos que presupongan la existencia de infracciones a la presente Ley"*. Esta sola mención conlleva a una serie de argumentos que desdicen de la constitucionalidad de la presente ley pues:

1.- La inspección, conforme la denominación del capítulo en que está contenido, presupone que se restringe a la materia de precios y márgenes de ganancias, lo cual limitaría el campo de actuación de la inspección, aun cuando del contenido del acta se amplía a cualquier infracción a la Ley.

2.- Refiere a la mención de aquellos elementos que **presupongan** existencia de infracciones a la Ley. Al lector inadvertido pudiere indicar que se dejará constancia de elementos que hagan presumir la existencia de infracciones, más sin embargo refiere a elementos que "presupongan" la existencia de infracciones, lo cual, al verificarse con el diccionario de la Real Academia de la Lengua Española en su versión web[5], corresponde al verbo presuponer en su tiempo presente del modo subjuntivo y cuya primera acepción refiere a: *"Dar por sentado o cierto algo"*. Siendo así, es el funcionario que realiza la inspección quien al momento de la práctica de la inspección da por cierto *"la existencia de infracciones a la presente Ley"*, sin procedimiento administrativo previo, sin oportunidad de desarrollar actividad probatoria, de conformidad con el artículo 49 Constitucional, y lo que es más grave, cercenando el principio de presunción de inocencia, recogido en la misma norma Constitucional.

Sigue indicando que si de la inspección se constata que no existe incumplimiento, la propia acta constituye la verificación de conformidad, pero si detectara indicios de incumplimiento, podrá acordar en el mismo acto medidas preventivas que pueden consistir en comiso, ocupación temporal, cierre temporal, suspensión temporal de las licencias o permisos del SUNDDE, ajuste inmediato de precios o *"todas aquellas que sean necesarias para impedir la vulneración de los derechos de las ciudadanas y los ciudadanos protegidos por la presente Ley"*, lo cual constituye una cláusula abierta que no sólo desconoce la noción de tipicidad, y del principio de legalidad sancionatorio, sino de un contenido excesivamente discrecional, en especial, si de normas sancionadoras se trata.

Revisando el resto de la ley se tiene que la misma no menciona ningún otro tipo de inspección y al concatenarse con el procedimiento sancionatorio[6] se presume que esa inspección no se limita como lo refiere su título a los precios y márgenes de ganancia, sino a todo el contenido de la Ley, cuya discrepancia entre la denominación del capítulo y su contenido, revela, por decir lo menos, una grave deficiencia de técnica legislativa.

En cuanto al régimen sancionatorio se refiere, contenido en el Capítulo VI de la Ley, señala en su artículo 49 que a sus efectos se entenderá como infracción *"el incumplimiento de las obligación es establecidas en ella, su reglamento, y demás normas dictadas por la SUNDDE, de conformidad con lo dispuesto en este capítulo"*. Si de conformidad con el artículo 49 Constitucional, el tipo que constituye la sanción y su consecuencia han de estar fijado en la Ley; es decir, la exigencia de tipificación legal de la falta y la sanción, la redac-

---

[5]   http://www.rae.es/ que contiene la versión electrónica que permite acceder al contenido de la 22° edición del Diccionario de la Real Academia Española y las enmiendas incorporadas hasta 2012.

[6]   Debe señalarse que por la brevedad exigida en el presente trabajo, nos limitaremos a comentar los ilícitos, sin poder referirnos a los problemas, dificultades y graves vicios detectados en cuanto al procedimiento se refiere.

ción de la presente Ley mantiene una **aparente** legalidad, pero la remisión a los reglamentos, y peor aún, a cualquier norma dictada por la SUNDDE termina convirtiendo la tipificación de las faltas en una norma abierta y carente del sustento de legalidad, contraviniendo el mandato constitucional.

El artículo 50 contiene un catálogo de sanciones, tipificando:

- Multas, calculadas en unidades tributarias

- Suspensión temporal del Registro Único de Personas que Desarrollan Actividades Económicas, sin que se determine en este artículo la temporalidad de la suspensión, por un periodo de tres meses a diez años.

- Ocupación temporal, con intervención de almacenes, depósitos, industrias, comercios, transporte de bienes por un lapso de hasta 180 días.

- Cierre temporal de almacenes, depósitos o establecimientos dedicados al comercio, conservación, almacenamiento, producción o procesamiento de bienes, hasta por 180 días.

- Clausura.

- Confiscación de bienes, de conformidad con la Constitución de la República.

- Revocatoria de licencias, permisos, autorizaciones, y de manera especial, los relacionados con el acceso a las divisas.

Indica el mismo artículo, que a los efectos de la sanción se tomarán en cuenta los principios de equidad, proporcionalidad y racionalidad; considerándose a estos efectos la gravedad de la infracción, la dimensión del daño, los riesgos a la salud, la reincidencia y la última declaración del ejercicio fiscal anual, sin perjuicio de la responsabilidad civil, penal o administrativa.

La mención que los principios de equidad, proporcionalidad y racionalidad se aplicarán considerándose la gravedad de la infracción luce inteligible, pues los principios se aplicarían para analizar la gravedad.

Por su parte, la gravedad de la infracción y la dimensión de daño van a convertirse en un criterio caprichoso y arbitrario, si no se cuenta con un baremo para la determinación dela gravedad.

Entre las circunstancias atenuantes y agravantes, se imponen criterios que igualmente deben ser determinados previamente, a los fines de evitar caprichos y arbitrariedades, así como tratos desiguales, tales como:

- Los bajos o altos ingresos. Surgen dudas: ¿se determinarán de acuerdo a la actividad? ¿a la media que generen comercios similares? ¿a capricho o saber del funcionario? ¿Esa condición estaría previamente determinada?

- La magnitud del daño causado. Si magnitud corresponde a una medición o por lo menos constituye elemento de comparación ¿cómo se determina la magnitud?

- El número de personas afectadas por la comisión del ilícito. ¿A partir de cuantas personas se agrava o se atenúa? ¿Cuándo 10, 100 o 1000 personas o más, es grave? ¿Directas o indirectas? ¿Será dependiendo del tipo de actividad?

Todas son dudas que sólo pueden clarificarse si previamente existe un instrumento legal que contenga los elementos de medición. Mientras tanto, serán ejercicios de genialidad del funcionario que levanta la inspección, el cual no tiene competencia atribuida para imponer sanciones.

Por su parte, el artículo 54 contempla las denominadas infracciones genéricas, cuyas consecuencias se concreta en multas que oscilan entre doscientas (200) y cinco mil (5.000) unidades tributarias, y la reincidencia con sanción de multa de diez mil (10.000) unidades tributarias y cierre temporal hasta por noventa días. Contempla a su vez una sanción de doscientos (200) a veinte mil (20.000) unidades tributarias a quienes violen, desconozcan, menoscaben o impidan el ejercicio de los derechos de: suministro de información, promoción y protección jurídica de los derechos e intereses económicos y sociales; reposición del bien o resarcimiento del daño; protección contra publicidad o propaganda falsa, engañosa o subliminal; a no recibir trato discriminatorio; a la protección de los contratos de adhesión que sean desventajosos o lesionen sus derecho e intereses; a la protección en operaciones a crédito; retirar o desistir de la denuncia y la conciliación en los asuntos de su interés siempre que no afecten intereses colectivos; disposición y disfrute de los bienes y servicios de forma continua, regular, eficaz, eficiente e ininterrumpida; y, *"A los demás derechos que la Constitución de la República y la normativa vigente establezcan, inherentes al acceso de las personas a los bienes y servicios"*.

Nuevamente se impone como infracción la contrariedad a cualquier tipo de normativa que sea dictada, estando nuevamente en presencia de una norma sancionatoria excesivamente abierta.

A partir del artículo 55 y los sucesivos, contienen las infracciones específicas y sus penas, a lo que haremos mención, primero indicando el supuesto y las consecuencias, y luego consideraciones generales. Así tenemos:

- Art. 55. Expendio de alimentos o bienes vencidos o en mal estado: Multa de doscientos (200) a diez mil (10.000) U.T, sin menoscabo de las sanciones penales.

- Art. 56. (Especulación). Quienes vendan bienes o presten servicios a precios superiores a los fijados, informados o determinados por la SUNDDE. Por vía judicial con prisión de 8 a 10 años. Igualmente ocupación temporal del almacén, depósito, unidad productiva o establecimiento hasta por 180 días más multa de mil (1.000) a cincuenta mil (50.000) U.T. La reincidencia será sancionada con clausura y suspensión del RUPDAE.

- Art. 57. (Importación de bienes nocivos para la salud). Quienes importen o comercien bienes declarados nocivos para la salud y de prohibido consumo; sanción de 6 a 8 años de prisión. Igual pena aumentada a un tercio para el funcionario que autorice la importación o comercialización

- Art. 57. Quien venda o exhiba para su venta alimentos, debidas o medicamentos cuya fecha de consumo haya expirado o caducado, pena de 1 a tres años y adicionalmente la SUNDDE podrá imponer **la sanción** de suspensión del registro Único[7].

- Art. 58 (Alteración fraudulenta). Quienes alteren la calidad de los bienes o desmejoren la calidad de los servicios regulados, o destruya los bienes o los instrumentos nece-

---

[7] El supuesto de infracción contenido en la segunda parte del artículo 57, parece idéntico al contenido en el artículo 55; sin embargo, el 55 no prevé pena privativa de libertad.

sarios para su producción o distribución, en detrimento de la población, **con la finalidad de alterar las condiciones de oferta y demanda en el mercado nacional**. Sanción judicial de 5 a 10 años; y adicionalmente, por la SUNDDE con ocupación temporal de hasta 180 días, más multa de quinientas (500) a diez mil (10.000) U.T., pudiendo aplicarse la sanción de suspensión del Registro Único[8].

- Art. 59. (Acaparamiento). Quienes restrinjan la oferta, circulación o distribución de bienes regulados por la SUNDDE, retengan los mismos, con o sin ocultamiento, **para provocar escasez o distorsiones en sus precios**. Sanción por parte de la autoridad judicial de 8 a 10 años, así como multa de mil (1.000) a cincuenta mil (50.000) U.T., y la ocupación temporal del inmueble hasta por 180 días. La reincidencia será sancionado con clausura y la suspensión del RUPDAE[9].

- Art. 60. (Boicot). Quienes conjunta o separadamente desarrollen o lleven a cabo acciones, incurran en omisiones que impidan de manera directa o indirecta la producción, fabricación, importación, acopio, transporte, distribución y comercialización de bienes, así como la prestación de servicios regulados por la SUNDDE, se les aplicará sanción por vía judicial de 10 a 12 años, multa de mil (1.000) a cincuenta mil (50.000) U.T. y ocupación temporal hasta por 180 días. La reincidencia será sancionada con clausura de los establecimientos y suspensión del RUPDAE.

- Art. 61. (Desestabilización). Cuando el boicot, acaparamiento, especulación, contrabando de extracción, usura, cartelización u otros delitos conexos, **procuren la desestabilización de la economía; la alteración de la paz y atenten contra la seguridad de la Nación**, se aplicarán las penas en su límite máximo y se procederá a la confiscación de los bienes. En este caso opera como agravante, pero debe indicarse que no sólo debe comprobarse los extremos para tipificar el delito, sino que debe igualmente comprobarse que se cometieron, procurando la desestabilización, alterar la paz y que atente contra la seguridad, como elementos conformadores de la culpabilidad y la responsabilidad.

- Art. 62. (Reventa). Quien compre productos declarados de primera necesidad con fines de lucro, para revenderlos por precios superiores a los establecidos, serán sancionados con multa de doscientas (200) a diez mil (10.000) U.T., comiso de los productos y podrá adicionalmente suspenderse del RUPDAE.

- Art. 63. (condicionamiento). Quienes condicionen la venta de bienes o la prestación de servicios regulados, serán sancionados por vía judicial con pena de prisión de 2 a 6 años y multa de quinientas (500) a diez mil (10.000) U.T. La reincidencia será sancionada con clausura de los establecimientos y suspensión del RUPDAE.

- Art. 64 (Contrabando). Quienes mediante actos u omisiones, desvíe los bienes declarados de primera necesidad, de destino original autorizado, así como quien intente extraer del territorio nacional los bienes regulados por el SUNDDE, será sancionado con prisión de 10 a 14 años. Establece una condición objetiva al indicar que el delito de contrabando de extracción se comprueba, cuando el poseedor de los **bienes no puede**

---

[8]   En este caso, el supuesto exige demostrar la condición necesaria prevista en la norma, de determinar la finalidad de alterar las condiciones de oferta y demanda; de tal forma que si tal intención o finalidad no resulta probada, no se configura la falta y por ende, la imposición de la sanción.

[9]   Al igual que en el caso anterior, la norma no exige sólo la restricción, circulación o distribución, sino que tiene que comprobarse la finalidad de buscar provocar la escasez o distorsiones en los precios del producto acaparado.

presentar a la autoridad competente, la documentación comprobatoria del cumplimiento de todas las disposiciones legales referidas a la movilización y control de dichos bienes.

- Arts. 65 y 66. (Usura). Quien por medio de acuerdo o convenio, cualquiera sea la forma utilizada para hacer constar la operación, ocultarla o disminuirla, obtenga para sí o para un tercero, directa o indirectamente, una prestación que implique una ventaja notoriamente desproporcionada a la contraprestación que por su parte realiza; o los propietarios de locales comerciales que fijen cánones de arrendamiento superiores a los límites establecidos por la SUNDDE, así como otras erogaciones no autorizadas que **violenten el principio de proporcionalidad y equilibrio entre las partes contratantes;** o quien en operaciones de crédito, financiamiento, venta de bienes o servicios de financiamiento, obtenga a título de intereses, comisiones o recargos de servicio, una cantidad por encima de las tasas máximas respectivas, fijadas o permitidas por el Banco Central de Venezuela, será sancionado con prisión de 4 a 8 años. En el segundo supuesto se reducirá el canon y eliminará las otras erogaciones[10].

- Art. 67. (Alteración de bienes o servicios). El proveedor que modifique o altere la calidad, cantidad, peso o medida de los bienes o calidad de los servicios, en perjuicio de las personas, estará sujeto a pena de prisión de 6 meses a dos años, y adicionalmente podrá ser suspendido del Registro Único.

- Art. 68. (Alteración fraudulenta de precios). Quien difunda por cualquier medio, noticias falsas, emplee violencia, amenaza, engaño o cualquier otra maquinación para alterar los precios de los bienes o servicios, será sancionado con prisión de 2 a 6 años.

- Art. 69. (Corrupción entre particulares). Quien por si o persona interpuesta prometa, ofrezca o conceda a directivos, administradores, empleados o colaboradores de empresas, sociedades, asociaciones, fundaciones u organizaciones, un beneficio o ventaja de cualquier naturaleza, para que le favorezca a él o a un tercero frente a otros, incumpliendo sus obligaciones en la adquisición o venta de mercancías o en la prestación de servicios, así como quien reciba, solicite o acepte dicho beneficio, le será aplicado pena de prisión de 2 a 6 años, y, adicionalmente, podrá ser sancionado con la suspensión del RUPDAE.

Señala expresamente, el artículo 88 de la citada Ley que los delitos de especulación, acaparamiento, boicot y contrabando no tendrán ningún tipo de beneficios ni en los procesos judiciales, ni en el cumplimento de la pena. Concatenando esto con el quantum de las penas, se tiene la consideración de gravedad de las faltas y las penas.

Por otro lado se tiene la aplicación concurrente de sanciones en la mayoría de los supuestos, lo que nos lleva a dos puntos altamente importantes; a saber:

1.- No puede existir aceptación de la multa impuesta en el procedimiento de fiscalización, pues aceptar la imposición de la multa, cualquiera fuere su naturaleza, entidad o gravedad, implica a su vez, la aceptación de la comisión de un delito, pues los supuestos son exactamente iguales, lo cual nos lleva a la otra conclusión.

---

[10]   En este caso, la consecuencia no podría tomarse como pena propiamente dicha, sino en todo caso como un supuesto de restablecimiento de la situación.

2.- La más cruda y aberrante violación del principio del debido proceso, contenido en el artículo 49 Constitucional, referido al *non bis in ídem*, o principio que nadie puede ser sancionado dos veces por la misma falta, toda vez que se conjugan un catálogo de sanciones administrativas por un mismo hecho y a su vez, la sanción penal por el mismo hecho, sin tan siquiera un matiz que lo diferencie.

Este último tiene una doble vertiente, en tanto no puede ser condenado dos veces por la misma causa, como no puede ser objeto de múltiples sanciones por la misma causa.

Tal como indica la sentencia de la Sala 2da del Tribunal Supremo Español, del 24 de marzo de 1971, citado por el profesor Alejandro Nieto:

> *"El esencial principio humanitario del non bis in ídem imposibilita dos procesos y dos resoluciones iguales o diferentes, sobre el propio tema o el mismo objeto procesal, en atención a los indeclinables derechos de todo ser humano de ser juzgado únicamente una vez por una actuación presuntamente delictiva, y a la importante defensa de los valores de seguridad u justicia que dominen el ámbito del proceso criminal".*

La situación va más allá de lo expuesto en la cita, pues no se trata de la posibilidad de no ser juzgado criminal o penalmente, sino la imposibilidad de imponer sanciones penales y gubernativas por el mismo hecho.

Por otra parte, se tiene que el procedimiento comienza con una inspección, donde se deja constancia de la comisión de la falta-delito, para posteriormente iniciar el procedimiento[11], situación que echa por tierra todas las garantías del debido proceso, bajo la condición de que se presupone la comisión del hecho infractor-delictivo, violando adicionalmente el principio de presunción de inocencia.

A su vez, la existencia de normas que han de tipificar la falta o la pena, excesivamente abiertas y laxas, que deja al reglamentista o incluso al aplicador de la norma a configurar hechos o prohibiciones que en definitiva constituirán faltas, viola el principio de legalidad sancionatoria.

De tal forma que la indicada ley, constituye una inacabada obra de irrespeto a la técnica legislativa, decretada por el Órgano Ejecutivo inmiscuido en materias que son de la estricta Reserva Legal; y, que además incurre en evidentes e insuperables vicios de inconstitucionalidad (que lamentándolo, difícilmente van a ser declarados judicialmente), y que en el mejor de los casos, respetando el Estado de Derecho, así como la doctrina y la jurisprudencia, tanto nacional como internacionalmente aceptada, debemos llegara la conclusión que bajo tales premisas, la sustanciación del procedimiento en sede administrativa y la imposición de la multa, impide la prosecución de cualquier procedimiento penal.

Se trata de una ley que busca beneficiar a la población, aunque de manera cuestionable, pues impone supuestos viables solo en casos de restricción de garantías constitucionales; sin embargo, lo infame e irrespetuosa que resulta del sistema constitucional venezolano, especialmente de las garantías del debido proceso, clama por su declaratoria de nulidad.

---

[11]   Tal como sucede en materia de tránsito, pero que en el resto de las infracciones lucen cuestionables.

La imposición de un límite a las ganancias permitidas en Venezuela bajo la Ley Orgánica de Precios Justos

Rodrigo Moncho Stefani

Abogado Magna Cum Laude, Universidad Central de Venezuela

Resumen: *La Ley Orgánica de Precios Justos, además de introducir como nuevo elemento el límite a la utilidad que puede obtenerse en Venezuela, aumentó considerablemente el aspecto punitivo de las regulaciones económicas y la protección al consumidor en Venezuela.*

Palabras claves: *Ley Orgánica de Precios Justos, control de precio.*

Abstract: *The Fair Prices Organic Law introduces a new regulation about profits, and also, increase the punitive regulation of the Venezuelan consumer protection*

Keywords: *The Fair Prices Organic Law, price control*

I. INTRODUCCIÓN

En Venezuela, la regulación de precios hasta el año 2014 había sido una actividad mediante la cual el Estado pretendía regular el precio al que un bien o servicio era vendido al público. La regulación de ese precio era realizada por algún ente u órgano del Estado, supuestamente luego de haber analizado los costos de producción o prestación. Por lo tanto, era necesario que el Estado participara activamente en la fijación de precios.[1]

Esa actividad, aunque comparada con el sistema actual que describiremos a continuación pudiera parecer casi inocua, ya podía considerarse como inconstitucional por resultar violatoria de la libertad económica de los particulares.[2]

Como elemento diferenciador del sistema clásico en Venezuela de regulación de precios, el Decreto-Ley Orgánica de Precios Justos (la "LOPJ") de 2014, introdujo el límite a las ganancias que una persona puede obtener de la comercialización de bienes o servicios.

Venezuela es el único país del mundo en el que se haya impuesto un límite a la utilidad de forma generalizada y absoluta.

En distintos países existen mecanismos para el control o *distribución* de la utilidad de las grandes empresas en los casos en los que existan grandes márgenes de ganancias. Como

---

[1] Carlos García Soto: "Introducción a la evolución histórica del control de precios en el ordenamiento jurídico venezolano". *Ley de Costos y Precios Justos*. Caracas. Editorial Jurídica Venezolana. 2012, pp. 13-76.

[2] Rodrigo Moncho Stefani: "Comentarios sobre la inconstitucionalidad de la Ley de Costos y Precios Justos". *Anuario de Derecho Público IV – V 2011 – 2012*. Centro de Estudios de Derecho Público de la Universidad Monteávila, Caracas 2012, pp. 219-242.

algunos ejemplos de lo anterior, podríamos citar: (i) la imposición de topes tarifarios o de márgenes de ganancias máximos en sectores específicos (en el caso de los servicios públicos, empresas de seguros y de la banca), que como veremos más adelante ya se aplicaban en Venezuela antes de la entrada en vigencia de la LOPJ; (ii) existen países en los que las políticas fiscales pueden pechar con una mayor alícuota a aquellas empresas o personas que obtengan grandes porcentajes de ganancia; y (iii) al igual que en Venezuela, algunos países han determinado que la mejor forma de *distribuir* las ganancias de una empresa es a través de la repartición de las utilidades de una empresa entre sus accionistas y sus empleados (*profits-haring*); pero reiteramos, no conocemos de ningún país en el que se imponga un límite expreso al porcentaje que una persona pueda obtener como ganancia a raíz de su actividad económica, de forma generalizada y absoluta como lo hace la LOPJ.

Como hemos mencionado, tendrá que reconocerse entonces como un elemento nuevo en el ordenamiento jurídico, el hecho que por primera vez un instrumento normativo haya definido de forma general y abstracta, un margen por encima del cual cualquier ganancia o utilidad tendría que ser considerada ilegal.

El artículo 114 de la Constitución Federal vigente hace referencia a los delitos de especulación y usura, como hechos que deben ser severamente castigados. El único antecedente constitucional que podemos encontrar de esta disposición es el artículo 96 de la Constitución de 1961, que hacía también referencia al delito de usura. Pero esas regulaciones, incluida la regulación de la anterior Ley de Costos y Precios Justos, siempre hacían referencia a la especulación como la venta de productos o la prestación de servicios por encima del precio fijado expresamente por el ejecutivo, o de forma genérica, a precios excesivamente altos. Claramente, la impresión de la expresión "*...una ventaja notoriamente desproporcionado a la contraprestación que por su parte realiza...*"[3], no permitía a las autoridades hacer una determinación de lo que podía ser considerado una ganancia excesiva sin incurrir en una grave violación de las potestades discrecionales de la Administración, porque, ¿quién determina cuando una contraprestación es desproporcionada?

Veremos entonces como se desarrolla en la nueva LOPJ, la imposición de ese límite general a las ganancias en Venezuela, y algunas otras de las normas contenidas en ella, y las complementarias que han sido dictadas a raíz de esta Ley.

II.   LA LEY ORGÁNICA DE PRECIOS JUSTOS

La primera versión del Decreto-Ley fue publicada a principios del año 2014, en la *Gaceta Oficial* N° 40.340 de fecha 23 de enero de 2014, en apego a lo establecido en el numeral 2, literal c, de la Ley que Autoriza al Presidente de la República para Dictar Decretos con Rango, Valor y Fuerza de Ley en las materias que se delegan, publicada en la *Gaceta Oficial* N° 6.112 Extraordinario de 19 de noviembre de 2013 (la "Ley Habilitante"), a la que está referida el presente Número Especial de la Revista de Derecho Público.

La LOPJ fue el tercero de los Decretos-Leyes dictados por el Presidente después de la aprobación de la Ley Habilitante, sólo precedido por la Ley Contra los Ilícitos Cambiarios[4],

---

[3]   Tomamos como ejemplo de regulaciones genéricas que se hacían, el artículo 144 de la LDPABIS, que se refiere al delito de usura genérica

[4]   Publicada en *Gaceta Oficial* N° 6.117 Extraordinario de fecha 4 de diciembre de 2013.

que posteriormente durante el 2014 sería nuevamente modificada en dos oportunidades[5] en ejecución también de la Ley Habilitante, y la Ley del Centro Nacional de Comercio Exterior (CENCOEX) y de la Corporación Venezolana de Comercio Exterior (CORPOVEX) (la "Ley del CENCOEX")[6]. Por lo tanto, como vemos, las primeras acciones del Ejecutivo en ejercicio de las potestades legislativas que le fueron otorgadas en 2013, fueron tendientes a intentar controlar, sin éxito, la desmesurada inflación y la estrepitosa devaluación del Bolívar.

Como hemos mencionado, como parte de esos infructuosos esfuerzos, con la nueva LOPJ, el Ejecutivo pretendió controlar la inflación, mediante la imposición de un límite máximo a la utilidad que las personas pueden obtener por la comercialización de un bien o servicio.

1. *Carácter altamente punitivo de sus normas*

La LOPJ, al igual que la mayoría de los Decretos-Leyes que fueron dictados en ejecución de la Ley Habilitante aumenta, por lo menos duplicando, la incidencia de las sanciones en los que se consideran como delitos o ilícitos administrativos. Y lo que es peor, convierte los tipos penales y administrativos en tipos sumamente amplios, en ocasiones casi en blanco que desde la vigencia de la LOPJ han sido aplicados de forma intimidatoria y discrecional, para intentar controlar situaciones como el desabastecimiento y los problemas que éste acarrea[7].

De hecho, el preocupante aumento en las sanciones, tanto pecuniarias como de privativas de libertad, para los ilícitos que anteriormente se contemplaban en la LCPJ o en la LDPABIS, trajo como consecuencia que en la actualidad sean castigados con mayor severidad los delitos económicos que algunos delitos graves[8] contemplados en el Código Penal[9].

Además, la LOPJ repitió en su artículo 7, casi textualmente el contenido del artículo 6 de la Ley para la Defensa de las Personas en el Acceso a los Bienes y Servicios (la "LDPABIS")[10], en lo relativo a la inconstitucional declaratoria genérica de utilidad pública de todos los bienes relacionados con la producción, fabricación, importación, acopio, transporte, distribución y comercialización de bienes y prestación de servicios, contemplando así la expropiación como sanción para el incumplimiento de las disposiciones de la LOPJ[11].

---

[5]   Por la Ley del Régimen Cambiario y sus Ilícitos, publicada en la *Gaceta Oficial* N° 6.126 Extraordinario de fecha 19 de febrero de 2014, luego reformada en la *Gaceta Oficial* N° 6.150 de fecha 18 de noviembre de 2014.

[6]   Publicada en la *Gaceta Oficial* N° 6.116 Extraordinario de fecha 29 de noviembre de 2013.

[7]   Como los casos más conocidos véanse: El Nacional: Arrestaron a directivos de Farmatodo, consultado el 22 de febrero de 2015 en http://www.el-nacional.com/politica/Maduro-arrestaron-directivos-Farmatodo_0_566943411.html y El Nacional: Privan de libertad a Director de supermercado Día Día, consultado el 22 de febrero de 2015 en http://www.el-nacional.com/sucesos/Privan-libertad-director-supermercado-Dia_0_569943096.html

[8]   Jesús Loreto, Foro sobre la LOPJ, organizado por Venecomía 8 de mayo de 2014.

[9]   Publicado en la *Gaceta Oficial* N° 5.768 Extraordinario de fecha 13 de abril de 2005.

[10] Publicada en la *Gaceta Oficial* N° 39.358 de fecha 1° de febrero de 2010

[11] Entre otros, sobre la inconstitucionalidad de la expropiación como sanción véase: José Miguel Azpúrua Alfonzo: "Análisis económico de la sanción de expropiación en la Ley para la Defensa de las Personas en el Acceso a los Bienes y Servicios". *Anuario de Derecho Público* 4. Centro de Estudios de Derecho Público de la Universidad Monteávila, Caracas 2011, pp. 159-170.

2. *Derogatoria de normas*

Menos de 3 años antes de la entrada en vigencia de la LOPJ, la Administración anterior ya había intentado llevar a cabo un control generalizado de precios mediante la promulgación del Decreto-Ley de Costos y Precios Justos, publicado en la *Gaceta Oficial* No. 39.715 de fecha 18 de julio de 2011 (la "LCPJ")[12]. Como la totalidad de los intentos de frenar la descontrolada inflación en el país, producto de medidas económicas equivocadas, también la LCPJ fracasó en sus objetivos. El único resultado palpable de la gestión del organismo que creó la LCPJ, la Superintendencia Nacional de Costos y Precios (la "SUNDECOP"), fue la regulación de 19 productos de la cesta básica y de higiene personal[13]. Posteriormente el mismo organismo regularía también los precios de algunos medicamentos y de la prestación de algunos servicios médicos, teniendo como consecuencia el inicio del desabastecimiento de todos estos productos, que se mantiene, y se ha agravado, todavía hasta la fecha de redacción del presente artículo.

Como un reconocimiento tácito del fracaso de las normas contenidas en la LCPJ y de la gestión de la SUNDECOP, la LOPJ derogó dicha ley, y de forma atropellada también derogó la LDPABIS. Decimos que lo hizo de forma atropellada porque dicha ley regulaba de forma detallada las normas relativas a la protección al consumidor en Venezuela, y la LOPJ no contempló normas que pudieran sustituir a aquellas.

En efecto, en su primera versión, la LOPJ simplemente contemplo como un ilícito administrativo la violación de los derechos de los consumidores, sin contemplar cual es el contenido de esos derechos[14]. Como veremos más adelante, en la reforma de la LOPJ, simplemente se incluyó como derechos de los consumidores la misma enumeración de esos derechos, sin tampoco incluirse el contenido de los mismos.

Frente a esta importante deslegalización, y tomando en cuenta que se contemplan importantes sanciones para las violaciones de los derechos de los consumidores, desde la entrada en vigencia de la LOPJ, hemos insistido en que deberían tenerse en cuenta a las normas de la LDPABIS, no como norma jurídica vigente, pero tal vez sí como un manual de buenas prácticas en las relaciones de las empresas con su consumidores y usuarios, toda vez que es la mejor aproximación a poder saber, en opinión del legislador, cual es el contenido y alcance de los derechos de los consumidores. Adicionalmente, deberá recurrirse a regulaciones de leyes derogadas, que todavía deberán considerarse como vigentes por no haber sido derogados, también sobre el contenido de esos derechos[15].

---

[12]   Marianela Zubillaga: "Aproximación a la Ley de Costos y Precios Justos y las normas dictadas en su aplicación". *Ley de Costos y Precios Justos*. Editorial Jurídica Venezolana. Caracas 2012, pp. 80-96.

[13]   En la práctica en vez de un control de precios, lo que hizo el Ejecutivo en aquella oportunidad fue obligar a las empresas privadas que producían y comercializaban esos productos a subvencionar de forma importante el precio de los mismos, toda vez que su precio fue regulado muy por debajo de sus costos de producción. Esa regulación se dio mediante la publicación de la Providencia N° 54 de la SUNDECOP, en la *Gaceta Oficial* N° 39.872 de fecha 28 de febrero de 2012.

[14]   Segunda numeración del artículo 49 de la primera versión de la LOPJ y artículo 54 de su reforma.

[15]   Entre otros véase el Reglamento de la Ley de Protección al Consumidor Relativo a la Garantía, publicado en la *Gaceta Oficial* N° 35.274 de fecha 13 de agosto de 1993, y el Reglamento Parcial de la Ley de Protección al Consumidor sobre Promoción y Oferta, publicado en la *Gaceta Oficial* N° 35.139 de fecha 26 de enero de 1993, toda vez que contiene normas y regulaciones más especí-

Por lo tanto, vemos como la LOPJ vino a agrupar en un solo texto normativo las disposiciones de rango legal en materia de control de precios y protección al consumidor en Venezuela.

3. *La Superintendencia*

La nueva SUNDDE, es un ente con personalidad jurídica propia que, en la primera versión de la LOPJ estaba adscrita a la *Vicepresidencia Económica de Gobierno*, que para aquel momento era un cargo meramente político que no existía dentro de la organización de la Administración Pública. Posteriormente, en la reforma de noviembre de 2014, lo que hasta ese momento había sido reconocido en la práctica, es decir, que la SUNDDE estaba adscrita a la única Vicepresidencia que existía para el momento, la Vicepresidencia de la República, fue incorporada en la nueva redacción del artículo 12[16].

La agrupación de normas a la que hicimos referencia anteriormente, significó desde un punto de vista orgánico que desapareció la SUNDECOP, que pasó a ser la Intendencia de Costos, Ganancias y Precios Justos, dentro de la SUNDDE, y desapareció también el Instituto para la Defensa de las Personas en el Acceso a los Bienes y Servicios (el "INDEPABIS"), que pasó a ser la Intendencia de Protección de los Derechos Socioeconómicos de la SUNDDE[17]. En la práctica esto significa la unificación de dos monstruos burocráticos en un nuevo monstruo, ahora de dos cabezas, que como veremos en la reforma de noviembre de 2014 le creció una tercera cabeza, que tendría en su control, de forma bastante amplia, las políticas económicas en el país. Hasta el momento de la redacción del presente artículo, a más de un año de la entrada en vigencia de la LOPJ, todavía no estaba funcionando normalmente la nueva autoridad, lo que significa la paralización absoluta de casi todos los procedimientos que llevaban tanto la SUNDECOP como el INDEPABIS, con las previsibles afectaciones que ello conlleva a, entre otros, el debido proceso.

4. *Regulaciones en materia de control de cambio*

Por otro lado, la LOPJ por primera vez contempló la definición legal del Contrato de Fiel Cumplimiento para operaciones cambiarias[18], que hasta ese momento sólo se había mencionado de forma tangencial en la Ley del CENCOEX, cuando se estableció la competencia que tendría ese ente de exigir el documento como requisito para las operaciones cambiarias[19],

---

ficas que la vigente Providencia N° 77, de la SUNDDE, publicada en la *Gaceta Oficial* N° 40.571 de fecha 30 de diciembre de 2014.

[16] Cabe destacar que la figura, inconstitucional en nuestra opinión, de las Vicepresidencias Sectoriales, fue posteriormente contemplada en la Ley Orgánica de la Administración Pública, publicada en la Gaceta Extraordinaria N° 6.147 de fecha 17 de noviembre de 2014.

[17] Véanse los artículos 14, 15 y 16 de la LOPJ en su primera versión y 16, 17 y 18 de su reforma, y el Reglamento Parcial de la Ley Orgánica de Precios Justos, sobre el Régimen de Supresión del Instituto para la Defensa de las Personas en el Acceso a los Bienes y Servicios (INDEPABIS) y la Superintendencia Nacional de Costos y Precios Justos (SUNDECOP), publicado en la *Gaceta Oficial* N° 40.347 de fecha 3 de febrero de 2014.

[18] En su artículo 6.

[19] Numeral 10 de su artículo 4. Posteriormente, la forma de ese contrato sería regulada por la Providencia N° 6 del CENCOEX, publicada en la *Gaceta Oficial* N° 40.405 de fecha 6 de mayo de 2014.

y ya también se había definido la forma de la fianza por el ente competente en materia de seguros[20].

En la primera versión de la LOPJ se contemplaba la figura de un certificado de precios justos, que en teoría debería ser emitido por la SUNDDE a cada persona o empresa luego de haber verificado el cumplimiento de ésta con las normas contenidas en la LOPJ. El mencionado certificado se señalaba que sería exigible por las autoridades competentes en materia de control de cambio a los fines de proceder con la liquidación de divisas a través de los distintos mecanismos oficiales.

Aparentemente luego de percatarse de la imposibilidad de verificar el cumplimiento de todas las personas y empresas del país de las disposiciones de la LOPJ, en la reforma de noviembre de 2014, la figura del certificado de precios justos fue sustituida por el otorgamiento de la competencia a la SUNDDE de imponer la sanción de suspensión de los sistemas oficiales de asignación de divisas, en su artículo 38.

5.   *Nuevo Registro*

Como hemos visto, la LOPJ pretende aplicar una regulación absoluta de toda la actividad económica del país. Como parte de esa regulación general de la economía, la LOPJ creo el Registro Único de Personas que Desarrollan Actividades Económicas (el "RUPDAE"). Específicamente el capítulo III de la Ley, que abarca los artículos 21, 22 y 23[21], estableció y someramente desarrolló las normas aplicables al mencionado registro. La obligatoriedad del registro, está contemplada en el artículo 22, redactado en idénticos términos que el artículo 25 de la reforma, cuando señala expresamente que la "… *inscripción es requisito indispensable, a los fines de poder realizar actividades económicas y comerciales en el país.*"

De la redacción del artículo parece claro que la obligatoriedad del registro aplica para toda persona que desarrolle actividades económicas en el país, pero en todo caso, pensamos evidente que será aplicable sólo a aquellos sujetos de aplicación de la LOPJ, a los que nos referiremos más adelante. La inscripción en ese registro puede hacerse a través de la página en internet de la SUNDDE[22] desde el 31 de marzo de 2015, y el lapso para inscribirse en el mismo venció el 14 de noviembre de 2014[23]. Por lo tanto, según la LOPJ, cualquier persona o empresa que luego de ese día esté ejerciendo actividades económicas en el país, sin estar inscrita en el RUPDAE, lo estaría haciendo de manera ilegal, y podría estar sujeta a multas pecuniarias, y al cierre de su operación.

El RUPDAE, pone en práctica lo que la LOPJ, denomina Coordinación de las Actividades Económicas, en su artículo 8, al que también se hace referencia en sus artículos 11 numeral 5, 28 numeral 1 y 30[24]. De hecho, la herramienta electrónica del RUPDAE se nutre de la información contenida en los archivos del Servicio Nacional Integrado de Administración

---

[20]   Providencia N° 4220, de la Superintendencia de la Actividad Aseguradora, publicada en la *Gaceta Oficial* N° 40.327 de fecha 6 de enero de 2014, posteriormente reimpresa en la *Gaceta Oficial* N° 40.343 de fecha 28 de enero de 2014.

[21]   Artículo 24, 25 y 26 de la reforma a la que haremos referencia más adelante.

[22]   Específicamente en: http://rupdae.superintendenciadepreciosjustos.gob.ve/usuarios/login.

[23]   En su Providencia N° 53, publicada en la *Gaceta Oficial* N° 40.511 de fecha 3 de octubre de 2014, la SUNDDE publicó una prórroga del lapso que se había contemplado inicialmente en la disposición transitoria octava de la primera versión de la LOPJ.

[24]   Artículos 8, 13 numeral 5, 33 numeral 1 y 35 de la reforma de noviembre de 2014.

Aduanera y Tributaria (SENIAT). Desde la entrada en vigencia de la LOPJ, hemos insistido en que el nuevo RUPDAE es una nueva expresión del proyecto de interoperabilidad de la Administración Publica[25].

Como uno de los tantos rasgos de inconstitucionalidad que afectan la LOPJ, debemos señalar en este punto el hecho que, las normas que regulan el RUPDAE, implican que la sanción que antes se contemplaba en la LDPABIS y la LCPJ, de inhabilitación del comercio por hasta 10 años[26], que era una sanción de carácter penal, es decir, que estaría sometida a un procedimiento judicial apegado a las normas procesales del Derecho Penal, en la actualidad pasa a ser una sanción administrativa, que como veremos, la SUNDDE podrá aplicar sin siquiera abrir ni seguir un procedimiento administrativo en el que se le garanticen el derecho a la defensa y el debido proceso a las personas o empresas[27].

6. *Procedimientos administrativos*

De forma general, existen dos grandes procedimientos contemplados en la LOPJ, uno de inspección y fiscalización, muy parecido al contemplado en la LCPJ, y otro sancionatorio, parecido a su vez al procedimiento de sustanciación que contemplaba la LDPABIS[28].

Como punto a resaltar de éstos, nos parece fundamental resaltar que el procedimiento sancionatorio resulta absolutamente inconstitucional por ser violatorio del artículo 49 de la Constitución, al señalar, en su artículo 69, expresamente que sólo cuando el interesado "*... manifieste inconformidad con la sanción impuesta, podrá solicitar la aplicación del procedimiento administrativo...*"[29]. Es decir, en el caso de los ilícitos contemplados en la LOPJ, el particular sólo podrá atacar los señalamientos de la Administración cuando la sanción haya sido impuesta, y por lo tanto, en muchos de los casos, como hemos visto, el daño ya haya ocurrido.

III. ÁMBITO DE APLICACIÓN

Uno de los temas que mayor debate ha generado en la aplicación de la LOPJ ha sido la determinación de a quién le resulta aplicable sus disposiciones. De forma genérica, el artículo 2 de la LOPJ, señala que sus disposiciones les serán aplicables a todas aquellas personas que desarrollen actividades económicas dentro del territorio de la República. Como vemos, no habría duda de que el ámbito de aplicación de la Ley es territorial.

---

[25] Entre otros véase: http://interoperabilidad.gobiernoenlinea.gob.ve/. Y como antecedentes véanse: la Resolución N° 62, del Ministerio del Poder Popular de Industrias, mediante la cual se crea y administra el Sistema Integral de Gestión para las Industrias y el Comercio (SIGESIC), publicada en la *Gaceta Oficial* N° 39.904 de fecha 17 de abril de 2012, y la Ley sobre Acceso e Intercambio Electrónico de Datos, Información y Documentos entre los Órganos y Entes del Estado, publicada en la *Gaceta Oficial* N° 39.945 de fecha 15 de junio de 2012.

[26] Artículo 150 de la LDPABIS y litoral b) del artículo 43 de la LCPJ.

[27] La suspensión del RUPDAE como sanción administrativa se contemplaba en el artículo 44 numeral 2 de la LOPJ, y artículo 50 numeral 2 de su reforma.

[28] Alejandro Gallotti: "Procedimientos Administrativos y potestad sancionatoria en la Ley Orgánica de Precios Justos". *Análisis jurídico económico y financiero de la Ley Orgánica de Precios Justos y de la normativa complementaria. Fundación Estudios de Derecho Administrativo* (FUNEDA). 2014, pp. 57-126.

[29] Tomando en cuenta la gravedad de esta inconstitucionalidad, se ha querido señalar que podría haber un error en la redacción del artículo, o que fue simplemente una omisión involuntaria del legislador, pero esta conclusión pareciera tener que rechazarse cuando observamos que la redacción del artículo 74 de la reforma de la LOPJ de noviembre de 2014, es idéntica a la transcrita.

Tampoco pareciera haber duda de que resultará aplicable a toda persona, natural o jurídica, pública o privada. De hecho así lo señala expresamente el propio artículo.

Es interesante observar que el legislador en el caso de la LOPJ se alejó del uso de la expresión *actividad comercial* en la descripción del ámbito de aplicación de la misma para evitar interpretaciones como la que se hizo de la legislación en materia de impuesto sobre actividades económicas, mediante la cual se excluía de su aplicación a todas aquellas actividades que no pudiesen ser consideradas como comerciales por no estar enumeradas como tal en el Código de Comercio.

Por el contrario, el legislador en esta oportunidad optó por la expresión *actividad económica*, en la que pretende englobar toda aquella actividad en la cual se dé un intercambio de bienes o servicios por un precio, o cualquier tipo de contraprestación.

Aunque no entraremos en detalle, pareciera interesante conocer la argumentación que podrían utilizar las Consultorías Jurídicas de varias empresas del Estado que comercializan sus productos a precios libremente determinados por el mercado internacional. Sólo por mencionar un ejemplo, el más claro, nos referiremos al de Petróleos de Venezuela, S.A. (PDVSA), que comercializa sus productos a los precios determinados por el mercado internacional, es decir, por el juego de la oferta y demanda; figura, que el mismo Gobierno que dictó la LOPJ ha denominado en ocasiones como casi criminal. Pareciera evidente que su margen de ganancia no responde a la estructura de costo del producto o servicio que comercializan, por lo que seguramente estarían incurriendo en el tipo de Especulación, que en el texto reformado de la LOPJ se encuentra regulado en el artículo 56. Suponemos que el argumento más fácil de construir sería demostrar que cualquier ganancia que tendría que ser considerada como *excedentaria*, o ilegal según la LOPJ, sería utilizada en beneficio de la población venezolana. Pero no dejaría de ser cierto que, de una interpretación literal de la LOPJ, también las empresas del Estado deberían adecuarse al límite máximo de ganancia.

Ahora bien, con respecto a las personas naturales y jurídicas privadas, la discusión sobre la aplicación o no de la LOPJ a sus actividades se ha centrado en la expresión de "… *normativa legal especial…*" que el artículo 2 de la Ley utiliza para identificar a aquellos sectores que no estarán sujetos a la aplicación de la misma.

Existen dos vertientes de pensamiento, dos teorías en cuanto a la interpretación que se pueda dar de esa expresión en los primeros análisis y estudios que se han hecho de la LOPJ. La primera, más amplia y por lo tanto tendiente a reducir el ámbito de aplicación de la norma o *pro libertate*, ha señalado que deberá asumirse que cuando el legislador utiliza la expresión normativa legal especial se refiere a cualquier actividad que esté regulada por una norma especial[30]. Por lo tanto, en aplicación de esta teoría, la actividad que ejercemos los abogados estaría excluida de la aplicación de la LOPJ por la existencia de la Ley de Abogados[31], como también se verían excluidas casi todas las profesiones, por contar también con normas específicas por las que se rigen.[32] Además, en apoyo a esta teoría, se insiste en el carácter no co-

---

[30] Alfonso Paradisi, Juan Domingo: "El Decreto con Rango, Valor y Fuerza de Ley Orgánica de Precios Justos. La limitación de ganancias sobre la estructura de costos". *Análisis jurídico económico y financiero de la Ley Orgánica de Precios Justos y de la normativa complementaria*. Fundación Estudios de Derecho Administrativo (FUNEDA). 2014, p. 27.

[31] Publicada en la *Gaceta Oficial* N° 1.081 Extraordinario de fecha 23 de enero de 1967.

[32] Es importante señalar que, en específico los defensores de la teoría de que los abogados no estamos sometidos a la aplicación de la LOPJ, también sostienen como argumentos el hecho que nos

mercial del ejercicio de las profesiones liberales, así como el hecho que la contraprestación por el ejercicio de las mismas no es un precio sino por el contrario se le consideran honorarios profesionales. Frente a estas afirmaciones, reiteramos que la LOPJ expresamente se alejó del concepto de la *actividad comercial* al momento de definir su ámbito de aplicación, y optó por el contrario por la expresión de *actividad económica*.

Por el contrario, algunos hemos propuesto una teoría más conservadora, toda vez que, tomando en cuenta el espíritu de la LOPJ, y como se desprende del propio texto de la norma, la intención del legislador fue la de regular por completo la actividad económica en el país, tomando en cuenta la incidencia que tenían las distintas actividades en el precio, y por lo tanto la inflación, que tienen que afrontar los consumidores en el país. Según esta teoría, debería asemejarse la expresión de normativa legal especial contenida en el artículo 2 de la LOPJ, al concepto de *ordenamientos jurídicos sectoriales* que ha desarrollado la doctrina.

En aplicación de ese concepto, se llega a la conclusión que, de forma conservadora, para que pueda considerarse que a un sector de la economía no le resulta aplicable la LOPJ, el mismo deberá cumplir con los siguientes requisitos: (i) el sector deberá estar altamente regulado, es decir, deberán existir normas que lo regulen de forma particular y específica; (ii) el sector deberá estar sometido a la actividad de supervisión y control de una autoridad administrativa; (iii) el acceso al sector para los particulares deberá estar sometido a una actividad autorizadora o constitutiva del derecho (autorización o concesión); y (iv) la autoridad competente en el sector deberá tener otorgada legalmente la competencia de verificar, revisar o fijar los precios o tasas que los particulares cobren por las actividades que presten.

En primera instancia pareciera fácil encuadrar en los requisitos anteriormente enumerados a los sectores que clásicamente se consideran como altamente regulados, como lo son la banca y a los seguros. Pero si se revisan las normas aplicables y se estudia el caso de cada sector, podremos encontrar otros sectores que también podrían encuadrar, como lo serían el sector turismo, la aeronáutica civil, el mercado de capitales, los servicios postales, entre otros muchos. Así mismo, podrían entonces encuadrarse las actividades de las empresas del Estado a las que hemos hecho referencia, y por lo tanto esta podría ser otra argumentación utilizada por esas empresas para justificar su exclusión de la aplicación de la LOPJ.

Por supuesto, tomando en cuenta que uno de los elementos centrales de la regulación contenida en la LOPJ es la fijación de los precios por una autoridad administrativa, para así evitar "...*prácticas de acaparamiento, especulación, boicot, usura, desinformación y cualquier otra distorsión propia del modelo capitalista...*"[33], uno de los factores más importantes en la determinación de la exclusión de un sector de la economía del ámbito de aplicación de la Ley, será el hecho de que exista o no un ente u órgano que esté legalmente autorizado a supervisar, aprobar o revisar los precios que cobren los particulares por la venta de bienes o la prestación de los servicios. En ese caso, será relativamente sencillo afirmar que en ese sector en específico existe una autoridad competente, con conocimientos técnicos sobre la actividad del sector, que ya ejerce la revisión de los precios que la SUNDDE ejerce sobre el resto de la economía.

Además, en el caso de las determinaciones que se hagan de la aplicación o no del régimen de la LOPJ a un sector, consideramos de vital importancia que se tenga en cuenta el

---

vemos regulados por los distintos Colegios de Abogados y que además nuestros honorarios estarían regulados por un reglamento de honorarios mínimos.

[33] Numeral 7 del artículo 3 de la Ley reformada.

carácter altamente punitivo de sus normas, al que ya hemos hecho referencia, tomando en cuenta que un error en la apreciación de la aplicabilidad o no de la misma, podría resultar incluso en penas privativas de libertad para los particulares que se asuman no sujetos a, por ejemplo, el límite a la utilidad y por lo tanto comercialicen por encima de los precios inapropiadamente denominados *justos*.

Por lo tanto, como vemos, aunque en principio podría considerarse que el ámbito de aplicación de la LOPJ es sumamente amplio, en la realidad el mismo puede verse reducido cuando se estudian con cuidado las regulaciones que existen de sectores altamente, regulados.

IV. LA GANANCIA MÁXIMA Y REGULACIÓN DE PRECIOS

Ya desde el mes de noviembre de 2013, el Ejecutivo, a través de los entes competentes para el momento en materia de precios y de protección al consumidor, la SUNDECOP y el INDEPABIS, de forma ilegal, toda vez que no existía disposición legal en la que se estableciera un límite máximo de ganancia, había empezado a llevar a cabo operativos en los que ordenaba la reducción arbitraria de precios, tomando como límite para las ganancias de las empresas un treinta por ciento (30 %) sobre una estructura de costos también arbitrariamente determinada por los funcionarios actuantes en los procedimientos iniciados.

A esos operativos masivos, que coloquialmente se les conoció como el *Dakaso*, por el nombre de la primera tienda a la que de forma pública se le redujeron los precios (Daka), la LOPJ hace referencia en su disposición transitoria Décima Primera como la "... *ofensiva económica desplegada por el Presidente de la República...*", estableciendo que los precios determinados en esos operativos tendrían que considerarse como precios ya determinados, y por lo tanto no podrían modificarse sin que existiese un acto expreso de la SUNDDE.

Ese límite que las autoridades habrían establecido en un primer momento de forma absolutamente arbitraria, fue acogido entonces por la LOPJ en su artículo 32 y luego en su artículo 37 al momento de la reforma de Noviembre de 2014, a la que haremos referencia más adelante. Expresamente, ambos artículos señalaron, en cuanto al límite a la utilidad permitida que: "... *En ningún caso, el margen de ganancia de cada actor de la cadena de comercialización excederá de treinta (30) puntos porcentuales de la estructura de costos del bien o servicio.*".

Como vemos, para la determinación del límite alas ganancias toma un rol importante la figura de la estructura de costos, concepto contable que se refiere al estudio de los costos y gastos que forman parte del cálculo que debe realizar cualquier persona o empresa como parte del procedimiento para la determinación del precio al que va a comercializar un bien o servicio. Con la misma arbitrariedad a la que ya hemos hecho referencia con la que las autoridades pretendían regulara los límites de utilidad antes de que existiese una norma legal que contemplara ese límite, también esas autoridades incluían y excluían a su libre albedrío los conceptos que consideraban podían incluirse en la mencionada estructura de costos. Esa situación se mantuvo así hasta la publicación de la Providencia N° 3 de la SUNDDE[34].

De forma general, las disposiciones de la Providencia N° 3, parecen haber tomado como base normas contables generalmente aceptables[35]. El problema, al igual que con el resto del

---

[34]   Publicada en la *Gaceta Oficial* N° 40.351 de fecha 7 de febrero de 2014.

[35]   Soteldo Silva, Carolina: "Regulación legal a las ganancias empresariales comerciales e industriales y su impacto financiero en la manera de hacer negocios en Venezuela. Consideraciones Financieras y contables." *Análisis jurídico económico y financiero de la Ley Orgánica de Precios Justos y*

sistema de control generalizado de precios, surge del hecho que, las normas contables en las que se basó la Providencia están contempladas para empresas productoras, y por lo tanto no pueden ser correctamente aplicadas a las operaciones de, por ejemplo, empresas de servicios.

Entre esas normas contables, cabe destacar el hecho que, sin justificación aparente alguna, se excluya expresamente de los tributos[36], así como el hecho que se limite también el monto de algunos de los gastos admitidos, sólo al 12,5 % de la estructura de costos. Estas situaciones, entre otras muchas, hacen que lo que en teoría debería ser un una regulación de precios en base a una estructura de costos, pueda llegar a convertirse en una norma violatoria de la libertad económica de los particulares, por reducir de forma importante o incluso desaparecer la utilidad de las empresas, tomando en cuenta la gran incidencia que tiene en los costos de producción la tributación en el país, así como la incidencia que puedan tener en distintas empresas los importantes gastos en los que puedan incurrir distintas empresas para el desarrollo de sus actividades, y así lo ha reconocido la propia Sala Constitucional del Tribunal Supremo de Justicia[37].

La misma norma contentiva del límite a las utilidades, establece que ese límite máximo podrá ser aumentado o reducido en casos específicos, cuando así lo estime pertinente el Ejecutivo Nacional, bien sea por rubros o sectores, por la necesidad de impulsar el sector, o por el contrario, por la importancia del mismo para la población.

V. LA REFORMA DE NOVIEMBRE DE 2014

Tácitamente reconociendo la ineficiencia de las disposiciones de la LOPJ, y de la actuación de la SUNDDE hasta ese momento, a menos de 10 meses de la entrada en vigencia de la misma, también en ejecución de la Ley Habilitante, el Ejecutivo reformó parcialmente la LOPJ, mediante Decreto publicado en la *Gaceta Oficial* N° 6.156 Extraordinario de fecha 19 de noviembre de 2014.

Al igual que sucedió con la gran mayoría de los 45 Decretos-Leyes dictados en los últimos dos días del plazo que otorgaba la Ley Habilitante, aunque la reforma de la LOPJ fue publicada en una *Gaceta Oficial* con fecha del 18 de noviembre de 2014, no fue sino hasta el 4 de diciembre de ese mismo año que en realidad la Imprenta Nacional publicó el texto de la mencionada Gaceta, y por lo tanto se conoció el contenido de dicha reforma. Esta situación, por supuesto resulta violatoria del principio de la publicidad de las normas, y nuevamente vicia de inconstitucional e ilegal el manejo que el Poder Ejecutivo hizo de las atribuciones que le fueron delegadas por medio de la Ley Habilitante.

Además de las modificaciones de forma a las que ya hemos hecho referencia a lo largo del presente, podemos señalar como novedad la incorporación de una nueva Intendencia a la

---

de la normativa complementaria. Fundación Estudios de Derecho Administrativo (FUNEDA). 2014, p. 139

[36] En este sentido, es importante que se tengan en cuenta, entre otras disposiciones, el artículo 212 de la Ley Orgánica del Poder Público Municipal, *Gaceta Oficial* N° 6.015 Extraordinario de fecha 28 de diciembre de 2010, que señala expresamente que el impuesto municipal a las actividades económicas deberá ser reconocido como costo en cualquier regulación de precios que se haga, así como la Sentencia de la Sala Constitucional del Tribunal Supremo de Justicia de fecha 28 de noviembre de 2011 (*caso: Banco Nacional de Vivienda y Hábitat*), que estableció que el aporte debido al Fondo de Ahorro Obligatorio de Vivienda, no debía ser considerado un tributo.

[37] Entre otras véase la Sentencia N° 2641 de fecha 1° de octubre de 2003 (*caso: Inversiones Parkimundo C.A.*).

estructura de la SUNDDE, la Intendencia Nacional para la Protección del Salario del Obrero y la Obrera, que tiene competencias bastante genéricas en lo que se refiere al contacto que pueda tener esa autoridad con los trabajadores y sindicatos del país. Sus competencias se enumeran de forma específica en el artículo 19 del texto reformado.

Así mismo, como ya lo mencionamos, en la reforma se hace una enumeración de los derechos de los consumidores, y se incluyen dos normas específicas en materia de protección al consumidor, la primera relativa a la garantía que deben brindar los productores o los importadores de productos "...*de naturaleza durable que posean sistemas mecánicos, eléctricos o electrónicos, susceptibles de presentar fallas o desperfectos...*", que insistimos deberá ser analizada en conjunto con las regulaciones que existían de Leyes ya derogadas, y la segunda relativa a la comercialización de bienes y servicios a distancia, es decir, a través de medios electrónicos, o telefónicos[38]. Las mencionadas normas fueron incluidas en los artículos 10 y 11.

La última modificación a la que haremos referencia es la que tal vez haya podido pasar más desapercibida por su aparente insignificancia, pero que por el contrario, es la que en nuestra opinión puede ser la más relevante de la reforma.

El artículo 51 de la primera versión de la LOPJ, contemplaba el ilícito de especulación, y establecía que el mismo sería cometido por todo aquel que comercializara bienes por encima de aquellos precios establecidos por la SUNDDE o algún otro órgano de la Administración Pública en ejercicio de sus competencias, aunque de forma conservadora se asumía que también resultaría aplicable a cualquiera que comercializara productos por encima del límite de utilidad contemplado en el artículo 32 de la LOPJ[39]. En la reforma, ese artículo pasó a ser el 56, y agregó el supuesto según el cual, también incurrirían en ese ilícito aquellos individuos que comercializaran bienes por encima de los precios que hubiesen sido fijados mediante autorregulación. Incluyendo así el supuesto en el cual la propia persona o empresa haya debido determinar su precio tomando en cuenta el límite del ahora artículo 37 del texto reformado.

En nuestra opinión, no pareciera haber duda que esa autorregulación además está referida a la que se da cuando los productores o importadores de un bien, o prestadores de un servicio, marcan el Precio de Venta Justo de los mismos, en cumplimiento de las normas sobre marcaje dictadas por la SUNDDE[40].

Según esas normas de marcaje, deberán ser los sujetos anteriormente señalados los que deban marcar el precio al que el bien o servicio deberá ser comercializado al cliente final, trasladándole así en definitiva a esos sujetos, la obligación de determinar los precios a los que se deberían comercializar los bienes y servicios, en aplicación de las normas a las que hemos hecho referencia, que hasta ese momento era competencia de la SUNDDE y del Ejecutivo Nacional.

Si se aplicara esa obligación de acuerdo con la LOPJ y la Providencia N° 3, en teoría los sujetos obligados a realizar el marcaje deberían estimar los costos, gastos y en base a ello

---

[38]	En fecha 4 de noviembre de 2014 fue aprobado en primera discusión un Proyecto de Ley de Comercio Electrónico, que regularía la materia de forma más específica.

[39]	Por supuesto, en nuestra opinión, ese ilícito en ningún caso hubiese podido ser aplicado para casos en los que se comercializara por encima del límite de utilidad contemplado en el artículo 32 de la LOPJ, toda vez que los tipos penales deberán ser interpretados de forma restrictiva.

[40]	Providencias de la SUNDDE N° 57, publicada en la *Gaceta Oficial* N° 40.547 de fecha 24 de noviembre de 2014, y N° 73, publicada en la *Gaceta Oficial* N° 40.571 de fecha 30 de diciembre de 2014.

calcular la utilidad máxima permitida de todos los integrantes de su cadena, para así llegar a la determinación de ese Precio de Venta Justo. Pero una vez más, de manera informal y sin que existan disposiciones legales o sub-legales que contemplen un límite al margen de comercialización de un bien o servicio, es decir, ese margen que decimos los sujetos obligados deberían estimar y calcular para llegar al precio máximo que podría pagar el cliente de acuerdo con las normas vigentes, al parecer se pretende aplicar un límite máximo para ese margen del 54%[41].

VI. CONCLUSIÓN

Como ya lo hemos señalado, la LOPJ pretende una regulación absoluta de la economía y de los precios a los que se comercializan los bienes y servicios en el país, logrando con ello el control de la inflación en el país.

En nuestra opinión ya ha quedado claro, del primer año de vigencia de la norma, que esos objetivos no han podido ser alcanzados[42], y no lo serán, toda vez que el control de la economía en nuestra opinión no se logra con la regulación arbitraria de precios y ganancias, sino por medio de políticas macroeconómicas que logren una reducción en el aumento de precios como resultado de un mejoramiento de la economía como un todo, es decir, medidas que ataquen las causas de la inflación y no que traten de controlarla de manera artificial.

Por su puesto, y aunque no pareciera posible que se logre una declaratoria de nulidad por parte de las autoridades judiciales del país en los actuales momentos[43], es importante que desde el punto de vista teórico se tengan en cuenta los graves vicios de inconstitucionalidad que afectan la LOPJ, y por lo tanto que afectaran a las graves medidas que se han tomado y que se tomen en ejecución de la misma.

---

[41]   Así lo ha declarado el propio Superintendente de la SUNDDE, Andrés Ely Méndez. Ketty Afanador: Para finales de febrero aplicación del PVJusto, en: http://www.elmundo.com.ve/noticias/economia/politicas-publicas/para-finales-de-febrero-aplicacion-del-pvjusto.aspx#ixzz3RGEC9NP6

[42]   Según el Banco Central de Venezuela, la inflación durante el año 2014 fue del 68,5 %. Fuente: http://bcv.org.ve/

[43]   Canova González, Antonio Herrera Orellana, Luis Alfonso, et al: "El TSJ al servicio de la revolución. La toma, los números y los criterios del TSJ Venezolano (2004-2013)". Editorial Galipán, Caracas 2014.

Sección VI: Régimen del sector bancario

Consideraciones sobre la
Ley de Instituciones del Sector Bancario

Rafael Badell Madrid

Profesor de la Universidad Católica Andrés Bello

Resumen: *El artículo analiza las principales reformas introducidas por la nueva Ley de Instituciones del Sector Bancario.*

Palabras Claves: *Bancos, Ley de Instituciones del Sector Bancario.*

Abstract: *The article analyzes the main reforms of the new Banking Institutions Law.*

Keyword: *Banks, Banking Institutions Law.*

I. CONSIDERACIONES GENERALES

Publicado en *Gaceta Oficial* Extraordinaria N° 6.154 del 19 de noviembre de 2014 y posteriormente reimpreso por error material en la *Gaceta Oficial* N° 40.557 del 8 de diciembre de 2014, el **Decreto con Rango, Valor y Fuerza de Ley de Instituciones del Sector Bancario** (en lo sucesivo "Ley de Bancos"), derogó y sustituyó al Decreto con Rango, Valor y Fuerza de Ley de Reforma Parcial de la Ley de Instituciones del Sector Bancario[1], que a su vez había reformado parcialmente la Ley de Instituciones del Sector Bancario de 2010[2], En adelante formularemos algunas consideraciones, primero generales y luego de forma particular, sobre los principales aspectos regulados por la Ley de Bancos y finalmente unos comentarios para concluir nuestros comentarios.

En primer lugar conviene tener presente que las normas que se analizan fueron dictadas con fundamento en la Ley Habilitante otorgada al Presidente de la República por la Asamblea Nacional[3]. De otra parte, es menester también precisar que si bien esta Ley de Bancos introdujo modificaciones al régimen anterior contenido en la Ley de Instituciones del Sector Bancario del año 2011, incorporó sin embargo regulaciones ya establecidas en la Ley General de Bancos y otras Instituciones Financieras del año 2001[4]y en otras leyes que regulaban al sector bancario anteriormente y que habían sido derogadas por la Ley del 2011.

La Ley de Bancos se inscribe dentro de las leyes administrativas denominadas leyes de relación, es decir aquellas que regulan las relaciones entre la administración y los administrados. Las leyes de relación delimitan las esferas jurídicas subjetivas de la Administración y de

[1] Publicado en *Gaceta Oficial* N° 39.627 del 02 de marzo de 2011

[2] Publicada en *Gaceta Oficial* N° 6.015 Extraordinario, del 28 de diciembre de 2010.

[3] Publicada en la *Gaceta Oficial* N° 6.112 Extraordinario del 19 de noviembre de 2013

[4] Publicada en *Gaceta Oficial* N° 5.555 Extraordinario, del 13 de noviembre de 2001

los particulares, trascienden del ámbito administrativo hacia los particulares. Miguel Marienhoff citando al jurista italiano Enrico Guicciardi, expone que *"En el actual Estado de Derecho, junto a la personalidad del Estado, se reconoce y aparece la personalidad del individuo; correlativamente a esas personalidades, existen otras tantas esferas jurídicas protegidas por el derecho; es decir que, frente al Estado, el individuo, el administrado tiene un conjunto de derechos que debe ser respetado por aquél en el ejercicio de su actividad"*[5].

En este caso esta ley de Bancos regula la actividad desarrollada por los accionistas, directores, y demás personas que conforman la actividad bancaria, así como los particulares que entran en relaciones económicas con los bancos y establece todo el régimen de supervisión y control sobre esa actividad y en ese sentido establece el marco legal para la constitución, funcionamiento, supervisión, inspección, control, regulación, vigilancia y sanción de las instituciones que operan en el sector bancario venezolano, sean éstas públicas, privadas o de cualquier otra forma de organización permitida por la Ley (art. 1) y regula toda la actividad de Intermediación financiera, esta es la de captación de fondos bajo cualquier modalidad y su colocación en créditos o en inversiones en títulos valores emitidos o avalados por la Nación o empresas del Estado, mediante la realización de las operaciones permitidas por las leyes de la República.(Art. 5)

Tengamos presente, por su especial importancia, el contenido del artículo 8 de la Ley de Bancos el cual establece:

"Artículo 8°. Las actividades reguladas en el presente Decreto con Rango, Valor y Fuerza de Ley, constituyen un servicio público y deben desarrollarse en estricto cumplimiento del marco normativo señalado en el artículo 3° de este Decreto con Rango, Valor y Fuerza de Ley, y con apego al compromiso de solidaridad social. Las personas jurídicas de derecho privado y los bienes de cualquier naturaleza, que permitan o sean utilizados para el desarrollo de tales actividades, serán considerados de utilidad pública, por tanto deben cumplir con los principios de accesibilidad, igualdad, continuidad, universalidad, progresividad, no discriminación y calidad.

Si hubiere dudas en la aplicación de este Decreto con Rango, Valor y Fuerza de Ley, o en la interpretación de alguna de sus normas, se aplicará la más favorable a los clientes y/o usuarios de las instituciones del sector bancario.

De conformidad con lo señalado y en procura de salvaguardar los intereses generales de la República, la idoneidad en el desarrollo de las actividades reguladas en este Decreto con Rango, Valor y Fuerza de Ley, así como, la estabilidad del sistema financiero y el sistema de pagos, el Presidente o Presidenta de la República en Consejo de Ministros, podrá acordar la intervención, liquidación o cualquier otra medida que estime necesarias, sobre las instituciones del sector bancario, así como sobre sus empresas relacionadas o vinculadas de acuerdo a los términos del presente Decreto con Rango, Valor y Fuerza de Ley".

Lo primero que queremos comentar son precisamente los varios aspectos que se desprenden del citado artículo 8 de la Ley de Bancos. En primer lugar, se declara como servicio público todas y cada una de las actividades reguladas en la Ley de Bancos y de utilidad pública a las personas jurídicas de derecho privado y los bienes de cualquier naturaleza que permitan o sean utilizados para el desarrollo de las actividades reguladas en la Ley. El servicio público desde el punto de vista material viene dado por el interés general que se desprende de la actividad regulada. Es decir, como lo explica José Araujo Juárez, el interés general es

---

5   Marienhoff, Miguel: *"Tratado de Derecho Administrativo"*. Abeledo-Perrot. Buenos Aires, Argentina, 1982. Citando a Guicciardi, Enrico: *"La giustizia amministrativa"*. Padova, 1943.

el elemento que define a la actividad como necesaria para la sociedad y altamente cualificada en función de su repercusión sobre la vida colectiva, en pocas palabras, determina si una actividad es servicio público o no. De allí que en la noción de servicio público el interés general se presenta como una constante o denominador común de todos los servicios públicos, pues más allá de la diversidad de objetos cada servicio público tiene un objeto específico en concordancia con la especificidad de la prestación que se entrega.[6]Ello tiene importancia particular desde que el establecimiento de la actividad como servicio público lo lleva al régimen jurídico especial del derecho administrativo y es precisamente el que se desprende de las regulaciones de la Ley y otras que le resultan aplicables, estas son: la Constitución, la Ley Orgánica del Sistema Financiero Nacional, la Ley de Instituciones del Sector Bancario, la Ley de Tarjetas de Crédito, Débito, Prepagadas y demás Tarjetas de Financiamiento o Pago Electrónico, la Ley que regula la materia mercantil (Código de Comercio), la Ley del Banco Central de Venezuela, Reglamentos de estas normas Normativa Prudencial de la SUDEBAN y Resoluciones y convenios del Banco Central de Venezuela.

De otra parte la norma establece que las personas jurídicas de derecho privado y los bienes de cualquier naturaleza, que permitan o sean utilizados para el desarrollo de tales actividades, serán considerados de utilidad pública. Ello permite la aplicación de todo el régimen jurídico contenido en la Ley de Expropiación por Causa de Utilidad Pública o Interés Social. En efecto, la utilidad social o pública es la causa que legitima el ejercicio de la potestad expropiatoria y que se subsume dentro del género fin público.

Por lo que se refiere a la interpretación y aplicación de la Ley de Bancos de la misma norma, artículo 8, se sigue que en caso de dudas en cuanto al alcance, inteligencia e interpretación de alguna de sus normas, ha de aplicarse la interpretación más favorable a los clientes y/o usuarios de las instituciones del sector bancario. Además, agregamos, que el criterio general de interpretación de esta Ley es restrictivo, de forma que no cabe hacer interpretaciones extensivas más allá del contenido exacto de lo que de la norma se desprende.

Otro aspecto, de estos generales, a destacar es que en la Ley de Bancos se establecieron varias disposiciones que conforman un régimen especial y particular para las instituciones bancarias públicas frente a las privadas, entre las cuales pueden destacarse, exenciones a las instituciones bancarias públicas del pago de las contribuciones al Fondo de Protección Social de los Depósitos Bancarios (FOGADE) y a la Superintendencia de las Instituciones del Sector Bancario (SUDEBAN) (artículos 121 y 168, respectivamente), así como del pago del aporte socia (artículo 46).

De igual modo, en referencia a la constitución y dirección de las instituciones bancarias públicas, se observa que dichas instituciones se encuentran eximidas del requisito de poseer el número mínimo de diez promotores o accionistas para constituirse (artículo 9), así como de la obligación de someter a juicio de la SUDEBAN la designación de los cargos de mayor responsabilidad de la estructura bancaria (artículo 33).Igualmente, es inaplicable la inhabilitación para ser directores de aquellas personas que ejerzan cargos de dirección, administración, asesoría o auditoría de otras instituciones del sector bancario, del Sistema Financiero Nacional y de empresas de telecomunicaciones e información (artículo 31). De igual forma, las instituciones bancarias públicas quedaron excluidas de las prohibiciones establecidas en el artículo 37 de la Ley, referidas a las condiciones para ser accionista y a la constitución de grupos financieros.

---

[6]   Araujo-Juárez, José: *"Derecho Administrativo General, Servicio Público"*. Ediciones Paredes, Caracas, 2010.

En relación a las operaciones realizadas por las instituciones bancarias del sector público, el artículo 74 de la Ley de Bancos exime a dichas instituciones de actuar como ente fiduciario o fideicomitente con personas vinculadas. Tampoco les será aplicable la prohibición de realizar con recursos provenientes de fondos fiduciarios, operaciones de reporto, contratos de mutuos, futuros y sus derivados, estableciendo como condición previa la autorización de la SUDEBAN (art. 75). De igual forma se desaplicó para las instituciones del sector público la prohibición de adquirir obligaciones emitidas por otras instituciones bancarias (art. 97).

No se aplicará la calificación de deudores relacionados a aquellas personas jurídicas cuyo capital pertenezca en más de un cincuenta por ciento (50%) a la República (art. 95).

Por último, en cuanto al régimen de auditoría interna y externa de las instituciones bancarias públicas, le serán aplicadas supletoriamente las normas contenidas en la Ley de Bancos, en virtud de lo establecido en la Ley Orgánica de la Contraloría General de la República y del Sistema Nacional de Control Fiscal (artículos 80 y 81); por otro lado los auditores internos de las instituciones bancarias públicas no están obligados a suscribir los estados financieros, de conformidad con lo dispuesto en la Ley Orgánica de la Contraloría General de la República y del Sistema Nacional de Control Fiscal.

II.   CONSIDERACIONES PARTICULARES

1.   Ámbito de aplicación de la Ley de Bancos

En cuanto al ámbito de aplicación material, el artículo 1 prevé que la Ley de Bancos establece el marco legal para la constitución, funcionamiento, supervisión, inspección, control, regulación, vigilancia y sanción de las instituciones que operan en el sector bancario venezolano, sean éstas públicas, privadas o de cualquier otra forma de organización permitida por la Ley. Este criterio referido al sector bancario se complementa con la definición de la actividad de intermediación financiera que es la que en éste se desarrolla, definida en el artículo 5 de la ley como la captación de fondos bajo cualquier modalidad y su colocación en créditos o en inversiones en títulos valores emitidos o avalados por la Nación o empresas del Estado, mediante la realización de las operaciones permitidas por las leyes de la República.

En relación al ámbito de aplicación subjetivo, sujetos sometidos a cumplir con las disposiciones previstas en la Ley, el artículo 3 de la Ley de Bancos prevé como sujetos regulados las instituciones del sector bancario público y privado. El sector bancario privado comprende el conjunto de las instituciones privadas, que previa autorización del ente regulador, se dedican a realizar actividades de intermediación financiera. Por su parte, el sector bancario público está constituido por el conjunto de entidades bancarias, en cuyo capital social la República posee la mayoría accionaria.A los fines de ampliar el ámbito de aplicación, se modificó el artículo 3 y se agregó una disposición conforme a la cual se somete a la Ley, a la normativa prudencial que dicte la Superintendencia de las Instituciones del Sector Bancario y a las emanadas del Banco Central de Venezuela (BCV) sobre el encaje y las tasas de interés, a los Institutos Municipales de Crédito en cuanto a su funcionamiento, supervisión, inspección, control, regulación, vigilancia y sanción. No obstante, en lo relativo a su administración, dichos Institutos se regirán por la correspondiente ordenanza municipal. Esa disposición estaba prevista en el artículo 5 de la Ley del 2001.

En la definición de Instituciones del Sector Bancario se encuentran los bancos universales, las casas de cambio, los operadores cambiarios fronterizos, las instituciones no bancarias, y las instituciones bancarias especializadas, dentro de las cuales se incluyeron los bancos micro financieros y los bancos de desarrollo, los cuales estaban regulados en la Ley de 2001 en su artículo 110, y fueron reincorporados en la nueva legislación en el artículo 12.

El artículo 15 de la Ley enumeró a las Instituciones no bancarias, conformadas por aquellas personas naturales o jurídicas que presten servicios financieros o auxiliares a las instituciones bancarias. Dentro de esta categoría se incluyeron a las compañías emisoras o administradoras de tarjetas de crédito, débito prepagadas y demás tarjetas de financiamiento o pago electrónico, los almacenes generales de depósitos, las sociedades de garantías recíprocas y los fondos nacionales de garantías recíprocas. Por otro lado, se desincorporaron las sociedades y fondos de capital de riesgo, transporte de especies monetarias y de valores, servicio de cobranza, cajeros automáticos, servicios contables y de computación, y arrendadoras financieras, las cuales se incluían en el artículo 15 de la Ley de 2011.

Finalmente, el artículo 7 de la Ley excluyó expresamente del sector bancario a las personas naturales o jurídicas dedicadas regularmente al otorgamiento de créditos o a efectuar descuentos o inversiones con sus propios fondos.

2. *Constitución y Organización de las Instituciones del Sector Bancario*

La nueva Ley eliminó el término *"organizadores"* y lo sustituyó por la tradicional denominación de *"promotores"* de la institución bancaria. En ese sentido, el artículo 9 estableció que las instituciones del sector bancario deberán constituirse únicamente en la forma de sociedad anónima, con acciones nominativas de una misma clase, las cuales no podrán ser convertibles al portador, tener un número mínimo de diez (10) accionistas, entre los cuales podrán estar incluidos los promotores. Se eliminó la posibilidad de constituir las instituciones bajo otras formas permitidas por el Órgano Superior del Sistema Financiero Nacional, establecida en el artículo 9 de la Ley de 2011.

La Ley de Bancos reformó los impedimentos para ser promotor o accionista de instituciones bancarias consagrados en el artículo 19. Se excluyeron de la inhabilitación a las personas en ejercicio de funciones públicas y a las personas que en los últimos diez años hayan ocupado los cargos de auditores externos o gerentes de área de instituciones bancarias intervenidas por la SUDEBAN. Por otro lado, se incluyeron a los sujetos inhabilitados para ser promotores o accionistas de instituciones bancarias a las personas administrativamente responsables por actos que han merecido sanción o hayan sido condenados penalmente, mediante sentencia definitivamente firme que implique privación de libertad, por un hecho punible relacionado con la actividad financiera; de igual forma se incluyeron las personas jurídicas constituidas en países de baja imposición fiscal.

3. *Dirección y Administración*

Se incorporó en el artículo 28 de la Ley el régimen de control y supervisión de la realización de Asambleas de Accionistas de las instituciones bancarias, el cual tradicionalmente estaba regulado en la normativa prudencial emanada de la SUDEBAN. Precisamente, este régimen se encontraba previsto en la Resolución N° 063.11 del Ministerio del Popular de Planificación y Finanzas de fecha 18 de febrero de 2011, *"Normas que establecen los lineamientos y requisitos que deben consignar las asambleas de accionistas de las instituciones bancarias, casas de cambio y operadores cambiarios fronterizos"*.

En cuanto a la Junta Directiva de las instituciones del sector bancario, el artículo 30 de la Ley modificó su conformación. En efecto estableció la necesidad de designar miembros principales y directores suplentes y se exige que al menos un tercio de los integrantes de la junta no pueden ser accionistas de la institución. En consecuencia, la junta directiva de cada institución bancaria quedará conformada por siete directores principales, con sus respectivos suplentes.

4. *Capital*

Se desarrolló lo establecido en el artículo 36 de la ley de 2011, referido a la división del capital social en distintas clases de acciones. En este sentido, la nueva legislación dispuso en el artículo 35 que la SUDEBAN, cuando las circunstancias financieras así lo justifiquen, podrá autorizar la existencia de distintos tipos de acciones de la institución bancaria, tales como, las acciones con voto reducido, acciones de clase especial, acciones preferidas y obligaciones convertibles en acciones. Esta disposición se encontraba prevista en el artículo 16 de la Ley de 2001.

Por otra parte, la Ley de Bancos introdujo modificaciones respecto al ejercicio de las potestades de supervisión y control de la transferencia de acciones de los bancos. Así, se estableció la obligación, tanto a las personas naturales como a las jurídicas, de facilitar a la SUDEBAN información sobre sus principales actividades económicas y la estructura de sus activos, en los casos en que adquieran acciones de una institución bancaria por un monto igual o superior al diez por ciento del capital social en un período de doce meses, o que con esas compras alcance una participación igual o mayor al diez por ciento (artículo 35). De igual modo se incorporó la obligación de notificar a la SUDEBAN, dentro de los cinco días hábiles siguientes a la fecha en que se efectúe, cualquier operación de opción de compraventa, promesa acuerdo de venta, o negociación similar que involucre una opción de compra y/o venta de acciones, en los casos en que el adquiriente, o personas vinculadas a éste fueran a poseer en forma individual o conjunta, el 10% o más del capital social de la institución bancaria (art. 35). Por otro lado se declaró la nulidad de todo traspaso o gravamen, limitaciones o condiciones de las acciones, que no tenga la autorización de la SUDEBAN (artículo 36).

Se reguló la adquisición de acciones de instituciones bancarias y casas de cambio efectuadas en Bolsa de Valores, la cual requerirá la autorización de la SUDEBAN en los casos en que se adquiera un diez por ciento o más del capital social, o cuando con la adquisición de las acciones el adquiriente pase a poseer el diez por ciento o más del capital social o poder de voto en la asamblea de accionistas (artículo 38). Igualmente, en los casos de adquisiciones realizadas por accionistas que detenten una participación igual o superior al diez por ciento del capital social, se requerirá de la autorización de la SUDEBAN para cada una de ellas, cuando las mismas, de forma individual o conjunta, impliquen una adquisición accionaria directa o indirecta mayor o igual al cinco por ciento del capital social o del poder de voto en las Asambleas de accionistas, en un plazo de seis meses (artículo 39). Esta disposición se encontraba prevista en el artículo 21 de la Ley de 2001.

Se prohibió la constitución de grupos financieros, definidos por el artículo 37 de la Ley de Bancos como el conjunto de bancos, instituciones no bancarias, instituciones financieras y demás empresas que constituyan una unidad de decisión o gestión. En este sentido la SUDEBAN queda facultada para investigar la existencia de un grupo financiero. La Junta Directiva de las instituciones del sector bancario, deberán consignar semestralmente ante la SUDEBAN la declaración institucional, en la cual se discrimine la participación en el capital social por parte de la institución y sus accionistas en otras instituciones del sector bancario. Esta prohibición debe ser analizada conjuntamente con el artículo 7 de la Ley Orgánica del Sistema Financiero Nacional[7], en el cual se le prohíbe a las instituciones que lo integran a conformar grupos financieros entre sí o con empresas de otros sectores de la economía nacional, o asociados a grupos financieros internacionales, para fines distintos a los previstos en las definiciones establecidas en dicha Ley.

---

[7] Publicada en la *Gaceta Oficial* N° 39.578 del 21 de diciembre de 2010.

La prohibición de constituir grupos financieros no le será aplicable a los bancos universales que pretendan adquirir la totalidad del capital social de otro banco, siempre y cuando presenten a la SUDEBAN la solicitud de autorización para la adquisición del capital social de la otra entidad, y la solicitud de fusión. Esa prohibición no resulta aplicable a las instituciones bancarias públicas (art. 37).

En cuanto a las reservas de capital, se modificó el artículo 43 referido a las reservas voluntarias de capital. En ese sentido, se estableció que no se podrá acordar la transferencia semestral (antes en la Ley de 2011 era anual) de utilidades a la cuenta de reserva voluntaria, sin que previamente se cumpla con la constitución de la reserva legal.

5.   *Operaciones, Funcionamiento y Atención al Público*

En cuanto a las operaciones realizadas por las instituciones bancarias, la Ley reformó los siguientes aspectos: i) Las inversiones en títulos o valores distintos a los emitidos o avalados por la Nación o empresas Estatales, y las inversiones realizadas a través de títulos desmaterializados deberán mantenerse en custodia del BCV o en una Caja de Valores (artículo 51); ii) se estableció la posibilidad de ofrecer a los clientes una cuenta virtual, conforme a la cual, las instituciones bancarias, previa autorización de la SUDEBAN, podrán ofrecer a sus clientes otras modalidades de captación movilizadas únicamente a través de medios electrónicos (artículo 56); iii) se eliminó el artículo 58 de la Ley de 2011, referido a la prohibición de las instituciones del sector bancario para constituir garantías con las prestaciones sociales, con el fin de pagar deudas originadas por operaciones de crédito; iv) se reguló nuevamente el arrendamiento financiero en el artículo 58, el cual había sido eliminado con la reforma de la ley del año 2011.

En relación al funcionamiento y atención al público, la nueva Ley de Bancos, en el artículo 70 referido a la mejora continua del servicio bancario, delegó a la SUDEBAN el desarrollo de normativas prudenciales relacionadas con el resguardo de centros de cómputos y las bases de datos. Igualmente se estableció que la SUDEBAN deberá obtener la opinión previa vinculante del BCV, cuando la normativa prudencial a ser dictada pudiera incidir en el correcto funcionamiento del sistema nacional de pagos, en aras a evitar posibles perturbaciones en el mismo y en sus participantes.

6.   *Información*

En materia de información, las reformas más relevantes que se observan de la Ley de Bancos son las relacionadas con el régimen de auditoría externa de las instituciones bancarias, el cual se desarrolló con mayor amplitud en comparación con la ley de 2011. En consecuencia, podemos resaltar las siguientes reformas: i) se aumentó de tres a cinco años el período de duración máxima de la firma de auditores externos en sus funciones (artículo 81); ii) se eliminó la disposición que establecía que los procesos de selección de los Auditores externos de las instituciones bancarias debían contar con al menos la participación del veinte por ciento (20%) de los usuarios activos con una antigüedad no menor a un (1) año de la institución bancaria, quedando sujeto el proceso de selección a lo que la SUDEBAN determine; iii) la SUDEBAN podrá ordenar a las instituciones del sector bancario la contratación de auditorías especiales, pudiendo contratar directamente la realización de dichas auditorías, cuando lo considere necesario, con cargo a los entes indicados en la Ley (artículo 81); iv) en materia de fiscalización, la SUDEBAN podrá convocar a los auditores externos a celebrar reuniones confidenciales con su personal, sin la presencia de los trabajadores o directores del ente supervisado (artículo 82).

Otra reforma importante en el tema de la información, es la contenida en el artículo 86 de la Ley de Bancos, en el cual se eliminó la obligación de los directores y trabajadores del Órgano Superior del Sistema Financiero Nacional de cumplir con el secreto bancario.

7. Prohibiciones

La nueva Ley de Bancos desarrolló con especial énfasis la prohibición de las instituciones bancarias de realizar operaciones con aquellas personas naturales o jurídicas con las que guarde algún tipo de vinculación, ya sea accionaria, decisoria, organizativa o jurídica (artículo 64). En consecuencia, el artículo 96 de la Ley aumentó la lista de personas vinculadas con las cuales las instituciones bancarias tienen prohibido realizar actividades de intermediación.

Por otro lado, el artículo 97 modificó las prohibiciones generales de orden operativo, financiero, preventivo y de dirección de las instituciones bancarias. Por ejemplo, se modificó la prohibición contenida en el numeral 8, por medio de la cual se prohíbe trasladar a territorio extranjero, las bases de datos y centros de cómputos determinadas por la SUDEBAN como principales. Otra prohibición incluida que vale la pena resaltar es la de inactivar cuentas de depósitos de ahorro, las cuentas corrientes y otros instrumentos de captación de naturaleza similar por la ausencia de movimientos de depósitos o retiros, en un período no menor a doce meses (numeral 14). De igual forma se incorporó la prohibición de otorgar créditos de cualquier clase a personas naturales o jurídicas que no presenten un balance general o estado de ingreso y egresos suscrito por el interesado, formulado cuando más con un año de antelación, a menos que constituya una garantía a tales fines (numeral 18), así como la prohibición de otorgar préstamos sin establecer condiciones o vencimientos (numeral 19). Por otro lado, se eliminó la prohibición de poseer activos que superen el quince por ciento de la totalidad de los activos del sector bancario nacional.

8. Del Fondo de Protección Social de los Depósitos Bancarios

Quizás la reforma más resaltante en relación a FOGADE, es el cambio de su régimen de organización, el cual conforme a la ley anterior, correspondía a lo determinado en su reglamento interno, en tanto que en la nueva Ley se establece de manera expresa la estructura y dirección de ese Instituto Autónomo.

En primer lugar, FOGADE estará bajo la dirección de una Junta Directiva integrada por un Presidente y cuatro Directores Principales con sus respectivos Suplentes (artículo 105), los cuales ejercerán sus funciones por un período de cinco y dos años respectivamente (artículo 106).

Por otro lado, la Ley estableció de manera expresa las atribuciones de la Junta Directiva de FOGADE, la cual queda como el máximo órgano de gobierno del Ente (artículo 109). Las potestades atribuidas a la Junta Directiva en su mayoría correspondían al Presidente en la legislación anterior, el cual queda como encargado de la administración diaria e inmediata de los negocios del FOGADE (artículo 113).

Este régimen de organización estaba previsto en la Ley de 2001, con la excepción de que en ésta se incluía una Asamblea General como órgano decisorio del ente.

9. De la Superintendencia de Instituciones del Sector Bancario

La SUDEBAN sufrió varios cambios en cuanto a su organización, el artículo 153 de la Ley de Bancos estableció que dicho ente estará conformado por el Despacho de la Superintendencia, las oficinas de apoyo requeridas para el cumplimiento de sus funciones, la Intendencia Operativa, de Inspección de banca privada e Inspección de banca pública, las Gerencias y demás dependencias que establezca la Ley y el reglamento interno.

Otro aspecto importante que fue objeto de reforma en la nueva Ley, es la eliminación del artículo 163 de la Ley de 2011 referido a la Unidad Nacional de Inteligencia Financiera. En este sentido, la Disposición Transitoria Quinta de la Ley de Bancos estable un régimen transitorio para la referida Unidad, la cual seguirá ejecutando sus actividades dentro de la SUDEBAN, hasta tanto adecue su naturaleza jurídica conforme a lo establecido en la Ley Orgánica contra la Delincuencia Organizada y Financiamiento al Terrorismo e inicie operaciones formalmente.

En cuanto al régimen económico de la SUDEBAN, se modificó el aporte que las instituciones bancarias deben realizar a la SUDEBAN entre un mínimo de cero coma cuatro por cada mil, y un máximo de cero coma ocho (0,8) por cada mil (1.000) (antes 0,6 por cada 1000) del promedio de los activos del último cierre semestral de cada institución (artículo 168). Las instituciones no bancarias o personas sujetas a su control contribuirán semestralmente hasta por un máximo del equivalente a dos mil unidades tributarias (2.000 U.T) (artículo 168). En la Ley de 2011, dicho aporte era determinado por el Órgano Superior del Sistema Financiero.

III. CONSIDERACIONES FINALES

1. *Citaciones en caso de acciones de cobro judicial ejercidas por FOGADE*

La Ley acogió el criterio jurisprudencial establecido por el Juzgado de Sustanciación de la Sala Político Administrativa del Tribunal Supremo de Justicia, del 12 de noviembre de 2014, en los casos de acciones judiciales de cobro ejercidas por FOGADE, las instituciones bancarias en proceso de liquidación y sus personas jurídicas vinculadas, cuando se traten de tres o más codemandados. En efecto, conforme la referida decisión y ahora llevado a la Ley que se comenta en las acciones de cobro judicial en contra de varias personas, en caso de que no constare en el expediente el resultado de todas las citaciones a practicar, se estableció expresamente que no surtirá efecto la suspensión de la citación prevista en el artículo 228 del Código de Procedimiento Civil, con respecto de aquellas personas que ya fueren citadas, teniendo validez las citaciones ya practicadas y siendo suficiente la notificación de los citados para continuar el proceso. Obsérvese que la referida norma establece:

"Artículo 228: Cuando sean varios quienes hayan de ser citados y el resultado de todas las citaciones no constare en el expediente, por lo menos dos días antes de aquel en que debe verificarse el acto, éste quedará diferido para la misma hora del día que fije el Tribunal. Esta fijación no podrá exceder del término ordinario concedido para el acto ni ser menor de dos días.

En todo caso, si transcurrieren más de sesenta días entre la primera y la última citación, las practicadas quedarán sin efecto y el procedimiento quedará suspendido hasta que el demandante solicite nuevamente la citación de todos los demandados. Si hubiere citación por carteles, bastará que la primera publicación haya sido hecha dentro del lapso indicado".

2. *Régimen Sancionatorio*

El régimen sancionatorio fue también reformado en algunos aspectos. En primer lugar debemos señalar que se mantuvo el lapso de prescripción de diez (10) años para las acciones tendentes a sancionar las contravenciones a la Ley, contados a partir de la notificación respectiva por parte de la SUDEBAN.

En cuanto a las infracciones y sanciones, en el artículo 202 referido a de las irregularidades en las operaciones, se incluyó que las instituciones del sector bancario serán sancionadas con multa de entre el cero coma dos por ciento (0,2%) y el dos por ciento (2%) de su capital social cuando, infrinjan las limitaciones y prohibiciones previstas en la Ley, en la normativa prudencial que dicte la SUDEBAN y las regulaciones emanadas del BCV.

Por otro lado, dentro de las sanciones previstas en el artículo 210 de la Ley de Bancos, aplicables a las personas naturales responsables de infringir las limitaciones y prohibiciones establecidas en la Ley de Bancos, la normativa que emita el BCV, o la normativa prudencial de la SUDEBAN, se eliminaron los numerales 2 y 3 previstos en la legislación derogada, referidos a la suspensión del cargo por plazo no menor a tres (3) años, e inhabilitación para ejercer cargos de administración o dirección en cualquier institución del sector bancario respectivamente.

Ahora bien, en cuanto a las sanciones penales, se agregó la sanción de prisión de ocho (8) a doce (12) años para las personas naturales o jurídicas que sin estar autorizados practiquen la intermediación financiera, crediticia o la actividad cambiaria, capten recursos del público de manera habitual, o realicen cualesquiera de las actividades expresamente reservadas a las instituciones sometidas al control de SUDEBAN (artículo 198). Cabe mencionar que dicha disposición coincide en iguales términos con el artículo 212 de la Ley, referido a la captación indebida, lo que refleja un grave error por parte del legislador al momento de redactar la nueva Ley.

Por otra parte, se eliminó el artículo 232 de la Ley de 2011, que sancionaba con prisión de ocho a doce años al Superintendente de la SUDEBAN y al Presidente de FOGADE, cuando incurrieren en las infracciones graves. Las infracciones graves del Superintendente y del Presidente de FOGADE se encontraban previstas en los artículos 158 y 109 de la Ley de 2011 respectivamente, los cuales fueron desincorporados de la nueva Ley de Bancos.

3.   *Disposición Derogatoria Cuarta*

La Ley de Bancos derogó el régimen sancionatorio contenido en la Ley del Régimen Prestacional de Vivienda y Hábitat (LRPVH, publicada en la *Gaceta Oficial* N° 39.945 del 15 de junio de 2012), y estableció una sanción menor para aquellas instituciones financieras que incumplan con la cartera de crédito hipotecaria, la cual se encuentra prevista en el artículo 202 numeral 7 de la Ley de Bancos, conforme al cual se impone una multa de entre el cero coma dos por ciento (0,2%) y el dos por ciento (2%) del capital social de la institución financiera, por el contrario la multa establecida en el artículo 92, numeral 2 de la LRPVH imponía una multa de tres veces el monto de los aportes no pagados a la cartera de crédito hipotecario obligatoria.

Se eliminaron las potestades de control, inspección, supervisión y sancionatoria del BANAVIH, contenidas en los artículos 9, artículo 12 en sus numerales 8 y 23, artículo 16 numeral 8, y los artículos 88 y 90 de la LRPVH. En los casos de incumplimiento de la cartera hipotecaria obligatoria, el organismo competente para imponer las sanciones es la SUDEBAN.

Cabe mencionar que siendo la sanción prevista en la Ley de Bancos menos lesiva que la contenida en la LRPVH, en virtud del principio *"in dubio pro administrado"*, en los procedimientos sancionatorios en curso por incumplimiento de la cartera de crédito hipotecaria, que no tengan decisión definitivamente firme, deberá aplicarse la sanción prevista en la Ley de Bancos.

Sección VII: Régimen del sistema agroalimentario

Consideraciones generales sobre el aspecto sustantivo del Decreto con Rango, Valor y Fuerza de Ley del Sistema Nacional Integral Agroalimentario

Miguel Ángel Basile Urizar

Abogado

Resumen: *El Decreto con rango, valor y fuerza de Ley del Sistema Nacional Integral Agroalimentario aplicar de manera amplia en todo el sector agroalimentario, incluyendo en las actividades conexas. Ello otorga a la Administración competencias contrarias a las garantías constitucionales del derecho a la libertad económica o de empresa.*

Palabras claves: *Regulación de la agroindustria, seguridad alimentaria, libertad de empresa.*

Abstract: *The Decree-Law of the Integrated Food Industry National System, applies in with a broad scope to all the food industry, including the related activities. This grants competences to the Administrations that violates the economic freedom.*

Keywords: *Food Industry Regulation, food security, economic freedom.*

INTRODUCCIÓN

El presente trabajo tiene como objeto examinar de manera general la regulación contenida en el Decreto N° 1405 mediante el cual se dicta el Decreto con Rango, Valor y Fuerza de Ley del Sistema Nacional Integral Agroalimentario[1] ("LSNIA") en lo que respecta a las normas de carácter sustantivo y en concreta a los puntos que consideramos relevantes de cara a una aproximación inicial, con lo cual abordaremos su estudio acorde a los siguientes aspectos: (i) comentarios preliminares en torno a su publicación y efectos inmediatos; (ii) sobre el órgano rector y ejecutor de la LSNIA; (iii) respecto a las obligaciones generales aplicables a las personas sujetas a la LSNIA; y (iv) en cuanto la declaratoria de abandono y el régimen sancionatorio[2]. Precisado lo anterior, iniciaremos a continuación el análisis de cada uno de esos puntos, dentro de los límites propios de una aproximación inicial de su estudio.

---

[1]   *Gaceta Oficial* N° 6.150 Extraordinario de 18 de noviembre de 2014.

[2]   Por ejemplo, nos hemos abstenido de abordar el estudio de las modificaciones en lo que respecta a los certificados de depósito y bonos de deuda, respecto a lo cual consideramos que amerita un estudio aparte.

I. COMENTARIOS PRELIMINARES EN TORNO A SU PUBLICACIÓN Y EFECTOS INMEDIATOS

La LSNIA fue publicada en el marco de la Ley que autoriza al Presidente de la República para dictar Decretos con Rango, Valor y Fuerza de Ley en las materias que se delegan (*Gaceta Oficial* N° 6.112 Extraordinario de 19 de noviembre de 2013), dentro de las cuales se habría autorizado al Ejecutivo para dictar normas en materia de *"producción, importación, distribución y comercialización de los alimentos, materia prima y artículos de primera necesidad"* (...), en garantía de la *"seguridad*[3] *y soberanía alimentaria*[4]"[5].

A tal efecto, la LSNIA tiene como objeto "establecer y regular el Sistema Nacional Integral Agroalimentario, así como las competencias que corresponden a los órganos y entes del Estado encargados de su ejecución y control, dentro del marco de la normativa establecida en el" Decreto N° 6.071 mediante el cual se dicta el Decreto con Rango, Valor y Fuerza de Ley Orgánica de Seguridad y Soberanía Agroalimentaria[6] ("LOSSA"), de conformidad con el artículo 1.

---

[3] El artículo 305 de la Constitución (*Gaceta Oficial* N° 5.908 Extraordinario del 19 de febrero de 2009) define la seguridad alimentaria como "*la disponibilidad suficiente y estable de alimentos en el ámbito nacional y el acceso oportuno y permanente a éstos por parte del público consumidor*". Sobre el particular, Herrera Orellana ha destacado que en el Derecho Internacional y el Derecho Comparado se ha entendido por la seguridad alimentaria "*como un derecho colectivo de las personas y no como una capacidad o poder del Estado (obvio, éste no consume alimentos) y cuyos atributos esenciales serían: 1) la disponibilidad de alimentos*" (...) "*2) el acceso físico económico y social a los alimentos*" (...); "*3) la calidad y efectos nutricionales de los alimentos*" (...); y "*la libre elección de los consumidores y usuarios*" (Herrera Orellana, Luís Alfonso, "Incidencia del Decreto-Ley Orgánica de Seguridad y Soberanía Agroalimentaria y de la Ley para la Defensa de las Personas en el Acceso a Bienes y Servicios sobre la Libertad Económica", *La Libertad Económica en el Decreto-Ley sobre Seguridad y Soberanía Agroalimentaria y en la Ley para la Defensa de las Personas en el Acceso a los Bienes y Servicios*, Universidad Católica Andrés Bello, Caracas, 2011, p. 75). En términos similares, el artículo 5 de la LOSSA delimita el concepto anterior a la seguridad **agro**alimentaria, entendida como "*la capacidad efectiva que tiene el Estado, en corresponsabilidad con el sector agroalimentario nacional, para garantizar a toda la población, la disponibilidad, acceso, intercambio y distribución equitativa de los alimentos de manera estable, que aseguren las condiciones físicas y emocionales adecuadas para el desarrollo humano integral y sustentable, considerando el intercambio, la complementariedad y la integración económica entre los pueblos y naciones como elemento esencial que garantiza el derecho a la alimentación*".

[4] El artículo 4 de la LOSSA delimita el término de soberanía alimentaria a soberanía **agro**alimentaria, la cual se define como el "derecho inalienable de una nación a definir y desarrollar políticas agrarias y alimentarias apropiadas a sus circunstancias específicas, a partir de la producción local y nacional, respetando la conservación de la biodiversidad productiva y cultural, así como la capacidad de autoabastecimiento priorizado, garantizando el acceso oportuno y suficiente de alimentos a toda la población".

[5] La Academia de Ciencias Políticas y Sociales ha emitido un pronunciamiento en torno a los Decretos Leyes dictados por el Ejecutivo en base a esa Ley Habilitante, dentro del cual está la LSNIA, en el cual se advierte que éstos "*son de dudosa constitucionalidad, por cuanto han excedido el límite de la facultad temporal*" (...) que se le otorgó en primer lugar, así por cuanto se incurrió en un exceso de poder en virtud de que fueron dictados "*sin previa difusión y sin ningún tipo de consulta pública, deliberación o discusión, obviando la participación de los sectores interesados o afectados por los decretos y con íntegra sustitución de leyes preexistentes mediante la producción de nuevas leyes, en lugar de reformas parciales o puntuales*" (Academia de Ciencias Políticas y Sociales, *Pronunciamiento en razón de los recientes Decretos-Ley dictados por el Presidente de la República*, Caracas, 2 de diciembre de 2014, disponible en http://www.acienpol. org.ve/).

[6] *Gaceta Oficial* N° 5.889 Extraordinario del 31 de julio de 2008.

Se trata por tanto de una norma que debe ser interpretada de cara al marco regulatorio estipulado en la LOSSA, con independencia de que ambas tengan o no el mismo rango legal.

En tal sentido, el artículo 2 de la LSNIA define el Sistema Nacional Integral Agroalimentario como:

(...) "el conjunto de actividades públicas y privadas, necesarias para garantizar la seguridad y soberanía agroalimentaria del país, entre otras, la producción agrícola en general y su actividad económica interna, su acondicionamiento, almacenamiento, transporte, procesamiento, manufacturación, circulación, intercambio, distribución y comercialización de productos agroalimentarios[7], sus derivados y demás actividades conexas; así como todo lo relacionado con el régimen de importación y exportación de materia prima y de productos agroalimentarios".

En se sentido, ese sistema tiene como finalidad principal (i) regular, ordenar y proteger el sector agroalimentario nacional, de forma tal que se pueda (ii) mantener actualizada la información respecto a esa industria y las actividades conexas a la misma, y (iii) facilitar la coordinación de la acción de los órganos y servicios públicos competentes por la materia en lo que respecta a la rectoría, planificación y control, de conformidad con el artículo 3 de la LSNIA.

A todo evento, no queda claro qué efectos tiene la creación del Sistema Nacional Integral Agroalimentario, ya que la sola calificación del sector agroalimentario como tal no es suficiente para intensificar la intervención del Estado sobre éste de forma tal que pueda regular el sector con mayor intensidad, en forma similar a como parte de la doctrina se expresa en torno a la calificación de las actividades bajo otras figuras, como el servicio público[8].

---

[7]   El numeral 1 del artículo 6 de la LOSSA *"agroalimentario"* como la referencia a *"los productos alimenticios de origen animal o vegetal"*.

[8]   Parte de la doctrina ha sostenido que en el caso en que una actividad sea declarada como servicio público, ello habilitaría al Estado a regular con un mayor grado de intensidad dicha actividad, por virtud de la teoría del "nuevo servicio público" (Véase entre otros: Baddell, Rafael, *Desarrollo Jurisprudencial del Servicio público*, Caracas, 2006, disponible en www.badellgrau.com/?pag= 71&ct=253). Sin perjuicio de que un tema tan complejo como éste merece un estudio profundo, que escapa del objeto del presente trabajo, sí debemos advertir que en nuestro entender esa posición carece de todo fundamento jurídico en el marco del ordenamiento jurídico venezolano, especialmente atendiendo a las fuentes directas del derecho administrativo, y que el servicio público, ni otra figura, puede ser utilizado para justificar un mayor grado de intervención por parte del Estado en la actividad privada sin cumplir con las garantías constitucionales.

Al respecto, Hernández González ha indicado lo siguiente:

"No comparto esta conclusión, que mantiene una concepción minusvalorada de la libertad de empresa. La Administración no regula el ejercicio de ese derecho fundamental por cuanto la actividad de que se trata ha sido declarada servicio público. La potestad de ordenación y limitación de la Administración únicamente puede tener su origen en la Ley, y no en imprecisas declaraciones de "servicio público". De allí que, en contra de la opinión comentada, la declaratoria legal de una actividad como servicio público *es irrelevante*, pues esa sola declaratoria no habilita a la Administración para intervenir en el ejercicio de la libertad de empresa. Se insiste, tal intervención únicamente puede tener su origen en la Ley, la cual en modo alguno puede adoptar regulaciones arbitrarias" (Hernández González, José Ignacio, "Repensando a la libertad de empresa. Breve ensayo sobre la libertad de empresa en Venezuela en 2012", *Libro homenaje a Clarisa Sanoja de Ochoa*, Academia de Ciencias Políticas y Sociales, Universidad Católica Andrés Bello, Universidad del Zulia, Caracas, 2013, p. 165).

Con lo anterior, no queremos decir que en algún momento histórico en el derecho comparado o venezolano el servicio público no haya tenido efectos concretos, como la reserva de una actividad

Por otra parte, el ámbito de aplicación de la LSNIA comprende "*las personas naturales y jurídicas, de derecho público y derecho privado que, directa o indirectamente, participan o Intervienen en la realización y desarrollo de las actividades que conforman el Sistema Nacional Integral Agroalimentario*", de conformidad con el artículo 4 de la LSNIA. Es decir, la LSNIA aplica para todas aquellas personas que se dediquen a una actividad directa o indirectamente relacionada con el sector agroalimentario.

En ese orden de ideas, el artículo 8 de la LSNIA define la actividad agroalimentaria y las actividades conexas en los siguientes términos:

"1. Actividad Agroalimentaria: Conjunto de acciones realizadas por personas naturales o jurídicas, de derecho público o privado, que directa o indirectamente se relacionan con la agroalimentación, entre otras, la producción agrícola y su actividad económica interna, su acondicionamiento, almacenamiento, transporte, procesamiento, manufacturación, circulación, intercambio, distribución y comercialización de productos agroalimentarios, sus de-

---

por parte del Estado (véase en ese sentido a: Mónaco, Miguel, "El concepto de Servicio público en la Actualidad en el Derecho Administrativo Venezolano", *VI Jornadas Internacionales de Derecho Administrativo "Allan Randolph Brewer-Carías. El Nuevo Servicio público,* Tomo I, FUNEDA, Caracas, 2002), sólo que dada la proliferación de normas que declaran una actividad como servicio público en el ordenamiento jurídico venezolano sin que haya llevado consigo un cambio concreto en el régimen jurídico correlativo a las características intrínsecas de ese concepto tradicional -como ha ocurrido en el sector bancario (véase en tal sentido, Grau Fortoul, Gustavo A., "Sobre la correcta categorización jurídica de la actividad bancaria y las potestades de la Administración Pública en el Sector (A propósito de la nueva Ley de las Instituciones del Sector Bancario", *Análisis y comentarios a la Ley de Instituciones del Sector Bancario*, FUNEDA, Caracas, 2011, pp. 207 y ss.)-, el servicio público se ha convertido en una especie de concepto jurídico indeterminado, de lo cual únicamente se puede tener claro que obedece a una actividad prestacional, pero cuya calificación o *publicatio* tiene efectos inciertos, que bajo ningún concepto, en tanto se atienda al derecho a la libertad económica o de empresa, puede forzarse para crear categorías o títulos habilitantes de intervención de mayor grado para el Estado.

A todo evento, toda actuación por parte del Estado con miras a intervenir la actividad privada de los particulares debe ser interpretada restrictivamente o más bien en caso de duda siempre debe interpretarse a favor de los derechos de los particulares en contraposición a la intervención del Estado –principio *favor libertatis*- (Sentencia del Tribunal Supremo de Justicia en Sala Constitucional N° 229 de 14 de febrero de 2007, caso Ley Orgánica sobre el Derecho de la Mujer a una Vida Libre de Violencia).

En todo caso, cualquier intervención en la actividad privada que se desenvuelve en el sector agroalimentario nacional debe ceñirse al cumplimiento de las garantías constitucionales de la libertad económica o de empresa, como sería la Reserva de Ley (Sentencia del Tribunal Supremo de Justicia en su Sala Constitucional N° 1613 de 17 de agosto de 2004, caso *Henry Pereira Gorrín*). A todo evento, aun cuando resulta admisible en ciertos casos remitir el desarrollo de la regulación por vía de norma de rango sub-legal, tal circunstancia tiene un límite importante y únicamente puede ser por vía excepcional, tal y como expone Hernández González en los siguientes términos:

"Una advertencia que debe ser recalcada: las restricciones al ejercicio de esa libertad *deben ser abordadas directamente por el Legislador*, sin que la complejidad o dinamismo de la materia justifique un ejercicio ciertamente exiguo del Poder Legislativo. No puede el Legislador renunciar a abordar tales cuestiones bajo la siempre fácil excusa de la mayor capacidad técnica del Reglamento. De esa manera, la referida matización de la reserva legal, en relación con los operadores económicos privados, se manifiesta en la posibilidad de la Administración de dictar, con mayor extensión, normas sub-legales que limiten y ordenen el ejercicio de la libre iniciativa privada. No obstante, cada limitación, sin excepción, y por compleja y dinámica que sea la materia, debe tener su anclaje en la Ley" (Hernández González, José Ignacio, *Derecho Administrativo y Regulación Económica*, Editorial Jurídica Venezolana, Caracas, 2006, p. 188).

Aunado a lo anterior, debe respetarse el núcleo esencial del derecho (Sentencia del Tribunal Supremo de Justicia en la Sala Constitucional de 1° de junio de 2001, caso *Distribuidora BaiberySun 2002, C.A.*) y atender a la proporcionalidad o razonabilidad (Sentencia del Tribunal Supremo de Justicia en su Sala Constitucional N° 272 de 17 de febrero de 2007, caso *Gabriela del Mar Ramírez Pérez*), entre otras.

rivados y demás actividades conexas; así como todo lo relacionado con el régimen de importación y exportación de materia prima y de productos agroalimentarios.

2. Actividades Conexas: Las acciones que complementan la seguridad agroalimentaria y que deben ser realizadas previa autorización de la autoridad competente, tales como el transporte en sus distintos tipos y modalidades, los servicios de empaque, envasado, etiquetado, embalaje, centros de acondicionamiento y los centros destinados al beneficio de animales para el consumo humano".

Es decir, el ámbito de aplicación de la LSNIA es amplísimo, considerando que abarca la comercialización –pudiendo entenderse de manera extensiva al detal, de los derivados de los productos agroalimentarios, como podrían entenderse los productos terminados.

Por otra parte, uno de los efectos inmediatos de la LSNIA es la derogatoria de la Ley de Silos, Almacenes y Depósitos Agrícolas[9] y las demás disposiciones normativas que contravengan lo establecido por ésta, de conformidad con su disposición derogatoria única. En todo caso, es importante aclarar que sólo se entenderán por derogadas las normas que contravengan a la LSNIA cuando su contenido sea efectivamente incompatible con ésta, no bastando una interpretación según la cual sea una norma que regule la misma materia que la LSNIA[10].

Aunado a lo anterior, se mantiene expresamente la vigencia del Decreto N° 7.039 mediante el cual se dicta el Reglamento de la Ley de Silos, Almacenes y Depósitos Agrícolas[11], el cual será aplicable en la medida en que no contradiga la LSNIA y hasta tanto se dicte el instrumento que lo sustituiría en el marco de la LSNIA, de conformidad con lo estipulado en la disposición transitoria quinta.

En todo caso, el Ejecutivo Nacional deberá dictar el reglamento o los reglamentos respectivos dentro de un lapso no mayor de un año contado a partir de la fecha entrada en vigencia la LSNIA, de conformidad con la disposición transitoria tercera. Es razonable entender que ese Reglamento derogaría el Decreto N° 7.039 mediante el cual se dicta el Reglamento de la Ley de Silos, Almacenes y Depósitos Agrícolas.

II.   SOBRE EL ÓRGANO RECTOR Y EJECUTOR DE LA LSNIA

Adicionalmente, el artículo 5 de la LSNIA dispone que el Ministerio del Poder Popular con competencia en materia de alimentación ejercerá la rectoría del Sistema Nacional Integral Agroalimentario, por lo que en consecuencia será el competente de ejecutar las políticas, estrategias y planes establecidos en la materia por el Ejecutivo Nacional. A todo evento, se dispone, a su vez, que el órgano ejecutor de las disposiciones de la LSNIA será la Superintendencia Nacional de Gestión Agroalimentaria ("SUNAGRO") y los demás entes y órganos públicos a los cuales la Ley atribuya competencias en la materia, de conformidad con el artículo 6 de la LSNIA. En tal sentido, todas las actividades relacionadas con el Sistema Nacional Integral Agroalimentario que correspondan a otros entes u órganos nacionales,

---

[9]   *Gaceta Oficial* N° 38.419 Ordinario del 18 de abril de 2006.

[10]   Sobre el particular Joaquín Sánchez Covisa señala que "la derogación tácita se refiere fundamentalmente al caso de que un precepto legal se totalmente incompatible con otro precepto legal, caso en el cual, según hemos visto, el anterior queda derogado por el posterior, y pierde totalmente su vigencia, con la importante y lógica consecuencia de que la ulterior derogación del precepto derogatorio no revive de nuevo el precepto derogado, salvo que el legislador manifieste su voluntad en este sentido" (Joaquín Sánchez Covisa, *La vigencia temporal de la Ley en el ordenamiento jurídico venezolano*, Academia de Ciencias Políticas y Sociales, Caracas, 2007, pp. 94-95).

[11]   *Gaceta Oficial* N° 39.303 Ordinario de 10 de noviembre de 2009.

estadales y municipales o de otras formas de organización político territorial, deberán realizarse en coordinación con los lineamientos establecidos por el órgano rector, acorde del artículo 7 de la LSNIA.

En este sentido, las políticas y directrices del órgano rector y por vía de consecuencia las del SUNAGRO como órgano ejecutor tendrán incidencia no sólo en el ejercicio de actividades relacionadas por la Administración Pública, sino en concreto en la elaboración de los *"planes de producción y almacenamiento de productos agroalimentarios"* (...), así como *"la construcción y adecuación de estructuras destinadas a la recepción, almacenamiento, acondicionamiento, conservación y despacho de productos agroalimentarios, así como de instalaciones industriales para su procesamiento y transformación, a los fines de materializar la seguridad y soberanía agroalimentaria y la promoción del desarrollo endógeno agropecuario"*, de acuerdo con los artículos 24 y 52, respectivamente, de la LSNIA.

De igual forma, le corresponde al órgano rector elaborar el plan de cogestión y coordinación de acciones y el planes de contingencia que garanticen la rehabilitación inmediata de las estructuras que conforman el Sistema Nacional Integral Agroalimentario, en casos de desastres, emergencias, calamidad o cualquier otra, de conformidad con los artículos 55 y 56 de la LSNIA. En este sentido, no se indica mayor detalle sobre el contenido del plan de cogestión y coordinación de acciones, sin embargo en lo que respecta al plan de contingencia destaca que el órgano rector puede *"establecer políticas de contingencias"* (...) dirigidas a *"regularizar los mercados, evitar fluctuaciones erráticas del mercado, tales como **indebida elevación de precios**, acaparamiento, deficiencias en canales de distribución y otras contingencias"* (...), así como *"**fijar cupos, tarifas, períodos de almacenamiento** y otras acciones de normalización del mercado de productos de la agroalimentación"* (resaltado, subrayado y cursiva nuestra). Es decir, el órgano rector estaría habilitado por la LSNIA para ejecutar medidas en materia de precios y en general operativas en el sector agroalimentario, a través de planes, que pudiesen entenderse como actos administrativos de efectos generales[12], y los cuales en definitiva serían de cuestionable constitucionalidad tomando en consideración las garantías del derecho a la libertad económica o de empresa[13].

Finalmente en virtud de la creación del SUNAGRO se ordena la supresión y liquidación de la Superintendencia Nacional de Silos, Almacenes y Depósitos Agrícolas ("SADA"), conforme a la disposición transitoria primera de la LSNIA.

---

[12] Consideramos importante destacar que de conformidad con el numeral 4 del artículo 50 del Decreto N° 1.424 con Rango, Valor y Fuerza de Ley Orgánica de la Administración Pública (*Gaceta Oficial* N° 6.147 Extraordinario de 17 de noviembre de 2014) las regulaciones que los ministerios dictaran tienen que contar con la aprobación previa de la Vicepresidencia Sectorial competente por la materia.

[13] Sobre el particular, vale la pena destacar lo explicado por Hernández González en lo que respecta a la técnica de la planificación, en los siguientes términos:

"Como se aprecia, que el plan tenga carácter normativo y por ende ordenador, es una conclusión que, en la práctica, admite diversos grados. Sin embargo, de cara al sistema económico recogido en el Texto de 1999, pueden arbitrarse dos límites al carácter normativo del plan, en especial, frente a los particulares. Por un lado, (i) el sistema de planificación vinculante para los particulares, al ser incompatible con la autonomía en la explotación de la empresa y, por ende, con el contenido esencial de la libertad económica, resulta contrario al artículo 112 constitucional, salvo en sectores reservados al Estado. Además (ii), aun en este contexto, la planificación no puede imponerse como principio general, en tanto vaciaría uno de los presupuestos del sistema de economía social de mercado, cual es la existencia de la empresa privada" (Hernández González, José Ignacio, "Planificación y soberanía alimentaria", *Revista de Derecho Público*, N° 115, Editorial Jurídica Venezolana, Caracas, 2008, p. 390).

III. RESPECTO A LAS OBLIGACIONES GENERALES APLICABLES A LAS PERSO-
NAS SUJETAS A LA LSNIA

La LSNIA regula la actividad privada que opera en el sector agroalimentaria en términos muy generales, ya que remite a una eventual Providencia que dictaría la SUNAGRO en
lo que respecta a los requisitos y condiciones necesarias para el inicio de actividades y funcionamiento, las condiciones, requisitos y formalidades que deben cumplir una vez que se
encuentren en funcionamiento las personas sujetas a la LSNIA, incluyendo aquellos relativos
a los establecimientos e instalaciones, para la recepción, acondicionamiento, almacenamiento, producción, despacho, transporte, distribución y comercialización de productos agroalimentarios, de acuerdo con los artículos 22, 28, 31 de la LSNIA. De igual forma, a través de la
Providencia dictada por el SUNAGRO se regulará la obligación de las personas sujetas a la
LSNIA de informar a ese órgano ejecutor en lo que respecta a sus inventarios de productos
agroalimentarios que reciban, almacenen o despachen, así como sus capacidades de procesamiento y almacenamiento, de conformidad con el artículo 34 de la LSNIA.

Aunado a lo anterior, el artículo 25 de la LSNIA estipula que la movilización de productos agroalimentarios acondicionados, transformados y terminados, está sujeta a la previa
obtención de la Guía Única de Movilización, Seguimiento y Control, cuya regulación se
remite a la Resolución dictada al efecto por el Ministerio o Ministerios competentes. En todo
caso, la LSNIA únicamente establece en relación con la movilización que: (i) la Guía Única
de Movilización, Seguimiento y Control debe ser conservada por sus titulares por un período
de tiempo y condiciones iguales a las establecidas en el Decreto N° 1.434 mediante el cual se
dicta el Decreto con Rango, Valor y Fuerza de Ley del Código Orgánico Tributario[14]
("COT") para la prescripción de las obligaciones tributarias, es decir de seis (6) años,
acorde al artículo 25 de la LSNIA en concordancia con el artículo 50 del COT; y (ii) que
además de lo anterior, la movilización desde los centros de almacenamiento, o de donde éstos
se encuentren ubicados, hasta los destinos autorizados, debe efectuarse con la correspondiente Guía de Despacho, Orden de Entrega o facturas, de conformidad con el artículo 26 de la
LSNIA.

En todo caso, todo lo relativo a las guías de movilización de productos agroalimentarios
estaría desarrollado por la Resolución DM/N° 025-12 mediante la cual se establecen los lineamientos y criterios que rigen la emisión de la guía de movilización, seguimiento y control
de materias primas acondicionadas, y de productos alimenticios acondicionados, transformados, o terminados, destinados a la comercialización, consumo humano y consumo animal con
incidencia directa en el consumo humano, en el territorio nacional[15] del Ministerio del Poder
Popular para la Alimentación, así como en la Resolución Conjunta N° DM/N° 191/2008 Y
DM/N° 80 mediante la cual se regula la movilización de productos y subproductos de origen
vegetal en su estado natural, de productos alimenticios terminados destinados a la comercialización y consumo humano y la movilización de productos alimenticios terminados destinados a la comercialización para consumo animal con incidencia directa en el consumo humano[16] de los Ministerios del Poder Popular para la Agricultura y Tierras, para la Defensa y para
la Alimentación, las cuales a nuestro entender no contradicen la LSNIA por lo que en principio estarían vigentes.

---

[14]   *Gaceta Oficial* N° 6.152 Extraordinario de 18 de noviembre de 2014.
[15]   *Gaceta Oficial* N° 39.949 Ordinario de 21 de junio de 2012.
[16]   *Gaceta Oficial* N° 39.113 Ordinario de 4 de febrero de 2009.

Finalmente, el artículo 30 de la LSNIA estipula que la recepción de productos agroalimentarios debe realizarse en instalaciones públicas o privadas acorde al Plan Nacional de Producción Agroalimentaria y en el Plan Operativo Anual, además de lo contenido en la LSNIA y demás normas. En ese sentido, debemos destacar que el Plan Operativo Anual se trata de un instrumento de planificación que la SUNAGRO emite, pero cuyo contenido no es definido con detalle suficiente en el marco de la LSNIA, acorde al artículo 21 numeral 1 de la LSNIA, el cual, al igual que los demás planes, entendemos que se manifestarían a través actos administrativos de efectos generales, los cuales serían de cuestionable constitucionalidad en base a lo que hemos expuesto anteriormente.

De lo anterior, podemos entender que el régimen jurídico antes descrito es mucho más laxo en comparación con la derogada Ley de Silos, Almacenes y Depósitos Agrícolas, ya que adopta básicamente una fórmula de remisión legal a actos jurídicos de rango sub-legal o deslegalización que se encargarán de desarrollar prácticamente todas las obligaciones de las personas sujetas a la LSNIA. Ello en nuestro criterio tiene como consecuencia un grave desconocimiento de la garantía de la Reserva de Ley del derecho a la libertad económica o de empresa. Inclusive admitiendo que supuestamente aplicará la fórmula de la deslegalización, la regulación contenida en la LSNIA ni siquiera estipula restricciones claras y generales sobre la actividad que permitirían una válida remisión, sino que se trata de una simple remisión legal en blanco, lo cual reiteramos es inconstitucional por contrariar la garantía de la Reserva de Ley[17].

IV. EN CUANTO LA DECLARATORIA DE ABANDONO Y EL RÉGIMEN SANCIONATORIO

Sin perjuicio de un análisis aparte de los aspectos adjetivos de la LSNIA, debemos destacar que el artículo 67 de esa Ley estipula la posibilidad de que la SUNAGRO declaré el abandono de los productos agroalimentarios, presumiblemente en el marco de un procedimiento de inspección en la cual se haya impuesto una medida sobre tales bienes, los cuales serán destinados a fines sociales por ese órgano rector, *"sin más trámites ni procedimientos sumariales"*, en caso de que se verifiquen los siguientes supuestos:

"1. Cuando son dejados sin resguardo por su titular o poseedor durante un procedimiento de control efectuado por las autoridades competentes.

2. Cuando dentro de las cuarenta y ocho horas del inicio de la actuación no es posible identificar su poseedor o propietario.

3. Cuando no ha sido posible efectuar la respectiva notificación.

4. Cuando, cumplido el lapso de oposición para la medida preventiva previsto en el Decreto con Rango, Valor y Fuerza de Ley Orgánica en materia de Seguridad y Soberanía Agroalimentaria, hayan transcurrido diez (10) días continuos sin que alguna persona haya manifestado interés legítimo y directo sobre los productos objeto de la actuación.

5. Cuando la persona notificada de la apertura del procedimiento sancionatorio no comparece ante la autoridad respectiva dentro de los lapsos establecidos en el Decreto con Rango, Valor y Fuerza de Ley Orgánica en materia de Seguridad y Soberanía Agroalimentaria".

---

[17] Hernández González, José Ignacio, *Derecho Administrativo y Regulación Económica*, Editorial Jurídica Venezolana, Caracas, 2006, p. 188.

Se trata en nuestra opinión de una norma que atenta gravemente contra el derecho de propiedad.

En efecto, la propiedad sólo puede ser válidamente sustraída del patrimonio de un particular a través de la expropiación, medidas ablatorias como consecuencia de la potestad tributaria, confiscación, comiso, multa y requisición, bajo los términos estipulados en la Constitución y la Ley.

En ese sentido, cada una de esas normas atiende a un fin específico, como sería el caso de la expropiación que es la causa de utilidad pública, mientras que en el caso de la confiscación y el comiso opera como una sanción accesoria, lo cual *siempre debe ser acordado por el poder judicial y no únicamente bajo el ejercicio de una potestad administrativa*[18], tal y como se deduce de una interpretación coherente de los artículos 115, 116 y 271 de la Constitución.

Lo anteriormente expuesto se agrava aún más al examinar cada uno de los supuestos por los cuales la SUNAGRO podría, cuestionablemente, declarar el abandono de los productos agroalimentarios.

En relación al primero de los supuestos, es decir "*cuando son dejados sin resguardo por su titular o poseedor durante un procedimiento de control*", bastaría cuestionar si del texto de la norma se podría deducir que supuestamente se podría declarar el abandono de la mercancía en el caso en que la SUNAGRO practicara una inspección sobre tales productos en ausencia del propietario o poseedor.

En lo que respecta al supuesto según el cual "*dentro de las cuarenta y ocho horas del inicio de la actuación no es posible identificar su poseedor o propietario*", es justo decir que incluso admitiendo la fórmula de la declaratoria de abandono de los productos agroalimentarios resulta claramente un lapso excesivamente corto, tomando en consideración el lapso de treinta (30) días continuos para que opere la declaratoria de abandono en materia de aduana es mucho mayor, –y tal medida podría justificarse en materia de aduana dada la naturaleza de los depósitos aduaneros, pero no en materia agroalimentaria–, acorde al artículo 73 del Decreto N° 1.416 mediante el cual se dicta el Decreto con Rango, Valor y Fuerza de Ley de Reforma de la Ley Orgánica de Aduanas[19] e incluso el mismo plazo para que opere la prescripción extintiva de la acción del propietario o poseedor de la cosa mueble, para recuperar la cosa sustraída o perdida, es de dos (2) años, de conformidad con el artículo 1.986 del Código Civil[20].

En cuanto al supuesto relativo a la imposibilidad de practicar la notificación la norma ni siquiera identifica de qué acto se refiere, por lo que la SUNAGRO podría interpretar que se trata de la notificación para oponerse formalmente a la medida preventiva o es para presentar descargos, así como cualquier notificación relativa a un requerimiento de información sobre esa mercancía.

---

[18] Canova González, Antonio, Herrera Orellana, Luis Alfonso y Anzola Spadaro, Karina, *¿Expropiaciones o vías de hecho?*, FUNEDA, UCAB, Caracas, 2009, pp. 31-36.

[19] *Gaceta Oficial* N° 6.155 Extraordinario de 19 de noviembre de 2014.

[20] *Gaceta Oficial* N° 2.990 Extraordinario del 26 de julio de 1982.

En ese sentido, la LOSSA y la LSNIA no estipulan reglas en lo que respecta a la notificación de los actos, por lo que aplica supletoriamente la Ley Orgánica de Procedimientos Administrativos[21], por lo que la notificación de cualquier acto debe ser primero entregado en el domicilio o residencia del interesado o de su apoderado y de ser impracticable se procederá a la publicación del acto en un diario de mayor circulación de la entidad territorial donde la autoridad que conoce del asunto tenga su sede y, en este caso, se entenderá notificado el interesado quince (15) días después de la publicación, circunstancia que se advertirá en forma expresa, de acuerdo con los artículos 75 y 76 de esa Ley.

En todo caso, resulta absurdo y contrario a la garantía del derecho a la defensa contenido en el artículo 49 de la Constitución indicar que la SUNAGRO puede acordar la declaratoria del abandono de una mercancía por cuanto no pudo notificar al propietario o poseedor de la mercancía.

De igual forma, resulta ilógico y contrario al derecho a la propiedad declarar el abandono de una mercancía por no cumplir con cargas procedimentales que únicamente deberían afectar el procedimiento en sí mismo, tales como no manifestar interés legítimo y directo sobre los productos objeto de la actuación, dentro de los diez (10) días hábiles siguientes a la fecha en que se cumplió el lapso de oposición para la medida preventiva correspondiente, o no comparecer ante la SUNAGRO dentro de los lapsos establecidos en la LOSSA.

Por último, en lo que respecta al régimen sancionatorio debemos advertir que al estipular expresamente infracciones y sanciones por el incumplimiento de obligaciones contenidas en la LOSSA y la LSNIA, éstas sólo pueden aplicarse en consonancia con la prohibición de sancionar más de una vez un mismo hecho o *non bis in ídem*, estipulada en el numeral 7 del artículo 49 de la Constitución, y que en el caso de que un mismo hecho sea tipificado tanto por la LOSSA como por la LSNIA, la SUNAGRO deberá imponer la sanción menos lesiva para el imputado.

V. RECAPITULACIÓN Y CONCLUSIÓN

En base a las breves consideraciones sobre el aspecto sustantivo de la regulación contenida en la LSNIA podemos afirmar de manera inicial, sin perjuicio de un estudio más profundo en la materia y especialmente tomando en cuenta la serie de normas de rango sub-legal que seguramente se dictarán en ejecución de esa Ley, que al aplicar de manera amplísima en todo el sector agroalimentario, incluyendo en las actividades conexas, se ha conferido al órgano rector y ejecutor de dicho instrumento una serie de competencias que a nuestro entender resultan exorbitantes y contrarias a las garantías constitucionales del derecho a la libertad económica o de empresa, principalmente de cara a la Reserva de Ley, las cuales se manifiestan en una virtual remisión en blanco del desarrollo de las restricciones al sector.

Adicionalmente, y sin menos importancia, la LSNIA habilita a la SUNAGRO a declarar el abandono de los productos agroalimentarios, que presumiblemente sean objeto de una medida preventiva o en su defecto de un procedimiento administrativo por la supuesta comisión de una infracción, en términos desgarradores para el derecho de propiedad de las personas sujetas al ámbito de aplicación de la Ley, por lo cual claramente resulta inconstitucional, máxime cuando muchos de los supuestos que permitirían a ese órgano ejercer tal potestad dependen de meras cargas procedimentales.

---

[21] *Gaceta Oficial* N° 2.818 Extraordinario del 1 de julio de 1981.

Lo anterior, nos permite afirmar que la LSNIA se trata de una norma que aún cuando tenga como finalidad garantizar la seguridad y soberanía agroalimentaria, al establecer un régimen jurídico atentatorio del derecho a la libertad económica o de empresa y el derecho a la propiedad, en términos sobradamente inconstitucionales, es razonable entender que tendrá justamente el efecto contrario, ya que como bien ha advertido Grau Fortoul en torno a la LOSSA: *"la acción del sector privado en el desarrollo de actividades dentro del ámbito de la producción de alimentos, de acuerdo con el texto constitucional, constituye un presupuesto indispensable para la adecuada consecución y sostenibilidad de la seguridad alimentaria"*[22].

---

[22]   Grau Fortoul, Gustavo, "La participación del sector privado en la producción de alimentos, como elemento esencial para poder alcanzar la seguridad alimentaria (Aproximación al tratamiento de la cuestión, tanto en la Constitución de 1999 como en la novísima Ley Orgánica de Soberanía y Seguridad Alimentaria)", *Revista de Derecho Público*, N° 115, Editorial Jurídica Venezolana, Caracas, 2008, p. 424. Tal postulado también ha sido sostenido por Alfonzo Paradisi, Juan Domingo en "La Constitución económica establecida en la Constitución de 1999, el sistema de economía social de mercado y el Decreto 6.071 con rango, valor y fuerza de Ley Orgánica de Seguridad y Soberanía Agroalimentaria", *Revista de Derecho Público*, N° 115, Editorial Jurídica Venezolana, Caracas, 2008, pp. 12-18.

Sección VIII: Régimen de la industria minera

La reforma de la regulación de la reserva del Estado de las actividades de exploración y explotación del oro, así como las conexas

Víctor Rafael Hernández-Mendible

Director del Centro de Estudios de Regulación Económica en la Universidad Monteávila

Resumen: *El presente trabajo repasa la preexistente regulación del oro y analiza el posible impacto que ha supuesto la reciente reforma, en el fomento de la participación privada en la actividad minera del oro.*

Palabras claves: *Regulación – oro – reforma – actividad minera.*

Abstract: *This paper reviews the existing regulatory gold and discusses the potential impact that the recent reform has resulted in the promotion of private participation in mining gold.*

Keywords: *Regulation –Gold– reform – mining.*

I.   INTRODUCCIÓN

Una de las características más significativas del sector minero es que debiendo estar regulado por normas legales como exige la Constitución[1], por implicar limitaciones o restricciones al ejercicio de la libertad de empresa[2], actualmente constituye una actividad económica que en su totalidad se encuentra regida por decretos con rango, valor y fuerza de ley y por disposiciones reglamentarias.

Es así como el régimen general del sector fue establecido por el Ejecutivo Nacional en el Decreto Ley de Minas[3] y su Reglamento[4], que posteriormente sería modificado al menos de manera parcial al regular la actividad minera aurífera con la expedición del Decreto con rango, valor y fuerza de Ley Orgánica que Reserva al Estado las actividades de Exploración y Explotación del Oro, así como las Conexas y Auxiliares a éstas[5], cuya más reciente reforma acaba de entrar en vigor[6].

---

[1]   *Gaceta Oficial* N° 5.453, de 24 de marzo de 2000, enmendada según *Gaceta Oficial* N° 5.908, de 19 de febrero de 2009.

[2]   Artículo 112 de la Constitución.

[3]   *Gaceta Oficial* N° 5.382, de 28 de septiembre de 1999.

[4]   *Gaceta Oficial* N° 37.155, de 9 de marzo de 2001.

[5]   *Gaceta Oficial* N° 6.063, de 15 de diciembre de 2011.

[6]   *Gaceta Oficial* N° 6.150, de 18 de noviembre de 2014.

Esta regulación que no ha pasado desapercibida en la doctrina científica, –quien se ha ocupado de estudiar tanto el régimen general de la actividad minera[7], como el régimen especial de la actividad aurífera[8]–, luego de la reforma que se comenta suscita mayor interés, en virtud de la compleja situación económica que se ha producido con la significativa caída de los ingresos generados por la explotación de la actividad económica de los hidrocarburos –que ronda en promedio el 45% menos de los ingresos de ese sector– en los mercados internacionales, como consecuencia de las amenazas de nueva recesión en Europa, el decrecimiento de la producción de la actividad industrial en China y el aumento de la producción de los hidrocarburos no convencionales en los Estados Unidos de América y otros países tradicionalmente no exportadores de petróleo[9], lo que motiva la búsqueda de nuevas fuentes de ingresos mediante la explotación de otros recursos naturales y el desarrollo de actividades económicas diversas al sector hidrocarburos.

Es esta la razón que lleva a analizar cuáles han sido las reformas introducidas en la regulación de la explotación aurífera, teniendo en consideración que un adecuado marco normativo podría servir de aliciente para fomentar la inversión privada en esta actividad económica y buscar así el desarrollo o ampliación de los mercados internacionales en la comercialización del oro y en el aumento de los ingresos generados por el aprovechamiento de este recurso natural.

En aras de una mayor claridad en la exposición de las ideas, el presente trabajo se dividirá en los siguientes aspectos a saber: los aspectos de la regulación aurífera que conserva la reforma (II); los aspectos de la regulación aurífera que introduce la reforma (III); y las consideraciones finales (IV).

II.   LOS ASPECTOS DE LA REGULACIÓN AURÍFERA QUE CONSERVA LA REFORMA

La reforma no introduce variación alguna en el objeto de la regulación, que se circunscribe al régimen de las minas y yacimientos de oro, la reserva al Estado de las actividades primarias, conexas y accesorias al aprovechamiento de dicho mineral, todo ello justificado en razones de conveniencia nacional y carácter estratégico.

---

[7]   Hernández-Mendible, Víctor R., La participación privada en la actividad minera y las cláusulas ambientales, *Regulación minero petrolera colombiana y comparada,* (Cop. Luis Ferney Moreno), 7 Colección de Regulación Minera y Energética, Universidad Externado de Colombia, Bogotá, 2012, pp. 195-270; y del mismo autor, Las concesiones administrativas en la actividad minera, *Estudios Latinoamericanos sobre Concesiones y PPP,* (Coords. Andry Matilla Correa y Bruno Cavalcanti), Ratio Legis, Salamanca, 2013, pp. 347-388.

[8]   Brewer-Carías, Allan R., Comentarios sobre la Ley orgánica de nacionalización de la minería del oro y de la comercialización del oro, *Revista de Derecho Público* N° 127, Editorial Jurídica Venezolana, Caracas, 2011, pp. 65-77; Figueiras Robisco, Alejandra, "El decreto que reservó al Estado la actividad minera del oro", *Revista de Derecho Público* N° 130, Editorial Jurídica Venezolana, Caracas, 2012, pp. 307-309; Hernández-Mendible, Víctor R., "La regulación de la reserva del Estado de las actividades de exploración y explotación del oro, así como las conexas y su impacto sobre los medios de resolución de controversias", *Revista de Derecho Público* N° 130, Editorial Jurídica Venezolana, Caracas, 2012, pp. 295-306; y del mismo autor, La reserva del Estado de las actividades de exploración y explotación del oro, así como las conexas y auxiliares, *VII Congreso Iberoamericano de Regulación: Energía, Minería, Petróleo, Gas y Otros Sectores Regulados,* Universidad Externado de Colombia, Bogotá, 2012, pp. 385-410.

[9]   Hernández-Mendible, Víctor R., El paradigma del desarrollo sostenible como condicionante del uso y explotación de los recursos naturales en el MERCOSUR. *Petróleo. Bendición o Maldición. 100 Años de Zumaque I.* (Coords. Carlos Tablante y Henry Jiménez Guanipa), La Hoja del Norte, Caracas, 2014, pp. 577-609.

Igualmente se mantiene la tesis de que siendo los yacimientos de oro propiedad de la República –tal como constitucionalmente se encuentran establecidos[10]–, son bienes del dominio público inalienables, imprescriptibles y *"carentes de naturaleza comercial por ser recursos naturales no renovables y agotables"*, por lo que las consideraciones críticas efectuadas a esta errada afirmación mantienen pleno vigor[11].

Otro aspecto que se mantiene en lo esencial es el régimen de explotación de la actividad minera aurífera, de manera directa por la República a través de sus órganos o de institutos autónomos impropiamente denominados de "públicos", de empresas de exclusiva propiedad de la República, de las filiales de estas empresas, así como de empresas mixtas, en las cuales las entidades antes mencionadas deberán tener el control en la toma de sus decisiones y mantener una participación mayor del cincuenta y cinco por ciento (55%) del capital social.

Igualmente el régimen jurídico de las empresas mixtas que se constituyan para la realización de la actividad aurífera se mantiene plenamente y se precisa que los accionistas de una empresa asociada con la República en una empresa mixta, no pueden realizar el cambio de control de sus propias acciones, sin la previa autorización del Ministerio de Petróleo y Minería, quien deberá expresar si considera conveniente mantener la sociedad o no, luego del cambio de los accionistas.

Es importante destacar que si la persona jurídica pública que se ha asociado en una empresa mixta para la realización de la actividad minera aurífera, no es directamente la República, sino un ente distinto como serían los institutos autónomos, las empresas de exclusiva propiedad de la República o filiales de éstas, no opera está restricción para el cambio de control accionario.

Las empresas del Estado que fuesen titulares de asignaciones directas o derechos mineros vinculados con el mineral de oro al momento de la publicación del Decreto Ley, mantienen la habilitación para continuar realizando tal actividad, en las áreas asignadas, mientras el Ministerio de Petróleo y Minería no modifique dicha habilitación. Igualmente se mantienen los títulos habilitantes otorgados para el ejercicio de las actividades conexas o auxiliares, hasta que no se produzca la modificación por la referida autoridad administrativa.

Se eliminó la disposición que establecía, el decaimiento del objeto de las solicitudes de títulos habilitantes para el ejercicio de la pequeña minería, que se encontrasen en curso para el momento de entrada en vigencia del Decreto Ley.

Se conversa el régimen del proceso de migración –que teóricamente era transitorio y se debió extinguir en 2012–, control de operaciones y extinción de los títulos habilitantes otorgados a los particulares para la realización de la actividad económica, señalando respecto a esto último que todas las concesiones y contratos que hayan sido otorgados para la exploración y explotación conjunta de oro y otros minerales, quedan extinguidos de pleno derecho en virtud de la reserva realizada a través del Decreto Ley, pasando los bienes a la plena propiedad de la República, libres de gravámenes y cargas.

---

[10] Artículo 12 de la Constitución.

[11] Brewer-Carías, Allan R., "Comentarios sobre la Ley orgánica de nacionalización de la minería del oro y de la comercialización del oro, *Revista de Derecho Público* N° 127, Editorial Jurídica Venezolana, Caracas, 2011, p. 66; Hernández-Mendible, Víctor R., "La reserva del Estado de las actividades de exploración y explotación del oro, así como las conexas y auxiliares", *VII Congreso Iberoamericano de Regulación: Energía, Minería, Petróleo, Gas y Otros Sectores Regulados*, Universidad Externado de Colombia, Bogotá, 2012, p. 397.

No puede dejar de mencionarse como un aspecto importante, que aun cuando la nueva regulación eliminó la declaración de orden público de las disposiciones contenidas en el Decreto Ley, así como el mandato de su aplicación preferente a cualesquiera otras del mismo rango y menos aun remite de manera supletoria en lo que no se encuentre expresamente previsto a las disposiciones del Decreto Ley de Minas y su reglamento, ello no constituye óbice para que estos textos se apliquen de manera supletoria.

Esta afirmación tiene especial relevancia, pues el Decreto Ley de Minas y su reglamento regulan de manera expresa como se extinguen los títulos habilitantes que han sido otorgados para la realización de la actividad minera.

Conforme a ello, el Título VIII, denominado *"De la Extinción de los Derechos Mineros"* regla tanto la extinción de los derechos mineros, como las caducidades de los títulos habilitantes de concesiones y autorizaciones que contempla ese régimen general y señala que tal extinción debe ser declarada a través de una resolución administrativa, que deberá expedir el Ministerio de Petróleo y Minería y luego proceder a publicarla en Gaceta Oficial[12].

En consecuencia, en virtud de la aplicación supletoria de las disposiciones del Decreto Ley de Minas, la extinción de los títulos habilitantes otorgados a los particulares para la realización de la actividad económica de exploración y explotación conjunta de oro y otros minerales –siendo que estos últimos se encuentran sujetos al Decreto Ley de Minas–, se deben considerar extinguidos de pleno derecho, a partir de que el Ministerio de Petróleo y Minería produzca la resolución administrativa y la publique en Gaceta Oficial, garantizando de esta manera tanto la publicidad de tal consecuencia jurídica frente a terceros como la seguridad jurídica del momento en que cesan para el titular de la habilitación administrativa, las obligaciones derivadas de los derechos o títulos habilitantes extinguidos[13].

Una vez producida la extinción de los títulos habilitantes, las oficinas de registro público inmobiliario correspondiente deberán de oficio –de allí la importancia de la resolución administrativa y de su inmediata publicación en Gaceta Oficial– o a instancia del Ministerio de Petróleo y Minería, dejar constancia de la extinción mediante el estampando la respectiva nota marginal.

En lo atinente al régimen de constitución de servidumbres, ocupación temporal y expropiación, así como a la consideración del oro como mineral estratégico y la declaración de zonas de seguridad, se puede afirmar que no existe diferencia alguna con la normativa establecida precedentemente.

La reforma poco cambia el marco jurídico de las infracciones administrativas, pues conserva los tipos administrativos que considera antijurídicos y únicamente realiza una modificación en la sanción, al aumentar el monto máximo de la cuantía de la multa; en tanto en

---

[12]   El artículo 108 del Decreto Ley de Minas establece que "La extinción de derechos y las caducidades a que se contrae el presente Título se declararán por resolución del Ministerio de Energía y Minas la cual deberá ser en la *Gaceta Oficial* de la República de Venezuela. Contra esa resolución se podrán ejercer los recursos a que haya lugar conforme a la Ley Orgánica de Procedimientos Administrativos.

En caso de que los recursos sean ejercidos en el lapso legal y se declaren con lugar restituyendo los derechos extinguidos o caducados, la resolución que contenga la decisión deberá ser publicada en la *Gaceta Oficial* de la República de Venezuela".

[13]   El artículo 101 del Decreto Ley de Minas dispone que "La extinción de los derechos mineros no libera a su titular de las obligaciones causadas para el momento de la extinción".

materia de delitos también conserva los tipos penales que conllevan al ejercicio ilegal de las actividades e introduce un aumento de la pena, en aquellos casos en que las actividades ilegales sean desarrolladas en espacios geográficos considerados parques nacionales.

Además se reconoce la vigencia de las habilitaciones ambientales otorgadas para la ejecución de los proyectos mineros, en la medida que no se modifique de manera sustancial el cumplimiento de las condiciones que condujeron al otorgamiento de las mismas.

Finalmente cabe mencionar que conforme a lo dispuesto en el Decreto Ley de 2011, se ratificó que los conflictos y controversias que se puedan originar con motivo de la aplicación del vigente Decreto Ley, serán sometidos de manera exclusiva y excluyente a la jurisdicción de los tribunales de la República[14].

Todo lo hasta aquí expuesto plantea la necesidad de analizar sucintamente lo relacionado con la figura de la alianza estratégica, en el sector minero aurífero.

III. LOS ASPECTOS DE LA REGULACIÓN AURÍFERA QUE INTRODUCE LA REFORMA

Una auténtica novedad en la reforma regulatoria es la introducción de dos figuras inéditas –que se suman a las anteriormente establecidas–, para realizar la actividad económica aurífera, pero únicamente en lo relacionado con la minería a pequeña escala. Se trata por un lado de la alianza estratégica y por la otra de las brigadas mineras.

1. *Las alianzas estratégicas*

Se debe mencionar que la figura de la alianza estratégica entre el Estado y los particulares no tiene antecedente directo en la actividad minera, aunque si se encuentra en el marco de la contratación pública, pues la Ley que regula esta materia la había definido, –aunque de una manera bastante ambigua–, como "el establecimiento de mecanismos de cooperación entre el órgano o ente contratante y personas naturales o jurídicas, en la combinación de esfuerzos, fortalezas y habilidades, con objeto de abordar los problemas complejos del proceso productivo, en beneficio de ambas partes"[15].

Cabe destacar que esta definición lo que pretendía era identificar una categoría de negocios jurídicos que podían celebrar las autoridades administrativas sin tener la obligación de aplicar los procedimientos administrativos de selección de contratistas legalmente establecidos para la adquisición de bienes, la prestación de servicios o ejecución de obras, debiendo quedar tales negocios sujetos a un régimen de selección especial, que debía establecer el Ejecutivo Nacional mediante decreto.

Hay que advertir que el texto legal de la contratación pública fue reformado recientemente y entre otros aspectos se modifica la definición de la alianza estratégica que es considerada como "el establecimiento de mecanismos de cooperación entre el contratante y perso-

---

14 Hernández-Mendible, Víctor R., "La regulación de la reserva del Estado de las actividades de exploración y explotación del oro, así como las conexas y su impacto sobre los medios de resolución de controversias", *Revista de Derecho Público* N° 130, Editorial Jurídica Venezolana, Caracas, 2012, pp. 302-304.

15 Artículo 6.24 de la Ley de Contrataciones Públicas, *Gaceta Oficial* N° 5.877, de 14 de marzo de 2008, reimpresa por error de copia, *Gaceta Oficial* N° 38.895, de 25 de marzo de 2008; reformada por primera vez *Gaceta Oficial* N° 39.165 de 24 de abril de 2009 y posteriormente *Gaceta Oficial* N° 39.503, de 6 de septiembre de 2010.

nas naturales o jurídicas o conjunto de ellas, independientemente de su forma de organización, en la combinación de esfuerzos, fortalezas y habilidades, para la obtención de bienes, servicios u obras asociados al proceso productivo o a las actividades sustantivas del contratante, debiendo establecerse en el documento donde se formalice, las ventajas que represente para el contratante la alianza estratégica en comparación con la aplicación de las modalidades de selección de contratistas. Comprenderán igualmente los acuerdos entre órganos y entes de la Administración Pública, en un proceso de gestión con las comunidades organizadas"[16].

No obstante, el Decreto Ley que reforma la regulación de la reserva al Estado las actividades de exploración y explotación del oro, así como las conexas y auxiliares a éstas, al introducir la figura de la alianza estratégica para incluirla dentro de las modalidades de realización de la actividad minera aurífera brinda una nueva definición, conforme a la cual son consideradas, alianzas estratégicas aquellas conformadas entre el Estado, sus empresas o filiales de éstas y las sociedades u otras formas de asociación para "compartir procesos productivos, necesarios para llevar a cabo las actividades primarias y conexas para el aprovechamiento del oro", sin que ello conlleve a la comercialización del mineral aurífero, cuya actividad debe ser realizada exclusivamente por el ente estatal designado para tal efecto[17].

Tal como se puede apreciar, no son idénticas las figuras de la alianza estratégica que contempla la Ley de contrataciones públicas y la establecida en el ámbito minero aurífero.

En este último caso, además se aprecia que la alianza estratégica no puede ser para la exploración y explotación del oro en cualquier modalidad, sino para la minería considerada en pequeña escala, que al igual que el resto de la actividad económica del sector debe orientarse a un aprovechamiento racional y sostenible.

La manera como las partes formalizan la alianza estratégica es mediante un acuerdo, que deberá indicar los tipos de técnicas que se podrán utilizar para realizar la minera a pequeña escala, con sujeción a los principios ambientales, la ordenación del territorio y demás normas que rigen la materia.

Se establece la prohibición a las personas naturales –no abarca a las personas jurídicas y como toda restricción a la libertad, es de interpretación restringida y de texto expreso– que constituyan una sociedad o asociación a los fines de constituir una alianza estratégica con el Estado, de no poder participar en otra sociedad o forma de asociación que pretenda suscribir una nueva alianza estratégica. En tanto, las personas jurídicas –las empresas o entes involucrados–, conservarán su identidad jurídica y patrimonial por separado y establecerán la asociación únicamente para los fines descritos.

El Ministerio de Petróleo y Minería tiene atribuidas las siguientes competencias:

1. Establecer un registro de todas las personas que formalicen alianzas estratégicas con el Estado, a los fines de la actividad minera en pequeña escala.

2. Obtener previamente los permisos ambientales respectivos.

3. Determinar las áreas geográficas en las que se realizará el ejercicio de la minería y modificarlas reduciendo el máximo de hectáreas a ser otorgadas.

---

[16]   Artículo 6.35 de la Ley de Contrataciones Públicas, *Gaceta Oficial* N° 6.154, de 19 de noviembre de 2014.

[17]   Artículo 16 del Decreto Ley que reforma la regulación de la reserva al Estado las actividades de exploración y explotación del oro.

4. Desarrollar todo lo concerniente a las actividades mineras que llevarán a cabo las alianzas estratégicas.

5. Otorgar la autorización de explotación, mediante resolución administrativa que se publicará en la *Gaceta Oficial*, previa solicitud de los representantes de las alianzas estratégicas, que debe ser acompañada de todos los documentos pertinentes y el proyecto minero a desarrollar.

Las condiciones de la autorización para la explotación de la minería a pequeña escala son las siguientes:

1. El área geográfica otorgada no debe exceder de las veinticinco hectáreas (25 has) y dependerá de las variables ambientales que se establezcan de acuerdo al proyecto minero a desarrollar.

2. La duración será de diez años, contados a partir de su publicación en la Gaceta Oficial, pudiendo ser prorrogada por un máximo de dos períodos de hasta diez años cada uno.

3. No pueden ser enajenadas, cedidas, gravadas, arrendadas o sub-arrendadas, ni traspasadas en forma alguna.

Las autorizaciones para la explotación de la minería a pequeña escala se extinguen:

1. Por revocación, cuando se desnaturalice el objeto para el cual fueron otorgadas.

2. Se incumpla el proyecto minero a desarrollar.

3. Se desconozcan las disposiciones establecidas en materia ambiental.

4. Se distorsione el objeto de la alianza estratégica.

En todos estos supuestos de extinción de autorizaciones, se requerirá la resolución administrativa del Ministerio de Petróleo y Minería (principio del paralelismo de la competencia) y la posterior publicación en la *Gaceta Oficial* (principio de paralelismo de la forma), en garantía de la publicidad y seguridad jurídica.

Se dispone que el aprovechamiento del mineral aurífero a pequeña escala en hábitat, tierras indígenas y demás comunidades ubicadas dentro del ámbito de influencia de la actividad, debe realizarse con estricta sujeción al ordenamiento jurídico.[18]

Mientras se conforman las alianzas estratégicas y a los fines de garantizar los aportes de los operadores mineros al fortalecimiento del sistema económico nacional, se estableció un período de un año a partir de la entrada en vigencia de la reforma, que puede ser prorrogado una sola vez y por el máximo de un período igual, mediante resolución expedida por el Ministerio de Petróleo y Energía, durante el cual el ministerio y el ente designado por el Estado para la adquisición del mineral del oro, pueden adoptar de manera conjunta las medidas necesarias para comprarlo cuando provenga de las actividades primarias realizadas por personas habilitadas, en las áreas destinadas a las actividades mineras.

---

[18]   Villegas Moreno, José Luis, "Desarrollo sustentable, pueblos y territorios indígenas: una sinfonía inacabada en Venezuela: Barí y Yukpas", *Regulación minero petrolera colombiana y comparada,* (Cop. Luis Ferney Moreno), 7 Colección de Regulación Minera y Energética, Universidad Externado de Colombia, Bogotá, 2012, pp. 99-144.

2. Las brigadas mineras

La otra figura que introduce el Decreto Ley que reforma la regulación de la reserva al Estado las actividades de exploración y explotación del oro son las denominadas brigadas mineras.

Estas brigadas constituyen una forma de asociación de personas naturales –a diferencia de las alianzas estratégicas, que se pueden hacer también con personas jurídicas–, que tienen como objetivo el desarrollo de la actividad de la minería aurífera a pequeña escala.

Todo lo relacionado con la constitución, organización, duración y otros aspectos jurídicos serán establecidos por el Ejecutivo Nacional, a través del Reglamento del Decreto Ley y en cualquier caso la constitución de estas brigadas se hará bajo el control del Ministerio de Petróleo y Minería.

IV. CONSIDERACIONES FINALES

Los operadores habilitados para el ejercicio de las actividades primarias, así como las alianzas estratégicas para el ejercicio de la minería a pequeña escala, al encontrar minerales distintos al oro están en la obligación de comunicarlo inmediatamente al Ministerio de Petróleo y Minería, el cual podrá disponer de los mismos para su aprovechamiento, conforme a las modalidades previstas en el Decreto Ley de Minas.

El Estado como propietario de los yacimientos del oro tiene derecho a una participación máxima del trece por ciento (13%) por concepto de regalía, sobre el producto final del mineral extraído, pero el Ministerio de Petróleo y Minería puede rebajar la regalía hasta un mínimo de tres por ciento (3%).

El Ministerio de Petróleo y Minería en representación del Ejecutivo Nacional puede recibir la regalía en dinero –que consiste en el pago en especie– o en equivalente –que consiste en el pago en metal de oro–, no obstante hay que mencionar que la redacción del texto jurídico por impropia, genera confusión.[19]

El mineral oro que se extraiga como consecuencia del desarrollo de la actividad de exploración y explotación será de obligatoria venta y entrega preferente al Banco Central de Venezuela, salvo que el Presidente de la República disponga que sea otro ente al cual deberá venderse.

---

[19] El artículo 30 del Decreto Ley que reforma la regulación de la reserva al Estado las actividades de exploración y explotación del oro dispone que la regalía podrá ser exigida por el Ejecutivo Nacional por órgano del Ministerio de Petróleo y Minería, "en especie o en dinero", total o parcialmente. Mientras no lo exigiere de otra manera, se entenderá que opta por recibirla totalmente en dinero.

Cuando el Ejecutivo Nacional decida recibir la regalía "en especie", podrá utilizar para los efectos de beneficio, transporte y almacenamiento, los servicios de la empresa que designe a tales fines, la cual deberá prestarlos hasta el lugar indicado, y recibirá el precio que se convenga por tales servicios. A falta de acuerdo, el precio será fijado por el ministerio con competencia en materia de minería.

Si se decide recibir la regalía en dinero, quienes desarrollen las actividades primarias, deberán pagar el precio de las cantidades correspondientes, que serán medidas donde determine las normas técnicas que se dicten al efecto, a valor de mercado o valor convenido o en defecto de ambos a un valor fiscal fijado por el liquidador del mineral. A tal efecto el Ministerio de Petróleo y Minería, liquidará la planilla correspondiente, la cual deberá ser pagada al Fisco Nacional dentro de los cinco días hábiles siguientes a la recepción de la misma.

Esta obligación es de transcendental importancia, porque el oro amonedado y en barras depositado en las bóvedas del Banco Central de Venezuela puede constituir parte de las reservas internacionales del país[20].

El Banco Central de Venezuela regulará y efectuará operaciones en el mercado del oro en los términos y condiciones que él establezca a tales fines, sin perjuicio de las disposiciones contenidas en el Reglamento del Decreto Ley que reforma la regulación de la reserva al Estado las actividades de exploración y explotación del oro.

Las actividades de comercialización de las joyas de oro de uso personal, se encuentran excluidas de las disposiciones del Decreto Ley y corresponde al Ministerio de Petróleo y Minería determinar mediante resolución administrativa, los criterios para la venta de oro destinada a la fabricación de joyas de uso personal.

El anterior análisis lleva a concluir, que el Decreto Ley que reforma la regulación de la reserva al Estado las actividades de exploración y explotación del oro es insuficiente para considerar que se ha introducido una nueva política de estímulo y fomento de la participación de la iniciativa privada e inversión de grandes capitales nacionales e internacionales en la actividad minero aurífera; por el contrario, el mismo se ha limitado a impulsar la minería en pequeña escala, lo que no parece que vaya a compensar al Estado la caída de los ingentes ingresos económicos, que percibía por el desarrollo de las actividades del sector hidrocarburos.

---

[20] Artículo 127 de la Ley del Banco Central de Venezuela, *Gaceta Oficial* N° 6.155, de 19 de noviembre de 2014.

Breves notas sobre la *Ley Orgánica que reserva al estado las actividades de exploración y explotación del oro, así como las conexas y auxiliares a estas*

Ramsis Ghazzaoui
Profesor de Derecho Administrativo en la
Universidad Católica Andrés Bello (UCAB)

Resumen: *El artículo analiza La Ley Orgánica de Reserva de actividades de minería de oro.*

Palabras clave: *Minas, Dominio Público, Oro.*

Abstract: *This research analyzes the Gold Mining Activities Organic Law.*

Keywords: *Mines, Public Domain, Gold.*

Conforme al artículo 12 de la Constitución venezolana[1], los yacimientos mineros, cualquiera que sea su naturaleza, existentes en el territorio nacional, pertenecen a la República, son bienes del dominio público y, por tanto, inalienables e imprescriptibles. Esta afectación constitucional demanial de las Minas es reiterada en el artículo 2 del Decreto con Rango y Fuerza de Ley de Minas[2]; en el artículo 3 del derogado Decreto con Rango, Valor y Fuerza de Ley Orgánica que reserva al Estado las actividades de exploración y explotación del oro[3] referido a la minería de oro, y ratificado en el artículo 7 del vigente Decreto con Rango, Valor y Fuerza de Ley Orgánica que reserva al Estado las actividades de exploración y explotación del oro, así como las conexas y auxiliares a éstas[4]. Este nuevo texto normativo modifi-

---

[1] *Gaceta Oficial* Extraordinaria N° 5.453 del 24 de marzo de 2000, enmendada conforme *Gaceta Oficial* Extraordinaria N° 5.908 del 19 de febrero de 2009.

[2] *Gaceta Oficial* Extraordinaria N° 5.382 del 28 de septiembre de 1999.

[3] *Gaceta Oficial* N° 39.759 del 16 de septiembre de 2011, modificado por la Reforma Parcial del Decreto con Rango, Valor y Fuerza de Ley Orgánica que reserva al Estado las actividades de exploración y explotación del oro, así como las conexas y auxiliares a estas (*Gaceta Oficial* Extraordinaria N° 6.063 del 15 de diciembre de 2011). Un detallado estudio de este cuerpo normativo en Brewer-Carías, Allan R., *Tratado de Derecho Administrativo. Derecho Público en Iberoamérica*. Volumen V. Civitas, Thomson Reuters, Madrid, 2013, pp. 605-618. También como "Comentarios sobre la Ley Orgánica de Nacionalización de la minería del oro y de la comercialización del oro" en *Revista de Derecho Público* N° 127, Editorial Jurídica Venezolana, Caracas, 2011, pp. 65-77. Sobre el mismo tema Hernández-Mendible, Víctor Rafael. "La regulación de la reserva del Estado de las actividades de exploración y explotación del oro, así como las conexas y su impacto sobre los medios de resolución de controversias" en *Revista de Derecho Público* N° 130, Editorial Jurídica Venezolana, Caracas, 2012, pp. 295-306. Pernía-Reyes, Mauricio Rafael. "La minería en Venezuela y el nuevo régimen jurídico del aprovechamiento del oro" en *Revista Tachirense de Derecho* N° 23, Universidad Católica del Táchira, San Cristóbal, 2012, pp. 118-128.

[4] *Gaceta Oficial* Extraordinaria N° 6.150 del 18 de noviembre de 2014.

ca sus dos versiones anteriores, sin embargo, el objeto de la Ley es el mismo, regular el régimen de las minas y yacimientos de oro, regular la reserva de las actividades primarias, conexas y auxiliares, los aprovechamientos del mineral de oro y la creación de empresas y asociaciones estratégicas.

Esta "nueva" ley que reserva al Estado la actividad aurífera de exploración y extracción, conexas y auxiliares no difiere en muchos aspectos de su precursora del mismo nombre y su reforma parcial, sin embargo, señalaremos breve y únicamente los aspectos novedosos y más relevantes de la misma:

1) Como ya es común en varios cuerpos legislativos producto de habilitaciones legislativas al Ejecutivo se pretende dar primicia a sus disposiciones señalando que sus normas se aplicaran con preferencia a otras del mismo rango y disponiendo que el Decreto con Rango y fuerza de Ley de Minas y su reglamento se aplicara supletoriamente a la misma (artículo 2). Ya la Ley de Minas del año 1999 establecía un régimen de explotación, exploración y aprovechamiento de todos los recursos mineros en el artículo 7, el cual indica que solo puede llevarse a cabo:

a) Directamente por el Ejecutivo Nacional.

b) A través de concesiones de exploración y subsiguiente explotación

c) Autorizaciones de explotación para el ejercicio de la pequeña minería

d) Mancomunidades mineras, y

e) Minería artesanal.

El nuevo régimen de actividades reservadas se enmarca en el artículo 9, estableciéndose una nueva figura con respecto a la Ley de Reserva del oro de 2011, las alianzas estratégicas y la participación del Banco Central de Venezuela, así:

a) Por la República o a través de sus Institutos Públicos, o empresas de su exclusiva propiedad, o filiales de estas.

b) Por empresas mixtas, donde la República o alguno de los Institutos o empresas del Estado o sus filiales tenga control de decisión y mantenga 55% del capital social.

c) Alianzas estratégicas entre la República y otras sociedades, para el ejercicio de la pequeña minería.

El Banco Central de Venezuela podrá formar asociaciones con Institutos o empresas del Estado.

Sin embargo, siguiendo el modelo militarista del régimen centralizado de gobierno actual, en la ley se incluye otra figura denominada "brigadas mineras", para el ejercicio de la minería a pequeña escala y constituido como una asociación de personas naturales (artículo 17).[5]

2) Se declara la reserva de actividades primarias, conexas y auxiliares de la minería de oro (artículo 6). Llama la atención que el legislador insiste en reservar el beneficio de la actividad extractiva como actividad y auxiliar, cuestión que a todas luces es absurda en el régimen de comercialización del oro, ya que a pesar que los yacimientos de oro son dominio

---

[5]   Pensamos se corresponde con la figura de las Mancomunidades mineras establecidas en los artículos 77 y siguientes de la Ley de Minas.

público, la incomerciabilidad, de donde tienen fundamento la inalienabilidad y la imprescriptibilidad como caracteres del dominio público, se refieren al yacimiento, a las minas, mas no al producto de su explotación o extracción. En referencia a la Reserva de actividades hay que señalar que la Ley de Minas establece la figura de la reserva demanial, tanto de las actividades de exploración y explotación como las conexas y auxiliares, el almacenamiento, la tenencia, el beneficio, el transporte, la circulación y el comercio de minerales regidos por la Ley[6]. La reserva demanial es un supuesto singular de uso privativo realizado por la propia Administración titular de los bienes, la cual puede reservarse para sí el uso y la explotación de determinadas parcelas o modalidades de un bien, con efectos excluyentes de su utilización por terceros. Constituye una excepción a la regla general del uso común. La reserva demanial podrá declararse, en principio, sobre bienes que no estén afectados a un uso especial o privativo, pues en tales casos será necesario producir primero un acto revocatorio que extinga el uso y le permita a la Administración ocupar el bien.[7] No debe confundirse la reserva demanial con la reserva o *publicatio* de actividades o sectores[8]. Este último fue el titulo por el cual se fundó la intervención estatal en la actividad aurífera, acordada de conformidad con lo previsto en el artículo 302 constitucional.[9]

3) Se define que es la minería a pequeña escala como la actividad de exploración, explotación y conexas llevadas a cabo bajo la forma de alianzas estratégicas entre sociedades o grupos organizados y la República, exceptuándose la actividad de comercialización que necesariamente queda en manos de un ente estatal (artículos 15 y 16).[10]

4) La Ley de Reserva de la actividad de minería aurífera plantea el límite máximo de área (25 hectáreas) a otorgar para la explotación bajo la modalidad de minería a baja escala por medio de las alianzas estratégicas a través de la autorización de explotación[11] que durara

---

[6]   Artículos 23 y 86 de la Ley de Minas.

[7]   Sobre la figura de las reservas demaniales, Barcelona Llop, Javier, "Utilización de los Bienes y Derechos destinados a un servicio público. Reservas demaniales" AA.VV (Coordinadora: Chinchilla Marín, Carmen) en Comentarios a la Ley 33/2003, del Patrimonio de las Administraciones Públicas, Thomson Civitas, Madrid, 2004, pp. 547-563. Del mismo autor, su ya clásica obra *La Utilización del Dominio Público por la Administración: Las Reservas Dominiales*, Editorial Aranzadi, Pamplona, Navarra, 1996, 245 y ss.

[8]   Sobre la distinción entre una y otra figura, Martínez López-Muñiz, José Luis, "La *publicatio* de recursos y servicios" en Cosculluela Montaner, Luis (Coordinador) *Estudios de Derecho Público Económico. Libro Homenaje al Prof. Dr. D. Sebastián Martín-Retortillo Baquer*, Civitas, Madrid, 2003, pp. 701.

[9]   La Reserva es entendida como la técnica más drástica de intervención del Estado, a través de la cual éste asume, para sí, la titularidad de determinada actividad económica, excluyendo a los particulares. La Reserva es entendida como la política del Estado por medio de la cual excluye a la libertad económica de determinada área del quehacer económico. Que una actividad se encuentre reservada implica, precisamente, que su desarrollo no puede ser llevado a cabo por la iniciativa privada en ejercicio de la libertad económica, sino únicamente a través de la respectiva concesión, cuyo efecto primario viene a ser la traslación del derecho a explotar la actividad que ha sido reservada...*Vid*., con provecho, Hernández-González, José Ignacio. *Derecho Administrativo y Regulación Económica*. Colección Estudios Jurídicos N° 83, Editorial Jurídica Venezolana, Caracas, 2006, pp. 113 y ss.

[10] Se corresponde con la pequeña minería a que se contraen los artículos 64 y siguientes de la Ley de Minas.

[11] Se trata de una autorización "operativa", en la que la Administración participa de la gestión de la actividad incluyendo condiciones o modos y vigilando o modulando permanentemente el ejercicio del derecho. "Comúnmente se ha usado la noción clásica de autorización que se ajusta a un acto administrativo que permite a una persona el ejercicio de un derecho o facultad que le corresponde, previa valoración de la legalidad de tal ejercicio en relación con el interés específico que el sujeto

10 años, prorrogables hasta por dos periodos iguales, previa obtención por parte del Ministerio del Poder Popular de Petróleo y Minería los permisos ambientales correspondientes (artículos 18, 19, 20 y 21).

5) Se confirma el efecto de la Reserva de las actividades auríferas al establecerse la extinción de pleno derecho de las concesiones o títulos mineros que se hayan otorgado antes de la vigencia de la Ley (artículo 27 y Disposición Transitoria Sexta) Ahora bien, pensamos que a los titulares concesionarios y autorizados antes de la reserva establecida en la ley vigente se le debe indemnizar la parte de las inversiones en bienes y servicios no amortizados, tal como lo establecía el artículo 16 de la Reforma parcial de la Ley de Reserva de actividades auríferas (2011) y el artículo 28 de la Ley vigente.

6) Se cambia el monopolio de la consignación y venta del oro, que pasa del Ministerio del Poder Popular de Petróleo y Minería a manos del Banco Central de Venezuela. Se ratifica la exclusión del ámbito de aplicación de la Ley de Reserva a las actividades de comercialización de joyas de oro de uso personal (artículo 32).

7) Se crea un Fondo denominado Fondo Social Minero, como servicio desconcentrado del Ministerio del Poder Popular de Petróleo y Minería con autonomía presupuestaria y financiera con la finalidad de garantizar los recursos para el desarrollo social de las comunidades aledañas a las áreas destinadas al ejercicio de las actividades mineras (artículo 34).

8) Por último, se añade que el ejercicio ilegal de actividades mineras primarias, conexas o accesorias en Parques Nacionales por parte de personas naturales o socios o directores de empresas autorizadas será penado con prisión de cinco a diez años (artículo 45).

---

autorizante debe tutelar; y desde este punto de vista tradicional, la autorización administrativa, en cuanto acto de control preventivo y de carácter meramente declarativo que no transfiere facultades sino que remueve limites a su ejercicio, ha de ser otorgada o denegada por la Administración con observancia de la más estricta legalidad. Pero esta visión se completa con una técnica autorizatoria que no se reduce ya al simple control negativo del ejercicio de derechos, sino que se extiende a la regulación misma de la actividad, con el propósito decidido de orientar y encauzar positivamente la actividad autorizada en el sentido de unos objetivos previamente definidos en las normas aplicables; su virtualidad no se agota en el control preventivo que la Administración efectúa, el control administrativo se extiende ex post facto, para verificar materialmente, mediante la correspondiente comprobación, efectuada antes de dar comienzo a la actividad autorizada, primero, el cumplimiento efectivo de las condiciones fijadas y después, a lo largo del desarrollo de la actividad, el funcionamiento adecuado de la misma en las condiciones precisas de seguridad, salubridad, etc...se trata de garantizar tales condiciones, restablecerlas o restaurarlas" (Sentencia del Tribunal Supremo Español de 26 de marzo de 2001, relativa a una autorización para aprovechamiento minero de la sección A). *Vid.* Laguna De Paz, José Carlos. *La autorización administrativa.* Thomson Civitas, Cizur Menor, Navarra, 2006, pp. 138 y ss.

Sección IX: Régimen de los arrendamientos urbanos

La última innovación regulatoria en materia inquilinaria: Decreto con Rango, Valor y Fuerza de Ley N° 929, de Regulación del Arrendamiento Inmobiliario de Uso Comercial[1] o de cómo en el país de los ciegos el tuerto es Rey

Jorge C. Kiriakidis L.

Profesor de la Universidad Monteávila

Resumen: *El Decreto con Rango, Valor y Fuerza de Ley N° 929, de Regulación del Arrendamiento Inmobiliario de Uso Comercial, aun cuando introduce algunas mejoras, plantea retos, tales y como unificar nuevamente la regulación inquilinaria, eliminar las desigualdades irracionales, aumentar el radio de la libertad contractual y eliminar las instancias o trabas administrativas al acceso a la justicia.*

Palabras claves: *Regulación del Arrendamiento Inmobiliario de Uso Comercial.*

Abstract: *The Decree-Law N° 929, of Property Leasing of Commercial Use Regulation, even when introduced some improvements, poses challenges such as the unification of the leasing regulation, eliminating irrational inequalities, increase the scope of contractual freedom and eliminate barriers to the justice access.*

Keywords: *Property Leasing of Commercial Use Regulation.*

INTRODUCCIÓN

Vencido el plazo de la Primera Habilitante otorgada al Presidente Nicolás Maduro[2], *circularon*[3] una serie de *Gacetas Oficiales Extraordinarias* con fecha de los dos (2) últimos días

---

[1]   Gaceta *Oficial* N° 40.418 del 23 de mayo de 2014, consultada en: http://www.mp.gob.ve/c/docu ment_library/get_file?p_l_id=10240&folderId=4595739&name=DLFE-7784.pdf

[2]   Ley que autoriza al Presidente de la República para dictar Decretos con rango, valor y fuerza de Ley en las materias que se delegan, publicada en la *Gaceta Oficial* N° 6.112 Extraordinario del 19/11/2013, en cuyo artículo 3 se establece la duración de la habilitación legislativa dada al Presidente del modo siguiente: *"La habilitación al Presidente de la República para dictar Decretos con Rango, Valor y Fuerza de Ley en las materias que se delegan tendrá un lapso de duración de **doce (12) meses, para su ejercicio, contados a partir de la publicación de esta Ley en la Gaceta Oficial de la República Bolivariana de Venezuela"**.* Lo que significa que la facultad habilitada al Presidente de dictar Decretos con rango y fuerza de Ley solo podía ser ejercida hasta el día 18/11/2014.

[3]   En efecto, las Gacetas Oficiales circularon (y podríamos decir que se imprimieron) en una fecha distinta y posterior a la fecha que ellas señalan como su fecha de publicación (en algunos casos con varios días de diferencia). Esta ha sido una práctica recurrente durante los últimos quince (15)

del plazo (Extraordinarias Nros. 6.148, 6.149, 6.150, 6.151, 6.152, 6.153 de fecha 18/11/2014 y 6.154, 6.155 y 6.156 de fecha 19/11/2014), en las que se incluyeron 45 nuevos Decretos Leyes, que sumados a los 11 que aparecieron publicados y circularon dentro del plazo dado por la Habilitante, completaron un total de 56 instrumentos de rango legal que irrumpen y afectan el ordenamiento jurídico vigente.

Frente a esto la Revista de Derecho Público invitó –de manera abierta– a un grupo de profesores de las distintas Universidades del país, a participar en la elaboración de un volumen especial de la prestigiosa Revista de Derecho Público dedicado al análisis breve de estos instrumentos y el modo en cómo afectan y modifican el ordenamiento jurídico venezolano.

Atendiendo a esa gentil invitación decidimos dedicar unos comentarios a la más reciente adición que, con ocasión a la referida Ley Habilitante, se hizo a la ya dispareja y confusa normativa especial inquilinaria Venezolana: el Decreto con Rango, Valor y Fuerza de Ley N° 929, de Regulación del Arrendamiento Inmobiliario de Uso Comercial.

Y es que durante los últimos años la materia inquilinaria (antes regulada de manera coherente y concentrada en un solo texto) ha visto aparecer diversos instrumentos que la esciden artificialmente en tres (3) sub especialidades, en las que las reglas aplicables son diferentes y disparejas. En efecto, dependiendo si el contrato de arrendamiento tiene por objeto un inmueble dedicado a vivienda, o uno dedicado a oficina o uno dedicado a comercio, entran en juego las normas de la Ley de Ley para la Regularización y Control de los Arrendamientos de Vivienda[4], o las normas del Decreto con Rango, Valor y Fuerza de Ley N° 427 de Arrendamientos Inmobiliarios[5], o finalmente, las normas del Decreto con Rango, Valor y Fuerza de Ley N° 929, de Regulación del Arrendamiento Inmobiliario de Uso Comercial.

El último de estos instrumentos (objeto de estas notas), el Decreto con Rango, Valor y Fuerza de Ley N° 929, de Regulación del Arrendamiento Inmobiliario de Uso Comercial, dejó sin efectos (dice que "se deroga", como si se tratara de una "Ley") el inconstitucional Decreto N° 602 contentivo del Régimen Transitorio para inmuebles destinadas a actividades comerciales, industriales o de producción[6].

Este instrumento establece el régimen jurídico especial aplicable exclusivamente a los arrendamientos de inmuebles dedicados a actividad comercial (artículo 1), entre otros: los

---

años, más aún cuando se trata de publicar Decretos Leyes al final del plazo que dan las Leyes Habilitantes. Así, se intenta dar una apariencia de cumplimiento de los plazos de la Habilitante, cuando la realidad es que los Decretos Leyes son efectivamente publicados luego de fenecido el plazo perentorio e improrrogable que da la Ley Habilitante y así, han sido dictados por una autoridad constitucionalmente incompetente para legislar. Asunto que deja bajo sospecha de inconstitucionalidad a todos los instrumentos resultantes de esta práctica.

[4]   Consultada en: http://www.pgr.gob.ve/dmdocuments/2011/6053.pdf

[5]   Este Decreto Ley dictado con fundamento en la Ley Orgánica que autoriza al Presidente de la República para dictar Medidas Extraordinarias en Materia Económica y Financiera requeridas por el Interés Público de fecha 22 de Abril de 1999, publicada en la *Gaceta Oficial* de la República de Venezuela N° 36.687 de fecha 26 de abril de 1999, fue publicado (de modo definitivo y luego de una reimpresión "por errores de copia") en la *Gaceta Oficial* de la República de Venezuela N° 36.845 del 7 de diciembre de 1999, consultada en http://www.pgr.gob.ve/dmdocuments/1999/36845.pdf

[6]   La disposición derogatoria segunda textualmente señala: *"Se deroga el Decreto N° 602, mediante el cual se estableció un régimen transitorio de protección a los arrendatarios de inmuebles destinados al desempeño de actividades comerciales, industriales o de producción", del 29 de noviembre de 2013, publicado en Gaceta Oficial N° 40.305 de la misma fecha"*

locales comerciales ubicados en centros comerciales, edificaciones de vivienda u oficina, edificaciones con fines turísticos, Quioscos, stands etc. (artículo 2). Así, es el uso comercial del inmueble lo que determina la aplicación del régimen contenido en este instrumento (artículo 1).

En razón de ello expresamente se excluye de su ámbito de aplicación (artículo 2) los arrendamientos que tengan por objeto: (i) inmuebles destinados a vivienda y las pensiones, habitaciones y residencias estudiantiles (a estos les resulta aplicable lo dispuesto en la Ley para la Regularización y Control de los Arrendamientos de Vivienda); (ii) inmuebles dedicados industrias, oficinas, consultorios, laboratorios, quirófanos (a los que parecería aplicable el régimen jurídico contenido en la aun parcialmente vigente de la Ley de Arrendamientos Inmobiliarios, dejando a salvo que este Decreto Ley "suprime" a la Dirección de Inquilinato), (iii) los inmuebles destinados a alojamiento turístico, tales como hoteles, moteles, posadas etc., (estos establecimientos están sometidos a las previsiones de la legislación de Turismo), y por último (iv) la fincas y los terrenos no edificados (a los que, salvo previsiones especialmente aplicables a la materia turística, resultan aplicables las normas del Código Civil).

Ahora bien, la reglamentación del arrendamiento para inmuebles de uso comercial que hace este nuevo instrumento supone lo siguiente:

1. La eliminación de la *regulación de alquileres* y el establecimiento parámetros obligatorios para el establecimiento consensuado de los cánones de alquiler. Efectivamente, este instrumento termina con la competencia administrativa de fijar los cánones de arrendamiento (por lo menos en lo que se refiere a los inmuebles de uso comercial) y en su lugar dispone que los cánones de arrendamiento serán fijados "de común acuerdo" (encabezado del artículo 32). El Decreto Ley además establece (limita) las opciones de establecimiento del canon de arrendamiento que pueden pactar arrendadores y arrendatarios a tres (3):

(i) Fijo (CAF), se establece partiendo del valor del inmueble (la Ley en realidad se refiere al "el costo de reposición") que será determinado privadamente atendiendo a una metodología que debe establecer la SUNDEE (artículo 31) y a partir de ese valor se determina el porcentaje de rentabilidad, que dependiendo de si se trata de un inmueble nuevo o no será de hasta 20% o 12% (en cada caso) de ese valor por año (ordinal 1ro del artículo 32). Este Canon Fijo es esencialmente ajustable de manera anual y teniendo como tope máximo la variación porcentual oficial (publicada por el BCV) anual del grupo "bienes y servicios diversos" considerado en el Índice de Precios al Consumidor del año anterior (artículo 33). El ajuste podrá hacerse antes, cuando se hayan ejecutado mejoras cuyo costo exceda el 40% del valor del inmueble;

(ii) Variable (CAV), que vendrá determinado por un porcentaje de entre el 1% y el 8% del monto bruto de las ventas expresado en las declaraciones mensuales del IVA del inquilino. Ese porcentaje será de entre el 8% y el 15% cuando la actividad comercial principal del inquilino en el inmueble sea "entretenimiento" (ordinal 2do del artículo 32);

(iii) Mixto (CAM), que se compone de una fracción de 50% calculada como Fijo y una porción del 50% calculado como Variable. En todo caso, la ley establece que en estos casos si la porción Variable supera el doble de la fija, el modo de determinación del 100% del canon se hará por el método Variable (ordinal 3ro del artículo 32).

En caso de no lograrse el acuerdo las partes acudirán a la SUNDEE para que esta resuelva el método de fijación aplicable al contrato.

2. La asignación de las competencias administrativas en materia de arrendamientos de inmuebles dedicados a comercio al Ministerio con competencia en Materia de Comercio y a la SUNDEE y la extinción de la Dirección de Inquilinato. El Decreto Ley establece que "la rectoría en la aplicación de este Decreto Ley" corresponde al Ministerio con competencia en Materia de Comercio con asistencia (debería decir "por órgano") de la SUN-DEE (artículo 5).

En este sentido la SUNDEE es el ente encargado de: (a) resolver los conflictos o dudas respecto de los arrendamientos por suscribir (artículo 7) y muy especialmente (b) cuando las partes no logren un acuerdo en cuanto a la metodología para la determinación de los cánones de arrendamiento (artículo 32, último párrafo). Además la SUNDEE está facultada para (c) determinar el monto que debe reintegrar –del depósito– el arrendador al arrendatario a la finalización del contrato (numeral 1 del artículo 22); o bien (d) autorizar al arrendador a retener parte o la totalidad del depósito en caso de que, a la finalización del arrendamiento, el arrendatario se encuentre en mora en el pago de sus obligaciones (numeral 2 del artículo 22).

La SUNDEE es igualmente competente (e) para supervisar y acordar la metodología de avalúo a ser aplicada en la fijación del canon Fijo (artículo 31) y para "modificar mediante providencia administrativa los porcentajes de rentabilidad anual establecidos (…)" en el artículo 32 del Decreto Ley.

Por último (f) el Decreto Ley le atribuye la competencia de imponer sanciones (artículo 44) al "órgano rector en la materia" (esto es el Ministerio con competencias en materia de Comercio, según lo dispone en el artículo 5) o "a la instancia bajo su adscripción que este designe"[7] (en todo caso la SUNDEE si se atiende a lo que establece el artículo 5). La ley no define un procedimiento administrativo sancionatorio especial para la aplicación de las sanciones, de modo que es razonable pensar, salvo mejor opinión, que resultará aplicable el procedimiento administrativo ordinario a que se refiere la Ley Orgánica de Procedimientos Administrativos. Lo que si define la ley son las sanciones (todas ellas multas unas de 500 Ut, otras de 1.500 Ut y finalmente otras de 2.500 Ut) y los supuestos que aparejan tales sanciones (en el primer caso el incumplimiento de las disposiciones contenidas en los artículos 30, 40, literales "a" y "b", y el 42; en el segundo caso la infracción de lo previsto en los artículos 10, 11, 15, 16, 18, 19, 24, 26, 38 y 41, literales "d", "f", "g", "i" y "j", y por último; en el tercer caso el incumplimiento de lo dispuesto en los artículos 8, 13, 17, 31, 32, 34, 35, 36, 37 y 41, literales "c", "e", "h", "k", "l" y "m").

De otra parte, en su disposición transitoria quinta el Decreto Ley "ordena la supresión de la Dirección General de Inquilinato del Poder Popular para la Vivienda y Hábitat". Lo curioso es que el Legislador especial se ha olvidado de determinar qué organismo va a tomar para si las competencias de la Dirección de Inquilinato en materia inquilinaria para los asuntos en los que aún conserva vigor la Ley de Arrendamientos Inmobiliarios (en efecto, los arrendamientos de inmuebles para industria y para oficinas, aún se encuentran sometidos a las disposiciones de aquel instrumento jurídico).

3. El establecimiento procedimientos judiciales. El Decreto Ley se refiere a dos (2) tipos procedimientos judiciales, a saber, aquellos por los que se ventilan diferencias entre arrendador y arrendatario, y aquellos que tienen por objeto una actuación de la Administración Pública en materia inquilinaria.

(i) Del Procedimiento Judicial para resolver diferencias entre arrendador y arrendatario. El Decreto Ley establece que las reclamaciones en materia de arrendamiento de inmuebles

---

[7] Formula de dudosa constitucionalidad, ya que la asignación de las competencias es de la reserva legal y según el principio de legalidad en materia administrativa requiere de texto –legal– expreso.

destinados a comercio será *"competencia de la jurisdicción ordinaria, por vía del procedimiento oral establecido en el Código de Procedimiento Civil hasta su definitiva conclusión"* (artículo 43 segundo párrafo). Así, este instrumento establece un procedimiento especial y *diferente* al establecido en la Ley para la Regularización y Control de los Arrendamientos de Vivienda (especial tramitar las controversias judiciales sobre arrendamientos que tengan por objeto un inmueble dedicado a Vivienda) y diferente al procedimiento establecido por el Decreto Ley de Arrendamientos Inmobiliarios (especial para tramitar las controversias judiciales sobre arrendamientos que tengan por objeto un inmueble dedicado a usos industriales o de oficina).

Ahora bien, el instrumento incluye algunas disposiciones que modifican, puntualmente, el trámite del procedimiento oral dispuesto en el Código de Procedimiento Civil, y concretamente:

a. Expresamente prohíbe el arbitraje privado como medio para resolver los conflictos en materia de arrendamiento comercial (artículo 41, literal "j"). Asunto que, en nuestra opinión, resulta una burla a lo dispuesto en el artículo 258 de la Constitución, en el que se ordena al legislador "promover el arbitraje" como medio para la resolución de conflictos entre particulares. Además, es una previsión inexplicable de cara a la crisis judicial que existe en el país por el exceso de causas judiciales.

b. Igualmente el Decreto Ley prohíbe el otorgamiento de Medidas Cautelares de secuestro de muebles o inmuebles, salvo que se agote una "instancia administrativa correspondiente", de la que sólo se dice deberá ser resuelta en treinta (30) días continuos, luego de lo que "se entenderá agotada la instancia administrativa (artículo 41, literal "l")[8]. El instrumento no establece procedimiento alguno, por lo que es razonable suponer que resulta aplicable *el procedimiento administrativo sumario* a que se refieren los artículos 67, 68 y 69 de la LOPA (y no el ordinario, dado que la tramitación de aquel excedería los 30 días que da el Decreto Ley). De hecho esta prohibición resulta aplicable no solo a los procedimientos judiciales incoados con posterioridad, además alcanza (merced de lo ordenado en la Disposición Transitoria Tercera) a los juicios en curso (es decir incoados con anterioridad a la entrada en vigor de este Decreto Ley) donde ya se haya declarado el secuestro y siempre que esté pendiente la ejecución de las mismas.

Ahora bien, con lo así dispuesto el Decreto Ley **no establece una obligación de agotamiento de la vía administrativa** de cara al acceso a la vía judicial (ni a la ordinaria ni a la contencioso administrativa), nada en el contenido de las normas antes referidas (el literal "l" del artículo 41 y la Disposición Transitoria Tercera) permite sostener la existencia de un requisito de tal naturaleza.

En otra disposición, al regular lo atinente al *Finiquito* (esto es, la liberación que se dan las partes luego de concluida una relación contractual, teniendo presente que según el Diccionario de la Real Academia de la Lengua Española el término significa *"Remate de las*

---

[8]   Frente a esto último surgen una enorme cantidad de interrogantes: ¿Qué ocurre si el Juez ordena la medida cautelar y la Administración no la autoriza? ¿Acaso la providencia administrativa debe prevalecer sobre la decisión judicial? ¿Cómo queda la autonomía del poder judicial en este caso? ¿Quién es entonces el competente para administrar justicia el Juez o la Administración? ¿Quién es el que tiene el poder cautelar como expresión del poder de administrar justicia? ¿Cómo queda el derecho de acceso a la justicia y el derecho de ser juzgado por el Juez natural? ¿Acaso en Venezuela el Legislador reconoce que los jueces y el Poder Judicial están supeditado al Ejecutivo y a la Administración Pública? ¿No es esto contrario a la autonomía judicial, a la separación de poderes y al derecho a la tutela judicial efectiva?

*cuentas, o **certificación que se da para constancia de que están ajustadas y satisfecho el alcance que resulta de ellas.***["][9]), el Decreto ley dispone que si las partes contratantes tienen diferencias sobre las cuentas (de cara a la devolución o imputación de diferencias al depósito dado en garantía) pueden acudir a la SUNDEE, sin que ello constituya una obligación de agotamiento previo de la vía administrativa. En efecto, la norma que regula esto dispone:

> *"Artículo 22.- Cuando la relación arrendaticia no pudiera ser objeto de finiquito entre las partes, por obligaciones insolutas de cualquiera de ellas, se procederá de la siguiente manera: (1) Si el arrendador omitiere o se negase injustificadamente a restituir la garantía o liberar la fianza (...) será la SUNDEE la que determine el monto total a reintegrar, a solicitud de parte interesada. (2) Si las obligaciones insolutas fueren imputables al arrendatario (...) [el] arrendador (...) podrá solicitar a la SUNDEE autorice su retención o acudir a la vía judicial requiriendo la ejecución de la fianza. (...)"*

> *"Artículo 23.- Cuando el arrendador se negare, sin causa real y sin justificación, a reintegrar el depósito con sus respectivos intereses, el arrendador podrá acudir a la vía jurisdiccional para hacer valer sus derechos.*

Como se puede constatar con una simple lectura, no hay en estas normas, señalamiento expreso alguno en torno a la obligatoriedad del agotamiento de la vía administrativa como requisito de acceso a los órganos de administración de justicia (como sí lo hay, en contraste, en materia de arrendamiento de viviendas).

En adición, las previsiones finales de los artículo 20 y 21 del Decreto Ley confirman lo observado, dado que estas normas expresamente habilitan al arrendador y al arrendatario a acudir a la vía judicial, cuando el inquilino no cumpla con su obligación de restituir la posesión o el arrendador no cumpla con su obligación de reintegrar el depósito en quince días, a la finalización del arrendamiento. Y allí se dispone el acceso directo a la vía judicial.

De este modo, en esta materia (a diferencia de lo que ocurre en materia de arrendamientos de inmuebles destinados a vivienda) **NO está previsto el agotamiento obligatorio de un procedimiento administrativo previo a la incoación de la vía judicial ni está previsto un procedimiento administrativo previo a la ejecución de sentencias definitivas que ordenan la desocupación o el desalojo.** Solo se prevé la necesidad de agotar un procedimiento administrativo previo a la ejecución de medidas judiciales cautelares, que, en todo caso, solo puede durar treinta (30) días continuos (durante los cuales, evidentemente, se paraliza la ejecución de las medidas cautelares). No obstante lo antes dicho, hay que decir que en contra de lo aquí afirmado y *leído* Guerrero-Roca (en una opinión colgada en la red[10]) sostiene que este instrumento impone la vía administrativa como un requisito obligatorio para el acceso a la vía judicial ordinaria.

(ii) El Decreto Ley igualmente se refiere a la posibilidad de incoar demandas contencioso administrativas en contra de las actuaciones de los órganos administrativos a encargados de resolver solicitudes de los particulares en esta materia (notablemente la SUNDEE). Al consagrarlo solo establece una modificación al régimen general del Contencioso Administrativo consagrado el al Ley Orgánica de la Jurisdicción Contencioso Administrativa, en tanto que señala que el conocimiento en primera instancia de tales demandas será, en el Área Metropolitana de Caracas, de los Tribunales Superiores Contencioso Administrativos, en tanto que en el resto del territorio nacional corresponderá a los Juzgados de Municipio (la norma

---

[9]   Consultado en el portal de la RAE: http://lema.rae.es/drae/?val=finiquito

[10]   Entre ellos Guerrero-Rocca en unas anotaciones colgadas en el enlace: http://www.wdalegal. com/archive/Nuevo_Regimen_del_Arrendamiento_Inmobiliario_de_Uso_Comercial.php

no dice "juzgados de municipio contencioso administrativos")(artículo 43). Fuera de esto, en esta materia no se modifica el régimen general aplicable al contencioso administrativo establecido en la Ley Orgánica de la Jurisdicción Contencioso Administrativa (valga decir, el lapso para el ejercicio del recurso, las causales de inadmisibilidad, son aquellas a las que se refiere la Ley Orgánica de la Jurisdicción Contencioso Administrativa).

4. El establecimiento de cláusulas o contenidos sustanciales obligatorios a la relación contractual inquilinaria. El Decreto Ley contiene una serie de normas que establecen o asignan contenidos (derechos, obligaciones y prohibiciones) a la relación contractual inquilinaria. Estos son:

(i) Obligaciones del Arrendador: El Decreto Ley establece que el arrendador debe (a.1) entregar el inmueble arrendado en buen estado de mantenimiento y conservación, y solvente por concepto de servicios públicos domiciliarios, al inicio de la relación arrendaticia (artículo 8); (a.2) garantizar el uso y goce pacífico del inmueble al arrendatario durante el tiempo del contrato (artículo 10); (a.3) cubrir los costos de las reparaciones mayores de locales bajo régimen de arrendamiento, a menos que el daño sea imputable al arrendatario (artículo 11); (a.4) abrir y mantener una cuenta en la que el inquilino pueda depositar el monto del arrendamiento mensualmente, y no cerrarla, sin justificación, durante toda la vigencia de la relación arrendaticia (artículo 27); (a.5) entregar al arrendatario una factura legal por cada pago recibido a cuenta del canon de arrendamiento (artículo 30); (a.6) a suscribir contrato de arrendamiento por escrito y notariado, si se lo requiere el arrendatario (artículo 13); (a.7) a devolver al arrendatario los montos dados en depósito (más sus intereses) o liberar la fianza, hechas las deducciones necesarias, dentro de los 15 días continuos siguientes a la finalización del contrato (artículo 21); (a.8) siempre que arriende, dará en arrendamiento por períodos de un año o más, dejando a salvo aquellos que por la naturaleza de la actividad sea temporal (artículo 24).

(ii) Obligaciones del Arrendatario: El Decreto Ley establece que el arrendatario debe (b.1) pagar al arrendador el canon de arrendamiento, según la cantidad y oportunidad que se haya fijado debidamente en el contrato y de acuerdo con lo estipulado en el Decreto (artículo 14); (b.2) a mantener el uso, rubro comercial, denominación y/o marca, establecidos en el contrato de arrendamiento (artículo 16); (b.3) sufragar las mejoras que se realicen en el inmueble comercial para adecuarlo al uso, siempre que exista previo acuerdo entre las partes en torno a la realización de tales mejoras (artículo 12); (b.4) notificar al arrendador – en un plazo de tres (3) días –de cualquier falla o daños que afectaren al inmueble (artículo 11); (b.5) restituir la posesión del inmueble al arrendador en las mismas condiciones que lo recibió (artículo 8); (b.6) a constituir garantías– a solicitud del arrendador y en su favor –garantías, que, alternativamente pueden ser, depósito de una suma de dinero equivalente a un máximo de tres meses de alquiler o fianza de fiel cumplimiento emitida por una "institución reconocida"(artículo 19); (b.7) pagar los gastos comunes conforme a lo establecido en el contrato en la proporción a la alícuota de condominio (artículos 36 y 37); (b.8) siempre que tome en arrendamiento, arrendará por períodos superiores a un año, , dejando a salvo aquellos que por la naturaleza de la actividad sea temporal (artículo 24).

(iii) Prohibiciones relativas (relajables): El Decreto Ley contiene algunas prohibiciones *relativas*, es decir, que pueden ser relajadas por acuerdo entre particulares, y que consisten en: (c.1) el inquilino "no está obligado" a la compra de muebles que se encuentren en el local (artículo 15); (c.2) el subarrendamiento está prohibido, salvo que expresamente lo permitan el contrato respectivo(artículo 41 literal "c"); (c.3) el ajuste del canon durante la vigencia del contrato, salvo que el contrato expresamente lo prevea, y de hacerse se hará según las fórmulas que autoriza el Decreto Ley (artículo 41, literal "g"); (c.4) establecer multas al inquilino por no apertura o no cumplimiento del horario de apertura o cierre, o en general por el incumplimiento de normas de convivencia, salvo cuando tales previsiones han sido aprobadas por el Comité Paritario (artículo 41 literal "h")

(iv) Prohibiciones absolutas o "de orden público" (no relajables): Decreto Ley contiene una serie de prohibiciones de orden público, es decir, que no pueden ser relajadas por acuerdo entre particulares, y que están contenidas en el artículo 41 del instrumento. Debemos ahora referirnos a aquellas que se refieren a contenidos del contrato de arrendamiento, y así está prohibido en los contratos de arrendamiento: (d.1) obligar al pago de primas por cesión, traspaso, arriendo, punto, activos intangibles (*vg.* nombre, prestigio etc.) u otras penalidades, regalías o cobros parafiscales no previstos o autorizados en el Decreto Ley (artículo 15 y 41 literales "c" e "i"); (d.2) fijar cánones de arrendamiento en moneda extranjera o montos fijados por métodos distintos a los establecidos en el Decreto Ley (artículo 41, literales "d" y "e"); (d.3) establecer el arbitraje como medio para la resolución de conflictos (artículo 41, literal "j"); (d.4) la "resolución unilateral" del arrendamiento; (d.5) la administración del contrato por parte de una empresa extranjera (artículo 41, literal "m")

5. El establecimiento de derechos *accesorios* a la relación contractual inquilinaria y en favor del inquilino. El Decreto Ley establece y reglamente, en favor del arrendatario, una serie de derechos que accesorios a la relación arrendaticia. Ellos son:

(i) La Prórroga Legal. La prórroga legal es un beneficio que introdujo en 1999 la Ley de Arrendamiento Inmobiliarios a cambio de haber eliminado de nuestro ordenamiento la *preferencia para continuar arrendando*. La Prorroga Legal permite que el inquilino (en una relación a tiempo determinado) pueda permanecer en posesión del inmueble y en una extensión del arrendamiento impuesta por la Ley, cuya duración depende de la duración de la Relación Arrendaticia (es decir, del tiempo en que el mismo inquilino haya ocupado como tal el mismo inmueble alquilado por el mismo arrendador). El derecho surge en cabeza del inquilino a partir del año, y le da de seis meses de prórroga. Si la relación ha sido de más de un (1) año y menos de cinco (5) años, la prorroga alcanza 1 año. Si la relación ha sido de más de cinco (5) años y menos de diez (5) 10, la prorroga alcanza 2 año. Y finalmente si la relación se ha prolongado por más de diez (10) años, la prorroga alcanza los tres (3) años. Durante el lapso de prórroga legal, la relación arrendaticia se considerará a tiempo determinado, y permanecerán vigentes las mismas condiciones, estipulaciones y actualizaciones de canon, convenidos por las partes en el contrato vigente, salvo las variaciones del canon de arrendamiento que sean consecuencia de un procedimiento de regulación (artículo 26).

(ii) La Preferencia para Continuar Arrendando. A pesar de que el Decreto Ley rescata la prórroga legal a diferencia de la Ley de Arrendamiento Inmobiliarios no elimina y por el contrario consagra la preferencia para continuar arrendando. Este derecho en favor del inquilino supone que al vencimiento del contrato, si el propietario pretende mantener en condición de arrendamiento el inmueble, en el mismo rubro comercial, el arrendatario tendrá un derecho preferente a arrendarlo, siempre y cuando esté solvente en el pago de los cánones de arrendamiento y condominio, haya cumplido con las demás obligaciones derivadas del contrato y de las leyes, y esté de acuerdo con los ajustes necesarios de acuerdo con lo estipulado en el Decreto (artículo 25). Sobra decir que esta estipulación luce irracional al verla sumada a la Prorroga Legal. Esta es además una estipulación probadamente desestimuladora del arrendamiento y profundamente individualista, pues con ella se protege al inquilino en singular (el que está en el inmueble) y no a los inquilinos en plural (lo que podrían estar interesados en tener la oportunidad de acceder a un arrendamiento), es además el tipo de estipulaciones que, al restringir el derecho de quien arrienda, desestimula el arredramiento e incluso la construcción de inmuebles para arrendar. Evidentemente, el legislador especial o no tiene sentido común o no conoce la historia reciente de nuestro país.

(iii) La Preferencia Ofertiva y el Retracto Legal Arrendaticio. Este instrumento establece –como lo hace tradicionalmente la legislación inquilinaria en nuestro país– un derecho en favor del inquilino (en este caso, el inquilino que lo ha sido por más de dos (2) años y se encuentre solvente de sus obligaciones (incluido el pago del canon y los gastos comunes) a ser preferido como comprador, en igualdad de condiciones, en caso de que el propietario del inmueble decida venderlo (artículo 38). Ahora bien, un procedimiento para conducir este derecho, supone que el propietario debe notificar con una Notaría al inquilino su intención de vender y de las condiciones de esa venta (las cuales deben permanecer invariables por tres (3) meses), y este debe responder, igualmente con una Notaría, si acepta o no la oferta en un plazo de quince (15) días calendario.

Si este procedimiento de oferta no se cumple, el inquilino tiene derecho a ejercer judicialmente el Retracto, que le da derecho a revertir la venta, y sustituirse en el comprador, en las mismas condiciones pactadas con éste. El inquilino tiene seis (6) meses para ejercer la correspondiente acción judicial de retracto (artículo 39)

6. El establecimiento de causales de Desalojo. El Decreto Ley establece una serie de *causales de desalojo* en las que se enumeran las distintas situaciones de hecho que acarrean la terminación del contrato de arrendamiento y hacen exigibles las distintas obligaciones que nacen a la terminación del contrato. El artículo 40 del Decreto Ley establece nueve (9) causales de desalojo, que son:

(i) Que el arrendatario haya dejado de pagar dos (2) cánones de arrendamiento y/o dos (2) cuotas de condominio o gastos comunes consecutivos.

(ii) Que el arrendatario haya destinado el inmueble a usos deshonestos, indebidos, en contravención con el contrato de arrendamiento o las normas que regulen la convivencia ciudadana.

(iii) Que el arrendatario haya ocasionado al inmueble deterioros mayores que los provenientes del uso normal, o efectuado reformas no autorizadas por el arrendador.

(iv) Que sea cambiado el uso del inmueble, en contravención a la conformidad de uso concedida por las autoridades municipales respectivas o por quien haga sus veces, y/o a lo estipulado en el contrato de arrendamiento, y/o en las normas o reglamento de condominio.

(v) Que el inmueble vaya a ser objeto de demolición o de reparaciones mayores que ameriten la necesidad de desocupar el inmueble, debidamente justificado.

(vi) Que el arrendatario haya cedido el contrato de arrendamiento o subarrendado total o parcialmente el inmueble, salvo en los casos previamente acordados con el propietario y/o arrendador en el contrato respectivo.

(vii) Que el contrato suscrito haya vencido y no exista acuerdo de prórroga o renovación entre las partes.

(viii) Que se agote el plazo para el ejercicio del derecho de preferencia adquisitiva del arrendatario y se realice la venta a terceros.

(ix) Que el arrendatario incumpliera cualesquiera de las obligaciones que le corresponden conforme a la Ley, el contrato, el documento de condominio y/o las Normas dictadas por el "Comité Paritario de Administración de Condominio".

Si bien el desalojo es, técnicamente hablando, la forma especial de terminación del contrato de arrendamiento *a tiempo indeterminado*, el Decreto Ley *parece* darle al término un contenido distinto, menos técnico y más amplio, entendiendo que el desalojo es el modo de terminación de todo contrato de arrendamiento que tenga por objeto un inmueble destinado a comercio (a tiempo determinado o indeterminado). En efecto en la enumeración se incluye la finalización del plazo (lo cual técnicamente constituye una causal de cumplimiento), la demolición (lo que técnicamente constituye una causal de desalojo) o los incumplimientos del inquilino (estos últimos técnicamente constituyen causales de resolución del contrato). La enumeración es realmente amplia, e incluye nuevas causales (como la venta del inmueble a un tercero, una vez agotado el trámite de la Preferencia Ofertiva). Sin embargo, ya en el pasado los órganos de administración de justicia al interpretar previsiones como esta –en la Ley de Arrendamientos inmobiliarios– aclararon que junto al desalojo, los justiciables están habilitados para demandar el cumplimiento o la resolución del contrato.

Hay que decir que, en contraste con las otras incorporaciones recientes al régimen inquilinario, el Decreto con Rango, Valor y Fuerza de Ley N° 929, de Regulación del Arrendamiento Inmobiliario de Uso Comercial, parece un instrumento mesurado en el que el populismo irracional no ha logrado imponerse del todo. Sin embargo hay en él previsiones de cuestionable constitucionalidad sobre las que ya tendrá ocasión pronunciarse la Sala Constitucional[11].

BALANCE GENERAL

Si se le compara al "derogado" Decreto N° 602 contentivo del Régimen Transitorio para inmuebles destinadas a actividades comerciales, industriales o de producción o a la Ley para la Regularización y Control de los Arrendamientos de Vivienda, el Decreto con Rango, Valor y Fuerza de Ley N° 929, de Regulación del Arrendamiento Inmobiliario de Uso Comercial, parece un primer intento de reducir las grandes desigualdades y distorsiones que impuestas luego del año 2000.

En contraste con esos instrumentos precedentes, el Decreto Ley N° 929, luce *menos insensato*. El Ejecutivo en funciones de legislador parece haber comenzado a entender que arruinar a los arrendadores y hacer para ellos imposible la participación razonable en una relación inquilinaria solo propende a hacer desaparecer el arrendamiento, dejando así una necesidad social desatendida.

Sin embargo lo hecho no es ni remotamente suficiente para ordenar el desastre regulatorio y estimular el arrendamiento.

Para eso se requiere unificar nuevamente la regulación inquilinaria, eliminar las desigualdades irracionales, aumentar el radio de la libertad contractual y eliminar las instancias o trabas administrativas al acceso a la justicia.

Esperemos que la cordura regrese a esta materia. Sino, el fracaso del arrendamiento, como vehículo para facilitar el acceso a la vivienda y a la libre iniciativa de los venezolanos, es cosa segura.

---

[11] Toda vez que en esa Sala pende el trámite de por lo menos un recurso de inconstitucionalidad interpuesto contra este instrumentos por el abogado Roberto Hung, al que se ha asignado el número de causa 2014-522.

QUINTA PARTE:
RÉGIMEN DEL DESARROLLO SOCIAL

Comentarios al Decreto con Rango, Valor y Fuerza de Ley Orgánica de Cultura

José Rafael Belandria García
Profesor de la Especialización en Derecho Administrativo de la
Universidad Católica Andrés Bello

"... la cultura parece la más válida empresa integradora [...]
Es no sólo necesario estimular y compensar el trabajo
inventor de los creadores, sino acercar al goce y disfrute
de las inmensas mayorías todos los bienes del espíritu"
MARIANO PICÓN SALAS[*]

Resumen: *Estudio del Decreto con rango, valor y fuerza de Ley Orgánica de Cultura.*

Palabras claves: *Cultura, Ley Orgánica de Cultura.*

Abstract: *Study of the Decree-Law of the Culture Organic Law.*

Keywords: *Culture, Culture Organic Law.*

INTRODUCCIÓN

El Decreto con Rango, Valor y Fuerza de Ley Orgánica de Cultura fue dictado por el Presidente de la República el día 13 de noviembre de 2014[1], en ejercicio de la Ley Habilitante de 2013[2]. Dicho Decreto con Rango, Valor y Fuerza de Ley (en lo sucesivo DLOC), tiene por objeto, de acuerdo con su artículo 1: (i) desarrollar los principios rectores, deberes, ga-

---

[*] Fragmento del discurso de Mariano Picón Salas para la inauguración del Instituto Nacional de Cultura y Bellas Artes (INCIBA), que habiendo sorprendido la muerte a su autor el viernes 01 de enero de 1965, fue leído por Miguel Otero Silva el 18 de enero de aquel mismo año.

[1] *Vid. Gaceta Oficial* de la República N° 6.154 Extraordinario, en fecha 19 de noviembre de 2014.

[2] *Vid. Gaceta Oficial* de la República N° 6.112 Extraordinario, de fecha 13 de noviembre de 2013.

rantías y derechos culturales establecidos en la Constitución, así como en los tratados internacionales suscritos por la República; y (ii) fomentar y garantizar el ejercicio de la creación cultural, la preeminencia de los valores de la cultura como derecho humano, bien irrenunciable y legado universal; todo ello respetando la interculturalidad bajo el principio de igualdad de las culturas.

El DLOC contiene cuarenta artículos, una disposición derogatoria, dos disposiciones transitorias y una disposición final. Los artículos están distribuidos en cuatro capítulos del siguiente modo: el Capítulo I contentivo de las "Disposiciones generales"; el Capítulo II "De la identidad y diversidad cultural venezolana"; el Capítulo III "De las políticas públicas en materia cultural"; y el Capítulo IV "De la cultura venezolana en el exterior, del fomento de la economía y la infraestructura cultural".

Antes de emprender el análisis de esta normativa es importante señalar que el 13 de agosto 2013 la Asamblea Nacional sancionó, previo al otorgamiento de la Ley Habilitante en referencia, una Ley Orgánica de Cultura, que sin embargo nunca fue promulgada, por lo que no se produjo su entrada en vigor[3]. En cumplimiento de lo establecido en el artículo 203, segundo aparte de la Constitución, la Sala Constitucional del Tribunal Supremo de Justicia se pronunció, inclusive, mediante sentencia núm. 1.262 de fecha 26 de septiembre de 2013[4], sobre el carácter orgánico de la misma, declarando su constitucionalidad.

De una lectura de esa decisión es posible deducir que la estructura y contenido de la Ley Orgánica de Cultura sancionada por la Asamblea Nacional es prácticamente idéntico al del DLOC, lo que quiere decir que éste reprodujo el de aquella. La diferencia, sin embargo, consiste en un Capítulo adicional –el V– que al parecer el DLOC lo fusionó con otro –el IV–, un Fondo Nacional de Cultura que se suprimió y en las Disposiciones Transitorias que con menor especificidad se hace referencia a las nuevas leyes que deben ser sancionadas.

Al respecto, cabe preguntarse si este proceder no altera la dinámica de la legislación delegada, que teniendo carácter excepcional se fundamenta, por un lado, en la colaboración del Ejecutivo Nacional con el Legislativo, y por el otro, en especiales circunstancias de la vida nacional que ameriten dicha actuación, donde además el Ejecutivo podría legislar con mayor agilidad. ¿Qué sentido tiene, en consecuencia, que una ley elaborada por la Asamblea Nacional termine siendo dictada en casi idénticos términos por el Presidente de la República? No hay en la Constitución, ni en la práctica legislativa, respuesta para esta anómala situación.

Mencionado este precedente, corresponde indicar los aspectos seleccionados del DLOC, cuyo análisis se realizará en los epígrafes siguientes: (i) la calificación como ley orgánica, (ii) la definición de cultura como eje vertebrador; (iii) las estrategias educativas en el ámbito cultural; y (iv) las políticas públicas en materia cultural.

I.   LA CALIFICACIÓN COMO ORGÁNICA DE LA LEY

Afirma la Exposición de Motivos del DLOC que el carácter orgánico de esa normativa obedece, según las categorías del artículo 203 de la Constitución, a su condición de ley marco.

---

[3]   En situación similar se encuentran otras leyes (véase: http://www.eluniversal.com/nacional-y-politica/140901/78-de-las-leyes-sancionadas-en-2014-por-la-an-no-estan-vigentes), como la Ley que regula la compra y venta de vehículos nuevos y usados, dando lugar a una violación de lo dispuesto en el artículo 216 de la Constitución.

[4]   En http://www.tsj.gov.ve/decisiones/scon/septiembre/156964-1262-26913-2013-13-0778.html

En efecto, sostiene la mencionada Exposición de Motivos que el DLOC "*se encuentra entre la Constitución y demás leyes que sistematizan las diversas normas, principios y garantías constitucionales referidas a la cultura*", y a su vez "*establece el programa político, ético, social, institucional, a ser desarrollado en esta materia*".

Para cumplir con lo dispuesto en el segundo aparte del referido artículo 203 de la Constitución, la Sala Constitucional del Tribunal Supremo de Justicia se pronunció, nuevamente, a través de la sentencia núm. 1.587 del 18 de noviembre de 2014[5], sobre el carácter orgánico del DLOC, afirmando que el mismo es resultado de dos circunstancias: desarrolla el contenido de derechos fundamentales y sirve de marco normativo a otras leyes.

La doctrina ha sido enfática en advertir que en la concepción de las leyes orgánicas formulada por la Constitución (artículo 203) predomina el elemento material, lo que significa que una serie de materias –derechos constitucionales, organización de los poderes públicos, etc.– están reservadas a las leyes orgánicas[6].

A lo anterior cabe agregar que para la formación de este tipo de leyes se debe seguir un procedimiento agravado, donde al trámite establecido en el artículo 202 y siguientes de la Constitución, se suma la admisión del proyecto de ley orgánica por las dos terceras partes de los diputados presentes de la Asamblea Nacional antes de iniciarse su discusión, conforme al primer aparte del artículo 203 del Texto Fundamental.

En el caso de las leyes dictadas por el Presidente de la República, previa Ley Habilitante, es simplemente imposible cumplir con este requisito. No se trata de una exigencia formal o un elemento cualquiera, sino por el contrario de un mecanismo de control de lo establecido en la Constitución y una garantía de la institucionalidad. En ausencia de esta disposición, sería muy fácil calificar un proyecto de ley como orgánica e inclusive interpretar de manera distinta las categorías establecidas en la Constitución.

Por consiguiente, no podía atribuirse el carácter orgánico al DLOC, y peor aún: en la medida en que desarrolla el derecho constitucional a la cultura y sirve de marco normativo a otras leyes, no estaba el Presidente de la República facultado para dictar esta normativa.

II.   EL EJE VERTEBRADOR: ¿QUÉ ENTIENDE LA LEY POR CULTURA?

Uno de los asuntos más serios a los que se enfrentaba el DLOC era establecer el significado de cultura. La importancia radica, por un lado, en que ese es precisamente el objeto de la Ley, y por el otro, en que se trata de un asunto transversal de la sociedad venezolana. El DLOC optó por indicar –pudiendo también abordar de manera directa el asunto, ya que un listado de definiciones no siempre es útil, salvo en leyes muy complejas– en su artículo 3, numerales 1, 2 y 3, lo que entiende por *cultura*, por *cultura venezolana* y por *cultura comunal*.

Para el DLOC la *cultura* es "*la manera de concebir e interpretar el mundo, las formas de relacionarse los seres humanos entre sí, con el medio creado y con la naturaleza, el sistema de valores y los modos de producción simbólica y material de una comunidad*". En relación a la *cultura venezolana*, dice la norma que consiste en "*las múltiples expresiones a través de las cuales el pueblo venezolano se concibe a sí mismo e interpreta al mundo, establece sus relacio-*

---

5   En http://historico.tsj.gov.ve/decisiones/scon/noviembre/171676-1587-181114-2014-14-1174. HTML

6   Araujo-Juárez, José. *Derecho Administrativo*. Ediciones Paredes. Caracas, 2013. p. 85; Peña Solís, José. *Los tipos normativos en la Constitución de 1999*. Tribunal Supremo de Justicia. Caracas, 2005. p. 64; y Peña Solís, José. *Manual de Derecho Administrativo*. Volumen I. Tribunal Supremo de Justicia. Caracas, 2002. pp. 322 y 487.

nes humanas con el entorno creado, la naturaleza, su memoria histórica, su sistema de valores y sus modos de producción simbólica y material; todo lo cual resalta la condición multiétnica, intercultural, pluricultural y diversa del pueblo venezolano en su conjunto".

Lo primero que es necesario destacar en relación a estas definiciones es que *no todo es cultura*. Es cierto que el vocablo *cultura* admite diversos significados, sin embargo, parece existir acuerdo en el plano nacional e internacional en torno a dos de ellos. En efecto, desde un punto de vista amplio, se considera que la cultura es el *conjunto de conocimientos, ideas, tradiciones y costumbres que caracterizan a un pueblo, a una clase social, a una época, etc.*[7]; en tanto que desde un punto de vista restringido, la cultura consiste en las *maneras más acabadas de expresión artística, musical y literaria, así como la disposición y capacidad para apreciarlas*[8].

En el plano jurídico, la Constitución no trae una definición de cultura, y seguramente tampoco está llamada a tenerla, si bien suministra parámetros al respecto. En primer lugar, el Preámbulo del Texto Fundamental invoca el derecho a la cultura con miras a asegurarlo, y en segundo lugar el articulado contempla que la cultura posee una serie de valores que la identifican, los cuales constituyen un bien irrenunciable del pueblo venezolano y derecho fundamental (artículo 99). Asimismo agrega que la creación cultural es libre (artículo 98); que las culturas populares constitutivas de la venezolanidad gozan de especial atención (artículo 100); y que la emisión, recepción y circulación de información cultural estará garantizada por el Estado (artículo 101).

Resulta interesante observar que para la Constitución la cultura se articula sobre una serie de valores[9], pudiendo erigir la tesis de que éstos pretenden diferenciar la *cultura* del *folclore* (relacionado éste sobre todo con creencias y costumbres tradicionales de un pueblo). En efecto, los valores suponen *"los contenidos vitales, captados generalmente en conceptos, comunes a las mayorías de los miembros de un grupo. Estos contenidos vitales son conservados o cuidados, y de esta forma, determinan nuestra acción en cuanto a imagen guía, y a veces en cuanto normas fijas desempeñando un papel decisivo en la estructura de los motivos de nuestro comportamiento"*[10]. Cabe agregar que en Filosofía, Moral, Ética y demás ciencias abstractas, los valores son *"los grandes principios de la conducta individual y colectiva de los hombres"*[11].

---

[7]   Puede verse además: Rodner, James-Otis. *La Globalización (Globalización de la Norma Jurídica)*. Academia de Ciencias Políticas y Sociales. 2da edición. Caracas, 2012. p. 79; y el Diccionario de la Real Academia Española, en http://lema.rae.es/drae/?val=cultura.

[8]   Una definición propia, que encuentra apoyo en: Rodner, *La Globalización...*, *cit.*, p. 79.

[9]   En la doctrina, para la profesora Ninoska Rodríguez Laverde *"la previsión constitucional del derecho a la cultura y su consecuente positivación conduce a la protección y salvaguarda de la identidad cultural (es decir todo lo relativo a la protección de los bienes que conforman el patrimonio cultural), el fomento de las industrias culturales (en lo cual está incluido lo concerniente al fomento de las actividades de producción intelectual y artística, es decir la artesanía, la industria editorial y la cinematográfica, en consecuencia todo lo relativo a la libertad de creación y proceso creativo), el respeto a la propiedad intelectual (derechos de autor y derechos afines), así como también a la prestación de los servicios culturales (todo aquello relacionado con el acceso y disfrute de espectáculos públicos, museos, y uso del tiempo libre)"* (Rodríguez Laverde, Ninoska. "Derecho a la cultura. Su configuración en las Constituciones de 1961 y 1999 reflexiones sobre la ponderación para su ejercicio". *Boletín Derecho Administrativo UCAB números 1 y 2, enero 2011*.

[10] *Enciclopedia Jurídica OPUS*. Tomo VIII. Ediciones Libra. Caracas, 2008. p. 396.

[11] *Diccionario Jurídico Venezolano*. Tomo IV. Ediciones Vitales 2000. Caracas, 1993. p. 241.

En ese sentido, al poseer la cultura una serie de valores que la identifican, no es posible considerar que ésta sea cualquier manera de concebir o interpretar el mundo, ni tampoco todas las relaciones humanas con el entorno creado, como afirma el DLOC.

La cultura, según la Constitución, además de los referidos valores, lleva consigo la libertad creativa y supone también el respeto y promoción del Estado, con independencia de la ideología de los creadores, como manifestación precisamente del pluralismo y la libertad. En ese sentido, no parece que el DLOC haya interpretado y desarrollado de manera fiel y exacta lo que la Constitución establece en torno a la cultura.

III. LAS ESTRATEGIAS EDUCATIVAS EN EL ÁMBITO CULTURAL

El artículo 9 del DLOC contempla un conjunto de estrategias que deberá desarrollar el ministerio con competencia en materia de cultura, en corresponsabilidad con los ministerios con competencia en materia de educación, a los fines de crear políticas destinadas al proceso de formación de valores propios de la identidad y diversidad cultural. Hay estrategias positivas, como garantizar la infraestructura y dotación para el desarrollo de la actividad cultural en los espacios educativos (numeral 2); crear planes, programas y proyectos integrados para fomentar y consolidar la formación, creación e investigación en materia cultural (numeral 4); crear un espacio de articulación interinstitucional para establecer políticas conjuntas que permitan incorporar los contenidos de formación para las artes en todo el sistema educativo nacional (numeral 6); y asimismo hay estrategias que merecen ser observadas con atención.

Al respecto, el precepto en referencia dispone que corresponde a los mencionados ministerios: "*Diseñar el Plan Nacional para las Artes y la Cultura que será de obligatorio cumplimiento en todo el sistema de educación formal del Estado venezolano*" (numeral 1). Es al menos llamativa la obligatoriedad de ese Plan, cuando la creación cultural es libre como se dijo, según el citado artículo 98 de la Constitución.

Sin embargo, no se agotan los alcances de esta disposición allí, en la medida que más adelante atribuye a los mencionados ministerios: "*Diseñar políticas para asegurar el ingreso, desarrollo y egreso de los creadores y creadoras culturales en la Educación Formal en todos sus niveles*" (numeral 7). Una lectura conjunta de estas disposiciones conduce a observar que los ministerios con competencia en materia de cultura y educación no sólo diseñarán un Plan Nacional para las Artes y la Cultura que será de obligatorio cumplimiento en todo el sistema de educación formal, sino que además diseñarán políticas para asegurar el ingreso de los creadores culturales a la mencionada educación, lo que de inmediato evidencia que todos los creadores culturales –aun los que estén al margen del sistema educativo formal– están potencialmente sujetos a dicho Plan, diseñado –recuérdese– por órganos de la Administración Pública Nacional Central.

En ese sentido, cabe preguntarse: ¿cuál será el contenido del Plan Nacional para las Artes y la Cultura? ¿Qué efectos puede tener? ¿Cuáles son las materias que habrá de regular? ¿Pretende simplemente ordenar la actuación de la Administración Nacional Central en este ámbito o aspira ir más allá? Cualquier intento por desarrollar un Plan de esta naturaleza debe tener muy en cuenta la delgada línea que separa el obrar de la Administración Pública de la libertad cultural.

IV. POLÍTICAS PÚBLICAS EN MATERIA CULTURAL

En el Capítulo III del DLOC hay una serie de políticas públicas en materia cultural, donde algunas son positivas y otras no resultan así. Entre las primeras está: establecer programas dirigidos a creadores, cultores e investigadores culturales por parte del Estado, tales como créditos especiales, fondos concursales, bolsas de trabajo, premios anuales, incentivos y reconocimientos (artículo 19); impulsar, incrementar, promover y desarrollar el turismo orientado a destacar la identidad nacional, el patrimonio cultural, los creadores y sus obras (artículo 21); garantizar el acceso de las nuevas generaciones a los espacios culturales, tales como museos nacionales, editoriales y galerías de arte, a fin de visibilizar y promocionar su obra (artículos 22 y 33); diseñar políticas públicas destinadas a la salvaguarda, promoción, publicación y difusión del libro en todos los soportes posibles, así como el estímulo del hábito de la lectura y la socialización del acceso al libro (artículo 29); y diseñar políticas públicas destinadas a crear mecanismos viables y sostenibles para la formación, investigación, promoción, protección, preservación, difusión y comercialización de las obras y de sus creadores, ya sean visuales, de las artes escénicas o de la música nacional (artículo 34). La primera de esas políticas corresponde al Estado en general, la segunda al ministerio con competencia en materia de cultura, en corresponsabilidad con el ministerio con competencia en materia de turismo y las siguientes al referido ministerio de cultura.

En cambio, la alusión a otras políticas merece atención: nuevamente se invoca el Plan Nacional de Cultura, para agregar que en su elaboración participarán los Consejos Populares de Cultura y la Comunidad cultural organizada, así como que dicho Plan *"será aprobado por los respectivos consejos populares de cultura"* (artículo 20). Esta clase de Consejos *"serán creados y funcionarán en coordinación con el ministerio del poder popular con competencia en materia de cultura"* (artículo 23). De manera que, junto a las interrogantes que ya generaba el referido Plan Nacional para las Artes y la Cultura, concretamente en cuanto a su contenido y objetivos, está la participación de estos Consejos Populares de Cultura que conforme a la norma, no son más que expresiones de la planificación centralizada.

Por último, se halla el deber impuesto al referido ministerio con competencia en materia de cultura, en articulación con los ministerios con competencia en materia de educación, comunicación e información, juventud y deporte, *"de orientar la gestión cultural del Estado hacia la formación de una identidad nacional venezolana en niños, niñas, jóvenes"* (artículo 25). Aquí nuevamente es necesario prestar atención, en el entendido de que una de las características del proceso educativo es la prohibición de establecer determinadas ideologías, sobre todo en niños y adolescentes, que por la etapa en la que se encuentran, no poseen aún suficientes herramientas para distinguir y formarse un juicio propio.

REFLEXIÓN FINAL

Desafío importante que tiene el Estado frente a sí, de conceder auténtico significado a la *cultura*. Aunado a que sus valores son bien irrenunciable del pueblo venezolano, a que es invocada como derecho subjetivo por el Preámbulo de la Constitución y por el propio articulado de ésta, a la importantísima libertad que envuelve, es crucial comprender que *la cultura es formadora de ciudadanía*. No cabe duda de que la música, la literatura, el cine, el teatro, la danza, la pintura, la escultura –expresiones humanas que, paradójicamente, casi ni aparecen en el DLOC– y en fin las más genuinas manifestaciones de la venezolanidad en el campo de las ideas, la ciencia, la innovación y el conocimiento, son constructoras de conciencia, de valores, de sensibilidad, que a fin de cuentas contribuyen a crear cuotas mayores de respeto y promoción por los derechos y libertades, de trabajo y organización social.

SEXTA PARTE:
RÉGIMEN TRIBUTARIO

Sección I: Régimen tributario general

"El Autobús Equivocado...
El Destino Final Arbitrario.
El Código Orgánico Tributario de 2014"

Alberto Blanco-Uribe Quintero
Profesor de la Universidad Central de Venezuela

Resumen: *Se trata de un análisis desde la perspectiva de los principios constitucionales del Estado de Derecho, y de los Derechos Humanos, acerca de la ilegitimidad y la contrariedad a derecho implícitos en el dictado e inminente aplicación del Decreto N° 1.434 del 17 de noviembre de 2014, mediante el cual se dicta el Decreto con Rango, Valor y Fuerza de Ley del Código Orgánico Tributario, al carecer de, y no poder tener, previsión en la Ley Habilitante de 2013, violar la reserva parlamentaria en materia tributaria y penal, y consagrar una normativa plena de regulaciones contrarias a principios constitucionales y lesivas a los derechos humanos y sus garantías.*

Palabras Clave: *Reserva legal. Reserva parlamentaria. Legalidad. Domicilio. Prescripción. Suspensión de efectos. Medidas cautelares. Cobro ejecutivo. Derechos humanos. Democracia.*

Abstract: *This paper is an analysis from the perspective of the constitutional principles associated to the rule of law, and human rights, about the illegitimacy and the breach of rule of law implicit in dictation and imminent application of Executive Order Decree N° 1.434 on November 17, 2014, of the Organic Tax Code, not being enabled the Executive Power to do so pursuant to the Enabling Law of 2013, and in so doing violating parliamentary reserve of legislation in tax and criminal matters, and establishing a normative full of regulations contrary to constitutional principles and harmful to human rights and their guarantees.*

Key Words: Legal reserve. *Parliamentary reserve. Rule of Law. Legal address. Prescription. Suspension of effects. Precautionary measures. Executive collection. Human rights. Democracy.*

EL AUTOBÚS EQUIVOCADO

Cuando se toma el autobús equivocado, en razón de que no se dirige al destino que en realidad se desea, sea por error o premeditadamente, puede ocurrir, en el primer caso, que se llegue a lugar distinto, o en el segundo caso, que se fuerce al autobús a desviarse, sin importar al autor de ello la suerte de los demás pasajeros.

Eso es lo ocurrido con la reforma del Código Orgánico Tributario de 2014 y las que serán sus resultas (destino forzado), cuando el Gobierno usó para ello la Ley Habilitante (autobús equivocado), sin que tal cosa se encontrara en la ruta trazada (la defensa de la economía y la lucha contra la corrupción administrativa), con clara afectación de los derechos de los contribuyentes (los demás pasajeros).

En efecto, dos fueron los aspectos de acuerdo entre el Poder Legislativo y el Poder Ejecutivo, para explicar o justificar la pretendida necesidad de que el primero habilitase al segundo, para actuar como legislador delegado, o legislador de excepción, en virtud de la insuficiencia del legislador ordinario para acometer esos temas con la debida prontitud y eficiencia, desde la perspectiva de la creación normativa con rango de ley: la defensa de la economía y la lucha contra corrupción administrativa. Esto se desprende de la simple lectura de los numerales 1 y 2 del artículo 1 de la Ley Habilitante[1].

Ahora bien, sin detenernos a tratar el punto acerca de si lo tributario entra o no dentro del campo de lo económico, lo cual fue objeto de interesantes discusiones, cuando bajo la vigencia de la Constitución de 1961, en 1994 el Presidente de la República de la época, Dr. Rafael Caldera, reformó por Decreto Ley el Código Orgánico Tributario, habiendo sido previamente autorizado por ley que acordaba la posibilidad extraordinaria de habilitar al Jefe del Estado para dictar medidas económicas o financieras, lo cierto es que si bien la Constitución de 1999 no establece límites específicos por materia para la habilitación legislativa, la simple lectura de los literales a) a f) del numeral 2 del artículo 1 de la Ley Habilitante de 2013, en cuanto al tema de la defensa de la economía, no contiene referencia alguna a lo tributario en lo explícito, como tampoco en lo implícito.

Lo mismo puede decirse en cuanto al contenido de los literales a) a h) del numeral 1 de dicho artículo 1, sin perder de vista el hecho cierto e indiscutible de que, además, la tributación y su régimen legal nada tienen que ver con, ni puede ser usado como un instrumento de, la lucha contra la corrupción administrativa.

En otras palabras, y sin olvidar que el principio de legalidad tributaria (*"no taxation without representation"*)[2], como materia propia de la reserva legal, o mejor aún, de la libertaria y bien delimitadora reserva parlamentaria, exige el tratamiento de lo tributario no solamente en actos jurídicos con rango de ley, sino particularmente en sentido garantista mediante la ley formal[3], es obvio que el Gobierno tomó el autobús equivocado: la Ley Habilitante de 2013.

---

[1]   Ley que autoriza al Presidente de la República para dictar Decretos con Rango, Valor y Fuerza de Ley en las materias que se delegan (publicada en la *Gaceta Oficial* Extraordinaria N° 6.112 del 19 de noviembre de 2013).

[2]   Este año en su aniversario número 800, desde la Carta de 1215. Uno de los pilares de la civilización y de la democratización del poder.

[3]   Artículo 202 constitucional: *"La ley es el acto sancionado por la Asamblea Nacional como cuerpo legislador"*.

El autobús equivocado es la evidencia de la ilegitimidad del actuar gubernamental, que implica la inconstitucionalidad del Decreto N° 1.434 del 17 de noviembre de 2014, mediante el cual se dicta el Decreto con Rango, Valor y Fuerza de Ley del Código Orgánico Tributario[4], con base en haber sido dictado en un acto con rango de ley que no es una ley formal, en pretendido uso de una habilitación legislativa que no se extiende materialmente (como además no podía válidamente en derecho hacerlo) a lo tributario. El Gobierno (a cuyas órdenes para colmo se encuentra la Administración Tributaria) actuó sin habilitación legislativa, usurpando la función legislativa, siendo que los artículos 25 y 138 constitucionales sancionan con la nulidad los actos del Poder Público que violan los derechos humanos y sus garantías, o se dicten en usurpación de autoridad.

Se tomó pues este autobús equivocado y se le cambió el rumbo o la ruta, de modo de dirigirlo a un destino diferente (y hasta en dirección contraria como veremos), como lo es la parada de la reforma tributaria, en detrimento de los derechos de los demás pasajeros (los contribuyentes). Conste por cierto que hablamos de esa parada, pero sin conocer a cabalidad la identidad del destino final al cual en realidad se enrumban las autoridades gubernamentales con este proceder, si es que no se trata de la obtención a mansalva de fondos frescos y rápidos, sin entorpecimiento de ello por la aplicación de los principios jurídicos.

Desde esta perspectiva, y sin pretender ser exhaustivo en cuanto al análisis o mención de todos y cada uno de los derechos de los contribuyentes que son afectados con este cuestionable en derecho actuar, no legislativo sino gubernamental, se resalta lo siguiente, sin orden especial alguno, dentro de los aspectos alarmantes del contenido del nuevo articulado.

Veamos:

I. DOMICILIO ELECTRÓNICO

La posibilidad de establecer un domicilio electrónico, concebida en el Código de 2001 (artículo 34) como resultado de un acuerdo entre contribuyente y Administración Tributaria, pasa ahora a ser, en el Código de 2014 (artículo 34), el resultado de una decisión unilateral administrativa, encima de carácter obligatorio y, por si fuera poco, preferente, léase entonces excluyente, en cuanto a los domicilios físicos.

Esto reviste trascendental importancia y gran peligrosidad, no solamente por las fallas de accesibilidad que suelen afectar los portales web de los entes tributarios, sino por su estrecha vinculación directa con el goce efectivo del derecho al debido proceso, frente al curso de los lapsos de caducidad para recurrir, por ejemplo.

II. PRESCRIPCIÓN EXTINTIVA

El régimen de la prescripción extintiva fue modificado simplemente para aumentar sus términos de duración. Cada vez más este régimen va perdiendo su especialidad o especificidad, para irse aproximando al régimen general de la prescripción extintiva de las obligaciones personales, contenido en el Código Civil, de diez años de duración.

Disposición Transitoria Quinta: "*En el término no mayor de un año a partir de la entrada en vigencia de esta Constitución, la Asamblea Nacional dictará una reforma del Código Orgánico Tributario...*".

[4] Publicado en la *Gaceta Oficial* Extraordinaria N° 6.152 del 18 de noviembre de 2014 (vaya urgencia habiendo sido dictado un año después de la Ley Habilitante y de manera notoria efectivamente publicado semanas después de su aprobación y anuncio en gaceta).

En efecto, la prescripción cuatrienal prevista en el artículo 55 del Código de 2001, de la acción para verificar, fiscalizar y determinar la obligación tributaria o para imponer sanciones tributarias distintas de la privación de libertad, es llevada a seis años en el artículo 55 del Código de 2014. Lo mismo puede decirse del derecho a la recuperación de montos pagados indebidamente por el contribuyente. Empero, es obvio que lo que se encuentra detrás de esto no es otra cosa que el reconocimiento tácito de la ineficiencia administrativa, con lo que se menoscaba la consagración del principio de eficiencia administrativa en el artículo 141 constitucional.

La prescripción de la acción para exigir el pago de las deudas tributarias y las acciones pecuniarias sigue siendo de seis años, conforme al artículo 59 del Código de 2001 y el artículo 55 del Código de 2014.

Y, por lo que respecta a la prescripción extintiva de la obligación tributaria, en los casos en los cuales el sujeto pasivo no haya cumplido sus deberes formales, presente irregularidades en su contabilidad o no haya podido la Administración Tributaria conocer el hecho imponible, prevista con una duración de seis años en el artículo 56 del Código de 2001, es equiparada a la prescripción de derecho común del Código Civil, es decir, es llevada a diez años de duración, en el artículo 56 del Código de 2014.

No se queda atrás la prescripción de la acción para imponer penas restrictivas de libertad, llevada en su duración de seis a diez años, en los respectivos artículos 57, sin perjuicio de que el Código de 2014, en el mismo dispositivo, equipara a la defraudación tributaria, la falta de enteramiento por agentes de retención y la insolvencia fraudulenta tributaria con los delitos de lesa humanidad y con los delitos contra los derechos humanos, al declarar imprescriptible la acción para imponer las sanciones respectivas.

La pregunta que conviene hacerse tiene que ver con precisar si hay honestidad en este proceder, en el sentido de determinar si, siendo reconocido el incumplimiento del principio de eficiencia administrativa consagrado en el artículo 141 constitucional, en lugar de operarse los ajustes necesarios en el funcionamiento interno de la Administración Pública, simplemente se le da más tiempo de actuación al quehacer administrativo, en perjuicio tanto de la seguridad jurídica como de la posibilidad cierta de lograr la optimización del servicio público.

Lo anterior, sin perder de vista la inexplicable equiparación, en el plano de los valores y principios fundamentales, entre los delitos de lesa humanidad, como las ejecuciones masivas, la tortura, la desaparición forzosa de personas, el genocidio, entre otros, y los delitos contra los derechos humanos en general, con algo tan insignificante, comparativamente hablando, como lo es la defraudación tributaria.

III. INSTIGACIÓN AL INCUMPLIMIENTO DE LA NORMATIVA

Reiterando en cuanto se refiere a este punto los aspectos que fueron comentados inicialmente, vinculados con la ilegitimidad de la vía elegida para legislar (toma del autobús equivocado) en la materia tributaria, por violación del principio de legalidad tributaria, asumido constitucionalmente más como reserva parlamentaria, que como simple reserva legal, es lo cierto que toda la argumentación es también aplicable en cuanto concierne a la vulneración del principio de legalidad penal.

El conocido *"nullun crimen, nulla poena, sine lege"*, alude igualmente al concepto de ley formal, toda vez que lo que se encuentra en juego, como derecho fundamental del ser humano, es la libertad personal. Este es también un supuesto garantista de reserva parlamentaria.

Es así como, de manera ilegítima, el Poder Ejecutivo creó un nuevo tipo delictivo, en el numeral 4 del artículo 118 del Código de 2014, dentro de los ilícitos tributarios penales, denominado *"La instigación pública al incumplimiento de la normativa tributaria"*, desarrollado en el artículo 123 de ese Código, así: *"Quien incite públicamente o efectúe maniobras concertadas tendentes a organizar la negativa colectiva al cumplimiento de las obligaciones tributarias será sancionado con prisión de un (1) año a cinco (5) años"*.

Se trata, pues, de un nuevo delito sancionado con pena privativa de libertad, dirigido a castigar un comportamiento de las personas en general, que ha sido instituido no por el legislador ordinario, a través de la ley formal, sino por el Gobierno, a través de un decreto con rango, valor y fuerza de ley, y en ejecución de una ley habilitante que pretende justificarse en la necesidad de defender la economía y luchar contra la corrupción. De qué forma se supone que este tipo delictivo serviría para cumplir los objetivos plasmados por la Ley Habilitante de 2013?

A mayor gravedad, se pretende usurpar las atribuciones constitucionales reconocidas al Poder Ciudadano, por órgano de la Fiscalía General de la República, al establecerse en el artículo 131, numeral 22 del Código de 2014, que la Administración Tributaria podrá ejercer en nombre del Estado la acción penal correspondiente a los ilícitos tributarios penales, sin perjuicio de las competencias atribuidas al Ministerio Público. Una cosa es el principio de colaboración de los poderes, mediante la posibilidad de instar al Ministerio Público a ejercer la acción penal, y otra muy distinta es la facultad de cumplir directamente con esa función.

En todo caso, como quiera que esta opinión académica es objeto de publicación, vale la pena aclarar que el autor de estas líneas, si bien objeta la conformidad a derecho de la reforma normativa bajo análisis, en ningún caso se encuentra incitando a su incumplimiento. Por el contrario, sugiere y aconseja que se le de estricto cumplimiento por parte de los sujetos pasivos tributarios, sin perjuicio de las acciones legales que se puedan intentar contra ella y contra sus actos de ejecución, dentro de un Estado de Derecho, y conforme al ordenamiento jurídico venezolano vigente.

IV. CONCEJOS COMUNALES

El artículo 131, numeral 21 del Código de 2014 faculta a la Administración Tributaria para designar a los concejos comunales como sus auxiliares, en tareas de contraloría social.

Dejando de lado la circunstancia, aunque incierta, de que los concejos comunales no sean órganos públicos, por lo que no podrían encontrarse dotados de atribuciones o potestades públicas, no hallándose sujetos al principio de legalidad administrativa, es evidente que se dibuja una violación del principio de igualdad y de no discriminación, en detrimento además de la libertad asociativa, por cuanto no se da idéntico tratamiento a otras figuras legales asociativas, incluso de previsión constitucional, como las cooperativas, dentro de los esquemas de la posible participación ciudadana.

Igualmente, siendo que todas las leyes del así llamado *"poder popular"*, al referirse a los concejos comunales, les obligan a perseguir estatutariamente el establecimiento del socialismo, en una clara política de ideologización, se patentiza una vulneración de la libertad de pensamiento, y la instrumentalización de la Administración Tributaria al servicio de una parcialidad partidista, dejando de estar al servicio objetivo de los ciudadanos y ciudadanas, como lo exige la Constitución en su artículo 141.

Cabe también recordar que, de conformidad con las mencionadas leyes, esas entidades se circunscriben dentro de una suerte de administración paralela, debiendo registrarse ante la correspondiente comisión presidencial, de la cual obtienen la personalidad jurídica y los fondos de funcionamiento, por lo que evidentemente no son instancias de participación ciudadana, al no revestir el carácter reconocido en derecho internacional, de organizaciones no gubernamentales (ONGs).

V. NO SUSPENSIÓN DE EFECTOS EN LA SEDE ADMINISTRATIVA

El artículo 257 del Código de 2014 hizo realidad una de las ideas del proyecto del Código de 2001, cual era la de eliminar el carácter suspensivo automático de los efectos del acto administrativo impugnado, por la mera interposición del recurso jerárquico. Como podemos recordar, frente a la reacción contraria en el ámbito de los contribuyentes, el Código de 2001 mantuvo ese carácter suspensivo en su artículo 247, y lo eliminó solamente en la sede judicial[5].

Lo cierto es que este proceder conlleva una actuación regresiva, en cuanto concierne al alcance del derecho al debido proceso en la sede administrativa, logrado desde el Código de 1983, y mantenido en las versiones de 1992, 1994 y 2001, con lo cual se violenta el principio de progresividad de los derechos humanos, contenido en el artículo 19 constitucional.

De nuevo se plantea un comportamiento deshonesto: siendo un hecho notorio la ineficiencia administrativa derivada de la circunstancia de que las administraciones tributarias se toman, en promedio, aproximadamente dos o tres años para pronunciarse acerca de la admisibilidad de los recursos jerárquicos, cuando el Código de 2001 en su artículo 249 establece para ello un término de tres días hábiles siguientes al vencimiento del lapso para su interposición, es lo cierto que lejos de evaluar las causas de ello y hacer los ajustes necesarios, se mantiene el término legalmente establecido, y seguramente continuará la mala práctica administrativa, que de suyo lesiona el derecho al debido proceso y el derecho de petición, pero dando un espaldarazo al comportamiento remiso administrativo, pues las administraciones tributarias no decidirán en los tiempos legales, pero podrán ejecutar los reclamos tributarios recurridos, contenidos en actos administrativos que no se encuentran definitivamente firmes.

Por otro lado, refiere el mismo dispositivo que quien tenga interés podrá solicitar la suspensión, cuando concurra la posibilidad de que la ejecución cause graves perjuicios y la impugnación se fundamente en la apariencia de buen derecho, debiendo la Administración Pública pronunciarse dentro del término para la admisión. Acaso el pronunciamiento sobre la suspensión solicitada se dará antes de los dos o tres años que en la realidad se toma la Administración Tributaria para pronunciarse sobre la admisión de los recursos? Acaso han habido suspensiones de efectos acordadas por la Administración Pública desde 1981, con su previsión en la Ley Orgánica de Procedimientos Administrativos? Honestamente, acaso se dejará de practicar la ejecución por encontrarse pendiente una solicitud de suspensión de efectos? Acaso se combate la corrupción administrativa dándole semejante herramienta al funcionariado público?

Cuál es el marco ético o valorativo de un sistema normativo, en el cual la impugnación administrativa de una sanción, por ejemplo por no haber retenido tributo o no colocar el número del Registro de Información Fiscal (RIF) en la facturación, no produce de suyo la suspensión de efectos, mientras que la apelación de una sentencia condenatoria por homicidio, violación o narcotráfico se oye en ambos efectos, es decir, devolutivo y suspensivo? Es más grave o reviste mayor peligrosidad social tener un error en la contabilidad que violar a un niño?

---

[5]   Alberto Blanco-Uribe Quintero, "Eliminación de los Efectos Suspensivos de los Recursos Tributarios. Una Inconstitucionalidad", en *Estudios sobre el Código Orgánico Tributario de 2001*, obra colectiva, coordinador Jesús Sol Gil, Asociación Venezolana de Derecho Tributario, Livrosca, Caracas, 2002.

Finalmente, dónde queda la preeminencia de los derechos humanos, prevista en el artículo 2 constitucional, en concordancia con el derecho a la presunción de inocencia, establecido en el numeral 2 del artículo 49 constitucional, cuando la misma norma prohíbe la suspensión de los efectos de las sanciones relativas a la clausura de establecimientos, comiso o retención de mercancías, vehículos, aparatos, recipientes, útiles, instrumentos de producción o materias primas, o de la orden de suspensión de actividades sujetas a autorización administrativa?

VI. NO SUSPENSIÓN DE EFECTOS EN LA SEDE JUDICIAL

En este ámbito no hay cambios en cuanto al régimen establecido en el artículo 263 del Código de 2001 y el artículo 270 del Código de 2014, por lo que respecta a la justificación de la solicitud de suspensión de efectos que el recurrente plantee al juez. Así, se dispone que la suspensión de efectos sea acordada cuando la ejecución del acto pudiera causar graves perjuicios, o la impugnación se fundamentare en la apariencia de buen derecho.

De este modo, la letra de la norma mantuvo en su redacción la utilización de la "o" disyuntiva, en la gramática castellana, presentando la idea de que la solicitud puede basarse, y la suspensión debe acordarse, con justificación en una u otra circunstancia, aisladamente considerada. Fue frente a esto que la jurisprudencia, desde la sentencia dictada por la Sala Político Administrativa del Tribunal Supremo de Justicia, caso Deportes El Marqués, C.A., comenzó a aplicar una pretendida *"interpretación correctiva"*[6], afirmando que el legislador se había equivocado al utilizar la letra "o", debiendo leerse como "y", siendo entonces en ese entender acumulativo y no alternativo el uso de ambas circunstancias justificadoras.

Cabe de esa forma preguntarse si esta insistencia legislativa, en la letra de la norma en el Código de 2014, debe tenerse como la clara voluntad del legislador acerca de que estas circunstancias justificadoras de la suspensión de efectos son aisladamente suficientes, debiendo adaptarse la jurisprudencia a la nueva ley, o si por el contrario se entenderá que el legislador se equivocó nuevamente, debiendo mantenerse la pretendida *"interpretación correctiva"*.

Sin embargo, pareciera ser lo honesto inclinarse por la primera opción, fuera de otras líneas argumentativas, por el hecho de que el artículo 257 del Código de 2014, al referirse a la solicitud de suspensión de efectos en la sede administrativa usa la letra "y" (con resultado indiscutiblemente acumulativo) en similar caso, mientras que en el comentado artículo 270 insiste en la letra "o" (con derivación disyuntiva), con lo cual pudiese lógicamente entenderse que el legislador quiso consagrar un régimen más libertario de accesibilidad a la justicia, por lo que respecta a la suspensión de efectos en la sede judicial.

Por otra parte, se destaca la eliminación de la normativa del parágrafo primero de ese artículo 263 del Código de 2001, que preveía la posibilidad de que, en caso de no suspensión de efectos, por falta de solicitud, pendencia del pronunciamiento o denegatoria, la Administración Tributaria exigiría el pago del reclamo fiscal por la vía del juicio ejecutivo, pero sin llegar al remate de los bienes embargados, en tanto sobreviniese la sentencia definitiva del recurso contencioso tributario. Esto ocurrió pues el Código de 2014, como se pormenorizará más adelante, derogó la regulación del mencionado juicio ejecutivo, y lo sustituyó por un procedimiento administrativo llamado cobro ejecutivo.

Sin perjuicio de lo que se comentará más adelante al respecto, es lo cierto que, acorde con esta nueva normativa, de no haber suspensión judicial de los efectos del reclamo tributa-

---

[6] Alberto Blanco-Uribe Quintero, "No existe una tal "Interpretación Correctiva", a cargo de los Jueces. Artículo 263 del COT". *Revista de Derecho Tributario* N° 137, Asociación Venezolana de Derecho Tributario (A.V.D.T.), Caracas, enero, febrero y marzo 2013

rio, por falta de solicitud, pendencia del pronunciamiento o denegatoria, la Administración Tributaria procederá entonces al cobro ejecutivo, incluso de multas, de reclamos tributarios que no estarán definitivamente firmes, por encontrarse siendo objeto de una impugnación judicial, que bien podría declarar su anulación por contrariedad a derecho.

VII. MEDIDAS CAUTELARES

Mientras que el artículo 127, numeral 15 del Código de 2001 facultaba a la Administración Tributaria para solicitar las medidas cautelares previstas en ese Código, el artículo 137, numeral 15 del Código de 2014 la faculta para directamente adoptar las medidas cautelares. Del mismo modo, el artículo 141, numeral 6 del Código de 2001 disponía que el resguardo nacional tributario podía actuar como auxiliar de los órganos jurisdiccionales en la práctica de las medidas cautelares, siendo que el artículo 151, numeral 6 del Código de 2014 lo sitúa como auxiliar en ese ámbito de la Administración Tributaria. En iguales términos, la regulación del artículo 190 del Código de 2001, que facultaba a la Administración Tributaria para solicitar las medidas cautelares dentro del marco del procedimiento de fiscalización y determinación, fue cambiada en el artículo 200 del Código de 2014, autorizándose a la Administración Tributaria para adoptar directamente las medidas cautelares.

La reforma normativa evidentemente buscó suplantar al Poder Judicial en lo que concierne al régimen de las medidas cautelares, las cuales pasan de esta forma a ser atribución del Poder Ejecutivo, por órgano de la Administración Tributaria.

En efecto, el procedimiento del todo judicial, se tratara de una incidencia dentro del recurso contencioso tributario, o de un proceso cautelar autónomo, regulado por los artículos 296 al 301 del Código de 2001, fue sustituido por un procedimiento administrativo cautelar, según la normativa contenida en los artículos 303 al 308 del Código de 2014.

Así, se establece que la Administración Tributaria podrá adoptar medidas cautelares tendentes a asegurar el cobro de cantidades por concepto de tributos, accesorios y multas, incluso durante el procedimiento administrativo de fiscalización y determinación, es decir, no estando determinadas las pretendidas deudas, dentro del ámbito de un supuesto poder cautelar administrativo general, al preverse, "entre otras", el embargo preventivo de bienes muebles y derechos, la retención (¿?) de bienes muebles, la prohibición de enajenar y gravar bienes inmuebles, la suspensión de devoluciones tributarias o de pagos de otra naturaleza y la suspensión del disfrute de incentivos fiscales, siempre que, a su juicio, exista riesgo para la percepción de los créditos respectivos (artículo 303).

Es pues el presunto (que no cierto) acreedor quien, a su sólo criterio, determinará si hay riesgo para el cobro de una pretendida deuda, incluso de monto desconocido. Y además, su opinión bastará para precisar la duración de las medidas, pudiendo sustituirlas de oficio o ampliarlas (artículo 304); o, sustituirlas por garantías ofrecidas por el afectado, que en su única opinión sean suficientes (artículo 306).

Claro que se prevé que el afectado pueda hacer oposición, dentro del marco de una suerte de incidencia dentro del procedimiento administrativo formativo de la voluntad administrativa o de primer grado, o del procedimiento administrativo impugnatorio o de segundo grado, con o sin suspensión de efectos del acto administrativo impugnado, o hasta de una especie de procedimiento administrativo cautelar autónomo, concebible incluso al margen de la impugnación judicial, con o sin suspensión de efectos del acto administrativo impugnado, obviamente ante la Administración Tributaria que consideró necesaria la medida cautelar, y que es el único árbitro de la situación (artículo 307).

Cabría preguntarse (ingenuamente): la práctica administrativa, en cuanto a los términos contados hasta en años, para pronunciarse sobre cosas como la admisión de los recursos jerárquicos, permitiría a los demás pasajeros del autobús, tener fe (buena?) en que se respetará el lapso para decidir la oposición a las medidas adoptadas, de tres días hábiles (artículo 308)?

Claramente la violación del derecho de petición y del derecho al debido proceso entraría en respectiva interdependencia con la del derecho a la integridad del patrimonio, la del derecho a la libertad económica (si se afectan bienes destinados a la producción de la renta o al ejercicio profesional), y hasta con algo más humanitario, como lo sería la vulneración de la garantía del mínimo necesario para la subsistencia, y hasta el derecho a la protección de la familia. Recuérdense las disposiciones legales que fijan la inembargabilidad de ciertos bienes.

Y, en cuanto a la impugnabilidad de la decisión denegatoria de la oposición a la medida cautelar adoptada, sorprende que la normativa plantee directamente la interposición del recurso contencioso tributario (artículo 308), cuyos fallos se miden igualmente en años, evidentemente sin suspensión de la ejecución de la medida cautelar (por mandato expreso del mismo artículo 308), descartando misteriosamente la posibilidad del ejercicio del recurso jerárquico, que dicho sea de paso tampoco sería expedito en la decisión. No ha lugar entonces el principio de autotutela administrativa.

Se sustrajo al Poder Judicial su facultad constitucional para actuar como tercero imparcial, precisamente en ejercicio de la función estatal jurisdiccional, en el campo del poder cautelar general y especial. El Poder Ejecutivo, sin facultad para ello derivada de la Ley Habilitante de 2013, por escapar a su contenido preciso y por no poder constitucionalmente haber autorizado semejante actuación, pretende que el Poder Legislativo le dio luz verde para privar al Poder Judicial del poder cautelar, que le corresponde constitucionalmente ejercer en protección de los derechos humanos (calidad de vida, protección de la familia, inviolabilidad del hogar doméstico, intimidad, vida privada, patrimonio, etc.), como contenido fundamental de la función jurisdiccional o de la administración de justicia, en su actuación como tercero imparcial, en previsión de abusos o arbitrariedades. Sencillamente se opera una usurpación de autoridad, en detrimento del respeto de la garantía libertaria y democrática por excelencia, como lo es el principio de separación de los poderes.

Más en lo concreto, se lucha contra la corrupción colocando semejante poder en manos funcionariales administrativas, y además sin control inmediato del juez?

VIII.   PRIVILEGIOS Y GARANTÍAS

El Código de 2014, en el nuevo artículo 68, tras reiterar el privilegio general del que gozan los créditos tributarios, sobre todos los bienes del afectado, y su prelación sobre otros créditos, dejó como única excepción los derivados de pensiones alimenticias y de salarios y demás prestaciones laborales y de la seguridad social.

En otras palabras, eliminó la prelación que sobre ellos tenían en la letra del Código de 2001, los créditos garantizados con derecho real, es decir, los hipotecarios y los prendarios.

Sin desconocer la posible explicación de esto, con base en el carácter público del fin perseguido con el cobro, por el interés en la recaudación tributaria, que habría de estar por encima de los intereses particulares de acreedores financieros, incluso de bancos del sector público, cabría preguntarse si en eventuales procesos concursales futuros, qué habría de prevalecer, la prelación del crédito hipotecario por haber sido concedido bajo el Código de 2001, o la prelación del crédito tributario, por asumir que la nueva normativa no se ve afectada en su aplicación por el hecho de que el préstamo hipotecario haya sido concedido antes de su entrada en vigencia.

En todo caso, la situación del solicitante de un crédito hipotecario, ante las diversas administraciones tributarias, será objeto de análisis, dentro de las consideraciones que tomará en cuenta un banco para conceder el préstamo...

IX. COBRO EJECUTIVO

La nueva normativa no solamente eliminó el poder cautelar propio de la función jurisdiccional, sino que hurgó más profundamente, llegando a derogar tanto al juicio ejecutivo previsto en los artículos 289 al 295 del Código de 2001, como a la fase judicial de ejecución de sentencia a que se contraían los artículos 280 al 288 del Código de 2001.

En su lugar, en sustitución de ambas instituciones de naturaleza judicial, el Código de 2014, en sus artículos 290 al 302, estableció lo que le dio en llamar Cobro Ejecutivo, que no es más que un procedimiento administrativo especial, iniciado y sustanciado de oficio por la Administración Tributaria, destinado al cobro compulsivo o ejecución forzosa, de los créditos tributarios líquidos y de plazo vencido (exigibles)[7] o de las garantías constituidas en su resguardo, adicionados de un recargo del diez por ciento (artículo 290).

Así, iniciado el procedimiento de oficio, tras el vencimiento del plazo para el cumplimiento voluntario, con la intimación del afectado, si éste no paga dentro de los cinco días continuos, se sigue con el embargo ejecutivo (artículo 291). De inmediato, se vienen las fases típicas de un juicio ejecutivo, pero con la grave particularidad, como se ha denunciado, de que este mecanismo de cumplimiento compulsivo se lleva a cabo bajo la conducción de la Administración Tributaria, es decir, del presunto o efectivo acreedor, como juez y parte simultáneamente.

En este sentido, la Administración Tributaria inicia el procedimiento (artículos 290 y 291); define la cuantía de la presunta deuda tributaria (artículos 290 y 291); calcula el doble de esa suma más el recargo (artículo 294); precisa y decide cuáles son los bienes y derechos embargables (artículo 294); puede dictar medida general de prohibición de enajenar y gravar bienes (artículo 294); hace las notificaciones respectivas a los registros y notarias (artículo 294); practica el embargo ejecutivo y embargos sucesivos, de parecerle insuficientes los precedentes (artículos 294 y 302); puede constituirse en depositario o decidir quién lo será (artículo 296); establece el valor de mercado de los bienes embargados (artículo 299); ordena la venta de los bienes embargados que sean corruptibles o perecederos (artículo 297); decide la oposición al embargo que un tercero pretenda hacer con base en ser el tenedor legítimo de la cosa, un acreedor preferente o el propietario de los bienes embargados (artículo 298); ordena el remate y publica el respectivo cartel en su página web (artículos 301 y 302); y, hace las adjudicaciones de los bienes al mejor postor (artículo 302).

Solamente la decisión administrativa, dentro de un recurso jerárquico, o la sentencia interlocutoria, en el marco de un recurso contencioso tributario, de suspensión de los efectos del acto administrativo impugnado, lo cual de suyo resulta casi imposible de obtener, con vista de la práctica administrativa y la de estrados, es susceptible de paralizar el procedimiento de cobro ejecutivo (artículo 292).

---

[7] Acaso puede hablarse de créditos exigibles cuando los mismos constan en actos administrativos no definitivamente firmes, por encontrarse siendo objeto de impugnación administrativa o judicial?

Alberto Blanco-Uribe Quintero, "Juicio Ejecutivo o Enrevesamiento Jurídico", en *30 Años de la Codificación del Derecho Tributario Venezolano. Memorias de las XI Jornadas Venezolanas de Derecho Tributario*. Tomo II: Derecho Procesal Tributario. Asociación Venezolana de Derecho Tributario (AVDT), Caracas, 2012.

Por otro lado, aparece como remarcable el hecho de que la nueva normativa olvide la obligación estatal de promover y respetar los principios y derechos constitucionales, según el artículo 3 constitucional, particularmente en este caso en lo que concierne al principio de seguridad jurídica y al derecho al debido proceso, al quedar excluida tácitamente, pero de manera efectiva, la institución de la perención del procedimiento, como forma de extinción derivada de la falta de diligencia de la Administración Pública, en la sustanciación de los procedimientos administrativos iniciados de oficio. Esto se afirma con base en la previsión del artículo 300, según el cual: "*La inactividad en la ejecución de los bienes embargados por parte de la Administración Tributaria, no conlleva su liberación ni la culminación del procedimiento de ejecución*". Será que esto garantiza, por lo demás, la integridad del patrimonio del afectado?

Sin perjuicio de todas las denuncias que pudiesen hacerse en cuanto a la evidente disconformidad a derecho de esta nueva normativa, vista su comparación con, por ejemplo, el principio de supremacía de la Constitución, el principio de preeminencia de los derechos humanos y aspectos libertarios concretos como el derecho al debido proceso, con particular énfasis en el principio del juez natural (artículo 49, numeral 4 constitucional), es lo cierto que, por la trascendencia del tema, conviene insistir, como ya se destacó anteriormente, en cuanto a las medidas cautelares, en la violación de pilares fundamentales de todo sistema democrático, como lo es el principio de separación de los poderes.

El principio de separación de los poderes, garantía normativa e institucional libertaria por excelencia, presupone confiar la función estatal jurisdiccional, es decir, la función de administración de justicia a la estructura organizativa de poder público denominada Poder Judicial, y ello particularmente destacado en un Estado, como el venezolano, que desde su fundación inicial en 1811, asumió el llamado sistema judicialista o también sistema de jurisdicción única.

Siendo extraordinariamente sintéticos, podemos afirmar rotundamente que el sistema judicialista, que adjudica el monopolio de la función jurisdiccional al Poder Judicial, única autoridad capaz de tomar decisiones con fuerza de cosa juzgada y en condiciones de imparcialidad, concretamente en el ámbito del control de la legalidad o conformidad a derecho de las actuaciones de las otras ramas del Poder Público y notablemente de la Administración Pública, conlleva ineluctablemente a entender que administrar justicia no implica solamente dictar la sentencia, sino también, con las garantías correspondientes, ejecutar el contenido decisional de la misma, incluso compulsivamente.

En este orden de ideas es común que en los libros de derecho procesal, al tocarse el tema de la identidad de la autoridad competente para ejecutar la sentencia, se concluya con el famoso adagio "*el juez de la cognición es el juez de la ejecución*". Es decir, que en virtud del principio de separación de los poderes, a nadie que piense en derecho se le ocurre que la autoridad de la ejecución pueda ser una que carezca de la condición de juez, pues el Poder Judicial ha de bastarse, en cumplimiento de la función jurisdiccional, tanto para decidir, como para ejecutar lo decidido, obviamente sin desmedro del principio de colaboración de los poderes, en caso de que sea necesario el uso de la fuerza pública, siempre bajo control judicial.

Además, en sano funcionamiento del sistema, no solamente debe ser un juez el encargado de la ejecución, sino que debe tratarse del juez que conoció del pleito y lo decidió, sea que ejecute compulsivamente el fallo directamente por sí mismo, o mediante otro juez también bajo su control.

Y si se requiere que de los principios se descienda a las normas, el artículo 253 constitucional es explícito en el tema, al disponer que: "*Corresponde a los órganos del Poder Judicial conocer de las causas y asuntos de su competencia mediante los procedimientos que determinen las leyes, y ejecutar o hacer ejecutar sus sentencias*".

Completemos la idea recordando que el artículo 26 constitucional coloca más que en relación de interdependencia, en situación de identidad básica o conceptual, los derechos humanos de acceso a la justicia y a la tutela judicial efectiva, siendo que la ejecución de la sentencia, a cargo del juez de la cognición, es parte fundamental del núcleo central o contenido esencial del derecho a la tutela judicial efectiva.

En consecuencia, la nueva normativa viola el principio de separación de los poderes, usurpa la autoridad del Poder Judicial y viola derechos humanos, por lo que resulta constitucionalmente nula, conforme al artículo 25 constitucional.

REFLEXIÓN FINAL

Fuera de las observaciones críticas, desde la perspectiva jurídica, que han sido presentadas a lo largo de estas líneas, conviene hacer una última reflexión, desde la óptica del cuestionamiento ético del comportamiento del Gobierno, en este caso particular, al haber tomado el autobús equivocado y enrumbarlo en dirección distinta, hacia un destino incierto y con afectación de los derechos de los otros pasajeros.

En efecto, sin entrar a considerar la opinión del autor de estas líneas, ni tampoco las de los demás usuarios de la Administración Pública, acerca de si existe o no corrupción en la actuación de los funcionarios públicos, es a todas luces evidente que el Estado, al más alto nivel, considera no solamente que la corrupción existe, sino que se trata de un fenómeno grave y generalizado que debe ser atacado con urgencia. Esto se concluye a partir de la idea de que el Poder Ejecutivo, de quien depende la Administración Pública y debe controlar y disciplinar su funcionamiento, pide al Poder Legislativo que lo faculte extraordinariamente para legislar con el objetivo de luchar contra la corrupción, de manera tan convincente que el Poder Legislativo concuerda y efectivamente emite una ley habilitante con ese propósito.

Ahora bien, desde el punto de vista ético, o al menos de la seriedad y la honestidad del propio actuar, cómo se explica que quien solicita, y lo consigue, ser autorizado para legislar contra la corrupción, dicta una normativa que exacerba las facultades de actuación unilateral y directa de los funcionarios públicos, sin control inmediato y efectivo del juez, otorgándoles la posibilidad incluso de entrar a los hogares de los contribuyentes[8] y desposeerles y rematar sus bienes, a su libre albedrío???

Un funcionario corrupto podría amedrentar a un contribuyente, induciéndole a hacerle un pago ilícito, bajo la amenaza, en caso contrario, de presentarse días después con el camión para el embargo del doble de cantidad mayor, tras la notificación de un acta de reparo, sincera o no, pues ello sería posible para medidas cautelares, y más perjudicial aún, para medidas ejecutivas. Si se desconfía de la Administración Pública, porque se presume enferma de corrupción, al grado de que el Poder Legislativo y el Poder Ejecutivo deciden normar de urgencia contra esa corrupción, cómo se justifica moralmente (desde la coherencia y la congruencia argumentativa) que la nueva regulación más bien facilite la propagación de la epidemia?

---

[8]   Caso de contribuyentes personas naturales o gerentes o directores responsables solidarios de contribuyentes personas jurídicas, frente al derecho a la inviolabilidad del domicilio.

La Reforma Penal Tributaria de 2014.
Garantismo vs. Autoritarismo

Carlos E. Weffe H.

Profesor de la Universidad Central de Venezuela

Resumen: *La promulgación –vía legislación delegada– del Código Orgánico Tributario de 2014 ahondó el proceso de «administrativización» del Derecho Penal Tributario en Venezuela, profundizando así el cambio de paradigma sufrido por el sistema represivo fiscal venezolano desde al menos 1994, configurándolo como un «modelo punitivo autoritario», según lo define el profesor Luigi Ferrajoli, bajo la forma de un sistema de «enemigos», en la formulación del profesor Günther Jakobs: (i) adelantamiento severo de la punibilidad de los ilícitos tributarios, incluso en los estadios previos a la lesión del bien jurídico; (ii) desproporción grave de las penas aplicables, en especial a través de un ataque general a la libertad económica como mecanismo represivo; y (iii) socavamiento de las garantías procesales, a través de la ausencia de garantías en el procedimiento constitutivo, la ejecutoriedad de la sanción fiscal antes de su definitiva firmeza y la imprescriptibilidad de la acción y de la ejecución de la sanción.*

Palabras clave: *Delegación Legislativa, Derecho Penal Tributario, iuspuniendi, administrativización, Derecho Penal del Enemigo, Feindstrafrecht, Código Orgánico Tributario, ilícitos tributarios.*

Abstract: *The enactment –via delegate legislation– of the 2014 Organic Tax Code aggravated the «administrativization» process of the Criminal Tax Law in Venezuela, thus deepening the paradigm shift experienced by Venezuelan repressive tax law system since at least 1994, setting it up as an «authoritarian punitive model», according to Professor Luigi Ferrajoli, under the form of a system of «enemies», as stated by Professor Günther Jakobs: (i) advancement of punish ability of tax misdemeanours to stages prior to the harm of legally protected interests; (ii) serious disproportion of penalties, particularly through a general attack on the economic freedom as a repressive mechanism; and (iii) undermining of procedural safeguards, through the lack of guarantees in the constitutive procedure, the enforceability of the fiscal sanction before its final firmness and the lack of a statute of limitations for both sanction-imposing action and sanction execution.*

Key words: *Legislative delegation, Criminal Tax Law, iuspuniendi, administrativization, «Enemy» Criminal Law, Feindstrafrecht, Organic Tax Code, tax misdemeanours, tax felonies.*

INTRODUCCIÓN

Una parte *fundamental* de la reforma tributaria emprendida a través de la «delegación» *supuestamente* contenida en la Ley que Autoriza al Presidente de la República para dictar

Decretos con Rango, Valor y Fuerza de Ley en las materias que se delegan[1], es la de una modificación *integral* del sistema de persecución y castigo de los ilícitos tributarios.

En efecto, a través del Decreto N° 1.434, con rango, fuerza y valor de *Código Orgánico Tributario*[2], el Poder Ejecutivo ahondó el proceso de «administrativización»[3] del Derecho Penal Tributario en Venezuela, profundizando así el *cambio de paradigma* sufrido por el sistema represivo fiscal venezolano desde *al menos* 1994[4]. Tal propósito se concretó a través de un número importante de adiciones y reformas a las normas que componen el Título III del Código Orgánico Tributario, entre las cuales merecen destacarse particularmente las siguientes:

(i) En la *Parte General*, se dio fin al carácter super rígido de la reserva legal en materia sancionatoria fiscal, al permitirse la creación, por las leyes tributarias especiales, de tipos «adicionales» a los dispuestos en el Código (art. 81); se reclasificaron los ilícitos tributarios en tres categorías: formales, materiales y penales (art. 81); se extendió la responsabilidad de los entes morales a las unidades económicas *sin personalidad jurídica* (art. 87); se alteró el elemento temporal de la reincidencia, ampliando el plazo dentro del cual debe cometerse el nuevo ilícito que configurará la agravante a seis años, contados a partir de la fecha de comisión del ilícito previo (art. 96); se extiende la aplicación de las reglas especiales de coparticipación criminal, previamente sólo aplicables a la defraudación tributaria, a todo ilícito «penal», y se reduce la disminución de pena aplicable a los partícipes a la mitad de la pena aplicable por la comisión del delito de que se trate(art. 128), trasladándose la regulación de esta institución, propia de la Parte General de la disciplina, a la *Parte Especial*; se modificó la redacción de la causa eximente de responsabilidad penal tributaria de inimputabilidad por minoridad, eliminando la referencia expresa a la edad de 18 años, y desaparecen como tales causas eximentes la obediencia legítima y debida y la remisión abierta a cualquier otra circunstancia eximente no prevista en el Código Orgánico Tributario pero que, prevista en la ley, fuese aplicable a los ilícitos tributarios (art. 85); se limita el alcance de la remisión abierta a la aplicación de otras circunstancias atenuantes de la responsabilidad penal tributaria, circunscribiéndolas únicamente a aquellas expresamente previstas por la ley, y se elimina, como elemento accidental del ilícito tributario, la atenuación de pena por el cumplimiento de la normativa relativa a la determinación de los precios de transferencia entre partes vinculadas (art. 95); en lo relativo a las circunstancias agravantes, se elimina la referencia a la gravedad del ilícito, y se modifica la redacción de la "*magnitud monetaria del perjuicio fiscal*" para referirse a la *cuantía* de dicho perjuicio; se agrega la obstrucción del ejercicio de las fa-

---

[1]   *Gaceta Oficial de la República Bolivariana de Venezuela* N° 6.112 Extraordinario, del 19 de noviembre de 2013.

[2]   *Gaceta Oficial de la República Bolivariana de Venezuela* N° 6.152 Extraordinario, del 18 de noviembre de 2014.

[3]   Tal como indican Zaffaroni, Alagia y Slovak, sentido en el que coincide Silva Sánchez, si bien éste concede un margen de actuación al Derecho administrativo sancionador con el que disentimos, la legitimación de la legislación punitiva *stricto sensu* de emergencia, "*argumentando que está deteniendo un proceso lesivo en curso o inminente, se convierte en coacción directa de tipo administrativo (lo que antes los administrativistas llamaban poder de policía) y el propio discurso jurídico-penal pasa a tener el carácter de una legitimación ilimitada del poder de coerción directa frente a una amenaza descomunal. En una palabra, se administrativiza el derecho penal*". Zaffaroni, Eugenio Raúl; Alagia, Alejandro y Slovak, Alejandro; *Manual de Derecho Penal. Parte General*. 2ª edición. Ediar. Buenos Aires, 2006, p. 201; y Silva Sánchez, Jesús María; *La expansión del Derecho Penal. Aspectos de la política criminal en las sociedades post-industriales*. 2ª edición. Civitas. Madrid, 2001, pp. 130, 136-141.

[4]   Al respecto, *vid.* Weffe H., Carlos E.; «La Codificación del Derecho Penal Tributario en Venezuela», en *30 años de la Codificación del Derecho Tributario en Venezuela*. Tomo III. *Principios Constitucionales e Ilícitos Tributarios*. Asociación Venezolana de Derecho Tributario. Caracas, 2012, pp. 367-374.

cultades de fiscalización de la administración tributaria y se altera el régimen de agravación de la pena para aquellos infractores fiscales que, al momento de la comisión del ilícito, fuesen funcionarios públicos: se incorpora como elemento material del tipo en algunos casos de ilícitos «formales» y «materiales», y se califica como agravante específica para los ilícitos tributarios «penales», castigándose el funcionario público con el doble de la prisión e inhabilitación de 5 a 15 años para el ejercicio de la función pública (arts. 96 y 129); en lo relativo a las penas, se extiende la aplicación de la medida de clausura a áreas concretas de un determinado establecimiento, y se elimina la referencia a especies fiscales y gravadas como el objeto de las autorizaciones que pueden ser objeto de suspensión (art. 90); y se incorpora como regla general de dosimetría penal el término medio de las sanciones, en paráfrasis del artículo 37 del Código Penal[5] (art. 94); en lo atinente a la prescripción, se amplían los plazos generales de prescripción de la acción penal y de la ejecución de la pena, para los ilícitos «formales» y «materiales» a 6 y 10 años (art. 55.2, 55.4 y 56); se declaran *imprescriptibles*, tanto la acción penal como la ejecución de la pena, de los delitos de defraudación tributaria, apropiación indebida de anticipos tributarios e insolvencia fraudulenta con fines tributarios, aumentándose el plazo de prescripción de la acción penal a 10 años, y a 1½ veces el tiempo de la condena, para los demás delitos tributarios (art. 57); y desaparece la posibilidad de la suspensión condicional de la ejecución de la pena para *delincuentes primerizos*, previo pago de las cantidades adeudadas a la Administración Tributaria, que preveía el parágrafo único del artículo 93 del derogado Código.

(ii) En la *Parte Especial*, se incorporó la sanción de clausura, adicionándola a las multas ya existentes, como pena generalmente aplicable a la práctica *totalidad* de los ilícitos «formales» cuyas penas, por regla general, fueron incrementadas en un promedio mayor al 200% en cada caso; además, en buena parte de los casos, la clausura se extenderá "*hasta tanto el sujeto pasivo cumpla con los respectivos deberes formales y notifique a la administración tributaria la regularización de la situación que dio lugar al ilícito*", de manera que únicamente cuando haya sido "*corregida la situación que motivó la aplicación de la sanción la Administración Tributaria procederá de forma inmediata a levantar la medida de clausura*" (ej., art. 101); las sanciones por la comisión de ilícitos «formales» son, generalmente, penas *fijas*, que no admiten graduación en virtud de circunstancias modificativas de la responsabilidad penal tributaria; se incorporan varios nuevos ilícitos a la ya extensa enumeración que contenía el derogado Código: la comercialización de máquinas fiscales o sus partes esenciales al control fiscal sin autorización de la Administración Tributaria (art. 104.5), no entregar el comprobante de retención (art. 104.9), no mantener o conservar la documentación e información que soporta el cálculo de los precios de transferencia (art. 104.12); obtener la autorización de la Administración Tributaria para ejercer la industria, el comercio y la importación de especies gravadas, cuando así lo establezcan las normas que regulan la materia, en la que la pena de comiso es aplicable aun cuando no haya podido determinarse el infractor, en concordancia con el procedimiento previsto en el artículo 226 del nuevo Código (art. 107); en los ilícitos «materiales», se incrementó –y complicó– la determinación de la pena aplicable para el retraso en el pago de tributos, que pasó de una multa fija de un 1% del tributo pagado con retraso a un esquema progresivo de incremento de la pena, con agravación de hasta un 200% acumulado del monto de la pena originalmente aplicable, que se incrementa *cien* veces, hasta un 100% (art. 110); se incorpora un tipo calificado de pago con retardo, en el que se sanciona con una pena fija del 30% del tributo omitido aquellos casos en los que el retraso se ha detectado a través del procedimiento de recaudación en caso de omisión de presentación de declaraciones (art. 111); se incrementa en un 300% la pena aplicable a la evasión tributaria simple, o contravención, sin perjuicio de la pena eventualmente aplicable por defraudación –en un caso de falso concurso de ilícitos– e incorporando como «excusa absolutoria», o más bien como supuesto de *atipicidad* de la conducta, el caso en el que el sujeto pasivo haya obtenido una prórroga, u otra facilidad para el pago del tributo (arts. 112 y 113); se incrementa las pe-

---

[5] *Gaceta Oficial de la República Bolivariana de Venezuela* N° 5.768 Extraordinario, del 13 de marzo de 2005.

nas aplicables al retraso u omisión en el pago de anticipos, castigándose la omisión con una multa 10 veces superior a la prevista en el derogado Código, y en lo referente al retraso se modificó el tipo, de manera que el ilícito se configurase *diariamente*, y no *mensualmente* o a través de una *prorrata* como la que, de forma insólita, había venido proclamando la jurisprudencia como interpretación del artículo 113 del Código derogado[6]; sanción que es aplicable incluso si la obligación sujeta a anticipo *no nace*, o que de hacerlo lo haga en una cantidad menor a la que correspondía anticipar (art. 114); en lo relativo al incumplimiento de la obligación de retener o percibir, además del incremento general de la multa en un 250% aproximado, llama la atención la distinción de un *tipo genérico*, aplicable a los sujetos pasivos de naturaleza *privada*, castigado con multa de hasta un 1.000% del tributo no retenido o no percibido más la posible pena de prisión por apropiación indebida de anticipos, y un *tipo atenuado*, aplicable a la eventual comisión del ilícito por alguno de los entes político territoriales, castigado con multa entre 200 y 1.000 unidades tributarias, sin alusión alguna a la pena de prisión por apropiación indebida de anticipos y sin relación alguna con el monto del tributo dejado de enterar, caso este último en el que son solidariamente responsables por el cabal cumplimiento de los deberes relativos a la retención, percepción y enteramiento de los tributos que correspondan las máximas autoridades, tesoreros, administradores y demás funcionarios con competencia para ordenar pagos, así como las entidades u órganos públicos; incumplimiento que será castigado, respecto de estas personas con una multa fija de 3.000 unidades tributarias, sin menoscabo de las sanciones correspondientes al agente de retención o percepción (art. 115); se incorporan a la regulación de los ilícitos materiales *dos* «nuevos» ilícitos, previamente tipificados como ilícitos relativos a las especies fiscales y gravadas, categoría de ilícitos eliminada en esta reforma; la comercialización o el expendio en el territorio nacional de especies gravadas destinadas a la exportación o importadas para el consumo en el régimen aduanero territorial que corresponda, cuya pena fue aumentada de un máximo de 250 unidades tributarias a una pena fija de 500 unidades tributarias, más el comiso de las especies gravadas (art. 116), por una parte, y por la otra la comercialización de especies gravadas a establecimientos o personas no autorizadas para su expendio, cuya pena máxima anterior pasa a ser su pena única, multa de 300 unidades tributarias (art. 117); en lo relativo a los ilícitos «penales», se redimensionó el delito de defraudación tributaria, a través de la reducción de los requisitos esenciales para la configuración del tipo, al eliminar los requisitos de capacidad del medio fraudulento de engañar a la administración tributaria respecto de la existencia o cuantía de la obligación tributaria, y de la condición objetiva de punibilidad de acuerdo con la cual el perjuicio fiscal necesario para la configuración de la defraudación debe ser mayor a 2000 unidades tributarias, para el caso del tipo genérico de defraudación, y de 100 unidades tributarias, para el caso del tipo calificado de defraudación a través de la obtención fraudulenta de beneficios fiscales; se eliminó la referencia al *tipo agravado* de defraudación, comisible a través de las maniobras fraudulentas tendientes a la ocultación de inversiones realizadas o mantenidas en jurisdicciones de baja imposición fiscal, y se modificó la caracterización de aquellos hechos constitutivos de indicios de la *posible* comisión de defraudación tributaria (arts. 119 y 120); se agravó la pena por la falta entrenamiento anticipos por agentes de retención o percepción al *doble* de lo originalmente previsto en el Código derogado, prisión de cuatro a seis años (art. 121); se incorporaron dos *nuevos delitos* tributarios, a saber: la insolvencia fraudulenta con fines tributarios, que se configura cuando el agente, a sabiendas del inicio del procedimiento tendiente al cobro de obligaciones tributarias o sanciones, provoca o agrava la insolvencia propia o ajena con el fin de frustrar parcial o totalmente el cumplimiento de esas obligaciones, delito que se castiga con prisión de uno a cinco años (art. 122); y la instigación pública al incumplimiento de la normativa tributaria, la que se configura por la incitación pública, o bien por las maniobras concertadas, con la finalidad de organizar la ne-

---

[6]   Al respecto, *vid.* SSPA 1.073/2007 de 20 de junio, caso *PDVSA Cerro Negro, S. A. v. República (Servicio Nacional Integrado de Administración Aduanera y Tributaria)*, consultada en http://bit.ly/1vH8XkD, 27 de febrero de 2015; y SSPA 1.279/2007, de 18 de julio, caso *Petróleos de Venezuela, S. A. (PDVSA) v. República (Servicio Nacional Integrado de Administración Aduanera y Tributaria)*, consultada en http://bit.ly/1ExVnSF, 27 de febrero de 2015, *et passim*.

gativa colectiva el cumplimiento de las obligaciones tributarias, delito que se castiga con prisión de uno a cinco años (art. 123); y, finalmente, se modifica la pena por la divulgación y uso de información confidencial, que ahora se castiga con prisión de tres meses a tres años y una multa de 1000 unidades tributarias (art. 124).

(iii) En lo relativo al *Proceso Penal Tributario*[7], resulta particularmente notable la atribución, a la Administración Tributaria, de competencia para el ejercicio autónomo de la *acción penal*, que desde 1998 fue monopolio exclusivo del Ministerio Público, como órgano con autonomía funcional del Poder Ciudadano y guardián de la legalidad (art. 131.22); y, por otra parte, la posibilidad de ejecutoriedad administrativa de los actos de contenido tributario, inclusive de aquellos que imponen sanciones, *antes de que el acto administrativo de contenido sancionador fiscal adquiera carácter definitivamente firme*, a través del denominado *cobro ejecutivo* (arts. 290-302); así como la imposición *de plano*, por la *mera iniciación* del procedimiento de ejecución administrativa de las sanciones, y sin esperar a la hipotética *rebeldía* del ejecutado luego de terminado el procedimiento administrativo ejecutivo, de una *pena astreinte* equivalente al 10% del monto de la deuda, esto es, tributo, intereses moratorios y *multas* (art. 290).

Más allá del hecho de que la reforma del sistema penal tributario así emprendida supone la conculcación de la Constitución, en tanto su forma de exteriorización –la legislación delegada– es *imposible* en esta materia, por formar parte de los terrenos de la *reserva parlamentaria*[8], y por cuanto la Ley Habilitante no contiene habilitación alguna al Presidente para legislar en materia tributaria, y *mucho menos en materia penal tributaria*, lo cierto es que las disposiciones sancionatorias del Código Orgánico Tributario han devenido, en mayor medida

---

[7]   En una ocasión anterior, hemos señalado que *"es proceso penal tributario cualquier método de determinación de la existencia de un hecho punible, de sus modos de Comisión y de la responsabilidad penal tributario del sujeto en, esto es, la determinación de individualización de la pena aplicable a quien con su hacer consciente y libre ha vulnerado el ordenamiento tributario del Estado"*. Weffe H., Carlos E. *Garantismo y Derecho Penal Tributario en Venezuela*. Editorial Globe. Caracas, 2010, p. 463.

[8]   Señalan al respecto García de Enterría y Fernández, en palabras que hacemos nuestras, lo siguiente: *"La materia del impuesto y la de las penas, como tradicionales de la reserva material de Ley, van a abstraerse para concluir generalizándose la propiedad (la regulación constitucional de la expropiación forzosa y la exigencia de una ley para legitimar la utilidad pública que permita dicha expropiación vienen a corroborar esta extensión) y en la libertad; éstos serían los valores sustanciales protegidos al reservar a la ley el establecimiento de impuestos y de penas. Pero a la vez, esta generalización se encontrará apoyada en toda la filosofía ilustrada y liberal, especialmente en* Locke, *y en la teoría democrática de la ley, esto es, en* Rousseau. *Asegurar la propiedad y la libertad* (the mutual preservation of their lives, liberties and states: Locke) *serían los fines centrales del Estado, de modo que cualquier limitación de las mismas, siempre excepcional y circunscrita, no puede venir más que por la norma soberana y en modo alguno por disposiciones abiertas e ilimitadas del Rey; las Cámaras están sustancialmente para proteger frente al Rey esos fines supremos y, por tanto, sólo a ellas toca intervenirlos o afectar. La definición de la libertad como materia reservada a la Ley encuentra, en fin, en la doctrina rousseauniana de la Ley su justificación final: la libertad es un estado previo y cualquier limitación a la misma no puede venir más que de la voluntad general, esto es, de una decisión de la representación nacional, de la Ley, por consiguiente. [...]Todo ataque contra la esfera de libertad de los ciudadanos se hace depender del consentimiento expreso de sus representantes; el Ejecutivo, sin ese consentimiento (Ley), nada puede por sí solo en ese terreno. El resultado que con ello se obtiene es muy importante: si la propiedad y la libertad constituyen las verdaderas materias reservadas a la Ley, resulta entonces que toda norma imperativa impuesta un súbdito, en cuanto implica una restricción de su libertad, debe ser objeto de una Ley y no entra entre las posibilidades del Reglamento por sí solo. La obligación de observar una determinada conducta o de proscribir otra cualquiera sólo puede legitimarse en la Ley, como la extracción de cualquier porción patrimonial o la limitación o intervención sobre las propiedades y bienes de los súbditos"*. García de Enterría, Eduardo y Fernández, Tomás-Ramón; *Curso de Derecho Administrativo*. Tomo I. Cuarta edición. Editorial Civitas, Madrid, 1983, pp. 241-242.

que en el Código precedente[9] y sobre idéntica base, las admoniciones contenidas en el *programa* de la Disposición Transitoria Quinta de la Constitución y de la estructura del Modelo de Código Tributario del Centro Interamericano de Administraciones Tributarias[10], inspirado en la idea *predemocrática* de la relación de poder[11], en una forma de *estigmatización* del contribuyente, justificante del *relajamiento*, por no decir del *abandono*, de buena parte de las garantías fundamentales que caracterizan, en lo punitivo, al Estado social y democrático de derecho.

El Título III del Código Orgánico Tributario de 2014 ahonda, de esta guisa, el proceso de «administrativización» que el Derecho Penal Tributario en Venezuela ha venido sufriendo desde 1994[12], y configura acabadamente al sistema como uno de «enemigos», en el sentido que al término da Jakobs[13]. Pasemos a una comprobación, necesariamente breve, de esta hipótesis.

I.   MODELOS PUNITIVOS AUTORITARIOS. DERECHO PENAL DEL «ENEMIGO».

La morigeración –o mejor dicho, eliminación– de alguno(s) de los axiomas que componen al ordenamiento garantista, como lo son el *nullum crimen sine lege* o el *nulla pœna sine culpa*, por ejemplo[14], implica un *descenso* gradual, de la protección garantista *máxima* de los derechos humanos característica del sistema ideal, hasta la configuración de un régimen punitivo autoritario, en las antípodas del garantismo. En función de las garantías que sufren la afectación autoritaria, puede hablarse –con Ferrajoli– de algunos «modelos punitivos autoritarios», tanto de derecho sustantivo como adjetivo, en los que resultan radicalmente afectados, alternativamente, los principios de la carga de la prueba y del derecho a la defensa, de imparcialidad del juez y su separación de la acusación, y *cardinalmente*, el de presunción de inocencia, en lo relativo al proceso; y en lo atinente al derecho sustantivo, son obviados –de una manera u otra– los principios de culpabilidad, de la materialidad de la acción, de mínima intervención, prescindiendo de la lesión de bienes jurídicos concretos, y en especial a través de la represión anticipada de la simple –y a menudo abstracta– puesta en peligro, o bien penalizando puramente el desvalor social o político de la acción más allá de cualquier función penal de tutela; de Derecho Penal de acto, a través de la «despersonalización» del infractor y su persecución, ya no como causa del hecho lesivo, sino simplemente *por ser quien él es*, o *tener lo que él tiene*[15].

---

[9]   *Gaceta Oficial de la República Bolivariana de Venezuela* N° 37.305, del 17 de octubre de 2001.

[10]   Pita, Claudino; Aguirre Pangburn, Rubén; Dentone, Carlos; Esparza, Carlos y Lara Berríos, Bernardo; *Modelo de Código Tributario del CIAT*. Ciudad de Panamá, 1997, consultado en http://bit.ly/1EzyrTc, 28 de febrero de 2015.

[11]   *Vid*. Ferreiro Lapatza, José Juan; «La Codificación en América Latina – Análisis comparativo de los modelos OEA/BID (1967) y CIAT (1997)», en *Anais das XX Jornadas do ILADT. Tema 2: La Codificación en América Latina*. Tomo II. Associação Brasileira de Direito Financiero – Instituto Latinoamericano de Derecho Tributario. Salvador de Bahía, 2000, p. 1.182.

[12]   Con el Código Orgánico Tributario de ese año. *Gaceta Oficial* de la República de Venezuela N° 4.727 Extraordinario, del 27 de mayo de 1994. En una ocasión previa hemos analizado las disposiciones represivas de ese Código. *Vid*. Weffe; *La Codificación…* pp. 367-374.

[13]   *Vid*. Jakobs, Günther; «Criminalización en el estado previo a la lesión de un bien jurídico», en *Fundamentos del Derecho Penal*. Traducción del original alemán por Enrique Peñaranda Ramos. Ad-Hoc. Buenos Aires, 1996, pp. 179-240; y Jakobs, Günther; «Derecho penal del ciudadano y Derecho penal del enemigo», en *Derecho Penal del Enemigo*. Traducción del original alemán por Manuel CancioMelía. Civitas. Madrid, 2003, pp. 19-56.

[14]   *Cfr*. Ferrajoli, Luigi; *Derecho y Razón. Teoría del garantismo penal*. 5ª edición. Traducción del original italiano por Perfecto Andrés Ibáñez, Alfonso Ruiz Miguel, Juan Carlos Bayón Mohino, Juan TerradillosBasoco y Rocío Canterero Bandrés. Editorial Trotta. Madrid, 2001, p. 93.

[15]   *Vid*. Ferrajoli; *Derecho…* pp. 98-103.

Una caracterización emblemática de estos «modelos punitivos autoritarios» es la ensayada por Jakobs, que es característica de las sociedades post-industriales afectadas por fenómenos como el terrorismo, el narcotráfico, la delincuencia organizada, etc. Con fundamento filosófico en los desarrollos de Rousseau, Hobbes, Fichte y Kant[16], el profesor alemán ensaya la distinción entre el Derecho penal de «ciudadanos» (*Bürgerstrafrecht*), de corte garantista, aplicable a las personas que, si bien han transgredido el ordenamiento, no buscan sistemáticamente el fin de la vida en sociedad, en contraposición con un Derecho penal del «enemigo» (*Feindstrafrecht*), en el que el transgresor, visto como *rebelde* frente a la sociedad por la realización de conductas que tienden a la destrucción de la convivencia colectiva, la «Constitución civil» de Kant, es «despersonalizado», «cosificado» por el ordenamiento, y despojado –en consecuencia– de su *status* de persona.

En este orden de ideas, el sistema de Derecho penal del «enemigo», *autoritario* en tanto niega el carácter de persona del infractor y, en consecuencia, la titularidad total o parcial de su esfera de derechos fundamentales, se estructura en función de *tres* requisitos básicos, cuya verificación en el caso concreto acometeremos *de inmediato*, en razón de las limitaciones que nos han sido impuestas:

(i) *Amplio adelantamiento de la punibilidad a estadios previos a la lesión efectiva del bien jurídico*; donde la donde la perspectiva de la punición es, según Cancio Meliá[17], *prospectiva* (hacia el futuro, el delito por cometer) en lugar de *retrospectiva* (hacia el pasado, hacia el delito ya cometido), en conculcación de los principios de *última ratio*, proporcionalidad y contingencia que caracterizan al Derecho penal, sobre la base de la fórmula *nulla lex pœnalis sine necessitate*.

El requisito de marras se configura en la reforma penal tributaria en comentarios, por cuanto ésta castiga *a gran escala* los ilícitos formales como actos preparatorios de la evasión fiscal a través de la *ampliación masiva de los supuestos punibles*, la extensión de los supuestos de coparticipación de los *auxiliadores* a *todos los delitos tributarios*, objetivar *aún más* la responsabilidad penal tributaria, extendiéndola a las unidades económicas sin personalidad jurídica, y *agravar el régimen general de la prescripción*, a través del aumento de los plazos para la configuración de esta causal de extinción de la acción penal y de la ejecución de la pena, así como por declarar, en el espíritu de la Disposición Transitoria Quinta de la Constitución, la *imprescriptibilidad de la acción penal y de la ejecución de la pena* de los delitos de defraudación tributaria, apropiación indebida de anticipos retenidos o percibidos e insolvencia fraudulenta con fines tributarios;

(ii) *Pérdida de la proporcionalidad en la medida de las penas*, de modo que al adelantamiento de la represión –que tiene por objeto la protección *anticipada* del bien jurídico mediante el castigo, en nuestro caso, de los que podrían constituir *actos preparatorios*, como lo son los diversos incumplimientos de deberes formales tipificados en el Código, son castigados en forma que *incluso* puede *superar* a la punición de la lesión efectiva al bien jurídico más grave– no la acompaña la correspondiente reducción de la medida de la pena, sino por el contrario su *agravación*.

La reforma penal tributaria de 2014 *tipifica sanciones cuya medida es absolutamente desproporcionada*, a través del *agravamiento general* de las penas aplicables, concretado a través del incremento de las multas en un promedio general *superior al 200% de la pena*

---

[16]   *Vid.* por todos Jakobs; *Derecho...* pp. 25-33.
[17]   Cancio Meliá, Manuel; ¿«Derecho penal del enemigo»?, en *Derecho Penal del Enemigo*. Civitas. Madrid, 2003, p. 80.

originalmente prevista en el Código Orgánico Tributario de 2001, del *abuso de las penas fijas*, contradictorio con el principio de culpabilidad y la generalización de la clausura como pena general aplicable a los ilícitos formales; en el mismo sentido, la *eliminación de circunstancias modificativas que obren a la disminución de la responsabilidad penal tributaria*, como lo son la obediencia legítima y debida, el cumplimiento de las normas relativas a la determinación de los precios de transferencia entre partes vinculadas y la remisión abierta al ordenamiento para la aplicación, por parte del juez, de eximentes y de atenuantes no previstas expresamente en la ley; y la *discriminación en el trato* producto de la tipificación de las penas aplicables a la falta de enteramiento, o el enteramiento tardío, de retenciones y percepciones; el abandono de la *super rigidez* característica de la reserva legal en materia de ilícitos tributarios, y la posible acumulación de penas por hechos *no pluriofensivos* derivada de la posibilidad de tipificación de ilícitos «adicionales» a la ya exhaustiva enumeración de conductas ilícitas que hace el nuevo Código; la posibilidad de la extensión *a perpetuidad* de la clausura por incumplimiento de deberes formales; la modificación integral del régimen aplicable a la defraudación tributaria, al disminuir los requisitos materiales necesarios para configurarla, *vgr.* la *capacidad de engaño* del medio fraudulento empleado para cometer la defraudación y la eliminación de la condición objetiva de punibilidad sobre la cuantía del perjuicio fiscal necesario para configurar el delito; la ampliación general de los tipos castigados con pena privativa de la libertad, al incorporar como nuevos delitos la insolvencia fraudulenta con fines tributarios y la instigación a la desobediencia tributaria; y la desaparición, en un sentido semejante al aplicable a los delitos contra la humanidad, de la *suspensión condicional de la ejecución de la pena para delincuentes tributarios primerizos*, equiparando así al delito fiscal con las formas más graves de violación de bienes jurídicos fundamentales;

(iii) *Grave socavamiento de las garantías procesales mínimas para el ejercicio del poder punitivo*, lo que garantiza la sustentabilidad de la vigencia de la legislación de «lucha» contra el «enemigo», a través de la inaplicabilidad total o parcial de las garantías ínsitas a la tutela judicial efectiva, el debido proceso, la defensa, la inejecutabilidad de las penas que no han adquirido carácter *definitivamente firme* y, especialmente, a través de *tratar como culpable* al –aun– presunto infractor, a despecho de la *presunción constitucional de inocencia*.

En esto es especialmente prolija la reforma. Por una parte, al mantener el *absoluto silencio* legislativo respecto de las fases de inicio, sustanciación, descargos, prueba y su control del procedimiento de verificación, así como al atribuir a la Administración Tributaria –de manera *excepcional*, dado el monopolio que en la materia garantiza la Constitución al Ministerio Público– la titularidad de la acción penal en los delitos tributarios; y por la otra, al adoptar como política general la ejecución de las penas tributarias sin que éstas hayan adquirido el carácter definitivamente firme, en franca conculcación de la garantía constitucional de *presunción de inocencia*, a través de la insuspendibilidad de penas distintas a las pecuniarias, como por ejemplo las de clausura y comiso, y las amplísimas facultades conferidas a la Administración Tributaria en materia de *medidas cautelares autónomas* frente al «riesgo» de percepción de *multas aún no legalmente determinadas*, y de *cobro ejecutivo* de las sanciones impuestas no definitivamente firmes, a las cuales se suma la posibilidad administrativa de imposición de una pena *astreinte* de un 10% del monto sujeto a ejecución forzosa.

II.   CONCLUSIONES

Las razones precedentemente *comprueban* que el sistema sancionador tributario resultante del *nuevo* Código Orgánico Tributario de 2014 ahondó el proceso de «administrativización» del Derecho Penal Tributario en Venezuela, profundizando así el *cambio de paradigma* sufrido por el sistema represivo fiscal venezolano desde *al menos* 1994, y configurándolo como un sistema peligrosamente similar a un *modelo punitivo autoritario*; en otras palabras, al *Derecho penal del «enemigo»* de Jakobs. Frente a este proceso de huida frontal de las garantías ínsitas al ejercicio del *iuspuniendi* en el Estado Social y Democrático de Derecho cabe recordar –con Jakobs– que "*la existencia de un Derecho penal de enemigos no es signo* […] *de la fortaleza del Estado de libertades, sino un signo de que en esa medida simplemente no existe*"[18].

BIBLIOGRAFÍA

a) Doctrina.

CANCIO MELIÁ, Manuel; ¿«Derecho penal del enemigo»?, en *Derecho Penal del Enemigo*. Civitas. Madrid, 2003.

FERRAJOLI, Luigi; *Derecho y Razón. Teoría del garantismo penal*. 5ª edición. Traducción del original italiano por Perfecto ANDRÉS IBÁÑEZ, Alfonso RUIZ MIGUEL, Juan Carlos BAYÓN MOHINO, Juan TERRADILLOS BASOCO y Rocío CANTERENO BANDRÉS. Editorial Trotta. Madrid, 2001.

FERREIRO LAPATZA, José Juan; «La Codificación en América Latina – Análisis comparativo de los modelos OEA/BID (1967) y CIAT (1997)», en *Anais das XX Jornadas do ILADT. Tema 2: La Codificación en América Latina*. Tomo II. Associação Brasileira de Direito Financiero – Instituto Latinoamericano de Derecho Tributario. Salvador de Bahía, 2000.

GARCÍA DE ENTERRÍA, Eduardo y FERNÁNDEZ, Tomás-Ramón; *Curso de Derecho Administrativo*. Tomo I. Cuarta edición. Editorial Civitas, Madrid, 1983.

JAKOBS, Günther; «Criminalización en el estado previo a la lesión de un bien jurídico», en *Fundamentos del Derecho Penal*. Traducción del original alemán por Enrique Peñaranda Ramos. Ad-Hoc. Buenos Aires, 1996.

_____; «Derecho penal del ciudadano y Derecho penal del enemigo», en *Derecho Penal del Enemigo*. Traducción del original alemán por Manuel CANCIOMELIÁ. Civitas. Madrid, 2003.

PITA, Claudino; AGUIRRE PANGBURN, Rubén; DENTONE, Carlos; ESPARZA, Carlos y LARA BERRÍOS, Bernardo; *Modelo de Código Tributario del CIAT*. Ciudad de Panamá, 1997, consultado en http://bit.ly/1EzyrTc, 28 de febrero de 2015.

SILVA SÁNCHEZ, Jesús María; *La expansión del Derecho Penal. Aspectos de la política criminal en las sociedades post-industriales*. 2ª edición. Civitas. Madrid, 2001.

WEFFE H., Carlos E.; «La Codificación del Derecho Penal Tributario en Venezuela», en *30 años de la Codificación del Derecho Tributario en Venezuela*. Tomo III. *Principios Constitucionales e Ilícitos Tributarios*. Asociación Venezolana de Derecho Tributario. Caracas, 2012.

_____; *Garantismo y Derecho Penal Tributario en Venezuela*. Editorial Globe. Caracas, 2010, p. 463.

ZAFFARONI, Eugenio Raúl; ALAGIA, Alejandro y SLOVAK, Alejandro; *Manual de Derecho Penal. Parte General*. 2ª edición. Ediar. Buenos Aires, 2006.

---

[18]   Jakobs; *Criminalización…* p. 238.

b. Legislación.

Ley que Autoriza al Presidente de la República para dictar Decretos con Rango, Valor y Fuerza de Ley en las materias que se delegan. *Gaceta Oficial* de la República Bolivariana de Venezuela N° 6.112 Extraordinario, del 19 de noviembre de 2013.

Decreto N° 1.434, con rango, fuerza y valor de Código Orgánico Tributario. *Gaceta Oficial* de la República Bolivariana de Venezuela N° 6.152 Extraordinario, del 18 de noviembre de 2014.

Código Orgánico Tributario. *Gaceta Oficial* de la República Bolivariana de Venezuela N° 37.305, del 17 de octubre de 2001.

Código Orgánico Tributario. *Gaceta Oficial* de la República de Venezuela N° 4.727 Extraordinario, del 27 de mayo de 1994.

Código Penal. *Gaceta Oficial* de la República Bolivariana de Venezuela N° 5.768 Extraordinario, del 13 de marzo de 2005.

c. Jurisprudencia.

SSPA 1.073/2007 de 20 de junio, caso *PDVSA Cerro Negro, S. A. v. República (Servicio Nacional Integrado de Administración Aduanera y Tributaria)*, consultada en http://bit.ly/1vH8XkD, 27 de febrero de 2015.

SSPA 1.279/2007, de 18 de julio, caso *Petróleos de Venezuela, S. A. (PDVSA) v. República (Servicio Nacional Integrado de Administración Aduanera y Tributaria)*, consultada en http://bit.ly/1ExVnSF, 27 de febrero de 2015.

La inquisición fiscal del siglo XXI en Venezuela y la crisis en el garantismo: comentarios a la clausura del establecimiento como sanción en el Decreto con Rango, Valor y Fuerza de Ley del Código Orgánico Tributario

José A. Zambrano Reina
Abogado

Resumen: *Análisis de la clausura del establecimiento como sanción por la comisión de ilícitos tributarios, en el marco de un régimen sancionatorio altamente represivo y nada acorde con los parámetros constitucionales de respeto a las garantías fundamentales de todo ciudadano.*

Palabras claves: *Clausura de establecimientos, potestad sancionadora, garantías ciudadanas.*

Abstract: *Analysis of the close of business as a sanction derived from tax illicit, in the context of a repressive regime contrary to the constitutional principle of respect to the citizen fundamental guarantees.*

Keywords: *Close of business, sanctioning powers, citizens guarantees.*

Mucho es lo que el foro comentó en relación con la reforma tributaria que esperábamos desde inicios del año pasado: a partir de posibles imposiciones al patrimonio hasta el aumento de todas las alícuotas impositivas; no obstante, no contábamos con la astucia del régimen de turno en cuanto a la forma jurídica que tan esperada reforma revestiría.

En efecto, en el marco de los más de 50 decretos leyes ilegítimamente emitidos con fundamento en la ley habilitante conferida al Presidente de la República el 19 de noviembre de 2013, la *Gaceta Oficial* número 40.543 del 18 de noviembre de 2014 anunció la publicación en el número 6.152 Extraordinario de esa misma fecha[1] del Decreto con Rango, Valor y Fuerza de Ley del Código Orgánico Tributario.

Al margen de los problemas semánticos y técnicos que presenta la expresión "Decreto-Ley del Código"[2]; más allá de los problemas relacionados con la legitimidad de la ordenación

---

[1]   Destacamos aquí que aun cuando ese número extraordinario tiene esta fecha, no fue sino hasta el 28 de noviembre que dicho ejemplar del medio de divulgación oficial estuvo a disposición de los ciudadanos.

[2]   Recordemos aquí que el artículo 202 de nuestra Constitución señala que *"... Las leyes que reúnan sistemáticamente las normas relativas a determinada materia se podrán denominar códigos"*; de este modo, resulta un pleonasmo señalar que se trata de una ley del Código Orgánico Tributario cuando la idea de "código" encierra un acto normativo de esta jerarquía. Así, la expresión que usa el Ejecutivo podría traducirse como el decreto ley de la ley que reúne sistemáticamente la materia tributaria.

tributaria vía decretos-leyes; más allá del hecho de que se trata de una ley de **carácter orgánico**[3] emanada del Poder Ejecutivo; resalta a la vista que aun cuando no fueron modificadas todas las normas del Código Orgánico Tributario de 2001[4], el decreto en comentarios no detalla en forma preliminar los artículos reformados.

Desde el punto de vista externo, es claro que el propósito del Ejecutivo Nacional fue considerar al decreto del 18 de noviembre de 2014 una nueva ley, en aras de escapar a la obligación que impone el artículo 5 de la Ley de Publicaciones Oficiales[5]; no obstante, una revisión pormenorizada del Decreto-Ley del Código Orgánico Tributario revela la necesidad de pasar desapercibidas las notas de un régimen fiscal violatorio de los valores, principios y garantías democráticos consagrados inequívocamente en nuestra Constitución[6].

Una exposición, siquiera superficial, de todos los aspectos modificados por este novísimo instrumento de rango legal en modo alguno puede ser tarea de un artículo de estas características; preferimos por el contrario circunscribirnos a un aspecto particular que por su relevancia práctica merece las líneas que ahora dedicamos.

Tal aspecto no es otro que la clausura del establecimiento como sanción por la comisión de ilícitos tributarios, en el marco de un régimen sancionatorio altamente represivo y nada acorde con los parámetros constitucionales de respeto a las garantías fundamentales de todo ciudadano.

Como punto de partida, hemos seleccionado el principio de proporcionalidad en materia sancionatoria para el análisis de esta sanción, la cual nos permitimos desde ya calificar con el carácter penal, dada la trascendencia que ella reviste; de este modo, dedicaremos unas líneas a la reflexión de éste y otros principios conexos, todos inherentes a un Estado Garantista como lo es la República Bolivariana de Venezuela, para luego analizar el empleo de la pena en comentarios en el Código de 2001 y en el Decreto-Ley de 2014.

Así, pues, sería un crimen para nosotros reflexionar sobre el garantismo y sus principios inherentes sin tomar en cuenta a quien consideramos su principal exponente: éste no es otro que el jurista florentino Luigi Ferrajoli, quien revela que en el mundo moderno el garantismo como modelo normativo plantea un conjunto estructurado de *"vínculos impuestos a la potestad punitiva del estado en garantía de los derechos de los ciudadanos"* en aras de *"minimizar la violencia y de maximizar la libertad"* sobre la base de un sistema *"de poder mínimo"*[7].

---

[3]   Por imperio de la Constitución, sujeto a diversos controles (acuerdo de las dos terceras partes de la Asamblea Nacional, pronunciamiento de la Sala Constitucional del Tribunal Supremo de Justicia…).

[4]   Publicado en la *Gaceta Oficial* Número 37.305 del 17 de octubre de 2001.

[5]   *"La Ley que sufra una reforma parcial deberá publicarse íntegramente con las modificaciones que hubiere sufrido, las cuales se insertarán en su texto suprimiendo los artículos reformados de manera de conservar su unidad. Esta publicación deberá estar precedida por la de la ley que hace la reforma."* Publicada en la *Gaceta Oficial* número 20.546 del 22 de julio de 1941.

[6]   Constitución de la República Bolivariana de Venezuela, publicada en la *Gaceta Oficial* número 5.908 Extraordinario del 19 de febrero de 2009.

[7]   Ferrajoli, Luigi: *"Derecho y Razón. Teoría del Garantismo Penal"*. Traducción de Perfecto Andrés Ibáñez, Alfonso Ruiz Miguel, Juan Carlos Bayón Mohino, Juan Terradillos Basoco y Rocío Cantarero Bandrés. Trotta, Madrid: 1995. p. 851 y 852. Recordemos en este punto que el garantismo es una teoría que tiene su génesis en el pensamiento jurídico penal pero que hoy en día se trata de un modelo de protección de los derechos fundamentales.

Vale destacar aquí que el profesor florentino señala igualmente que el garantismo, desde otro punto de vista, *"opera como doctrina jurídica de legitimación y sobre todo de deslegitimación interna del derecho penal, que reclama de los jueces y de los juristas una constante tensión crítica hacia las leyes vigentes"*; de este modo, el autor invita a los operadores jurídicos a reflexionar con sentido crítico respecto de la validez de las normas jurídicas de cara al rol y función que cumplen en el sistema jurídico[8].

En este marco, vale la pena destacar que existen 10 principios que el garantismo adopta para su axiomatización[9], de los cuales 3 en particular sirven a nuestro análisis; tales son: 1) principio de la sucesividad de la pena respecto del delito; 2)principio de necesidad o de economía del derecho penal; y 3) principio de lesividad o de la ofensividad del acto; todos estos principios, a nuestro entender, alineados al principio de proporcionalidad mínima, de la cual el autor señala que, además de ser un principio, se trata de un carácter ulterior de la pena moderna.

Conforme al primero de ellos, la aplicación de una pena debe presuponer la existencia y comisión de un delito, el cual en atención al principio de proporcionalidad, fijará la magnitud de la aplicación de esta pena. Conforme al segundo, el Estado, en su proceso de Criminalización Primaria[10], no puede establecer cualquier conducta como delictiva, sino que debe limitarse a criminalizar únicamente aquello que sea necesario para preservar el orden social.

El tercero propugna que el daño es el presupuesto definitivo para la intervención estatal[11], de suerte que sin la producción de un daño, es cuestionable la criminalización primaria y por supuesto, la aplicación de la pena.

Finalmente, la proporcionalidad mínima se presenta como un principio cardinal en el garantismo moderno que, lejos de legitimar la pena como retribución, pone de relieve que *"el derecho penal debe escoger entre irracionalidades, para impedir el paso de las de mayor calibre"* y en consecuencia, *"no puede admitir que a esa naturaleza no racional del ejercicio del poder punitivo se agregue una nota de máxima irracionalidad, por la que se afecten bienes de una persona en desproporción grosera con el mal que ha provocado"*[12].

De este modo, es claro que un Estado garantista criminaliza conductas que considera necesario prohibir dado el grave impacto que tienen en el orden social; en virtud de ello, dado que la pena es un daño que se produce en respuesta al delito, aquélla debe ser proporcional o adecuada a éste.

---

[8] *"Esto dista de ser lo habitual en la ciencia y en la práctica jurídica, en las que un malentendido positivismo jurídico suele dar aliento a actitudes acríticamente dogmáticas y contemplativas frente al derecho positivo y sugiere al jurista la tarea de cubrir o hacer cuadrar sus antinomias en vez de hacerlas explícitas y denunciarlas"*. Ob. Cit. p. 853.

[9] Ferrajoli: *ob.cit.* p. 93.

[10] *"Criminalización primaria es el acto y el efecto de sancionar una ley penal material, que incrimina o permite la punición de ciertas personas"*. Zaffaroni, Eugenio Raúl; Alagia, Alejandro; y Slokar, Alejandro: "Derecho Penal. Parte General". Segunda Edición. Ediar. Buenos Aires, 2002, p. 7.

[11] A decir de Ferrajoli (*Ob. Cit.*, p. 466): *"es denominador común a toda la cultura penal ilustrada: de Hobbes, Pufendorf y Locke a Beccaria, Hommel, Bentham, Pagano y Romagnosi, quienes ven en el daño causado a terceros las razones, los criterios y la medida de las prohibiciones y de las penas"*; por su parte, Zaffaroni (*Ob. Cit.*, p. 126 y 127) considera que se trata del más importante de los límites materiales al poder criminalizante y a la injerencia coactiva del estado en general.

[12] Zaffaroni, *Ob. Cit.*, p. 130. En definitiva, un sistema garantista reconoce el daño (irracional) que causa con la imposición de la pena, de manera que aun cuando no exista una relación natural entre el la pena y el delito, ello no quiere decir que aquélla, como respuesta a éste, no sea adecuada en alguna medida (Ferrajoli, *Ob. Cit.*, pp. 397 y 398).

Con el fin de justificar el espacio dedicado a la reflexión sobre los principios penales de un sistema garantista, vale en este punto señalar que en nosotros no existen dudas respecto del carácter garantista del modelo normativo (consagrado en primer lugar en la Constitución) de la República Bolivariana de Venezuela, en cuyo sistema jurídico existe el Decreto-Ley de Código Orgánico Tributario[13].

En rigor de verdad, y siguiendo las enseñanzas del jurista Ferrajoli, resulta válido entonces revisar el mencionado instrumento de rango legal a la luz de los principios que informan al sistema garantista y sobre esa base, hacer una breve reflexión respecto de su validez intrínseca en el marco constitucional que le sirve de fundamento.

Si bien podríamos reflexionar respecto de todo el régimen sancionatorio contenido en el novísimo Decreto-Ley del Código Orgánico Tributario, como ya lo hemos señalado, resulta inconveniente a los fines del presente artículo, dada la amplitud de observaciones que merece la reforma en comentarios. Por ello, nos limitamos a observar el aspecto particular de la clausura del establecimiento como respuesta sancionatoria a la comisión de ilícitos tributarios.

Sabido es que en la actualidad nuestra norma marco en materia fiscal clasifica los ilícitos tributarios en 3 categorías (4 en el Código de 2001) a saber: 1) ilícitos formales; 2) ilícitos materiales; y 3) ilícitos penales. En tal sentido, es claro que el legislador reconoce que algunos ilícitos constituyen delitos, sobre los cuales, dada su gravedad, debería recaer una pena, mientras que otros constituyen infracciones que, por tener una menor gravedad, ameritan una sanción de carácter no penal.

En este punto, es justo preguntarse, ¿qué diferencia una sanción de una pena? De acuerdo con Ferrajoli, *"mientras que el delito suele ser una violencia ocasional y a veces impulsiva y obligada, la violencia infligida con la pena es siempre programada, consciente, organizada por muchos contra uno"*[14]; por su parte, Zaffaroni señala que la pena es *"una coerción que priva de derechos o infiere un dolor"*[15].

En síntesis, para definir en una forma más o menos satisfactoria la pena, hemos de partir del hecho de que se trata de un daño, una violencia o más propiamente de una privación de derechos[16].

Ciertamente la definición estaría incompleta si la consideramos con prescindencia de las nociones del derecho penal y del delito, pues es ahí donde la noción de pena adquiere su carácter diferenciador de sanciones de otra naturaleza.

---

[13]   Aquí, basta considerar la consagración de garantías constitucionales como la irretroactividad de la Ley, las responsabilidades de los funcionarios por violaciones de derechos fundamentales, la prohibición de penas infamantes y degradantes, la prohibición de privaciones de derechos con posterioridad al cumplimiento de la pena, la preferencia de penas distintas a la privativa de libertad, la limitación de sanciones penales a los casos de evasión fiscal, en fin, toda una gama de normas consagradas a la protección de las libertades individuales a través de límites a los poderes del Estado.

[14]   Ferrajoli: *Ob. Cit.*, pp. 385 y 386.

[15]   Zaffaroni: *Ob. Cit.*, p. 37.

[16]   Ello pues, una vez superada la visión de la igualdad natural de la pena y el delito, ha sido posible considerar la pena moderna como abstracta, cuantificable y predeterminable; de ahí que más que de una "aflicción", estamos hablando de una "privación" (Ferrajoli: *Ob. Cit.*, p. 389 y 390).

Para una definición más o menos satisfactoria, vale la pena traer aquí el criterio de Zaffaroni, conforme al cual el derecho penal es el *"conjunto de leyes que traducen normas tuitivas de bienes jurídicos y que precisan su alcance, cuya violación se llama delito e importa una coerción jurídica particularmente grave, que procura evitar nuevas violaciones por parte del deudor"*[17].

Aquí vale la pena destacar que la noción de bien jurídico, aun a pesar de la vaguedad de su alcance en la doctrina, juega un papel preponderante; en todo caso, el delito, desde el punto de vista externo, debe ser concebido como una lesión grave a un bien jurídico (entendido este como un valor fundamental de la sociedad cuya protección está encomendada al Estado[18]).

Así, la pena como respuesta al delito está justificada como una coerción grave, donde la gravedad constituye su nota característica y diferenciadora de sanciones de otra naturaleza; en este contexto, será un juicio valorativo arraigado en la conciencia social el que determinará en cada caso cuándo estamos en presencia de una pena y cuándo estamos en presencia de una sanción distinta[19].

Aclarado esto, vale la pena volver al ámbito tributario sancionatorio que ahora nos ocupa, planteando en primer lugar, ¿Es la sanción de clausura del establecimiento de carácter penal o de una naturaleza distinta?

Forzosamente debemos decir que la clausura del establecimiento es una sanción penal. En primer lugar, tal como toda sanción, se trata de la privación de un derecho que, en el Código Orgánico Tributario, se produce en respuesta a la comisión de ilícitos tributarios.

A ello, necesariamente debemos añadir que no se trata de un derecho cualquiera, sino uno consagrado en la Constitución de la República Bolivariana de Venezuela: no es otro que el derecho a la libertad económica establecido en el artículo 112.

En efecto, el derecho a la libertad económica y en este marco la libertad de empresa se manifiesta en tres dimensiones indispensables, a saber: a) La libertad de acceso al mercado; b) La libertad de ejercer la actividad económica de su preferencia y; c) La Libertad de cesar el ejercicio de esa actividad[20].

De este modo, cualquier restricción[21], así sea temporal, a la realización de la actividad económica escogida es un claro menoscabo de este derecho constitucional, el cual debe ser entendido como una privación de carácter sancionatorio.

---

[17] Zaffaroni, Eugenio Raúl: *"Tratado de Derecho Penal"*. Tomo I.

[18] Zaffaroni, Eugenio Raúl: *"Manual de Derecho Penal, Parte General"*. 5ta Ed. Ediar. Buenos Aires: 1999, p. 389 y 390 *"bien jurídico penalmente tutelado es la relación de disponibilidad de un individuo con un objeto, protegida por el Estado, que revela su interés mediante la tipificación penal de las conductas que le afectan"*

[19] Por supuesto, las mismas consideraciones podemos hacer del delito; así, llamará la atención de la conciencia social el hecho de que una conducta que no lesione gravemente un bien jurídico sea considerada delito y en consecuencia, castigada penalmente.

[20] Enterena Custa, Rafael. *"Curso de derecho administrativo"*, Editorial Tecnos, Novena Edición, Madrid 1992, p. 495

[21] Es importante destacar que no estamos hablando de las limitaciones normales que establece el ordenamiento jurídico con miras a la realización de los fines del Estado; en este punto hablamos de una perturbación grave al ejercicio del derecho en comentarios.

Finalmente, respecto de la gravedad de esta coerción, cabe señalar que en el contexto actual de la actividad empresarial en Venezuela, la imposibilidad de ejercer la actividad económica por un período (siquiera de 3 días) ciertamente causa un grave perjuicio a la situación económica del contribuyente, en el entendido que se trata de un período dentro del cual éste no generará ingresos mientras que por el contrario seguirá causando gastos (de administración, salarios de los trabajadores, pérdidas que se pueden generar en la inactividad de determinados activos, etc.).

Así, no tenemos dudas de que la clausura del establecimiento es una sanción de carácter penal, de manera que en atención a los principios penales propios de un sistema garantista, esta pena debe aplicarse como respuesta a la comisión de un delito que cause un daño de tal magnitud que justifique su aplicación.

Sin embargo, vemos cómo el Decreto-Ley del Código Orgánico Tributario de 2014 transgrede abiertamente los principios que hemos señalado hasta ahora, toda vez que emplea la pena de clausura temporal del establecimiento en una forma abusiva y desproporcionada.

Para una mejor comprensión del tema, estimamos necesario exponer brevemente el panorama desde la óptica del Código Orgánico Tributario de 2001 con el fin de contrastarlo con el régimen propuesto por el Ejecutivo en el Decreto-Ley de 2014.

De la lectura del Código Orgánico Tributario de 2001, podemos extraer como características fundamentales de la clausura del establecimiento las siguientes: 1) está prevista como sanción para la comisión de 5 ilícitos tributarios; 2) su duración oscila entre 1 y 5 días; y 3) es a todo evento de carácter temporal.

Por su lado, el Decreto-Ley del Código Orgánico Tributario de 2014 plantea un incremento en la gravedad de la pena en comentarios, toda vez que: 1) está prevista como sanción para la comisión de 35 ilícitos tributarios; 2) su duración oscila entre 5 y 10 días; y 3) es en principio temporal (no obstante, existen casos en los cuales la sanción de clausurase extenderá hasta tanto el sujeto pasivo cumpla con los deberes cuyo incumplimiento originó el ilícito sancionable, lo notifique a la Administración Tributaria y esta levante la "medida" de clausura).

Cuanto menos, este repentino y claramente represivo cambio en el paradigma de la sanción de clausura del establecimiento requiere reflexionar con miras a encontrar alguna justificación que lo legitime; de lo contrario, bien podemos cuestionar su validez en el sistema jurídico venezolano.

Como punto de partida, vale insistir en que la sanción en comentarios es de un claro carácter penal; en rigor de verdad, y desde una óptica garantista, es lógico intuir entonces que la clausura del establecimiento en el Decreto-Ley del Código Orgánico Tributario de 2014 se produce como respuesta para la comisión de ilícitos tributarios de carácter penal, esto es, delitos considerados en su punto de vista externo (conductas que lesionan gravemente bienes jurídicos fundamentales).

Sin embargo, penosamente debemos reconocer que nuestra intuición lógica desafía el contenido del dispositivo normativo en comentarios. Al menos en forma preliminar, debería llamarnos la atención que el decreto en comentarios clasifique los ilícitos tributarios en formales, materiales y penales[22] y asigne una sanción de carácter penal a ilícitos que considera de naturaleza distinta a la penal.

---

[22] En el entendido que cada categoría es, si no independiente, al menos diferenciable de las otras.

Fundadas son nuestras sospechas cuando vemos que en todo momento la clausura del establecimiento está prevista en el Decreto-Ley del Código Orgánico Tributario como una sanción para la comisión de ilícitos formales.

Sobre esta base, resulta pertinente preguntarnos ¿qué son los ilícitos formales? La respuesta a esta interrogante nos permitirá formarnos un juicio responsable respecto de la validez intrínseca de las normas sancionatorias que ahora nos ocupan.

El artículo 99 del Decreto-Ley del Código Orgánico Tributario (al igual que el Código Orgánico Tributario de 2001) establece que *"los ilícitos tributarios formales se originan por el incumplimiento de los deberes siguientes: ..."*; acto seguido, establece un catálogo de conductas que, de una revisión global del decreto (y del Código de 2001) en comentarios, resultan ser deberes formales; de esta forma, podemos decir más sencillamente que los ilícitos formales son conductas a través de las cuales el sujeto pasivo incumple deberes formales.

Así las cosas, el núcleo de la definición de ilícitos formales reside en la noción de deberes formales, los cuales a decir del legislador en 2001 y del Ejecutivo en 2014, son deberes *"relativos a las tareas de fiscalización e investigación que realice la Administración Tributaria"*[23]; así, los deberes formales facilitan la investigación fiscal.

De este modo, es claro que en ambos casos el Estado consideró que las facultades de la Administración Tributaria (de fiscalización e investigación), o en forma más general, la investigación fiscal, es un bien jurídico fundamental y sobre esa base dictó normas sancionatorias que califican como ilícitos aquellas conductas lesivas de este bien jurídico, castigándolas con sanciones graves en unos casos (como es la clausura del establecimiento) y leves en otros.

En rigor de verdad, nos preguntamos: ¿los ilícitos formales pueden ser considerados delitos o ilícitos penales desde un punto de vista externo? ¿Cuál es la magnitud del daño causado con la comisión de un ilícito formal? ¿Amerita la imposición de una sanción de clausura de establecimiento?

En nuestra opinión, la investigación fiscal, si bien puede ser considerada un asunto que merece protección del Estado, mal puede considerarse un bien jurídico fundamental (requerido de tutela penal)[24]y en consecuencia, mal podemos decir que las lesiones a este supuesto bien jurídico (ilícitos formales) son auténticos delitos desde un punto de vista externo (esto es, de su gravedad en el orden social).

Por el contrario, consideramos que la imposición de la sanción de clausura del establecimiento por la comisión de ilícitos formales viola flagrantemente el principio garantista de sucesividad de la pena, toda vez que impone una coerción grave a una conducta que no puede ser considerada delito dada la insignificancia del bien protegido y de la afectación que producen estos ilícitos[25].

---

[23]   Artículo 145 del Código de 2001; artículo 155 del Decreto-Ley de 2014.

[24]   Aquí, es importante recordar que las facultades de fiscalización e investigación de la Administración Tributaria no son un fin en sí mismas, sino que son un medio, principalmente para la recaudación eficiente de los tributos en los términos del artículo 316 de nuestra Carta Magna.

[25]   En este sentido, si los ilícitos formales son calificados como "delitos", son a todo evento "delitos de bagatela" y en consecuencia, transgreden el principio de insignificancia. Al respecto, Roxin, Claus: *"Política criminal y sistema de Derecho penal"*. Traducido por Muñoz Conde. Barcelona: Bosch. 1972, p. 52 y 53; García Vitor, Enrique: *"La insignificancia en el Derecho penal: Los delitos de bagatela"*. Hammurabi, Buenos Aires, 2000.

En este mismo orden de ideas, resulta a la vista la violación del principio de necesidad, toda vez que el Ejecutivo, en una función de Criminalización Primaria de dudosa legitimidad, resolvió incrementar el número de supuestos castigados con la clausura del establecimiento, todos ilícitos formales, respecto de los cuales bien pudo implementar soluciones menos gravosas[26].

Asimismo, resulta a la vista la abierta violación del principio de lesividad, por cuanto la comisión de ilícitos formales no produce un daño de una magnitud tal que amerite la privación de la libertad de empresa que produce la clausura del establecimiento en los términos del Decreto-Ley del Código Orgánico Tributario[27].

En síntesis, vemos cómo la sanción penal en comentarios es empleada en forma abusiva en el Decreto-Ley del Código Orgánico Tributario, toda vez que al castigar tan severamente (privación del derecho de libertad económica y de empresa) conductas que no pueden ser consideradas delito por la intrascendencia de sus consecuencias, el dispositivo en comentarios pone en evidencia su incompatibilidad con el principio garantista de proporcionalidad, por la inadecuación de la pena con la magnitud de los ilícitos.

En efecto, a la luz de estas consideraciones, no concebimos la validez de la sanción de clausura de establecimiento para ilícitos tributarios como no inscribirse en los registros de la Administración Tributaria o hacerlo fuera del plazo establecido, proporcionar información parcial, insuficiente, errónea, o fuera de los plazos establecidos, emitir facturas y documentos con prescindencia total o parcial de los requisitos exigidos por las normas tributarias, no entregar las facturas u otros documentos cuya entrega sea obligatoria, llevar los libros y registros sin cumplir con las formalidades establecidas por las normas correspondientes[28], etc.

A esto debemos agregar el hecho de que en algunos casos, transcurrido el tiempo de la pena, los contribuyentes no podrán reabrir el establecimiento o sucursal hasta que no se hayan dado tres condiciones: que el sujeto pasivo cumpla con los deberes cuyo incumplimiento originó el ilícito sancionable; lo notifique a la Administración Tributaria; y esta levante la "medida" de clausura[29].

---

[26] No queremos señalar aquí que la comisión de ilícitos formales no amerita ningún tipo de coerción; únicamente criticamos la innecesaria severidad adoptada en las normas en comentarios.

[27] En este sentido, tal como lo hemos señalado en la nota al pie número 22 del presente artículo, la investigación fiscal no es un fin en sí misma, sino un medio para la recaudación eficiente. En rigor de verdad, el daño realmente causado por la comisión de ilícitos formales siempre estará limitado por el efectivo entorpecimiento en la recaudación. Así, vale destacar que tanto el Decreto-Ley de 2014 como el Código de 2001 prevén una serie de mecanismos que procuran solventar los obstáculos que enfrente la Administración en la investigación fiscal (determinaciones tributarias sobre base presunta, incremento en el término de la prescripción cuando no ha sido posible conocer el hecho imponible, etc.). A ello debemos sumar que en nuestra experiencia, la tendencia en los últimos años ha sido la prioridad de la verificación del cumplimiento de los deberes formales sobre la fiscalización de obligaciones tributarias; en la actualidad, la Administración Tributaria está más interesada en el cumplimiento de estos deberes que en el conocimiento de hechos imponibles, existencia y cuantía de las obligaciones tributarias con miras a la recaudación. Así, contrario a lo que hasta ahora hemos señalado, pareciera que el Estado espera el cumplimiento de deberes formales, por los deberes formales en sí mismos.

[28] En este último caso, debemos agregar la vaguedad de las normas que regulan las formalidades para llevar los libros y registros que deja en cada caso a discreción del funcionario la constatación del supuesto ilícito tributario formal.

[29] Sin mencionar que las normas que establecen la suspensión de efectos del acto administrativo (excepcional e ilusoria *per se*) excluyen la posibilidad de su aplicación sobre esta sanción, de manera que no hay forma de contrarrestar los efectos lesivos de la aplicación de la pena en comentarios.

En el estado actual de la burocracia administrativa, no tenemos dudas que en algunos casos el cumplimiento de los deberes formales no será tan sencillo; en todo caso, aún si lo fuera, más complicaciones tendrán los contribuyentes en lograr que la Administración constate la regularización de su situación tributaria y levante la pena (por las consideraciones que hasta ahora hemos hecho, la palabra "medida", empleada por el Legislador y por el Ejecutivo, resulta vaga e imprecisa).

De este modo, consideramos que el Decreto-Ley del Código Orgánico Tributario de 2014, al plantear en torno a la clausura del establecimiento un esquema sancionatorio claramente más represivo que el contenido en el Código de 2001, sin justificación alguna que permita entender las razones de necesidad que lo motivan, establece un régimen abiertamente anti garantista que da preeminencia al cumplimiento de deberes formales por encima de la recaudación eficiente de los tributos, a través de la imposición de una sanción incrementada en su gravedad y en el número de supuestos que abarca, configurando así una inquisición fiscal que obliga a los contribuyentes a poner más atención en el cumplimiento de los deberes formales que en la correcta determinación y liquidación de sus obligaciones tributarias.

A modo de cierre, vale decir que las observaciones que aquí hacemos no son exclusivas del Decreto-Ley del Código Orgánico Tributario de 2014, pues ciertamente en el Código Orgánico Tributario de 2001 existía la sanción en comentarios y en efecto era aplicada en forma desproporcionada y abusiva; únicamente queremos señalar que, lejos de corregir esta falla, la norma marco en materia tributaria profundiza y potencia este régimen represivo respecto de la comisión de ilícitos formales, sumiendo un poco más en la oscuridad los principios y valores garantistas consagrados en nuestra Constitución.

Sección II: Régimen tributario especial

De «reformas judiciales» a «reformas ejecutivas». El caso de la reserva legal tributaria, el Decreto N° 1.435 y el artículo 31 de la Ley de Impuesto sobre la Renta

Serviliano Abache Carvajal

Profesor de Universidad Central de Venezuela

Resumen: *En este trabajo se reexaminan el régimen del gravamen a las rentas salariales –anterior al vigente– de la Ley de Impuesto Sobre la Renta y la controversial sentencia N° 301/2007 de 27 de febrero, para luego exponer unos breves comentarios sobre el contenido de la disposición en el Decreto N° 1.435/2014 de 17 de noviembre.*

Palabras clave: *Reserva tributaria, Ley de Impuesto Sobre la Renta, imposición salarial, reforma legal, reforma judicial, reforma ejecutiva, separación de poderes, colaboración de poderes, lucha de poderes, Constitución semántica.*

Abstract: *Impuesto sobre la Renta; Leyes. Reforma; Reserva legal.*

Key Words: *Income Tax; Statutes. Reform; Statutes. Exclusive matters.*

I. A MODO DE INTRODUCCIÓN. LA –¿SEMÁNTICA?– CONSTITUCIÓN VENEZOLANA: SOBRE RESERVA TRIBUTARIA Y LIBERTAD

La creación de tributos por parte del Ejecutivo, como excepción al principio *nullum tributum sine lege*, ha sido siempre cuestionada por los regímenes no totalitarios –y apoyada, como es pensable, por los totalitarios– habida cuenta que la representación popular es una garantía de las libertades públicas, en lo general, y de la propiedad privada, en lo particular[1]. No sin razón, se ha afirmado que «[l]a reserva de ley sólo tiene significado en el Estado liberal, donde la ley es la expresión de la voluntad popular»[2]. En una palabra: *la autoimposición es libertad*.

El principio de reserva de ley es una garantía en sí misma de los derechos fundamentales del individuo y, particularmente en lo que a los tributos se refiere, constituye una garantía esencial del derecho de propiedad[3], por un lado, y un freno al Estado intervencionista (y a la rama ejecutiva del poder), por el otro; de ahí que sea necesario defender los

---

[1]   *Cf.* Plazas Vega, Mauricio A., *El liberalismo y la teoría de los tributos*, Editorial Temis, Bogotá, 1995, p. 281.

[2]   Acosta, Eugenio Simón, «El principio de legalidad y la seguridad jurídica en el ámbito tributario» en Mares Ruiz, Carla (Coord.), *Cuestiones actuales de Derecho Tributario. I Jornada de Derecho Tributario*, Palestra Editores, Lima, 2011, p. 34.

[3]   *Cf.* Plazas Vega, Mauricio A., *op. cit.*, pp. 124 y 125.

elementales *no taxation without representation* y *nullum tributum sine lege*, si se cree en –y respeta verdaderamente, claro está– la *Libertad*.

Como bien lo explica Hamburger «[t]*axes lay at the heart of legislative power. (...) like any other legal constraints on freedom, taxes required the consent of the community*»[4], de ahí que «[a]*dministrative taxation returns to an unconstitutional exercise of power outside the law*»[5]. La indiscutible relación entre las libertades de los individuos y el principio de legalidad o reserva legal, es comentada por FRAGA en los términos siguientes:

> «La íntima conexión entre las libertades individuales y el principio de la legalidad se revela claramente cuando se tiene en cuenta las materias en las cuales este principio tiene mayor importancia: la definición de los delitos y las penas y la creación de los tributos, ambas relacionadas con dos de los derechos fundamentales de mayor relevancia, la libertad y la propiedad»[6].

Y es precisamente por lo anterior que el establecimiento de tributos por parte del Ejecutivo –como acaba de ocurrir en la recién promulgada «reforma tributaria»[7], en el marco de los decretos-leyes dictados con ocasión a la ley habilitante de noviembre de 2013–, atenta directamente contra la propiedad privada como presupuesto esencial de la libertad individual y, en consecuencia, contra la Constitución misma. Si como se precisó, *la autoimposición es libertad*, *la autoimposición es garantía de la propiedad*, entonces la «ejecutiva-imposición» es una manifestación despótica, abusiva, y en fin, autoritaria del poder, mediante la cual se subvierte la libertad y se pulveriza la propiedad.

No obstante esa incontrovertible realidad, que materializa el inconstitucional germen de las leyes modificadas en el marco de la «reforma tributaria», lo cierto es que para el gobierno toda su actuación goza de máxima legitimidad, lo que obliga a revisar con detenimiento, más allá de limitarse a denunciar la inconstitucionalidad de todos estos decretos-leyes por la violación de los artículos 115, 133 y 317 de la Constitución, los cambios particulares que tuvieron lugar.

Es por ello que, ante el dictado de la reformada ley de Impuesto sobre la Renta (ISLR), decidí abordar un tema envuelto de controversia desde el año 2007, a propósito de la conocida sentencia N° 301 dictada por la Sala Constitucional del Tribunal Supremo de Justicia, mediante la cual se «reformó» el artículo 31 de dicha ley que establece el gravamen a las *rentas salariales*, por razón de la nueva modificación que acaba de experimentar esta norma y las particularidades que ahora presenta.

---

[4]   «[L]os impuestos se encuentran en el corazón del poder legislativo. (…) como cualquier otra limitación legal a la libertad, los impuestos requieren del consentimiento de la comunidad». (Traducción libre). Hamburger, Philip, *Is Administrative Law Unlawful?*, The University of Chicago Press, Chicago y Londres, 2014, p. 57.

[5]   «[L]a tributación administrativa se traduce en un regreso al ejercicio inconstitucional del poder al margen del Derecho». (Traducción libre). *Idem*.

[6]   Fraga Pittaluga, Luis, *Principios constitucionales de la tributación*, Editorial Jurídica Venezolana, Colección Estudios Jurídicos, N° 95, Caracas, 2012, p. 53.

[7]   Al respecto, *vid. Gaceta Oficial* de la República de Venezuela N° 6.152 Extraordinario, 18 de noviembre de 2014, en la cual se publicaron los siguientes «instrumentos normativos»: (i) Decreto N° 1.434 con Rango, Valor y Fuerza de Ley de Código Orgánico Tributario; (ii) Decreto N° 1.435 con Rango, Valor y Fuerza de Ley de Reforma de la Ley de Impuesto sobre la Renta; y (iii) Decreto N° 1.436 con Rango, Valor y Fuerza de Ley de Reforma de la Ley que establece el Impuesto al Valor Agregado.

II.   LAS «REFORMAS LEGALES»: EL GRAVAMEN AL SALARIO EN LAS LEYES
      DE ISLR DE 1942 A 2007

Desde la ley de ISLR de 1942 hasta la ley de 2007, en cuyas sucesivas reformas se pasó del sistema *mixto cedular global* al sistema de *renta global* (con la ley de 1966), el gravamen al salario (sueldos, emolumentos, dietas, gastos de representación, pensiones, obvenciones, etcétera), siempre había recaído sobre la totalidad de las remuneraciones del trabajador, esto es, sobre su *salario integral*.

En efecto, el artículo 20 (y siguientes) de la ley de 1942, mediante el cual se regulaba lo pertinente a las rentas de la cédula de sueldos, pensiones y otras remuneraciones, comprendía: «los sueldos, salarios, emolumentos, viáticos, dietas, gastos de representación, pensiones, obvenciones, y demás remuneraciones no gravadas en otros Capítulos anteriores». En desarrollo de esa norma, el artículo 116 del Reglamento de esa ley incluyó dentro de los ingresos señalados en el citado artículo 20, las siguientes retribuciones: *(i)* comisiones, *(ii)* raciones; *(iii)* aguinaldos, *(iv)* participaciones de utilidades, y *(v)* demás remuneraciones que percibían las personas que prestaran servicios bajo relación laboral o de dependencia[8].

Por su parte, a tenor literal el artículo 31 de la ley de ISLR de 2007 establecía, como es sabido, que:

Artículo 31 de la Ley de ISLR/2007: «Se consideran como enriquecimientos netos los sueldos, salarios, emolumentos, dietas, pensiones, obvenciones y demás remuneraciones similares, distintas de los viáticos, obtenidos por la prestación de servicios personales bajo relación de dependencia. También se consideran como enriquecimientos netos los intereses provenientes de préstamos y otros créditos concedidos por las instituciones financieras constituidas en el exterior y no domiciliadas en el país, así como las participaciones gravables con impuestos proporcionales conforme a los términos de esta Ley».

En definitiva, hasta la ley de ISLR de 2007 y desde su primera manifestación normativa en la Ley de 1942, el gravamen sobre las remuneraciones laborales de las personas que trabajaban bajo relación de dependencia recaía sobre el *salario integral*, a otro decir, sobre la totalidad de las remuneraciones cuya causa se ubicaba en la relación de trabajo.

III. LA «REFORMA JUDICIAL»: LA SENTENCIA N° 301/2007 DE 27 DE FEBRERO
      DE LA SALA CONSTITUCIONAL DEL TRIBUNAL SUPREMO DE JUSTICIA

Como es por todos conocido, el 27 de febrero de 2007 la Sala Constitucional del Tribunal Supremo de Justicia dictó la sentencia N° 301, mediante la cual –al margen de lo solicitado por los accionantes: la nulidad de los artículos 67, 68, 69, 72, 74 y 79 del Decreto N° 307 con Rango y Fuerza de Ley de Reforma de la LISLR de 1999 (tributación de *dividendos*) – «reformó» (no interpretó) el artículo 31 de dicha ley que establece el gravamen a las *rentas salariales*, modificando sustancialmente la tributación de dichas remuneraciones de *salario integral* a *salario normal*, esto es, condicionando la gravabilidad de las contraprestaciones provenientes de la relación de trabajo a que las mismas sean *regulares, permanentes y conmutativas*[9].

---

8   *Cf.* Roche, Emilio J., «Parte general del Impuesto sobre la Renta. Relatoría Tema I», en Korody Tagliaferro, Juan Esteban (Coord.), *70 años del Impuesto sobre la Renta. Memorias de las XII Jornadas Venezolanas de Derecho Tributario*, tomo II, Asociación Venezolana de Derecho Tributario, Caracas, 2013, pp. 79 y 80.

9   Sobre esta polémica sentencia, *vid.* Abache Carvajal, Serviliano, «La imposición de la renta salarial en la jurisprudencia constitucional venezolana. Análisis crítico desde la teoría de la argumentación jurídica», *Revista de Derecho Tributario*, N° 137, enero-febrero-marzo, Asociación Vene-

Como consecuencia de la sentencia de la Sala Constitucional, el artículo 31 en cuestión quedó redactado de la siguiente manera:

Artículo 31 «judicialmente reformado» de la Ley de ISLR/2007: «Se consideran como enriquecimientos netos los salarios devengados en forma regular y permanente por la prestación de servicios personales bajo relación de dependencia.... También se consideran como enriquecimientos netos los intereses provenientes de préstamos y otros créditos concedidos por las instituciones financieras constituidas en el exterior y no domiciliadas en el país, así como las participaciones gravables con impuestos proporcionales conforme a los términos de esta Ley.

A los efectos previstos en este artículo, quedan **excluidos** del salario las percepciones de **carácter accidental**, las derivadas de la prestación de antigüedad y las que la Ley considere que no tienen carácter salarial». (Subrayados de la nueva redacción en la sentencia).

Con la modificación del artículo 31, aunado al problema interpretativo que generó la Sala por la introducción de conceptos *ambiguos* y *vagos*[10], también se produjeron distintas interpretaciones en la dogmática sobre el gravamen al salario, a propósito de la subsistencia

---

zolana de Derecho Tributario, Caracas, 2013; Andrade Rodríguez, Betty, «Análisis de la sentencia dictada por la Sala Constitucional del Tribunal Supremo de Justicia en relación con la base de cálculo del impuesto sobre la renta de los asalariados», *Anuario de Derecho Público*, N° 2, Fundación Estudios de Derecho Administrativo, Caracas, 2008; Atencio Valladares, Gilberto, «Consideraciones sobre la tributación de las personas naturales en el Impuesto sobre la Renta», en Korody Tagliaferro, Juan Esteban (Coord.), *70 años del Impuesto sobre la Renta. Memorias de las XII Jornadas Venezolanas de Derecho Tributario*, tomo II, Asociación Venezolana de Derecho Tributario, Caracas, 2013; Atencio Valladares, Gilberto, «Comentarios a la aclaratoria de la sentencia 301/2007 de la Sala Constitucional del Tribunal Supremo de Justicia que establece la aplicación en el tiempo del nuevo tratamiento tributario de los salarios de los trabajadores en relación al Impuesto sobre la Renta. Aclaratoria de 17 de junio de 2008», *Anuario de Derecho Público*, N° 2, Fundación Estudios de Derecho Administrativo, Caracas, 2008; Brewer-Carías, Allan R., «De cómo la jurisdicción constitucional en Venezuela, no sólo legisla de oficio, sino subrepticiamente modifica las reformas legales que "sanciona", a espaldas de las partes en el proceso: el caso de la aclaratoria de la sentencia de reforma de la Ley de Impuesto sobre la Renta de 2007», *Revista de Derecho Público*, N° 114, abril-junio, Editorial Jurídica Venezolana, Caracas, 2008; D'vivo Yusti, Karla, «Definición del salario normal a los efectos de la tributación de los trabajadores bajo relación de dependencia», en Korody Tagliaferro, Juan Esteban (Coord.), *70 años del Impuesto sobre la Renta Memorias de las XII Jornadas Venezolanas de Derecho Tributario*, tomo II, Asociación Venezolana de Derecho Tributario, Caracas, 2013; D'vivo Yusti, Karla, «Algunas de las implicaciones derivadas del acatamiento por parte de contribuyentes y responsables de la interpretación constitucional del artículo 31 de la Ley de Impuesto sobre la Renta», *Revista de Derecho Tributario*, N° 131, julio-agosto-septiembre, Asociación Venezolana de Derecho Tributario, Caracas, 2011; Muci Borjas, José Antonio, «La base imponible del impuesto sobre la renta de las personas naturales y la sentencia N° 301/2007 de la Sala Constitucional del Tribunal Supremo de Justicia», *Revista de Derecho Público*, N° 116, octubre-diciembre, Editorial Jurídica Venezolana, Caracas, 2008; Palacios Márquez, Leonardo, «El salario normal como magnitud que conforma la base de cálculo de la imposición a la renta para la determinación de los tributos que se causen con ocasión del contrato de trabajo bajo relación de dependencia en Venezuela», *Memorias XXXIV Jornadas Colombianas de Derecho Tributario*, Tomo I, Instituto Colombiano de Derecho Tributario, Bogotá, 2010; Romero-Muci, Humberto, «El *activismo judicial* en la imposición de las personas naturales: razones y emociones en la sentencia interpretativa de la Sala Constitucional del Tribunal Supremo de Justicia sobre el artículo 31 de la Ley de impuesto sobre la renta», inédito; Urosa Maggi, Daniela, *La Sala Constitucional del Tribunal Supremo de Justicia como legislador positivo*, Academia de Ciencias Políticas y Sociales, Serie Estudios, N° 96, Caracas, 2011. Para un análisis reciente y más amplio sobre este caso, vid. Abache Carvajal, Serviliano, *Sobre falacias, justicia constitucional y Derecho tributario. Del gobierno de las leyes al gobierno de los hombres: más allá de «la pesadilla y el noble sueño»*, Librería Alvaronora, Caracas, 2015.

10 *Vid.* Abache Carvajal, Serviliano, *Sobre falacias, justicia constitucional... cit.*, pp. 130 y ss.

inalterada del artículo 16 de la ley de ISLR[11], generándose dos opciones hermenéuticas: *(i)* si sólo se toma en cuenta lo expresamente decidido en el fallo (tributación de los salarios *conmutativos* percibidos de manera *regular y permanente*, de conformidad con el reformado artículo 31 de la ley de ISLR), unas serán las consecuencias; o *(ii)* si por el contrario, se considera el argumento tácitamente presente en la decisión (tributación de los salarios *conmutativos* percibidos de manera *regular y permanente*, de conformidad con el reformado artículo 31 de la ley de ISLR, y de los salarios *no conmutativos* percibidos de forma *accidental*, a tenor del artículo 16 de la ley de ISLR[12], que encierra un problema *de aplicabilidad o relevancia*, ante la duda de si hay otra –o cuál es la– norma aplicable), muy distintas serán las consecuencias (cualitativas y cuantitativas) para los trabajadores, como en materia de retenciones para los patronos[13].

Finalmente, como si lo anterior fuera poco, en la indicada «reforma judicial» de la ley de ISLR, la Sala Constitucional *cambió* –al margen del artículo 3 del Código Orgánico Tributario– un elemento constitutivo del tributo (su base de cálculo), cuya regulación, como fue precisado, le corresponde de manera *exclusiva* a la ley por mandato del principio de legalidad y reserva legal tributaria (*no taxation without representation*), por lo que tuvo lugar una patente conculcación del artículo 317 de la Constitución[14] y, en consecuencia, de la libertad individual.

IV. LA «REFORMA EJECUTIVA»: EL DECRETO N° 1.435/2014 DE 17 DE NOVIEMBRE

El Ejecutivo nacional, sumándose a la antidemocrática línea de la Sala Constitucional, acaba de dictar, en el marco de la ley habilitante de noviembre 2013, el Decreto N° 1.435 con Rango, Valor y Fuerza de Ley de Reforma de la ley de ISLR, mediante el cual «reformó ejecutivamente» el ya «reformado judicialmente» artículo 31 de la ley, en los términos siguientes:

Artículo 31 «ejecutivamente reformado» del Decreto N° 1.435: «<u>Se considera como enriquecimiento neto toda contraprestación o utilidad, regular o accidental, derivada de la prestación de servicios personales bajo relación de dependencia, independientemente de su carácter salarial, distintas de viáticos y bono de alimentación.</u>

---

[11] Artículo 16 de la ley de ISLR/2007: «El ingreso bruto global de los contribuyentes, a que se refiere el artículo 7 de esta Ley, estará constituido por el monto de las ventas de bienes y servicios en general, de los arrendamientos y de cualesquiera otros proventos, regulares o accidentales, tales como los producidos por el trabajo bajo relación de dependencia o por el libre ejercicio de profesiones no mercantiles y los provenientes de regalías o participaciones análogas, salvo lo que en contrario establezca la Ley (…)».

[12] En esta segunda opción interpretativa se generaría, para quienes estén de acuerdo con esta posición, una situación de *fraude de ley*, recordando que el mismo consiste en la desaplicación de un enunciado normativo (en este caso, el artículo 16 de la LISLR: *norma defraudada o soslayada*) que regula un hecho imponible o que grava con mayor severidad el supuesto fáctico de la norma, por otro enunciado (en este caso, el artículo 31 de la LISLR: *norma de cobertura o soslayante*) que no grava tal situación fáctica o resulta menos abrumador. En efecto, en esta categoría el enunciado normativo *defraudado* da nacimiento a la obligación tributaria del sujeto pasivo, mientras que el de *cobertura* lo declara exento o no sujeto, o lo grava en menor cuantía. *Cf.* Pérez Arraiz, Javier, *El fraude de ley en el Derecho tributario*, Tirant Lo Blanch, Valencia, 1996, p. 23.

[13] Mi posición al respecto en: Abache Carvajal, Serviliano, *Sobre falacias, justicia constitucional... cit.*, pp. 151 y ss.

[14] Artículo 317 de la Constitución: «**No podrá cobrarse impuesto**, tasa, ni contribución alguna **que no estén establecidos en la ley** (…)». (Resaltado mío).

También se consideran como enriquecimientos netos los intereses provenientes de préstamos y otros créditos concedidos por las instituciones financieras constituidas en el exterior y no domiciliadas en el país, así como las participaciones gravables con impuestos proporcionales conforme a los términos del presente Decreto con Rango, Valor y Fuerza de Ley. (Subrayado de la nueva redacción en el Decreto).

Como resulta apreciable, son varias las peculiaridades de este nuevo enunciado. De entrada se evidencia cómo se separa el nuevo artículo 31 de la ley de ISLR de las normas que anteriormente regulaban la imposición salarial, al excluir de su encabezado mención alguna sobre los *salarios* como enriquecimientos netos, sustituyéndolos por los términos «contraprestación» y «utilidad».

En cuanto al significado de la palabra «contraprestación» no pareciera haber mayores inconvenientes; mientras que en relación a la voz «utilidad» la situación es otra. Así como la Sala Constitucional generó un problema interpretativo con el empleo de las palabras *regular* y *permanente*, lo mismo tiene lugar ahora con el nuevo contenido de este artículo por el empleo de la voz «utilidad», la cual encierra un problema de *ambigüedad* por las distintas acepciones que tiene (provecho, conveniencia, interés o fruto[15]), así como por las diferentes connotaciones que pueden reconocérsele dependiendo del ámbito (fiscal o laboral) en el que se use.

Por otro lado, el nuevo artículo 31 de la ley de ISLR, apartándose –en este aspecto– de la sentencia N° 301, expresamente incluye dentro de los enriquecimientos netos obtenidos por los trabajadores como consecuencia de la *«prestación de servicios personales bajo relación de dependencia»*, a los que tengan carácter «accidental», con lo cual, en principio, se generaría una diferencia sustancial con la norma «judicialmente reformada»[16].

También se agrega a esta norma la mención de acuerdo a la cual se considerará que estas remuneraciones son enriquecimiento neto «independientemente de su carácter salarial», lo que genera no pocas dudas si se tiene en cuenta que, por tal mención, la norma manda que los trabajadores tributen por contraprestaciones que no tengan carácter salarial, aun cuando se gravan sus remuneraciones por la *prestación de servicios personales bajo relación de dependencia*, cuestión que implica –como condición necesaria– que las remuneraciones sean, en efecto, *salariales*, y dentro de éstas, se gravarán las que tengan carácter *conmutativo*.

Finalmente, del tenor literal de este nuevo artículo 31 se desprende que no se gravarán conforme al mismo los viáticos y bono de alimentación, recordando un poco la redacción original de esta norma antes de la sentencia N° 301, en cuanto a los *viáticos*, con el agregado de esta nueva disposición sobre el *bono de alimentación*.

---

[15]   *Cf.* Real Academia Española, *Diccionario de la Lengua Española*, vigésima segunda edición, 2001, p. 2260.

[16]   Así como una eventual situación de antinomia entre esta norma y el artículo 107 de la Ley Orgánica del Trabajo, los Trabajadores y las Trabajadoras (LOTTT), de acuerdo al cual: «Cuando el patrono, patrona o el trabajador o trabajadora, estén obligados u obligadas a cancelar una contribución, tasa o <u>impuesto</u>, se calculará, considerando el <u>salario normal</u> correspondiente al mes inmediatamente anterior a aquél en que se causó». (Subrayado mío). En relación a la reinserción del gravamen de las contraprestaciones «accidentales» y su eventual contradicción con la LOTTT, recientemente se presentó un *recurso de interpretación* ante la Sala Constitucional del Tribunal Supremo de Justicia, cuya decisión seguramente no se hará esperar. Al respecto, *vid.* http://www.eluniversal.com/economia/150211/introducen-recurso-de-interpretacion-en-tsj-de-la-base-para-calcular-i, 12 de febrero de 2015.

V.   ¿SEPARACIÓN, COLABORACIÓN O LUCHA DE PODERES?

Tanto la «reforma judicial» cuanto la «reforma ejecutiva» del artículo 31 de la ley de ISLR, evidencian que ambos poderes públicos se arrogan atribuciones de *modificación* sobre el contenido del Derecho (dadas por normas constitutivas *de cambio*) que simplemente no tienen, incurriendo en una manifiesta usurpación de funciones, por lo que al dictarse la sentencia en los términos indicados, así como el Decreto en cuestión, se violó el principio de *separación de poderes* y, con ello, nuevamente, la *libertad individual*.

Definitivamente, estas modificaciones normativas, más que lucir como una (siempre) falaz «colaboración de poderes», como lo predican en las más variadas situaciones los distintos poderes públicos, se presenta como una verdadera *lucha de poderes*, en la cual, al introducirse en esta «reforma ejecutiva» las remuneraciones *accidentales* expresamente *excluidas* por la «reforma judicial» del artículo 31 de la ley de ISLR, entre otras cosas, se pone en evidencia un manifiesto desacuerdo entre estas dos instituciones, a otras voces: *la lucha de los poderes ejecutivo y judicial*.

VI. A MODO DE CONCLUSIÓN: RESERVA TRIBUTARIA, LIBERTAD Y LA CONSTITUCIÓN SEMÁNTICA

Expuesto todo lo anterior, no queda más que brevemente concluir, que ambos poderes públicos han hecho de nuestra *norma normarum* una *Constitución semántica*[17], debiendo siempre recordar que una cosa es *tener* Constitución (concepción formal: un texto escrito), y otra –muy distinta– es *vivir* (*real* y no semánticamente) en Constitución (concepción material: separación de poderes y garantía de los derechos, límites efectivos al poder)[18], haciendo polvo los elementales *no taxation without representation* y *nullum tributum sine lege*, sin los cuales carecemos de propiedad privada y libertad individual.

---

[17]   *Cf.* Loewenstein, Karl, «Constituciones y Derecho constitucional en Oriente y Occidente», *Revista de Estudios Políticos*, N° 164, Centro de Estudios Políticos y Constitucionales, Madrid, 1969, pp. 5-56, y Alvarado Andrade, Jesús María, «Introducción a la idea y concepto de Constitución (Desde la antigüedad hasta el constitucionalismo moderno)», *Revista Politeia*, vol. 35, N° 48, Instituto de Estudios Políticos, Universidad Central de Venezuela, Caracas, 2012, pp. 153-203.

[18]   *Cf.* Aguiló Regla, Josep, *Sobre Derecho y argumentación*, Lleonard Muntaner Ed., Palma de Mallorca, 2008, pp. 119-140.

Breves notas a la reforma parcial de la Ley de Impuesto sobre la Renta de 11-2014

Alfredo J. Martínez G.

Profesor de la Universidad Monteávila

Resumen: *El artículo analiza las principales reformas de la nueva Ley de Impuesto sobre la Renta, y señala sus principales vicios de inconstitucionalidad.*

Palabras claves: *Ley de Impuesto sobre la Renta.*

Abstract: *The article analyses the main reforms of the new Income Tax Law, and highlights their main causes of unconstitutionality.*

Keyword: *Income Tax Law.*

En la *Gaceta Oficial* N° 6.152 Extraordinario del martes 18 de noviembre de 2014, fue publicado el Decreto N° 1.435 mediante el cual se dicta el Decreto con Rango, Valor y Fuerza de Ley de Reforma de la Ley de Impuesto Sobre la Renta.

Este Decreto forma parte de un grupo de 57 Decretos-Leyes dictados por Nicolás Maduro finalizando el 2014.

El profesor José Ignacio Hernández nos ha invitado a que brevemente nos refiramos al contenido de tal reforma en el marco de un número especial de la *Revista de Derecho Público* que estudiará el contenido de algunos de estos Decretos-Leyes.

Hemos distribuido este trabajo de la siguiente manera: perspectiva económica, perspectiva jurídica, contenido de la reforma parcial y vicios de inconstitucionalidad.

Pasemos de seguida a efectuar nuestras principales consideraciones sobre la reforma en referencia.

I. PERSPECTIVA ECONÓMICA

Si algo ha caracterizado a los gobiernos chavecistas[1] es la ausencia de políticas públicas en materia económica que permitan resolver los problemas estructurales que ya presentaba nuestro agotado modelo de economía rentista[2].

Con la abrupta caída experimentada en el precio del petróleo a partir del segundo semestre de 2014, resultaba evidente que el gobierno de Nicolás Maduro no podría seguir elu-

---

[1] En vez del impropio chavista. O de chavismo en vez del correcto chavecismo. Incluye los períodos de gobierno de Hugo Chávez y Nicolás Maduro.

[2] El profesor Asdrúbal Baptista ha estudiado excepcionalmente estos temas en sus obras: *Teoría Económica del Capitalismo Rentístico e Itinerario por la Economía Política*.

diendo la atención a los problemas económicos, tendría que enfrentarlos, pues la alta renta petrolera ya no estaría disponible[3].

En nuestra opinión, tales desequilibrios económicos siguen allí, sin solución alguna por parte del gobierno de Nicolás Maduro, pues el esquema cambiario que resultó del Convenio Cambiario N° 33, además de reeditar lo que ya existía pero con otro empaque, resultará claramente insuficiente, dado que no se ha reducido el gasto público, se mantienen y profundizan los innecesarios controles de precios, sigue sin garantizarse el derecho constitucional a la propiedad, la impresión de dinero inorgánico se mantiene y lejos de aliarse con el sector privado, se le ataca sin contemplación.

En esta compleja situación en el cual crece rápidamente el déficit fiscal, el gobierno de Nicolás Maduro necesita urgentemente de divisas así como de bolívares a los fines de intentar sostener nuestra desequilibrada economía; así, aumentar la presión fiscal, reformando el ISLR, entre otros tributos, representaba una alternativa conveniente para su gobierno.

Pero en la pasmosa realidad de un país dependiente casi exclusivamente de su renta petrolera[4] y que presenta un aparato productivo interno en ruinas, la estabilidad fiscal de la República debería sostenerse en los ahorros que resultaron de los períodos de altos precios del petróleo y no en un incremento de la presión fiscal.

Lamentablemente tales ahorros no existen, pues se dilapidaron en una fiesta de consumo y corrupción que permitió al chavecismo imponer su modelo de dominación política enterrando con ello las expectativas de un mejor país para todos.

La otra opción lógica sería acudir al financiamiento externo, pero la gravedad de la situación macroeconómica que presenta nuestro país, hace muy costoso y a veces casi imposible acceder a tal auxilio.

El gobierno de Nicolás Maduro optó entonces por primero, tratar de tapar el déficit fiscal exacerbando la impresión de dinero inorgánico, lo cual ha generado un incremento sostenido de la liquidez monetaria que no encuentra ninguna relación en el crecimiento de los bienes y servicios que se producen, importan y comercializan en el país, y segundo, incrementando la presión fiscal.

Y nos preguntamos nosotros, ¿tiene algún sentido considerar que con un sector privado en ruinas, el aumento de la presión fiscal en materia de ISLR implicará un incremento de la recaudación fiscal?

Pensamos que no, pues si algo han demostrado los gobiernos chavecistas ha sido su habilidad para impedir que el empresario privado honesto, que es la gran mayoría, realice su actividad económica en libertad y que genere rentas crecientes en beneficio propio y del país.

---

[3]   El mercado estaba dando claras señales de que tal cosa podía ocurrir, así lo demostraba por ejemplo el crecimiento de la explotación de petróleo de lutitas por parte los Estados Unidos de América, la desaceleración del crecimiento del producto interno bruto de la India y China, y en general la desaceleración de las estimaciones de crecimiento global; pero la "superioridad a ultranza" del revolucionario venezolano le impidió considerar esas situaciones y advertir de los necesarios ajustes que se requerían.

[4]   De cada 100 Dólares de los Estados Unidos de América (US$) que ingresan a la economía venezolana, 97 US$ aproximadamente resultan de la exportación de petróleo. Esto evidencia la dependencia completa de nuestra economía de la renta petrolera, la cual además distribuye a su libre albedrio el gobierno de Nicolás Maduro.

La reforma parcial del Impuesto Sobre la Renta (ISLR) no escapa entonces de esta realidad, pues resultaría absurdo esperar que en un modelo en el que se combate la renta, se ataca la acumulación de capital, donde el empresario privado constituye un enemigo más; el aumento de la presión fiscal pueda generar un incremento de la recaudación fiscal que sea sostenible en el tiempo.

Vale destacar que solamente las empresas que realizan actividades en el sector de telecomunicaciones y de intermediación financiera, han crecido en términos reales durante la era chavecista, este dato, especialmente con respecto a la actividad bancaria y de seguros será de especial relevancia para entender una modificación específica que resultó de esta reforma parcial del ISLR en materia del sistema de ajuste por inflación fiscal.

Efectuemos de seguida, algunas consideraciones sobre el grotesco escenario jurídico que sirvió de marco a la reforma parcial del ISLR.

II. LA PERSPECTIVA JURÍDICA

Poco que decir aquí, pues de seguro nuestros colegas profesores que participan en este número especial de la Revista de Derecho Público ya han reflexionado acertadamente sobre esta situación.

Solamente haremos una consideración que está relacionada con la muy débil posibilidad que hoy presenta aquél que hace vida en este país, para limitar el avance de cualquier política pública implementada por el gobierno.

Esto es así, dado que el gobierno de Nicolás Maduro al igual que su predecesor, se sustrajo de las limitaciones que nuestra Constitución le impone a los fines de implementar un sistema político de dominación, en el cual no existen garantías jurídicas de ningún tipo, pues la institucionalidad democrática fue barrida y las instituciones que existen son una fachada que le permiten al gobierno mostrarse internacionalmente como si fuese democrático, cuando claramente no lo es.

No existe en la Venezuela de hoy, el sistema de pesos y contrapesos que nos obsequia el constitucionalismo y que resulta crucial para que exista una democracia, pues todas las "instituciones" están secuestradas por una ideología política y responden exclusivamente a una forma de ver el mundo, esa patraña que se ha conocido como socialismo del siglo XXI.

El pluralismo resulta fundamental para una democracia, en la Venezuela de hoy no sólo no está garantizado, pues el que piensa diferente al gobierno es su enemigo, sino que se ha pulverizado con el único objetivo de imponer a cualquier precio, un sistema de dominación política que ni siquiera se corresponde con los intereses de nuestra gente.

El Decreto 1.435 de reforma de la Ley de ISLR al igual que todo el entramado jurídico desarrollado por el chavecismo, salvo muy honrosas excepciones, no es sino la expresión de esa realidad en la cual el sistema jurídico es en sí mismo un medio para implantar un modelo de dominación que abarca todas las actividades a las que el ser humano pueda dedicarse libremente.

Es por ello que no resulta extraño para nadie en la Venezuela de hoy, que la actividad legislativa así como las decisiones judiciales acompañen la implementación de un sistema político por el ejecutivo, que el texto constitucional no prevé y que además rechaza de plano, al procurar el pluralismo jurídico.

III. CONTENIDO DE LA REFORMA PARCIAL

Los principales aspectos que fueron objeto de la reforma parcial bajo análisis podemos resumirlos así:

1. Eliminado el numeral 10 del artículo 14 (Exenciones), que establecía este beneficio fiscal para aquellas instituciones dedicadas exclusivamente a actividades religiosas, artísticas, científicas, de conservación, defensa y mejoramiento del ambiente, tecnológicas, culturales, deportivas y las asociaciones profesionales o gremiales;

2. Modificado el numeral sexto e incluido un nuevo parágrafo, Decimonoveno, en el artículo 27 (Deducciones), en el cual se establece como condición para deducir la pérdida por destrucción de bienes muebles que formen parte del inventario o del activo fijo tangible[5], que tal pérdida resulte de caso fortuito o fuerza mayor[6], esto es, ajena a la voluntad del contribuyente que pretende su deducción en la determinación de su ISLR anual;

3. Modificado el artículo 31 (Ingresos), con lo cual se pretende, en desmedro de la sentencia de la Sala Constitucional y sus dos aclaratorias, gravar todas las rentas que obtengan aquellos contribuyentes que en su condición de trabajadores perciben salarios;

4. Modificado el artículo 55 (Pérdidas), razón por la cual el traslado de pérdidas de explotación se somete a una limitación cuantitativa, 25% del enriquecimiento fiscal gravable obtenido en el ejercicio anual en el cual se pretenda imputar tal pérdida;

5. Modificado el artículo 86 (Agentes de Retención), con lo cual será la Administración Tributaria, y ya no la Presidencia de la República, quién establecerá lo relativo a los agentes de retención en materia de ISLR;

6. Modificado el artículo 173 (Ajuste por Inflación Fiscal), por lo cual quedan excluidos del sistema de ajuste por inflación fiscal aquellos contribuyentes que realicen actividades bancarias, financieras, de seguros y reaseguros;

7. Modificados los artículos 175, 177, 179, 182, 184, 185, 186, 192 y 193 (Ajuste por Inflación Fiscal), en virtud de tal disposición los contribuyentes deberán emplear el Índice Nacional de Precios al Consumidor (INPC) en vez del Índice de Precios al Consumidor (IPC) del Área Metropolitana de Caracas;

8. Modificado el artículo 183 (Ajuste por Inflación Fiscal), que impide el traslado de la pérdida del ajuste por inflación fiscal a los ejercicios fiscales siguientes[7];

---

[5] Propiedad, planta y equipo.

[6] La Doctrina Civil se ha referido a la "causa extraña no imputable" como aquellos hechos, obstáculos o causas que impiden al deudor el cumplimiento de la obligación quedando exonerado de la responsabilidad que el incumplimiento de la prestación pueda acarrearle. La expresión "causa extraña no imputable" comprende diversas circunstancias a saber: el caso fortuito y la fuerza mayor, el hecho del príncipe, la pérdida de la cosa debida, el hecho del acreedor, la culpa de la víctima y el hecho del tercero.

[7] Desde la reforma parcial de la Ley de ISLR de 2001 era posible trasladar esta pérdida resultante del cálculo del ajuste por inflación fiscal por solamente un ejercicio fiscal. Desde el inicio del sistema de ajuste por inflación fiscal en Venezuela, la pérdida podría trasladarse de la misma manera que las pérdidas de explotación (3 años).

9. Incorporado un nuevo artículo 195 (Ajuste por Inflación Fiscal), que indica que la Administración Tributaria establecerá los asientos contables que deberán efectuar los contribuyentes que realicen actividades bancarias, de seguros y reaseguros, en virtud de su exclusión del sistema de ajuste por inflación fiscal;

10. Incorporado un nuevo artículo 198 (Agentes de Retención), que indica que el Decreto 1.808 en materia de retenciones estará vigente hasta que la Administración Tributaria dicte la Providencia Administrativa prevista en el artículo 85 del mismo Decreto de reforma parcial;

11. Incorporado un nuevo artículo 199 (Alícuotas), que le da la competencia al Ejecutivo Nacional para modificar o establecer alícuotas distintas para determinados sujetos pasivos o sectores económicos.

IV. VICIOS DE INCONSTITUCIONALIDAD

Algunos de los vicios de inconstitucionalidad que presenta la reforma parcial de la Ley de ISLR que resultó del Decreto N° 1.435 los podemos resumir así:

1. La posibilidad que el Ejecutivo Nacional establezca o modifique alícuotas, lo cual valga decir no sólo se incorporó en la reforma de la Ley de ISLR[8] sino que también se hizo en materia de Impuesto al Valor Agregado, constituye una importante violación al principio constitucional de legalidad[9] que exige que solamente a través de una ley, son susceptibles de modificación los elementos constitutivos de la obligación tributaria, esto es, los sujetos pasivos, la materia imponible, el hecho imponible, la base imponible y las alícuotas;

    a. Esto tiene un profundo impacto en nosotros, pues resulta increíble que en este momento histórico se pretenda dotar al Ejecutivo Nacional de una prerrogativa que desconoce la existencia de una importante conquista de la vida en libertad;

    b. La declaración de derechos (*Bill of Rights*) de Inglaterra del 13 de febrero de 1689, la declaración de derechos de Virginia del 12 de junio de 1776, la declaración de derechos de Massachusetts de 1780, la declaración de los derechos del hombre y del ciudadano de Francia del 24 de junio de 1793, la Constitución de Weimar de Alemania del 14 de agosto de 1919, entre otras, establecieron la importancia fundamental que presenta exigir los tributos solamente a través de una ley, esto es, no pueden establecerse tributos sin que medie la voluntad popular a través de sus representantes;

    c. Es esto tan importante, que sin duda la génesis y la consolidación del Estado-nación ha estado marcada por la génesis y la consolidación del tributo;

    d. Pero el gobierno de Nicolás Maduro actúa aquí asumiendo los peores ejemplos que la historia presenta, el caso de las monarquías absolutas en las que el poder tributario emanaba del rey, el caso del fascismo italiano y del nacionalismo alemán, en el cual se imponía las razones del líder quien concentraba el poder tributario, y más recientemente, el mal ejemplo de las dictaduras militares latinoamericanas, en las que el líder establecía los tributos en un mayor o menor grado;

---

[8] Inclusive de manera impropia, pues el legislador delegado copio el texto de la reforma de la Ley de Impuesto al Valor Agregado, que si establece limitaciones en las alícuotas, y lo insertó en el texto de la reforma del ISLR, que no establece limitaciones en las alícuotas.

[9] Artículo 317 de la Constitución. Que valga decir aquí, no es el único principio constitucional tributario afectado, sino que también podría serlo también el principio constitucional de capacidad contributiva, pues el Ejecutivo Nacional podría crear alícuotas en materia de ISLR que superen el 34% máximo al que están hoy en día sometidas las actividades empresariales no petroleras, ello inclusive para desalentar alguna actividad empresarial contraria a su sistema de dominación política.

e. Lo característico en todos estos casos, es que el ciudadano, llamado a contribuir al pago de los tributos, no participa en su creación, modificación o eliminación, lo hace aquél que se considera que presenta las cualidades para hacerlo en nombre de todos, afectando así nuestro derecho de propiedad y nuestra libertad;

2. Otro vicio evidente resulta de la disposición que excluye a los contribuyentes del ISLR que realicen actividades bancarias, financieras, de seguros y reaseguros del sistema de ajuste por inflación fiscal, ello pues afecta al principio constitucional de generalidad[10] que exige que las personas paguen los tributos independientemente de consideraciones relacionadas con su actividad económica, personalidad, entre otros;

a. Aquí no tenemos duda que se impuso la tesis de algunos técnicos del gobierno que sabiendo que las actividades bancarias, financieras, de seguros y reaseguros constituyen una de las limitadas actividades que ha crecido durante los períodos de erradas políticas económicas chavecistas, tenían que contribuir de manera más importante con la recaudación tributaria[11] que resulta del ISLR;

b. Lamentablemente olvidaron que si alguna actividad se encuentra precisamente afectada por la alta inflación venezolana es la financiera, ya que el inventario de las actividades bancarias, financieras, de seguros y reaseguros, es el dinero, es decir, un activo monetario al cual la propia ley de ISLR le reconoce que pierde valor en el tiempo, con lo cual ajusticiaron también del principio constitucional de capacidad contributiva que exige que el tributo tenga en cuenta la capacidad económica del contribuyente;

c. Vale destacar, que resulta probable que bajo esta nueva configuración del ISLR para exclusivamente las actividades bancarias, financieras, de seguros y reaseguros, algunos bancos y empresas de seguros dejen de existir en el corto y mediano plazo, pues no podrán soportar el pago de un tributo sobre una materia imponible inexistente;

3. Otro importante vicio resulta de la imputación de las pérdidas por explotación, pues es perfectamente posible que bajo el nuevo esquema el contribuyente pierda la posibilidad de trasladar una pérdida fiscal determinada, en virtud de que en los tres años subsiguientes no alcanzó a generar renta fiscal gravable suficiente que al aplicársele el inexplicable porcentaje del 25%, permitiese compensar el monto total de la pérdida, eliminándole al contribuyente entonces la posibilidad de aprovecharse de este beneficio fiscal acorde con el principio constitucional de capacidad contributiva[12].

En fin, son éstas apenas unas breves consideraciones sobre la reforma parcial de la Ley de ISLR de noviembre de 2014 que fundamentalmente pretende que el ciudadano tome conciencia del avance en todos los ámbitos, en este caso específicamente en el tributario, de un sistema de dominación liderado ahora por el gobierno de Nicolás Maduro, antes por el fallecido Hugo Chávez, que pretende dominarlo y hacerlo cada vez más dependiente de él, coartándole así su libertad, conminándolo a la comodidad, al temor, a la parálisis, a la exclusión, a la represión, en el marco de un ambiente en el cual cada vez sea más difícil pensar y actuar libremente.

---

[10]   Artículo 133 de la Constitución.

[11]   Según dispone el Servicio Nacional Integrado de Administración Aduanera y Tributaria (Seniat) en su página web, el Impuesto Sobre la Renta representa el 25,29% del total de la recaudación neta no petrolera, contrastando con el Impuesto al Valor Agregado que representa el 57,23% del total de la recaudación neta no petrolera.

[12]   Artículo 316 de la Constitución.

Primeras aproximaciones al problema de temporalidad surgido de la modificación del régimen del traslado de pérdidas en la reforma de la Ley de Impuesto sobre la Renta

Domingo Piscitelli Nevola
Abogado

Resumen: *Breve análisis al nuevo régimen de traslado de pérdidas en la reforma de la Ley del Impuesto sobre la Renta.*

Palabras claves: *Ley de Impuesto sobre la Renta, Traslado de pérdidas.*

Abstract: *Brief analysis of the new regime for the transferring tax losses in the new Income Tax Law.*

Keywords: *Income Tax Law, Transferring tax losses.*

INTRODUCCIÓN

No es poco lo que se puede decir sobre el traslado de pérdidas en el impuesto sobre la renta. No obstante, nos queremos ocupar en estas primeras aproximaciones al tema temporal en el cual aplica la reforma del artículo 55 del Decreto N° 1.435 con Rango, Valor y Fuerza de Ley de Reforma de la Ley de Impuesto sobre la Renta[1] de fecha 18 de noviembre de 2014 (en lo sucesivo LISLR), concretamente de un tema muy debatido actualmente: determinar si es posible trasladar el cien por cien (100%) de las pérdidas sufridas en el año 2014.

Como punto previo, debemos recordar que al hablar de pérdidas hacemos referencia al excedente de los costos y gastos sobre los ingresos obtenidos por una empresa en ese período fiscal. Lo anterior configura un elemento determinante en la capacidad contributiva del sujeto pasivo de la obligación tributaria, toda vez que la ausencia de ganancia tiene como consecuencia un estado de pérdida que se ve reflejado como la ausencia de capacidad contributiva para ese ejercicio fiscal, lo cual hace forzoso la inexigibilidad de una obligación tributaria y por consecuencia la inexistencia de la obligación de pago del impuesto sobre la renta de ese ejercicio fiscal.

I. EL TRASLADO DE PÉRDIDAS EN LA REFORMA DE LA LEY DE IMPUESTO SOBRE LA RENTA

En la LISLR se limita el traslado de pérdidas de la siguiente manera:

---

[1] *Gaceta Oficial* N° 6.152 Extraordinario de 18 de noviembre de 2014.

Las pérdidas netas de explotación de fuente venezolana podrán imputarse al enriquecimiento de igual fuente siempre que dichos enriquecimientos se obtuvieren dentro de los tres (3) períodos de imposición siguientes a aquel en que ocurrió la pérdida y dicha imputación no exceda en cada período del veinticinco por ciento (25%) del enriquecimiento obtenido.

Las pérdidas de fuente extranjera sólo podrán imputarse al enriquecimiento de igual fuente, en los mismos términos previstos en el encabezamiento de este artículo.

El Reglamento establecerá las normas de procedimiento aplicables a los casos de pérdidas del ejercicio y de años anteriores.

Se modifica, en consecuencia, lo establecido en el artículo 55 de la Ley de Impuesto Sobre la Renta publicada en *Gaceta Oficial* N° 38.628 de fecha 16 de febrero de 2007, en la cual se establecía la posibilidad de traspasar el cien por cien (100%) de las pérdidas generadas a los tres ejercicios fiscales siguientes. Con la nueva norma se limita la posibilidad de traspasar el 100% de las pérdidas a un veinticinco por ciento (25%) del enriquecimiento obtenido en el ejercicio gravable, lo cual garantizaría que en cada período en el que se obtengan enriquecimientos, el contribuyente deba erogar una suma dineraria, con independencia de la cuantía de las pérdidas sufridas en los ejercicios anteriores. Con ello, se presumiría la existencia de una capacidad contributiva que, en definitiva, no existe, por cuanto, tal y como indicamos anteriormente, se impediría al contribuyente estabilizar los resultados negativos sufridos en el pasado. Configurada la norma de esa manera, no se cumple el fin armonizador y correctivo de la norma que permite el traslado.

II. LA VIGENCIA EN EL TIEMPO DE LA REFORMA DEL RÉGIMEN DE TRASLA-DO DE PÉRDIDAS

Ahora bien, dado que la nueva normativa es incluida en la LISLR vigente para el ejercicio fiscal 2015, es oportuno analizar si las pérdidas sufridas en el año 2014 son trasladables en un cien por ciento (100%) a los siguientes tres ejercicios fiscales tal como lo disponía la norma derogada o si, por el contrario, es aplicable la limitación incluida en el artículos 55 de la Ley. Lo anterior nos lleva forzosamente a analizar el periodo a partir del cual se puede considerar que se puede realizar el traslado del veinticinco por ciento (25%) de las pérdidas, de acuerdo con el nuevo régimen introducido.

Debemos comenzar nuestro análisis considerando que la normativa sobre traslado de pérdidas constituye una disposición sobre *existencia y cuantía de la obligación tributaria*, en tanto a través de ella se establecen los elementos para el cálculo del enriquecimiento neto del ejercicio gravable, esto es, se reconoce la posibilidad de que el cálculo del enriquecimiento gravable esté incidido por resultados del ejercicio anterior y se determina la cuantía de dicha incidencia.

Ahora bien, una primera alternativa que se pudiera plantear sería considerar que el artículo 55 de la derogada LISLR reconocen un "derecho adquirido" al traspaso de las pérdidas. Tal hipótesis se basaría en el mantenimiento en el tiempo de la expectativa de derecho generada en cabeza del contribuyente, consistente en poder considerar las pérdidas sufridas para el cálculo del impuesto a pagar en los ejercicios sucesivos. En éste caso, estamos ante la posibilidad de considerar que existe una expectativa de traslado de las pérdidas por tres años al momento de su causación, lo cual pareciera otorgar la posibilidad de exigir el mantenimiento de este régimen hasta la compensación de las pérdidas en referencia.

No obstante, contra lo anterior se pudiera sostener que al hablar de derechos adquiridos nos referimos a dos posibles situaciones: *(i)* desde el punto de vista del Derecho Constitucional, a los derechos consagrados en la Constitución y que en virtud del principio de progresividad de los derechos no pueden ser, de ningún modo, excluidos del ordenamiento jurídico y *(ii)* aquellos derechos reconocidos por un *acto de efectos particulares* que crea, modifica o altera, de forma favorable, determinados derechos que difícilmente pueden ser revocados, esto es, actos administrativos.

En el caso objeto de análisis, no estamos en presencia de una norma de rango constitucional. En consecuencia, consideramos que debe descartarse la posibilidad de oponer la existencia de un derecho adquirido sobre el contenido del modificado artículo 55 de la LISLR. Por otra parte, no se trata –la LISLR– de un instrumento normativo de rango sublegal capaz de producir efectos particulares, esto es, un acto administrativo. Es pues, una Ley de efectos generales destinada a un número indeterminado de sujetos pasivos. Al tratarse de una Ley, entendemos que puede modificar libremente situaciones jurídicas de leyes preexistentes, así éstas hayan sido más beneficiosas en su aplicación para el contribuyente. Lo anterior fue afirmado por la Corte Suprema de Justicia Norteamericana en una importante sentencia, cuyo ponente fue el *Chief* Justice Hughes, decidiendo que la Ley no lesionaba los derechos adquiridos, *"pues estimó que el Congreso, al ejercer sus poderes, puede frustrar las esperanzas puestas en los contratos, por lo cual estos actos deben entenderse hechos con referencia al ejercicio de la autoridad legal del Gobierno, no pudiendo una obligación contractual extenderse hasta el punto de volver ineficaz esa acción"*[2].

Por ello, no consideramos que en el caso de traspaso de pérdidas operativas –limitado ahora al veinticinco por ciento (25%) del enriquecimiento neto– pueda constituir un caso de derechos adquiridos en cabeza del contribuyente el cual contaba con una situación más favorable.

Por otra parte, se pudiera considerar que el traspaso de pérdidas constituye un beneficio fiscal otorgado por la Ley y, en consecuencia, genera expectativas de derechos en cabeza de los contribuyentes, por lo cual, no podrían alterarse en detrimento de los sujetos pasivos, una vez causados. El Fisco Nacional ha indicado, en la defensa judicial de sus reparos, que el traspaso de pérdidas es un *beneficio fiscal*[3].

Una posición como la indicada pareciera sustentarse en el artículo 77 del Código Orgánico Tributario, conforme al cual: *"Las exenciones y exoneraciones pueden ser derogadas o modificadas por ley posterior, aunque estuvieren fundadas en determinadas condiciones de hecho. Sin embargo, cuando tuvieren plazo cierto de duración, los beneficios en curso se mantendrán por el resto de dicho término, pero en ningún caso por más de cinco (5) años a partir de la derogatoria o modificación"*.

Así pues, pudiéramos sostener que el traslado de pérdidas constituye un beneficio fiscal, pretendiendo asimilar al trato otorgado por el Código Orgánico Tributario a las exenciones y exoneraciones establecidas por tiempo fijo, sosteniendo que las pérdidas generadas bajo la vigencia de la reforma de la LISLR, se mantiene su traspaso en la forma contemplada en la Ley vigente para el momento de su causación.

No obstante, el argumento anteriormente expuesto no es compartido por nosotros, toda vez que consideramos que el artículo 77 del Código Orgánico Tributario –el cual regula la duración de los beneficios de exenciones y exoneraciones– no hace referencia a ningún otro

[2] Sánchez Covisa, Joaquín, *La Vigencia Temporal de la Ley en el Ordenamiento Jurídico Venezolano*, Academia de Ciencias Políticas y Sociales, Caracas, 2007, p. 187.

[3] Así, la representación de la República en los escritos de defensa presentados en sede judicial ha realizado afirmaciones como la siguiente: *"el beneficio que la contribuyente pretende disfrutar, el cual se traduce en el traspaso de la pérdida"* (*Vid*. Sentencia N° 564 dictada por la Sala Político Administrativa del tribunal Supremo de Justicia en fecha 7 de mayo de 2008).

tipo de beneficio fiscal. Aunado a lo anterior, el artículo 5 del Código Orgánico Tributario dispone la interpretación restrictiva de las normas que establezcan beneficios fiscales, lo cual podría llevar a la imposibilidad de inaplicar la norma en referencia al caso concreto, por no regular otros beneficios distintos de las exenciones o exoneraciones.

En ese sentido, se ha pronunciado la Sala Político-Administrativa del Tribunal Supremo de Justicia, al señalar: *"esta Sala observa que, al verificarse el traspaso, la pérdida que se aplica a los ejercicios siguientes a aquél en que se produjo, es el excedente que no pudo compensarse o aplicarse en el ejercicio en el cual se generó la misma al momento de la determinación de la base imponible, razón por la cual, no existe la supuesta "duplicación de beneficios", ya que lo que se pretende compensar es el **excedente de pérdidas generado en un ejercicio anterior"*[4].

En consecuencia, no consideramos el traspaso por pérdidas como un beneficio fiscal del cual se privó a los contribuyentes al establecer un límite máximo para su traslado a los ejercicios fiscales siguientes, sino simplemente una forma de medición de la capacidad contributiva.

Ahora bien, habiendo descartado –en nuestra posición– la idea de "derecho adquirido" del cual gozaba los contribuyentes para el período fiscal 2014, debemos traer a colación la tesis de la temporalidad de la Ley formulada por Sánchez-Covisa, la cual consideramos, es infinitamente esclarecedora para la situación planteada.

El autor antes mencionado, ha planteado la posibilidad de tres casos respecto a los efectos futuros de las Leyes, los cuales se mencionan de seguida:

1. El hecho pretérito no es un acto de voluntad sino un hecho natural.

2. El hecho pretérito es un acto de voluntad, pero aunque el acto de voluntad es requisito esencial para la producción de las consecuencias jurídicas, no es causa de ellas.

3. El hecho pretérito es un acto de voluntad, que es, no sólo requisito esencial para la producción de las consecuencias jurídicas, sino causa determinante de ellas[5].

Ahora bien, a nuestro entender, la generación de pérdidas en un determinado ejercicio fiscal constituye un hecho natural, toda vez que sería difícil considerarlo como un acto de voluntad. Ante ello, consideramos que, al hablar de pérdidas y su posterior traslado a los ejercicios fiscales siguientes, nos estamos refiriendo al primer supuesto en el cual un hecho pretérito no es un acto de voluntad sino un hecho natural.

Visto ello, Sánchez-Covisa formula como regla unitaria: *"los efectos jurídicos que se produzcan con posterioridad a la entrada en vigor de una nueva ley y que se deriven de hechos anteriores a ella, quedan sometidos a la nueva ley, en lo que ésta contiene normas de orden público, y quedan sometidas a la ley antigua, en todo aquello en que la nueva ley contiene norma de derecho voluntario, que suplen, complementan e interpretan la voluntad de los particulares"*[6].

Posteriormente, el autor plantea un esquema de soluciones a la conducta que debe seguir el Juez ante un conflicto de aplicación de dos normas sucesivas en el tiempo. En el caso del traslado de pérdidas, cuyo supuesto de hecho se configuró bajo una Ley anterior, teniendo

---

4   Sentencia N° 564 dictada por la Sala Político Administrativa del tribunal Supremo de Justicia en fecha 7 de mayo de 2008.

5   Sánchez Covisa, Joaquín, *op. cit.*, pp. 170 y ss.

6   *Ibídem*, p. 173.

efectos bajo la vigencia de una Ley sucesiva posterior, nos encontramos ante el caso análogo planteado por Sánchez-Covisa al formular: *"el Juez se plantea el problema de valorar los efectos de un supuesto de hecho anterior a la ley "L2" producidos después de la vigencia de la ley "L2". En este caso, el Juez debe analizar si la ley "L2" es de orden público, es decir, si su aplicación puede renunciarse o relajarse por la voluntad de los particulares"*[7].

Ante ello hay varias posibilidades:

1. El juez considera que la "L2" no es de orden público, en consecuencia, puede relajarse por la voluntad de la partes.

2. El juez considera que la "L2" si es de orden público. Aquí el juez debe analizar:

1.2 Si la ley "L2" regula los efectos futuros de una manera absoluta, debe aplicar la ley "L2"

1.3 Si la ley "L2" regula los efectos futuros excluyendo aquellos que derivan de un supuesto de hecho verificado bajo la vigencia de la ley anterior, se debe aplicar la "L1"

1.4 Si la "L2" contempla normas transitorias de aplicación, esas normas determinarán en qué medida se debe aplicar la ley "L1".

Consideramos que el supuesto de traslado de pérdidas se identifica con el punto 2.1 toda vez que es una Ley nueva que regula los efectos futuros (traslado) de forma absoluta, mientras que los hechos (pérdidas) se generaron bajo la vigencia de la ley derogada. En consecuencia, siguiendo la tesis de Sánchez-Covisa –tesis seguida por la jurisprudencia y la doctrina en Venezuela– debemos concluir que, al tratarse la *Ley de Impuesto Sobre la Renta* de una norma de *orden público*, así los hechos se hayan originado bajo la vigencia de la Ley derogada, tendrá los efectos contemplados en la nueva normativa siempre y cuando los mismos efectos se verifiquen temporalmente posterior a la entrada en vigencia de la nueva ley.

Es decir, si las pérdidas se generaron en el año 2014, año en el cual estaba vigente la Ley derogada, por ser la Ley de Impuesto sobre la Renta norma de orden público, el traslado que se realice en el 2015 se debe verificar conforme a la nueva normativa vigente para el 2015. En consecuencia, siguiendo la tesis de Sánchez-Covisa, los efectos del supuesto ya verificado, se van a producir en virtud de la nueva normativa. En nuestro caso concreto, si la nueva Ley únicamente permite el traslado del veinticinco (25%) de las pérdidas, sólo podrá ser trasladable ese porcentaje de las pérdidas sufridas en el año 2014, así en ese año haya estado vigente la normativa que permitía trasladar la totalidad de las pérdidas.

A lo anterior, debemos agregar los comentarios realizados por Sánchez-Covisa a las sentencias del 30 de Abril de 1938, de 31 de Mayo de 1938, de 9 de Marzo de 1939 y de 10 de Marzo de 1941, las cuales versan sobre exoneraciones de derechos de importación de las compañías concesionarias de hidrocarburos. En todas se discutía si el precepto establecido en la nueva Ley –el cual limitaba el número de productos exonerados– era aplicable o no a las concesiones existentes, o sólo aquellas otorgadas después de la entrada en vigencia de la nueva ley. La mayoría de la Corte falló en contra de la aplicación inmediata de ese precepto, estimado que eso sería aplicación retroactiva. No obstante, agrega Sánchez-Covisa: *"hemos*

---

[7]   *Ibídem*, pp. 176 y ss.

visto, sin embargo, que, conforme a nuestra tesis, tales normas –en cuanto normas de orden público– hubieran debido aplicarse de manera inmediata a las situaciones en curso"[8].

Tal como lo advertimos al principio, no pretendemos agotar la discusión sobre la temporalidad del traslado de pérdidas. Todo lo contrario, nuestro objetivo es introducir, de forma breve, una discusión que se ha planteado, exponiendo nuestra postura sobre el punto particular aquí tocado.

---

[8]   *Ibídem*, p. 212.

SÉPTIMA PARTE: RÉGIMEN DE LA ORDENACIÓN DEL TERRITORIO

La transformación inconstitucional del concepto sobre equipamiento urbano como "escala de regionalización" en el Decreto-Ley de Regionalización Integral para el Desarrollo Socioproductivo de la Patria

Emilio J. Urbina Mendoza
Profesor de la Universidad Católica Andrés Bello

Resumen: *El presente artículo aborda, dentro del creciente contexto de centralización política y administrativa contrarios a la Constitución Bolivariana de 1999, la modificación de la naturaleza jurídica propia del equipamiento urbano como categoría específica por el concepto de "escala de regionalización". Con la entrada en vigencia del Decreto-Ley de Regionalización Integral para el Desarrollo Socioproductivo de la Patria, se pone de manifiesto los cambios radicales en los conceptos básicos que soportan la ordenación urbanística en Venezuela. La modificación ha puesto en evidencia las claras intenciones de nacionalizar una materia estrictamente municipal, hiriendo la autonomía estricta de los municipios venezolanos de cara al modelo republicano constitucional vigente.*

Palabras Clave: *Equipamiento urbano. Decreto-Ley. Escala de regionalización. Autonomía municipal.*

Abstract: *This article discusses, in the context of growing political and administrative contrary to the Bolivarian Constitution of 1999 centralization, changing the juridical nature of urban infrastructure as a specific category by the concept of "scale regionalization". With the entry into force of Decreto-Ley de Regionalización Integral para el Desarrollo Socioproductivo de la Patria, is revealed the radical changes in the basic concepts that support urban planning in Venezuela. The change has highlighted the clear intention of nationalizing a strictly local matter, wounding strict autonomy of Venezuelan municipalities facing the current constitutional republican model.*

Key Words: *Urban equipment. Decree-Law. Scale regionalization. Municipal Autonomy.*

Por quinta vez consecutiva[1], en los últimos catorce años, la Presidencia de la República en pleno ejercicio de sus facultades constitucionales, ha vuelto a reeditar lo que ya parece perfilarse como una tradición normativa "non sancta" del siglo XXI venezolano: *dos docenas de nuevos Decretos-Leyes*. Aprovechando el último día que le concede la última Ley Habilitante concedida por la Asamblea Nacional a finales de 2013, el Ciudadano Presidente nos sorprendió con un madrugonazo normativo, publicando en *Gaceta Oficial* un total de cuarenta y ocho (48) Decretos con rango, valor y fuerza de ley entre los cuales sobresalen los de naturaleza fiscal y tributaria.

Sin embargo, al revisar con detenimiento las sendas gacetas oficiales[2], sorprende un Decreto con implicaciones que van más allá de su título enunciado. Hacemos referencia al Decreto con Rango, Valor y Fuerza de Ley de Regionalización Integral para el Desarrollo Socio productivo de la Patria[3]. A primera viste luce como otro instrumento normativo propio de las décadas revolucionarias, donde su lingüística enaltece un supuesto y risible orden moral superior, emanado del éter bolivariano y cuyo fin está predestinado para engrandecer –a título de epopeya– los caminos de una hipotética patria idealizada, plena de virtuosismo y bautizada por la mítica voluntad popular más cercana al tumulto que a la democracia directa[4].

En pocas palabras, una ley adicional –e inconsulta– que engrosa las filfas de un legislador popular sin pueblo alguno.

Lo que debería haber sido un Decreto-Ley centrado en el fenómeno geográfico-administrativo de la regionalización, por cierto, ya experimentado en Venezuela desde 1969[5],

---

[1]   Cinco han sido las denominadas Leyes que autorizan al Presidente de la República para dictar Decretos con fuerza de ley en la materia que se delegan durante los últimos quince años (1999-2014). Bajo el imperio de la Constitución de 1961, se publicó en *Gaceta Oficial* N° 36.687 del 26 de abril de 1999. Ya en vigencia de la Constitución Bolivariana de 1999, se publicaron cuatro leyes habilitantes, tres para el fallecido Presidente Hugo Chávez Frías (1999-2013) y una para el Presidente Nicolás Maduro Moros, estas fueron publicadas en las siguientes *Gaceta Oficiales*: 1.- N° 37.076 del 13 de noviembre de 2000. 2.- N° 38.617 del 1 de febrero de 2007. 3.- N° 6.009 del 17 de diciembre de 2010, y 4.- N° 6.112 del 19 de noviembre de 2013. Para más detalles véase Arias Castillo, Tomás A. "Las cuatro delegaciones legislativas hechas al Presidente de la República". En: *Revista de Derecho Público*. Editorial Jurídica Venezolana, n° 130, Caracas, 2012 (abril-junio), pp. 393-399.

[2]   Véase G.O. N° 40.540 del 13/11/2014; *G.O.E.* N° 6.147 del 17/11/2014; *G.O.E.* N° 6.148 del 18/11/2014; *G.O.E.* N° 6.150 del 18/11/2014; *G.O.E.* N° 6.151 del 18/11/2014; *G.O.E.* N° 6.152 del 18/11/2014; *G.O.E.* N° 6.153 del 18/11/2014; *G.O.E.* N° 6.154 del 19/11/2014; *G.O.E.* N° 6.155 del 19/11/2014; *G.O.E.* N° 6.156 del 19/11/2014; *G.O.* N° 40.549 del 26/11/2014.

[3]   Publicado en *Gaceta Oficial* de la República Bolivariana de Venezuela, Extraordinaria, N° 6.151 del 18 de noviembre de 2014.

[4]   Vale la pena destacar que en la cultura clásica latina era nítida la frontera entre "populus" y "vulgus" como a continuación se verifica: Séneca [*De vita beata*] 2: *"Vulgus veritatis pessimus interpres"*. Horacio [*Satiras*] I, 6, 15-17: *"qui stultus honores/Saepe dat indignis et famae servit ineptus,/ Qui stupet in titulis et imaginibus"*. Marco Tulio Cicerón [*Oratio pro Plancio*] 4, 9, ha denunciado los peligros que para el Derecho representa el vulgus: *"Non est enim consilium in vulgo, non ratio, non discrimen, non diligentia, semperque sapientes ea quae populus fecisset ferenda"*. Tito Livio [*Ad Urbe condita*] 28, 27: *"Multitudo omnis sicut natura maris, per se immobilis est; ventus et aurea cient"*. Tácito [*Anales*] I, 20, grafica la realidad en ciernes: *"Nihil in vulgo modicum; terrere, ni paveant; ubi pertimuerint impune contemni"*. Véase Urbina Mendoza, Emilio J. "La (sobre) interpretación popular constitucional y la Reforma de 2007: ¿retorno a la interpretación ideológica auténtica?. En: *Revista de Derecho Público*. Editorial Jurídica Venezolana, n° 112, Caracas, 2007 (octubre-diciembre), pp. 59-63.

[5]   Véase Brewer-Carías, Allan R., Izquierdo Corser, Norma. *Estudios sobre la regionalización en Venezuela*. Ediciones de la Biblioteca de la Universidad Central de Venezuela, Caracas, 1977.

ha terminado por precisar materias propias de resoluciones ministeriales, o inclusive, circulares internas de departamentos técnicos que por su carácter dinámico, no es prudente contemplarlo en textos legales. Desde el artículo 1 al 40, presume reglamentar aspectos propios del proceso de regionalización, resaltando la articulación de planes y el Sistema Nacional de Regionalización[6], potestades especiales de la República sobre nuevas figuras geográficas[7], fondos y regímenes fiscales benignos interterritoriales[8], así como, zonas económicas especiales[9]. Todas estas materias, en alguna forma son reproducción parcial de la propuesta fallida de reforma Constitucional de 2007[10] y otras leyes que todavía se encuentran en fase de discusión desde finales de 2008, como el proyecto de Ley Orgánica para la Ordenación y Gestión del Territorio[11].

Pero, del artículo 41 en adelante, lo que debería ser un modelo *subsidiario* de la territorialidad acorde con la Constitución de 1999[12], deviene en un nuevo y radical régimen sobre el equipamiento urbano, materia ésta última, propia de la ordenación urbanística totalmente ajena a la regionalización y sus procesos. Nuevamente, un documento con rango legal termina por deformarse así mismo, es decir, quiebra la debida coherencia que debe guardar entre su título, la técnica normativa, la ratio de su materialización y el contenido de sus normas.

Uno de los principales problemas que ha venido desarrollando dentro del ámbito legislativo formal en Venezuela, por lo menos, desde la aprobación de la *Ley para la regularización y control de los arrendamientos de vivienda*[13]; es la deformación del objeto material de las leyes, titulando de una forma e incorporándole dentro de su contenido, materias ajenas al título u objeto regulatorio. Si bien es cierto existen materias dentro del arbitrio y ponderación discrecional del legislador, es decir, no se ataca el mérito y la oportunidad por la cual el ente legislativo escogió la materialidad normativa y sus respectivas soluciones, pues, implica en la doctrina constitucional clásica una de las manifestaciones de la soberanía nacional; es necesario detenernos en el denominado "ámbito material de la ley" y la pertinencia o no de los preceptos con respecto a lo regulado.

---

[6]   Artículos 4°, 5°, 6° y 7° del Decreto-Ley N° 1.425.

[7]   Artículos 10°, 28°, 37° y 39° del Decreto-Ley N° 1.425.

[8]   Artículos 14° al 22° del Decreto-Ley N° 1.425.

[9]   Artículos 26° y 34° del Decreto-Ley N° 1.425.

[10]   Véase *Revista de Derecho Público. Estudios sobre la reforma constitucional.* Editorial Jurídica Venezolana, N° 112, Caracas, 2007 (octubre-diciembre). Véase también Casal, Jesús María. "Un paso más en la construcción del Estado socialista comunal". En: *Revista de Derecho Público.* Editorial Jurídica Venezolana, N° 130, Caracas, 2012 (abril-junio), pp. 89-99. Brewer-Carías, Allan R. "¿Reforma administrativa en Venezuela? O la transformación no siempre planificada de la Administración Pública, para la implementación de un Estado Socialista al margen de la Constitución, mediante la multiplicación, dispersión y centralización de sus órganos y entes". En: *Revista de Derecho Público.* Editorial Jurídica Venezolana, N° 132, Caracas, 2012 (octubre-diciembre), pp. 7-27.

[11]   Véase Urbina Mendoza, Emilio J. "La Ordenación territorial y urbanística a la luz del nuevo proyecto de Ley Orgánica para la Ordenación y Gestión del Territorio". En: *Boletín de la Academia de Ciencias Políticas.* Academia de Ciencias Políticas y Sociales, N° 146, Caracas, 2008, pp. 661-686.

[12]   Véase Urbina Mendoza, Emilio J. "La globalización y el atlas federal venezolano. ¿Recuperación del principio de subsidiaridad en Venezuela? En: *Revista Iuridica.* Universidad Arturo Michelena, N° I, Valencia, 2004, pp. 97-150.

[13]   Publicada en *Gaceta Oficial* de la República Bolivariana de Venezuela, extraordinaria, N° 6.053 del 12 de noviembre de 2011.

El Decreto-Ley bajo estudio es el tercer documento que trae el mismo problema de ingeniería normativa, tan igual como el relativo a los arrendamientos y la ambigua Ley Contra la Estafa Inmobiliaria[14]. Por tercera vez se repite esta forma de "fraude legislativo" al contemplar una suerte de instituciones y procedimientos que en nada se corresponden con el propósito y razón de la norma creada según al modelo de auto referencia finalística (Villey)[15]. Cuando estudiamos con detenimiento desde el artículo 41 al 73, nos encontramos en presencia de un texto legal que regula una de las materias más sensibles de la Ordenación urbanística en el sentido académico de su término[16], como es el *equipamiento urbano*. En ningún tratado o escrito de la doctrina urbanística o de Derecho urbanístico, los equipamientos urbanos son abordados bajo el concepto de regionalización, como erróneamente pretende encasillar el Decreto-Ley estudiado. En pocas palabras, nuevamente estamos ante la desarmonía normativa, regulando bajo un texto normativo aspectos que son totalmente ajenos a su ratio y ámbito normativo plasmado en su articulado.

II.   LAS PREMISAS Y ORGANICIDAD DEL DECRETO-LEY DE REGIONALIZA-CIÓN INTEGRAL PARA EL DESARROLLO SOCIO PRODUCTIVO DE LA PA-TRIA Y EL EQUIPAMIENTO URBANO

Siguiendo la misma técnica normativa de los últimos años, plena de retórica valórica donde persiste una falsa noción de atentado contra el Pueblo[17], y por el cual, la ley apela a cualquier solución no importa si la misma resulta violatoria de la Constitución o contradictoria con la ideología pregonada; el Decreto-Ley exhíbelo que denomina <<cambios paradigmáticos>> para justificar las trasmutaciones conceptuales. Establece la exposición de motivos:

"(…) En síntesis, la **Revolución ha significado un punto de ruptura en los paradigmas de atención de servicios, cobertura y profundidad de los mismos para el cambio de vida de la población**. En el pasado no existía el referente hoy comunes como hitos de una nueva sociedad, por tanto, el presente Decreto con Rango, Valor y Fuerza de Ley **dispone el marco de desarrollo de lo extraordinario en todas las escalas del territorio**, para enfrentar la pobreza estructural **así como dotar del derecho a la ciudad** a toda la población; al tiempo que se asume el desarrollo integral del país a partir de las potencialidades existentes, dinámicas funcionales y concepto de identidad contenidos en las distintas escalas espaciales (…) (Negrillas y subrayado nuestro)"

¿Desarrollo de lo extraordinario en todas las escalas del territorio? Sorprende la inclusión –cual *axis mundi*– de esta frase que pudiera interpretarse bajo disímiles ópticas, espe-

---

[14]   Publicada en *Gaceta Oficial* de la República Bolivariana de Venezuela, Nº 39.912 del 30 de abril de 2012.

[15]   Villey, Michel. *La formation de la penseé juridique*. St. Jacques Éditions, París, 1968, p. 635.

[16]   Por Derecho urbanístico, señala Carceller Fernández, *es el conjunto de reglas a través de las cuales la Administración, en nombre de la utilidad pública, y los titulares del derecho de propiedad, en nombre de la defensa de los intereses privados, deben coordinar sus posiciones y sus respectivas acciones con vista a la ordenación del territorio*. Carceller Fernández, Antonio. *Instituciones de Derecho Urbanístico*. Editorial Montecorvo, Madrid, 1992, pp. 24-25. También véase Fernández, Tomás-Ramón. *Manual de Derecho Urbanístico*. Editorial El Consultor de los Ayuntamientos, Madrid, 2008, pp. 15-20. Parejo Alfonso, Luciano. *Derecho Urbanístico*. Ediciones Ciudad Argentina, Mendoza, 1986, pp. 5-14.

[17]   Sobre el particular, véase Urbina Mendoza, Emilio J. "La influencia de la voluntad popular sobre la interpretación constitucional judicial en Venezuela: ¿Abuso de los conceptos jurídicos indeterminados? En: *Estudios de Deusto*. Universidad de Deusto, Vol. 58/2, Bilbao, 2010 (julio-diciembre), pp. 363-375.

cialmente, aquellas que conciben al Derecho no como una expresión de poder para organizar la sociedad, sino más bien, como un instrumento para imponer una interesada versión hermenéutica[18]. Como puede apreciarse, nuevamente se apela al escándalo, las medidas extraordinarias, los sacudones, el fragor popular[19] y otros vocablos empleados por el imaginario político *–aegri somnia–* para terminar de ensombrecer las razones del Decreto-Ley bajo análisis. Esa noción de "**desarrollo de lo extraordinario**" no está acoplada a ninguna de las líneas maestras del concepto de ponderación legislativa[20], mucho menos dentro de los parámetros materiales del Estado social de Derecho[21], así éste se incline hacia la estatización de la sociedad. Al contrario, la frase apertura puertas para que las administraciones urbanísticas materialicen dentro de sus potestades como autoridad urbanística, cualquier dislate o abuso de poder, ambos, contrarios a las tendencias contemporáneas que exhiben al Derecho administrativo como derecho de la democracia[22].

1. *La supuesta democratización del "derecho a la ciudad"*

La segunda nota sorprendente incorporado al Decreto-Ley, es la positivización de una tesis urbanística propuesta a finales de los años 60 del siglo pasado, como fue el denominado *derecho a la ciudad* [*droit à la ville*] cuyo autor es el profesor en sociología urbana Henry Lefevre[23]. Con una ingenuidad sin límites, el legislador delegado busca <<*dotar*>>un supuesto <<*derecho a la ciudad*>>, como si de suyo, éste pudiera medirse objetivamente cual derecho fundamental de naturaleza prestacional. Debemos recordar que la tesis empleada por Lefevre en aquellos años, era más que todo para "(…) *romper los sistemas y abrir el pensa-*

18   Véase Barcelona, Pietro. *L'uso alternattivo del Diritto*. Roma, Editorial Daterza, 1973, II Tomos. También González Navarro, Francisco. *De la justicia de los jueces y otros sintagmas*. En: AAVV. *Libro Homenaje a Villar Palasí*. Editorial Civitas, Madrid, 1989, p. 533. Atienza, Manuel. *El sentido del Derecho*. Editorial Ariel, Barcelona, 2001, p. 299. Edelman, Bernard. *La práctica ideológica del Derecho*. Editorial Tecnos, Madrid, 1980, p. 36.

19   En 1936, exponía el primer Cardenal venezolano, su Eminencia, Humberto Quintero, lo siguiente: "*(…) Un agitador cualquiera, un parlanchín exaltado se presenta ante una multitud de ciudadanos más o menos incultos; grita y vocifera; prorrumpe en vítores y condenaciones: la multitud sugestionada por el imperio misterioso que tiene la voz humana, corea esas condenaciones y vítores y en el momento, sin reflexión alguna, inconscientemente, hace suyas las ideas que el agitador sugiere. ¡Y se pretende luego que esas ideas sean la expresión del pueblo soberano! (…)*". En: *Escrituras de antier*. Ediciones de la Contraloría General de la República, Caracas, 1974, p. 168.

20   Para más detalles del proceso de ponderación, véase Véase Sapaq, Mariano. "El principio de proporcionalidad y razonabilidad como límite constitucional de poder al Estado: un estudio comparado". En: *Dikaion: Lo Justo. Revista de actualidad jurídica*. Universidad de la Sabana, Facultad de Derecho, Nº 17, Bogotá, 2008, pp. 157-198. Díaz Perilla, Viviana. "Calidad de la Ley. Técnica Legislativa y Eficiencia Administrativa". En: *Revista Prolegómenos – Derechos y Valores*. Universidad Militar Nueva Granada, Vol. XIV, Nº 27, Bogotá, 2011 (Enero-Junio), pp. 147-163. García-Escudero Márquez, Piedad. *Técnica legislativa y seguridad jurídica*. Pamplona, Aranzadi, 2010. Rodríguez de Santiago, José María. *La ponderación de bienes e intereses en el derecho administrativo*. Marcial Pons, Madrid, 2000, 177 pp.

21   Véase García de Enterría, Eduardo. *Reflexiones sobre la ley y los principios generales del Derecho*. Editorial Civitas, Madrid, 1984, p. 31. También del mismo autor: *Justicia y seguridad jurídica en un mundo de leyes desbocadas*. Editorial Civitas, Madrid, 1999, pp. 50-60.

22   Véase Brewer-Carías, Allan R. *El derecho a la democracia entre las nuevas tendencias del Derecho Administrativo como punto de equilibrio entre los Poderes de la Administración y los derechos del administratdo*. En: AAVV Hernández Mendible, Víctor (Coordinador). *Desafíos del Derecho Administrativo Contemporáneo (Conmemoración Internacional de la Cátedra del Derecho Administrativo en Venezuela)*. Ediciones Paredes, Caracas, 2009, pp. 1417-1439.

23   Lefrevre, Henry. *Le droit à la ville*. Éditions Anthropos, París, 1968.

miento (…)"[24], en palabras del autor. El *derecho a la ciudad* que elucubró Lefevre no es más que una forma de quebrar el quietismo estructural que predominaba en la filosofía de las ciencias durante ese tramo del siglo XX, máxime, cuando el concepto de lo urbano en la "Carta de Atenas"[25] despuntaba su tercera década. En ningún momento fue una tesis propuesta para materializar fines concretos u operativos de cara a los problemas propios del urbanismo contemporáneo, de allí nuestro asombro por la incorporación de una teorización tan polémica dentro de la legislación venezolana.

Es por ello que no entendemos cómo el legislador de forma ligera emplea un término como si el mismo derecho a la ciudad fuera una suerte de dosis de urbanismo, amén del peregrino adanismo que exhibe. El derecho a la ciudad es una concepción teorética mucho más crítica que lo expuesto por el legislador venezolano, pues, al incluirlo bajo las coordenadas de un mero agregado de infraestructura sobre servicios, capaz de cuantificarse, atenta contra la mismísima fundamentación del concepto primigenio formulado por Lefevre. Éste último planteó precisamente el derecho a la ciudad como una forma de quebrar contra el "ensimismamiento de la reflexión ocasionada por un sistema"[26]. Ensimismamiento que el Decreto-Ley elogia en sí mismo, cuando cristaliza bajo las características de norma legal una jerarquía de planes rígidos y procedimientos en materia de equipamiento urbano, cerrando cualquier horizonte para una mejor calidad de vida urbana.

2.   *La estrategia reglamentaria nacional como instrumento democratizador*

La tercera característica que erróneamente enfoca el Decreto-Ley sobre este derecho a la ciudad *sui generis*, es la presunción de su carácter antidemocrático en la actualidad; y, la única forma para democratizarla, es a través del equipamiento urbano[27]. Bajo una confusión de categorías y el empleo burdo del *distingue frequentur*, el legislador busca "democratizar" al derecho de la ciudad por intermedio de un sistema de planes para el equipamiento urbano, e incomprensiblemente, no será el mismo Decreto-Ley quien establecerá las coordenadas y mecanismos para llevar adelante la democracia a la ciudad venezolana, sino, un *Reglamento Especial* dictado por el Ejecutivo Nacional que desarrollará los parámetros necesarios de dicha democratización[28].

Así, el Decreto-Ley nos retrotrae a la época de mayor centralización urbanística (1961-1982), cuyo uno de sus trípodes fue el empleo de reglamentos presidenciales para regular

---

[24]   Lefevre, Henry. *Ob. Cit.*, p. 15.

[25]   El autor en referencia formula en su obra una crítica cáustica al modelo funcional de la Carta de Atenas. En su "droit à la ville", Lefevre sentencia que el mismo es una autoexigencia más que una simple enunciación. Sin embargo, la tesis está formulada en términos etéreos y con ciertos aires afásicos. Expone textualmente el autor "(…) *Este derecho [a la ciudad], a través de sorprendentes rodeos (la nostalgia, el turismo, el retorno hacia el corazón de la ciudad tradicional, la llamada de centralidades existentes o nuevamente elaboradas) camina lentamente. La reivindicación de la naturaleza, el deseo de gozar de ella, desvían el derecho a la ciudad. Esta última reivindicación se enuncia indirectamente como tendencia a huir de la ciudad deteriorada y no renovada, porque la vida urbana alienada debe existir "realmente". La necesidad y el "derecho" a la naturaleza contrarían el derecho a la ciudad sin conseguir eludirlo (Ello no significa que no sea preciso reservar vastos espacios "naturales" ante las proliferaciones de la ciudad desintegrada) (...)* (Traducción nuestra)". *Ob. Cit.*, p. 138.

[26]   Lefevre, Henry. *Ob. Cit.*, p. 15.

[27]   Véase Decreto-Ley N° 1.425, Título V, Capítulo II: Equipamiento urbano para la democratización del derecho a la ciudad.

[28]   Artículo 45 del Decreto-Ley N° 1.425.

cada contingencia[29]. Debemos afirmar que el grado democrático de una ciudad no se mide ni se intensifica por los inmuebles o construcciones destinadas para usos diferentes a los residenciales, comerciales e industriales.

3. *El desconocimiento del régimen de repartición constitucional de competencias en materia urbanística*

Al nacionalizar los planes sobre equipamientos urbanos, los municipios venezolanos pierden la competencia sobre la ordenación urbanística, prevista en la Constitución de 1999 y en la propia Ley Orgánica de Ordenación Urbanística (LOOU) vigente[30]. Ciertamente el Municipio venezolano se le propina otro golpe de Estado[31], sustrayéndole competencias urbanísticas. Sin embargo, el tema no es nuevo. El Municipio ha sido relegado en nuestra historia institucional, pero, hasta la Constitución Bolivariana de 1999, ha sobrevivido un sistema de distribución de competencias urbanísticas coordinadas y respetadas por los actores urbanísticos. La repartición de competencias sobre la planificación urbana y sus controles entre la República y los Municipios ha sido armónica y sus fronteras bien delimitadas, hecho que parece desconocer esta nueva forma de planes sobre los equipamientos urbanos. En los textos constitucionales de 1909[32], 1914[33], 1922[34], 1925[35], 1928[36], 1929[37], 1931[38] y 1936[39], el Municipio conservará los ámbitos locales de autonomía propia como es el cuidado del urbanismo dentro de las llamadas jurisdicciones "urbanas", que no es más que los límites de la ciudad. Sin embargo, no será sino hasta la aprobación de la Constitución de 1947 cuando se

[29] Sobre la historia de la normativa urbanística en Venezuela, véase Urbina Mendoza, Emilio J. *La historicidad del Derecho urbanístico y sus aportes en la tecnificación del Derecho Administrativo Venezolano (1946-2009)*. En: AAVV. *100 años de la Enseñanza del Derecho Administrativo en Venezuela 1909-2009*. Fundación de Estudios de Derecho Administrativo, Universidad Central de Venezuela y Centro de Estudios de Derecho Público de la Universidad Monteávila, Tomo I, Caracas, 2011, pp. 129-162.

[30] Publicada en *Gaceta Oficial* de la República de Venezuela, N° 33.868 del 16 de diciembre de 1987. Véase Artículo 24, numeral 10 y Artículo 34, numeral 7.

[31] Existe un caso reciente de intromisión inaceptable de la República en competencias municipales. Es el Caso del Decreto Presidencial N° 1.542 (*G.O.* N° 40.563 del 16/12/2014) donde "otorga un cambio de uso" sobre un área del Municipio Libertador del estado Mérida, zonificado como área educativa en el POU vigente, y que por disposición del Presidente de la República, se le modificó el uso en residencial.

[32] Artículo 12, numeral 3; artículo 57, numeral 4°. Para el empleo de los textos constitucionales históricos en esta demanda, utilizaremos el trabajo de Brewer-Carías, Allan R. *Las Constitucionales de Venezuela*. Ediciones de la Academia de Ciencias Políticas y Sociales, II Tomos, Caracas, 2008

[33] Artículo 19, numeral 4°.

[34] Artículo 19, numeral 4°.

[35] Artículo 14; artículo 15, numeral 4°, numeral 16° y numeral 19°. Artículo 18° Es de la competencia de las Municipalidades: 1° Organizar sus servicios de policía, abastos, cementerios, ornamentación municipal, arquitectura civil, alumbrado público, acueductos, tranvías urbanos y demás de carácter municipal. Artículo 78, numeral 18°.

[36] Artículo 14; artículo 15, numeral 4°, numeral 16° y numeral 19°. Artículo 18°, numeral 1°. Artículo 78°, numeral 18°.

[37] Artículo 14; artículo 15, numeral 4°, numeral 16° y numeral 19°. Artículo 18°, numeral 1°. Artículo 78°, numeral 18°.

[38] Artículo 14; artículo 15, numeral 4°, numeral 16° y numeral 19°. Artículo 18°, numeral 1°. Artículo 78°, numeral 18°.

[39] Artículo 14; artículo 15, numeral 4°, numeral 16° y numeral 19°. Artículo 18°, numeral 1°. Artículo 77°, numeral 21°.

le reconozca a las entonces denominadas "Municipalidades" (*rectius*: Municipios) validez plena en su capacidad para manejar el urbanismo y lo referido al control local sobre los espacios urbanos[40], técnicamente denominado *disciplina urbanística*[41].

La derogada Constitución de 1961[42] ahondó más la experiencia republicana de armonización entre la República y el Municipio, concediéndole expresamente a éste último, las competencias propias de la vida local, tales como *urbanismo*, abasto, circulación, cultura, salubridad, asistencia social, institutos populares de crédito, turismo y policía municipal. Este esquema es sencillo. Al Municipio, quizá el constituyente para prever que la inexperiencia municipal no fuera un estorbo sobre los planes de expansión y desarrollo urbano, se dejó en manos de la República todo el **componente técnico de estandarización normativa** sobre ingeniería, arquitectura y urbanismo, lo que se traduciría en el establecimiento "nacional" de todo lo relativo a la reglamentación del equipamiento urbano. Los Municipios, al contrario, ejercerán exclusivamente labores propias de **disciplina urbanística** (control y sanción) sobre la ejecución del orden público urbanístico, así como la planificación urbana al detalle, como de suyo ocurre en las Ordenanzas de Zonificación o las que contienen el Plan de Desarrollo Urbano Local (PDUL), las cuales, entre sus anexos gráficos, poseen **obligatoriamente** *planos sobre equipamientos urbanos generales e intermedios*.

La Constitución Bolivariana de 1999 ratifica este orden competencial simbiótico entre las únicas administraciones urbanísticas reconocidas por el Constituyente y la legislación especializada: *la República y los Municipios*[43]. La fórmula vigente es la siguiente:

Artículo 156. Es de la competencia del Poder Público Nacional:

(…)

---

[40] Artículo 112, numeral 1: Es de la competencia del Poder Municipal: 1. Organizar sus servicios de policía, abastos, cementerios, **ornamentación municipal, arquitectura civil, alumbrado público**, acueductos, transportes urbanos, institutos de crédito y demás de carácter municipal (…) numeral 4. **Fomentar y encauzar el urbanismo con arreglo a las normas que establezca la ley y en coordinación con los organismos técnicos nacionales** (negrillas nuestras). Artículo 138. Es de la competencia del Poder Nacional: Numeral 15. Todo lo relativo al **establecimiento, coordinación y unificación de normas y procedimientos técnicos para el proyecto y ejecución de obras de ingeniería de arquitectura y urbanismo**, y a la creación y funcionamiento de los organismos correspondientes (negrillas nuestras).

[41] La doctrina define a la Disciplina Urbanística como la técnica mediante la cual el régimen jurídico-administrativo del urbanismo establece los mecanismos para reintegrar el orden urbano transgredido por los actores urbanos, estableciéndose las sanciones para las conductas ilícitas y la exigencia de responsabilidad patrimonial. *Cfr.* Parejo Alfonso, Luciano. *La Disciplina Urbanística*. Madrid, Editorial IUSTEL, 2012, p. 16. Véase también Carceller Fernández, Antonio. *Derecho urbanístico sancionador*. Editorial Atelier, Barcelona, 2004, p. 17 "(…) *La disciplina urbanística, que es una parte de la actividad administrativa en este sector del ordenamiento jurídico, comprende la represión de las conductas que infringen las leyes y los instrumentos de planeamiento urbanístico* (…)" (Cursivas nuestras).

[42] Artículo 30: Es de la competencia municipal el gobierno y administración de los intereses peculiares de la entidad, en particular cuanto tenga relación con sus bienes e ingresos y con las materias propias de la vida local, tales como **urbanismo**, abastos, circulación, cultura, salubridad, asistencia social, institutos populares de crédito, turismo y policía municipal (negrillas nuestras). Artículo 136. Es de la competencia del Poder Nacional: 14. El establecimiento, coordinación y unificación de **normas y procedimientos técnicos para obras de ingeniería, de arquitectura y de urbanismo** (negrillas nuestras).

[43] Artículo 156.19 y Artículo 178.1.

19. El establecimiento, coordinación y unificación de normas y procedimientos técnicos para obras de ingeniería, de arquitectura y **de urbanismo, y la legislación sobre ordenación urbanística** (…)"

Artículo 178. Son de competencia del Municipio el gobierno y administración de sus intereses y la gestión de las materias que le asigne esta Constitución y las leyes nacionales, en cuanto concierne a la vida local, en especial la ordenación y promoción del desarrollo económico y social, la dotación y prestación de los servicios públicos domiciliarios, la aplicación de la política referente a la materia inquilinaria con criterios de equidad, justicia y contenido de interés social, de conformidad con la delegación prevista en la ley que rige la materia, la promoción de la participación, y el mejoramiento, en general, de las condiciones de vida de la comunidad, en las siguientes áreas:

1. **Ordenación territorial y urbanística**; patrimonio histórico; vivienda de interés social; turismo local; parques y jardines, plazas, balnearios y otros sitios de recreación; arquitectura civil, nomenclatura y ornato público (…)" (negrillas nuestras)

La arquitectura e ingeniería constitucional abordada es muy clara y ponen en evidencia la usurpación de funciones del Ejecutivo Nacional en lo dispuesto en el artículo 51 del Decreto-Ley, en específico, su última oración que expresa "(…) *El ministerio del poder popular con competencia en materia de hábitat y vivienda, será el ente encargado de aprobar los mencionados planes, y será igualmente competente para la elaboración de los mencionados planes, en aquellos casos en los que se considere de interés nacional* (…)".

Los equipamientos urbanos se precisan dentro de las Ordenanzas de Zonificación, o bien, en aquellos municipios que poseen Plan de Desarrollo Urbano Local en sus anexos. El equipamiento urbano es una parte fundamental dentro del concepto de **ordenación urbanística**, entendida esta última como la "*localización racional, funcional y equilibrada de las actividades humanas (uso del suelo y la edificación), con incidencia en el medio físico y con repercusión social o colectiva, coordinada con las exigencias del desarrollo económico-social y al servicio –elemento teleológico de definitiva trascendencia– del bienestar de la población*"[44]. Y como pudimos estudiar, esta es materia propia de la planificación urbana municipal y no nacional. De esta manera, es más que evidente la inconstitucionalidad del decreto bajo análisis al concentrar la planificación del equipamiento urbano en manos de la República, así como es evidente la colisión[45] con lo dispuesto en la propia Ley Orgánica de Ordenación Urbanística vigente (1987) que por su carácter orgánico, debería prevalecer sobre el Decreto-Ley con rango de ley ordinaria.

4.   *La creación de Planes de Equipamiento urbano por el Ejecutivo Nacional, descontextualizados y autónomos frente a los POU y PDUL y la inclusión inconstitucional de las entidades federales en el sistema de ordenación urbanística*

Tan inconstitucional resulta el Decreto-Ley hasta el punto no sólo de arrebatarle materias propias de planificación urbana local prevista en la LOOU, sino, que suprime el carácter de competencia exclusiva de los municipios para verificar (coordinar) todo lo relativo al

---

44   Parejo Alfonso, Luciano. *Derecho Urbanístico*. Mendoza, Editorial Ciudad Argentina, 1986, p. 42.

45   "Artículo 34. Los planes de Desarrollo Urbano Local se elaborarán teniendo en cuenta las directrices y determinantes establecidas en los planes de ordenación urbanística, y contendrán:

(…) *Omisis* (…)

7.   El señalamiento preciso de las áreas para los equipamientos de orden general e intermedios requeridos por las normas correspondientes y para las instalaciones consideradas de alta peligrosidad, delimitando su respectiva franja de seguridad. (…)".

equipamiento y los servicios, para atribuírselos ahora a la *Vicepresidencia Sectorial con competencia en materia de desarrollo territorial*[46]. Sin el debido cuidado, el Decreto-Ley también concibe una suerte de unidades básicas para la planificación del equipamiento, como es la escala comunal[47], sosegando a un segundo plano a los municipios quienes constitucional y legalmente son los encargados de planificar la ubicación tanto del llamado equipamiento general como el intermedio, en la jerga de su clasificación determinada desde 1977 hasta nuestros días. Establece el artículo 51 del Decreto-Ley:

"(…)

De los planes de equipamiento urbano.

Artículo 51. Los planes de equipamiento urbano deberán elaborarse de manera regular en los **ámbitos inherentes a la República, Estados**, Regiones, Subregiones y Municipios, se **articularán según las prioridades y estrategias establecidas por la Vicepresidencia con competencia en materia de desarrollo territorial y el ministerio del poder popular con competencia en materia de Planificación**.

Las Gobernaciones, las Alcaldías y las Comunas debidamente constituidas, **podrán elaborar planes de equipamiento urbano en el ámbito de sus competencias**, con un orden sistémico definido en el reglamento del presente Decreto con Rango, Valor y Fuerza de Ley. **El ministerio del poder popular con competencia en materia de hábitat y vivienda, será el ente encargado de aprobar los mencionados planes, y será igualmente competente para la elaboración de los mencionados planes, en aquellos casos en los que se considere de interés naciona**l (…) (Negrillas y subrayado nuestro)

Una especial nota merece este artículo por la inconstitucionalidad evidente, sea por omisión o por colidir directamente con la Constitución, desfigurando las potestades de estandarización normativa de la República. Primero, no existe ni jamás se le confirió en Venezuela, competencia en ordenación urbanística a las entidades federales y mucho menos a la personificación de los ejecutivos estadales: *las gobernaciones*. Si constitucionalmente éstas no poseen competencia en materia de ordenación urbanística, no entendemos como un Decreto-Ley les otorga atribuciones de planificación en áreas que son de exclusiva potestad municipal. El Decreto-Ley de forma insólita le confiere facultades para elaborar planes de equipamiento urbano "estadales", lo cual, invita a una persona jurídico-territorial incompetente en la elaboración de estos documentos.

Segundo, la redacción del único párrafo emplea el verbo "podrán elaborar" en lo atinente a los nuevos planes de equipamiento urbano para las Alcaldías, lo cual, es contradictorio con la división interna de poderes municipales. Si bien es cierto las Alcaldías son las que elaboran los Planes Urbanísticos, éstos no tienen valor si no son revestidos bajo el ropaje de ordenanzas municipales, éstas últimas, consideradas verdaderas leyes de ámbito local[48].

Tercero, el Decreto-Ley le confiere al Ejecutivo Nacional la potestad única para aprobar los planes de equipamiento urbano tanto de las Gobernaciones como los elaborados por las Alcaldías, lo cual, significa una intromisión inadmisible del Poder Público Nacional sobre el Municipal. Lo que ha sido, como analizamos, una armonía competencial donde lo concurrente y lo exclusivo de distribuyen en su justa dimensión, termina por convertir todo

---

[46]   Artículo 48 del Decreto-Ley N° 1.425.

[47]   Artículo 50 del Decreto-Ley N° 1.425.

[48]   Tribunal Supremo de Justicia/Sala Constitucional. Sentencia N° 1984 del 22 de julio de 2003 (Caso: *Nulidad de la Ordenanza sobre Conservación, Defensa y Mejoramiento del Ambiente en el Municipio Maracaibo del Estado Zulia*). Magistrado-Ponente: Antonio J. García García.

el sistema de ordenación urbanística como una materia concurrente, lo cual, no es. Lo constitucional es que la República **elabore las reglas técnicas uniformes sobre el equipamiento urbano y de cómo se elaborarán los planes previstos en el Decreto-Ley**, como en efecto, ha ocurrido en nuestro país desde 1946, y más técnicamente, desde 1977, por el extinto Ministerio del Desarrollo Urbano (MINDUR). Por ello, se malinterpreta la competencia cuando el Ejecutivo Nacional es quien elaborará los mencionados planes y se erige como una autoridad de aprobación sobre el resto de planes municipales y estadales que asumen un cierto aire de residualidad.

Cuarto, el Decreto-Ley descontextualiza al equipamiento urbano frente al conjunto de la planificación y ordenación urbanística. Los equipamientos según la LOOU se encuentran contenidos en el sistema de planes urbanísticos y no de forma separada como ahora los presenta el Decreto bajo estudio. Esto indudablemente terminará por desnaturalizar la esencia misma de los POU y el PDUL ya que traería una dualidad inaceptable sobre cuál es el equipamiento requerido, amén de la evidente contradicción entre la metodología de cálculo previsto en la LOOU con relación al Decreto-Ley.

5. *La ocupación de terrenos "públicos y privados" para la ejecución del equipamiento urbano y la errónea calificación de "interés público"*

Otro de los aspectos de la nacionalización inconstitucional de los equipamientos urbanos, tiene que ver con la solapada confiscación que autoriza el Decreto. En efecto, establece el artículo 56:

"(…)

Prevalencia del interés colectivo.

Artículo 56. Ningún interés particular, gremial, sindical, institucional de asociaciones o grupos, o sus normativas, prevalecerá sobre el interés colectivo para la planificación y ejecución del equipamiento urbano y las acciones requeridas para el cumplimiento de los fines del presente Decreto con Rango, Valor y Fuerza de Ley.

El ministerio del poder popular con competencia en materia de vivienda y hábitat **podrá efectuar declaratorias de urgencias y ejecutar la ocupación inmediata de terreno público o privados** para viabilizar la ejecución del equipamiento urbano necesario para los asentamientos que así lo requieran, respetando la planificación y necesidades del poder organizado en Comunas, Consejos Comunales, y todas las formas de organización en los ámbitos de aplicación territorial definidos en el presente Decreto con Rango, Valor y Fuerza de Ley (…) (Negrillas y subrayado nuestro)"

Como otra de las formas inconstitucionales de concebir las necesidades de equipamiento urbano, el Decreto-Ley autoriza al Ejecutivo Nacional para que *declare y ocupe* de forma inmediata terrenos públicos o privados para la construcción del equipamiento urbano. En este punto es necesario señalar la intromisión inconstitucional sobre el dominio de inmuebles, solapando una confiscación cuando la República a su libre albedrío decida declarar y ocupar un terreno sea municipal (ejidos o de dominio privado), estadal o de carácter privado. De esta manera, de nada sirve el sistema de prelación previsto en el Decreto-Ley, relativo a las formas de requerimiento[49] sobre terrenos para equipamientos, así como tampoco, los mecanismos y fueros constitucionales de protección sobre ejidos.

---

49   Artículo 47 del Decreto-Ley N° 1.425.

Este artículo se asemeja mucho al artículo 9 del también Decreto N° 8.005 con Rango, Valor y Fuerza de Ley Orgánica de Emergencia para Terrenos y Vivienda[50]. En el citado dispositivo también la República afecta las tierras públicas y privadas para la construcción de viviendas, prácticamente calificándolas en contra de los mismos instrumentos de planificación urbana. Debe resaltarse que se van a presentar problemas en aquellos casos donde previamente el Ejecutivo Nacional, sea a través de una Declaratoria de *Área Vital de Vivienda y Residencia* (AVIVIR) o de una ocupación temporal, posteriormente también decrete que el terreno afectado está destinado para el equipamiento urbano.

6.   *El Fondo Nacional de Equipamiento Urbano (FONEU) y la amplitud del hecho imponible de la contribución parafiscal*

Finalmente, dentro de esta sistematicidad (premisas y organicidad) del Decreto-Ley, se crea una contribución parafiscal donde el beneficiario exclusivo es la República. El artículo 59 del instrumento normativo bajo análisis establece:

"(…)

Creación del fondo de equipamiento urbano.

Artículo 59. Se **crea el Fondo Nacional de Equipamiento Urbano (FONEU), adscrito al ministerio con competencia de hábitat y vivienda**, el cual será administrado por la Institución Financiera que a tal efecto señale el Presidente o la Presidenta de la República, y estará constituido **por los aportes realizados por las personas naturales o jurídicas de naturaleza privada o pública que ejecuten obras de construcción residenciales, comerciales, de oficina, industrial, de infraestructura y urbanismo. El aporte deberá realizarse por un monto equivalente al cero punto cinco por ciento (0,5%) del valor estimado de la construcción en todas aquellas obras cuyo costo sea superior a trescientas mil unidades tributarias (300.000 U.T.)**. (…)" (Negrillas y Subrayado nuestro)

Nótese tres rasgos que atentan contra los Municipios en su capacidad para el ejercicio del control urbano y con la única potestad tributaria para crear contribuciones especiales parafiscales en materia de infraestructura, plusvalía y aprovechamiento urbanístico[51]. En primer término, es el Ejecutivo Nacional quien crea un Fondo Nacional de Equipamiento Urbano (FONEU) con exclusiva responsabilidad de un Ministerio, pero administrado por una Institución Financiera. En nada se habla de mecanismos de complementariedad o coordinación con los municipios o las empresas estatales prestadoras de servicios públicos, quienes serían los beneficiarios lógicos de los recursos económicos generados. Segundo punto, dicho Fondo será alimentado por <<aportes>> realizados por todas las personas en Venezuela, incluyendo, de naturaleza pública. Esto quiere decir que el Municipio es un contribuyente nato.

Pero lo más insólito no es que se peche al Municipio, ya de por sí, increíble, sino el cómo se tipificó el propio hecho imponible: *la ejecución de obras de construcción residencial, comercial, de oficina, industriales, de infraestructura y urbanismo*. Esto puede interpretarse que si un Municipio ejecuta con sus propias expensas, la construcción de un equipamiento urbano y éste supera el valor de las 300.000 Unidades Tributarias, entonces, deberá aportar al FONEU el 05% del importe estimado de la construcción. En pocas palabras, el

---

[50]   Publicado en *Gaceta Oficial de la República Bolivariana de Venezuela*, extraordinaria, N° 6.018 del 29 de enero de 2011.

[51]   Artículo 179.2 de la Constitución de 1999 y Artículos 179 al 192 de la Ley Orgánica del Poder Público Municipal (*G.O.E.* N° 6.015 del 28/12/2010).

Municipio deberá pagar una contribución parafiscal destinada alimentar un FONEU cuyos recursos es para construir equipamiento urbano. Realmente es un contrasentido que desnaturaliza el fundamento constitucional de este tipo de tributos relacionados al urbanismo.

III. EL EQUIPAMIENTO URBANO COMO CONCEPTO Y ELEMENTO IMPRESCINDIBLE PARA EL URBANISMO

Explicitado dónde y cómo el Decreto-Ley es parcialmente inconstitucional, es necesario detenernos en la esencia misma del equipamiento urbano. Concepto y naturaleza que es mixtificado sin ningún orden lógico o epistemológico que pudiera otorgarle legitimidad científica. Preliminarmente el equipamiento urbano no debe entenderse como mera infraestructura de servicios públicos o esparcimiento. Tampoco son espacios baldíos o abandonados donde lo más resaltante es la vegetación descontrolada. Mucho menos agregados de estética urbana, así los mismos equipamientos busquen humanizar y armonizar el perfil de la ciudad[52].El equipamiento es el sello característico del urbanismo moderno que evita el caos urbano y la mera aglomeración de personas y edificios, erigiéndose como la "expresión de la socialización del espacio urbano"[53].

Para establecer una conceptualización jurídica de los equipamientos urbanos, es necesario revisar los textos normativos que los contemplan o regulan desde 1977 en adelante, fecha ésta última, cuando se recogen las viejas reglas técnicas del Ministerio de Obras Públicas en materia de equipamiento comunal. Lo que sí debemos tener en cuenta de antemano, es que el equipamiento son zonas donde existe la obligación *non aedificandi*, como apuntó el profesor Brewer-Carías, salvo, para lo que se refiere a determinados tipos de construcciones directamente complementarias de los jardines, parques, plazas y campos deportivos o recreacionales[54]. De esta manera, dentro de los instrumentos normativos tenemos:

* Ley Orgánica de Ordenación Urbanística:

"Artículo 24. Los Planes de Ordenación Urbanística contendrán:

(…) *Omisis* (…)

10. La determinación de los equipamientos urbanos básicos de dotación de servicios comunales tales como educativos, culturales, deportivos, recreacionales, religiosos y otros (…)

Artículo 34. Los Planes de Desarrollo Urbano Local se elaborarán teniendo en cuenta las directrices y determinantes establecidas en los Planes de Ordenación Urbanística, y contendrán:

(…) *Omisis* (…)

7. El señalamiento preciso de las áreas para los equipamientos urbanos de orden general e intermedios requeridos por las normas correspondientes y para las instalaciones consideradas de alta peligrosidad, delimitando su respectiva franja de seguridad (…)

---

52 Véase Fernández Rodríguez, Carmen. *Estética y Paisaje Urbano. La intervención administrativa en la estética de la ciudad*. Madrid, Editorial La Ley, 2011, pp. 64-73.

53 Instituto de Estudios Regionales y Urbanos de la Universidad Simón Bolívar y Consejo Nacional de la Vivienda. *Formulación de Normas de Equipamiento Urbano. Informe Final*. Fundación de Investigación y Desarrollo (FUNINDES) e Instituto de Estudios Regionales y Urbanos de la Universidad Simón Bolívar, Caracas, 1999, pp. 2-4.

54 Véase Brewer-Carías, Allan R. *Urbanismo y Propiedad Privada*. Editorial Jurídica Venezolana, Caracas, 1980, p. 506.

Artículo 68. Todo proyecto de urbanización debe prever las reservas de terrenos para la localización de edificaciones, instalaciones y servicios colectivos que se requieran de acuerdo con los planes de ordenación urbanística y normas urbanísticas aplicables, en función del tamaño, destino, densidad de población, ubicación y demás características del desarrollo. La autoridad competente exigirá del propietario o su representante, el compromiso formal de cesión de terrenos y las garantías que sean necesarias para asegurar el cumplimiento de lo establecido en este artículo (…)

Artículo 98. Todas las obras y servicios destinadas al dominio público serán recibidas por el Municipio en un plazo no mayor de seis (6) meses, a contar de su terminación, conforme a los procedimientos que establezca el Reglamento de esta Ley y las respectivas ordenanzas municipales.

Cuando el interesado haya dado cumplimiento a las observaciones del Municipio y éste no hubiese recibido las obras y servicios en el plazo señalado, éstas se considerarán recibidas y pasarán a administrarse bajo la responsabilidad del Municipio.

La autoridad urbanística podrá convenir con los interesados en que la conservación y mantenimiento de las obras y servicios quede a cargo temporalmente de los copropietarios de la urbanización, sin perjuicio de la competencia pública en materia de seguridad y salubridad (…)"

* Resolución N° 151 del Ministerio del Desarrollo Urbano, contentiva de las Normas para Equipamiento Urbano[55], en su objeto estatuye:

"Artículo 1°- Las presentes normas establecen la proporción de usos comunales que se requieren en las ciudades para lograr un medio urbano armonioso y un funcionamiento eficiente y cónsono con los requerimientos de la población. Son de obligatorio cumplimiento en la planificación, gestión y desarrollo de los conjuntos urbanísticos"

* Resolución N° 533 del Ministerio del Desarrollo Urbano, contentiva de las Regulaciones Técnicas de Urbanización y Construcción de Viviendas Aplicables a Desarrollos de Urbanismo Progresivo[56], en su glosario de términos se contempla:

"6. Área de Equipamiento Urbano: Se refiere a los terrenos previstos para las escuelas, campos de juego, parques y demás equipamientos, accesible a todos los miembros de una comunidad y cuya propiedad, control y mantenimiento podrá estar a cargo de organismos públicos, instituciones privadas o la propia comunidad"

Como puede observarse, encontramos cuatro notas comunes en las previsiones normativas citadas textualmente. Primero, los equipamientos son áreas o infraestructura para la dotación de un servicio, sea cual sea su naturaleza. Segundo, estos inmuebles son de carácter comunal, es decir, que su ratio descansa en que obligatoriamente se conciben para ser disfrutados por todos los miembros de la comunidad, dependiendo del ámbito de aplicación del equipamiento[57]. Tercero, los espacios destinados para tal fin, están revestidos del carácter

---

[55] Publicada en *Gaceta Oficial* de la República de Venezuela, N° 33.289 del 20 de Agosto de 1985.

[56] Publicada en *Gaceta Oficial* de la República de Venezuela, extraordinaria, N° 4.085 del 12 de Abril de 1989.

[57] En Venezuela, los equipamientos urbanos se encuentran jerarquizados por los llamados ámbitos de aplicación. Estos son: *Primario, Intermedio y General*. La resolución de MINDUR N° 151, los define de la siguiente manera: "Artículo 3°- El crecimiento urbano se conducirá hacia la formación de ámbitos primarios, intermedios y general cuyas características son:

a) El Ámbito Primario que es la unidad urbana básica y se deberá diseñar y promover con las siguientes determinantes:

- La población estará comprendida entre 6.000 y 16.000 habitantes.

demanial[58], es decir, protegidos por un régimen de Derecho Público que los hace inembargables, imprescriptibles e inalienables, así el origen de dicha propiedad sea privada. Cuarto, ya desde la función o teleología, están diseñados para "humanizar el medio urbano" incrementando progresivamente la calidad de vida de las ciudades, poblados o comunidades, según sea la magnitud urbanística.

1. *Naturaleza jurídica del equipamiento urbano: ¿zonificación o categoría conceptual autónoma?*

Vistas las notas características, históricamente ratificadas, podemos entender que la naturaleza jurídica de los equipamientos urbanos va más allá de la técnicacontroversial[59]de zonificación. Por zonificación, se entiende como la *"técnica urbanística que permite configurar diversas áreas en las ciudades y asignar a cada una de ellas un destino urbanístico básico"*[60]. Sin embargo, a medida que se consolidaba la jurisprudencia urbanística de la Corte Primera de lo Contencioso-Administrativo[61], así como MINDUR comenzó a regular de forma autónoma el equipamiento urbano, éste último se fue alejando de la zonificación, hasta el punto que se puede entender como una categoría conceptual autónoma.

Para finales del siglo XX, la planificación urbana descansaba en dos técnicas fundamentales: 1. La zonificación y 2. El equipamiento urbano. Ambos son categorías diferentes, pues, por ejemplo, no puede hablarse de zonificación "parques" o zonificación "educativa", ya que esto traería como consecuencia que es posible cambiarse o rezonificarse libremente bajo el

---

- Los usos comunales se distribuirán de forma que disten de las residencias una distancia apropiada para ser recorrida a pié.

- Límites determinados por elementos naturales como ríos, quebradas, canales, cerros o por elementos creados como vías de circulación para el tráfico de paso, grandes parques o equipamientos urbanos de nivel superior.

- Las vías de rango urbano superior no podrán cruzarlo.

- La continuidad de las vías de comunicación entre ámbitos primarios adyacentes no deberá propiciar el tránsito de paso hacia otros ámbitos.

b) El Ámbito Urbano Intermedio, constituido por tres o más ámbitos urbanos primarios y cuya población estará comprendida entre 30.000 y 80.000 habitantes, según la importancia de cada ciudad. Los usos comunales generados por la población de los ámbitos intermedios deben disponerse de forma que sean accesibles por el sistema público de transporte.

c) Ámbito Urbano General, abarca toda la ciudad y comprende todos los ámbitos intermedios, los grandes usos no residenciales y los equipamientos que genere la totalidad de la ciudad".

[58] Por regla, los terrenos para equipamientos urbanos que se ubican dentro de la poligonal urbana, salvo disposición legal en contrario, son ejidos. Ello ha sido así desde la publicación en *Gaceta Oficial* de la primera Ley Orgánica de Régimen Municipal (1978) y sus sucesivas reformas (1984, 1988 y 1989). En la Ley Orgánica del Poder Público Municipal, se ratificó este carácter demanial en su artículo 147. Para más detalles, véase Turuhpial Cariello, Héctor. *Los ejidos como bienes patrimoniales demaniales municipales y no como limitaciones urbanísticas a la propiedad privada (Comentarios críticos a dos sentencias del Tribunal Supremo de Justicia en Sala Constitucional).* Fundación de Estudios de Derecho Administrativo, Caracas, 2012, pp. 7-17.

[59] Véase Yánez Velasco, Igor. "El pensamiento urbanístico único: la zonificación". En: *Revista de Derecho Urbanístico y Medio Ambiente.* Centro de Estudios Jurídicos Superiores, nº 241, Madrid, 2008 (abril-mayo), pp. 11-23.

[60] Guerrero Manso, Carmen de. *La Zonificación de la Ciudad: Concepto, Dinámica y Efectos.* Editorial Aranzadi, Pamplona, 2012, p. 35.

[61] Sentencia del 11/2/1988, publicada en la *Revista de Derecho Público* N° 33/1988, pp. 154-157; Sentencia del 31/5/1990, publicada en la *Revista de Derecho Público* N° 42/1990, pp. 158-159; Sentencia del 29/4/1997, publicada en la *Revista de Derecho Público* N° 69-70/1997, pp. 397-403.

régimen general de modificaciones previstas en el artículo 46 de la LOOU. Pero, la LOOU es enfática al establecer sobre las áreas de equipamiento:

"Artículo 69. Las zonas de parques y recreación no podrán ser destinadas a ningún otro uso; las destinadas a servicios comunales o de infraestructura, sólo podrán afectarse a otro uso cuando fueren sustituidas por otras de igual uso y, por lo menos, igual dimensión y similares características. Cualquier otro uso o acto contrario será nulo de nulidad absoluta y el organismo competente, local o nacional, podrá ordenar, por cuenta del infractor, la demolición de las construcciones o instalaciones realizadas en contravención de lo dispuesto en el presente artículo. Las Áreas verdes de protección podrán servir para la prestación de determinados servicios o vías conforme lo establezca el Reglamento".

Inclusive es tan diferenciada la zonificación al equipamiento urbano, que en la Guía de Elaboración del Plan de Desarrollo Urbano Local[62], obliga al Municipio que elabore un PDUL darle un tratamiento diferenciado a la Zonificación (Residencial, Comercial e Industrial) de los Equipamientos Urbanos, inclusive, conceptualmente[63]. Y con mayor detalle, en 1996, el Presidente Rafael Caldera estableció mediante el Decreto 1.451 la lista de equipamiento urbano, cual taxonomía, de interés nacional, estadal y municipal[64].

2.   *La regionalización como concepto excluyente epistemológicamente del equipamiento urbano*

Si el equipamiento urbano posee una naturaleza jurídica que difiere de la técnica de zonificación, gracias a la construcción teórica de la jurisprudencia urbanística así como las regulaciones administrativas ministeriales, más todavía deberá establecerse fronteras conceptuales con la regionalización, ésta última, categoría que busca el Decreto-Ley bajo análisis enmarcar al equipamiento urbano. Establece el artículo 3 del tantas veces mencionado instrumento normativo presidencial lo siguiente:

"(…)

De las premisas y organicidad del sistema.

Artículo 3°. El Sistema Nacional de Regionalización, con fines de planificación y desarrollo, tendrá tres escalas básicas: la regional, subregional y la local. Las estrategias desarrolladas en cada una de estas deben partir de los principios de complementariedad, interrelación y dinamización mutua en un orden sistémico. A tales efectos se entenderá cada nivel como parte de una taxonomía nacional de regionalización.

(…) *Omisis* (…)

3.   En la **escala local se atienden las políticas específicas para la normativa general de equipamiento** y servicios urbanos, y desarrollo de nodos y áreas especiales en el sector que determine el Ejecutivo Nacional, con fines de protección y/o desarrollo estratégico (…)" (Negrillas y subrayado nuestro)

---

[62]   Ministerio de Infraestructura. *Resolución N° 139* del 24/12/2003, publicada en *Gaceta Oficial* de la República Bolivariana de Venezuela, N° 37.888 del 1° de marzo de 2004.

[63]   Ministerio de Infraestructura. *Resolución N° 139* del 24/12/2003, en el Glosario de Términos define al equipamiento urbano intermedio y primario como: "*el conjunto de todos los servicios urbanos necesarios para la organización y articulación de la ciudad*".

[64]   *Reglamento Parcial de la Ley Orgánica de Descentralización, Delimitación y Transferencia de Competencias del Poder Público, para determinar las obras públicas de equipamiento urbano de interés nacional competencia del Ministerio del Desarrollo Urbano, las de interés estadal y las de interés municipal.* Publicado en *Gaceta Oficial* de la República de Venezuela, N° 36.043 del 13 de septiembre de 1996.

El Decreto enmarca al equipamiento urbano como si fuera una suerte de escala planificadora, en este caso, de regionalización. Confunde el legislador delegado las nociones que en si pertenecen a diferentes universos discursivos. Regionalización está destinado como un proceso de planificación económico-territorial, vinculado más a la ordenación territorial que a la urbanística. Mientras que los equipamientos urbanos son inmuebles destinados a servicios comunales, protegidos bajo el Dominio Público y de uso por todos los ciudadanos dependiendo la magnitud del ámbito.

Por ello cuando positivamente se afirma que el equipamiento urbano es una política local de regionalización, es sencillamente desconocer esta institución propia de la ordenación urbanística. Tan delicado es el dislate legislativo de confundir regionalización e integrarlo impropiamente a la ordenación urbanística, que de forma inconcebible se ratifica una regla peligrosa por las consecuencias que más adelante conllevaría, sobre todo, en lo que respecta al mantenimiento y ejecución. Precisa el artículo 53 del Decreto-Ley:

"(…)

**Determinación de la
Superficie y reserva del suelo**

Artículo 53. La superficie de suelo requerida para los servicios de equipamiento urbano, será determinada en los **Planes de Equipamiento Urbano, según los ámbitos territoriales expresados en el presente Decreto con Rango, Valor y Fuerza de Ley.** La reserva de suelo para el equipamiento urbano, **nunca podrá ser menor al dieciocho por ciento (18%) de la superficie del suelo total del ámbito territorial sobre el cual se esté elaborando el Plan de Equipamiento Urbano.** Al menos el ocho por ciento (8%) de la superficie total del suelo deberá destinarse a áreas verdes recreativas (…)" (Negrillas y subrayado nuestro)

Nótese la inclinación del concepto de equipamiento primando la planimetría territorial, es decir, fijando unos porcentajes mínimos de espacios para equipamiento que puede ser contraproducente, ya que, las magnitudes del área para esta infraestructura está fundamentada sobre la densidad poblacional que por la extensión territorial. Esto es tan peligroso, pues, los ámbitos territoriales que están contemplados en el Decreto-Ley parten desde la escala comunal[65] pasando por la subregional y concluye a escala regional[66]. No podemos imaginarnos cómo calcular el 18% de la superficie subregional o regional, que deba ser destinado para equipamientos urbanos. Esto quiebra toda lógica de planificación urbanística, pues, como señalamos, la intensidad y localización de un equipamiento viene determinada por los índices de densidad poblacional, no por las extensiones de superficie.

Por ejemplo, en zonas suburbanizadas como es buena parte del estado Bolívar o Amazonas, según el Decreto-Ley, el Plan debe abarcar el 18% de toda el área con el fin de ubicar allí el equipamiento urbano.

4. *A modo de epílogo: La nacionalización de la planificación del equipamiento urbano en Venezuela*

Como hemos señalado, ya a título de recapitulación, el Decreto-Ley trasmuta competencias constitucionales históricamente armónicas entre la República y el Municipio. Se nacionaliza la facultad para elaborar los planes de equipamiento urbano y su seguimiento, cuando la Administración Urbanística Nacional no posee esas atribuciones no previstas ni en la

---

[65]   Artículo 50° del Decreto-Ley N° 1.425.
[66]   Artículo 3° del Decreto-Ley N° 1.425.

Constitución de 1999 ni mucho menos en la Ley Orgánica de Ordenación Urbanística. La competencia de la República es sólo para elaborar las normas nacionales sobre equipamiento urbano, es decir, aquello que integra el concepto de "estandarización" donde uniformice sobre cómo debe calcularse su ubicación, calidad, tipología, necesidades y las formas para elaborar esos planes como en efecto la historia normativo-urbanística ha ratificado con las Resoluciones Nº 151 y 533 de MINDUR, ambas, todavía vigentes.

LEGISLACIÓN

Información Legislativa

LEYES, DECRETOS NORMATIVOS, REGLAMENTOS Y RESOLUCIONES DE EFECTOS GENERALES DICTADOS DURANTE EL CUARTO TRIMESTRE DE 2014

Recopilación y selección
por Flavia Pesci Feltri
Abogada

SUMARIO

I. ORDENAMIENTO ORGÁNICO DEL ESTADO

1. *Régimen del Poder Público Nacional.* A. Poder Ejecutivo. a. Organismos de la Presidencia de la República b. Régimen General de la Administración Pública. c. Régimen de los Ministerios y los Órganos Desconcentrados. d. Régimen de las Misiones. e. Régimen de la Administración descentralizada B. Poder Legislativo. C. Poder Judicial. D. Poder Ciudadano: Ministerio Público. E. Poder Electoral. 2. *Régimen del Poder Popular.*

II. RÉGIMEN DE LA ADMINISTRACIÓN GENERAL DEL ESTADO

1. *Sistema de la Administración Financiera.* 2. *Sistema impositivo.* 3. *Sistema Funcionarial.* A. Trabajadores de la Asamblea Nacional. B. Funcionarios de la Administración Pública Nacional, Estadal y Municipal. C. Funcionarios de la Defensa Pública. D. Funcionarios Bomberiles. E. Trabajadores de la Presidencia de la República. 4. *Sistema de Bienes Públicos.* 5. *Sistema de Contrataciones Públicas.* 6. *Sistema de Control.*

III. RÉGIMEN DE POLÍTICA, SEGURIDAD Y DEFENSA

1. *Relaciones exteriores.* A. *Leyes Aprobatorias.* B. *Acuerdos.* C. *Convenios.* 2. *Régimen de Seguridad y Defensa.* 3. *Régimen de la Policía.* 4. *Régimen del Porte de Armas.* 5. *Sistema de Seguridad Jurídica.*

IV. RÉGIMEN DE LA ECONOMÍA

1. *Régimen de la Planificación y Desarrollo.* 2. *Régimen de las inversiones extranjeras.* 3. *Régimen de la Banca Central.* 4. *Régimen Cambiario.* 5. *Régimen de las Instituciones Financieras.* A. Tasas de Interés. 6. *Régimen de la Competencia (Antimonopolio).* 7. *Régimen de protección al consumidor (Precios Justos).* 8. *Régimen de la Industria.* A. Seguridad y Soberanía Agroalimentaria. B. Pesca y Acuicultura. C. Pequeña y Mediana Industria. 9. *Régimen del Comercio exterior y de las Aduanas.* 10. *Régimen del Turismo.* 11. *Régimen de Ciencia y Tecnología.*

V. RÉGIMEN DE DESARROLLO SOCIAL

1. *Régimen de la Educación.* A. Educación Universitaria. B. Educación Socialista. 2. *Régimen de Salud.* 3. *Régimen laboral.* 4. *Régimen de Cultura.* 5. *Régimen de la Juventud Productiva.* 6. *Régimen de Deporte.* 7. *Régimen de la Protección de los Derechos de las Mujeres.*

VI. RÉGIMEN DEL DESARROLLO FÍSICO Y ORDENACIÓN DEL TERRITORIO

1. *Régimen de Transporte y Tránsito.* A. Sistema de Transporte Acuático y Aéreo. B. Sistema de Transporte Terrestre. 2. *Régimen de Energía Eléctrica.* 3. *Régimen de Protección del Medio Ambiente y de los Recursos Naturales.*

I.   ORDENAMIENTO ORGÁNICO DEL ESTADO

1.   *Régimen del Poder Público Nacional*

A.   *Poder Ejecutivo*

a.   *Organismos de la Presidencia de la República*

Reglamento Interno del Consejo Nacional de Derechos Humanos de la Vicepresidencia de la República Bolivariana de Venezuela. *G.O.* N° 40.513 del 7-10-2014.

Decreto N° 1.494 de la Presidencia de la República, mediante el cual se crea la Comisión Presidencial, con carácter permanente, que se denominará Comisión Soberana para la Comercialización de los Productos de las Empresas Básicas del Estado. *G.O.* N° 40.551 del 28-11-2014.

b.   *Régimen general de la Administración Pública*

Decreto N° 1.424 de la Presidencia de la República, mediante el cual se dicta el Decreto con Rango, Valor y Fuerza de Ley Orgánica de la Administración Pública (Véase N° 6.147 Extraordinario de esta misma fecha). *G.O.* N° 40.542 del 17-11-2014.

Decreto N° 1.423 de la Presidencia de la República, mediante el cual se dicta el Decreto con Rango, Valor y Fuerza de Ley de Simplificación de Trámites Administrativos. (Véase N° 6.149 Extraordinario de esta misma fecha). *G.O.* N° 40.543 del 18-11-2014.

c.   *Régimen de los Ministerios y los órganos desconcentrados*

Decreto N° 1.510 de la Presidencia de la República, mediante el cual se crea el servicio desconcentrado denominado Cuerpo Nacional Contra la Corrupción, el cual formará parte de la Estructura del Ministerio del Poder Popular del Despacho de la Presidencia y Vivienda Seguimiento de la Gestión de Gobierno. *G.O.* N° 40.557 del 8-12-2014.

Reglamento Interno de la Comisión Presidencial Consejo Nacional de Vialidad Agrícola (CONAVIA) del Ministerio del Poder Popular para la Agricultura y Tierras. *G.O.* N° 40.516 10-10-2014.

Reglamento Interno de la Oficina de Auditoría Interna del Ministerio del Poder Popular para la Agricultura y Tierras. *G.O.* N° 40.523 del 21-10-2014.

Resolución N° 0029 del Ministerio del Poder Popular para la Cultura, mediante la cual se crea el Consejo de Coordinación Jurídica de este Ministerio, a los fines de coordinar y armonizar los criterios y actuaciones jurídicas de dicho Ministerio y de todos sus organismos adscritos. *G.O.* N° 40.571 del 30-12-2014.

Resolución N° 064 conjunta de los Ministerios del Poder Popular del Despacho de la Presidencia y Seguimiento dela Gestión de Gobierno y para la Comunicación y la Información, mediante la cual se crea el «Fondo Rotatorio de Producciones Audiovisuales» como un apartado Presupuestario y Financiero, con un aporte inicial de recursos públicos provenientes del Estado, en los términos que en ella se señalan. (Conformar las Normas Técnicas sobre el Régimen de Funcionamiento y Operaciones). *G.O.* N° 40.528 del 28-10-2014.

Providencia N° 001 del Ministerio del Poder Popular para Ecosocialismo, Vivienda y Hábitat, mediante la cual se dicta el Reglamento Interno de Funcionamiento de este Organismo. *G.O.* N° 40.541 del 14-11-2014.

d. Régimen de las Misiones

Decreto N° 1.394 de la Presidencia de la República, mediante el cual se dicta el Decreto con Rango, Valor y Fuerza de Ley Orgánica de Misiones, Grandes Misiones y Micro-Misiones. (Véase N° 6.154 Extraordinario de esta misma fecha). *G.O.* N° 40.544 del 19-11-2014.

Decreto N° 1.409 de la Presidencia de la República, mediante el cual se dicta el Decreto con Rango, Valor y Fuerza de Ley de la Gran Misión Agrovenezuela. (Véase N° 6.151 Extraordinario de esta misma fecha). *G.O.* N° 40.543 del 18-11-2014.

e. Régimen de la Administración descentralizada

Decreto N° 1.400 de la Presidencia de la República, mediante el cual se dicta el Decreto con Rango, Valor y Fuerza de Ley del Banco Agrícola de Venezuela, C.A., Banco Universal. (Véase N° 6.154 Extraordinario de esta misma fecha). *G.O.* N° 40.544 del 19-11-2014.

Decreto N° 1.404 de la Presidencia de la República, mediante el cual se dicta el Decreto con Rango, Valor y Fuerza de Ley de Reforma Parcial de la Ley del Banco de Desarrollo Económico y Social de Venezuela. (Véase N° 6.155 Extraordinario de esta misma fecha). *G.O.* N° 40.544 del 19-11-2014.

Decreto N° 1.316 del Presidencia de la República Bolivariana de Venezuela, mediante el cual se dicta el Decreto para la Reestructuración de la Fundación para el Desarrollo y Promoción del Poder Popular (FUNDACOMUNAL). *G.O.* N° 40.514 del 8-10-2014.

Decreto N° 1.347 de la Presidencia de la República Bolivariana de Venezuela, mediante el cual se dicta el Decreto con Rango, Valor y Fuerza de Ley de Supresión y Liquidación del Instituto Nacional de la Vivienda. *G.O.* N° 40.526 del 24-10-2014.

Decreto N° 1.361 de la Presidencia de la República Bolivariana de Venezuela, mediante el cual se dicta la Reforma Parcial del Decreto N° 7.173, publicado en la Gaceta Oficial de la República Bolivariana de Venezuela N° 39.349, en fecha 19 de enero de 2010, en el cual se crea el Fondo Bicentenario Alba Mercosur. *G.O.* N° 40.532 del 3-11-2014.

Reglamento Orgánico del Servicio Fondo Nacional del Poder Popular Presidencia de la República Bolivariana de Venezuela. *G.O.* N° 40.513 del 7-10-2014.

B. Poder Legislativo

Reglamento Interno del Comité de Postulaciones Judiciales de la Asamblea Nacional. *G.O.* N° 40.535 del 6-11-2014.

C. Poder Judicial

Resolución N° 2014-0030 del Tribunal Supremo de Justicia, mediante la cual se ajusta el sistema de distribución de causas o comisiones entre los Tribunales de Municipios Ordinarios y Ejecutores de Medidas, que tengan atribuida la competencia especial en materia de obligación alimentaria o manutención y de responsabilidad penal del adolescente, hasta tanto sean creados los tribunales especializados en la materia. *G.O.* N° 40.566 del 19-12-2014.

D. Poder Ciudadano: Ministerio Público

Resolución N° 1629 del Ministerio Público, mediante la cual se crea la «Coordinación de Publicidad y Publicaciones», adscrita a la Dirección de Relaciones Institucionales, del Ministerio Público. *G.O.* N° 40.525 del 23-10-2014.

E.   *Poder Electoral*

Reglamento Interno de la Auditoría Interna del Consejo Nacional Electoral. *G.O.* N° 40.513 del 7-10-2014.

2.   *Régimen del Poder Popular*

Decreto N° 1.389 de la Presidencia de la República, mediante el cual se dicta el Decreto con Rango, Valor y Fuerza de Ley de Reforma del Decreto con Rango, Valor y Fuerza de Ley Orgánica para la Gestión Comunitaria de Competencias, Servicios y Otras Atribuciones. *G.O.* N° 40.540 del 13-11-2014.

Decreto N° 1.390 de la Presidencia de la República, mediante el cual se dicta el Decreto con Rango, Valor y Fuerza de Ley para Establecer los Lineamientos de Financiamiento a las Organizaciones de Base del Poder Popular. *G.O.* N° 40.540 del 13-11-2014.

II.   RÉGIMEN DE LA ADMINISTRACIÓN GENERAL DEL ESTADO

1.   *Sistema de la Administración Financiera*

Decreto N° 1.401 de la Presidencia de la República, mediante el cual se dicta el Decreto con Rango, Valor y Fuerza de Ley Orgánica de la Administración Financiera del Sector Público. (Véase N° 6.154 Extraordinario de esta misma fecha). *G.O.* N° 40.544 del 19-11-2014.

2.   *Sistema impositivo*

Decreto N° 1.434 de la Presidencia de la República, mediante el cual se dicta el Decreto con Rango, Valor y Fuerza de Ley del Código Orgánico Tributario. (Véase N° 6.152 Extraordinario de misma fecha). *G.O.* N° 40.543 del 18-11-2014.

Decreto N° 1.435 de la Presidencia de la República, mediante el cual se dicta el Decreto con Rango, Valor y Fuerza de Ley de Reforma de la Ley de Impuesto Sobre la Renta. (Véase N° 6.152 Extraordinario de esta misma fecha). *G.O.* N° 40.543 del 18-11-2014.

Decreto N° 1.436 de la Presidencia de la República, mediante el cual se dicta el Decreto con Rango, Valor y Fuerza de Ley de Reforma de la Ley que Establece el Impuesto al Valor Agregado. (Véase N° 6.152 Extraordinario de esta misma fecha). *G.O.* N° 40.543 del 18-11-2014.

Decreto N° 1.418 de la Presidencia de la República, mediante el cual se dicta el Decreto con Rango, Valor y Fuerza de Ley de Reforma de la Ley de Impuesto sobre Alcohol y Especies Alcohólicas. (Véase N° 6.151 Extraordinario de esta misma fecha). *G.O.* N° 40.543 del 18-11-2014.

Decreto N° 1.417 de la Presidencia de la República, mediante el cual se dicta el Decreto con Rango, Valor y Fuerza de Ley de Reforma de la Ley de Impuesto sobre Cigarrillos y Manufacturas de Tabaco. (Véase N° 6.151 Extraordinario de esta misma fecha). *G.O.* N° 40.543 del 18-11-2014.

Decreto N° 1.398 de la Presidencia de la República, mediante el cual se dicta el Decreto con Rango, Valor y Fuerza de Ley que Reforma Parcialmente la Ley de Timbres Fiscales. (Véase N° 6.150 Extraordinario de esta misma fecha). *G.O.* N° 40.543 del 18-11-2014.

Providencia N° SNAT/2014/0053 del Ministerio del Poder Popular de Economía, Finanzas y Banca Pública, mediante la cual se establece el valor facial de los formularios autorizados y emitidos por el Servicio Nacional Integrado de Administración Aduanera y Tributaria. *G.O.* N° 40.557 del 8-12-2014

Providencia Nº SNAT/2014/0043 del Ministerio del Poder Popular de Economía, Finanzas y Banca Pública, mediante la cual se legaliza la Emisión y Circulación de Bandas de Garantías para Licores. *G.O.* Nº 40.520 del 16-10-2014.

Providencia Nº SNAT/2014/0047 del Ministerio del Poder Popular de Economía, Finanzas y Banca Pública, mediante la cual se establece el calendario para los Sujetos Pasivos Especiales y Agentes de Retención que deben cumplir las obligaciones tributarias para el año 2015. *G.O.* Nº 40.542 del 17-11-2014.

Providencia Nº SNAT/2014/0048 del Ministerio del Poder Popular de Economía, Finanzas y Banca Pública, mediante la cual se establece el calendario para los Sujetos Pasivos no Calificados Especiales para las Actividades de Juegos de Envite o Azar que deben cumplir en el año 2015. *G.O.* Nº 40.542 del 17-11-2014.

3.   *Sistema del sistema funcionarial*

A.   *Trabajadores de la Asamblea Nacional*

Ley para la Promoción y Protección del Derecho a la Igualdad de las Personas con VIH o Sida y sus Familiares de la Asamblea Nacional. *G.O.* Nº 40.571 del 30-12-2014.

Acuerdo Nº 2014-17, mediante el cual se reforma el Título XIII del Reglamento Interno de este Grupo Parlamentario Venezolano, atinente al «Régimen Laboral de las Trabajadoras y los Trabajadores del Grupo». *G.O.* Nº 40.563 del 16-12-2014.

B.   *Funcionarios de la Administración Pública Nacional, Estadal y Municipal*

Decreto Nº 1.433 de la Presidencia de la República, mediante el cual se establece el Sistema de Remuneraciones de los Funcionarios y Funcionarias de la Administración Pública Nacional. *G.O.* Nº 40.542 del 17-11-2014.

Decreto Nº 1.432 de la Presidencia de la República, mediante el cual se decreta el Ajuste al Sistema de Remuneraciones de los Obreros y Obreras de la Administración Pública Nacional. *G.O.* Nº 40.542 del 17-11-2014.

Decreto Nº 1.440 de la Presidencia de la República, mediante el cual se dicta el Decreto con Rango, Valor y Fuerza de Ley Sobre el Régimen de Jubilaciones y Pensiones de los Trabajadores y las Trabajadoras de la Administración Pública Nacional, Estadal y Municipal. (Véase Nº 6.156 Extraordinario de esta misma fecha). *G.O.* Nº 40.544 del 19-11-2014.

Código de Ética de los Trabajadores y las Trabajadoras de la Bolsa Pública de Valores Bicentenaria del Ministerio del Poder Popular de Economía, Finanzas y Banca Pública del 25/07/2014. *G.O.* Nº 40.564 del 17-12-2014.

Instructivo de la Presidencia de la República Bolivariana de Venezuela que establece las Normas que Regulan los Requisitos y Trámites para la Jubilación Especial de los Funcionarios y Funcionarias, Empleados y Empleadas de la Administración Pública Nacional, de los estados y de los municipios, y para los obreros y obreras al Servicio de la Administración Pública Nacional. *G.O.* Nº 40.510 del 2-10-2014.

C.   *Funcionarios de la Defensa Pública*

Resolución Nº DDPG-2013-421 de la Defensa Pública, mediante la cual se reforma parcialmente el Reglamento Interno sobre el Régimen de Jubilaciones de las funcionarias y funcionarios de la Defensa Pública. (Reforma Res. Nº DDPG-2013-613-1, *G.O.* 40.252 del 17/09/2013). *G.O.* Nº 40.522 del 20-10-2014.

Resolución N° DDPG-2014-523 de la Defensa Pública, mediante la cual se reforma parcialmente el Reglamento Interno sobre el Régimen de Pensiones por Invalidez de las funcionarias y funcionarios de la Defensa Pública. (Reforma Res. N° DDPG-2013-421, *G.O.* 40.165 del 13/05/2013). *G.O.* N° 40.522 del 20-10-2014.

Resolución N° DDPG-2014-573 del Defensa Pública, mediante la cual se corrige el número de la Resolución y la fecha del Reglamento Interno sobre el Régimen de Jubilaciones de las Funcionarias y Funcionarios de la Defensa Pública, con el número de la Resolución N° DDPG-2014-524, de fecha 25 de septiembre de 2014; 155, 204 y 15. (*Gaceta Oficial* N° 40.522 de fecha 20 de octubre de 2014). *G.O.* N° 6.152 del 18-11-2014.

D.   *Funcionarios Bomberiles*

Decreto N° 1.368 de la Presidencia de la República Bolivariana de Venezuela, mediante el cual se regula y establece los sueldos básicos e incidencias asociadas a éstos, aplicables a los funcionarios y funcionarias bomberiles activos de los Cuerpos de Bomberos y Bomberas y Administración de Emergencia de Carácter Civil en todo el país. (Comandante General, Bs. 10.300; Coronel, Bs. 9.960; Teniente Coronel, Bs. 9.620; Mayor, Bs. 9.280, entre otros). *G.O.* N° 40.536 del 7-11-2014.

E.   *Trabajadores de la Presidencia de la República*

Ley de Alimentación para los Trabajadores y las Trabajadoras de la Presidencia de la República. *G.O.* N° 40.542 del 17-11-2014.

4.   *Sistema de Bienes Públicos*

Decreto N° 1.407 de la Presidencia de la República, mediante el cual se dicta el Decreto con Rango, Valor y Fuerza de Ley de Reforma Parcial del Decreto con Rango, Valor y Fuerza de Ley Orgánica de Bienes Públicos. (Véase N° 6.155 Extraordinario de esta misma fecha). *G.O.* N° 40.544 del 19-11-2014.

5.   *Sistema de Contrataciones Públicas*

Decreto N° 1.399 de la Presidencia de la República, mediante el cual se dicta el Decreto con Rango, Valor y Fuerza de Ley de Contrataciones Públicas. (Véase N° 6.154 Extraordinario de esta misma fecha). *G.O.* N° 40.544 del 19-11-2014.

Providencia N° DG/2014-A-0123 de la Vicepresidencia de la República Bolivariana de Venezuela, mediante la cual se publica a partir de la presente fecha en la página web del Servicio de Contrataciones (www.snc.gob.ve), los requisitos legales, técnicos y financieros que deben presentar las personas naturales y jurídicas interesadas en inscribirse o actualizarse ante el Registro Nacional de Contratistas. *G.O.* N° 40.519 del 15-10-2014.

6.   *Sistema de Control*

Decreto N° 1.444 de la Presidencia de la República, mediante el cual se dicta el Decreto con Rango, Valor y Fuerza de Ley del Cuerpo Nacional Contra la Corrupción. (Véase N° 6.156 Extraordinario de esta misma fecha). *G.O.* N° 40.544 del 19-11-2014.

Reglamento de la Contraloría General de la República para el Registro, Calificación, Selección y Contratación de Auditores, Consultores y Profesionales Independientes en Materia de Control. *G.O.* N° 40.521 del 17-10-2014.

III. RÉGIMEN DE POLÍTICA, SEGURIDAD Y DEFENSA

1. *Relaciones exteriores*

A. *Leyes Aprobatorias*

Ley Aprobatoria del Cuarto Protocolo de Enmienda al Acuerdo entre el Gobierno de la República Bolivariana de Venezuela y el Gobierno de la República Popular China sobre el Fondo de Financiamiento Conjunto Chino-Venezolano emanada de la Asamblea Nacional. *G.O.* N° 40.516 10-10-2014.

B. *Acuerdos*

Acuerdo de la Asamblea Nacional, de salutación por la incorporación de la República Bolivariana de Venezuela como Miembro No Permanente en el Consejo de Seguridad de la Organización de las Naciones Unidas (ONU). *G.O.* N° 40.524 del 22-10-2014.

Resolución N° DM/187 del Ministerio del Poder Popular para Relaciones Exteriores, mediante la cual se informa la entrada en vigor del «Cuarto Protocolo de Enmienda al Acuerdo entre el Gobierno de la República Bolivariana de Venezuela y el Gobierno de la República Popular China sobre el Fondo de Financiamiento Conjunto Chino-Venezolano», conforme al Artículo 6 del texto a partir del 30 de octubre de 2014. *G.O.* N° 6.156 19-11-2014.

C. *Convenios*

Resolución N° 196 del Ministerio del Poder Popular para Relaciones Exteriores, mediante la cual se informa la entrada en vigor del «Convenio de Cooperación entre el Gobierno de la República Bolivariana de Venezuela y el Gobierno del Estado Plurinacional de Bolivia para la Formación y Aplicación Científica y Tecnológica en las Áreas de Uso Pacífico del Espacio Ultraterrestre, Observación y Modelación Físico Territorial y Ciencias de la Tierras». *G.O.* N° 40.547 24-11-2014.

2. *Régimen de Seguridad y Defensa*

Decreto N° 1.473 de la Presidencia de la República, mediante el cual se dicta el Decreto con Rango, Valor y Fuerza de Ley de Reforma de la Ley Orgánica de Seguridad de la Nación. (Véase N° 6.156 Extraordinario de esta misma fecha). *G.O.* N° 40.544 del 19-11-2014.

Decreto N° 1.439 de la Presidencia de la República, mediante el cual se dicta el Decreto con Rango, Valor y Fuerza de Ley Orgánica de la Fuerza Armada Nacional Bolivariana. (Véase N° 6.156 Extraordinario de esta misma fecha). *G.O.* N° 40.544 del 19-11-2014.

Resoluciones N° 007092, 007120, 007121 y 007137 del Ministerio del Poder Popular para la Defensa mediante las cuales se crean y activan el 797 Grupo, las Direcciones y el Batallón que en ellas se mencionan, con las estructuras organizacionales que en ellas se señalan. (797 Grupo de Defensa Antiaérea Mixto; Dirección de Inspecciones de Aviación Militar Bolivariana; Dirección de Inteligencia y Contrainteligencia del Ejercicio Bolivariano y Batallón de Apoyo Logístico). *G.O.* N° 40.512 del 6-10-2014.

Resolución N° 007093 del Ministerio del Poder Popular para la Defensa, mediante la cual se aprueba la Estructura Organizacional de la Brigada de Defensa Aérea «Los Andes» de la manera que en ella se indica. *G.O.* N° 40.512 del 6-10-2014.

Resoluciones N° 007090 y 007091 del Ministerio del Poder Popular para la Defensa, mediante las cuales se transforman los Grupos Misilísticos de Defensa que en ellas se mencionan, en los Grupos Misilísticos de Defensa que en ellas se señalan, manteniendo sus estructuras organizacionales. *G.O.* N° 40.512 del 6-10-2014.

Resolución N° 007778 del Ministerio del Poder Popular para la Defensa, mediante la cual se activa la «Dirección Conjunta de Seguridad Informática de la Fuerza Armada Nacional Bolivariana (DICOCEI)», adscrita al Comando Estratégico Operacional, con la organización que en ella se señala. *G.O.* N° 40.557 del 8-12-2014.

Resolución N° 007791 del Ministerio del Poder Popular para la Defensa, mediante la cual se crea y activa el «Núcleo de Formación de Oficiales Técnicos en la Guardia Nacional Bolivariana», adscrito a la Universidad Militar Bolivariana. *G.O.* N° 40.557 del 8-12-2014.

Resolución Conjunta N° 472 y 007924, mediante la cual se ordena al Comando Estratégico Operacional de la Fuerza Armada Nacional Bolivariana (CEOFANB), que gire las instrucciones pertinentes a los Comandantes de las Regiones de Defensa Integral, para Restringir el desplazamiento Fronterizo de Personas, tanto por vía terrestre, aérea y acuática, y de vehículos, durante el horario comprendido desde las veintidós horas (22:00hrs), hasta las cinco horas (05:00hrs). *G. O.* N° 40.561 del 12-12-2014.

Resolución N° 005885 del Ministerio del Poder Popular para la Defensa, mediante la cual se adscriben las Unidades Militares que en ella se mencionan, al Comando de Operaciones del Componente Guardia Nacional Bolivariana. *G.O.* N° 40.511 del 3-10-2014.

3.   *Régimen de la Policía*

Decreto N° 1.420 de la Presidencia de la República, mediante el cual se crea la Comisión Presidencial del Sistema Policial y Órganos de Seguridad Ciudadana, de carácter temporal, con amplias facultades para la Revisión, Rectificación, Reimpulso y Reestructuración del Sistema Judicial. *G.O.* N° 40.541 del 14-11-2014.

Decreto N° 1.420 de la Presidencia de la República, mediante el cual se crea la Comisión Presidencial del Sistema Policial y Órganos de Seguridad Ciudadana, de carácter temporal, con amplias facultades para la Revisión, Rectificación, Reimpulso y Reestructuración del Sistema Policial.- (Se reimprime por error de Imprenta). (Reimpresión *G.O.* N° 40.541 de fecha 14/11/2014). *G.O.* N° 40.542 del 17-11-2014.

Decreto N° 1.472 de la Presidencia de la República, mediante el cual se dicta el Decreto con Rango, Valor y Fuerza de Ley de Régimen para la Revisión, Rectificación, Reimpulso y Reestructuración del Sistema Policial y Órganos de Seguridad Ciudadana. (Véase N° 6.156 Extraordinario de esta misma fecha). *G.O.* N° 40.544 del 19-11-2014.

Aviso Oficial de la Vicepresidencia de la República, mediante el cual se corrige por error material el Decreto N° 1.420, de fecha 14 de noviembre de 2014, en el cual se crea la Comisión Presidencial del Sistema Policial y órganos de Seguridad Ciudadana. (Reimpresión *G.O* N° 40.541 de fecha 17/11/2014). *G.O.* N° 6.152 del 18-11-2014.

Providencia N° 001-2014 del Ministerio del Poder Popular para Relaciones Interiores, Justicia y Paz, mediante la cual se dicta el Reglamento Interno del Servicio Nacional de Administración y Enajenación de Bienes Asegurados o Incautados, Confiscados y Decomisados. *G.O.* N° 40.523 del 21-10-2014.

4.   *Régimen del Porte de Armas*

Resolución Conjunta N° 413 y 007083 del Ministerio para Relaciones Interiores, Justicia y Paz y para la Defensa, mediante la cual se establece que la Fuerza Armada Nacional Bolivariana, a través de la Dirección General de Armas y Explosivos, efectuará el proceso de actualización de porte de armas de fuego, dirigido a todos aquellos ciudadanos y/o ciudadanas que posean Permiso de Porte de Arma de Fuego vigente o vencido, que hayan sido expedidos por la Dirección General de Armas y Explosivos, a los fines de actualizar, renovar y registrar en la base de datos del Sistema de Información de Gestión de Porte de Armas; proceso que se efectuará desde el día 10 de octubre del 2014 hasta el 10 de abril de 2015. G.O. N° 40.512 del 6-10-2014.

5. Sistema de Seguridad Jurídica

Decreto N° 1.412 de la Presidencia de la República, mediante el cual se dicta el Decreto con Rango, Valor y Fuerza de Ley de Reforma de la Ley Orgánica de Identificación. (Véase N° 6.155 Extraordinario de esta misma fecha). G.O. N° 40.544 del 19-11-2014.

Decreto N° 1.422 de la Presidencia de la República, mediante el cual se dicta el Decreto con Rango, Valor y Fuerza de Ley de Registros y del Notariado. (Véase N° 6.156 Extraordinario de esta misma fecha). G.O. N° 40.544 del 19-11-2014.

IV. RÉGIMEN DE LA ECONOMÍA

1. Régimen de Planificación y Desarrollo

Decreto N° 1.406 de la Presidencia de la República, mediante el cual se dicta el Decreto con Rango, Valor y Fuerza de Ley de Reforma de la Ley Orgánica de Planificación Pública y Popular. (Véase N° 6.148 Extraordinario de esta misma fecha). G.O. N° 40.543 del 18-11-2014.

Decreto N° 1.425 de la Presidencia de la República, mediante el cual se dicta el Decreto con Rango, Valor y Fuerza de Ley de Regionalización Integral para el Desarrollo Socioproductivo de la Patria. (Véase N° 6.151 Extraordinario de esta misma fecha). G.O. N° 40.543 del 18-11-2014.

2. Régimen de las inversiones extranjeras

Decreto N° 1.438 de la Presidencia de la República, Presidencia de la República, mediante el cual se dicta el Decreto con Rango, Valor y Fuerza de Ley de Inversiones Extranjeras. (Véase N° 6.152 Extraordinario de esta misma fecha). G.O. N° 40.543 del 18-11-2014.

3. Régimen de la Banca Central

Decreto N° 1.419 de la Presidencia de la República, mediante el cual se dicta el Decreto con Rango, Valor y Fuerza de Ley de Reforma Parcial de la Ley del Banco Central de Venezuela. (Véase N° 6.155 Extraordinario de esta misma fecha). G.O. N° 40.544 del 19-11-2014.

Decreto N° 1.396 de la Presidencia de la República, mediante el cual se dicta el Decreto con Rango, Valor y Fuerza de Ley Sobre Inmunidad Soberana de los Activos de los Bancos Centrales u Otras Autoridades Monetarias Extranjeras. (Véase N° 6.154 Extraordinario de esta misma fecha). G.O. N° 40.544 del 19-11-2014.

4. Régimen Cambiario

Decreto N° 1.403 de la Presidencia de la República, mediante el cual se dicta el Decreto con Rango, Valor y Fuerza de Ley del Régimen Cambiario y sus Ilícitos. (Véase N° 6.150 Extraordinario de esta misma fecha). G.O. N° 40.543 del 18-11-2014.

Convenio Cambiario N° 32 - PDVSA y Filiales del Ministerio del Poder Popular de Economía, Finanzas y Banca Pública. G.O. N° 40.571 del 30-12-2014.

5.   *Régimen de las Instituciones Financieras*

Decreto Ley Nº 1.402 de la Presidencia de la República, mediante el cual se dicta la Ley de Instituciones del Sector Bancario. (Se reimprime por fallas en los originales). (Reimpresión *G.O.E.* Nº 6.154 de fecha 18 de noviembre de 2014). *G.O.* Nº 40.557 del 8-12-2014.

Resolución N° 113.14 del Ministerio del Poder Popular de Economía, Finanzas y Banca Pública, mediante la cual se establece los Límites para las Colocaciones Interbancarias por la cantidad de menor cuantía, que resulte de la comparación que en ella se especifica. (10% del patrimonio total al cierre del mes anterior de la institución bancaria colocadora de los fondos y 10% del patrimonio total al cierre del mes anterior de la institución bancaria aceptante de los fondos). *G.O.* Nº 40.526 del 24-10-2014.

Resolución Nº 117.14 del Ministerio del Poder Popular de Economía, Finanzas y Banca Pública, mediante la cual se establece el «Alcance a la Resolución N° 145.13 del 10 de septiembre de 2013 Relativa a la Modificación del Índice de Adecuación de Patrimonio Contable». *G.O.* Nº 40.509 del 1-10-2014.

Providencia Conjunta Nº 72, 14-001, 2014-009 y 14-007 del Ministerio del Poder Popular de Economía, Finanzas y Banca Pública mediante la cual se Regula la Liquidación y Cierre del Ejercicio Económico Financiero 2014. *G.O.* Nº 40.512 del 6-10-2014.

A.   *Tasas de Interés*

Providencia Nº SNAT/2014/0042 del Ministerio del Poder Popular de Economía, Finanzas y Banca Pública, mediante la cual se establece la tasa aplicable para el cálculo de los intereses moratorios correspondiente al mes de agosto de 2014. *G.O.* Nº 40.514 del 8-10-2014.

Aviso Oficial del Ministerio del Poder Popular de Economía, Finanzas y Banca Pública mediante el cual se informa las tasas de interés aplicables a las obligaciones derivadas de la relación de trabajo, tasas de interés para operaciones con tarjetas de crédito y tasas de interés para operaciones crediticias destinadas al sector turismo. (Septiembre-Octubre 2014). *G.O.* Nº 40.516 10-10-2014.

Providencia N° SNAT/2014/0045 del Ministerio del Poder Popular de Economía, Finanzas y Banca Pública, mediante la cual se establece la tasa aplicable para el cálculo de los intereses moratorios correspondientes al mes de septiembre de 2014. (19,87%). *G.O.* Nº 40.530 del 30-10-2014.

Aviso Oficial del Ministerio del Poder Popular de Economía, Finanzas y Banca Pública, mediante el cual se informa las tasas de interés aplicables a las obligaciones derivadas de la relación de trabajo, tasas de interés para operaciones con tarjetas de crédito y tasas de interés para operaciones crediticias destinadas al sector turismo. *G.O* Nº 40.549 del 26-11-2014.

Providencia N° SNAT/2014/0055 del Ministerio del Poder Popular de Economía, Finanzas y Banca Pública, mediante la cual se establece la tasa aplicable para el cálculo de los intereses moratorios correspondiente al mes de octubre de 2014. (20,77%). *G.O* Nº 40.549 del 26-11-2014.

6.   *Régimen de la Competencia (Antimonopolio)*

Decreto Ley Nº 1. 451 de la Presidencia de la República, mediante el cual se dicta la Ley Antimonopolio. (Se reimprime por fallas en los Originales Decreto Ley Antimonopolio, *G.O.E.* N° 6.151 de fecha 18-11-2014). *G.O* Nº 40.549 del 26-11-2014.

7.   *Régimen de protección al consumidor (Precios Justos)*

Decreto N° 1.467 de la Presidencia de la República, mediante el cual se dicta el Decreto con Rango, Valor y Fuerza de Ley de Reforma Parcial del Decreto con Rango, Valor y Fuerza de Ley Orgánica de Precios Justos. (Véase N° 6.156 Extraordinario de esta misma fecha). *G.O.* N° 40.544 del 19-11-2014.

Decreto N° 1.348 de la Presidencia de la República Bolivariana de Venezuela, mediante el cual se prohíbe la venta o cualquier otro medio de intercambio, a través del comercio informal, ambulante o eventual, de los rubros y productos de la cesta básica, insumos, medicinas y demás bienes importados o producidos en el país para el consumo del pueblo venezolano. *G.O.* N° 40.526 del 24-10-2014.

Providencia N° 057/2014 de la Vicepresidencia de la República, mediante la cual se regulan las condiciones para la obligatoriedad del Establecimiento y Marcaje del Precio de Venta Justo (PVJusto) en los Bienes y Servicios que sean comercializados o prestados en el Territorio Nacional. *G.O.* N° 40.547 24-11-2014.

Providencia N° 053/2014 de la Presidencia de la República Bolivariana de Venezuela, mediante la cual se establece el lapso para la fase de inscripción en el Registro Único de Personas que desarrollan Actividades Económicas (RUPDAE) por parte de los sujetos de aplicación para las diversas fases establecidas o a establecer por esta Superintendencia. (Se establece un lapso por 30 días hábiles). *G.O.* N° 40.511 del 3-10-2014.

Providencia N° 004/2014 de la Vicepresidencia de la República, mediante la cual se transfiere a la Superintendencia Nacional para la Defensa de los Derechos Socio Económicos (SUNDDE), los Procedimientos Administrativos activos, llevados por el Instituto para la Defensa de las Personas en el Acceso a los Bienes y Servicios (INDEPABIS), y a esta Superintendencia. *G.O.* N° 40.567 del 22-12-2014.

Providencia Administrativa N° 077/2014 de la Vicepresidencia de la República, mediante la cual se establece el procedimiento para autorizar las promociones solicitadas ante la Superintendencia Nacional para la Defensa de los Derechos Socio Económicos. *G.O.* N° 40.571 del 30-12-2014.

Providencia Administrativa N° 073/2014 de la Vicepresidencia de la República Bolivariana de Venezuela, mediante la cual se dicta que el PVJUSTO definido en el instrumento normativo anterior ha de ser considerado en todos los casos como el precio máximo en el cual un bien o servicio puede ser comercializado. *G.O.* N° 40.571 del 30-12-2014.

8.   *Régimen de la Industria*

Decreto N° 1.395 de la Presidencia de la República, mediante el cual se dicta el Decreto con Rango, Valor y Fuerza de Ley Orgánica que Reserva al Estado las Actividades de Exploración y Explotación del Oro, así como las Conexas y Auxiliares a éstas. (Véase N° 6.150 Extraordinario de esta misma fecha). *G.O.* N° 40.543 del 18-11-2014.

A.   *Seguridad y Soberanía Agroalimentaria*

Decreto N° 1.509 de la Presidencia de la República, mediante el cual se establece que a partir de la publicación del presente Decreto en Gaceta Oficial de la República Bolivariana de Venezuela, queda prohibido el traslado hacia los estados fronterizos Apure, Táchira y Zulia, del rubro agrícola café verde, café en pergamino y café en cereza. *G.O.* N° 40.557 del 8-12-2014.

Resolución N° DM/N° 124/2014 del Ministerio del Poder Popular para la Agricultura y Tierras, mediante la cual se establece el subsidio al arroz paddy, maíz blanco y maíz amarillo de producción nacional en los estados Barinas y Portuguesa. *G.O.* N° 40.567 del 22-12-2014.

Resolución N° DM/N° 123/2014 del Ministerio del Poder Popular para la Agricultura y Tierras, mediante la cual se establece que todos los Productores y Productoras Agrícolas, que hayan de realizar trámites ante este Ministerio, o cualquiera de sus entes adscritos, deberán estar inscritos en el Registro Único Obligatorio Permanente de Productores y Productoras Agrícolas. *G.O.* N° 40.570 del 29-12-2014.

Resolución Nº DM/116/2014 del Ministerio del Poder Popular para la Agricultura y Tierras Ministerio del Poder Popular para la Agricultura y Tierras, mediante la cual se prohíbe el beneficio y/o sacrificio de hembras bovinas aptas para la reproducción. *G.O.* N° 40.554 del 3-12-2014.

Aviso Oficial de la Vicepresidencia de la República, mediante el cual se corrige por error material el Decreto N° 1.509, de fecha 08 de diciembre de 2014, donde queda prohibido el traslado hacia los estados fronterizos Apure, Táchira y Zulia, del rubro agrícola café verde, café en pergamino y café en cereza. (Reimpresión *G.O* N° 40.557 de fecha 08 de diciembre de 2014). *G. O.* N° 40.563 del 16-12-2014.

B. *Pesca y Acuicultura*

Decreto N° 1.408 de la Presidencia de la República, mediante el cual se dicta el Decreto con Rango, Valor y Fuerza de Ley de Reforma del Decreto con Rango, Valor y Fuerza de Ley de Pesca y Acuicultura. (Véase N° 6.150 Extraordinario de esta misma fecha). *G.O.* N° 40.543 del 18-11-2014.

Decreto N° 1.405 de la Presidencia de la República, mediante el cual se dicta el Decreto con Rango, Valor y Fuerza de Ley del Sistema Nacional Integral Agroalimentario. (Véase N° 6.150 Extraordinario de esta misma fecha). *G.O.* N° 40.543 del 18-11-2014.

Resolución Conjunta N° DM/N° 053/2014 y DM/072/2014 de los Ministerios del Poder Popular para el Comercio, para la Agricultura y Tierras y para la Alimentación, mediante la cual se establece un Subsidio al Café Tostado y Molido de Producción Nacional. (1 Kg. Bs. 59,50; 500 g. Bs. 29,75; 250 g. Bs. 14,88, entre otros). *G.O.* N° 40.524 del 22-10-2014.

C. *Pequeña y Mediana Industria*

Decreto N° 1.413 de la Presidencia de la República, mediante el cual se dicta el Decreto con Rango, Valor y Fuerza de Ley de Reforma de la Ley para la Promoción y Desarrollo de la Pequeña y Mediana Industria y Unidades de Propiedad Social. (Véase N° 6.151 Extraordinario de esta misma fecha). *G.O.* N° 40.543 del 18-11-2014.

9. *Régimen del Comercio exterior y de las Aduanas*

Decreto N° 1.416 de la Presidencia de la República, mediante el cual se dicta el Decreto con Rango, Valor y Fuerza de Ley de Reforma de la Ley Orgánica de Aduanas. (Véase N° 6.155 Extraordinario de esta misma fecha). *G.O.* N° 40.544 del 19-11-2014.

Reglamento de la Presidencia de la República del Decreto con Rango, Valor y Fuerza de Ley Orgánica de Aduanas sobre las Tasas Aduaneras, emanado de la Presidencia de la República. *G.O.* N° 40.554 del 3-12-2014.

Reglamento del Decreto con Rango, Valor y Fuerza de Ley Orgánica de Aduanas sobre las Tasas Aduaneras, emanado de la Presidencia de la República. (Se reimprime por fallas en los originales). (Reimpresión *G.O.* N° 40.554 de fecha 3 de diciembre de 2014). *G.O.* N° 40.555 del 4-12-2014.

Decreto N° 1.319 de la Presidencia de la República Bolivariana de Venezuela, mediante el cual se adscribe al Ministerio del Poder Popular para Economía, Finanzas y Banca Pública, el Centro Nacional de Comercio Exterior. *G.O.* N° 40.518 del 14-10-2014.

10. *Régimen del Turismo*

Decreto N° 1.441 de la Presidencia de la República, mediante el cual se dicta el Decreto con Rango, Valor y Fuerza de Ley Orgánica de Turismo. (Véase N° 6.152 Extraordinario de esta misma fecha). *G.O.* N° 40.543 del 18-11-2014.

Decreto N° 1.442 de la Presidencia de la República, mediante el cual se dicta el Decreto con Rango, Valor y Fuerza de Ley de Fomento del Turismo Sustentable como Actividad Comunitaria y Social. (Véase N° 6.153 Extraordinario de esta misma fecha). *G.O.* N° 40.543 del 18-11-2014.

Decreto N° 1.443 de la Presidencia de la República, mediante el cual se dicta el Decreto con Rango, Valor y Fuerza de Ley de Inversiones Turísticas y del Crédito para el Sector Turismo. (Véase N° 6.153 Extraordinario de esta misma fecha). *G.O.* N° 40.543 del 18-11-2014.

11. *Régimen de Ciencia y Tecnología*

Decreto N° 1.411 de la Presidencia de la República, mediante el cual se dicta el Decreto con Rango, Valor y Fuerza de Ley de Reforma de la Ley Orgánica de Ciencia, Tecnología e Innovación (Véase N° 6.151 Extraordinario de esta misma fecha). *G.O.* N° 40.543 del 18-11-2014.

Resolución N° 201 Ministerio del Poder Popular para Educación Universitaria, Ciencia y Tecnología, mediante la cual se continúa con el proceso de Reestructuración, Adecuación, Organización y Funcionamiento del Centro Nacional de Tecnologías de Información (CNTI) y la Superintendencia de Servicios de Certificación Electrónica (SUSCERTE), por un lapso de seis (6) meses. *G.O.* N° 40.545 20-11-2014.

Providencia N° 008-2014 del Ministerio del Poder Popular para Educación Universitaria, Ciencia y Tecnología, mediante la cual se corrige por error material la Providencia Administrativa N° 005-2014, de fecha 08 de agosto de 2014, en los términos que en ella se mencionan. (Reimpresión *G.O.* N° 40.484, mediante la cual se regula el proceso para la acreditación o renovación de los Proveedores de Servicios de Certificación y para la Incorporación de Autoridad de Certificación Subordinadas y Autoridad de Registros Externos). *G.O.* N° 40.524 del 22-10-2014.

Acuerdos N° 085, 086, 091, 090, 092, 093, 094, 095, 096, 097, 098, 099, 100, 101, 102, 103 del Ministerio del Poder Popular para Educación Universitaria, Ciencia y Tecnología, entre otros, mediante los cuales se autoriza a las Universidades que en ellos se mencionan, la autorización, acreditación, y se da opinión favorable a las creaciones y funcionamientos de los programas académicos que en ellos se señalan, en las sedes que en ellos se especifican. (UPEL, Doctorado en Educación Ambiental, El Paraíso Municipio Libertador, Distrito Capital; UMBV, Especialización en Infantería de Marina, Catia La Mar, Estado Vargas, entre otras).

V. RÉGIMEN DE DESARROLLO SOCIAL

1. *Régimen de la Educación*

A. *Educación Universitaria*

Decreto N° 1.317 de la Presidencia de la República Bolivariana de Venezuela, mediante el cual se crea la Universidad de las Ciencias de la Salud, en el Marco de la Misión Alma Mater. *G.O.* N° 40.514 del 8-10-2014.

Decreto N° 1.224 de la Presidencia de la República, mediante el cual se crea la Universidad Politécnica Territorial de Yaracuy «Arístides Bastidas», en el marco de la Misión Alma Mater, como Universidad Nacional Experimental, con personalidad jurídica y patrimonio propio, distinto al de la República Bolivariana de Venezuela, la cual tendrá su sede principal en San Felipe, estado Yaracuy. *G.O.* N° 40.547 24-11-2014.

Decreto N° 1.225 de la Presidencia de la República, mediante el cual se crea la Universidad Territorial Deltaica «Francisco Tamayo», en el marco de la Misión Alma Mater, como Universidad Nacional Experimental, con personalidad jurídica y patrimonio propio, distinto al de la República Bolivariana de Venezuela, la cual tendrá su sede principal en el estado Delta Amacuro, y extensiones en el sur del estado Monagas, específicamente en los Municipios Libertador, Sotillo y Uracoa. *G.O.* N° 40.547 24-11-2014.

Decreto N° 1.223 de la Presidencia de la República, mediante el cual se crea la Universidad Politécnica Territorial de Falcón «Alonso Gamero», en el marco de la Misión Alma Mater, como Universidad Nacional Experimental, con personalidad jurídica y patrimonio propio, la cual tendrá su sede en la Avenida Libertador, Parque Los Orumos, Coro, estado Falcón. *G.O.* N° 40.547 24-11-2014.

Resolución N° 115 del Ministerio del Poder Popular para Educación Universitaria, Ciencia y Tecnología, mediante la cual se crea el Programa Nacional de Formación en Orfebrería y Joyería. *G.O.* N° 40.519 del 15-10-2014.

Providencia N° 183 del Ministerio del Poder Popular para Educación Universitaria, Ciencia y Tecnología, mediante la cual se fija el régimen tarifario del Franqueo Postal Obligatorio (FPO), de acuerdo a la tabla que en ella se indica. *G.O.* N° 40.547 24-11-2014.

Acuerdos N° 060, 061 y 062 del Ministerio del Poder Popular para Educación Universitaria, Ciencia y Tecnología, mediante los cuales se renueva la acreditación por los lapsos de 4 y 5 años los programas de Postgrados que en ellos se mencionan, conducentes a los grados académicos que en ellos se indican, en las modalidades Presenciales de las Universidades que en ellos se señalan. *G.O.* N° 40.527 del 27-10-2014.

Acuerdos N° 085, 086, 091, 090, 092, 093, 094, 095, 096, 097, 098, 099, 100, 101, 102, 103 del Ministerio del Poder Popular para Educación Universitaria, Ciencia y Tecnología, entre otros, mediante los cuales se autoriza a las Universidades que en ellos se mencionan, la autorización, acreditación, y se da opinión favorable a las creaciones y funcionamientos de los programas académicos que en ellos se señalan, en las sedes que en ellos se especifican. (UPEL, Doctorado en Educación Ambiental, El Paraíso Municipio Libertador, Distrito Capital; UMBV, Especialización en Infantería de Marina, Catia La Mar, Estado Vargas, entre otras).

Acuerdos N° 107, 108, 109 y 110 del Ministerio del Poder Popular para Educación Universitaria, Ciencia y Tecnología, mediante los cuales se autoriza a las Universidades que en ellos se indican a la creación y funcionamiento de los programas de Postgrado que en ellos se señalan, en las materias que en ellos se mencionan. *G. O.* N° 40.563 del 16-12-2014.

B. *Educación Socialista*

Decreto N° 1.414 de la Presidencia de la República, mediante el cual se dicta el Decreto con Rango, Valor y Fuerza de Ley del Instituto Nacional de Capacitación y Educación Socialista. (Véase N° 6.155 Extraordinario de esta misma fecha). *G.O.* N° 40.544 del 19-11-2014.

2. *Régimen de Salud*

Decreto N° 1.349 de la Presidencia de la República, mediante el cual se crea con carácter temporal la Comisión Presidencial para la Lucha Contra el Ébola. *G.O.* N° 40.530 del 30-10-2014.

Resolución Conjunta N° DM/092/2014, N° 17779 y N° DM/443, mediante la cual se prorroga la vigencia de la suspensión temporal de la exigencia en todo el territorio nacional del Registro Único Nacional de Salud Agrícola Integral (RUNSAI), en los términos que en ella se indican. Se Prorroga hasta el 30 de Septiembre de 2015, Se exhorta a todas las autoridades aduaneras, civiles y militares a no exigir el registro referido, entre otros). *G.O.* N° 40.557 del 8-12-2014.

Resolución Conjunta N° 414 del Ministerio del Poder Popular para la Salud, mediante la cual se implementa la Guía Única de Movilización, Seguimiento y Control de Medicamentos prevista en el Sistema Integral de Control de Medicamentos (SICM). *G.O.* N° 40.509 del 1-10-2014.

Resolución N° 421 del Ministerio del Poder Popular para la Salud, mediante la cual se establece que los actos administrativos correspondientes al Servicio Autónomo de Contraloría Sanitaria «SACS» de acuerdo al Artículo 40 del Reglamento Orgánico de este Ministerio, podrán ser firmados tanto de manera física como electrónica por la ciudadana Ministra del Poder Popular para la Salud, en su carácter de máxima autoridad del Ministerio del Poder Popular para la Salud. Reimpresa por error material por la Resolución N° 437, de fecha 09-10-2014, publicada en la *G.O.* N° 40.520 del 6-10-2014.

Resolución N° 422 del Ministerio del Poder Popular para la Salud, mediante la cual se declara la enfermedad de fiebre de Chikungunya como evento de notificación obligatoria, por parte del personal de los establecimientos médicos asistenciales públicos y privados en todo el territorio de la República Bolivariana de Venezuela. *G.O.* N° 40.512 del 6-10-2014.

Resolución N° 437 del Ministerio del Poder Popular para la Salud, mediante la cual se corrige por error material la Resolución número 421, de fecha 06 de octubre de 2014, en los términos que en ella se mencionan. (Reimpresión *G.O.* N° 40.512, mediante la cual se establece que los actos administrativos correspondientes al Servicio Autónomo de Contraloría Sanitaria de acuerdo al Artículo 40 del Reglamento Orgánico de este Ministerio, podrán ser firmados tanto de manera física como electrónica por la ciudadana Ministra del Poder Popular para la Salud). *G.O.* N° 40.520 del 16-10-2014.

Resolución N° 459 del Ministerio del Poder Popular para la Salud, mediante la cual se declara la enfermedad del virus ébola como Evento de Notificación Obligatoria Inmediata, por parte del personal de los establecimientos médico asistenciales, públicos y privados en todo el territorio de la República Bolivariana de Venezuela. *G.O.* N° 40.531 del 31-10-2014.

Resolución N° 473 del Ministerio del Poder Popular para la Salud, mediante la cual se deja sin efecto la Resolución Número 578, de fecha 15 de septiembre de 2003, en los términos que en ella se señalan. (*G.O.* N° 37.778 de fecha 18/09/2003, mediante la cual se autorizó a la Organización Nacional de Trasplante de Venezuela, para desarrollar el Proyecto Sistema de Procura de Órganos de Tejidos). *G.O.* N° 40.550 del 27-11-2014.

3.   *Régimen laboral*

Decreto N° 1.393 de la Presidencia de la República, mediante el cual se dicta el Decreto con Rango, Valor y Fuerza de Ley de Reforma Parcial del Decreto con Rango, Valor y Fuerza de Ley de Alimentación para los Trabajadores y las Trabajadoras. *G.O.E.* N° 6.147 del 17-11-2014.

Decreto N° 1.431 de la Presidencia de la República, mediante el cual se fija un aumento del quince por ciento (15%) del salario mínimo mensual obligatorio en todo el Territorio Nacional, para los trabajadores y las trabajadoras que presten servicios en los sectores público y privado. *G.O.* N° 40.542 del 17-11-2014.

Decreto N° 1.583 de la Presidencia de la República, mediante el cual se establece la inamovilidad laboral a favor de los trabajadores y trabajadoras del sector privado y del sector público regidos por el Decreto con Rango, Valor y Fuerza de Ley Orgánica del Trabajo, las Trabajadoras y los Trabajadores, entre el primero (1°) de enero de dos mil quince (2015) y el treinta y uno (31) de diciembre de dos mil quince (2015), ambas fechas inclusive. *G.O.* N° 40.571 del 30-12-2014.

4.   *Régimen de Cultura*

Decreto N° 1.391 de la Presidencia de la República, mediante el cual se dicta el Decreto con Rango, Valor y Fuerza de Ley Orgánica de Cultura. (Véase N° 6.154 Extraordinario de esta misma fecha). *G.O.* N° 40.544 del 19-11-2014.

Reglamento del Ministerio del Poder Popular para la Educación mediante el cual se dicta el Reglamento de la Academia Nacional de la Historia. *G.O* N° 40.549 del 26-11-2014.

Providencia N° 030/2014 del Ministerio del Poder Popular para la Cultura, mediante la cual se declara Bien de interés Cultural de la República Bolivariana de Venezuela, «Las Faenas del Llano o Trabajo E´ Llano», y sus tradiciones, prácticas de los procesos productivos asociado a su ejecución que se desarrollan en los estados en que ella se especifican. *G.O.* N° 40.534 del 5-11-14.

Acuerdo de proclamación y exaltación de «La Gaita Tradicional Venezolana y su Diversidad» como Bien Patrimonial de Interés Cultural y Artístico de la Nación de la Asamblea Nacional. *G.O.* N° 40.542 del 17-11-2014.

5.   *Régimen de la Juventud Productiva*

Decreto N° 1.392 de la Presidencia de la República, mediante el cual se dicta el Decreto con Rango, Valor y Fuerza de Ley para la Juventud Productiva. *G.O.* N° 40.540 del 13-11-2014.

6.   *Régimen de Deporte*

«Regulación de la Superintendencia Nacional de Actividades Hípicas del Ministerio del Poder Popular para la Juventud y el Deporte, que regirá el otorgamiento, funcionamiento y supervisión de Licencias para Empresas Operadoras, Autorizaciones para Centros de Apuestas y/o Afiliados a Empresas Operadoras, y el Registro de las Jugadas». *G.O.* N° 40.523 del 21-10-2014.

7.   *Régimen de la Protección de los Derechos de las Mujeres*

Reforma a Ley Orgánica sobre el Derecho de las Mujeres a una Vida Libre de Violencia, publicada en *G.O.* N° 38.770 del 17/09/2007, de la Asamblea Nacional. *G.O.* N° 40.548 25-11-2014.

Aviso de la Asamblea Nacional, mediante el cual se ordena la reimpresión por error material de la Ley Orgánica Sobre el Derecho de las Mujeres a una Vida Libre de Violencia. (Reimpresión *G.O.* N° 40.548 de fecha 25 de noviembre de 2014). *G.O.* N° 40.551 del 28-11-2014.

VI. RÉGIMEN DEL DESARROLLO FÍSICO Y ORDENACIÓN DEL TERRITORIO

1.   *Régimen de Transporte y Tránsito*

A.   *Sistema de Transporte Acuático y Aéreo*

Decreto N° 1.445 de la Presidencia de la República, mediante el cual se dicta el Decreto con Rango, Valor y Fuerza de Ley de Marinas y Actividades Conexas. (Véase N° 6.153 Extraordinario de esta misma fecha). *G.O.* N° 40.543 del 18-11-2014.

Decreto N° 1.446 de la Presidencia de la República, mediante el cual se dicta el Decreto con Rango, Valor y Fuerza de Ley Orgánica de los Espacios Acuáticos. (Véase N° 6.153 Extraordinario de esta misma fecha). *G.O.* N° 40.543 del 18-11-2014

Decreto N° 1.397 de la Presidencia de la República, mediante el cual se dicta el Decreto con Rango, Valor y Fuerza de Ley de Reforma Parcial del Decreto con Rango, Valor y Fuerza de Ley de Tasas Portuarias. (Véase N° 6.150 Extraordinario, de esta misma fecha). *G.O.* N° 40.543 del 18-11-2014.

Resolución N° 076 del Ministerio del Poder Popular para Transporte Acuático y Aéreo, mediante la cual se establece las tarifas sobre los servicios y actividades conexas al sector acuático, que presta el Instituto Nacional de los Espacios Acuáticos (INEA). *G.O.* N° 40.567 del 22-12-2014.

Resolución N° 481 del Ministerio del Poder Popular para Relaciones Interiores, Justicia y Paz, mediante la cual se encomienda única y exclusivamente a las Notarías Públicas ubicadas en las Regiones Estratégicas de Desarrollo Integral (REDI) del Territorio Nacional que en ella se mencionan, a recibirlas solicitudes de autenticación de los actos o negocios jurídicos, vinculados con aeronaves. (Notaría Pública Cuarta del Municipio Libertador del distrito Capital, Notaría Pública Primera de Barquisimeto del Estado Lara, Notaría Pública Primera de Barinas, Notaría Primera de Cumaná del Estado sucre, entre otras). *G.O.* N° 40.568 del 23-12-2014.

Providencia N° PRE-CJU-GDA-480-14 del Ministerio del Poder Popular para Transporte Acuático y Aéreo, mediante la cual se dicta las condiciones en las cuales se Regulan las Operaciones de Aeronaves de Aviación General con Matrícula Extranjera hacia y en el territorio nacional. *G.O.* N° 40.567 del 22-12-2014.

Providencia N° PRE-CJU-GDA-497-14 del Ministerio del Poder Popular para Transporte Acuático y Aéreo, mediante la cual se establece la obligación de los Transportistas o Explotadores Aéreos de colocar en los boletos aéreos que expidan por la prestación de sus servicios, mención expresa de si el tipo de operación ofertada es un Servicio de Transporte Aéreo Regular o No Regular. *G.O.* N° 40.570 del 29-12-2014.

B.   *Sistema de Transporte Terrestre*

Resolución N° 052 del Ministerio del poder popular para Transporte Terrestre y Obras Públicas, mediante la cual se establece el ajuste y la unificación de las tarifas de los Sistemas de Transporte Masivo Metro de Caracas, Metro Los Teques, Metro de Maracaibo, Metro de Valencia, Trolebús Mérida y Sistema Ferroviario Tuy Medio Ezequiel Zamora. *G.O.* N° 40.568 del 23-12-2014.

2. *Régimen de Energía Eléctrica*

Reglamento Técnico de Luminarias con Tecnología Led-Tipo Modular, destinadas a Vialidades de uso Vehicular del Ministerio del Poder Popular para la Energía Eléctrica. *G.O.* N° 40.523 del 21-10-2014.

3. *Régimen de Protección del Medio Ambiente y de los Recursos Naturales*

Decreto N° 1.489 de la Presidencia de la República, mediante el cual se crea el órgano Superior para el Manejo Integral del Sistema Nacional de Parques y Monumentos Naturales de Venezuela, como Unidad Administrativa, adscrita a la Presidencia de la República, de la cual dependerá la asignación de su presupuesto anual y el suministro de los recursos necesarios para el cumplimiento de sus funciones. *G. O.* N° 40.548 25-11-2014.

Resolución N° 342 del Ministerio del Poder Popular para Ecosocialismo, Vivienda y Hábitat, mediante la cual se crea el Cuerpo Civil de Guardaparques, adscrito al Instituto Nacional de Parques (INPARQUES). *G.O.* N° 40.564 del 17-12-2014.

JURISPRUDENCIA

Información Jurisprudencial

Jurisprudencia Administrativa y Constitucional (Tribunal Supremo de Justicia y Cortes de lo Contencioso Administrativo): Cuarto Trimestre de 2014

Selección, recopilación y notas
por Mary Ramos Fernández
Abogada
Secretaria de Redacción de la Revista

I.   ORDENAMIENTO CONSTITUCIONAL Y FUNCIONAL DEL ESTADO

1.   *Ordenamiento Jurídico: Clases: Leyes Orgánicas Control Constitucional*

TSJ-SC (1585)   **18-11-2014**

Magistrado Ponente: Gladys María Gutiérrez Alvarado

Caso: Constitucionalidad del carácter orgánico del Decreto con rango, valor y fuerza de Ley Orgánica de Cultura.

La Sala Constitucional ratifica el criterio del artículo 203 de la Constitución sobre el carácter orgánico de las leyes, como la que regula la Cultura, en el sentido de tratarse de un texto normativo destinado a desarrollar de manera central y directa el contenido de un derecho constitucional, sirviendo de marco normativo de futuras leyes que se sancionen para el complemento y efectividad de sus normas.

Verificada la competencia de esta Sala Constitucional, incumbe en este estado analizar la correspondencia con el texto constitucional de la calificación concedida por el Presidente de la República al Decreto con Rango, Valor y Fuerza de Ley Orgánica de Cultura, dictada el 13 de noviembre de 2014, cuyo contenido y alcance fue sumariamente reseñado *ut supra*.

A estos fines, el mencionado artículo 203 de la Constitución de la República Bolivariana de Venezuela dispone, en su encabezamiento, lo siguiente:

"Artículo 203. Son leyes orgánicas las que así denomina esta Constitución; las que se dicten para organizar los poderes públicos o para desarrollar los derechos constitucionales y las que sirvan de marco normativo a otras leyes...".

De acuerdo con el parcialmente transcrito precepto constitucional, se conciben cuatro modalidades de leyes orgánicas, a saber: i) las que así determina la Constitución; ii) las que se dicten para organizar los poderes públicos; iii) las que desarrollen derechos constitucionales; y iv) las que sirvan de marco normativo a otras leyes.

Precisa esta Sala que los mencionados supuestos a que se refiere el artículo 203 de la Constitución poseen carácter normativo, lo que implica que cualquier ley a la cual se pretenda considerar como orgánica debe estar incluida en, al menos, uno de ellos para que se le estime y se le denomine como tal.

En este sentido, tal como ha sido interpretado por esta Sala, dicha norma "...*utiliza criterios de división lógica distintos, pues las categorías 1ª y 4ª obedecen a un criterio técnico-formal, es decir, a la prescripción de su denominación constitucional o la calificación por la Asamblea Nacional de su carácter de ley marco o cuadro; mientras que las categorías 2ª y 3ª obedecen a un principio material relativo a la organicidad del poder público y al desarrollo de los derechos constitucionales. En el fondo, la categoría 4ª implica una investidura parlamentaria, pues la Constitución de la República Bolivariana de Venezuela no precisa pautas para su sanción, y, a diferencia de la categoría 1ª, la constitucionalidad de la calificación de orgánica de las leyes incluidas en este rubro, requiere el pronunciamiento de la Sala Constitucional para que tal calificación sea jurídicamente válida. Desde luego que el pronunciamiento de la Sala Constitucional es necesario para cualquiera de las categorías señaladas, excepto para las leyes orgánicas por denominación constitucional, pues el artículo 203 de la Constitución de la República Bolivariana de Venezuela se refiere 'a las leyes que la Asamblea Nacional Constituyente haya calificado de orgánicas', lo que significa que son todas las incluidas en las categorías 2ª, 3ª y 4ª...*" (Vid. Sentencia N° 537 del 12 de junio de 2000, caso: "Ley Orgánica de Telecomunicaciones").*

Ello así, esta Sala ha querido hacer notar que, en atención al rol que el propio Texto Fundamental confiere a estos calificados textos normativos, la mención de una ley como orgánica adquiere especial relevancia de cara a su influencia dentro del sistema de jerarquía de las leyes y, en tal virtud, es menester señalar que la inclusión de tal expresión implica necesariamente el reconocimiento de su posición preeminente frente a otros textos normativos, asunto que no queda sujeto a la plena discreción del cuerpo legislador, sino sometido a los criterios técnicos o materiales que la misma Constitución dispuso (*Vid.* Sentencia N° 2573 del 16 de octubre de 2002, caso: *"Ley Orgánica contra la Corrupción"*).

Esta Sala insiste en que los subtipos de ley orgánica introducidos por la Constitución de 1999, desde el punto de vista sustantivo, llevan implícito un contenido, que es aquel que el Constituyente estimó conveniente regular mediante una ley reforzada, dotada de mayor rigidez que la ordinaria en cuanto regule materias de especial repercusión que han sido reservadas a la ley orgánica, *"...las cuales requieren de mayores niveles de discusión, participación, deliberación y consensos, así como de mayor estabilidad y permanencia en el tiempo..."* (*Vid.* Sentencia de esta Sala N° 34 del 26 de enero de 2004).

Por tanto, ha aclarado esta Sala que la noción constitucional de las leyes orgánicas impone expandir los puntos de vista hacia un enfoque material restrictivo, que da lugar a la prohibición de que se pueda calificar de orgánicas a las leyes que regulen materias distintas a las contempladas en los supuestos constitucionales antes identificados o bien aquéllas que tengan una finalidad distinta a la allí expresada (*Vid.* Sentencia de esta Sala N° 1.159 del 22 de junio de 2007, caso: *"Decreto con Rango y Fuerza de Ley Orgánica de Reorganización del Sector Eléctrico"*).

II. DERECHOS Y GARANTÍAS CONSTITUCIONALES

1.   *Garantías Constitucionales: La garantía de igualdad ante la Ley*

TSJ-SC (1353)   **16-10-2014**

Magistrada Ponente: Carmen Zuleta De Merchán

Caso: Defensora del Pueblo (Gabriela del Mar Ramírez Pérez) vs. (Acción de nulidad por inconstitucionalidad, ejercida contra el artículo 46 del Código Civil, publicado en la *G.O.* N° 2.990 Ext. del 26-7-1982).

La Sala Constitucional decidió que la norma del Código Civil (art. 46) que establece que "no pueden contraer válidamente matrimonio la mujer que no haya cumplido catorce (14) años de edad y el varón que no haya cumplido dieciséis (16) años," no es conforme con el principio constitucional de la igualdad que impone el tratamiento igualitario de todas las personas, sin distinciones de naturaleza alguna, que naturalmente también debe regir en lo que se refiere a los requisitos para contraer matrimonio.

Véase: pág. 433 de esta *Revista.*

Realizado el trámite correspondiente y determinada la competencia de la Sala para conocer de la presente acción de nulidad por inconstitucionalidad, le corresponde pronunciarse acerca de la nulidad del artículo 46 del Código Civil, publicado en la *Gaceta Oficial* núm. 2.990 Extraordinario del 26 de julio de 1982.

El contenido del precepto legal cuestionado es el siguiente:

"No pueden contraer válidamente matrimonio la mujer que no haya cumplido catorce (14) años de edad y el varón que no haya cumplido dieciséis (16) años".

Al respecto, advierte la Sala que el precepto legal impugnado estatuye el llamado *matrimonio prematuro* o *matrimonio precoz*. Dicho precepto, aprobado en esos términos en la última reforma operada al Código Civil en 1982, que modificó el Código de 1942, que a su vez autorizaba a contraer matrimonio a la mujer que hubiese cumplido doce (12) años y al varón que hubiese cumplido catorce (14) años, se limita a regular la capacidad matrimonial, esto es, la edad mínima para contraer nupcias en el ordenamiento jurídico venezolano, estableciendo a tales efectos, edades distintas para el hombre y la mujer. Tal distinción acarrea en criterio del órgano demandante una infracción al derecho a la igualdad y a la no discriminación, a que se contraen los artículos 21 y 77 de la Constitución de la República Bolivariana de Venezuela.

Es menester señalar que las citadas disposiciones constitucionales supuestamente infringidas estatuyen lo siguiente:

"**Artículo 21.** Todas las personas son iguales ante la ley, y en consecuencia:

1. No se permitirán discriminaciones fundadas en la raza, el sexo, el credo, la condición social o aquellas que, en general, tengan por objeto o por resultado anular o menoscabar el reconocimiento, goce o ejercicio en condiciones de igualdad, de los derechos y libertades de toda persona.

2. La ley garantizará las condiciones jurídicas y administrativas para que la igualdad ante la ley sea real y efectiva; adoptará medidas positivas a favor de personas o grupos que puedan ser discriminados, marginados o vulnerables; protegerá especialmente a aquellas personas que por alguna de las condiciones antes especificadas, se encuentren en circunstancia de debilidad manifiesta y sancionará los abusos o maltratos que contra ellas se cometan.

3. Sólo se dará el trato oficial de ciudadano o ciudadana; salvo las fórmulas diplomáticas.

4. No se reconocen títulos nobiliarios ni distinciones hereditarias".

"**Artículo 77**. Se protege el matrimonio entre un hombre y una mujer, fundado en el libre consentimiento y en la igualdad absoluta de derechos y deberes de los cónyuges".

§.I

Considera la Sala que un análisis de la norma legal impugnada permite establecer de manera inequívoca su inconformidad con el ordenamiento constitucional vigente, habida consideración del principio de igualdad que se expresa en la consideración y tratamiento igualitario de todas las personas, sin distinciones basadas en el sexo, la raza, la religión, etcétera y de una unificación de los derechos y deberes de la relación matrimonial; igualdad que naturalmente también debe regir en lo que se refiere a los requisitos para contraer matrimonio. Siendo incompatible la disposición impugnada con los postulados constitucionales anotados.

Sin lugar a dudas, la norma constitucional contenida en el artículo 21 se refiere a la "discriminación", dejando dentro de la cobertura constitucional a la "distinción" como parte del desarrollo jurídico según el cual también se lesiona el derecho a la igualdad cuando se tratan por igual a relaciones desiguales. Es así como una lectura desprevenida del precepto impugnado pueda dar lugar a defender la constitucionalidad de la distinción que realiza la norma (con base en lo que la doctrina constitucional denomina "las categorías sospechosas", entre ellas, la del sexo), afirmando que el fundamento de la distinción radica en que la capacidad femenina para la procreación –más o menos generalizada– es a partir de la edad de 14 años.

Sin embargo, en la actualidad no se justifica en modo alguno que subsistan a la Constitución de la República Bolivariana de Venezuela de 1999 este tipo de diferenciaciones de las personas derivadas del género. Los patrones biológicos, sociales y culturales, que aconsejaban las referidas edades y consideraban que la mujer podía contraer matrimonio a la temprana edad de 14 años, constituyen una rémora del pasado donde el matrimonio era concebido como la única institución civil para reconocer la reproducción de la especie humana. En efecto, el concepto de feminidad ha estado durante mucho tiempo vinculado exclusivamente a su naturaleza biológica. Para la mujer "la biología es el destino" era una fase imperante antaño. Esta "naturaleza" predeterminada y fijada de una vez y para siempre, recreó las representaciones mitológicas e ideológicas que giran sobre el sexo femenino, y determinó fatalmente el lugar de las mujeres en la sociedad. Los roles y tareas sociales (entre ellos el matrimonio) permanecieron indisolublemente ligados a la naturaleza biológica de la mujer quedando relegada a su función reproductora; ello disimuló todos los demás aspectos socio-culturales, económicos y políticos, y sus mecanismos de dominación, que hoy día la doctrina jurídica procura enervar.

En la actualidad esa concepción biológica de la mujer forma parte del pasado. Diversos tratados internacionales, suscritos por Venezuela, han reconocido el importante rol que la mujer ha asumido en nuestros días. La Declaración Universal de los Derechos Humanos, el Pacto Internacional de Derechos Civiles y Políticos, la Declaración Americana de los Derechos y Deberes del Hombre, y específicamente, la Convención sobre la Eliminación de todas las formas de Discriminación contra la Mujer y la Convención sobre el Consentimiento para el Matrimonio, la edad Mínima para Contraer Matrimonio y el Registro de los Matrimonios dan cuenta de la igualdad que debe distinguir las relaciones de los Estados con el género femenino y los avances alcanzados de manera universal en esta materia.

En nuestro ámbito interno tenemos cómo la Exposición de Motivos de la Constitución de la República Bolivariana de Venezuela de 1999 propugna a la igualdad de las personas como uno de los valores superiores del ordenamiento jurídico, cuando expone que:

"Se define la organización jurídico-política que adopta la Nación venezolana como un Estado democrático y social de Derecho y de Justicia. De acuerdo con esto, el Estado propugna el bienestar de los venezolanos, creando las condiciones necesarias para su desarrollo social y espiritual, y procurando la igualdad de oportunidades para que todos los ciudadanos puedan desarrollar libremente su personalidad, dirigir su destino, disfrutar los derechos humanos y buscar su felicidad" (…). "Por todo ello se incorporan al texto constitucional como valores superiores del ordenamiento jurídico del Estado y de su actuación, la vida, la libertad, la justicia, la igualdad, la solidaridad, la democracia, la responsabilidad individual y social, la preeminencia de los derechos humanos, la ética pública y el pluralismo político" (subrayado de la Sala).

Del mismo modo, ha dejado sentado esta Sala Constitucional (*Vide* sentencia núm. 953/2013) [Véase en *Revista de Derecho Público* N° 135 de 2013 en pp. 70 y ss.] ......que la igualdad es un valor ínsito al ser humano, es un reconocimiento interno y externo a su propia condición, y por ende una contraposición o una superación a las diferenciaciones fundadas en las clases, el género, la raza o en la superioridad o inferioridad de éstos respecto a otros ciudadanos, representadas estas últimas a través de figuras abominables histórica y sociológicamente como la esclavitud, la segregación o el menosprecio de la mujer, las cuales se basaron en argumentos tan contradictorios como falacias de principio que deslegitiman su contenido, su mantenimiento y/o aceptación dentro de un Estado democrático y social de Derecho y de Justicia.

En atención al ideal de igualdad jurídica, ha señalado del mismo modo esta Sala, en sentencia N° 898/2002, cuanto sigue:

"b) El referido artículo [21 de la Constitución] establece que todas las personas son iguales ante la ley, lo que explica que no se permitan discriminaciones fundadas en la raza, el sexo, el credo, la condición social o aquellas que, en general, tengan por objeto o por resultado anular o menoscabar el reconocimiento, goce o ejercicio en condiciones de igualdad, de los derechos y libertades de toda persona.

Pueden reconocerse tres modalidades del derecho a la igualdad: a) igualdad como generalización, que rechaza los privilegios, al vincular a todos los ciudadanos a unas normas generales que no admiten distingos; se relaciona con el conocido principio de que la norma jurídica regula las categorías de sujetos y de situaciones, para las cuales existe una misma respuesta por parte del Derecho; b) igualdad de procedimiento o igualdad procesal, que supone la sanción de reglas de solución de conflictos, iguales para todos, previas e imparciales; y c) igualdad de trato, que implica atender igualmente a los iguales. Sucede, no obstante, que respecto a un mismo supuesto de hecho puedan darse diferencias en los elementos que lo conforman, lo que daría lugar a la aplicación de consecuencias jurídicas diferentes según que las distinciones sean relevantes para justificar un trato desigual (la igualdad como diferenciación) o irrelevantes, en cuyo caso se dará un trato igual (la igualdad como equiparación).

La igualdad como equiparación rechaza, como quedó dicho, la discriminación fundada en criterios de diferenciación considerados irrelevantes. El anotado rechazo se funda mayormente en criterios razonables, formados a través del tiempo y asumidos como tales por la ética pública en un momento determinado.

En cambio, **la igualdad como diferenciación toma en cuenta las diferencias que existen entre hechos aparentemente similares, para –en función igualadora–, dar un trato diferenciado. Aquí no se aplican criterios abstractos, como en el caso anterior, sino que se imponen criterios valorativos o de razonabilidad, con el fin de ponderar si las diferencias advertidas justifican el trato desigual.** Póngase por caso las políticas que siguen ciertas Universidades de admitir estudiantes sin que tengan que cumplir ciertos requisitos que sí se exigen a los demás estudiantes, por el hecho de provenir de algunas zonas del país; o las normas que imponen que en determinados organismos estén representadas minorías en un número mínimo, no obstante que por los procedimientos ordinarios de elección tal cuota sería inalcanzable, léase: representación indígena en el parlamento. Estos ejemplos intentan ilustrar acerca de hechos o situaciones que justifican un trato diferenciado a supuestos de hecho en principio similares (*cf.* el tema de las políticas de la "acción afirmativa" y la "discriminación a la inversa" en Richard A. Watson, *vid. Democracia Americana. Logros y Perspectivas*, Noriega Editores, México, 1989, trad. de Ricardo Calvet Pérez, p. 552).

Sin embargo, la determinación de qué hechos o elementos se estiman relevantes, y, por lo tanto, causa justificada de un trato desigual a supuestos de hecho a primera vista similares, como en el caso del personal docente de una Universidad, de donde la ley excluye a los profesores instructores de participar en la elección de las autoridades de la respectiva facultad a la que pertenecen, corresponde al parlamento, en razón de la potestad propia (política legislativa) de discrecionalidad –no de arbitrariedad–, que tiene su origen en el mandato democrático que le ha sido conferido.

Al juez, por otra parte, desde la premisa de que el legislador es el primer intérprete de la Constitución –de allí que le esté vedado invadir la esfera de las opciones políticas que el legislador tiene reservadas–, le corresponde ponderar si la definición o calificación que el legislador haga de las situaciones de facto o las relaciones de vida que deben ser tratadas de forma igual o desigual, no vacíe de contenido el derecho fundamental que se denuncie como conculcado. Respecto a la anotada prohibición de arbitrariedad o irrazonabilidad dos son las vías que se han ensayado para examinar una denuncia en estos términos: a) una primera, juzga si el criterio utilizado carece de una suficiente base material para proceder al tratamiento diferenciado; o b) a través de un criterio negativo, que sirve para fundamentar la censura solamente en aquellos casos de desigualdad flagrante e intolerable. La Sala estima que su juicio, en estos casos, exige la determinación de si el contenido del derecho fundamental de que se trate ha sido o no desconocido, y ello supone un análisis de si el criterio diferenciador es razonable, esto es, si es tolerable por el ordenamiento constitucional. Luego, cumplida esta fase, el juez se abstendrá de controlar si el legislador, en un caso concreto, ha encontrado la solución más adecuada al fin buscado, o la más razonable o más justa, ya que de lo contrario se estaría inmiscuyendo en la mencionada discrecionalidad legislativa (cf. la contribución de Luis Nunes de Almeida a la obra colectiva *Las tensiones entre el Tribunal Constitucional y el Legislador en la Europa Actual*, Tecnos, pp. 227-230)".

Véase igualmente sentencias núms. 536/2000, 1197/2000, 898/2002, 2121/2003, 3242/2003, 2413/2004, 190/2008,] [Véase en *Revista de Derecho Público* N° 113 de 2008 en pp. 142 y ss] 1342/2012 [Véase en *Revista de Derecho Público* N° 132 de 2012 en pp. 127 y ss. y 953/2013.....que han reconocido profusamente el principio de igualdad reconocido en la Constitución de la República Bolivariana de Venezuela. La última de las sentencias referidas indicó igualmente, específicamente en cuanto a las diferencias socioculturales tradicionalmente anotadas entre el hombre y la mujer, lo siguiente:

"Así, la diferenciación anotada en el artículo 57 del Código Civil se funda en motivos arbitrarios que no atiende a la equiparación entre ambos cónyuges en franco menoscabo de los artículos 21 y 77 de la Constitución de la República Bolivariana de Venezuela, ni al protectorado de la familia, el cual se encuentra plenamente garantizado sin que ello implique un menoscabo en el núcleo esencial de los derechos de la madre por su sola condición biológica.

El análisis de la igualdad con el núcleo esencial de los derechos afectados resulta indispensable por cuanto la igualdad es un derecho relacional, es decir, que su consagración o análisis implica un grado de comparación con el derecho involucrado y con los sujetos equiparados (Cfr. NINO, Carlos Santiago; *Introducción al análisis del Derecho*, Edit. Astrea, 2005), por cuanto la igualdad es a su vez un principio que regula o inspira el ejercicio a su vez de otros derechos sustantivos consagrados en el ordenamiento jurídico (*Vid.* F. Rubio Llorente, *La forma del poder*, CEPC, 1993, pp. 637-644).

(…)

En este orden de ideas, cabe reiterar que la condición morfológica del género en este caso se ubica en un plano valorativo y formativo en los elementos comparativos entre el hombre y la mujer, al desplazar los elementos de igualdad y corresponsabilidad entre ambos contrayentes, al establecer exigencias y requisitos adicionales sobre el otro, fundados éstos en elementos que no se corresponden con la protección constitucional del derecho a la igualdad y a la protección de la identidad del niño, la cual se encuentra plenamente garantizada al encontrarse establecida la presunción de paternidad en el artículo 201 del Código Civil, al reconocimiento voluntario del niño o niña, conforme a las disposiciones consagradas en la Ley para la Protección de las Familias, la Maternidad y la Paternidad (*Gaceta Oficial* N° 38.773 del 20 de septiembre de 2007) o en la interposición de las acciones judiciales relevantes a la filiación, en caso de que exista contradicción entre la identidad biológica y la legal".

2. *Derechos Individuales*

    A. *Derecho de acceso a la Información Administrativa*

TSJ-SPA (1554)   **19-11-2014**

Magistrada Ponente: Mónica Misticchio Tortorella

Caso: Asociación Civil Espacio Público vs. Defensora Del Pueblo.

La Sala ratifica la jurisprudencia precedente restrictiva del derecho de acceso a la información administrativa respecto de las peticiones que considera que atentan contra la eficacia y eficiencia que debe imperar en el ejercicio de la Administración Pública, por el tiempo y recurso humano que hay que dedicar para dar respuesta lo que entorpece el normal funcionamiento de la actividad administrativa, lo que además, considera que obstaculizaría y recargaría innecesariamente el sistema de administración de justicia ante los planteamientos de esas abstenciones.

.......En específico, la parte actora planteó las interrogantes siguientes: *¿Cuáles mecanismos ha implementado la Defensoría para monitorear el cumplimiento el cumplimiento de las recomendaciones del Informe? ¿Cuáles son los resultados obtenidos y avances logrados 5 años después de la publicación del mismo?*. (*Sic*).

El aludido requerimiento de información fue reiterado por la parte demandante en fechas 18 de junio y 4 de agosto 2014, expresando como fundamento lo siguiente: *"evidenciamos que la información solicitada (…) no tiene relación alguna con ser una información pública que pueda ser omitida, debido a que en primer lugar no hay ninguna ley que así lo establezca y no es considerada ninguna restricción necesaria en una situación democrática. Por el contrario, resulta imperioso que en una sociedad democrática los ciudadanos conozcan los avances que se han ido tomando respecto a la salud sexual y reproductiva, tomando en cuenta la importancia de una salud pública estable y transparente para cada uno de los ciudadanos (…) de igual manera se debe de asegurar la oportunidad de pensar libremente acerca de esta situación, de hacer valer la participación popular para aportar ideas y opiniones que puedan hacer mejor la situación existente, y que permita concientizar a la población de los hechos y acciones emprendidos por el gobierno a la hora de hacer una elección".*

En cuanto al ejercicio del derecho a la información, contenido en el artículo 143 de la Constitución de la República Bolivariana de Venezuela, la Sala Constitucional de este Máximo Tribunal estableció, con carácter vinculante, en sentencia N° 745 del 15 de julio de 2010 (acogida por esta Sala, [Véase en *Revista de Derecho Público* N° 123 de 2010 en pp. 104 y ss.] entre otras por decisión N° 01177 publicada el 6 de agosto de 2014, [Véase en *Revista de Derecho Público* N° 139 de 2014 en pp. 89 y ss.]

lo que sigue:

"(...) el derecho a la información está legitimado en función del principio de transparencia en la gestión pública, que es uno de los valores expresamente establecidos en el artículo 141 de la Constitución de la República Bolivariana de Venezuela. Sin embargo, el artículo 143 eiusdem expresamente regula tal derecho, en los términos siguientes:

Los ciudadanos y ciudadanas tienen derecho a ser informados e informadas oportuna y verazmente por la Administración Pública, sobre el estado de las actuaciones en que estén directamente interesados e interesadas, y a conocer las resoluciones definitivas que se adopten sobre el particular. **Asimismo, tienen acceso a los archivos y registros administrativos, sin perjuicio de los límites aceptables dentro de una sociedad democrática en materias relativas** *a seguridad interior y exterior, a investigación criminal y* **a la intimidad de la vida privada***, de conformidad con la ley que regule la materia de clasificación de documentos de contenido confidencial o secreto. No se permitirá censura alguna a los funcionarios públicos o funcionarias públicas que informen sobre asuntos bajo su responsabilidad* (resaltado añadido).

De dicha lectura se infiere que aun cuando el texto constitucional reconoce el derecho ciudadano a ser informado, determina límites externos al ejercicio de tal derecho, en el entendido de que no existen derechos absolutos, salvo en nuestro derecho constitucional el derecho a la vida. Así, la invocación del derecho constitucional a la información no actúa como causa excluyente de la antijuricidad.

De modo que, esta Sala determina con carácter vinculante, a partir de la publicación de esta decisión, que en ausencia de ley expresa, y para salvaguardar los límites del ejercicio del derecho fundamental a la información, se hace necesario: i) que el o la solicitante de la información manifieste expresamente las razones o los propósitos por los cuales requiere la información; y ii) que la magnitud de la información que se solicita sea proporcional con la utilización y uso que se pretenda dar a la información solicitada".

La sentencia transcrita, de carácter vinculante, determina límites al ejercicio del derecho del ciudadano a ser informado, en el entendido de que no existen derechos absolutos, salvo el derecho a la vida, por lo que el derecho a la información no puede ser invocado como un elemento que contribuya a la antijuricidad. Que a partir del citado fallo, y para salvaguardar los límites del ejercicio del aludido derecho, el solicitante deberá manifestar expresamente las razones por las cuales requiere lo peticionado, así como justificar que lo requerido sea proporcional con el uso que se le pretende dar.

Lo anterior fue determinado por la Sala Constitucional, en interpretación del artículo 141 de la Constitución de la República Bolivariana de Venezuela, norma que destaca que los ciudadanos y ciudadanas tienen derecho a ser informados e informadas oportuna y verazmente por la Administración Pública, sobre el estado de las actuaciones en que estén directamente interesados e interesadas, y a conocer las resoluciones definitivas que se adopten sobre el particular.

Sin embargo, también dispone la norma *in commento* que el derecho de petición debe ser ejercido tomando en consideración los límites aceptables dentro de una sociedad democrática en materias relativas a **seguridad interior y exterior**, a investigación criminal y a la intimidad de la vida privada, de conformidad con la ley que regule la materia de clasificación de documentos de contenido confidencial o secreto.

Atendiendo al criterio transcrito, de la Sala Constitucional de este Máximo Tribunal, se observa que la parte actora adujo como razón de su requerimiento que, en una sociedad democrática, resulta imperioso que los ciudadanos conozcan los avances que se han ido tomando respecto a la salud sexual y reproductiva, basado en la importancia de una salud pública estable y transparente.

Adicionalmente, la parte demandante sostuvo que se debía asegurar la oportunidad de pensar libremente acerca de esa situación, de hacer valer la participación popular para aportar ideas y opiniones que pudieran hacer mejor las condiciones existentes, y que permita concientizar a la población de los hechos y acciones emprendidos por el gobierno a la hora de hacer una elección.

Vistos los términos en que fue formulada la petición ante la Defensoría del Pueblo esta Sala Político-Administrativa considera que la misma resulta vaga o genérica, es decir, la parte actora no arguyó el fin específico por el cual requería la información, además que no aportó al expediente el Informe a que hace referencia.

Lo anterior, denota que no hay correspondencia entre la magnitud de lo peticionado con el uso que pudiera dársele, motivos por los que no se considera satisfecho lo establecido por la Sala Constitucional de este Supremo Tribunal.

En criterio de este órgano jurisdiccional, peticiones como las de autos, en las que se pretende recabar información sobre la actividad que ejecuta o va a ejecutar el Estado para el logro de uno de sus fines, atenta contra la eficacia y eficiencia que debe imperar en el ejercicio de la Administración Pública, y del Poder Público en general, debido a que si bien toda persona tiene derecho a dirigir peticiones a cualquier organismo público y a recibir adecuada respuesta en tiempo oportuno, no obstante el ejercicio de ese derecho no puede ser abusivo de tal modo que entorpezca el normal funcionamiento de la actividad administrativa la cual, en atención a ese tipo de solicitudes genéricas, tendría que dedicar tiempo y recurso humano a los fines de dar explicación acerca de lo peticionado, situación que obstaculizaría y recargaría además innecesariamente el sistema de administración de justicia ante los planteamientos de esas abstenciones.

De modo que atendiendo a las consideraciones expresadas, este Alto Tribunal concluye en la inadmisibilidad de la demanda por abstención incoada (sentencia N° 01177 caso: *Asociación Civil Espacio Público y otros*). Así se declara.

B. *Derecho a una oportuna y adecuada respuesta a las peticiones realizadas por los particulares*

TSJ-SPA (1636) 3-12-2014

Magistrada Ponente: Evelyn Marrero Ortiz

Caso: Asociación Civil Espacio Público vs. Ministro del Poder Popular para la EDUCACIÓN UNIVERSITARIA, CIENCIA y TECNOLOGÍA.

...En el caso concreto, el reclamo realizado por la parte actora va dirigido a la obtención de respuesta a las diversas solicitudes de información formuladas al Ministro del Poder Popular para Educación Universitaria, Ciencia y Tecnología mediante comunicación del 13 de marzo de 2014, reiteradas en fechas 26 de junio y 1° de agosto de ese mismo año, respecto a los siguientes particulares: *i)* las dificultades que han presentado los usuarios que utilizan el internet de la empresa nacional CANTV, por la lentitud del servicio e imposibilidad de conexión en las diferentes ciudades y regiones del país, específicamente, en el Estado Táchira, *ii)* si han realizado bloqueos o restricciones en diversos portales web de noticias y en los sitios web como *"twimg.com"*, *"bit.ly"*, aplicación *"zello.com"* y, de ser cierto, *iii)* indiquen si fueron realizadas a través de una orden gubernamental, nombre de la persona que dio la orden, motivos de las mismas, así como, que se le provea de una lista de las páginas web bloqueadas y las fechas en que se realizaron dichas acciones.

Ahora bien, respecto al ejercicio del derecho a la información, la Sala Constitucional de este Alto Tribunal estableció con carácter vinculante, mediante sentencia N° 745 del 15 de julio de 2010, [Véase en *Revista de Derecho Público N° 123 de 2010 en pp. 101, 104 y ss.*] lo siguiente:

> *"(...) el derecho a la información está legitimado en función del principio de transparencia en la gestión pública, que es uno de los valores expresamente establecidos en el artículo 141 de la Constitución de la República Bolivariana de Venezuela. Sin embargo, el artículo 143 eiusdem expresamente regula tal derecho, en los términos siguientes:*

>> *Los ciudadanos y ciudadanas tienen derecho a ser informados e informadas oportuna y verazmente por la Administración Pública, sobre el estado de las actuaciones en que estén directamente interesados e interesadas, y a conocer las resoluciones definitivas que se adopten sobre el particular. **Asimismo, tienen acceso a los archivos y registros administrativos, sin perjuicio de los límites aceptables dentro de una sociedad democrática en materias relativas** a seguridad interior y exterior, a investigación criminal y **a la intimidad de la vida privada**, de conformidad con la ley que regule la materia de clasificación de documentos de contenido confidencial o secreto. No se permitirá censura alguna a los funcionarios públicos o funcionarias públicas que informen sobre asuntos bajo su responsabilidad (resaltado añadido).*

>> *De dicha lectura se infiere que aun cuando el texto constitucional reconoce el derecho ciudadano a ser informado, determina límites externos al ejercicio de tal derecho, en el entendido de que no existen derechos absolutos, salvo en nuestro derecho constitucional el derecho a la vida. Así, la invocación del derecho constitucional a la información no actúa como causa excluyente de la antijuricidad.*

>> *De modo que, esta Sala determina con carácter vinculante, a partir de la publicación de esta decisión, que en ausencia de ley expresa, y para salvaguardar los límites del ejercicio del derecho fundamental a la información, se hace necesario: i) que el o la solicitante de la información manifieste expresamente las razones o los propósitos por los cuales requiere la información; y ii) que la magnitud de la información que se solicita sea proporcional con la utilización y uso que se pretenda dar a la información solicitada".*

Conforme a la sentencia parcialmente transcrita, la Sala Constitucional de este Máximo Tribunal determinó que al no tratarse de un derecho absoluto –como sería el derecho a la vida– el ejercicio del derecho del ciudadano está sujeto a determinados límites, por lo mismo no puede ser invocado como un elemento excluyente de la antijuricidad. Asimismo se establece que a partir de la publicación de la citada sentencia, y para salvaguardar los límites del ejercicio del derecho a la información, el solicitante deberá manifestar expresamente las razones por las cuales requiere la información, así como justificar que lo pedido sea proporcional con el uso que se le pretende dar.

En atención al criterio vinculante sentado por la Sala Constitucional de este Alto Tribunal se observa que la parte actora se limitó a señalar que la información solicitada es necesaria para el ejercicio de la Contraloría Social, sin explicar hacia dónde estaría dirigido el control que se pretende ejercer, ni cuáles serían las actuaciones realizadas por la Administración que –a su decir– conllevarían a una posible infracción o irregularidad que afecte los intereses individuales o colectivos de los ciudadanos. Igualmente, se aprecia no haber especificado la parte actora el uso que le daría a la información requerida, motivos por los cuales no se considera cumplido dicho requisito.

En criterio de esta Sala, peticiones como las de autos, donde se pretende recabar información sobre la actividad que ejecutará el Estado para el logro de uno de sus fines, esto es, en cuanto a la regulación, formulación, dirección, orientación, planificación, coordinación, supervisión y evaluación de los lineamientos, políticas y estrategias en materia del desarrollo del sector de las telecomunicaciones y la tecnología de la información, las cuales están ligadas a la seguridad nacional del Estado, atenta contra la eficacia y eficiencia que debe imperar en el ejercicio de la Administración Pública y del Poder Público en general, debido a que si bien toda persona tiene derecho a dirigir peticiones a cualquier organismo público y a recibir respuesta en tiempo oportuno, frente a ese tipo de solicitudes genéricas, la Administración tendría que dedicar tiempo y recurso humano a los fines de dar explicaciones acerca de la amplia gama de actividades que debe realizar en beneficio del colectivo, situación que obstaculizaría y recargaría además innecesariamente el sistema de administración de justicia ante los planteamientos de esas abstenciones. (*Vid.* Sentencia de esta Sala N° 1177 publicada el 6 de agosto de 2014). [Véase en *Revista de Derecho Público* N° 139 de 2014 en pp. 89 y ss.]

Bajo este contexto, resulta oportuno advertir que información como la requerida al Ministro del Poder Popular para la Educación Universitaria, Ciencia y Tecnología, puede encontrarse en los informes anuales que son rendidos por los titulares de los ministerios ante la Asamblea Nacional, dada su obligación constitucional (artículo 244) de presentar una memoria razonada y suficiente sobre su gestión del año inmediatamente anterior, la cual es de carácter público.

3. *Derechos Sociales*

A. *Protección del niño y adolecente. Matrimonio prematuro*

TSJ-SC (1353)   **16-10-2014**

Magistrada Ponente: Carmen Zuleta De Merchán

Caso: Defensora del Pueblo (Gabriela del Mar Ramírez Pérez) vs. (Acción de nulidad por inconstitucionalidad, ejercida contra el artículo 46 del Código Civil, publicado en la *G.O* núm. 2.990 Ext. del 26-7-1982).

La Sala Constitucional declaró la nulidad parcial del artículo 46 del Código Civil en la parte que establece: "la mujer que no haya cumplido catorce (14) años de edad y el varón" .interpretando dicha norma sin distinción de género y equiparando a dieciséis (16) años la edad mínima requerida para contraer matrimonio, entendiéndose, a partir de la publicación del presente fallo en la Gaceta Judicial y Oficial, se declara, con efectos *ex nunc*, que no podrá contraer válidamente matrimonio la persona que no haya cumplido dieciséis (16) años.

Véase: pág. 425 de esta *Revista.*

….Hoy día, visto el desarrollo jurisprudencial recaído en torno al principio de igualdad que postula la Constitución de la República Bolivariana de Venezuela y la posición adoptada por esta Sala Constitucional en tutela de este instrumento, se debe concluir que el fundamento biológico-reproductivo para distinguir la edad para contraer matrimonio en función del sexo no supera el *test* de constitucionalidad, considerando el hecho de que actualmente el rol de la mujer en el matrimonio y en la sociedad supera con creces la simple función reproductora, y la mujer, en su recreación abstracta, ha dejado de ser sujeto pasivo objeto de tutela estatal por estar cercana a la incapacidad para ejercer sus derechos desde un ámbito de libertad y empoderamiento de su valía individual. Ahora, la condición de mujer se ha divorciado de ámbitos otrora confundidos como son los de sexualidad, procreación, maternidad, educación y trabajo. La mujer, *desalienada* de su naturaleza biológica que la tuvo por siglos socialmente resignada y sociológicamente entregada, puede hoy acceder selectivamente con libertad hacia todos esos ámbitos igual que el hombre. Y su principal reflejo en el ámbito legislativo dentro de la institución del matrimonio tiene que ser la paridad tanto para hombres y mujeres en la edad mínima para contraer matrimonio. Así se establece.

Así, destaca la Exposición de Motivos del Texto Fundamental la *"corresponsabilidad entre sociedad y Estado, el sentido de progresividad de los derechos, la indivisibilidad e interdependencia de los derechos humanos constituyen una herramienta doctrinaria que define una nueva relación de derechos y obligaciones entre sujetos que participan solidariamente en la construcción de una sociedad democrática, participativa, autogestionaria y protagónica. La equidad de género que transversaliza todo el texto constitucional define la nueva relación que en lo jurídico, en lo familiar, en lo político, en lo socioeconómico y cultural, caracteriza a la nueva sociedad, en el uso y disfrute de las oportunidades. Queda evidenciado a lo largo de todo el texto constitucional el uso del género femenino, expresamente indicado de acuerdo con las recomendaciones de la Organización para la Educación y la Cultura de las Naciones Unidas (UNESCO) y de diversas organizaciones no gubernamentales, todo lo cual se inscribe dentro del principio de igualdad y no discriminación reconocido por el texto constitucional, con el objeto de evitar dudas o equívocas interpretaciones de la Constitución".*

De igual forma, el Pacto Internacional de Derechos Civiles y Políticos (aprobado con reserva por Venezuela), contempla en su artículo 3: *"Los Estados Partes en el presente Pacto se comprometen a garantizar a hombres y mujeres la igualdad en el goce de todos los derechos civiles y políticos enunciados en el presente Pacto".* Asimismo, en su artículo 23 garantiza:

1. La familia es el elemento natural y fundamental de la sociedad y tiene derecho a la protección de la sociedad y del Estado.

2. Se reconoce el derecho del hombre y de la mujer a contraer matrimonio y a fundar una familia si tiene edad para ello.

3. El matrimonio no podrá celebrarse sin el libre y pleno consentimiento de los contrayentes.

4. Los Estados Partes en el presente Pacto tomarán las medidas apropiadas para asegurar la igualdad de derechos y de responsabilidades de ambos esposos en cuanto al matrimonio, durante el matrimonio y en caso de disolución del mismo. En caso de disolución, se adoptarán disposiciones que aseguren la protección necesaria a los hijos.

Por su parte, la Convención Americana sobre Derechos Humanos (Pacto de San José) que en protección a la familia preceptúa:

Artículo 17

1. La familia es el elemento natural y fundamental de la sociedad y debe ser protegida por la sociedad y el Estado.

2. Se reconoce *el derecho del hombre y la mujer a contraer matrimonio y a fundar una familia si tienen la edad y las condiciones requeridas para ello por las leyes internas, en la medida en que éstas no afecten al principio de no discriminación establecido en esta Convención.*

3. El matrimonio no puede celebrarse sin el libre y pleno consentimiento de los contrayentes.

4. Los Estados Partes deben tomar *medidas apropiadas para asegurar la igualdad de derechos y la adecuada equivalencia de responsabilidades de los cónyuges en cuanto al matrimonio, durante el matrimonio* y en caso de disolución del mismo. En caso de disolución, se adoptarán disposiciones que aseguren la protección necesaria de los hijos, sobre la base única del interés y conveniencia de ellos.

5. La ley debe reconocer iguales derechos tanto a los hijos nacidos fuera de matrimonio como a los nacidos dentro del mismo (destacado de este fallo).

De otra parte, la Convención sobre la Eliminación de todas las formas de Discriminación contra la Mujer establece en su articulado:

Artículo 15

1. Los Estados Partes reconocerán a la mujer la igualdad con el hombre ante la ley.

2. Los Estados Partes reconocerán a la mujer, en materias civiles, una capacidad jurídica idéntica a la del hombre y las mismas oportunidades para el ejercicio de esa capacidad. En particular, le reconocerán a la mujer iguales derechos para firmar contratos y administrar bienes y le dispensarán un trato igual en todas las etapas del procedimiento en las cortes de justicia y los tribunales.

3. Los Estados Partes convienen en que todo contrato o cualquier otro instrumento privado con efecto jurídico que tienda a limitar la capacidad jurídica de la mujer se considerará nulo.

4. Los Estados Partes reconocerán al hombre y a la mujer los mismos derechos con respecto a la legislación relativa al derecho de las personas a circular libremente y a la libertad para elegir su residencia y domicilio.

Artículo 16

1. Los Estados Partes adoptarán todas las medidas adecuadas para eliminar la discriminación contra la mujer en todos los asuntos relacionados con el matrimonio y las relaciones familiares y, en particular, asegurarán, en condiciones de igualdad entre hombres y mujeres:

a. El mismo derecho para contraer matrimonio;

b. El mismo derecho para elegir libremente cónyuge y contraer matrimonio sólo por su libre albedrío y su pleno consentimiento;

c. Los mismos derechos y responsabilidades durante el matrimonio y con ocasión de su disolución;

d. Los mismos derechos y responsabilidades como progenitores, cualquiera que sea su estado civil, en materias relacionadas con sus hijos; en todos los casos, los intereses de los hijos serán la consideración primordial;

e. Los mismos derechos a decidir libre y responsablemente el número de sus hijos y el intervalo entre los nacimientos y a tener acceso la información, la educación y los medios que les permitan ejercer estos derechos;

f. Los mismos derechos y responsabilidades respecto de la tutela, curatela, custodia y adopción de los hijos, o instituciones análogas cuando quiera que estos conceptos existan en la legislación nacional; en todos los casos, los intereses de los hijos serán la consideración primordial;

g. Los mismos derechos personales como marido y mujer, entre ellos el derecho a elegir apellido, profesión y ocupación;

h. Los mismos derechos a cada uno de los cónyuges en materia de propiedad, compras, gestión, administración, goce y disposición de los bienes, tanto a título gratuito como oneroso.

2. No tendrán ningún efecto jurídico los esponsales y el matrimonio de niños y se adoptarán todas las medidas necesarias, incluso de carácter legislativo, para fijar una edad mínima para la celebración del matrimonio y hacer obligatoria la inscripción del matrimonio en un registro oficial.

Asimismo, se debe recordar que la Asamblea General de las Naciones Unidas, en su resolución 843 (IX) de 17 de diciembre de 1954, declaró que "... *ciertas costumbres, antiguas leyes y prácticas referentes al matrimonio y a la familia son incompatibles con los principios enunciados en la Carta de las Naciones Unidas y en la Declaración Universal de Derechos Humanos, reafirmando que todos los Estados, incluso los que hubieren contraído o pudieren contraer la obligación de administrar territorios no autónomos o en fideicomiso hasta el momento en que éstos alcancen la independencia, deben adoptar todas las disposiciones adecuadas con objeto de abolir dichas costumbres, antiguas leyes y prácticas, entre otras cosas, asegurando la libertad completa en la elección de cónyuge, aboliendo totalmente el matrimonio de los niños y la práctica de los esponsales de las jóvenes antes de la edad núbil, estableciendo con tal fin las penas que fueren del caso y creando un registro civil o de otra clase para la inscripción de todos los matrimonios.*

Convienen por la presente en las disposiciones siguientes:

ARTÍCULO 1

1) No podrá contraerse legalmente matrimonio sin el pleno y libre consentimiento de ambos contrayentes, expresado por éstos en persona, después de la debida publicidad, ante la autoridad competente para formalizar el matrimonio y testigos, de acuerdo con la ley.

2) Sin perjuicio de lo dispuesto en el párrafo 1 supra, no será necesario que una de las partes esté presente cuando la autoridad competente esté convencida de que las circunstancias son excepcionales y de que tal parte, ante una autoridad competente y del modo prescrito por la ley, ha expresado su consentimiento, sin haberlo retirado posteriormente.

ARTÍCULO 2

Los estados parte en la presente Convención adoptarán las medidas legislativas necesarias para determinar la edad mínima para contraer matrimonio. No podrán contraer legalmente matrimonio las personas que no hayan cumplido esa edad, salvo que la autoridad competente, por causas justificadas y en interés de los contrayentes, dispense el requisito de la edad".

…En consecuencia, esta Sala declara con lugar la presente acción de constitucionalidad y anula parcialmente la norma contenida en el artículo 46 del Código Civil, por contradecir manifiestamente el artículo 21 de la Constitución de la República Bolivariana de Venezuela, y los Convenios Internacionales antes anotados, los cuales a tenor de lo dispuesto en el artículo 23 de la Constitución de la República Bolivariana de Venezuela poseen jerarquía constitucional y prevalecen en el orden interno, al establecer condicionamientos diferenciados en función del género y a la igualdad entre los futuros contrayentes; sin embargo, queda pendiente por analizar cuál de los dos parámetros utilizados por el legislador se ha de utilizar como referente igualador.

§.II

El principio *favoris libertis* exige que la interpretación constitucional tienda a favorecer mayores ámbitos de libertad para el individuo (una idea muy generalizada desde la perspectiva liberal del Derecho –superada entre nosotros con el rol Social del Estado– pero que aún da sustento a los denominados derechos de libertad); de tal suerte que será más cónsona con el individuo aquella opción que suponga menos trabas para el libre desarrollo de su personalidad. Desde esta premisa, pareciera pertinente optar como parámetro igualador la edad de 14 años en lugar de 16; sin embargo, la institución que regula la norma cuya inconstitucionalidad ya ha sido declarada se refiere al denominado "matrimonio prematuro", preocupando a la Sala que el carácter permisivo de la norma así concebida consienta la indebida incursión de adolescentes en un proyecto de vida tan complejo como el matrimonio.

En efecto, tal como lo señala la Defensoría del Pueblo en su escrito de impugnación, el Comité de los Derechos del Niño de la Organización de las Naciones Unidas recomendó una revisión por parte del Estado venezolano de la norma que establece esta disparidad señalando:

'Al Comité le preocupa que la edad mínima para el matrimonio de las niñas sea demasiado baja, y que sea distinta (14 años) a la de los niños (16 años).

El Comité recomienda al Estado Parte que establezca una edad mínima para el matrimonio que sea igual para niñas y niños y que considere la posibilidad de aumentar esa edad a 18 años. Además, lo alienta a que emprenda campañas de sensibilización sobre los posibles efectos negativos de los matrimonios en la adolescencia'.

Considera esta Sala que, efectivamente, la norma contrasta con los avances conseguidos por nuestro país en materia de protección de niños, niñas y adolescentes, como un compromiso por el Estado desde el punto de vista interno e internacional. Expresión de ello ha sido la incorporación en la Constitución de la República Bolivariana de Venezuela de los artículos 78 y 79 que establecen:

Artículo 78. Los niños, niñas y adolescentes son sujetos plenos de derecho y estarán protegidos por la legislación, órganos y tribunales especializados, los cuales respetarán, garantizarán y desarrollarán los contenidos de esta Constitución, la Convención sobre los Derechos del Niño y demás tratados internacionales que en esta materia haya suscrito y ratificado la República. El Estado, las familias y la sociedad asegurarán, con prioridad absoluta, protección integral, para lo cual se tomará en cuenta su interés superior en las decisiones y acciones que les conciernan. El Estado promoverá su incorporación progresiva a la ciudadanía activa, y un ente rector nacional dirigirá las políticas para la protección integral de los niños, niñas y adolescentes.

Artículo 79. Los jóvenes y las jóvenes tienen el derecho y el deber de ser sujetos activos del proceso de desarrollo. El Estado, con la participación solidaria de las familias y la sociedad, creará oportunidades para estimular su tránsito productivo hacia la vida adulta y en particular la capacitación y el acceso al primer empleo, de conformidad con la ley.

De tal modo, que resulta contrario a los intereses de la adolescencia y al sistema de protección integral que tiene garantizado, que la norma les permita a una edad tan temprana, desde los 14 años, abandonar sus estudios, su preparación profesional, su recreación y todas las actividades propias de la adolescencia que en conjunto configuran la personalidad del adulto sano, poniéndoles fin a su niñez, para lidiar con las complicaciones del matrimonio, el hogar y los hijos, viendo frustradas sus posibilidades de desarrollo progresivo y proporcional en otras áreas más cónsonas con su muy temprana edad.

De otra parte, optar por el límite mínimo resulta contradictorio con las políticas públicas destinadas a prevenir el embarazo precoz, que impone límites sociales en mayor medida a la madre, con el riesgo de que quede comprometido el desarrollo personal y psicológico de ambos niños (la madre y el por nacer) que incluso pueden derivar en complicaciones obstétricas severas. Ahora, no es que se desconozca que estos argumentos alcanzan también la figura del matrimonio adolescente a partir de los 16 años; pero de las opciones que permite la estructura normativa es la que menos censura genera y la que más se adecúa a las limitaciones jurisdiccionales de esta Sala Constitucional.

De allí, que esta Sala estime que la satisfacción del derecho a la igualdad se logra con la equiparación al límite máximo (16 años de edad) para que varones y hembras –es mucha abstracción social afirmar que con 16 años se es hombre y mujer– puedan contraer matrimonio, por lo que se declara la nulidad parcial del artículo 46 del Código Civil en la parte que comporta la inconstitucionalidad, es decir, a aquella que establece: *"la mujer que no haya cumplido catorce (14) años de edad y el varón"*, y a través de una interpretación constitucionalizante, sin distinción de género, se equipara a dieciséis (16) años la edad mínima requerida para contraer matrimonio, entendiéndose, a partir de la publicación del presente fallo en la Gaceta Judicial y Oficial, que la inteligencia de la norma se refiere a que *"no podrá contraer válidamente matrimonio la persona que no haya cumplido dieciséis (16) años"*. Así se decide.

Finalmente, en relación con los efectos de la decisión en el tiempo, esta Sala determina que esta sentencia tendrá efectos *ex nunc*, es decir, a partir de su publicación en la Gaceta Judicial y Oficial.

§.III

Ha afirmado la Sala en párrafos anteriores que todas las censuras realizadas para descartar la capacidad para contraer matrimonio a partir de los 14 años son también trasladables a todas las edades que anteceden a los 18 años; referente biológico que utiliza el legislador para presumir que se tiene –no necesariamente– la madurez suficiente (entiéndase capacidad) para comprender la magnitud de la responsabilidad que supone la mencionada institución; y que se ha cumplido a cabalidad con cada una de las etapas que garantizan una niñez y adolescencia acorde que desemboquen en un adulto sano biológica y psíquicamente.

Son muchas las problemáticas que confluyen con los matrimonios precoces o prematuros para los niños, niñas y adolescentes, por ser simplemente demasiado jóvenes para tomar una decisión con conocimiento de causa respecto a las implicaciones del matrimonio. Para la Sala, el matrimonio debe ser producto de una decisión libre, y el consentimiento pareciera no ser totalmente libre y cabal si al menos una de las partes es "excesivamente" inmadura. Para los adolescentes el matrimonio prematuro tiene un profundo efecto físico, intelectual, psicológico y emotivo que limita casi indefectiblemente las opciones educativas y de crecimiento personal; con la salvedad expresa de que son las niñas las que incluso llevan la peor parte, pues el matrimonio prematuro viene casi siempre emparentado con el embarazo y parto prematuro, y con una espiral de violencia física, psicológica, doméstica u obstétrica al carecer de las herramientas necesarias para evitar que el manejo de la relación de pareja se realice a través de causes violentos.

No desconoce la Sala que una de las situaciones que ha querido garantizar el legislador con el matrimonio prematuro es permitir que adolescentes que hayan procreado hijos puedan emanciparse y facilitarle los actos jurídicos necesarios para el sostén y protección del niño o niña; no obstante, en ese escenario, la emancipación no tiene que ser producto del matrimonio sino en todo caso de la procreación de un hijo siendo adolescente.

En definitiva, no es posible la anulación íntegra de la norma habida consideración de que su eliminación dejaría sin parámetro el establecimiento de una edad mínima para hombre y mujer, a partir de la cual no es posible contraer matrimonio, siendo que su desaparición del mundo jurídico crearía una incertidumbre acerca de la capacidad matrimonial. Lo conveniente es que el matrimonio sólo sea posible luego de que la persona adquiriese la mayoría de edad (18 años), como acertadamente lo señalan múltiples informes de organismos internacionales relacionados con la materia. Por lo cual esta Sala Constitucional exhorta a la Asamblea Nacional a considerar la reforma del artículo 46 del Código Civil y valore las preocupaciones vertidas por la Sala en esta sentencia. A tal efecto, se ordena remitir copia certificada del presente fallo al Presidente de la Asamblea Nacional y al Presidente de la Comisión Permanente de la Familia de la Asamblea Nacional. Así se decide.

B.   *Derecho a la cultura*

TSJ-SC (1585)   **18-11-2014**

Magistrado Ponente: Gladys María Gutiérrez Alvarado

Caso: Constitucionalidad del carácter orgánico del Decreto con rango, valor y fuerza de Ley Orgánica de Cultura.

La Sala Constitucional, describe el contenido tanto de la Ley Orgánica de Cultura como del derecho constitucional a la cultura.

Ahora bien, en el caso de autos, la Ley sometida al control previo de esta Sala, en lo que respecta a la constitucionalidad del carácter orgánico, tiene como objeto desarrollar los principios rectores, deberes, garantías y derechos culturales establecidos tanto en la Constitución de la República Bolivariana de Venezuela, como en los tratados internacionales suscritos y ratificados por la República Bolivariana de Venezuela en esa materia; así como el fomento y garantía del ejercicio de la creación cultural, la preeminencia de los valores de la cultura como derecho humano fundamental, bien irrenunciable y legado universal, con el reconocimiento de la identidad nacional en su diversidad cultural y étnica y el respeto a la interculturalidad, de conformidad con su artículo 1.

Asimismo, plantea el citado instrumento, como parte del glosario terminológico que contiene en su artículo 3, que la cultura "...es la manera de concebir e interpretar el mundo, las formas de relacionarse los seres humanos entre sí, con el medio creado y con la naturaleza, el sistema de valores, y los modos de producción simbólica y material de una comunidad", al igual que como cultura venezolana "...las múltiples expresiones a través de las cuales el pueblo venezolano se concibe así mismo e interpretar al mundo, establece sus relaciones humanas con el entorno creado, la naturaleza, su memoria histórica, su sistema de valores y sus modos de producción simbólica y material; todo lo cual resalta la condición multiétnica, intercultural, pluricultural y diversa del pueblo venezolano en su conjunto". Así como, define a la identidad cultural venezolana como "...las múltiples formas de conocernos, reconocernos, expresarnos y valorarnos; en el sentido de pertenencia al pueblo venezolano, la significación social y la persistencia de ser en la unidad, a través de los múltiples cambios sociales, económicos políticos e históricos; son elementos de la identidad cultural la unidad en la diversidad, memoria colectiva, la conciencia histórica y la organización social".

Por igual, señala a la diversidad cultural venezolana como "...*todas las identidades culturales que partiendo del hecho creador y en un proceso de apropiación colectiva coexisten y conforman la unidad cultural venezolana*", señalando, además, que la interculturalidad venezolana "...*es el conjunto de relaciones de convivencia y de respeto que se establecen entre identidades culturales que conforman la cultura venezolana*". Asimismo, señala, como creador o creadora a "...*toda persona que en contacto con los estímulos de su entorno genera bienes y productos culturales, a partir de la imaginación, la sensibilidad, el pensamiento y la creatividad. Las expresiones creadoras, como identidad, sentido de pertenencia y enriquecen la diversidad cultural del país*". Como trabajador o trabajadora cultural a "...*toda persona natural que se asuma artista, cultor o cultora, creador o creadora y que se dedique a una o a varias de las disciplinas del haber cultural, con dependencia o no de otra persona en el proceso social del trabajo*"; por último, como gestión cultural pública, a los efectos del decreto, al "...*conjunto coordinado de procesos, procedimientos y acciones llevadas a cabo por el Estado en materia de política cultural*".

De igual forma, se observa que el Decreto establece como uno de sus objetivos el fomento y la garantía del ejercicio de la creación cultural, la preeminencia de los valores de la cultura como un derecho humano fundamental, bien irrenunciable y legado universal, con el reconocimiento de la identidad nacional en su diversidad cultural y étnica; declara a la defensa soberana de la identidad cultural venezolana de interés público y la asume como prioridad estratégica; así como también considera como irrenunciable el derecho de toda persona al desarrollo de sus capacidades intelectuales y creadoras, a la divulgación de la obra creativa, y al acceso universal a la información, bienes y servicios culturales, sin perjuicio de la protección legal a los derechos de autor sobre las obras; con especial atención a los privados de libertad, con discapacidad general y adultos u adultas mayores.

Como se observa, el Órgano Ejecutivo reafirma con el presente texto legislativo la preeminencia de los valores de la cultura como derecho humano fundamental, bien irrenunciable y legado universal, en clara armonía con el dispositivo constitucional que lo considera como un bien irrenunciable del pueblo venezolano y un derecho fundamental que el Estado debe fomentar y garantizar (*ex* artículo 99 constitucional), con la finalidad de formar, promover y enriquecer los valores propios de identidad y diversidad cultural, para el fortalecimiento de la autodeterminación e identidad nacional y promover los valores venezolanos, con la defensa soberana de la identidad cultural venezolana, mediante la defensa, fortalecimiento y promoción del conocimiento, la divulgación y la comprensión de la cultura venezolana.

Ahora bien, evidencia esta Sala Constitucional, que siendo efectivamente la creación, preservación y difusión del patrimonio cultural, un valor preeminente para el Estado venezolano, desde un punto de vista orgánico, el texto legislativo *in comento* resulta trascendental en el ejercicio, funcionamiento y desarrollo de este importante cometido del Estado.

Dicho texto normativo, además, contiene preceptos, regulaciones y nominaciones principistas en el ámbito cultural, provenidas de los valores y derechos culturales que consagra la Constitución de la República Bolivariana de Venezuela, y que fungen de marco normativo a otras leyes que, en lo sucesivo, podrán sumarse al ordenamiento jurídico nacional en el ámbito de la cultura y demás sectores conexos.

En efecto, el artículo 99 de la Constitución de la República Bolivariana de Venezuela, en cuanto al derecho a la recreación, dispone:

Los valores de la cultura constituyen un bien irrenunciable del pueblo venezolano y un derecho fundamental que **el Estado fomentará y garantizará, procurando las condiciones, instrumentos legales,** medios y presupuestos necesarios. Se reconoce la autonomía de la administración de la administración cultural pública en los términos que establezca la ley. El Estado garantizará la protección y preservación, enriquecimiento, conservación y restauración del patrimonio cultural, tangible e intangible, y la memoria histórica de la Nación. Los bienes que constituyen el patrimonio cultural de la Nación son inalienables, imprescriptibles e inembargables. La ley establecerá las penas y sanciones para los daños causados a estos bienes. (Resaltado añadido).

Es así como, y en refuerzo de su carácter orgánico, el conjunto de normas compiladas en el Decreto con Rango, Valor y Fuerza de Ley Orgánica de Cultura, constituyen mandatos que sirven de fundamento para el desarrollo legislativo posterior en la materia objeto de regulación, no sólo por lo instaurado en las disposiciones que aluden literalmente a un desarrollo legislativo adicional (artículos 9, 11 –patrimonio cultural de la Nación, en atención a la zona de interés cultural–; 16 –de las artesanías venezolanas–; 23 –consejos estadales de cultura–; 28 – cinematografía nacional–; 29 –del libro–; 30 –del archivo general de la nación–; 34 –de las artes visuales, de las artes escénicas y de la música–, y 40 –de la descentralización administrativa de la infraestructura cultural–), sino de los preceptos que servirán de plataforma para la implantación de normas de expansión en cuanto a la materia de cultura, todo lo cual inscribe a la citada Ley en la categoría de ley marco o cuadro que sirve de base para otras leyes en la materia según lo dispone en el artículo 203 de la Constitución de la República Bolivariana de Venezuela.

Al respecto, estima conveniente esta Sala reiterar lo apuntado en su sentencia N° 34 del 26 de enero de 2004, en la que se aseveró que la calificación de una ley como orgánica tiene, en nuestro ordenamiento jurídico, una significación importante que viene determinada por su influencia dentro del sistema de jerarquía de las leyes en relación con un área específica, por ello, la inclusión de la expresión orgánica en su denominación revela mucho más que un nombre, pues con éste se alude al carácter o naturaleza relevante de una determinada norma dentro de aquel sistema.

Sobre este particular ya se ha pronunciado esta Sala, por lo que se estima pertinente reiterar lo apuntado en su sentencia N° 1.262, del 26 de septiembre de 2013, caso: "*Ley Orgánica de Cultura*", en la cual se declaró la constitucionalidad del carácter orgánico de la Ley Orgánica de Cultura, fundamentados en los siguientes argumentos:

Ahora bien, sin que ello implique un análisis de fondo respecto de la constitucionalidad de las normas que componen la Ley Orgánica de Cultura sancionada el día 13 de agosto de 2013, observa esta Sala Constitucional, que siendo efectivamente la creación, preservación y difusión del patrimonio cultural, un valor preeminente para el Estado venezolano, desde un punto de vista orgánico, el texto legislativo *in comento* resulta trascendental en el ejercicio, funcionamiento y desarrollo de este importante cometido del Estado. Dicho texto legislativo, además, contiene preceptos, normativas y nominaciones principistas en el ámbito cultural, provenidos de los principios y derechos culturales que consagra la Constitución de la República Bolivariana de Venezuela, que fungen de marco normativo a otras leyes que en lo sucesivo, podrán sumarse al ordenamiento jurídico nacional en el ámbito de la cultura y demás sectores conexos.

Es así como, y en refuerzo de su carácter orgánico, el conjunto de normas compiladas en la Ley Orgánica de Cultura, constituyen mandatos que sirven de fundamento para el desarrollo legislativo posterior en la materia objeto de regulación, no sólo por lo instaurado en las disposiciones que aluden literalmente a un desarrollo legislativo adicional, sino por los preceptos que servirán de plataforma para la implantación de normas de expansión en cuanto a la materia cultural, todo lo cual inscribe a la citada Ley en la categoría de ley marco o cuadro que sirve de base para otras leyes en la materia, según lo dispone el artículo 203 de la Constitución de la República Bolivariana de Venezuela.

Estima conveniente esta Sala reiterar lo apuntado en su sentencia Nº 34 del 26 de enero de 2004, en la que se aseveró que la calificación de una ley como orgánica tiene, en nuestro ordenamiento jurídico, una significación importante, que viene determinada por su influencia dentro del sistema de jerarquía de las leyes en relación con un área específica, por ello, la inclusión de la expresión orgánica en su denominación revela mucho más que un nombre, pues con éste se alude al carácter o naturaleza relevante de una determinada norma dentro de aquel sistema.

Efectivamente, en el caso de la Ley Orgánica de Cultura, el legislador con el apelativo orgánico asignado a la misma, ha querido dotar de especial relevancia su contenido normativo, habida cuenta de que los valores de la cultura constituyen un bien irrenunciable del pueblo venezolano y un derecho fundamental que el Estado fomenta y garantiza, al igual que procura la protección y preservación, enriquecimiento, conservación y restauración del patrimonio cultural, tangible e intangible, y la memoria histórica de la Nación, postulados normativos que se coligen del artículo 99 de la Constitución de la República Bolivariana de Venezuela.

A ello cabe añadir que tal como lo determina el artículo 100 *eiusdem*, las culturas populares constitutivas de la venezolanidad gozan de atención especial, reconociéndose y respetándose la interculturalidad bajo el principio de igualdad de las culturas; así como el Estado garantizará la emisión, recepción y circulación de la información cultural, con arreglo a lo señalado en el artículo 101 *eiusdem*.

Partiendo de la preeminencia que tiene para el Estado la creación, preservación y difusión de la cultura en todas sus manifestaciones y expresiones, especialmente las eminentemente populares, todo ello como valor superior de esta sociedad pluricultural en que se constituye la República, de conformidad como lo invoca el Preámbulo Constitucional, el instrumento legal marco en cuanto a la regulación de los derechos culturales y patrimonio cultural, la creación cultural como derecho humano fundamental y bien irrenunciable inherente a la identidad nacional, no puede menos que situarse en el orden de la jerarquía orgánica de las leyes de la República, según se subsume en la categorización que instruye la Constitución de la República Bolivariana de Venezuela en su artículo 203, conforme al análisis expuesto *supra*.

En fuerza de las anteriores consideraciones, debe esta Sala Constitucional, sin que ello implique un análisis de fondo respecto de la constitucionalidad de las normas que componen la Ley Orgánica de Cultura, pronunciarse afirmativamente respecto del carácter orgánico de dicho instrumento legislativo, en la medida en que se dirige a desarrollar de manera central y directa el contenido de preceptos fundamentales, así como sirve de marco normativo para otras leyes, por lo cual se circunscribe a las modalidades expresamente contempladas en el artículo 203 de la Constitución de la República Bolivariana de Venezuela. Ello así, este Tribunal Supremo de Justicia, en Sala Constitucional, determina que la Asamblea Nacional confirió adecuada y pertinentemente el carácter orgánico al texto normativo sancionado remitido, motivo por el cual se declara la constitucionalidad de éste. Así se declara.

En fuerza de las anteriores consideraciones, y ratificando el criterio jurisprudencial antes transcrito, debe esta Sala Constitucional, sin que ello implique un análisis de fondo respecto de la constitucionalidad de las normas que componen el Decreto con Rango, Valor y Fuerza de Ley Orgánica de Cultura, pronunciarse afirmativamente respecto del carácter orgánico de dicho instrumento legal, en la medida en que se dirige a desarrollar de manera central y directa el contenido de derechos fundamentales y sirve de marco normativo de futuras leyes que se sancionen para el complemento y efectividad de sus normas, por lo cual se circunscribe en dos de las modalidades expresamente contempladas en el artículo 203 de la Constitución de la República Bolivariana de Venezuela.

III. ORDENAMIENTO ORGÁNICO DEL ESTADO

1. *Poder ciudadano: régimen de la elección de los altos funcionarios del Poder Ciudadano por mayoría absoluta de los diputados*

TSJ-SC (1864)   **22-12-2014**

Magistrado Ponente: Ponencia Conjunta

Caso: Interpretación acerca del contenido y alcance del artículo 279 de la Constitución de la República Bolivariana de Venezuela.

La Sala Constitucional interpretó el artículo 279 de la Constitución estableciendo, en contra de su letra, espíritu y razón, que la elección de los titulares del Poder Ciudadano en segundo grado por la Asamblea Nacional, se puede hacer mediante el voto de la mayoría absoluta de diputados y no por las dos terceras partes de los mismos como lo establece la norma.

El accionante [Presidente de la Asamblea Nacional] alegó la existencia de una duda interpretativa en torno a "*... en lo atinente al modo de proceder cuando no se ha convocado el Comité de Evaluación de Postulaciones del Poder Ciudadano, y procede la Asamblea Nacional a la designación de los titulares de los órganos del Poder Ciudadano, por no haberse efectuado la convocatoria respectiva que se menciona en el primer párrafo...*" del artículo 279 de la Constitución de la República Bolivariana de Venezuela.

La disposición constitucional cuya interpretación es requerida prevé lo siguiente:

"Artículo 279. El Consejo Moral Republicano convocará un Comité de Evaluación de Postulaciones del Poder Ciudadano, el cual estará integrado por representantes de diversos sectores de la sociedad; adelantará un proceso público de cuyo resultado se obtendrá una terna por cada órgano del Poder Ciudadano, la cual será sometida a la consideración de la Asamblea Nacional. Esta, mediante el voto favorable de las dos terceras partes de sus integrantes, escogerá en un lapso no mayor de treinta días continuos, al o a la titular del órgano del Poder Ciudadano que esté en consideración. Si concluido este lapso no hay acuerdo en la Asamblea Nacional, el Poder Electoral someterá la terna a consulta popular.

En caso de no haber sido convocado el Comité de Evaluación de Postulaciones del Poder Ciudadano, la Asamblea Nacional procederá, dentro del plazo que determine la ley, a la designación del titular o la titular del órgano del Poder Ciudadano correspondiente.

Los o las integrantes del Poder Ciudadano serán removidos por la Asamblea Nacional, previo pronunciamiento del Tribunal Supremo de Justicia, de acuerdo con lo establecido en la ley."

En tal sentido, la Sala considera pertinente efectuar la interpretación de la norma transcrita con el objeto de dilucidar la duda interpretativa que justifica la presente decisión aclarativa, y así fijar el criterio que corresponda.

Al respecto, la interpretación solicitada debe realizarse atendiendo a los valores y principios axiológicos en los cuales se asienta el Estado Constitucional venezolano (*vid*. Sentencia n. 1309/2001 de esta Sala Constitucional).

Ahora bien, conforme al artículo 136 de la Constitución de la República Bolivariana de Venezuela, el Poder Público se distribuye entre el Poder Municipal, el Poder Estadal y el Poder Nacional, y éste está integrado por cinco poderes, uno de los cuales es el Ciudadano. Resulta así que, para que el régimen constitucional se desarrolle, es necesario que los cinco poderes nacionales, entre ellos el Ciudadano, cuenten con titulares designados conforme a los términos establecidos en la Constitución de la República Bolivariana de Venezuela.

De allí que la Asamblea Nacional, a quien compete la designación conforme al artículo 279 Constitucional, de los titulares de la Fiscalía General de la República, Contraloría General de la República y Defensoría del Pueblo, quienes componen el Consejo Moral Republicano, que a su vez es el órgano que ejerce el Poder Ciudadano (vid. Artículo 273 Constitucional), ocurrido el fenecimiento de los períodos de ejercicio de cada una de tales autoridades según la Carta Fundamental, y cumplidos los extremos conducentes, se encuentre cumpliendo con las fases de las respectivas designaciones.

Se estima pertinente resaltar que conforme al señalado artículo 279 de la Constitución de la República Bolivariana de Venezuela, objeto de la presente solicitud de interpretación, el Consejo Moral Republicano convocará un Comité de Evaluación de Postulaciones del Poder Ciudadano, el cual estará integrado por representantes de diversos sectores de la sociedad; adelantará un proceso público de cuyo resultado se obtendrá una terna por cada órgano del Poder Ciudadano, la cual será sometida a la consideración de la Asamblea Nacional.

Se añade que la Asamblea Nacional, mediante el voto favorable de las dos terceras partes de sus integrantes, escogerá en un lapso no mayor de treinta días continuos, al o a la titular del órgano del Poder Ciudadano que esté en consideración; mencionándose además que si concluido tal lapso no hay acuerdo en la Asamblea Nacional, el Poder Electoral someterá la terna a consulta popular.

Es así como el contenido del primer párrafo del artículo objeto de interpretación, estipula el procedimiento que se aplica a las designaciones de los titulares del Consejo Moral Republicano, cuando se ha cumplido con el extremo que la misma norma constitucional señala, a saber: que el referido Consejo haya convocado un Comité de Evaluación de Postulaciones del Poder Ciudadano. No obstante, el constituyente patrio advirtió que dicha convocatoria y la conformación del Comité respectivo, podía no presentarse en dichos términos, por lo cual previó un supuesto distinto al inicial, regido por extremos igualmente disímiles.

Tal supuesto es aquel contenido en el segundo párrafo del artículo en estudio, el cual señala que *"[e]n caso de no haber sido convocado el Comité de Evaluación de Postulaciones del Poder Ciudadano, la Asamblea Nacional procederá, dentro del plazo que determine la ley, a la designación del titular o la titular del órgano del Poder Ciudadano correspondiente"*. En tal sentido, la norma constitucional determina que cuando no fuere convocado el Comité de Evaluación de Postulaciones del Poder Ciudadano, por parte del Consejo Moral Republicano, la designación de sus titulares corresponderá a la Asamblea Nacional en el plazo que determine la ley, sin señalamiento sobre la mayoría que habrá de respaldar tales nombramientos.

Tal aserto se encuentra desarrollado en el artículo 23 de la Ley Orgánica del Poder Ciudadano, el cual señala que la designación habrá de darse "en un tiempo no mayor de treinta (30) días continuos".

De otra parte, merece denotar lo relativo a la mayoría que sería necesaria para la procedencia de los nombramientos por el Órgano Legislativo Nacional a los que se ha venido haciendo alusión, toda vez que, como ya se indicó, el presupuesto contenido en el segundo párrafo del artículo 279 Constitucional, no estatuye calificación alguna para la mayoría que el cuerpo deliberante deberá configurar a tales fines.

Así, con el objeto de precisar tal circunstancia, se impone la revisión de las normas que rigen el funcionamiento de la Asamblea Nacional, de las que resalta el Reglamento Interior y de Debates de la Asamblea Nacional, instrumento que la califica como vocera del pueblo venezolano en su artículo primero, y que establece en su artículo 89 lo siguiente:

"Las decisiones de la Asamblea Nacional se tomarán por mayoría absoluta, salvo aquellas en las cuales la Constitución de la República Bolivariana de Venezuela o este Reglamento especifiquen otro régimen. Se entiende por mayoría absoluta la mitad más uno de los diputados y diputadas presentes. Si el número de los diputados y diputadas presentes es impar, la mayoría será la mitad del número par inmediato superior".

De tal dispositivo se colige claramente que, las decisiones de la Asamblea Nacional serán tomadas por mayoría absoluta, que es aquella consistente en la manifestación afirmativa de la mitad más uno de los diputados y diputadas presentes, salvo cuando la Constitución de la República Bolivariana de Venezuela o el propio Reglamento Interior y de Debates de la Asamblea Nacional dispongan otro régimen regulatorio de la mayoría en determinados supuestos.

De ese modo, siendo que en la disposición constitucional objeto de análisis –segundo párrafo del artículo 279 Constitucional–, no se especifica un régimen de mayoría específico para la adopción del nombramiento por la Asamblea Nacional, de los titulares del Consejo Moral Republicano, se entiende que aplica la mayoría absoluta a la que se ha hecho referencia, la cual se configura con la manifestación afirmativa o positiva de la mitad más uno de los diputados y diputadas presentes en la sesión parlamentaria que corresponda, no resultando aplicable ni exigible, por tanto, la mayoría calificada a la que se refiere el primer párrafo del mencionado artículo 279 Constitucional, alusivo a un supuesto diferente al expuesto en la solicitud de autos.

En tal sentido, esta Sala Constitucional, en anteriores ocasiones ha señalado las diferencias específicas en los regímenes de mayorías necesarias para la toma de diversos tipos de decisiones en la Asamblea Nacional, atendiendo a los señalamientos expresos de la Constitución o la ley. De ello se destaca un análisis contenido en la sentencia n° 34 del 26 de enero de 2004 (Caso: *"Vestalia Sampedro de Araujo y otros"*), [Véase en *Revista de Derecho Público N° 97-98 de 2004 en pp. 107 y ss.*] referido a una interpretación sobre la mayoría requerida para la aprobación de las leyes orgánicas, en el que se reconoció la distinción que establece el Texto Constitucional entre las mayorías requeridas para la aprobación de leyes orgánicas y sus reformas cuando así son calificadas por el cuerpo legislativo nacional y cuando se trate de una ley que así sea catalogada en el propio Texto Constitucional. En ese sentido, la Sala apreció que cuando se presenta el segundo supuesto, es decir, aquel en el que la ley ya está calificada constitucionalmente como orgánica, su aprobación no requiere de la mayoría calificada que de ordinario se exige a los textos legales cuya calificación orgánica proviene de la propia Asamblea Nacional.

En tal virtud, en la solicitud de autos, la duda expuesta por el ciudadano Presidente de la Asamblea Nacional, señaló que ese Cuerpo Legislativo *"recibió de parte del Consejo Moral Republicano, órgano al que corresponde convocar Comité de Evaluación de Postulaciones del Poder Ciudadano conforme al artículo 279 Constitucional, la notificación sobre la imposibilidad sucedida en el Poder Ciudadano para proceder a convocar al referido comité en tanto hubo ausencia de acuerdo al respecto"*.

Así, estamos en presencia de la ocurrencia del supuesto contenido en el segundo párrafo del artículo 279 de la Constitución de la República Bolivariana de Venezuela, el cual resuelve expresamente que *"[e]n caso de no haber sido convocado el Comité de Evaluación de Postulaciones del Poder Ciudadano, la Asamblea Nacional procederá, dentro del plazo que determine la ley, a la designación del titular o la titular del órgano del Poder Ciudadano correspondiente"*.

En consecuencia, esta Sala Constitucional determina, luego de la interpretación fundamentada en los razonamientos expuestos, que en la situación planteada por el ciudadano Presidente de la asamblea Nacional y que motivó el requerimiento interpretativo declarativo, ese Órgano Legislativo Nacional debe proceder, luego de los trámites correspondientes, a la escogencia por mayoría absoluta –mitad más uno de los diputados y diputadas presentes en la sesión parlamentaria que corresponda– de los titulares de las instituciones que componen el Consejo Moral Republicano, en un tiempo no mayor de treinta (30) días continuos.

2. *El Poder Ejecutivo: Régimen de la Administración Pública y de las Misiones en el marco del Poder Público y del Poder Popular*

TSJ-SC (1586)   **18-11-2014**

Magistrada Ponente: Gladys María Gutiérrez Alvarado

Caso: Constitucionalidad del carácter orgánico del Decreto con Rango, Valor y Fuerza de la Ley Orgánica de Misiones.

La Sala Constitucional, describe el contenido de la Ley Orgánica de Misiones, Grandes Misiones y Micro-Misiones, en el marco del Poder Popular.

I

Examinado el contenido del identificado instrumento jurídico remitido a este Tribunal Supremo de Justicia, en Sala Constitucional, se observa que se trata de una ley cuyo objeto es, a tenor de su artículo 1 *"regular los mecanismos a través de los cuales el Estado Venezolano, conjunta y articuladamente con el Poder Popular bajo sus diversas formas de expresión y organización, promueven el desarrollo social integral, así como la protección social de los ciudadanos y ciudadanas, mediante el establecimiento de Misiones, Grandes Misiones y Micro-misiones, orientadas a asegurar el ejercicio universal de los derechos sociales consagrados en la Constitución de la República Bolivariana de Venezuela".*

Dicho cuerpo normativo ha delimitado su ámbito de aplicación a la Administración Pública Nacional, Estadal y Municipal, a las organizaciones del Poder Popular, así como a todas las personas naturales o jurídicas de derecho público o privado que tengan responsabilidades, obligaciones, derechos y deberes vinculados al ejercicio de los derechos sociales de las personas y del pueblo. De la misma manera, se declara de interés general, aquellas actividades vinculadas a la prestación de bienes y servicios a la población objeto de las Misiones, Grandes Misiones y Micro-misiones, teniendo un carácter de servicio público.

Este instrumento legal está compuesto de la siguiente forma:

El Capítulo I, contiene las *"Disposiciones Generales"*, a través de las cuales se definen el objeto, el ámbito de aplicación y la declaratoria de interés general; fines de la ley, el glosario de definiciones a los efectos de su contenido; los aspectos sobre los principios, sujetos de atención de las Misiones, derechos sociales, derechos y deberes de los misioneros, la medición de pobreza, así como aportes de las Misiones al desarrollo productivo del país.

En efecto, al referirse a los aportes de las Misiones al desarrollo productivo del país, se establece que deberán atender al desarrollo de proyectos socio-productivos que contribuyan al fortalecimiento de la soberanía del país, a la satisfacción de las necesidades de la población y a la construcción de la Venezuela potencia, por lo que se deberá asentar los mecanismos para hacer efectivo este principio.

El Capítulo II, intitulado *"Del Sistema Nacional de Misiones, Grandes Misiones y Micro-misiones"*, establece la definición del Sistema, sus objetivos y componentes, así como la forma en la que será dirigido a nivel nacional, las funciones del Alto Mando, al igual que contempla lo referente a la Coordinación General del Sistema, el Consejo Nacional de Política Social y a los ámbitos de atención de las Misiones. Igualmente, contempla lo referido a las Coordinaciones del Nivel Estadal del Sistema, Nivel Municipal del Sistema y Nivel Comunal y Comunitario del Sistema.

Asimismo, se regula en este Capítulo lo concerniente a la Mesa de Misiones Comunitaria, como instancia de articulación, y lo referente a las bases de las Misiones, como espacios para la prestación de servicios de las Misiones y de otros servicios públicos, destinados a la atención y protección integral de las comunidades y familias.

Posteriormente, en su Capítulo III se establece lo relativo a la Creación, Supresión y Fusión de las Misiones, Grandes Misiones y Micro-misiones.

El Capítulo IV, nombrado *"Servicio Nacional de Información Social"*, está compuesto por las disposiciones relativas al mencionado Servicio Nacional, sus objetivos y funciones.

Por su parte, el Capítulo V, denominado *"Fondo Nacional de Misiones"*, crea el referido Fondo Nacional de Misiones, para la gestión, asignación y administración de recursos destinados a las Misiones, Grandes Misiones y Micro-misiones, al igual que se establece sus atribuciones, entre las cuales se encuentra la de administrar, centralizar y sistematizar la gestión y asignación de los recursos.

En el Capítulo VI, intitulado *"Organización Popular en el Marco de las Misiones, Grandes Misiones y Micro-misiones"*, prevé cuales son las instancias de participación y organización comunitaria en el marco de las Misiones, Grandes Misiones y Micro-misiones, y en tal sentido, regula lo relativo al Consejo Nacional de Misioneros y Misioneras, estableciendo su creación, objetivo, conformación y funciones.

El Capítulo VII, nombrado *"Financiamiento de las Misiones, Grandes Misiones y Micro-misiones"*, regula lo referente a la prioridad e interés público de la inversión social, progresividad de la inversión social, distribución de los recursos y los criterios para su distribución, los recursos complementarios y extraordinarios y las reglas de operaciones específicas.

[...]

Ahora bien, en el caso de autos, la Ley sometida al control previo de esta Sala tiene como objeto regular los mecanismos a través de los cuales el Estado Venezolano, conjunta y articuladamente con el Poder Popular, bajo sus diversas formas de expresión y organización, promueven el desarrollo social integral, así como la protección social de los ciudadanos y ciudadanas, mediante el establecimiento de Misiones, Grandes Misiones y Micro-misiones, orientadas a asegurar el ejercicio universal de los derechos sociales consagrados en la Constitucional de la República Bolivariana de Venezuela, de conformidad con su artículo 1.

Al respecto, cabe destacar que en la Exposición de Motivos de la Constitución de la República Bolivariana de Venezuela de 1999, establece que *"... el Estado propugna el bienestar de los venezolanos, creando las condiciones necesarias para su desarrollo social y espiritual, y procurando la igualdad de oportunidades para que todos los ciudadanos puedan desarrollar libremente su personalidad, dirigir su destino, disfrutar los derechos humanos y buscar su felicidad"*.

Asimismo, establece que los principios de la solidaridad social y el bienestar común conducen al establecimiento de un Estado social, sometido al imperio de la Constitución y de la ley, convirtiéndolo, entonces, en un Estado de Derecho: Estado Social de Derecho que se nutre de la voluntad de los ciudadanos, expresada libremente por los medios de participación política y social para conformar el Estado democrático. Estado social y democrático de Derecho comprometido con el progreso integral que los venezolanos aspiran, con el desarrollo humano que permita una calidad de vida digna, aspectos que configuran el concepto de Estado de Justicia.

Igualmente, enuncia que los derechos sociales contenidos en la Constitución consolidan las demandas sociales, jurídicas, políticas, económicas y culturales de la sociedad en un momento histórico en el que los venezolanos y las venezolanas se redescubren como actores de la construcción de un nuevo país, inspirado en los saberes populares que le dan una nueva significación al conocimiento sociopolítico y jurídico del nuevo tiempo, y precisa además que la corresponsabilidad entre sociedad y Estado, el sentido de progresividad de los derechos, la indivisibilidad e independencia de los derechos humanos constituyen una herramienta doctrinaria que define una nueva relación de derechos y obligaciones entre sujetos que participan solidariamente en la construcción de una sociedad democrática, participativa, autogestionaria y protagónica.

Asimismo, señala la Exposición de Motivos del Texto Fundamental, que <u>todos esos derechos sociales constituyen la base fundamental del nuevo ordenamiento jurídico</u> en el que la vida, la ética, la moral, la libertad, la justicia, la dignidad, la igualdad, la solidaridad, el compromiso, los deberes ciudadanos y la seguridad jurídica son valores que concurren en la acción transformadora del Estado, la Nación, el gobierno y la sociedad, en un propósito de realización compartida para producir la gobernabilidad corresponsable, la estabilidad política y la legitimación jurídica necesaria para el funcionamiento de la sociedad democrática.

Así las cosas, la Constitución de la República Bolivariana de Venezuela, en su artículo 2, prevé que Venezuela se constituye en un Estado democrático y social de Derecho y de Justicia, que propugna como valores superiores de su ordenamiento jurídico y de su actuación, la vida, la libertad, la justicia, la igualdad, la solidaridad, la democracia, la responsabilidad social y en general, la preeminencia de los derechos humanos, la ética y el pluralismo político.

En ese orden de ideas, el Texto Fundamental establece modelos alternativos a la democracia representativa y al neoliberalismo, cuyas insuficiencias permitieron la consolidación, a través de varios siglos, de una sociedad signada por el materialismo, la dominación, la opresión, la exclusión y la pobreza económica. Para ello, recoge uno de los catálogos de valores, principios, derechos y deberes humanos más progresista del continente y del mundo en general, además de propugnar dos grandes transformaciones: por un lado, establece un modelo de democracia participativa y corresponsable, como mecanismo para garantizar la redistribución del poder, la justicia social y la consecución de una sociedad de verdaderos iguales en derechos y deberes. Por otro lado, establece un régimen económico solidario y sustentable, centrado en la función social de la economía y en el papel del Estado como regulador de las relaciones económicas, para garantizar los derechos todas y todos por igual.

En ese contexto podría afirmarse que las Misiones son componentes fundamentales del nuevo Estado democrático y social de Derecho y de Justicia, por cuanto expresan un modelo vanguardista de políticas públicas, que conjuga la agilización de los procesos estatales con la participación directa y verdadera del Pueblo en su gestión, es decir, un sistema que potencia de forma inédita la democracia participativa y el auténtico empoderamiento del Estado por parte del titular de la Soberanía: El Pueblo; en otras palabras, un sistema que, por ende, cohesiona el Poder Público con el poder al cual se debe, es decir, el Poder Popular, entendido como poder de ese Pueblo que, por primera vez en la historia patria, decidió convocar democráticamente una Asamblea Nacional Constituyente y refundar la República sobre verdaderos cimientos humanistas y garantistas de los derechos de todas y todos.

Por otra parte, las Misiones inician con un formato de atención a demandas sociales prioritarias en las áreas de salud, alimentación, educación, trabajo y vivienda, entre otras tantas, y representan un gran esfuerzo del Estado, en cumplimiento del deber constitucional de garantizar los derechos humanos, dirigido hacia la cancelación de la deuda social postergada y olvidada por décadas, con la población venezolana.

Desde cierta perspectiva, el contenido de las misiones no se diferencia de las políticas que el Estado venezolano venía adelantando desde el año 2000 en diversos planes nacionales y locales: el Plan Bolívar 2000, el Plan Nacional de Desarrollo Económico y Social 2001-2007, los planes sectoriales de los Ministerios de Salud, Educación y Agricultura, y algunos planes de gobernaciones y alcaldías que respaldaban los referidos proyectos. En su mayoría, las Misiones continuaron líneas de esas políticas y que con su impulso, tomaron un curso acelerado, masivo y penetrante en las zonas de difícil acceso, para hacer llegar la política y los programas a las poblaciones más desasistidas. Su propósito fundamental ha sido enfrentar las causas y consecuencias de la pobreza y la exclusión, con la participación protagónica del pueblo.

Ahora bien, aun cuando bajo la vigencia de la derogada Ley Orgánica de la Administración Pública, de fecha 17 de octubre de 2001, las misiones no se encontraban expresamente reguladas como una institución jurídica integrante de la estructura organizativa de la Administración Pública, no obstante, el entonces Presidente de la República, Hugo Chávez Frías, como máximo impulsor de la refundación de la República a través de la Constitución de la República Bolivariana de Venezuela, y en ejercicio de su potestad organizativa, a través de la creación de Comisiones Presidenciales, e, inclusive, con la creación de algunas fundaciones del Estado y programas, le dio vida institucional a las mismas, y fue a través de esos órganos y entes que tales misiones pudieron cumplir con el objeto que les fue encomendado, el cual está orientado básicamente a la ejecución de programas sociales en materia de alfabetización, educación, salud, deporte, vivienda, empleo, cultura, entre otros, que a su vez están dirigidos a la satisfacción de los derechos y las necesidades más elementales y urgentes que presentaban los sectores de la población más desfavorecidos, desde la perspectiva económica, en el país. Tales programas se caracterizan por ser ejecutados, a través de la participación directa de las propias comunidades y su ejecución en las mismas, como instrumentos esenciales para el verdadero desarrollo de todos los derechos constitucionales, individuales y colectivos, que persigue garantizar el sistema de misiones.

Visto lo expuesto, es preciso señalar que las misiones vienen a ser una de las estrategias más sólidas que posee el Estado venezolano para garantizar los derechos fundamentales, al implementar una dialéctica especial en cuanto a la planificación que se conjuga dentro de cada una de ellas, respecto a la corresponsabilidad y a la participación de la comunidad en los asuntos públicos, ésta última vista como "actor social" que genera y se organiza bajo sus propias gestiones, dando respuesta de forma protagónica a un cúmulo de necesidades del pueblo.

Para ello el Estado, a través de sus políticas públicas, ha hecho un espacio para el significado de ello en las misiones, canalizando así los requerimientos económicos y sociales en general de las comunidades para que los recursos lleguen a sus manos y de esta manera pueda generar una autogestión que progresivamente se ha reflejado en las misiones. Así, por ejemplo, el poder popular de la comunidad, en cuanto al desarrollo de las misiones, se sustenta de los recursos del Estado como estrategias y planes para el cumplimiento del Segundo Plan Socialista 2013-2019, bajo los objetivos de construir una sociedad igualitaria y justa, y lograr la irrupción definitiva del nuevo Estado Democrático y Social de Derecho y de justicia, profundamente signado por el principio social y la garantía de los derechos de todas y todos, en especial, de quienes se encuentren en situación de vulnerabilidad.

En este orden de ideas, visto que las misiones se convirtieron en una figura esencial dentro del marco de las nuevas dinámicas públicas implementadas por el Poder Ejecutivo Nacional, en las que se destaca la participación directa de las comunidades a los fines de promover la organización social, política y económica de las mismas, para construir un verdadero poder popular dotado de instancias de control social, en el actual Decreto con Rango Valor y Fuerza de Ley Orgánica de la Administración Pública, se incluyó la referencia a las Misiones, señalando en su artículo 15, que <u>las misiones son aquellas creadas con la finalidad de satisfacer las necesidades fundamentales y urgentes de la población;</u> asimismo, en su artículo 131, le otorga al Presidente de la República en Consejo de Ministros, la facultad de crear misiones, destinadas a la satisfacción de las necesidades fundamentales y urgentes de la población, las cuales estarán bajo la rectoría de las políticas aprobadas conforme a la planificación centralizada. Sin lugar a dudas, hablar de necesidades fundamentales y urgentes de la población, implica hablar de derechos y sus correlativas garantías.

Hablar de misiones, en ese contexto, implica aludir a derechos fundamentales (individuales, sociales, culturales, ambientales, etc.) que transversalizan la Carta Magna y, por tanto, una ley como la que da lugar a este pronunciamiento, conlleva, tal como se desprende de su contenido, una ley que desarrolla, además de los valores y principios fundamentales, derechos constitucionales, tal como se continuará evidenciado en los párrafos que siguen.

Respecto al mencionado artículo 131 del Decreto con Rango, Valor y Fuerza de Ley Orgánica de la Administración Pública, esta Sala Constitucional se pronunció mediante sentencia N° 203 del 25 de marzo de 2014, caso: "*Síndica Procuradora Municipal del Municipio Chacao del Estado Miranda*", en los términos siguientes:

"(omissis)

En este sentido, debe esta Sala en primer lugar, citar el artículo 131 del Decreto con Rango, Valor y Fuerza de Ley Orgánica de la Administración Pública, el cual dispone:

'La Presidenta o Presidente de la República en Consejo de Ministros, cuando circunstancias especiales lo ameriten, podrá crear misiones destinadas a atender a la satisfacción de las necesidades fundamentales y urgentes de la población, las cuales estarán bajo la rectoría de las políticas aprobadas conforme a la planificación centralizada.

El instrumento jurídico de creación de la respectiva misión determinará el órgano o ente de adscripción o dependencia, formas de financiamiento, funciones y conformación del nivel directivo encargado de dirigir la ejecución de las actividades'.

Al efecto, la norma prevista consagra la facultad del Presidente de la República en ejercicio de su potestad organizativa, expuesta ampliamente y conforme a la facultad establecida en el artículo 236.20 de la Constitución de la República Bolivariana de Venezuela, la competencia de crear misiones destinadas a atender la satisfacción de las necesidades fundamentales y urgentes de la población, las cuales estarán bajo la rectoría de las políticas aprobadas conforme a la planificación centralizada.

Las misiones por su parte son programas sociales que ejerce la Administración Pública Nacional con la finalidad de asegurar o procurar la satisfacción de las necesidades fundamentales y urgentes de la población, siendo el instrumento jurídico que regule su creación, el que determinará el órgano o ente de adscripción o dependencia, formas de financiamiento, funciones y conformación del nivel directivo encargado de dirigir la ejecución de las actividades.

Es de destacar que del contexto normativo constitucional así como de las disposiciones que consagran su creación en la Ley Orgánica de la Administración Pública, no se advierten de sus competencias que las Misiones y precedentemente las Autoridades Regionales, se hayan concebido para vaciar las estructuras del Estado Constitucional y de las competencias municipales y estadales sino para reforzar la participación y desarrollo a nivel nacional, estadal y municipal de la gestión pública, sin que la actuación de los integrantes de la Administración Nacional impida el ejercicio de las actividades municipales y estadales conforme a la consagración de la República Bolivariana de Venezuela como un Estado Federal Descentralizado, donde pueden existir la concurrencia de diversas competencias sin que alguna de ella solape el ejercicio de la otra, lo cual aunado a lo expuesto, no fue argumentado de manera individualizada y específica por parte de la accionante, cuestión que podría ser examinada su constitucionalidad en caso de existir una usurpación de funciones que implique el impedimento de las competencias constitucionales consagradas a los diversos órganos y entes de la Administración Pública en sus distintos niveles de ejecución.

En este sentido, interesa destacar como punto previo a la revisión de la vulneración del principio de soberanía popular que, las Misiones se constituyen en un instrumento, así como los órganos y entes que integran el entramado organizacional que forman la Administración Pública, que busca garantizar el fin último y objeto primordial del Estado (ex artículo 3 de la Constitución de la República Bolivariana de Venezuela), el cual es el desarrollo del ser humano y la consecución de una prosperidad social, siendo éste su núcleo de protección, por lo que para su ejecución deben disponerse y ejecutarse todas aquellas medidas necesarias y relevantes para la propensión del mismo, en caso contrario, estaríamos afirmando la existencia y creación de un ser innatural, inocuo e ineficaz de contenido y acción.

En este punto, debe resaltarse que la función y ejecución de este fin implica que los integrantes de los Poderes Públicos en el ámbito de sus competencias ejecuten sus potestades para la búsqueda o aseguramiento de tales fines, que en el caso del Poder Ejecutivo se ejerce a través de las diferentes potestades que revisten a la Administración y a los límites constitucionales así como al ejercicio de sus potestades constitucionales las cuales no pueden verse suspendidas en el tiempo ni restringido su ejercicio por cuanto la violación constitucional no solo podría ser contemplada por la vulneración de los postulados constitucionales sino igualmente por la omisión en el ejercicio de estos que acarrea el padecimiento de otros en igual, menor o mayor medida en la satisfacción de sus consecuentes derechos.

Es por ello, que la consecución de esos valores y bienes mínimos de resguardo para el ser humano justifican la actividad humana de una nación y de su pueblo, representada a través del Estado, en este sentido debe citarse lo expuesto por José María Guix Ferreres: 'La actividad humana procede del hombre. Por consiguiente, no puede orientarse a otro objetivo último que el mismo hombre. La creación de riquezas, el dominio del universo, la misma organización de la vida social no son más que objetivos intermedios y subordinados; el fin último, en el plano natural, es el desarrollo y perfeccionamiento del hombre tanto en sus facultades personales como en sus relaciones sociales. El hombre (y lo mismo podemos decir de la sociedad) vale más por lo que es y por lo que se hace con su actividad que por las cosas que posee'. (Vid. GUIX FERRERES, José María, citado por SARMIENTO GARCÍA, Jorge; Derecho Público, Ediciones Ciudad Argentina, 1997, p. 45).

De estos postulados y finalidades del Estado, los cuales son asumidos por la mayoría de las Constituciones modernas, y son concebidos no sólo como un mero número de normas rectoras de las Instituciones Políticas del Estado, sino como un conjunto efectivo de normas jurídicas contentivas de deberes y derechos de los ciudadanos, las cuales se incorporan y confluyen en un juego de inter-relación con los ciudadanos en un sistema de valores jurídicos, sociales, económicos y políticos que deben permitir su desarrollo dentro de una sociedad armónica, es que el Estado debe reinterpretar sus funciones en la búsqueda de la protección de los valores de justicia social y de dignidad humana.

En conjunción con lo expuesto, cabe analizar seguidamente, en función de las finalidades de que tienen asignadas las Misiones, las cuales son el progreso y desarrollo del ser humano, si éstas constituyen como exponen los accionantes una Administración Paralela que vulneró el ejercicio de la soberanía por parte del pueblo cuando desestimó la propuesta de reforma, encontrándose consagradas las Misiones en tal propuesta.

(omissis)

Expuesto lo anterior, se aprecia que al ser las Misiones programas sociales que son ejecutados por el Gobierno Nacional en ejecución de la potestad organizativa consagrada en el artículo 236.20 de la Constitución de la República Bolivariana de Venezuela y en los artículos 15, 16, 58 y 131 del Decreto con Rango, Valor y Fuerza de Ley Orgánica de la Administración Pública, las mismas no violentan disposición constitucional alguna ni vulneran el principio de soberanía popular, ya que éstas son el desarrollo de una potestad constitucional, siendo creadas previa consagración de su órgano de adscripción o dependencia, forma de financiamiento, funciones y conformación del nivel directivo que la integra, garantizando así el principio de legalidad y la racionalidad en la ejecución de las actividades administrativas.

Por último, debe destacarse que el principio de la soberanía popular y el derecho a la participación política no implican un relajamiento absoluto de los procedimientos o de los mecanismos de participación, sino el reforzamiento del sistema constitucional, por lo que, el ejercicio de éstos no pueden implicar o imponer sanciones o limitaciones temporales o sustanciales que no se derivan de las normas y principios expresos establecidos en la Constitución de la República Bolivariana de Venezuela, ya que la normas sancionatorias o limitativas de los poderes constitucionales sólo pueden ser interpretadas de manera restrictivas, con la finalidad de asegurar los derechos de los ciudadanos, el respeto a la institucionalidad democrática de un país y al ejercicio de los derechos y/o garantías constitucionales.

En ese sentido, esta Sala estima improcedente la denuncia formulada, y así se declara".

Aún cuando se ratifica la constitucionalidad de la figura de las Misiones, prevista en el actual Decreto con Rango Valor y Fuerza de Ley Orgánica de la Administración Pública, resulta pertinente un instrumento normativo propio como el que nos ocupa, a través del cual se reafirme y consolide de forma integral su institucionalización e incorporación dentro de un Sistema Nacional de Misiones, Grandes Misiones y Micro-misiones.

Así las cosas, plantea el citado Decreto con Rango, Valor y Fuerza de la Ley Orgánica de Misiones, Grandes Misiones y Micro-misiones, entre sus fines: "... *establecer el marco normativo por el cual el Estado garantiza el ejercicio universal de los derechos sociales consagrados en la Constitución y la ley...*" (artículo 2.1). Tal manifestación normativa advierte, expresamente, no sólo la voluntad de la presente ley, a saber, servir de marco normativo, circunstancia que por sí sola sustenta el carácter orgánico, sino que ese marco normativo y, por ende, el resto del plexo normativo que le siga, está dirigido a garantizar el ejercicio universal de los derechos sociales consagrados en la Constitución y la ley, circunstancia que refuerza la referida organicidad.

Como se observa, el Presidente de la República y Jefe de Estado, en Consejo de Ministros, otorgó a las Misiones, Grandes Misiones y Micro-misiones una importancia suprema como elemento imprescindible en el desarrollo y protección plena e integral, orientada a asegurar el ejercicio universal de los derechos sociales, lo cual incide positivamente en el desarrollo de proyectos socio-productivos que contribuyan al fortalecimiento de la soberanía del país, a la satisfacción de las necesidades de la población y a la construcción de la Venezuela potencia.

Ahora bien, sin que ello implique un análisis de fondo respecto de la constitucionalidad de las normas que componen el Decreto con Rango, Valor y Fuerza de la Ley Orgánica de Misiones, Grandes Misiones y Micro-misiones, observa esta Sala Constitucional, que siendo efectivamente el marco normativo por el cual el Estado garantiza el ejercicio universal de los derechos sociales consagrados en la Constitución y la ley, en su artículo 8° precisa los <u>derechos a ser desarrollos y atendidos</u> por las Misiones, Grandes Misiones y Micro-misiones, serán los consagrados en la Constitución de la República Bolivariana de Venezuela y se atenderán, fundamentalmente, al derecho a la alimentación, a la protección de la familias, a la identidad, a la vivienda y al hábitat, a la salud, a la seguridad social, al trabajo, a la educación, a la cultura, al deporte y la recreación, a los servicios básicos, a la seguridad personal, así como al derecho de los pueblos y comunidades indígenas, además, de los derechos consagrados en la ley y en los tratados y acuerdos suscritos y ratificados por la República Bolivariana de Venezuela.

[...]

Es así como, y en refuerzo de la constitucionalidad de su carácter orgánico, el conjunto de normas compiladas en el Decreto con Rango, Valor y Fuerza de la Ley Orgánica de Misiones, Grandes Misiones y Micro-Misiones, constituyen mandatos que sirven de fundamento para el desarrollo de los derechos sociales, todo lo cual circunscribe a la citada Ley en la categoría establecida en el tercer supuesto que dispone el artículo 203 de la Constitución de la República Bolivariana de Venezuela, es decir, para el desarrollo de los derechos sociales contenidos en los artículos 44, 56, 75, 82, 83, 86, 87, 99, 102, 111, 117, 119 y 305 *eiusdem*.

En razón de lo anterior, esta Sala estima conveniente reiterar lo apuntado en su sentencia N° 34 del 26 de enero de 2004, en la que se aseveró que la calificación de una ley como orgánica, tiene en nuestro ordenamiento jurídico una significación importante que viene determinada por su influencia dentro del sistema de jerarquía de las leyes en relación con un área específica, por ello, la inclusión de la expresión orgánica en su denominación revela mucho más que un nombre, pues con éste se alude al carácter o naturaleza relevante de una determinada norma dentro de aquel sistema.

Efectivamente, en el caso del Decreto con Rango, Valor y Fuerza de la Ley Orgánica de Misiones, Grandes Misiones y Micro-Misiones, el Presidente de la República, en Consejo de Ministros, ha desarrollado los referidos derechos sociales, habida cuenta de que ellos constituyen derechos irrenunciables del pueblo venezolano que el Estado debe garantizar y fomentar, mediante la disposición de recursos y políticas para su promoción, protección y preservación; con lo cual se consolida un elemento de suprema importancia para el desarrollo integral y pleno de la persona natural al asegurar la efectiva materialización de los derechos sociales, no puede menos que situarse en el orden de la jerarquía orgánica de las leyes de la República, según se subsume en la categorización que instruye la Constitución de la República Bolivariana de Venezuela en su artículo 203, conforme al análisis expuesto en esta decisión.

En fuerza de las anteriores consideraciones, debe esta Sala Constitucional, pronunciarse afirmativamente respecto de la constitucionalidad del carácter orgánico del Decreto con Rango, Valor y Fuerza de la Ley Orgánica de Misiones, Grandes Misiones y Micro-Misiones, en la medida en que establece un marco normativo y se dirige a desarrollar de manera central y directa el contenido de derechos fundamentales, por lo cual se circunscribe a dos de las modalidades expresamente contempladas en el artículo 203 de la Constitución de la República Bolivariana de Venezuela. Ello así, este Tribunal Supremo de Justicia, en Sala Constitucional, declara la constitucionalidad del éste. Así se declara.

IV. ORDENAMIENTO ECONÓMICO DEL ESTADO

1. *Levantamiento del velo corporativo para la protección de los derechos de los consumidores y usuarios*

TSJ-SPA (1462)   **29-10-2014**

Magistrada ponente: Monica Misticchio Tortorella

Caso: WENCO SERVICIOS DE COMIDA RÁPIDA, C.A., **vs.** Resolución N° DM/N° 063 de fecha 11-7-2012 dictada por la entonces Ministra del Poder Popular para el Comercio.

El Estado como garante del bien común podrá levantar el velo corporativo a las sociedades mercantiles para que en ocasiones se actúe contra una sociedad distinta a la que originalmente contrató o se relacionó con la persona que se considera perjudicada, todo ello conforme al criterio establecido por la Sala Constitucional en la sentencia N° 903 del 14 de mayo de 2004 (caso: *Transporte Saet, S.A*). [Véase en *Revista de Derecho Público* N° 97-98 de 2004 en pp. 149 y ss.].

........Corresponde a esta Sala emitir su pronunciamiento con relación a recurso contencioso administrativo de nulidad interpuesto por la representación judicial de la sociedad mercantil Wenco Servicios de Comida Rápida, C.A. contra la Resolución N° DM/N° 063 de fecha 11 de julio de 2012 dictada por el Ministerio del Poder Popular para el Comercio, en virtud de la cual se declaró sin lugar el recurso jerárquico ejercido contra el acto administrativo de fecha 9 de noviembre de 2011, emanado del entonces Presidente del Instituto para la Defensa de las Personas en el Acceso a los Bienes y Servicios (INDEPABIS), actualmente Superintendencia Nacional para la Defensa de los Derechos Socio Económicos (SUNDDE), en el que se ordenó a la recurrente reintegrar a la sociedad mercantil CORPOGRAN, C.A., la cantidad de UN MILLÓN CUARENTA Y SEIS MIL BOLÍVARES SIN CÉNTIMOS (Bs. 1.046.000,oo) correspondiente al pago efectuado por la aludida compañía anónima con ocasión de dos contratos de opción de compra de acciones suscrito entre esta y la sociedad mercantil Multi-Tienda 2006, C.A; igualmente se le impuso una sanción de multa a la actora por UN MIL UNIDADES TRIBUTARIAS (1.000 U.T).

La representación de la sociedad mercantil Wenco Servicios de Comida Rápida, C.A. esgrime como fundamento de su petición de nulidad los alegatos siguientes: i) Falta de cualidad de la sociedad mercantil Wenco Servicios de Comida Rápida.C.A. para ser sancionada por el Instituto para la Defensa de las Personas en el Acceso a los Bienes y Servicios (INDEPABIS), hoy Superintendencia Nacional para la Defensa de los Derechos Socio Económicos

(SUNDDE); ii) Incompetencia del referido Instituto para dictar el acto impugnado; iii) Violación del derecho a la defensa y al debido proceso de la recurrente; iv) Violación del principio de legalidad de las sanciones administrativas.

i) **Falta de cualidad de la sociedad mercantil Wenco Servicios de Comida Rápida para ser sancionado por el Instituto para la Defensa de las Personas en el Acceso a los Bienes y Servicios (INDEPABIS), actualmente Superintendencia Nacional para la Defensa de los Derechos Socio Económicos (SUNDDE).** La recurrente alega no tener cualidad para ser sancionada por el Instituto para la defensa de las Personas en el Acceso a los Bienes y Servicios INDEPABIS, en virtud de que la actuación cuestionada por la Administración se verificó en el marco de un contrato suscrito entre la compañía CORPOGRAN, C.A. y la sociedad de comercio Multi-Tienda 2006, C.A.

Para el análisis de esta denuncia se observa que esta Sala Político-Administrativa en su sentencia N° 325 /2007, indicó que "la cualidad se define como la identidad lógica entre quien se afirma titular de un derecho y aquél a quien la ley, en forma abstracta, faculta para hacerlo valer en juicio (legitimación activa); y, en segundo lugar, entre la persona contra quien se ejerce tal derecho y aquélla a quien la ley determina para sostener el juicio (legitimación pasiva). Así, la ausencia de esta correspondencia configura la falta de cualidad pasiva o activa, según sea el caso."

En el presente caso, la falta de cualidad es denunciada dentro del procedimiento administrativo que culminó con el acto cuya legalidad es debatida en el juicio de autos.

En este sentido, la recurrente alega no tener cualidad para ser sancionada por no haber participado en el contrato antes referido, argumento que es contradicho por la Administración con base en la teoría del levantamiento del velo corporativo y en la conexión que indica existe entre la sociedad mercantil recurrente y la compañía Multi-Tienda 2006, C.A.

Sobre este punto advierte la Sala que en nuestro ordenamiento jurídico se reconoce personalidad jurídica, independiente a la de los socios que las conforman, a las sociedades anónimas y a otras formas de asociación contempladas en la legislación mercantil, así el artículo 201 del Código de Comercio Venezolano después de enumerar los tipos de sociedades de comercio, dispone en su primer aparte que *"Las compañías constituyen personas jurídicas distintas de las de los socios".*

Importa destacar al respecto que las personas jurídicas sólo son medios o instrumentos técnicos, creados siempre por el Derecho para la realización de fines humanos. Si bien los intereses que ellas representan tienen como destinatarios últimos y necesarios a los seres humanos, el carácter de medios de las personas jurídicas, no basta ni permite que se les pueda equiparar a la persona humana, como en forma errónea algunos han pretendido. De allí que resulte imprescindible para el interprete jurídico tener muy en cuenta estas fundamentales pautas axiológicas, al dar solución a cuestiones relativas a derechos y garantías constitucionales de estos sujetos de derecho, como ocurre en el presente caso. (Ver sentencia de esta Sala N° 00278 /2001, caso: *CANTV SERVICIOS, C.A.*)

Esta concesión del derecho, la personalidad jurídica societaria, constituye entonces un recurso técnico para el logro de los fines económicos comunes que tengan un grupo de personas determinado, en función del cual, la ley también restringe la responsabilidad que se derive de las actuaciones de la sociedad, limitándola en el caso de las compañías anónimas al capital social de las mismas.

En este sentido, el mencionado artículo 201 del Código de Comercio, define en su ordinal 3° a la compañía anónima como aquella en la cual *"...las obligaciones sociales están garantizadas por un capital determinado y en la que los socios no están obligados sino por el monto de su acción".*

Dicha regulación implica una gran diferencia respecto a las personas naturales, pues cuando una de éstas comienza alguna actividad o proyecto de índole económica no sólo compromete la parte de sus activos que decide destinar al objetivo que se propone, sino que, en principio, responde con todo su patrimonio por las consecuencias que se deriven de su actuación.

De aquí que los emprendimientos económicos que ordinariamente se inician se canalizan a través de la utilización de las figuras societarias previstas en la legislación mercantil, siendo la más utilizada la sociedad anónima como medio jurídico idóneo para la realización de distintos objetos sociales.

Ahora bien, esta situación privilegiada de las sociedades mercantiles, en algunos casos conlleva al abuso de la personalidad jurídica que el ordenamiento les reconoce, en perjuicio de los terceros que traban alguna relación con la compañía que se trate, obligando al Estado como garante del bien común a intervenir a través del levantamiento del velo corporativo, permitiendo en ocasiones que se actúe contra una sociedad distinta a la que originalmente contrató o se relacionó con la persona que se considera perjudicada.

Sobre este punto se ha pronunciado *in extenso* la Sala Constitucional, fijando el criterio actualmente imperante en la sentencia N° 903 dictada el 14 de mayo de 2004, (caso: *Transporte Saet, S.A.*), en la que concretamente sostiene entre otros aspectos lo siguiente: [Véase en *Revista de Derecho Público* N° 97-98 de 2004 en pp. 149 y ss]

[OMISSIS]

En el presente caso, la sociedad mercantil CORPOGRAN, C.A., pese a haber contratado directamente con compañía Multi-Tienda 2006, C.A., denunció a la sociedad de comercio Wenco Servicios de Comida Rápida, C.A. ante el Instituto para la defensa de las Personas en el Acceso a los Bienes y Servicios (INDEPABIS), actualmente Superintendencia Nacional para la Defensa de los Derechos Socio Económicos (SUNDDE), dando origen al procedimiento administrativo que culminó con la sanción recurrida, al considerar dicho Instituto que ambas compañías (Multi-Tienda 2006, C.A. y Wenco Servicios de Comida Rápida) formaban parte de un grupo empresarial, por lo que era procedente el levantamiento del velo corporativo en resguardo de los derechos de la sociedad de comercio denunciante.

[…]

De la comparación o cotejo de los documentos antes relacionados, a los cuales la Sala les otorga valor probatorio de conformidad con lo dispuesto en el artículo 429 del Código de Procedimiento Civil (aplicable por remisión del artículo 31 de la Ley Orgánica de la Jurisdicción Contencioso Administrativa y 98 de la Ley Orgánica del Tribunal Supremo de Justicia), se observa que varias de las personas que fungían como Directores en la sociedad mercantil "Inversiones Multi-Tienda 2006, C.A.", ocupaban igualmente cargos directivos en la sociedad de comercio Wenco Servicios de Comida Rápida, C.A. al momento de la suscripción del contrato de opción de compra venta entre Multi-Tienda 2006, C.A. y CORPOGRAN, C.A. esto es el 4 de julio de 2007, de conformidad con los datos plasmados en las actas constitutivas *supra* señaladas, así seis de los siete directores que son designados en el documento constitutivo de la sociedad de comercio Wenco Servicios de Comida Rápida, C.A., fueron igualmente designados como Directores de la compañía anónima Inversiones Multi-Tienda 2006, en el acta constitutiva de esta, concretamente los ciudadanos Roberto Rafael Drew-Bear Ortiz, C.I. 5.553.661, Fernando Enrique Tamayo Lavié, C.I. 4087380, Enrique Lerner Rais, C.I. 6.823.619, Meyer Malka Rais, C.I. 11.229.763, Andrés Eloy García, C.I. 4.349.405, y Michel Jacques Mathe, C.I.1.151.805.

También se evidencia de los documentos constitutivos de las sociedades mercantiles: "Wenco Servicios de Comida rápida, C.A." e "Inversiones Multi-Tienda 2006, C.A." que ambas compañías tenían dentro de su objeto social el desarrollo del negocio de comida rápida, así en el acta constitutiva de la primera de las mencionadas se indica que *"El objeto principal de la compañía consiste en el desarrollo del negocio de comida rápida bajo operación propia o bajo sistema de franquicia, en condición de franquiciado"*, mientras que en el documento constitutivo de Inversiones Multi-Tienda 2006, C.A. se señala como objeto social *"...el desarrollo del negocio de comida rápida y restaurantes en general, bien sea de manera directa o a través de la contratación de terceros que se encargarían de la operación de los mismos"*.

Asimismo se advierte que en el acta constitutiva de la sociedad mercantil "Corporación 050607 Barquisimeto, C.A.", cuyas acciones constituían el objeto de la venta pactada en el contrato de opción de compra suscrito entre Multi-Tienda 2006, C.A. y la compañía anónima CORPOGRAN, se indica como objeto social de esa sociedad que *"La compañía se dedicará al establecimiento y la explotación comercial de 'Restaurantes Wendy's en las ubicaciones que le hayan sido aprobadas, a cuyo efecto suscribirá el correspondiente 'Contrato de Sub-franquicia' con Wenco Servicios de Comida Rápida, C.A."*.

De relevancia también para dilucidar el punto objeto de debate, se observa que consta al folio 160 del expediente administrativo, acta levantada el 27 de mayo de 2011 en el Instituto para la Defensa de las Personas en el Acceso a los Bienes y Servicios (INDEPABIS) actualmente Superintendencia Nacional para la Defensa de los Derechos Socio Económicos (SUNDDE), con la participación de un representante de la sociedad mercantil Wenco Servicios de Comida Rápida, C.A. y del ciudadano Alexis Granados en representación de la sociedad de comercio CORPOGRAN,C.A. en la que se dejó constancia del ofrecimiento realizado por la recurrente en los términos siguientes:

"Nosotros en representación de la empresa hacemos el ofrecimiento de BsF 200.000 para resolver el problema que se ha planteado con el señor Alexis sin embargo en vista de que el Señor Alexis no está de acuerdo con ese monto nosotros le haremos el planteamiento a la empresa para traerle una nueva propuesta. Es todo".

Es decir, que la sociedad mercantil Wenco Servicios de Comida Rápida, C.A. admitió su vinculación con la sociedad mercantil Multi-Tienda 2006, C.A. al responsabilizarse por los actos de esta a través de la realización de una propuesta de pago a la sociedad de comercio CORPOGRAN, C.A. durante el procedimiento administrativo llevado a cabo ante el Instituto para la Defensa de las Personas en el Acceso a los Bienes y Servicios (INDEPABIS), sustituido en la actualidad por la Superintendencia Nacional para la Defensa de los Derechos Socio Económicos (SUNDDE).

La coincidencia en las personas que conforman la directiva de la sociedad mercantil Wenco Servicios de Comida Rápida, C.A. y la sociedad de comercio Multi-Tienda 2006, C.A., así como la conexión existente entre los objetos sociales de estas compañías y Corporación 050607 Barquisimeto, C.A., pone en evidencia la relación de las citadas sociedades, su pertenencia al mismo grupo empresarial, y la utilización de varias compañías mercantiles para la explotación del negocio de comida rápida, lo cual aunado a la admisión de la conexión existente entre ambas compañías, derivada de la propuesta de arreglo realizada por los representantes de la recurrente en el procedimiento administrativo conlleva a la Sala, a la luz del criterio jurisprudencial antes anotado, a considerar que el alegato de falta de cualidad esgrimido por la parte recurrente debe ser desestimado. Así se decide.

Importa agregar a los expuesto, que el Estado a través de las distintas instituciones que lo integran, como máximo garante de los derechos de las personas, consumidores y usuarios de bienes y servicios, debe, en el ejercicio de las facultades y competencias que legal y constitucionalmente le corresponden, velar porque las sociedades anónimas que desarrollan su actividad comercial a través de un entramado empresarial con la finalidad de incrementar los beneficios económicos que perciben, no abusen de los privilegios que su forma societaria les proporciona, en detrimento de los intereses individuales de quienes contratan con ellos.

En este sentido, conforme se resalta en los precedentes jurisprudenciales citados, diversas leyes establecen los parámetros de vinculación a los fines de establecer cuándo se está frente a un grupo de empresas relacionadas, criterios estos que en atención a las particularidades propias de cada caso y a la relevancia de los bienes jurídicos tutelados por el Estado, en ocasiones son ampliados para evitar el abuso de la personalidad jurídica en perjuicio de la comunidad.

Tal es el caso de los supuestos establecidos en las hoy derogadas Ley de Regulación Financiera (*Gaceta Oficial* N° 4.391 Extraordinario del 6 de julio 1995) y en el Decreto con Rango y Fuerza de Ley de Reforma Parcial de la Ley de Regulación de la Emergencia Financiera (*Gaceta Oficial* N° 5.390 Extraordinario del 22 de octubre de 1999), en las que se incluía como relacionadas a todas aquellas personas vinculadas directa o indirectamente cuando *"...existan fundados indicios de que con la adopción de formas y procedimientos jurídicos ajustados a derecho, se han utilizado medios para eludir las prohibiciones de la Ley General de Bancos y Otras Instituciones Financieras o disminuido la responsabilidad patrimonial..."*.

Se advierte así, que el reconocimiento legal de la personalidad jurídica independiente de las sociedades anónimas, así como la limitación de la responsabilidad de sus socios, pueden ser desestimados cuando se emplean dichos privilegios con fines ilícitos, en menoscabo del interés general y de los derechos de los particulares que se relacionan con ellas, correspondiendo a la Administración y en este caso al Poder Judicial como parte del Estado de Justicia que propugna nuestra Carta Magna en su artículo 2, velar por el cumplimiento de la Ley y garantizar los derechos de las personas que eventualmente puedan verse perjudicadas por el uso indebido de la personalidad jurídica societaria.

Todo lo anterior, cobra relevancia en casos como el presente, en el que para la prestación del servicio de comida rápida una empresa se sirve de diversas sociedades anónimas con la finalidad de captar el capital de pequeños inversionistas que animados por el prestigio o *"good will"* de una compañía destinan un capital para ellos importante en un negocio de alto riesgo, en virtud de los subterfugios que son utilizados por el grupo empresarial dominante.

Conforme a los criterios antes anotados, la Sala sobre la base de las probanzas suficientemente analizadas en esta decisión, establece que en el presente caso resulta evidente la conexión entre la sociedad mercantil Wenco Servicios de Comida Rápida, C.A. y la sociedad de comercio Multi-Tienda 2006, C.A. así como la pertenencia de ambas al mismo grupo empresarial, por lo que la compañía recurrente sí tenía cualidad para ser llamada al procedimiento administrativo y sancionada por las actuaciones ilegales verificadas en el curso del mismo. Así se establece.

2.   *Régimen de los contratos de adhesión: Cláusulas*

TSJ-SPA (1462)   **29-10-2014**

Magistrada ponente: Monica Misticchio Tortorella

Caso: WENCO SERVICIOS DE COMIDA RÁPIDA, C.A., vs. Resolución N° DM/N° 063 de fecha 11-7-2012 dictada por la entonces Ministra del Poder Popular para el Comercio.

Esta oferta de las acciones mencionadas se realizó en el presente caso a través del contrato de opción de compra de acciones suscrito por la sociedad de comercio CORPOGRAN, C.A. y la sociedad mercantil Inversiones Multi-Tienda, C.A. para la compra de las acciones de la sociedad mercantil Corporación 050607 Barquisimeto, C.A., de cuyo texto resulta patente la estipulación de cláusulas previamente determinadas por uno solo de los contratantes, en las que se establecieron beneficios desproporcionados a favor de la "propietaria", quedando excluida cualquier posibilidad de debate o dialéctica entre las personas que integraron esa relación jurídica.

Dichas cláusulas conforme ha sentado la jurisprudencia son propias de los contratos de adhesión, en los cuales queda vedada para una de las partes, la posibilidad de cuestionar las condiciones preestablecidas por el otro contratante en su exclusivo beneficio. En este sentido resulta oportuno la cita del criterio expuesto en la sentencia dictada por esta Sala Político-Administrativa N° 01761 del 18 de noviembre de 2003, ratificado en la sentencia N° 00055 de fecha 19 de enero de 2011, que delineó las características de este tipo de convenciones, en la forma siguiente:

> "(…) *En efecto, en el contrato de adhesión, tal como lo ha puesto de relieve la doctrina y la jurisprudencia, las cláusulas son previamente determinadas por uno solo de los contratantes, de modo que el otro contratante se limita a aceptar cuanto ha sido determinado por el primero*".

Siguiendo este hilo argumental, es pertinente realzar otras de las ideas acogidas por esta Sala en la referida sentencia N° 00055 del 19 de enero de 2011, en la cual se estableció lo siguiente:

> *"En este orden de ideas, resulta necesario traer a colación lo dispuesto por la Sala Constitucional de este Máximo Tribunal en la sentencia No. 85 del 24 de enero de 2002, en la cual estableció lo siguiente:*
>
> '*…El que una persona sea capaz no significa que su consentimiento siempre pueda ser manifestado libremente, sin sufrir presiones o influencias que lo menoscaben.* **Por ello, independientemente de los vicios clásicos del consentimiento (error, dolo o violencia), algunas leyes tienen recomendaciones, normas y otras disposiciones que persiguen que las personas expresen su voluntad con pleno conocimiento de causa o alertados sobre aspectos del negocio. La Ley de Protección al Consumidor y al Usuario es de esa categoría de leyes, en su articulado referente a las obligaciones de los proveedores de bienes y servicios, contratos de adhesión y a la información sobre precios, pesos y medidas.**
>
> *Con este tipo de leyes, el legislador ha tratado que el derecho se adapte a la realidad social, ya que un derecho divorciado de la realidad antropo-sociológica, es un derecho necesariamente lesivo a los seres humanos.*
>
> **Hace la Sala estas anotaciones, porque la autonomía de la voluntad de las contratantes en la realidad no es tan libre, ni exenta de influencias, que pueden sostenerse que ella actúa plenamente en cada persona por ser ella capaz.**
>
> *Quien se encuentra en situación de necesidad es mucho más vulnerable que quien no lo está, en el negocio que repercute sobre esa situación, y ello que lo ha tenido en cuenta el legislador, también lo debe tener en cuenta el juzgador, por lo que fuera de la calificación de usuraria de algunas cláusulas contractuales, a otras podría considerarlas como contrarias a las buenas costumbres, cuando ellos inciden en desequilibrar la convivencia humana.*
>
> **Así como la Ley de Protección al Consumidor y al Usuario, señala una serie de normas para salvaguardar al consumidor (latu sensu), las cuales a veces regulan hasta las menciones de los contratos (artículos 19, 20 y 21); igualmente, normas que establecen con claridad la manera de actuar, pueden ser entendidas como protectivas de los seres humanos, de la convivencia, y ellas atienden mas a la protección de las buenas costumbres que a la del orden público.**
>
> *Las buenas costumbres, atienden a un concepto jurídico indeterminado ligado a la realidad social, y por ello el concepto varía en el tiempo y en el espacio, y con relación a determinados tipos de negocios o actos públicos*'.
>
> *De conformidad con la sentencia parcialmente transcrita, se reconoce que la voluntad de las partes al momento de contratar no siempre puede considerarse libre, aun cuando quien contrate sea capaz conforme a derecho, por cuanto es posible que una de las personas dentro de la relación se encuentre en una posición que implique superioridad frente a la otra.*

Ante estas situaciones la Ley debe buscar un equilibrio que impida que quien se encuentre en una situación de superioridad frente a la otra, pueda vulnerar los derechos del otro contratante y con ello ocasionar una situación de desventaja para quien se vea conminado a contratar". (19 de enero de 2011, Sentencia de la Sala Político Administrativa N° 0055) (Destacado de esta Sala).

Importa destacar igualmente que la Ley para la Defensa de las Personas en el Acceso a los Bienes y Servicios aplicable en razón del tiempo al presente caso definía en su artículo 70 los contratos de adhesión en los términos siguientes:

"Artículo 70. **Se entenderá como contrato de adhesión, a los efectos de esta Ley, los contratos tipos o aquellos cuyas cláusulas han sido** *aprobadas por la autoridad competente por la materia o* **establecidas unilateralmente por la proveedora o el proveedor de bienes y servicios**, *sin que las personas puedan discutir o modificar substancialmente su contenido al momento de contratar"*. (Destacado de la Sala).

Previendo dicho cuerpo normativo en su artículo 74 que:

"se considerarán nulas las cláusulas o estipulaciones establecidas en el contrato de adhesión, que:

(...)

7. Establezcan condiciones injustas de contratación o gravosas para las personas, le causen indefensión o sean contrarias al orden público y la buena fe". (Destacado de la Sala).

Precisamente la estipulación en el convenio de opción de compra antes referido de condiciones injustas de contratación fue lo que motivó la actuación administrativa que se recurre, pues incluso en el acto originario emitido por el Instituto para la Defensa de las Personas en el Acceso a los Bienes y Servicios (actualmente Superintendencia Nacional para la Defensa de los Derechos Socio Económicos) y que cursa a los folios 330 al 337 del expediente administrativo, la Administración indicó:

"Se desprende de las actuaciones contenidas en el expediente que las personas sean naturales o jurídicas tienen derecho a estar enterados de las condiciones que rigen los servicios ofrecidos por la parte denunciada, este Instituto en ejercicio de sus funciones como promotor, regulador y controlador de las actividades económicas debe garantizar el respeto de las personas al acceso de bienes y servicios, así como velar por el desarrollo de una economía social de mercado, donde las sociedades mercantiles cumplan con los lineamientos legales establecidos en la Ley para la Defensa de las Personas en el Acceso a los Bienes y Servicios".

Este razonamiento es ratificado por la Administración al establecer en el acto impugnado que existía una violación a la Ley para la Defensa de las Personas en el Acceso a los Bienes y Servicios (aplicable *ratione temporis)* por:

"el sometimiento a cláusulas abusivas y desmesuradas, hechos que fueron tomados en cuenta por la Presidencia del Instituto para la defensa de las Personas en el Acceso a los Bienes y Servicios, para sancionar a la franquicia de Comidas Rápidas evidenciándose el ventajismo por parte de la empresa WENCO y las condiciones abusivas del contrato, dejando de lado la buena fe, el orden público general y las buenas costumbres, en virtud de lo cual no queda mas que declarar sin lugar el Recurso Jerárquico interpuesto y finalmente así se declara".

Las menciones anteriores incluidas en el acto impugnado y en el proveimiento de primer grado emitido por el entonces Instituto para la Defensa de las Personas en el Acceso a los Bienes y Servicios, así como la referencia expresa en estos de que la decisión se adoptaba con base en el artículo 126 de Ley para la Defensa de las Personas en el Acceso a los Bienes y Servicios y en virtud de la trasgresión de los derechos consagrados en el artículo 8 *eiusdem*, desvirtúan el alegato de inmotivación realizado por la parte recurrente, pues resulta claro que la Administración exteriorizó en sus actos los motivos fácticos y jurídicos que sustentan su decisión. Así se decide.

Conforme se desprende de las normas citadas, el artículo 74 de la Ley para la Defensa de las Personas en el Acceso a los Bienes y Servicios, vigente para el momento en que ocurrieron los hechos, proscribía el establecimiento de cláusulas abusivas que determinaran ventajas desproporcionadas a favor de una sola de las partes contratantes, conducta además que como fue determinado por la Administración atenta contra los derechos establecidos en el artículo 8 de dicha Ley.

En este orden se advierte que de conformidad con el artículo 126 del referido cuerpo normativo *"Quien viole o menoscabe los derechos establecidos en el artículo 8 de la presente Ley, será sancionado con multa de cien unidades tributarias (100 UT) a cinco mil unidades tributarias (5000 UT) y clausura temporal hasta por noventa días"*.

De esta forma, habida cuenta de la desventaja evidente que representaba para la sociedad mercantil CORPOGRAN, C.A. la estipulación de beneficios desproporcionados para los operadores de la cadena Wendy´s en detrimento de los derechos e intereses en este caso del denominado "optante", la Sala considera que en efecto como lo determinó la Administración, la recurrente incumplió con las normas establecidas en la Ley para la Defensa de las Personas en el Acceso a los Bienes y Servicios, aplicable *ratione temporis,* violando concretamente los derechos previstos en el artículo 8 de dicho cuerpo normativo, lo que deviene en la legalidad de la multa impuesta por la cantidad de mil unidades tributarias. Así se decide.

V. LA ACTIVIDAD ADMINISTRATIVA

1. *Actos Administrativos: Vicio de incompetencia*

TSJ-SPA (1462)   **29-10-2014**

Magistrada ponente: Monica Misticchio Tortorella

Caso: WENCO SERVICIOS DE COMIDA RÁPIDA, C.A., vs. Resolución N° DM/N° 063 de fecha 11-7-2012 dictada por la entonces Ministra del Poder Popular para el Comercio.

La usurpación de autoridad se verifica cuando un acto es dictado por quien carece de investidura pública, la usurpación de funciones cuando una autoridad legítima dicta un acto invadiendo la esfera de competencias de un órgano perteneciente a otra rama del Poder Público, mientras que la extralimitación de atribuciones se produce cuando una autoridad administrativa investida legalmente de funciones públicas, dicta un acto que excede las competencias que le son conferidas por texto legal expreso.

Alegan que el Instituto para la Defensa de las Personas en el Acceso a los Bienes y Servicios (INDEPABIS), actualmente Superintendencia Nacional para la Defensa de los Derechos Socio Económicos (SUNDDE), era incompetente para conocer la denuncia formulada en contra de su representada.

Afirman que si bien su representada es una compañía dedicada al establecimiento y explotación comercial de franquicias de Restaurantes Wendy's en Venezuela, no es menos cierto que es una sociedad mercantil y si hubiese suscrito el contrato de opción de compraventa con la compañía anónima CORPOGRAN, lo cual no fue el caso, lo hubiese hecho en su carácter de sociedad mercantil.

Por su parte, en el acto impugnado el Instituto para la Defensa de las Personas en el Acceso a los Bienes y Servicios (actualmente Superintendencia Nacional para la Defensa de los Derechos Socio Económicos) reitera su competencia para la emisión del mismo indicando que conforme a los artículos 1 y 2 de la Ley que regía su funcionamiento, dicho ente administrativo *"brinda protección a las personas (...), los derechos e intereses individuales y colectivos, abarcando la más diversa variedad de las relaciones contractuales ya sea de persona natural-persona jurídica, persona jurídica-persona natural o persona jurídica-persona jurídica. También la mencionada Ley en concordancia con el artículo 6 del Código Civil anteriormente expuesto establece principios contractuales que determinan la competencia del Instituto"* (*Sic*).

Respecto al vicio de incompetencia este órgano jurisdiccional ha sentado en reiteradas oportunidades, que se configura cuando una autoridad administrativa dicta un acto para el cual no estaba legalmente autorizada (sentencias N° /2003, caso: *Miryam Cevedo de Gil vs. Ministerio de Agricultura* y N° 00539 /2004, caso: *Rafael Rangel vs. Ministerio de Relaciones Exteriores*).

En similar sentido, ha establecido esta Sala que la competencia para la emisión de actos administrativos tiene que ser expresa, es decir, debe estar explícitamente prevista en la Constitución, las leyes y demás actos normativos; que es improrrogable y que en principio el órgano que la tiene atribuida no puede disponer de ella, salvo en los casos de delegación, sustitución o avocación, previstos en la ley (sentencia N° 00534 /2007, caso: Promotora Jardín Calabozo. C.A.).

Concatenado con lo expuesto, se observa que dentro de la incompetencia se han distinguido tres tipos de irregularidades, a saber: i) usurpación de autoridad, ii) usurpación de funciones y iii) extralimitación de atribuciones.

La **usurpación de autoridad** se verifica cuando un acto es dictado por quien carece de investidura pública, la **usurpación de funciones** cuando una autoridad legítima dicta un acto invadiendo la esfera de competencias de un órgano perteneciente a otra rama del Poder Público, mientras que la **extralimitación de atribuciones** se produce cuando una autoridad administrativa investida legalmente de funciones públicas, dicta un acto que excede las competencias que le son conferidas por texto legal expreso.

Ahora bien, a fin de determinar la competencia del entonces Instituto para la Defensa de las Personas en el Acceso a los Bienes y Servicios (INDEPABIS), se observa que los artículos 1, 2, 3 y 4 de la ley que regía su funcionamiento, establecían el objeto, ámbito de aplicación y sujetos sometidos a dicho cuerpo normativo en los términos siguientes:

[...]

(...*omissis*...)".

Como ha puesto de manifiesto esta Sala Político-Administrativa anteriormente (ver sentencia N° 153 /2012, caso: Grupo Amazonia, C.A.), las normas *supra* transcritas aplicable al caso *ratione temporis*, otorgaban amplias potestades al Instituto para la Defensa de las Personas en el Acceso a los Bienes y Servicios (INDEPABIS), con el objeto de materializar los mecanismos necesarios para la protección de los derechos consagrados en la Carta Magna, en el ámbito económico y, en concreto, los relacionados con el derecho de los ciudadanos a disponer de bienes y servicios de calidad (artículo 117 de la Constitución de la República Bolivariana de Venezuela), garantías estas que ahora se refuerzan con la aplicación de los mecanismos y disposiciones previstas en el Decreto con Rango, Valor y Fuerza de Ley Orgánica de Precios Justos publicado en la Gaceta Oficial N° 40.340 del 23 de enero de 2014.

De ahí que se prevea en el Texto Constitucional y se desarrolle en los mencionados textos legislativos aquellos procedimientos dirigidos a la defensa del público consumidor, el resarcimiento de los daños ocasionados y las sanciones correspondientes por la vulneración de estos derechos, siendo importante acotar que estas atribuciones deben ser ejercidas en consonancia con los objetivos y principios consagrados en el ordenamiento jurídico, ello a fin de evitar medidas arbitrarias.

Ahora bien, en el presente caso, el Instituto para la Defensa de las Personas en el Acceso a los Bienes y Servicios (hoy Superintendencia Nacional para la Defensa de los Derechos Socio Económicos), sancionó a la sociedad mercantil Wenco Servicios de Comida Rápida, C.A. con ocasión de la actuación desplegada por una compañía perteneciente al mismo grupo empresarial que ésta, en el marco de un contrato suscrito con la sociedad mercantil CORPOGRAN, C.A. denunciante en el procedimiento administrativo, para la compra de acciones de la sociedad mercantil Corporación 0506070 Barquisimeto, C.A. que tenía a su cargo la explotación del restaurante Wendy´s del Centro Comercial Sambil de Barquisimeto.

En este sentido se advierte que la sociedad mercantil Wenco Servicios de Cómida Rápida, C.A. en el desarrollo de su giro comercial, funge como proveedor de bienes y servicios en el sector alimentario, lo que la colocaba dentro del ámbito subjetivo de la Ley para la Defensa de las Personas en el Acceso a los Bienes y Servicios (vigente para ese momento) y, por ende, bajo la supervisión del entonces Instituto para la Defensa de las Personas en el Acceso a los Bienes y Servicios (INDEPABIS) a tenor de lo establecido en el artículo 4 del aludido Texto Legal.

Asimismo, conforme se desprende de los hechos planteados en el presente caso, la denuncia realizada por la sociedad mercantil CORPOGRAN, C.A. se efectuó en el marco de un contrato cuya finalidad era la adquisición de bienes destinados al sector alimentario, es decir, que se trataba de un negocio jurídico de interés económico celebrado entre un proveedor y una persona cuyo objeto final era la prestación del servicio de alimentos, subsumible por ende en el ámbito de aplicación descrito en el artículo 3 de la Ley para la Defensa de las Personas en el Acceso a los Bienes y Servicios, aplicable en razón del tiempo.

En tal sentido, visto que la parte recurrente en su actividad comercial dirigida a la prestación del servicio de comida rápida, debía sujetar su desempeño a las disposiciones de la entonces vigente Ley para la Defensa de las Personas en el Acceso a los Bienes y Servicios, y toda vez que la actuación de ésta que se consideró lesiva del ordenamiento se verificó dentro de un negocio jurídico de interés económico contemplado dentro del ámbito de aplicación de dicha Ley, delimitado de manera expresa en su artículo 3, esta Sala considera que el Instituto para la Defensa de las Personas en el Acceso a los Bienes y Servicios (actualmente Superintendencia Nacional para la Defensa de los Derechos Socio Económicos (SUNDDE) sí tenía competencia para sancionar a la parte recurrente, por lo que el alegato de incompetencia debe ser desestimado. Así se decide.

VI. LA JURISDICCIÓN CONTENCIOSO ADMINISTRATIVA

1. *Contencioso Administrativo de Abstención o la negativa de la Administración: Procedimiento*

TSJ-SPA (1554) 19-11-2014

Magistrada Ponente: Mónica Misticchio Tortorella

Caso: Asociación Civil Espacio Público vs. Defensora Del Pueblo

Cuando se trate de demandas que no tengan contenido patrimonial o indemnizatorio, relacionadas con la abstención de alguna autoridad para efectuar una actuación, incoadas ante órganos colegiados, su tramitación (admisión, notificación, audiencia oral y decisión) deberá realizarse directamente ante el juez de mérito, en el caso concreto, en la Sala Político-Administrativa, y sólo procederá la remisión del expediente al Juzgado de Sustanciación cuando los asistentes a la audiencia oral promuevan pruebas que por su naturaleza requieran ser evacuadas, por lo que el mencionado procedimiento resulta aplicable al asunto bajo examen.

DE LA COMPETENCIA DE LA SALA

Corresponde a esta Sala Político-Administrativa pronunciarse acerca de su competencia para conocer de la demanda por abstención incoada, conjuntamente con medida cautelar innominada, por el abogado Oswaldo Rafael Cali Hernández, actuando en su propio nombre y en representación de la Asociación Civil Espacio Público, para lo cual debe atenderse a lo dispuesto en el numeral 3 del artículo 23 de la Ley Orgánica de la Jurisdicción Contencioso Administrativa, que establece:

"Artículo 23. La Sala Político-Administrativa del Tribunal Supremo de Justicia es competente para conocer de:

(...omissis...)

*3. La abstención o la negativa del Presidente o Presidenta de la República, del Vicepresidente Ejecutivo o Vicepresidenta Ejecutiva de la República, de los Ministros o Ministras, así como de las **máximas autoridades de los demás órganos de rango constitucional**, a cumplir los actos a que estén obligados por las leyes".*

Por su parte, la Ley Orgánica del Tribunal Supremo de Justicia, en el numeral 3 de su artículo 26, dispone en idénticos términos la competencia de esta Sala Político-Administrativa para conocer de este tipo de acciones, al señalar que:

*"**Artículo 26.** Son competencias de la Sala Político Administrativa del Tribunal Supremo de Justicia:*

(...omissis...)

*3.- La abstención o la negativa del Presidente o Presidenta de la República, del Vicepresidente Ejecutivo o Vicepresidenta Ejecutiva de la República, de los ministros o ministras del Poder Popular, así como de las **máximas autoridades de los demás órganos de rango constitucional**, a cumplir los actos que estén obligados por las leyes"* (Destacado de esta Sala).

Las normas antes trascritas atribuyen a esta Sala Político-Administrativa la competencia para conocer las demandas que se interpongan contra las abstenciones o negativas de las máximas autoridades de los órganos de rango constitucional, dentro de los cuales se encuentra la Defensoría del Pueblo, por lo que esta instancia resulta competente para conocer y decidir la demanda por abstención ejercida contra la titular del aludido órgano. Así se decide.

DEL PROCEDIMIENTO

Previo a todo pronunciamiento, considera necesario esta Sala determinar el procedimiento a seguir en casos como el de autos, en el cual se ha ejercido una demanda por abstención.

Al respecto, la Ley Orgánica de la Jurisdicción Contencioso-Administrativa establece en el artículo 65 y siguientes un procedimiento breve aplicable a las demandas relacionadas con la abstención, siempre y cuando dichas acciones no tengan contenido patrimonial o indemnizatorio; disposición esta que, por otra parte, prevé el reclamo por la omisión, demora o deficiente prestación de los servicios públicos y las vías de hecho.

El procedimiento para tramitar las referidas demandas es el siguiente:

*"**Artículo 67.** Admitida la demanda, el tribunal requerirá con la citación que el demandado informe sobre la causa de la demora, omisión o deficiencia del servicio público, de la **abstención** o de las vías de hecho, según sea el caso. Dicho informe deberá presentarse en un lapso no mayor de cinco días hábiles, contados a partir de que conste en autos la citación.*

Cuando el informe no sea presentado oportunamente, el responsable podrá ser sancionado con multa entre cincuenta unidades (50 U.T) y cien unidades tributarias (100 U.T), y se tendrá por confeso a menos que se trate de la Administración Pública...".

*"**Artículo 69.** Admitida la demanda, el tribunal podrá de oficio o a instancia de parte, realizar las actuaciones que estime procedentes para constatar la situación denunciada y dictar medidas cautelares. La oposición a la medida cautelar será resuelta a la mayor brevedad."*

*"**Artículo 70.** Recibido el informe o transcurrido el término para su presentación, el tribunal dentro de los diez días de despacho siguientes, realizará la audiencia oral oyendo a las partes, a los notificados y demás interesados. Los asistentes a la audiencia podrán presentar sus pruebas.*

Si el demandante no asistiere a la audiencia se entenderá desistida la demanda, salvo que otra persona de las convocadas manifieste su interés en la resolución del asunto."

*"**Artículo 71.** En la oportunidad de la audiencia oral, el tribunal oirá a los asistentes y propiciará la conciliación.*

El tribunal admitirá las pruebas, el mismo día o el siguiente, ordenando la evacuación que así lo requieran."

*"**Artículo 72.** En casos especiales el tribunal podrá prolongar la audiencia.*

Finalizada la audiencia, la sentencia será publicada dentro de los cinco días de despacho siguientes." (Negrillas de esta Sala).

Cabe resaltar que esta Sala Político-Administrativa mediante decisión N° 1.177 de fecha 24 de noviembre de 2010, [Véase en *Revista de Derecho Público* N° 124 de 2010 en pp.201 y ss.] ratificada reiteradamente (ver sentencia N° 01177 publicada el 6 de agosto de 2014) [Véase en *Revista de Derecho Público* N° 139 de 2014 en pp. 119 y ss.] estableció la forma como debe desarrollarse en los Tribunales Colegiados

...el procedimiento breve descrito en las normas citadas. En este sentido, este Alto Tribunal precisó:

"(...) Persigue así el legislador arbitrar un procedimiento expedito que resulte cónsono con la naturaleza y finalidad de la pretensión deducida, en tanto la materia se relaciona con principios cardinales de derecho público y rango constitucional, tales como el derecho a ser notificado de la apertura de cualquier procedimiento que afecte intereses de los particulares, de alegar y disponer del tiempo y los medios adecuados para su defensa; el derecho a servicios básicos de calidad; así como el derecho a dirigir peticiones a cualquier autoridad y obtener oportuna y adecuada respuesta.

De ahí que se haya pensado en evitar demoras inconvenientes mediante la aplicación de un procedimiento que constituya garantía del efectivo y rápido restablecimiento de la situación jurídica infringida.

Considera la Sala, dada la naturaleza breve del procedimiento en cuestión, que su tramitación (admisión, notificación, audiencia oral y decisión), en los tribunales colegiados, debe realizarse directamente ante el juez de mérito, en este caso, la Sala Político-Administrativa, ello en virtud del carácter breve del referido procedimiento por el cual corresponde a dicho juez instruir directamente el expediente.

Por tanto, sólo procederá la remisión de la solicitud al Juzgado de Sustanciación en aquellos casos en que los asistentes a la audiencia, si así lo consideran pertinente, presentan sus pruebas y las mismas por su naturaleza, necesiten ser evacuadas.

Conforme a lo expuesto, concluye la Sala, que los recursos por abstención o carencia deben tramitarse directamente por ante esta Sala Político-Administrativa y sólo se remitirá el expediente al Juzgado de Sustanciación en caso de ser necesaria la evacuación de alguna prueba, asegurándose así la celeridad que quiso el legislador incorporar a ese especial procedimiento. Así se declara.

De otra parte, cabe precisar que el cómputo del lapso de cinco (5) días hábiles a que se refiere el artículo 67 de la Ley Orgánica de la Jurisdicción Contencioso-Administrativa, contados a partir de que conste en autos la citación del demandado para que la autoridad respectiva in-

forme sobre la denunciada demora, omisión o deficiencia del servicio público, de la abstención o vías de hecho, debe hacerse por días de despacho del tribunal, pues si bien se persigue celeridad en el procedimiento debe también procurarse un lapso razonable y suficiente para que el responsable pueda elaborar y presentar el informe sobre la denuncia formulada, previa la consulta que deba realizar con el órgano asesor correspondiente, máxime si se considera la grave consecuencia que prevé la norma frente a la omisión de tal exigencia.

*En suma, **armonizando la necesaria prontitud en la sustanciación del caso con el también indispensable tiempo para que pueda sustanciarse debidamente la denuncia, concluye la Sala que el lapso fijado en el artículo 67 de la referida ley, debe computarse por días de despacho.** Así también se declara. (…)".* (Destacado de la Sala).

De acuerdo al fallo parcialmente transcrito, específicamente, cuando se trate de demandas que no tengan contenido patrimonial o indemnizatorio, relacionadas con la abstención de alguna autoridad para efectuar una actuación, incoadas ante órganos colegiados, su tramitación (admisión, notificación, audiencia oral y decisión) deberá realizarse directamente ante el juez de mérito, en el caso concreto, en la Sala Político-Administrativa, y sólo procederá la remisión del expediente al Juzgado de Sustanciación cuando los asistentes a la audiencia oral promuevan pruebas que por su naturaleza requieran ser evacuadas, por lo que el mencionado procedimiento resulta aplicable al asunto bajo examen. Así se declara.

Siendo así, y ante el pedimento de la parte actora que la presente causa se tramite de acuerdo a lo dispuesto en los artículos 23, 24 y 26 de la Ley Orgánica de Amparo sobre Derechos y Garantías Constitucionales, debe declarar esta Sala que la solicitud resulta improcedente, toda vez que –como ya se señaló *supra*– el procedimiento aplicable en las controversias como la sometida a conocimiento de este órgano jurisdiccional es el previsto en los artículos 67 y siguientes de la Ley Orgánica de la Jurisdicción Contencioso Administrativa. Así se decide

VII. JUSTICIA CONSTITUCIONAL

1.   *El Control de la Constitucionalidad: Control difuso*

TSJ-SC (1572)   **18-11-2014**

Magistrada Ponente: Gladys María Gutiérrez Alvarado

Caso: Jesús Ramón Maestre vs. Instituto Autónomo de Policía Municipal del Municipio Girardot del Estado Aragua.

El control difuso es un efecto del principio de supremacía constitucional, que permite a los jueces valorar la constitucionalidad de la legislación conforme a la cual debe resolver un proceso determinado y, de ser el caso, descartar las que pudieran comprometer la incolumidad de la Carta Magna. De allí, que su procedencia está necesariamente vinculada a la divergencia entre la Constitución y cualquier otra norma del ordenamiento jurídico.

….Asumida la competencia, pasa esta Sala a pronunciarse acerca de la presente desaplicación de normas, para lo cual realiza las siguientes consideraciones:

El artículo 334 Constitucional atribuye a todos los jueces de la República la obligación de asegurar la integridad de la Constitución, siempre dentro del ámbito de su competencia y conforme a lo previsto en el mismo Texto Fundamental; lo que se traduce en el deber de ejercer el control difuso de la constitucionalidad de las leyes o normas jurídicas, con el fin de garantizar la supremacía constitucional y resolver por esta vía los conflictos o colisiones que puedan presentarse en cualquier causa, entre normas legales o sublegales y una o varias disposiciones constitucionales, en cuyo caso deben aplicar preferentemente estas últimas.

En este sentido, reitera la Sala, que la revisión de las sentencias definitivamente firmes de control difuso de la constitucionalidad remitidas por los Tribunales de la República, resulta en una mayor protección de la Constitución e impide la aplicación generalizada de normas inconstitucionales, o bien la desaplicación de normas ajustadas al Texto Fundamental, en perjuicio de la seguridad jurídica y del orden público constitucional.

En el contexto expuesto, la sentencia N° 833, dictada por esta Sala el 25 de mayo de 2001, en el caso: "*Instituto Autónomo Policía de Chacao*", [Véase en *Revista de Derecho Público* N° 85-86/87-88 de 2001 en pp. 369 y ss.] estableció que la desaplicación por control difuso sólo procede cuando la colisión entre el Texto Fundamental y la norma sobre la cual recae la desaplicación es clara y precisa. Es decir, cuando resulta patente la confrontación entre ambos dispositivos (el constitucional y el legal)

De este modo, la Sala señaló que el control difuso sólo puede tener fundamento en la violación expresa del Texto Constitucional, ya que su soporte no es otro que la facultad judicial de examinar la compatibilidad entre las normas jurídicas aplicables a un caso concreto y la Constitución.

En otras palabras, el control difuso es un efecto del principio de supremacía constitucional, que permite a los jueces valorar la constitucionalidad de la legislación conforme a la cual debe resolver un proceso determinado y, de ser el caso, descartar las que pudieran comprometer la incolumidad de la Carta Magna. De allí, que su procedencia está necesariamente vinculada a la divergencia entre la Constitución y cualquier otra norma del ordenamiento jurídico.

Por lo que, el juez que desaplique una norma jurídica legal o sublegal por considerarla inconstitucional, está obligado a remitir copia certificada de la sentencia definitivamente firme y del auto que verifica dicha cualidad, con el fin de que esta Sala proceda a la revisión de la misma; tal como lo ha señalado esta Máxima Instancia en la sentencia N° 1998 /2003, caso: "*Bernabé García*", en la cual asentó:

"(omissis)

En lo que respecta a las decisiones definitivamente firmes de control de constitucionalidad se revisa una decisión que declara la inconstitucionalidad de una norma –con efectos sólo en el caso concreto–, cuya aplicación o desaplicación puede vulnerar el orden público constitucional, y cuya inconstitucionalidad, con efectos vinculantes para las demás Salas y todos los tribunales de la República, sólo puede ser pronunciada por esta Sala, la única con atribución constitucional para tal pronunciamiento.

(omissis)

Por todo ello, y para la mayor eficacia de la conexión entre el control concentrado, que corresponde a esta Sala, y el control difuso, que corresponde a todos los jueces de la República, debe darse, como se dio en la sentencia que antes se citó, un trato diferente a la remisión ex oficio que, para su revisión, haya hecho el juez que la dictó; se obtendrá así una mayor protección del texto constitucional y se evitará la aplicación general de normas inconstitucionales o la desaplicación de normas ajustadas a la Constitución en claro perjuicio para la seguridad jurídica y el orden público constitucional. Por las razones que preceden se reitera que, no sólo el juez puede remitir las sentencias definitivamente firmes en las cuales, en resguardo de la constitucionalidad, desaplique una norma, sino que está obligado a ello.

(omissis)".

Ahora bien, como se señaló tanto el artículo 336, cardinal 10 de la Constitución, como los artículos 25, cardinales 12, 33 y 34 de la Ley Orgánica del Tribunal Supremo de Justicia, contemplan la potestad de la Sala Constitucional para la revisión de las sentencias de control de la constitucionalidad que dicten los tribunales de la República.

[...]

El control difuso de la constitucionalidad ejercido en el presente caso versa, como se ha señalado, sobre la desaplicación de los referidos artículos 21 de la Ordenanza de Reforma de la Ordenanza sobre el Instituto Autónomo de la Policía Administrativa Municipal, publicada en la Gaceta Municipal del Municipio Girardot del Estado Aragua N° 2152 Extraordinario del 24 de diciembre de 2002, y 48 del Reglamento de la Ordenanza sobre el Instituto Autónomo de la Policía Municipal del Municipio Girardot, publicado en la Gaceta Municipal del Municipio Girardot del Estado Aragua N° 2196 Extraordinario del 14 de enero de 2003, los cuales establecen:

> *"Artículo 21. Los funcionarios del Instituto Autónomo de Policía Municipal de Girardot son de carrera o de libre nombramiento y remoción. Son funcionarios de carrera, quienes habiendo ganado el concurso público y en virtud del nombramiento, presten servicios remunerados y de carácter permanente.*
>
> *Son funcionarios de libre nombramiento y remoción, aquellos que son nombrados y removidos libremente de su cargo sin otra limitación que las establecidas en el Decreto Ley sobre el Estatuto de la Función Pública.*
>
> *Los funcionarios de libre nombramiento y remoción pueden ocupar cargo de alto nivel o de confianza.*
>
> *Los cargos de alto nivel son los siguientes*
>
> *El Presidente del Instituto Autónomo de Policía Municipal.*
>
> *Los Directores.*
>
> *Jefes de Divisiones.*
>
> *Jefes de Departamentos y*
>
> *Las Jerarquías Policiales que señale el Reglamento de la Presente Ordenanza.*
>
> *Los cargos de confianza son aquellos, que sus funciones tenga alto grado de confiabilidad, incluyéndose como cargo de confianza todos los que se presten en el Instituto".*
>
> *"Artículo 48. Cargos de Confianza: Son aquellos cuyas funciones requieren un alto grado de confidencialidad y que por disposición de la Ley del Estatuto de la Función Pública, se consideran en esta categoría, todos los funcionarios que presten sus funciones en este órgano de seguridad del Estado, como lo es el Instituto Autónomo de la Policía Municipal de Girardot, y se consideran como funcionarios o funcionarias de libre nombramiento y remoción".*

Siendo ello así, toda desaplicación por control difuso amerita un análisis de contraste entre el Texto Fundamental y las disposiciones cuya aplicación se considera lesiva de la Carta Magna. Ahora bien, en el presente caso los referidos artículos 21 de la Ordenanza de Reforma de la Ordenanza sobre el Instituto Autónomo de la Policía Administrativa Municipal, y 48 del Reglamento de la Ordenanza sobre el Instituto Autónomo de la Policía Municipal del Municipio Girardot, establecen como cargos de confianza a todos los funcionarios que presten sus funciones en el Instituto Autónomo de la Policía Municipal de Girardot, constituyendo así una modificación sustancial del régimen de estabilidad que en el desempeño de la función policial deberían gozar los funcionarios del Instituto Autónomo de Policía Municipal de Girardot, pues, dispone la consagración de un régimen de empleo público bajo el cual todos los cargos del referido ente tendrán cualidad de cargos de confianza, es decir, desempeños públicos cuyo desenvolvimiento no tendrá ningún tipo de estabilidad, todo en razón de la consecuente categorización como cargos de confianza y en consecuencia, de libre nombramiento y remoción.

Visto lo anterior, advierte la Sala que el referido Juzgado Superior en lo Civil (Bienes) y Contencioso Administrativo de la Circunscripción Judicial de la Región Central, basó tal desaplicación fundamentalmente en que: *"... las disposiciones legales contenidas en los artículos 21 de la Ordenanza de la Reforma de la Ordenanza sobre el Instituto Autónomo de la Policía Municipal y 48 del Reglamento de la Ordenanza sobre el Instituto Autónomo de Policía Municipal del Municipio Girardot, colide con la disposición constitucional contenida en el artículo 146 de nuestra Carta Magna, pues, en contraposición con esta última, la primera de las normas nombradas modifica totalmente el régimen consagrado constitucionalmente, desamparando al funcionario, el cual deberá desempeñarse bajo un régimen ausente de estabilidad y manifiestamente sometido a cualquier contingencia que pueda afectar la relación de servicio, en franca colisión con el imperativo constitucional de que la existencia de tales regímenes sea excepcional y no común, como lo estatuye la norma legal en análisis (…) pues convirtió en regla lo que es una excepción en la norma constitucional contenida en el Artículo 146, en concordancia con el artículo 89, numerales 1, 2 y 5 de la carta (sic) magna (sic), al trasgredirlas (sic) de manera flagrante…".*

En tal sentido, se observa que el artículo 89 en sus cardinales 1, 2 y 5 de la Constitución de la República Bolivariana de Venezuela, establece lo siguiente:

"Artículo 89: El trabajo es un hecho social y gozará de la protección del Estado. La ley dispondrá lo necesario para mejorar las condiciones materiales, morales e intelectuales de los trabajadores y trabajadoras. Para el cumplimiento de esta obligación del Estado se establecen los siguientes principios:

1. Ninguna ley podrá establecer disposiciones que alteren la intangibilidad y progresividad de los derechos y beneficios laborales. En las relaciones laborales prevalece la realidad sobre las formas o apariencias.

2. Los derechos laborales son irrenunciables. Es nula toda acción, acuerdo o convenio que implique renuncia o menoscabo de estos derechos. Sólo es posible la transacción y convenimiento al término de la relación laboral, de conformidad con los requisitos que establezca la ley.

(omissis)

5. Se prohíbe todo tipo de discriminación por razones de política, edad, raza, sexo o credo o por cualquier otra condición.

(omissis)".

De conformidad con la normativa citada, el Estado ha previsto a través de una serie de principios, la protección del derecho a los trabajadores y trabajadoras, evitando de tal forma que sea alterada la intangibilidad y progresividad de los derechos y beneficios laborales establecidos para ello.

Asimismo, advierte la Sala que el artículo 146 del Texto Fundamental, establece lo siguiente:

"Artículo 146. Los cargos de los órganos de la Administración Pública son de carrera. Se exceptúan los de elección popular, los de libre nombramiento y remoción, los contratados y contratadas, los obreros y obreras al servicio de la Administración Pública y los demás que determine la Ley.

El ingreso de los funcionarios públicos y las funcionarias públicas a los cargos de carrera será por concurso público, fundamentado en principios de honestidad, idoneidad y eficiencia. El ascenso estará sometido a métodos científicos basados en el sistema de méritos, y el traslado, suspensión o retiro será de acuerdo con su desempeño".

Ahora bien, de análisis de los desaplicados artículos 21 de la Ordenanza de Reforma de la Ordenanza sobre el Instituto Autónomo de la Policía Administrativa Municipal y 48 del Reglamento de la mencionada Ordenanza de Reforma, es evidente, que carecen de una taxativa categorización de las condiciones especiales que debían orientar al Presidente del Instituto Autónomo de Policía Municipal de Girardot para precisar en dichas normas, cuáles serían los cargos de libre nombramiento y remoción como excepción al régimen de carrera aludido, dado que se calificó indiscriminadamente en ellas como cargos de confianza y por tanto de libre nombramiento y remoción, todos los que ocupan los funcionarios del Instituto Autónomo de Policía Municipal de Girardot, incluyendo al del ciudadano Jesús Ramón Maestre, y justificando en dicha condición su remoción del cargo de Auxiliar de Servicios Generales que venía desempeñando, adscrito al mencionado Instituto, mediante Resolución N° 012/03 del 17 de marzo de 2003, suscrita por el Presidente del mencionado Instituto Autónomo de Policía Municipal de Girardot, y que le fuera notificada el 20 del mismo mes y año.

2. *Recurso de Revisión Constitucional*

TSJ-SC (1685)   **28-11-2014**

Magistrada Ponente: Gladys María Gutiérrez Alvarado

Caso: Sociedad Mercantil Del Sur Banco Universal C.A./Revisión Constitucional).

La Sala Constitucional, al momento de la ejecución de su potestad de revisión de sentencias definitivamente firmes está obligada, de acuerdo con una interpretación uniforme de la Constitución y con el fin de garantizar la cosa juzgada, a guardar la máxima prudencia en cuanto a la admisión y procedencia de peticiones que pretendan la revisión de actos de juzgamiento que han adquirido el carácter de cosa juzgada judicial; de allí que esta Sala esté facultada para desestimar cualquier requerimiento como el de autos, sin ningún tipo de motivación, cuando, en su criterio, se verifique que lo que se pretende en nada contribuye con la uniformidad de la interpretación de normas y principios constitucionales, en virtud, pues, del carácter excepcional y limitado que ostenta la revisión.

...El artículo 336.10 de la Constitución de la República Bolivariana de Venezuela le atribuye a la Sala Constitucional la potestad de "... *Revisar las sentencias definitivamente firmes de amparo constitucional y de control de constitucionalidad de leyes o normas jurídicas dictadas por los tribunales de la República, en los términos establecidos por la ley orgánica respectiva*".

Tal potestad de revisión de decisiones definitivamente firmes abarca fallos que hayan sido expedidos tanto por las otras Salas del Tribunal Supremo de Justicia (artículo 25.11 de la Ley Orgánica del Tribunal Supremo de Justicia) como por los demás tribunales de la República (artículo 25.10 *eiusdem*), pues la intención final es que la Sala Constitucional ejerza su atribución de máximo intérprete de la Constitución según lo que establece el artículo 335 del Texto Fundamental.

Ahora bien, por cuanto fue propuesta ante esta Sala la solicitud de revisión de la sentencia dictada, el 9 de julio de 2014, por la Sala de Casación Civil de este Tribunal Supremo de Justicia, con fundamento en las disposiciones constitucionales y legales antes citadas, esta Sala se declara competente para conocerla. Así se establece.

CONSIDERACIONES PARA DECIDIR

En el presente caso se pretende la revisión de la sentencia dictada, el 9 de julio de 2014, por la Sala de Casación Civil de este Tribunal Supremo de Justicia, que declaró sin lugar el recurso de casación anunciado y formalizado contra la sentencia dictada por el Juzgado Superior Sexto en lo Civil, Mercantil y del Tránsito de la Circunscripción Judicial del Área Metropolitana de Caracas en fecha 4 de octubre de 2013.

Para decidir, se observa que:

En sentencia N° 93 del 6 de febrero de 2001 (caso: *Corpoturismo*), [Véase en *Revista de Derecho Público* N° 85-86/87-88 de 2001 en pp. 406 y ss.] esta Sala Constitucional indicó cuáles son los fallos susceptibles de ser revisados de manera extraordinaria y excepcional, a saber: los fallos definitivamente firmes de amparo constitucional, las sentencias definitivamente firmes de control expreso de constitucionalidad de leyes o normas jurídicas, las sentencias definitivamente firmes que hayan sido dictadas apartándose u obviando expresa o tácitamente alguna interpretación de la Constitución contenida en alguna sentencia dictada por esta Sala con anterioridad al fallo impugnado, realizando un errado control de constitucionalidad al aplicar indebidamente la norma constitucional, y las sentencias definitivamente firmes que hayan incurrido, según el criterio de la Sala, en un error grotesco en cuanto a la interpretación de la Constitución o que sencillamente hayan obviado por completo la interpretación de la norma constitucional.

En este sentido, es pertinente destacar que esta Sala ha insistido que la revisión constitucional es una potestad extraordinaria que no es amplia ni ilimitada, sino que se encuentra restringida, no sólo por cuanto se refiere de una manera taxativa a un determinado tipo de sentencias definitivamente firmes, sino que, igualmente, con base en la unión, integración y coherencia que debe existir en la interpretación de las normas constitucionales como parte de un todo, la propia Constitución de la República Bolivariana de Venezuela, al establecer la garantía de la cosa juzgada en su artículo 49 constitucional, limita la potestad extraordinaria de revisión, que busca evitar la existencia de criterios dispersos sobre las interpretaciones de normas y principios constitucionales que distorsionen el sistema jurídico (creando incertidumbre e inseguridad en el mismo), garantizando la unidad del Texto Constitucional y, en fin, la supremacía y efectividad de las normas y principios constitucionales, cometido que tiene asignado este Alto Órgano Jurisdiccional como "*máximo y último intérprete de la Constitución*" (artículo 35 de la Constitución).

Es pertinente aclarar que esta Sala, al momento de la ejecución de su potestad de revisión de sentencias definitivamente firmes está obligada, de acuerdo con una interpretación uniforme de la Constitución y con el fin de garantizar la cosa juzgada, a guardar la máxima prudencia en cuanto a la admisión y procedencia de peticiones que pretendan la revisión de actos de juzgamiento que han adquirido el carácter de cosa juzgada judicial; de allí que esta Sala esté facultada para desestimar cualquier requerimiento como el de autos, sin ningún tipo de motivación, cuando, en su criterio, se verifique que lo que se pretende en nada contribuye con la uniformidad de la interpretación de normas y principios constitucionales, en virtud, pues, del carácter excepcional y limitado que ostenta la revisión.

Observa esta Sala, que el juicio que dio origen a la presente solicitud, se refiere a una acción por cumplimiento de contrato de fianza incoada por la sociedad mercantil Caracas Paper Company C.A. contra la entidad financiera Del Sur Banco Universal C.A., en su condición de fiador solidario y principal pagador de las obligaciones con ocasión de una fianza mercantil otorgada a Comput Ofice Import Export, C.A., por la cantidad de Dos Mil Ochocientos Cincuenta y Siete Millones Cuatrocientos Mil Bolívares sin céntimos (Bs. 2.857.400.000,00), hoy Dos Mil Ochocientos Cincuenta y Siete Mil Cuatrocientos Bolívares con 00/100 cts. (Bs. 2.857.400,00), en virtud de una operación de compra venta llevada a cabo entre Caracas Paper Company C.A. en condición de vendedor y Comput Ofice Import Export C.A. en condición de comprador, avalada por la orden de compra N° 0007 del 23 de junio de 2005.

Ahora bien, se aprecia que las denuncias efectuadas por la representación judicial de la solicitante contra la decisión objeto de revisión se circunscriben a:

1.- La presunta violación de la tutela judicial efectiva, debido proceso, derecho a la defensa, seguridad jurídica, confianza legítima y expectativa plausible por haberse detectado la perención breve de la instancia en el juicio principal y no haberse declarado la misma en aplicación retroactiva de un criterio jurisprudencial surgido cinco años después de que la parte demandada hoy solicitante en revisión, peticionara la perención de la instancia, situación que esgrime fue denunciada en primera y segunda instancia y luego en casación.

2.- La incongruencia omisiva en que habría incurrido el fallo objeto de revisión al no tomar en consideración, ni las razones de hecho ni de derecho proporcionadas por la parte demandada en el juicio principal atinentes a la caducidad de la obligación y desconocer de esta forma el derecho de dicha parte de oponer esa excepción al considerar que la misma era de tipo personal.

[...]

De los pronunciamientos previamente enunciados, verifica esta Sala que la parte solicitante en revisión argumentó sin éxito ante tres instancias la ocurrencia de la perención breve en el juicio principal, y pretende que por vía de revisión se considere nuevamente dicha denuncia basándose en que, a su entender, la Sala de Casación Civil del Tribunal Supremo de Justicia en la sentencia impugnada no había declarado la ocurrencia de la perención breve con fundamento en la aplicación retroactiva de un criterio jurisprudencial surgido cinco años después de que la parte demandada hoy solicitante en revisión, peticionara la perención breve de la instancia.

Asimismo, se evidencia de los autos que el juez que resolvió el asunto en primera instancia desechó la perención breve esgrimida por la parte demandada señalando expresamente que "... *la citación es un acto único y que este Tribunal al admitir la reforma de la demanda y ordenar una nueva citación a la parte demandada se crea una nueva gestión para efectuar la citación personal por parte del Alguacil, de aquí que se haga pertinente considerar y computar los supuestos de la perención breve a partir del auto que admite la reforma de la demanda y no del auto que admite la demanda originaria...* ", luego al ser revisado este pronunciamiento por el tribunal superior que resolvió el recurso de apelación interpuesto por la parte demandada en el juicio principal, tal argumento fue ratificado al verificarse la confirmación del la sentencia del *a quo* y finalmente al ser ejercido recurso de casación contra la sentencia del Superior, la Sala de Casación Civil de este Tribunal Supremo de Justicia, desechó la denuncia de desatención de la perención breve basándose igualmente en los actos verificados en el juicio principal luego de la admisión de la reforma de la demanda, que fue el punto de partida para verificar si se produjo o no la perención breve que se alegó.

En tal virtud, considera esta Sala que lo decidido respecto de la perención breve en la sentencia objeto de revisión, fue el resultado de un análisis de los antecedentes del caso y la consideración de la conformidad a derecho de las decisiones que conocieron en primer y segundo grado del juicio principal, sin que se evidencie que la sentencia que hoy se revisa incurriera en las violaciones que le imputó la parte solicitante, pues resulta lógico y perfectamente válido en derecho que el cómputo del lapso para la perención breve se verifique luego de la admisión de la reforma de la demanda y no a partir de la admisión primigenia como lo propone la solicitante, pues con la reforma se produce una nueva situación procesal que requiere de nueva admisión por parte del tribunal de la causa, otorgándosele incluso un nuevo lapso al demandado para que conteste conforme lo dispone el artículo 343 del Código de Procedimiento Civil, por lo que se desecha el alegato de inobservancia de la perención breve en la sentencia objeto de revisión. Y así se 4 decide.

Resuelto el punto anterior, pasa de seguidas esta Sala a pronunciarse respecto de la presunta incongruencia omisiva en que habría incurrido el fallo objeto de revisión al no tomar en consideración, ni las razones de hecho ni de derecho proporcionadas por la parte demandada en el juicio principal, atinentes a la caducidad de la obligación y desconocer de esta forma el derecho de dicha parte de oponer esa excepción al considerar que la misma era de tipo personal y a tal efecto aprecia:

[...]

......De los extractos de la sentencia objeto de revisión, se colige lo siguiente:

a) Con relación a la denuncia de falta de notificación de la demandante a la fiadora dentro del tiempo de vigencia de la fianza como una condición de exigibilidad, se aprecia que la decisión objeto de revisión estableció que dicha notificación se verificó mediante notificación judicial efectuada el 14 de octubre de 2005, último día que la demandante tenía para realizar dicha notificación, argumento con el cual se desvirtuó la denuncia de falta de notificación antes comentada.

b) Respecto de la denuncia de incongruencia negativa por falta de pronunciamiento con relación al alegato de caducidad de la obligación esgrimido por la parte demandada en el juicio principal inherente a la no presentación a la fiadora de la carta de aceptación, conformidad y recepción de la mercancía prevista en el contrato de fianza, como una condición de exigibilidad de la fianza, la decisión que hoy se revisa estableció, que con la valoración de las pruebas realizada por el *ad quem* se determinó la efectiva entrega de las mercancías, por lo que se desvirtuó la presentación de la carta de aceptación conformidad y recepción de la mercancía como condición de exigibilidad de la fianza.

c) Con relación a la denuncia de falta de aplicación del artículo 1.832 del Código Civil, por cuanto el demandante no presentó la carta de aceptación, conformidad y recepción de la mercancía prevista en el contrato de fianza, la Sala de Casación Civil de este Tribunal Supremo de Justicia dio por reproducidos la transcripción de la decisión del *ad quem* relativa a la resolución de este punto, así como sus razonamientos de dicha Sala que culminaron en la conclusión de que en autos, se encontraba probada la recepción de la mercancía por parte de la deudora, y en tal sentido afirmó –luego de analizar el contrato de fianza que vincula a las partes– que la entrega de la carta de aceptación conformidad y recepción de la mercancía constituía un deber del demandante frente al fiador, y por tanto tal defensa era propia de la fiadora demandada y no de la deudora, y en consecuencia no podía afirmarse que el *ad quem* hubiera incurrido en falta de aplicación del artículo 1.832 del Código Civil, pues los elementos del contrato no daban cabida a la aplicación de éste artículo, pues no se trataba de que se estuviera oponiendo una excepción perteneciente al deudor principal sino de una excepción de la propia fiadora frente a la parte demandante que se encontraba fuera del supuesto normativo en comentario, agregando además, que la no entrega de la carta de aceptación conformidad y recepción de la mercancía, no implicaba necesariamente la extinción de la obligación principal, toda vez que de los elementos probatorios cursantes a los autos había quedado demostrada la venta y entrega de la mercancía a la deudora.

d) Con relación a la falta de aplicación del artículo 509 del Código de Procedimiento Civil, y la falsa aplicación del artículo 547 del Código de Comercio, se resolvió en la decisión objeto de revisión que en primer lugar el *ad quem* había dejado establecido que la parte demandante había logrado demostrar la venta y entrega de las mercancías a la deudora principal, mediante la valoración de los medios probatorios incorporados al proceso y que la demandada no pretendía poner de manifiesto la infracción de la regla contenida en el artículo 509 del Código de Procedimiento Civil, sino que cuestionaba la forma en cómo el juzgado de alzada valoró las pruebas, lo cual escapaba del control de la Sala de Casación Civil, mediante una denuncia de infracción de ley. Asimismo, con relación a la falsa aplicación del artículo 547 del

Código de Comercio reseñó la sentencia objeto de revisión que la demandada no explicó cómo la recurrida infringió dicha norma, lo cual impedía suplir tal deficiencia, señalándose que la demandada se limitó a reseñar que el beneficio de excusión se encuentra regulado en el artículo 1.812 del Código Civil, lo cual se encuentra excluido de la legislación mercantil, indicando asimismo que era impertinente la mención del beneficio de división de la fianza entre cofiadores, la cual también quedaba excluida por el artículo 547 del Código de Comercio; que la demandada no señaló cuál era la norma que debía aplicarse como consecuencia de la falsa aplicación del artículo 547 *eiusdem* delatado, ni cómo influía esa falsa aplicación en el dispositivo de la sentencia recurrida, lo que impidió que la Sala de Casación Civil, analizara tal planteamiento en sede casacional.

En razón de lo anteriormente explanado, considera esta Sala que no se evidencia de autos la incongruencia omisiva denunciada por la parte solicitante, por el contrario, cada uno de los puntos sometidos a consideración en las tres instancias que conocieron del proceso, fueron debidamente resueltos en forma pormenorizada, razonada y ajustada a derecho, sin que se observe el desconocimiento de algún precedente dictado por esta Sala, indebida aplicación de una norma o principio constitucional o algún error grave en su interpretación o falta de aplicación de algún principio o normas constitucionales, por lo que se desecha la incongruencia omisiva denunciada. Y así se decide.

En este sentido, aprecia esta Sala Constitucional que no se puede afirmar que la decisión judicial objeto de revisión quebrante principios jurídicos fundamentales contenidos en la Constitución de la República Bolivariana de Venezuela, ni que fue dictada como consecuencia de un error inexcusable, dolo, cohecho o prevaricación, ya que se aprecia claramente que dicha decisión, analizó los antecedentes del caso y, de forma motivada, declaró sin lugar el recurso de casación interpuesto por la parte demandada, por lo que la presente revisión debe ser declarada no ha lugar, tal y como se hará en la parte dispositiva de la presente decisión.

3.   *Resolución de controversias constitucionales entre órganos del poder público*

TSJ-SC (1444)   **23-10-2014**

Magistrado Ponente: Arcadio Delgado Rosales

Caso: Henry Leonardo Ruiz

Las controversias constitucionales que corresponden ser decididas por la Sala Constitucional solo se refieren a controversias entre órganos constitucionales, y no comprenden conflictos de competencia entre órganos judiciales.

Mediante sentencia N° 1444 del 23 de octubre de 2014, la Sala Constitucional del Tribunal Supremo de Justicia, diferenció en qué supuestos puede existir una controversia constitucional que se susciten entre cualquiera de los órganos del Poder Público, por lo que afirmó que puede haber un conflicto positivo cuando dos órganos se atribuyan para sí una facultad y un conflicto negativo cuando suceda lo contrario y exista omisión en ejercer una competencia que haya sido atribuida. En concreto, se afirmó lo siguiente

El 4 de noviembre de 2011, se recibió en la Secretaría de esta Sala Constitucional el Oficio núm. 0810-438 del 28 de octubre de 2011, proveniente del Juzgado Primero de Primera Instancia en lo Civil, Mercantil, Agrario y del Tránsito del Primer Circuito Judicial de la Circunscripción Judicial del Estado Bolívar, mediante el cual se planteó una controversia constitucional, con fundamento en el artículo 336.9 del Texto Fundamental.

El 22 de noviembre de 2011 se dio cuenta en Sala y se designó ponente al Magistrado Marcos Tulio Dugarte Padrón.

El 4 de junio de 2014 se reasignó la ponencia en el Magistrado Arcadio Delgado Rosales, quien con tal carácter suscribe el presente fallo.

I

DE LA CONTROVERSIA PLANTEADA

El 4 de noviembre de 2011, se recibió en la Secretaría de esta Sala Constitucional el Oficio núm. 0810-438 del 28 de octubre de 2011, proveniente del Juzgado Primero de Primera Instancia en lo Civil, Mercantil, Agrario y del Tránsito del Primer Circuito Judicial de la Circunscripción Judicial del Estado Bolívar, del siguiente tenor:

"(...) Tengo el agrado de dirigirme a usted para hacer de su conocimiento que con motivo del juicio de (sic) COBRO DE BOLIVARES (sic) (VIA [sic] INTIMACION [sic]) interpuesto por el ciudadano JOSÉ (sic) CALABRO contra los ciudadanos HUMBERTO RAFAEL CORDOLIANI SÁNCHEZ (sic), este tribunal dictó sentencia interlocutoria mediante la cual el tribunal se abstiene de admitir la demanda y propone por ante la Sala que usted preside una controversia constitucional conforme al artículo 336, ordinal 9 de la Constitución de la República Bolivariana de Venezuela. En tal sentido, a los fines de su conocimiento remite a su despacho copia certificada del libelo de demanda objeto de la pretensión, de la decisión N° PJ0182009000446 de fecha 01/07/2009, de la sentencia de fecha 25/01/2010 dictada por el Juzgado Superior en lo civil (sic), Mercantil, del Tránsito y de Protección de Niños, Niñas y Adolescentes del Primer Circuito Judicial de la Circunscripción Judicial del Estado Bolívar, mediante la cual declaró competente a este tribunal para conocer de la causa y copia certificada de la decisión N° PJ0182011000225 dictada por este despacho el 27 de octubre de 2011. (...)".

II

MOTIVACIONES PARA DECIDIR

En forma previa, se debe establecer su competencia para resolver la controversia planteada. Al respecto, se advierte que las disposiciones de los artículos 336.9 del Texto Fundamental y 25.9 de la Ley Orgánica del Tribunal Supremo de Justicia le confieren a la Sala Constitucional la facultad para dirimir las controversias constitucionales que se susciten entre cualesquiera de los órganos del Poder Público.

Así pues, como en el presente caso, el Juzgado Primero de Primera Instancia en lo Civil, Mercantil, Agrario, Bancario y del Tránsito del Primer Circuito Judicial de la Circunscripción Judicial del Estado Bolívar planteó una supuesta controversia constitucional respecto del Juzgado Superior en lo Civil, Mercantil, del Tránsito y de Protección de Niños, Niñas y Adolescentes del Primer Circuito Judicial de la Circunscripción Judicial del Estado Bolívar, con ocasión de una decisión que resolvió un conflicto de competencia, esta Sala se declara competente, en atención a las precitadas normas. Así se decide.

Establecida la competencia, de la revisión de las actas del expediente se observa lo siguiente:

Que, el 1 de julio de 2009, el Juzgado Primero de Primera Instancia en lo Civil, Mercantil, Agrario, Bancario y del Tránsito del Primer Circuito Judicial de la Circunscripción Judicial del Estado Bolívar se declaró incompetente, por razón de la cuantía, para conocer de la demanda por cobro de bolívares (vía intimación) incoada *por el ciudadano José Calabro* contra los ciudadanos Humberto Rafael Cordoliani Sánchez y José Ángel Cordoliani Sánchez, por lo que declinó la competencia en el Juzgado del Municipio Heres de esa misma Circunscripción Judicial.

Que, el 25 de enero de 2010, el Juzgado Superior en lo Civil, Mercantil, del Tránsito y de Protección de Niños, Niñas y Adolescentes del Primer Circuito Judicial de la Circunscripción Judicial del Estado Bolívar, con ocasión de la regulación de competencia solicitada por el endosatario en procuración de la letra de cambio objeto de la demanda, declaró que el tribunal competente es el antedicho Juzgado de Primera Instancia en lo Civil, Mercantil, Agrario y del Tránsito, luego de analizar el monto en que fue estimada la demanda.

Que, el 27 de octubre de 2011, el mencionado Juzgado de Primera Instancia dictó una decisión en la que estableció que ejecutar la sentencia emanada de su superior "(…) *entrañaría una flagrante vulneración de los derechos constitucionales del demandado, el cual, por (sic) obra del (sic) desconocimiento de una norma de orden público que está vigente, debe afrontar el pago de una obligación en una cuantía distinta a la que en verdad asumió (…)*", por lo que se abstuvo de admitir la demanda para proponer una controversia constitucional, con el fin de que sea esta Sala Constitucional la que decida si la sentencia expedida por el aludido Juzgado Superior se encuentra ajustada a derecho o si viola derechos y garantías constitucionales o es contraria al orden público.

Al respecto, el Juzgado de Primera Instancia arguyó que la letra de cambio cuyo cobro se pretende fue librada el 30 de marzo de 2007; por tanto, estimó que tanto el acreedor cambiario como los jueces que conocieran de la pretensión de cobro debían efectuar la correspondiente conversión, en virtud de la entrada en vigencia del Decreto con Rango, Valor y Fuerza de Ley de Reconversión Monetaria, publicada en la *Gaceta Oficial* de la República Bolivariana de Venezuela núm. 38.638 del 6 de marzo de 2007, lo cual –afirma– no hizo el Juez Superior al momento de resolver la regulación de competencia solicitada.

Así las cosas, cabe señalar que la controversia constitucional, prevista en el artículo 336.9 del Texto Fundamental, está destinada a salvaguardar el normal desempeño de los órganos del Poder Público que pudiera verse afectado cuando dos o más de ellos estiman atribuida a su favor una facultad, competencia o atribución constitucionalmente prescrita, dando lugar al ejercicio paralelo de la función disputada (conflicto positivo); o, por el contrario, cuando ninguno de éstos reconoce ostentar la titularidad de esa facultad, competencia, o atribución constitucional, provocando la omisión de acometer una función encomendada a alguno de ellos por la Carta Magna (conflicto negativo).

Por tanto, resulta claro que la situación planteada por el Juez a cargo del Juzgado Primero de Primera Instancia en lo Civil, Mercantil, Agrario y del Tránsito del Primer Circuito Judicial de la Circunscripción Judicial del Estado Bolívar no presenta los elementos objetivos antes señalados que permitan calificarla como una controversia constitucional; ya que el juez de primera instancia está obligado a dar cumplimiento a la sentencia emitida por el superior, independientemente de que comparta o disienta del criterio establecido en ella; en todo caso, corresponde a las partes que intervienen en la litis hacer valer los recursos que le ofrece el ordenamiento jurídico, en caso de que hubiesen estimado que el fallo que emitió el Tribunal Superior le causó un perjuicio a sus derechos e intereses.

En consecuencia, la Sala declara que en el presente caso no existe controversia constitucional y, por ende, se ordena remitir copia certificada de la presente decisión al Juzgado Primero de Primera Instancia en lo Civil, Mercantil, Agrario y del Tránsito del Primer Circuito Judicial de la Circunscripción Judicial del Estado Bolívar. Así se decide.

4. *Acción de Amparo Constitucional*

    A. *Acción de amparo: contenido de la reforma de la Ley Orgánica de 2014*

TSJ-SC (1573)   **18-11-1014**

Magistrada Ponente: Gladys María Gutiérrez Alvarado

Caso: Constitucionalidad del carácter Orgánico de la Ley Orgánica de Amparo sobre Derechos y Garantías Constitucionales.

La Sala Constitucional resume el contenido de la Reforma de la Orgánica de Amparo sobre Derechos y Garantías Constitucionales sancionada en 2014.

En cuanto a su estructura, este instrumento legal está compuesto de la siguiente forma:

El Capítulo I, contiene las *"Disposiciones Generales"*, a través de las cuales se definen el objeto, ámbito de acción, valores, principios procesales; el orden público de las disposiciones de la ley, la preferencia al trámite de los procedimientos de amparo constitucional que deben dar los tribunales sobre cualquier otro asunto, el deber de colaboración de los funcionarios públicos y particulares en materia de amparo, la igualdad entre las partes, creación de cargos de jueces itinerantes para conocer de acciones de amparo; y, la inhibición de jueces en esta materia.

En este Capítulo, cabe destacar el establecimiento de los principios procesales que rigen a los procedimientos para tramitar las acciones de amparo constitucional, con lo cual, en el artículo 4 de la Ley Sancionada, contempla que estos *"estarán orientados por los principios referidos al debido proceso, legalidad, oralidad, publicidad, igualdad, contradicción, imparcialidad, gratuidad, economía, eficacia, celeridad, proporcionalidad, adecuación, concentración, inmediación, idoneidad e integridad, y deberán ser desarrollados en forma breve, sumaria, efectiva, no sujetos a formalidades."*

El Capítulo II, intitulado *"De la competencia"*, consta de la regulación atinente a los tribunales competentes en primera instancia por la materia y lugar donde ocurra el hecho, acto u omisión que motiva la acción de amparo constitucional; la competencia contra las decisiones u omisiones judiciales, contra los sujetos procesales y auxiliares de justicia, contra los actos, actuaciones materiales, vías de hecho, abstenciones u omisiones de la Administración, o de cualquier otro órgano, ente, misiones, incluso, particular en el ejercicio de la función administrativa.

Adicionalmente, prevé cual será el tribunal competente para conocer de la acción de amparo con ocasión de la prestación de servicios públicos, así como por la protección de derechos e intereses colectivos y difusos y los supuestos en los cuales resulta competente la Sala Constitucional del Tribunal Supremo de Justicia para su conocimiento, y la competencia para resolver los conflictos de competencia planteados en materia de amparo.

El Capítulo III denominado *"De la solicitud de la Acción de Amparo Constitucional"*, contiene la modalidad en que puede ser interpuesta la acción de amparo constitucional y los requisitos que debe contener la solicitud de amparo constitucional, así como la obligación de los tribunales de requerir a los solicitantes, la subsanación de los defectos u omisiones en las que pudieren incurrir en su solicitud. Por otra parte, prevé sus causales de inadmisibilidad e improcedencia, salvo que esté involucrado el orden público.

El Capítulo IV, desarrolla lo relativo al *"Procedimiento"*, a través de tres secciones. La Sección Primera referida a las *"Disposiciones comunes al procedimiento de Amparo Constitucional"*, dentro de las cuales se encuentran la publicidad, gratuidad, poder sancionatorio del tribunal, facultades probatorias y poder cautelar del juez, destacándose la inserción de los medios alternativos de resolución de conflictos y la responsabilidad del juez por demora; otros aspectos también de orden procesal son previstos en esta misma sección, tales como: la acumulación, modalidades de las notificaciones, pérdida del interés por abandono del tramite e inactividad de la parte accionante, sin que ello ni otros supuestos se configuren en *"cosa juzgada"*, obligatoriedad y ejecución inmediata de la decisión o mandamiento de amparo constitucional, así como la no obligatoriedad de asistencia o representación de abogado para su interposición, pero sí para los actos sucesivos del procedimiento.

La Sección Segunda, que regula propiamente el "procedimiento de la Acción de Amparo Constitucional", establece los diferentes actos de procedimiento que deben ser cumplidos, tales como: la admisión y su notificación; fijación, celebración, contenido, reproducción, forma y conclusión de la audiencia constitucional a través de un dispositivo oral y luego el fallo *in extenso*; el desistimiento tácito de la acción de amparo por efectos de la inasistencia del accionante; efectos de la decisión de amparo, requisitos del mandamiento, apelación y el establecimiento de la transacción y el desistimiento como mecanismo de autocomposición procesal, salvo violación de derechos humanos, caso en el cual, *"los acuerdos solo podrán comprender las formas de restablecimiento de la situación jurídica infringida"*.

En la Sección Tercera del mismo Capítulo IV, el legislador estableció las "Disposiciones especiales de la Acción para la Protección de los Derechos e Intereses Colectivos o Difusos", señalando a tal efecto, según su Artículo 48 que, *"Toda persona conforme a lo previsto en esta ley, podrá accionar en amparo contra los actos, hechos u omisiones que amenacen o afecten de forma indivisible los derechos o garantías constitucionales a grupos indeterminados de seres humanos, a un sector poblacional determinado o determinable no cuantificado, para que se restablezca inmediatamente la situación jurídica infringida o la que más se asemeje a ella."*. Asimismo, se prevé la legitimación para su interposición, los efectos de la decisión de amparo en materia de derecho e intereses colectivos o difusos, potestad del juez de modificar la calificación jurídica determinada por el accionante, de acuerdo a su auténtica naturaleza, y finalmente, el emplazamiento a los interesados.

En el Capítulo V, se regula *"la Acción de Amparo a la Libertad o Seguridad Personal"*, que puede ser ejercida cuando alguna *"… persona fuere objeto de privación o restricción inconstitucional o ilegítima de su libertad o se viere amenazada en su seguridad personal, por la actuación u omisión de una autoridad militar, policial o cualquier otra autoridad administrativa…"*, y entre cuyas disposiciones se encuentran la referida a la competencia, la legitimación, forma de interposición de la solicitud, la fase de conocimiento y averiguación, deber de actuación del tribunal ante la negativa de la detención por parte de la autoridad pública, o la imposibilidad de ubicar al detenido, y; la decisión en el proceso y su apelación.

En el Capítulo VI, se prevé el *"desacato al mandamiento de Amparo Constitucional para la Protección de los Derechos y Garantías Constitucionales. De las Sanciones"*, desarrollándose a tal efecto, el procedimiento para su declaratoria y sus causas justificadas, tales como, la afectación a la colectividad en general, a intereses colectivos o difusos o al orden público; así como también, la necesaria ratificación del desacato por parte de la Sala Constitucional del Tribunal Supremo de Justicia, su ejecución por el tribunal que conoció del asunto, y el establecimiento de una sanción por desacato, de arresto de uno (01) a veinte (20) meses, siendo que las reglas del proceso penal, incluyendo las fórmulas alternas de cumplimiento de la pena, no son procedentes para el arresto por desacato.

De igual manera, en ese mismo Capítulo, el legislador ha establecido la potestad del juez de imponer multas e incrementarlas por cada día de incumplimiento, de acuerdo al principio de proporcionalidad de las sanciones, sin exclusión de la procedencia de la responsabilidad civil por la reparación de los daños y perjuicios que causare el incumplimiento del mandamiento de amparo, y; por último, la obligación a cargo de la Defensoría del Pueblo y el Ministerio Público, de presentar en el informe anual ante la Asamblea Nacional, información sobre las cantidades de causas en que hayan intervenido por desacatos a mandamientos de amparo, con sus respectivas resultas. […]

Ahora bien, en el caso de autos, la *"Ley Orgánica de Amparo sobre Derechos y Garantías Constitucionales"*, que ocupa a esta Sala en ejercicio del control previo sobre la constitucionalidad de su carácter orgánico, tiene como objeto regular la acción de amparo constitucional como medio judicial de protección, para el goce y ejercicio efectivo de los derechos y garantías constitucionales, de conformidad con lo previsto en su artículo 1.

Es así, que dicho instrumento normativo, tiene como finalidad asegurar a través de un conjunto de normas, los mecanismos de protección de derechos y garantías constitucionales ya previamente establecidos en los artículos 26 y 27 del Texto Constitucional, tales como el derecho a ser amparado por los tribunales en el goce y ejercicio de los derechos y garantías constitucionales y a obtener una tutela judicial efectiva para hacer valer sus derechos e intereses, incluso los colectivos o difusos, por lo cual, los particulares no sólo pueden accionar ante los órganos de justicia en defensa de sus derechos individuales, sino también en el supuesto que sean vulnerados derechos o garantías constitucionales de grupos indeterminados de seres humanos, o a un sector poblacional determinado o determinable no cuantificado, tutelándose así, derechos colectivos o difusos, lo que en definitiva, evidencia el fin teleológico de la Ley en la protección de todos y cada uno de los derechos y garantías que prevé la Carta Magna, indistintamente de su transcendencia en la esfera jurídica subjetiva del sujeto de derecho.

[...]

Asimismo, esta Sala Constitucional observa que, el instrumento legal sometido al control previo de constitucionalidad, busca garantizar a los particulares que la acción de amparo constitucional como medio de protección judicial, para el goce y ejercicio efectivo de los derechos y garantías constitucionales, se enmarque en un proceso judicial que se ajuste a los principios de gratuidad, accesibilidad, imparcialidad, idoneidad, transparencia, autonomía, independencia, responsabilidad, de una justicia equitativa y expedita, sin dilaciones indebidas, y sin formalismos o reposiciones inútiles, que se desarrolle bajo una características propias, como la oralidad, publicidad y la brevedad, donde la autoridad judicial competente tenga la potestad para restablecer inmediatamente la situación jurídica infringida o la situación que más se asemeje a ella, y con la obligación del juez de tramitarla con preferencia a cualquier otro asunto, siendo todo tiempo hábil para su interposición, ajustándose así a las generalidades previstas para el proceso judicial en materia de protección de derechos y garantías constitucionales, en las normas constitucionales transcritas *ut supra*.

Adicionalmente, la *"Ley Orgánica de Amparo sobre Derechos y Garantías Constitucionales"*, constituye eje fundamental para la garantía y el respeto de los derechos constitucionales, como cuerpo normativo que prevé mecanismos efectivos y expeditos de protección y/o restitución de derechos o garantías constitucionales infringidas o ante eventuales amenazas de ser vulnerados, a las personas naturales y jurídicas, o grupos de estas.

Ahora bien, sin que ello implique un análisis de fondo respecto de la constitucionalidad de las normas que integran la sancionada *"Ley Orgánica de Amparo sobre Derechos y Garantías Constitucionales"*, observa esta Sala Constitucional, que la misma es fundamentalmente un instrumento normativo dirigido a desarrollar derechos constitucionales, por lo cual, el texto legal sometido a consideración de esta Sala Constitucional por el ciudadano Presidente de la Asamblea Nacional, con base en las anteriores consideraciones, se encuadra en uno de los supuestos de control constitucional previo que debe realizar este Máximo Tribunal, establecidos en el artículo 203 de la Constitución de la República Bolivariana de Venezuela.

B.   *Competencia de la Sala Constitucional*

TSJ-SC (1458)   **11-11-2014**

Magistrada Ponente: Gladys María Gutiérrez

Caso: David Romero Caripa y otros vs. Ministra del Poder Popular para la Defensa y el Presidente de la República Bolivariana de Venezuela.

...En primer lugar, esta Sala debe determinar su competencia para conocer de la presente acción de amparo constitucional, y a tal efecto observa, que el artículo 25, cardinal 18, de la Ley

Orgánica del Tribunal Supremo de Justicia, establece con carácter exclusivo y excluyente la competencia de esta Sala para el conocimiento de las acciones de amparo constitucional interpuestas contra los altos funcionarios del Estado, al efecto dispone: *"Conocer en única instancia las demandas de amparo constitucional que sean interpuestas contra los altos funcionarios públicos o altas funcionarias públicas nacionales de rango constitucional"*.

En este orden de ideas, deben entenderse por altos funcionarios públicos los establecidos en el artículo 8 de la Ley Orgánica de Amparo sobre Derechos y Garantías Constitucionales, y los señalados en el artículo 44 del Decreto con Rango, Valor y Fuerza de Ley Orgánica de la Administración Pública, los cuales expresamente contemplan:

"Artículo 8. La Corte Suprema de Justicia conocerá en única instancia, y mediante aplicación de los lapsos y formalidades previstos en la Ley, en la Sala de competencia afín con el derecho o garantía constitucionales violados o amenazados de violación, de las acciones de amparo contra los hechos, actos y omisiones emanados del Presidente de la República, de los Ministros, del Consejo Supremo Electoral y demás organismos electorales del país, del Fiscal General de la República, del Procurador General de la República o del Contralor General de la República".

"Artículo 44. Son órganos superiores de dirección del nivel central de la Administración Pública Nacional, la Presidenta o Presidente de la República, la Vicepresidenta Ejecutiva o Vicepresidente Ejecutivo, el Consejo de Ministros, las ministras o ministros, las viceministras o viceministros y las autoridades regionales.

Es órgano superior de coordinación y control de la planificación centralizada la Comisión Central de Planificación.

Son órganos superiores de consulta del nivel central de la Administración Pública Nacional, la Procuraduría General de la República, el Consejo de Estado, el Consejo de Defensa de la Nación, las juntas sectoriales y las juntas ministeriales".

Así pues, esta Sala ha establecido reiteradamente, conforme a las normas citadas, su control con carácter excluyente y exclusivo de los actos, hechos u omisiones imputados a los altos funcionarios públicos nacionales indicados anteriormente; no obstante, tal enumeración es enunciativa y no taxativa (vid. entre otras, sentencias de esta Sala Constitucional N° 1 del 20 de enero de 2000, caso: *"Emery Mata Millán"*; N° 656 del 30 de junio de 2000, caso: *"Defensoría del Pueblo"*; y N° 195 del 15 de febrero de 2001, caso: *"María Zamora Ron"*).

En este contexto, la interpretación enunciativa de las autoridades a que hace mención el referido artículo 8, obedeció a la modificación organizacional del Poder Público Nacional en la Constitución de la República Bolivariana de Venezuela, y la consecuente necesidad de adaptar la ley preconstitucional a la nueva estructura organizativa del Estado.

De esta forma, la Sala sistematizó, con arreglo al principio de seguridad jurídica y al carácter vinculante del Texto Fundamental, el criterio atributivo de competencia para conocer de los amparos constitucionales incoados contra los altos funcionarios de la República, aun cuando éstos no estuvieran taxativamente mencionados en el fuero legalmente establecido en el citado artículo 8, pues habría resultado incongruente y violatorio del principio del juez natural que los órganos superiores del Estado pudieran estar sometidos a distintos fueros, por la falta de una interpretación armónica sobre la adecuación de las disposiciones competenciales a la *norma normarum*.

Ello así, visto que la presente acción de amparo constitucional fue ejercida contra la Ministra del Poder Popular para la Defensa y el Presidente de la República Bolivariana de Venezuela, por supuesta falta de ejecución del Decreto con Rango, Valor y Fuerza de Ley Especial de Reincorporación a la Carrera Militar y al Sistema de Seguridad Social de la Fuerza Armada Nacional Bolivariana, publicado en la Gaceta Oficial de la República Bolivariana de Venezuela n.° 39.858 del 6 de febrero de 2012, esta Sala Constitucional, de acuerdo a lo expuesto, observa que tales investiduras se encuentran comprendidas dentro de las altas autoridades a las que refiere el artículo 8 de la Ley Orgánica de Amparo sobre Derechos y Garantías Constitucionales, por lo que resulta evidente que la cuestión planteada se enmarca dentro del ámbito de sus atribuciones jurisdiccionales. En consecuencia, esta Sala se declara competente para conocer de la acción de amparo interpuesta. Así se decide

C. *Admisibilidad*

TSJ-SC (1323)   **15-10-2014**

Magistrado Ponente: Arcadio Delgado Rosales

Caso: Cecilia Rosa Fernández Hurtado y Oscar Martín Hernández Gómez. vs. Centro Nacional de Procesados Militares (CENAPROMIL) de Ramo Verde y la Ministra del Poder Popular para la Defensa de la República Bolivariana de Venezuela.

La Sala advierte que la omisión de acompañar al libelo los medios probatorios o, al menos, los documentos de los cuales pueda extraerse algún indicio que permita a la Sala verificar la existencia de la presunta lesión denunciada, se subsume en el supuesto de inadmisibilidad previsto en el artículo 133.2 de la Ley Orgánica del Tribunal Supremo de Justicia.

Debe previamente esta Sala pronunciarse sobre la competencia para conocer de la pretensión de amparo y, al respecto, observa que la misma fue interpuesta contra el Centro Nacional de Procesados Militares (CENAPROMIL) de Ramo Verde y la Ministra del Poder Popular para la Defensa como máxima autoridad de ese Ministerio.

Es preciso advertir que de conformidad con lo establecido en el artículo 8 de la Ley Orgánica de Amparo sobre Derechos y Garantías Constitucionales corresponde a esta Sala el conocimiento en primera y única instancia del amparo de autos interpuesto contra la Ministra del Poder Popular para la Defensa y por fuero atrayente igualmente resulta competente para conocer el amparo ejercido contra el Centro Nacional de Procesados Militares (CENAPROMIL) de Ramo Verde que depende de aquel, también mencionado como presunto agraviante; y así se declara.

Asimismo, se observa que la parte accionante como pueblo de Venezuela, denunció fundamentalmente la presunta violación de los derechos a la igualdad, políticos y civiles, a la libertad de reunión y a la asociación con fines políticos, previstos en los artículos 21, 39, 40, 53 y 62 de la Constitución y en los artículos 22 y 25 del Pacto Internacional de Derechos Civiles y Políticos, en los artículos 20 y 21 de la Declaración Universal de Derechos Humanos y en los artículos 16 y 23 de la Convención Americana sobre Derechos Humanos, por parte de las autoridades militares al prohibirles la entrada al referido centro penitenciario y coartarles el derecho de visitar a los ciudadanos Leopoldo López, Coordinador Nacional del partido político Voluntad Popular, Daniel Ceballos, ex alcalde del Municipio San Cristóbal del Estado Táchira y Enzo Scarano, ex alcalde del Municipio San Diego del Estado Carabobo, quienes se encuentran privados de libertad en ese centro de reclusión y con quienes les vinculan lazos de amistad en su condición de líderes políticos y luchadores sociales.

Asimismo alegaron que es justicia y un derecho que a los ciudadanos mencionados se les permita recibir la visita del pueblo de Venezuela, conforme lo prevé el artículo 58 de la Ley de Régimen Penitenciario, ya que no han sido sancionados disciplinariamente con la prohibición de visitas abiertas, no constituyen un peligro para la sociedad, son reconocidos como ciudadanos ejemplares, honestos y responsables que han dedicado su vida a trabajar por el país y jamás han obstaculizado el sistema de justicia venezolano.

Destacaron también que en el caso del ex presidente Hugo Rafael Chávez Frías, cuando estuvo detenido como coautor de un intento de golpe de estado, se le permitió la visita de cientos de venezolanos, por lo que en el caso de los ciudadanos Leopoldo López, Daniel Ceballos y Enzo Scarano, no se trata de solicitar un privilegio sino un derecho, pues el pueblo quiere ver y hablar con ellos y no les pueden prohibir verlos.

Ahora bien, previa la revisión y lectura del expediente contentivo de la pretensión de amparo de autos, esta Sala Constitucional advierte que junto al escrito de interposición del amparo los accionantes no acompañaron prueba alguna indispensable que le permita a esta Sala verificar preliminarmente la existencia de la presunta lesión causada por la denunciada prohibición de entrar al Centro Nacional de Procesados Militares para visitar a los ciudadanos Leopoldo López, Daniel Ceballos y Enzo Scarano, que imputan a las autoridades militares, específicamente a la Ministra del Poder Popular para la Defensa y a las autoridades de aquel centro, o al menos comprobar que fueron al referido centro de reclusión, solicitaron visitar a los referidos ciudadanos y obtuvieron de los accionados una respuesta negativa, lo que resulta necesario para pronunciarse sobre la admisibilidad de la pretensión de amparo interpuesta.

Al respecto, observa la Sala que el cardinal 2 del artículo 133 de la Ley Orgánica del Tribunal Supremo de Justicia, aplicable a los procedimientos de amparo por remisión expresa del artículo 48 de la Ley Orgánica de Amparo sobre Derechos y Garantías Constitucionales y conforme al criterio de esta Sala contenido en la sentencia Número 952/10, [Véase en *Revista de Derecho Público* N° 123 de 2010 en pp. 134 y ss]

Prevé lo siguiente:

"Se declarará la inadmisión de la demanda: 1. Cuando no se acompañen los documentos indispensables para verificar si la demanda es admisible".

De manera pues que, a la luz de la norma citada, la Sala advierte que en el caso *sub júdice* la omisión de acompañar al libelo los medios probatorios o, al menos, los documentos de los cuales pueda extraerse algún indicio que permita a esta Sala verificar la existencia de la presunta lesión denunciada, se subsume en el supuesto previsto en el cardinal 2 del artículo 133 de la Ley Orgánica del Tribunal Supremo de Justicia, antes señalado. Así se declara.

DECISIÓN

Por las razones que anteceden, este Tribunal Supremo de Justicia, en Sala Constitucional, administrando justicia en nombre de la República, por autoridad de la Ley, declara **INADMISIBLE** el amparo interpuesto por los ciudadanos **CECILIA ROSA FERNÁNDEZ HURTADO Y OSCAR MARTÍN HERNÁNDEZ GÓMEZ,** asistidos por la abogada María de los Ángeles Huerta Navas, contra el Centro Nacional de Procesados Militares (CENAPROMIL) de Ramo Verde y la Ministra del Poder Popular para la Defensa de la República Bolivariana de Venezuela.

TSJ-SPA (1603)   **26-11-2014**

Magistrado Ponente: Emiro García Rosas

Caso: Nelson Riedi Cabello Presidente del Colegio de Abogados del Estado Carabobo y otros vs. los artículos 2, 3 y 6 del Decreto Presidencial N° 664 de fecha 10-12-2013, *G.O.* N° 40.313 del 11-12-2013

...Precisado lo anterior, corresponde a esta Sala pronunciarse sobre la admisibilidad del recurso. En tal virtud, concierne a este órgano jurisdiccional, de conformidad con el criterio expuesto en el Capítulo III, decidir <u>provisoriamente</u> sobre la admisibilidad de la acción principal de nulidad, esto es, examinar las causales de inadmisibilidad contempladas en el artículo 35 de la Ley Orgánica de la Jurisdicción Contencioso Administrativa, con excepción de la caducidad de la acción, a los fines de revisar la petición cautelar de amparo constitucional.

No obstante, juzga la Sala necesario aludir en esta oportunidad, a la naturaleza del acto recurrido y, en tal sentido, cabe reiterar que el recurso de autos se ha ejercido contra los artículos 2, 3 y 6 del **DECRETO PRESIDENCIAL N° 664** de fecha 10 de diciembre de 2013, publicado en la *Gaceta Oficial* de la República Bolivariana de Venezuela N° 40.313 del 11 de diciembre de 2013, por el cual *"se declara Monumento Nacional la obra arquitectónica denominada 'PARQUE RECREACIONAL SUR-PLAZA MONUMENTAL', ubicada en la Parroquia Santa Rosa, del Municipio Valencia del Estado Carabobo"*.

Ahora bien, el examen de dicho Decreto conduce a sostener que constituye un acto administrativo de carácter general, por cuanto contiene un conjunto de disposiciones dirigidas a una universalidad –en principio indeterminada– de destinatarios. Asimismo, considera este Alto Tribunal que de las disposiciones comprendidas en el aludido Decreto se desprenden suficientes elementos para concluir que el mismo ostenta carácter normativo, pues en definitiva declara Monumento Nacional la obra arquitectónica denominada *"PARQUE RECREACIONAL SUR – PLAZA MONUMENTAL"* en pro de todos los ciudadanos y ciudadanas, así como las autoridades civiles y militares del país, estableciendo los beneficios para la Nación.

Siendo así, y por aplicación del artículo 32 de la Ley Orgánica de la Jurisdicción Contencioso Administrativa, conforme al cual *"las acciones de nulidad contra los actos de efectos generales dictados por el Poder Público podrán intentarse en cualquier tiempo"*, esta Sala concluye que en el caso de autos no existe un lapso de caducidad para el ejercicio de la acción, como sí está contemplado respecto de los actos de efectos temporales y particulares so pena de resultar inadmisible el recurso de nulidad que contra estos se ejerza, a tenor de lo previsto en el artículo 35, numeral 1, de la precitada Ley Orgánica. Así se decide.

Establecido lo anterior, debe la Sala examinar las causales de inadmisibilidad contempladas en los restantes numerales (2, 3, 4, 5, 6 y 7) del artículo 35 de la Ley Orgánica de la Jurisdicción Contencioso Administrativa, en torno a lo cual aprecia, hecha la revisión del escrito contentivo del recurso de nulidad y –en general– de las actas, que las mismas no se verifican en la presente causa, en razón de que: *(i)* no se han acumulado acciones excluyentes; *(ii)* se ha acompañado la documentación necesaria a los fines de la admisión del recurso; *(iii)* no existen evidencias de que se hubiere decidido un caso idéntico mediante sentencia firme; *(iv)* no se aprecian en el escrito recursivo conceptos irrespetuosos; *(v)* la demanda de nulidad no resulta contraria al orden público ni a las buenas costumbres; y *(vi)* no se advierte alguna prohibición legal de admitir la acción propuesta.

Visto que no está contemplado, en el supuesto que se analiza, un lapso de caducidad para la interposición del recurso, y que la solicitud bajo estudio no incurre en alguna de las examinadas causales de inadmisibilidad previstas en el artículo 35 de la Ley Orgánica de la Jurisdicción Contencioso Administrativa, se admite el recurso de nulidad. Así se declara.

D.   *Amparo Cautelar*

TSJ-SPA (1603)   **26-11-2014**

Magistrado Ponente: Emiro García Rosas

Caso: Nelson Riedi Cabello Presidente del Colegio de Abogados del Estado Carabobo y otros vs. los artículos 2, 3 y 6 del Decreto Presidencial N° 664 de fecha 10-12-2013, *G.O.* N° 40.313 del 11-12-2013.

La Sala reitera una vez mas su jurisprudencia referente a que de conformidad con la naturaleza y el objeto de la acción de amparo (tutela efectiva de derechos subjetivos constitucionales), esta vía de protección solo puede ser acordada para garantizar el total restablecimiento de verdaderos derechos subjetivos constitucionalizados, de-

biendo, en consecuencia, ser determinado por el juez de amparo si las normas invocadas como lesionadas consagran un auténtico derecho subjetivo, o si, por el contrario, contienen declaraciones de otra índole no susceptibles de tutela judicial directa.

Admitido como ha sido el recurso de nulidad, corresponde a la Sala pronunciarse sobre el amparo cautelar incoado.

En tal sentido, este Alto Tribunal revisará los requisitos de procedencia de la medida cautelar de amparo constitucional solicitada, con el propósito de evitar una lesión irreparable o de difícil reparación en el orden constitucional al ejecutarse un acto administrativo que eventualmente resultare anulado, pudiendo ello constituir un atentado al derecho fundamental a la tutela judicial efectiva.

Por tanto, debe analizarse el *fumus boni iuris* con el objeto de concretar la presunción grave de violación o amenaza de violación del derecho o derechos constitucionales alegados por la parte quejosa, para lo cual es necesario no un simple alegato de perjuicio, sino la argumentación y la acreditación de hechos concretos de los cuales nazca la convicción de violación a los derechos constitucionales de la accionante. En cuanto al *periculum in mora*, se reitera que en estos casos, generalmente es determinable por la sola verificación del extremo anterior, pues la circunstancia de que exista una presunción grave de violación de un derecho de orden constitucional o su limitación fuera de los parámetros permitidos en el Texto Fundamental, conduce a la convicción de que por la naturaleza de los intereses debatidos debe preservarse *in limine* su ejercicio pleno, ante el riesgo inminente de causar un perjuicio irreparable en la definitiva a la parte que alega la violación.

En el presente caso se observa que la representación judicial de la actora solicitó amparo cautelar y la suspensión de los efectos del Decreto N° 664 del 10 de diciembre de 2013 dictado por el Presidente de la República, por cuanto afecta *"la satisfacción de nuestros derechos prestacionales a la cultura, recreación y educación, en los términos expuestos en el presente libelo (...)"*.

Ahora bien, del análisis del libelo de la demanda esta Sala observa que si bien la parte accionante alega en principio violación de los derechos arriba mencionados, en el desarrollo de los argumentos expuestos en su escrito recursivo también denuncia la violación al derecho de propiedad, confiscación, debido proceso, libertad, identidad; así como también, los vicios de incompetencia del Presidente de la República que dictó el acto impugnado, desviación de poder, violación del principio de separación de poderes y, violación del principio de legalidad, participación ciudadana, pluralismo político y seguridad jurídica.

En atención a lo expuesto, debe la Sala precisar que a los fines de pronunciarse acerca de la acción de amparo cautelar, en esta oportunidad le corresponde únicamente analizar los derechos o garantías constitucionales susceptibles de ser protegidos por la acción de amparo intentada. (Ver sentencia N° 00554 publicada por esta Sala en fecha 23 de mayo de 2012, caso: *Industrias Venoco, C.A. y otras*), ya que el examen tanto de la legalidad como de los principios esenciales de la Constitución de la República Bolivariana de Venezuela, como son: incompetencia, seguridad jurídica, separación de poderes, desviación de poder y, pluralismo político, le está vedado al Juez que conoce del amparo constitucional (Ver sentencias Nos. 00343 del 26 de marzo de 2008; 00098 del 28 de enero de 2010; 01362 del 14 de noviembre de 2012; 01046 del 26 de septiembre de 2013; 01152 del 16 de octubre de 2013 y 01376 del 4 de diciembre de 2013).

Además, ha reiterado esta Sala que de conformidad con la naturaleza y el objeto de la acción de amparo (tutela efectiva de derechos subjetivos constitucionales), esta vía de protección solo puede ser acordada para garantizar el total restablecimiento de verdaderos derechos subjetivos constitucionalizados, debiendo, en consecuencia, ser determinado por el juez de amparo si las normas invocadas como lesionadas consagran un auténtico derecho subjetivo, o si, por el contrario, contienen declaraciones de otra índole no susceptibles de tutela judicial directa. (Ver Sentencia N° 00251 del 12/03/2013, caso: *Toyama Maquinaria S.A.*; Sentencia N° 949 del 25/06/2003, caso: *Vicson, S.A., Venepal, S.A.C.A., y otros*; Sentencia N° 1626 del 22/10/03, caso: *C.A. Seagrams de Margarita*).

Tal criterio jurisprudencial ha sido igualmente sostenido por la Sala Constitucional de este Alto Tribunal, al desarrollar el punto relativo a la especificidad de la acción de amparo constitucional, en los siguientes términos:

"Ciertamente, debemos convenir en que este medio de impugnación ha sido consagrado, a tenor del artículo 1 de la Ley Orgánica de Amparo sobre Derechos y Garantías Constitucionales, con el fin de restablecer la situación jurídica lesionada por el desconocimiento de un derecho humano positivizado a nivel constitucional. La acción de amparo, es, pues, una garantía de restablecimiento de la lesión actual o inminente a una ventaja esencial, producto de un acto, actuación u omisión antijurídica, en tanto contraria a un postulado en cuyo seno se encuentre reconocido un derecho fundamental.

Pero, a fin de llevar a buen puerto el imprescindible análisis crítico que debe efectuar el juez constitucional en su tarea de garantizar la función subjetiva de los derechos fundamentales, éste debe interpretar en todo caso, (...) el núcleo esencial de los tales derechos, es decir, abstraer su contenido mínimo desde la premisa de que un derecho humano es el resultado de un consenso imperativo según el cual una necesidad es tenida por básica, para así diferenciarlo de las diversas situaciones jurídicas subjetivas donde tales necesidades no se manejan en su esencialidad." (Sentencia del 06 de abril de 2001, caso: Manuel Quevedo Fernández).

Conforme a lo anterior, puede colegirse que no todas las normas contenidas en la Constitución consagran derechos susceptibles de ser objeto de tutela por medio de la acción de amparo constitucional, por lo cual se pasa a analizar las denuncias de los recurrentes, en los siguientes términos:

1.- Violación del Derecho a la cultura, recreación, educación, recreación y libertad.

En cuanto a la violación de los derechos de la cultura, recreación, educación y libertad como valor constitucional, la parte recurrente expuso en su libelo que *"con la confiscación de hecho del monumento nacional al Municipio Valencia se le impide a dicho ente político territorial desplegar actividades turísticas, culturales, educativas y recreativas en las instalaciones del mismo, pues, depende ahora del Poder Central otorgar autorización para ello, ya que le acto cuestionado dio la administración, custodia y posesión del complejo al Ministerio del Poder Popular para el Turismo".*

Agregó que el artículo 178 de la Constitución establece que el patrimonio histórico y el turismo local son competencias municipales; igualmente destacó que *"Sin los espacios afectados el Municipio no podrá recaudar fondos por concepto de alquiler, concesión, espectáculos, etcétera; ni realizar actividades de fomento, ni en general desplegar una gestión pública en tan importantes lugares para la satisfacción de la cultura, turismo y educación".*

Además adujo, que el monumento "PARQUE RECREACIONAL SUR-PLAZA MONUMENTAL" constituye uno de los símbolos de la ciudad, de su acervo histórico, contribuyendo a la identidad cultural de los valencianos".

También expresó que la "Ley Orgánica de Bienes establece cuales son los bienes que corresponden a la República y lo propio hace la Ley Orgánica del Poder Público Municipal respecto a los bienes de los Municipios (...) siendo que (...) la Plaza Monumental y el Parque Recreacional del Sur son bienes del Municipio Valencia, pues, están afectados a la prestación de un interés público (...)".

Al respecto, esta Sala observa que los artículos 99 y 178 de la Constitución de la República Bolivariana de Venezuela prevén lo siguiente:

"Artículo 99. Los valores de la cultura constituyen un bien irrenunciable del pueblo venezolano y un derecho fundamental que el Estado fomentará y garantizará, procurando las condiciones, instrumentos legales, medios y presupuestos necesarios. Se reconoce la autonomía de la administración cultural pública en los términos que establezca la ley. El Estado garantizará la protección y preservación, enriquecimiento, conservación y restauración del patrimonio cultural, tangible e intangible, y la memoria histórica de la Nación. Los bienes que constituyen el patrimonio cultural de la Nación son inalienables, imprescriptibles e inembargables. La Ley establecerá las penas y sanciones para los daños causados a estos bienes."

"Artículo 178. *Son de la competencia del Municipio el gobierno y administración de sus intereses y la gestión de las materias que le asigne esta Constitución y las leyes nacionales, en cuanto concierne a la vida local, en especial la ordenación y promoción del desarrollo económico y social, la dotación y prestación de los servicios públicos domiciliarios, la aplicación de la política referente a la materia inquilinaria con criterios de equidad, justicia y contenido de interés social, de conformidad con la delegación prevista en la ley que rige la materia, la promoción de la participación, y el mejoramiento, en general de las condiciones de vida de la comunidad, en las siguientes áreas:*

1.- Ordenación territorial y urbanística, patrimonio histórico; vivienda de interés social; turismo local; parques y jardines, plazas, balnearios y otros sitios de recreación, arquitectura civil, nomenclatura y ornato público.

... omissis ...

4.- Protección del ambiente y cooperación con el saneamiento ambiental; aseo urbano y domiciliario, comprendidos los servicios de limpieza, de recolección y tratamiento de residuos y protección civil.

(... omissis ...)".

En atención a los artículos antes transcritos en Sentencia de la Sala Constitucional N° 2670 del 6 de octubre de 2003, Caso: *Asociación Civil para el Rescate del Patrimonio Histórico de Venezuela (APAHIVE), Fundación Parque Universal de la Paz, Fundación un Parque para la Vida, Comité Cultural Conservacionista y de Defensa de la Parroquia San José del Distrito Federal y otros, contra la C.A. Metro de Caracas (CAMETRO)*, se estableció lo siguiente:

"(...) la garantía que el artículo 99 constitucional establece para la efectiva protección, preservación, enriquecimiento, conservación y restauración del patrimonio cultural, tanto tangible como intangible, y la memoria histórica de la Nación, (...) comprende el necesario cumplimiento por parte de los órganos o entes del Estado creados (se insiste, en cualquiera de sus niveles político-territoriales) para realizar tal cometido, de obligaciones de respetar, definidas como el deber del Estado de no injerir, obstaculizar o impedir el acceso al goce de los bienes que constituyen el objeto del derecho; de proteger, entendidas como el deber de impedir que terceros injieran, obstaculicen o impidan el acceso a esos bienes; de garantizar, que suponen el deber de asegurar que el titular del derecho (en este caso, la colectividad) acceda al bien cuando no puede hacerlo por sí mismo; y de promover; caracterizadas por el deber de desarrollar dentro de sus competencias, las condiciones para que los titulares del derecho accedan libremente al bien tutelado (...) sin que ello obvie la realidad de que en no pocos casos, el efectivo ejercicio por parte de las personas de derechos de naturaleza esencialmente civil o política (libertad personal, libertad de expresión, debido proceso, participación política, etc), supone para el Estado el cumplimiento de varias de las obligaciones antes indicadas, más allá del simple deber de respetar el contenido del derecho civil o político en particular.

Así las cosas, el análisis en sede judicial de la vulneración o respeto del derecho enunciado en el artículo 99 de la Constitución, que constituye a su vez una concreción (mediante la forma de obligación-garantía) del derecho más general a la cultura, que se consagra en el artículo 98 del mismo Texto Constitucional, en virtud de las específicas y variadas obligaciones de hacer que suponen para los órganos competentes del Estado en cualquiera de sus niveles político-territoriales, exige el análisis por parte, en este caso, del Juez constitucional de las normas dictadas por el legislador (en este caso, nacional o municipal, conforme a los artículos 156.32 y 178.5) o incluso por la Administración en ejecución de aquellas, que definen las atribuciones de los entes u órganos públicos encargados de brindar la protección a que alude la Constitución en la norma examinada, que establecen las actividades y los procedimientos administrativos que aquellos deben cumplir para lograr dicho cometido y, en definitiva, que regulan las relaciones entre dichos órganos o entes y los particulares, en procura del goce y disfrute del derecho (cuyo núcleo esencial lo constituye el valor histórico, artístico, arqueológico, etc.) al patrimonio cultural, pues sólo mediante tal examen es posible constatar su vulneración o no..." (Resaltado de la cita).

En tal virtud, se destaca la obligación que tiene el Estado en cualquiera de sus niveles político-territoriales (nacional, estadal o municipal), de preservar el derecho del pueblo a la cultura, recreación y educación.

Así, observa la Sala que realizar en esta etapa del proceso un análisis pormenorizado acerca del referido Decreto Presidencial, comportaría vaciar de contenido el fondo del recurso de nulidad, tomando en cuenta que la jurisprudencia de esta Sala ha precisado que para la procedencia de la acción de amparo es necesario que la violación de los derechos y garantías constitucionales denunciados como conculcados sea una consecuencia directa e inmediata del acto, hecho u omisión objeto de la acción, de manera que no es posible para el Juez pasar a restituir cautelarmente la situación jurídica infringida si tiene que analizar, revisar e interpretar normas de rango infraconstitucional; por lo que, se desestiman tales alegatos (Ver, entre otras, sentencia N° 00677 publicada por esta Sala el 18 de junio de 2013, caso: *Inversiones Velicomen*). Así se decide.

2.- Violación del derecho constitucional al debido proceso, por no haber existido procedimiento administrativo previo; y a tal fin observa:

De conformidad con lo previsto en los artículos 19, 25 y 49 de la Constitución de la República Bolivariana de Venezuela, todos los órganos y entes que integran la Administración Pública, en cualquiera de sus niveles político-territoriales, tienen el deber de respetar y garantizar los derechos constitucionales de los particulares, entre ellos, el derecho al debido procedimiento administrativo, el cual comprende las siguientes garantías: tener conocimiento del inicio de un procedimiento que involucre los derechos subjetivos o intereses del particular, tener acceso a las actas que conforman el expediente que habrá de formarse para dejar constancia escrita de las actuaciones en las que se soportará la voluntad administrativa, la posibilidad de ser oído por la autoridad competente y de participar activamente en la fase de instrucción del procedimiento, la libertad de alegar y contradecir, probar y controlar las pruebas aportadas al proceso; que se adopte una decisión expresa, oportuna, que tome en cuenta las pruebas y defensas aportadas, incluso para su desestimación, y que sea ejecutable; así como el derecho a recurrir de esa decisión.

En conclusión, el derecho al debido proceso no se satisface con la sola manifestación de voluntad concretizada en el acto administrativo, previa instrucción de un procedimiento, sino que en el seno de este deben cumplirse un conjunto de garantías que coloquen al administrado en condiciones apropiadas para hacer valer sus intereses en juego frente a otros que se le opongan, dentro de las cuales está comprendido el ejercicio del derecho a la defensa, en sentido estricto.

Sin perjuicio de lo anterior, interesa reiterar que de las actas procesales puede deducirse en esta fase cautelar, que las actuaciones a que aluden los recurrentes como lesivas obedecieron al ejercicio de la Potestad del Estado, lo que lleva a inferir que no se trataba de un procedimiento en el que necesariamente debía concederse a los interesados específicas oportunidades para esgrimir argumentos o defensas (Ver Sentencia Sala Constitucional N° 1817 del 28 de noviembre de 2008) que expresa entre otros aspectos, lo siguiente:

> *"(...) la vigente Ley de Protección y Defensa del Patrimonio Cultural establece en su artículo 14, que (...) Son monumentos nacionales los bienes inmuebles o muebles que sean declarados como tales en virtud de su valor para la historia nacional o por ser exponentes de nuestra cultura (...)*
>
> *...omissis...*
>
> *(...) el artículo 13 eiusdem, establece que la declaratoria de un bien de interés cultural como monumento nacional corresponderá al Presidente de la República en Consejo de Ministros. Los demás bienes del artículo 6° de esta Ley serán declarados tales por el Instituto del Patrimonio Cultural (...)*
>
> *...omissis...*
>
> *(...) la Sala advierte que el constituyente reconoció y tuteló de forma especial las manifestaciones culturales que nutren la historia de la República en general y de las comunidades en particular, como evidencia del quehacer de los pueblos que a través del tiempo han afrontado los mas diversos retos para su existencia y permanencia.*
>
> *Por lo tanto, al reconocerse que las muestras tangibles e intangibles de ese devenir histórico, son las que permitieron generar una identidad cultural propia, que nos une como Estado y que logra cohesionar las diversas culturas en un tiempo y espacio determinado, así como su diferenciación y distinción frente a otras, la conservación, protección, defensa y divulgación de contenido del patrimonio cultural, deviene en un deber del Estado y la sociedad en general, en la medida que el mismo fortalece su identidad cultural y condiciona su desarrollo en el futuro.*
>
> *Ese fortalecimiento de la identidad cultural, no se fundamenta en datos meramente jurídico formales sino en un sustrato pragmático, según el cual desde el punto de vista antropológico, la especie humana trasciende su dimensión biológica o genética, ya que la sociedad es determinada por la tradición cultural, "(...) que en una sociedad humana encontremos un gremio de artesanos, un clan, matrimonios polígamos o una orden de caballeros, es algo que depende de la cultura de tal sociedad (...) los sistemas socio-políticos-económicos –en suma las culturas– dentro de los cuales la especie humana vive y respira y se propaga tienen mucha relación con el futuro del hombre (...)", en la medida que los inventos o descubrimientos de la sociedad son en definitiva una síntesis de elementos culturales históricos (ya existentes) o la asimilación de un elemento nuevo en un sistema cultural –Cfr. WITHE, LESLIE A. La Ciencia de la Cultura. Un estudio sobre el hombre y la civilización, Ed. Paidos, Buenos Aires, p. 373–.*
>
> *La preservación y tutela del patrimonio cultural, se encuentra esencialmente vinculada al desarrollo de la sociedad o como afirma JULIÁN MARÍAS "(...) las sociedades pretéritas de donde viene la actual son en principio al menos la misma sociedad; ésta está hecha de pasado, es esencialmente antigua; su realidad toda procede de los que ha acontecido antes; lo que hoy encontramos en ella está ahí porque anteriormente pasaron otras cosas; las raíces de los usos, costumbres creencias, opiniones, estimaciones, formas de convivencias se hayan en el pretérito. De otro lado, todo eso son módulos pautas, normas posibilidades, presiones que condicionen la vida en la sociedad presente; pero como la vida es futurición, determinan lo que va a ser ésta mañana, esto es la sociedad futura (...)" –Cfr. JULIÁN MARÍAS. La Estructura Social Teoría y Método, Mece, 1958, p. 15.*
>
> *Sobre este aspecto, la Sala comparte el criterio de la doctrina según el cual "(...) en las sociedades más evolucionadas de nuestro tiempo existe la convicción de que el hombre como ser social e histórico no puede realizarse plenamente sino en el marco de un entorno que lo religue con el legado más valioso de su pasado cultural (...). Se trata en suma, de que el hombre pueda desenvolver sus vivencias en un medio que le permita identificar sus señas de identidad que quedarían desdibujadas caso de que se hiciera tabla rasa con los testimonios históricos y artísticos que conforman los aspectos más destacados de sus propias raíces comunitarias (...)" –Cfr. PÉREZ LUÑO, ANTONIO ENRIQUE. Derechos Humanos, Estado de Derecho y Constitución, Tecnos, 1999, p. 496–.*

De ello resulta pues, que en el presente caso la diatriba en torno a la exigencia o no de una autorización para la afectación de bienes (árboles) que constituyen parte del patrimonio cultural de la nación, trasciende el mero dato jurídico administrativo relativo a la remoción de una prohibición para el ejercicio de un derecho preexistente por parte de la Gobernación, sino que incide de forma directa en los derechos de las futuras generaciones en contar con bienes o elementos que forman parte fundamental de esa identidad cultural propia.

Como se señaló anteriormente, al ser tutelada de forma especial algunas manifestaciones histórico-culturales (patrimonio cultural) y reconocida la cultura como un concepto esencialmente dinámico, desde el punto de vista temporal, pero también en cuanto a su vinculación con el entorno humano –individual y socialmente considerado– y estructural; genera como característica fundamental desde el punto de vista constitucional, que el patrimonio cultural deba resguardarse desde una perspectiva sistémica de su entorno, vale decir, en relación con su vinculación al contexto físico –construcciones aledañas, paisaje o características arquitectónicas– y humano –personas o comunidades relacionadas– en el marco del ordenamiento jurídico aplicable.

Así, no es suficiente a los fines de tutelar la garantía contenida en el artículo 99 de la Constitución, que la preservación de un bien que forme parte del patrimonio cultural se realice de forma descontextualizada a su entorno, sin tomar en cuenta los elementos y características que le dan la relevancia cultural y que lo erige como un bien sometido a un régimen especial de protección.

En ese sentido, no escapa al análisis de esta Sala que muchas de las afectaciones al patrimonio cultural fueron ejecutadas conforme al ordenamiento jurídico vigente para entonces que no contaba con la amplitud e intensidad que consagra en la actualidad la concepción de la Constitución de la República Bolivariana de Venezuela, así al margen de esa perspectiva sistémica, se realizaron en Venezuela innumerables intervenciones urbanas que afectaron la identidad cultural de ciudades o de monumentos en particular –vgr. Teatro Municipal de Caracas–.

Al respecto, vale la pena destacar que el resguardo de los derechos relacionados en el patrimonio cultural "(...) En las democracias occidentales [surge entre otros factores de] la necesidad de proteger el patrimonio-histórico artístico ha venido impuesta por la lógica económica de la explotación capitalista. Las leyes de mercado no han perdonado de sus afanes especulativos ni a los monumentos ni a los distintos objetos de interés artístico, que se han visto como mercancías, a las reglas del tráfico económico (...)" –Cfr. PÉREZ LUÑO, ANTONIO ENRIQUE. Derechos Humanos, Estado de Derecho y Constitución, Tecnos, 1999, p. 496–.

Ello se debe a que en algunos casos, puede ocurrir que una actividad perfectamente lícita desde el punto de vista urbanístico o ambiental, transgreda derechos e intereses vinculados al contenido del artículo 99 de la Constitución de la República Bolivariana de Venezuela, cuya tutela en el caso del ordenamiento jurídico vigente, es más amplia que la regulada por las normas ambientales o urbanísticas aplicables".

Debe señalarse, sin que ello suponga un pronunciamiento sobre el fondo de la causa, que cualquier declaratoria de monumento nacional constituye una acción tomada en beneficio de la población y en resguardo de la Nación; por tanto, visto el carácter personalísimo del amparo constitucional, debe desestimarse tal alegato. Así se decide.

3.- Violación al derecho de propiedad

Sostienen los apoderados actores, que el Decreto menoscaba el derecho a la propiedad del Municipio Valencia del Estado Carabobo así como el derecho de propiedad de un grupo de personas que habitan en dicha entidad político territorial.

El artículo 115 del Texto Fundamental, establece:

"**Artículo 115.** *Se garantiza el derecho de propiedad. Toda persona tiene derecho al uso, goce, disfrute y disposición de sus bienes. La propiedad estará sometida a las contribuciones, restricciones y obligaciones que establezca la ley con fines de utilidad pública o de in-*

*terés general. **Sólo por causa de utilidad pública o interés social, mediante sentencia firme y pago oportuno de justa indemnización, podrá ser declarada la expropiación de cualquier clase de bienes.*** " (Resaltado de la Sala)

En armonía con el artículo transcrito, ha señalado la Sala en otras oportunidades que el derecho a la propiedad no es un derecho absoluto; por el contrario, está sujeto a ciertas limitaciones que deben encontrarse acordes con determinados fines como lo son la función social, la utilidad pública y el interés general. Dichas limitaciones deben ser establecidas con fundamento en un texto legal, no pudiendo crearse restricciones de una magnitud tal que menoscabe en forma absoluta este derecho (Ver sentencia N° 763 del 23 de mayo de 2007).

Sobre la base de los conceptos que anteceden, debe ahora esta Sala verificar la denuncia en concreto formulada por la parte accionante en el presente caso, quien aspira protección cautelar mediante mandamiento de amparo constitucional ante la supuesta flagrante violación al derecho de propiedad municipal por la aplicación del Decreto impugnado, y el efecto confiscatorio que a su decir produce tal declaratoria de monumento nacional.

Al respecto, aprecia la Sala que los accionantes no representan al Municipio Valencia del Estado Carabobo, en consecuencia, mal pueden invocar la violación de un derecho para el cual no se encuentran legitimados. En consecuencia, se desecha la denuncia de violación del derecho de propiedad municipal formulada. Así se declara.

4.- Violación del principio de participación ciudadana.

Al respecto, cabe señalar que el artículo 62 de la Constitución, en consonancia con los artículos 138, 139 y 140 de la Ley Orgánica de la Administración Pública, prevén la obligación de los órganos de la Administración Pública de promover la participación popular en la gestión pública y facilitar las condiciones más favorables para su práctica; en función de lo cual se contempló en la citada ley la celebración de una consulta pública que garantice la intervención de las comunidades organizadas y sectores interesados de la sociedad cuando se trate de casos de aprobación de normas *"reglamentarias o de otra jerarquía"*.

No obstante, es necesario destacar, conforme lo ha expuesto esta Sala en anteriores oportunidades, que el principio de participación ciudadana no constituye un verdadero derecho subjetivo constitucional susceptible de tutela judicial directa, que pueda ser revisado en la oportunidad de resolver una medida cautelar de amparo constitucional (*Vid.* Sentencias Nos. 607 2009 y 98 del 28 de enero de 2010). [Véase en *Revista de Derecho Público* N° 121 de 2010 en p. 199 y sig.]

Por tales razones, esta Sala desestima el alegato *in commento*. Así se decide.

Con fundamento en lo antes indicado, concluye esta Sala que, en el caso concreto, no se configura el requisito del *fumus boni iuris* o la presunción grave del derecho reclamado por la parte recurrente, por lo que debe declararse improcedente el amparo solicitado. Así se declara

VIII. RÉGIMEN DE LA FUNCIÓN PÚBLICA

1. *Funcionarios Públicos*

TSJ-SC (1572)   **18-11-2014**

Magistrada Ponente: Gladys María Gutiérrez Alvarado

Caso: Jesús Ramón Maestre vs. Instituto Autónomo de Policía Municipal del Municipio Girardot del Estado Aragua.

La Corte analiza su jurisprudencia referente a la clasificación de cargos de funcionarios públicos como de libre nombramiento y remoción.

Respecto a la pretensión de calificar a todos los funcionarios de un determinado organismo como de libre nombramiento y remoción, desconociendo el carácter excepcional que le reconoce el Texto Fundamental a esta categoría de funcionarios, cuyo desempeño no tendrá ningún tipo de estabilidad, la Sala se ha pronunciado en sentencia N° 1412 del 10 de julio de 2007, caso: *"Eduardo Parilli Wilhei"*, señalando lo siguiente:

"El artículo 298 del Decreto con Fuerza de Ley General de Bancos y otras Instituciones Financieras, establece:

(omissis)

De ese artículo el actor impugnó su tercer aparte, según el cual los 'empleados del Fondo de Garantía de Depósitos y Protección Bancaria por la naturaleza de sus funciones, serán de libre nombramiento y remoción del Presidente del Fondo de Garantía de Depósitos y Protección Bancaria, de acuerdo con el régimen previsto en su estatuto funcionarial'.

El actor denuncia –en lo que le acompañan los terceros interesados– que existe una exclusión general del régimen de carrera administrativa para todos los funcionarios y empleados de FOGADE, que los hace, sin distingos, de libre remoción por parte del Presidente de ese Fondo, sin que exista causa alguna que justifique tal medida.

En su criterio, es inconstitucional una declaratoria genérica como la que, según expone, está contenida en el tercer aparte del artículo 298 de la Ley General de Bancos y otras Instituciones Financieras, por cuanto se violan al menos tres disposiciones del Texto Fundamental: el artículo 89 (sobre intangibilidad y progresividad de los derechos laborales), el artículo 93 (sobre estabilidad en el empleo) y el artículo 146 (sobre carrera administrativa).

Como se observa, el actor invoca normas constitucionales de protección del empleo, tanto privado como público. No centra su demanda, entonces, en las garantías contenidas en la Carta Magna a favor de los funcionarios públicos (en particular, el artículo 146), sino que se extiende incluso a las normas destinadas a tutelar a los trabajadores en general.

Estima la Sala, sin embargo, que las diferencias entre el régimen laboral y el estatutario exigen limitarse, para casos como el de autos, a las previsiones sobre la función pública, sin pretender fundar la demanda también, así haya aspectos comunes, en los dispositivos constitucionales destinados a los trabajadores. En el fondo, el actor alega una sola violación: a la estabilidad en el empleo, siendo lo correcto limitar la argumentación a la estabilidad específica reconocida a los funcionarios públicos. No en balde, un régimen estatutario surge precisamente para exceptuar a los funcionarios del Estado del régimen jurídico laboral.

Hecha esa precisión, la Sala observa:

La Constitución de la República Bolivariana de Venezuela dedica las Secciones Segunda y Tercera del Capítulo I del Título IV a la regulación del régimen de la función pública, a fin de fijar sus principios básicos e intangibles. Es categórica la Carta Magna al respecto, evidenciándose con claridad su espíritu: la conformación de un cuerpo de funcionarios que sirvan cabalmente al Estado para el cumplimiento de sus cometidos.

Precisamente para asegurar ese propósito, el Constituyente ha sentado las bases sobre las que debe descansar toda la legislación funcionarial, destacando en particular ciertas exigencias, tales como el ingreso por concurso, la garantía de estabilidad o la evaluación del desempeño. Como se ve, la Carta Magna pretende alcanzar la eficiencia en la gestión administrativa, a través de muchos instrumentos: algunos sirven para asegurar que el Estado cuente con los servidores apropiados (concursos y evaluaciones), otros, para proteger al funcionario frente a la tentación autoritaria (como la estabilidad).

En el caso de autos, se denuncia que el tercer aparte del artículo 298 de la Ley General de Bancos y otras Instituciones Financieras viola una de esas garantías, en concreto la de estabilidad en la carrera administrativa, prevista en el artículo 146 de la Constitución. Para la parte demandante, no es posible que una norma legal establezca que todos los empleados de determinado órgano u ente público sean de libre nombramiento y remoción, toda vez que ello implica necesariamente la infracción de la regla constitucional conforme a la cual los 'cargos de los órganos de la Administración Pública son de carrera', si bien puede haber, por excepción, cargos que no lo sean.

Esta Sala comparte esa premisa que sirve de fundamento a la demanda, aunque no su conclusión. Como se expondrá a continuación, la Sala efectivamente concuerda en que la Constitución no permite que todos los cargos administrativos sean de libre nombramiento y remoción, pues el Texto Fundamental parte de la idea contraria: que sean de carrera, pero es del criterio de que el artículo impugnado no contiene la exclusión que la parte accionante denuncia, sino que se trata de una errada interpretación por parte de FOGADE, que ha llevado a aplicar indebidamente la Ley en los casos concretos.

De ese modo, dispone con claridad el encabezamiento del artículo 146 de la Constitución, lo siguiente:

'Los cargos de los órganos de la Administración Pública son de carrera. Se exceptúan los de elección popular, los de libre nombramiento y remoción, los contratados y contratadas, los obreros y obreras al servicio de la Administración Pública y los demás que determine la Ley'.

Si la carrera es entonces la regla y la condición de libre nombramiento y remoción es la excepción, resulta obvia la inconstitucionalidad de cualquier norma que pretenda invertir tal situación. De hecho, los tribunales de lo contencioso administrativo con competencia en lo funcionarial siempre han sido especialmente celosos en proteger ese principio, lo que ha llevado a innumerables anulaciones de actos administrativos de remoción en distintos entes públicos.

La Constitución permite exclusiones a ese régimen general de carrera administrativa, siempre que se haga por estatutos que tengan rango legal. De por sí, toda la regulación estatutaria –en sus diversos aspectos: ingreso, deberes, derechos, permanencia, sanciones y egreso de funcionarios– es de reserva legal, conforme lo dispone el artículo 144 de la Carta Magna, según el cual:

'La ley establecerá el Estatuto de la función pública mediante normas sobre el ingreso, ascenso, traslado, suspensión y retiro de los funcionarios o funcionarias de la Administración Pública, y proveerán su incorporación a la seguridad social.

La ley determinará las funciones y requisitos que deben cumplir los funcionarios públicos y funcionarias públicas para ejercer sus cargos'.

Ahora bien, aun siendo materia de la reserva legal, la Sala estima que es constitucionalmente válido que el legislador faculte a autoridades administrativas para dictar estatutos funcionariales especiales, tal como lo hace el artículo 298 de la Ley General de Bancos y otras Instituciones Financieras. No es necesario, pues, que los estatutos especiales estén contenidos en leyes, siempre que sea clara la voluntad del legislador de delegar ese poder.

En principio, sólo la ley puede contener normas sobre los funcionarios públicos, pero el legislador es libre de entregar a la Administración (Ejecutivo o entes descentralizados) la competencia para dictar el estatuto especial, sin que puedan incluirse en esa delegación, por supuesto, aspectos que escapen de la deslegalización, tales como los de contenido sancionatorio (sobre la delegación del poder para dictar estatutos funcionariales especiales, la Sala ha fijado criterio en reciente fallo: N° 2530/2006; caso: 'Colisión entre la Ley del Estatuto de la Función Pública y el Decreto con Fuerza de Ley de los Órganos de Investigaciones Científicas, Penales y Criminalísticas').

No comparte la Sala, entonces, la afirmación de los terceros intervinientes en esta causa, según la cual el hecho de que la Ley del Estatuto de la Función Pública no mencione a FOGADE entre los órganos excluidos de su aplicación, resulta necesariamente en su inclusión. Es aceptable que otra ley –en este caso, la Ley Especial sobre Instituciones Financieras, que regula los órganos de control sobre ese sector– sea la que contenga la exclusión del estatuto general o sea la que, sin desarrollar las previsiones concretas sobre funcionarios, permita que la Administración fije las reglas aplicables a las personas a su servicio.

Para la Sala, sin embargo –tal como lo apuntó el Ministerio Público–, el problema planteado por la parte actora no está realmente en la disposición impugnada, toda vez que en ella no se establece que todos los funcionarios de FOGADE serán de libre nombramiento y remoción, sino que se remite a un estatuto especial que corresponde dictar a la Junta Directiva de ese Fondo, por delegación contenida en el artículo 293, número 5 de la Ley General de Bancos y otras Instituciones Financieras. A falta de tal estatuto, no es posible precisar cuáles son los cargos verdaderamente calificables, en razón de su naturaleza, como de libre nombramiento y remoción.

Hasta ahora lo que ha ocurrido es que FOGADE, a través de su Presidente, ha concedido al tercer aparte del artículo 298 de la Ley General de Bancos y otras Instituciones Financieras un alcance distinto al que se desprende de su letra, pretendiendo encontrar en él una exclusión general de la carrera administrativa para todos los funcionarios de ese Fondo, cuando la determinación acerca de la naturaleza de los diversos cargos en dicho Instituto Autónomo debe estar contenida en el estatuto especial correspondiente, estatuto que, además, nunca podría contener una negación absoluta de la carrera administrativa.

Como se observa, en sentido similar a lo advertido por el Ministerio Público y la Asamblea Nacional, no es el artículo impugnado el que viola la Constitución, sino la interpretación y aplicación que ha hecho FOGADE. De hecho, esta Sala está en conocimiento de las numerosas demandas de nulidad intentadas contra FOGADE, a causa de actos de remoción de funcionarios, y del criterio de los tribunales contencioso-administrativos (en especial, de la alzada correspondiente: las Cortes de lo Contencioso Administrativo), los cuales han puesto continuamente de relieve la contrariedad a Derecho en el proceder de tal Fondo.

No desconoce la Sala que la Administración Pública venezolana incurre en el frecuente error de pretender limitar de manera excesiva la carrera administrativa, a través de la ampliación indebida de la condición de libre nombramiento y remoción. En franco atentado contra el espíritu constitucional, los órganos y entes administrativos, invocando diversos argumentos, intentan justificar la necesidad de que sus funcionarios no estén amparados por la estabilidad que proporciona la carrera administrativa.

Por lo general, la especialidad de las tareas, pero sobre todo un supuesto carácter confidencial de la información, llevan a una conclusión carente de fundamento: que todos o muchos de los funcionarios son de confianza, por lo que deben ser removidos libremente de sus cargos. Se trata, sin embargo, de una afirmación inconstitucional y, además, desproporcionada.

En efecto, esa idea no sólo vulnera el espíritu del Constituyente, negando la carrera a un número elevado de personas, sino que parte de un falso supuesto, cual es el hecho de que el acceso de información o la realización de ciertas tareas debe conducir necesariamente a la negación de la carrera administrativa, a fin de eliminar la estabilidad del funcionario.

En realidad, la Sala advierte que cualquier estatuto, general o especial, debe estar guiado por el principio básico según el cual prevalece la carrera y sólo excepcionalmente existen cargos de libre remoción. En la clasificación tradicional venezolana, la libre remoción se da en dos casos: cuando la persona ocupa cargos de alto nivel y cuando sus funciones implican un alto grado de confianza (llamados usualmente, cargos de alto nivel y cargos de confianza). Ahora bien, tanto una como otra situación deben ser tratadas con sumo rigor, con base siempre en una interpretación restrictiva, que impida, sobre todo, que se califique como alto nivel o confianza a cargos que, en puridad, no son ni lo uno ni lo otro".

......En virtud de lo expuesto, puede concluirse que lo que se viola en el presente caso es la estabilidad específica reconocida a los funcionarios públicos, garantía contenida en el artículo 146 de la Carta Magna. Asimismo, de la lectura de ese artículo 146 se evidencia el reconocimiento de la existencia de cargos de libre nombramiento y remoción, en los cuales se carece de la estabilidad que proporciona la carrera administrativa, lo cual no implica constitucionalizar una exclusión total de dicha carrera administrativa, que es lo que pretenden las dos normas desaplicadas, por cuanto esos cargos son excepciones dentro de la organización de la Administración y ni en las más elevadas responsabilidades de determinados entes u órganos nacionales, estatales y municipales pueden hacer perder de vista esa limitación.

Sobre este particular, esta Sala ha ratificado su criterio referente a los parámetros generales de la función pública municipal que deben establecerse mediante ley municipal, correspondiendo al reglamento complementar técnicamente la normativa legal, pero, en ningún caso, regular integralmente la condición de los empleados municipales, tal como se describe en sentencia N° 325/2014, caso: *"Municipio Chacao del Estado Miranda"*, en la cual se establece lo que sigue:

"(Omissis)

En este sentido, esta Sala estima oportuno reiterar la doctrina sostenida en numerosas sentencias (Vid. entre otras, las N°s 1412 del 10 de julio de 2007, caso: Eduardo Parilli Wilheim; N° 1592, del 23 de noviembre de 2009, caso: Luis Javier Ramírez Molina; N° 1715 del 16 de noviembre de 2011, caso: Ana Leonor Acosta Mérida; N° 1053 del 28 de junio de 2011, caso: Jocelyn Peña; y N° 216 del 8 de marzo de 2012, caso: Mercedes Ramírez), referida a que la Ordenanza que rige el estatuto funcionarial en el Municipio Chacao del Estado Miranda, no estableció a cabalidad los parámetros para determinar el desarrollo de la potestad reglamentaria y, de esta manera, establecer cuáles serían los cargos de libre nombramiento y remoción, sino que, por el contrario, la Administración quedó en plena libertad para instaurar, sin condición alguna, el régimen de excepción al principio general de carrera que reconoce el Texto Fundamental en su artículo 146, que en su letra establece:

'Artículo 146. Los cargos de los órganos de la Administración Pública son de carrera. Se exceptúan los de elección popular, los de libre nombramiento y remoción, los contratados y contratadas, los obreros y obreras al servicio de la Administración Pública y los demás que determine la Ley.

El ingreso de los funcionarios públicos y las funcionaria públicas a los cargos de carrera será por concurso público, fundamentado en principio de honestidad, idoneidad y eficiencia. El ascenso está sometido a métodos científicos basados en el sistema de méritos, y el traslado, suspensión o retiro será de acuerdo con su desempeño'.

De esta manera, el Reglamento sobre Cargos de Libre Nombramiento y Remoción del Municipio Chacao del Estado Miranda, no constituye el desarrollo de la ley, sino una legislación sub legal autónoma que excede a la institución de la colaboración reglamentaria, que vulnera el principio de legalidad, por invadir la esfera de competencia que le atribuyó al Concejo Municipal la derogada Ley Orgánica de Régimen Municipal, publicada en la Gaceta Oficial N° 4109, del 15 de junio de 1989.

En efecto, la derogada Ley Orgánica de Régimen Municipal, aplicable al presente asunto 'ratione temporis' establecía, en sus artículos 153 y 155, lo siguiente:

'Artículo 153. El Municipio o Distrito deberá establecer un sistema de administración de personal que garantice la selección, promoción y ascenso por el sistema de mérito; una remuneración acorde con las funciones que se desempeñen; estabilidad en los casos y un adecuado sistema de seguridad social, a menos que exista uno nacional, al cual debe afiliarse obligatoriamente el personal municipal o distrital.

En todo lo relacionado con las jubilaciones y pensiones de los empleados públicos municipales se aplicará la ley nacional.

Los empleados de los institutos autónomos municipales son funcionarios públicos sujetos al régimen de administración de personal que se refiere el presente artículo (...)

Artículo 155. El Municipio o Distrito deberá establecer en su jurisdicción la carrera administrativa, pudiendo asociarse con otras entidades para tal fin.'

Por ello, de acuerdo a la letra de las disposiciones normativas anteriormente citadas, a los Concejos Municipales les correspondía regular el régimen de carrera de sus funcionarios y todo lo relacionado con la condición de carrera o de libre nombramiento y remoción de los cargos de la Administración Pública Municipal, sin menoscabo de la potestad reglamentaria re-

conocida a los Alcaldes de conformidad con lo establecido en la Ley Orgánica de Régimen Municipal, para dictar actos normativos de rango sub legal destinados a desarrollar la ordenanza contentiva de dichas normas, claro está, dentro de los límites que la misma impusiera.

Sin embargo, la Ordenanza de Carrera Administrativa para los Funcionarios Públicos al Servicio del Municipio Chacao del Estado Miranda, solo estableció los requisitos que debían cumplirse para el ejercicio de cargos de libre nombramiento y remoción, a saber: a.- ser venezolano, b.- tener título o certificación en la profesión afín con el cargo a desempeñar; y c.- capacidad técnica comprobada en el área de Dirección o Confianza en la cual se pretende el ingreso (Artículo 5 de la Ordenanza), mas no indicó las exigencias que debían ser satisfechas para establecer cuáles serían esos cargos como excepción al régimen de carrera, circunstancia esta que condujo a que en el Reglamento sobre Cargos de Libre Nombramiento y Remoción del Municipio Chacao del Estado Miranda, se incluyera en sus artículos 1, 2 y 3, cierta categoría de cargos públicos de carrera como de libre nombramiento y remoción.

Así, atendiendo a la jurisprudencia reiterada sobre el asunto, esta Sala considera conforme a derecho la desaplicación por control difuso de la constitucionalidad del artículo 3 cardinal 6 del Reglamento N° 001-96 sobre Cargos de Libre Nombramiento y Remoción, dictado por la entonces Alcaldesa del Municipio Chacao del Estado Miranda el 8 de febrero de 1996, efectuada por la Corte Primera de lo Contencioso Administrativo en la decisión que dictó el 24 de septiembre de 2013, con ocasión del recurso contencioso administrativo funcionarial interpuesto por el ciudadano José Rafael Ponce Paredes contra la Alcaldía del señalado municipio. Así se decide".

……Ello así, y del análisis de los artículos 21 de la Ordenanza de Reforma de la Ordenanza sobre el Instituto Autónomo de la Policía Administrativa Municipal, y 48 del Reglamento de la Ordenanza sobre el Instituto Autónomo de la Policía Municipal del Municipio Girardot, se observa claramente como estas normas excluyen la estabilidad específica reconocida a los funcionarios públicos, prevista en el artículo 146 de la Constitución de la República Bolivariana de Venezuela, extendiendo el régimen de excepción previsto en esa norma constitucional –funcionarios de libre nombramiento y remoción– a todos los funcionarios que presten servicios en el Instituto Autónomo de la Policía Municipal de Girardot, por el sólo hecho de ser un órgano de seguridad del Estado, sin considerar las funciones o actividades que efectivamente prestan cada una de las categorías de sus funcionarios, contraviniendo así el principio general de carrera que reconoce en el citado artículo 146 Constitucional, dado que a estas normas desaplicadas sólo podrían desarrollar el régimen de función pública previsto en el Texto Fundamental, más no modificarlo.

Por lo tanto, en consonancia con lo antes dicho, ya esta Sala Constitucional, mediante sentencia N° 144 del 20 de marzo de 2014, caso: *"Domingo Ramón Duque Alvarado"*, declaró conforme a derecho la desaplicación de los artículos 21 de la Ordenanza de Reforma de la Ordenanza sobre el Instituto Autónomo de la Policía Administrativa Municipal, y 48 del Reglamento de la Ordenanza sobre el Instituto Autónomo de la Policía Municipal del Municipio Girardot.

En virtud de lo expuesto, resulta forzoso para esta Sala declarar conforme a derecho la desaplicación de los artículos 21 de la Ordenanza de Reforma de la Ordenanza sobre el Instituto Autónomo de la Policía Administrativa Municipal, publicada en la Gaceta Municipal del Municipio Girardot del Estado Aragua N° 2152 Extraordinario del 24 de diciembre de 2002, y 48 del Reglamento de la Ordenanza sobre el Instituto Autónomo de la Policía Municipal del Municipio Girardot, publicado en la Gaceta Municipal del Municipio Girardot del Estado Aragua N° 2196 Extraordinario del 14 de enero de 2003. Así se decide.

Finalmente, no puede la Sala dejar de llamar la atención al Juzgado Tercero de los Municipios Girardot y Mario Briceño Irragory del Estado Aragua, en cuanto al tiempo que le tomo cumplir la comisión que le fuera conferida por la Corte Segunda de lo Contencioso

Administrativa, a fin de que practicara las diligencias necesarias para notificar a las partes, en virtud de la sentencia dictada por la mencionada Corte, el 20 de marzo de 2013, recibida en ese Juzgado, el 16 de mayo de 2013 y cuya notificación de cumplimiento de la referida comisión a la mencionada Corte Segunda, se realizó el 16 de mayo de 2014. En tal sentido, se exhorta al mencionado Juzgado para que en lo sucesivo, ejecute las comisiones conferidas con mayor celeridad. Así se declara.

Comentarios Jurisprudenciales

EL GOLPE DE ESTADO DADO EN DICIEMBRE DE 2014, CON LA INCONSTITUCIONAL DESIGNACIÓN DE LAS ALTAS AUTORIDADES DEL PODER PÚBLICO

Allan R. Brewer-Carías

Profesor de la Universidad Central de Venezuela

Resumen: *El presente trabajo tiene por objeto comentar las sentencias dictadas por la Sala Constitucional en diciembre de 2014, mediante las cuales, en violación del principio democrático constitucional que impone la necesidad de la elección de los titulares de los Poderes Ciudadano, Electoral y Judicial, como elección popular de segundo grado con una mayoría calificada de los miembros de la Asamblea Nacional; permitió la "elección" de los titulares del Poder Ciudadano y del Tribunal Supremo con el voto de una mayoría absoluta de diputados presentes, y procedió a la "elección" de los titulares del Consejo Nacional Electoral.*

Palabras Clave: *Democracia representativa. Elección popular indirecta. Asamblea nacional como cuerpo electoral.*

Abstract: *The purpose of this article is to analyze the December 2014 rulings of the Constitutional Chamber of the Supreme Tribunal of Justice, through which in violation of the democratic principle established in the Constitution that imposes the need to elect the High Officials of the Citizen, Electoral and Judicial Branches of government, by means of an indirect popular election carried out by the National Assembly with a qualified vote of its Members; allowed the "election" of the head of the Citizen and Judicial Branches by means of a majority of votes, and proceeded to "elect" the members of the National Electoral Council.*

Key words: *Representative Democracy. Popular Indirect Election. National Assembly as electoral body.*

Un golpe de Estado no sólo ocurre cuando un grupo de militares, o de civiles apoyados por militares, asaltan y toman por la fuerza el poder en un Estado, tal como lo recuerda el imaginario político latinoamericano; sino también ocurre, como lo ha destacado el profesor Diego Valadés, cuando "el desconocimiento de la Constitución [se produce] por parte de un órgano constitucionalmente electo;" agregando incluso, como un ejemplo de esa situación, que "un presidente elegido conforme a la Constitución no puede invocar una votación, así sea abrumadoramente mayoritaria, para desconocer el orden constitucional. Si lo hace habrá dado un golpe de Estado"[1].

Y esto fue precisamente lo que sucedió una vez más en Venezuela, en diciembre de 2014, con la inconstitucional "designación" de los titulares de los Poderes Ciudadano, Electoral y Judicial, efectuada en abierta violación del principio democrático que impone su elec-

---

[1] Véase Diego Valadés, *Constitución y democracia*, Universidad Nacional Autónoma de México, México 2000, p. 35; y Diego Valadés, "La Constitución y el Poder," en Diego Valadés y Miguel Carbonell (Coordinadores), *Constitucionalismo Iberoamericano del siglo XXI*, Cámara de Diputados, Universidad Nacional Autónoma de México, México 2000, p. 145

ción por voto popular indirecto. Con esas designaciones, se usurpó la soberanía popular, quedando sellada la ilegitimidad de origen de dichas "designaciones" y de las actuaciones de dichos Poderes Públicos.

Dicha violación de la Constitución y la consecuente usurpación de la voluntad popular, en efecto, fue cometida en la siguiente forma:

Primero, por la Asamblea Nacional actuando como cuerpo legislador y no como cuerpo elector en segundo grado, como consecuencia de una conspiración en la cual participaron el Presidente de la propia Asamblea Nacional y un grupo de parlamentarios, la Presidenta del Consejo Moral Republicano (Fiscal General de la República) y los magistrados de la Sala Constitucional del Tribunal Supremo de Justicia, para lograr efectuar la "designación" de los titulares del Poder Ciudadano (Contralor General de la República, Fiscal General de la República y Defensor del Pueblo) por una mayoría simple de votos de diputados, ignorando la mayoría calificada que el principio democrático imponía.

Segundo, por la Asamblea Nacional también actuando como cuerpo legislador y no como cuerpo elector en segundo grado, en la "designación" de los Magistrados del Tribunal Supremo de Justicia, como cabeza del Poder Judicial, también por una mayoría simple de votos de diputados igualmente ignorando la mayoría calificada que el principio democrático imponía.

Y *tercero*, por la Sala Constitucional del Tribunal Supremo de Justicia, como consecuencia de una conspiración en la cual participó el Presidente de la Asamblea Nacional, en la "designación los titulares del Poder Electoral (Rectores del Consejo Nacional Electoral), usurpando las funciones de la Asamblea Nacional como cuerpo elector en segundo grado, y por tanto, igualmente violando el principio democrático que imponía una elección de dichos funcionarios por mayoría calificada de los diputados a la Asamblea nacional.

Lo ocurrido en diciembre de 2014, no fue otra cosa que un golpe de Estado, dado en este caso pues los propios órganos del Estado, al haber designado sin competencia alguna para ello y violando la Constitución, a los más altos funcionaros del Estado del Poder Ciudadano (Contralor General de la República, Fiscal General de la República y Defensor del Pueblo), quienes solo pueden ser "electos" por la Asamblea Nacional actuando como cuerpo elector de segundo grado, con el voto de una mayoría calificada de los 2/3 de sus integrantes como lo impone la Constitución, en un proceso que exige la activa participación ciudadana, de los diversos sectores de la sociedad, en la nominación de los respectivos candidatos ser considerados por la Asamblea Nacional.

Con estas inconstitucionales designaciones, los órganos de los Poderes Públicos involucrados en ello no hicieron otra cosa que no sea haber seguido la misma línea inconstitucional de golpe de Estado sistemático y continuo que se ha producido en Venezuela desde cuando el Presidente Hugo Chávez, al tomar posesión por primera vez de su cargo el 2 de febrero de 1999, convocó una Asamblea Nacional Constituyente no prevista en la Constitución que entonces estaba vigente.[2]

I. LA PENTA DIVISIÓN DEL PODER PÚBLICO Y LA ELECCIÓN POPULAR (DIRECTA E INDIRECTA) DE TODOS LOS TITULARES DE LOS ÓRGANOS DE LOS PODERES DEL ESTADO

Para entender adecuadamente la naturaleza del golpe de Estado que han dado los órganos del Poder Público, debe recordarse el sistema de separación de poderes adoptado en la

---

[2]　Véase Allan R. Brewer-Carías, *Golpe de Estado y proceso constituyente en Venezuela*, Universidad Nacional Autónoma de México, México 2002.

Constitución de 1999, y el sentido de la previsión del principio democrático establecido en la misma, y que impone, en todos los casos, la necesaria elección popular de los titulares de todos los Poderes Públicos, en algunos casos en primer grado, y en otros en segundo grado; pero siempre elección popular como manifestación de la soberanía del pueblo.

1. *La penta división del Poder Público y la elección popular de los altos funcionarios del Estado*

Una de las innovaciones de la Constitución venezolana de 1999 fue, sin duda, el establecimiento de una penta división del Poder Público, que quedó dividido en cinco poderes, siendo en tal sentido la única Constitución del mundo en la cual, además de los tres clásicos poderes (Poder Legislativo, Poder Ejecutivo y Poder Judicial), consagra otros dos poderes adicionales: el Poder Ciudadano integrado por el Contralor General de la República, el Fiscal General de la República y el Defensor del Pueblo, y el Poder Electoral.

Todos los cinco poderes están regulados en la Constitución en plano de igualdad, con autonomía e independencia entre unos de otros, previéndose, para asegurarla, la legitimidad democrática de origen de los mismos siguiendo el principio democrático establecido en el artículo 6, conforme al cual el gobierno de Venezuela "es y será siempre democrático, participativo y electivo," lo que exige, precisamente, que todos los titulares de todos los órganos de los poderes públicos deben ser electos popularmente en forma democrática y participativa.

De allí la específica forma de elección prevista en la Constitución para la elección de absolutamente todos los titulares de los poderes públicos, consistente en su elección popular, es decir, por el pueblo, en forma directa en algunos casos, y en forma indirecta en otros, es decir, mediante elecciones de primer y de segundo grado; y todo con el objeto de asegurar que ningún Poder dependa de otro, y pueda haber contrapesos entre ellos.

En el primer caso de elección popular de primer grado, se trata de la elección popular directa por el pueblo, mediante sufragio universal y secreto, prevista para la elección del Presidente de la República (art. 228) y de los diputados a la Asamblea Nacional (art. 186); y en el segundo caso, de elección popular indirecta, en segundo grado, es la que se realiza en nombre del pueblo, por los diputados a la Asamblea Nacional que son sus representantes electos en forma directa, prevista para la elección de los titulares de los otros Poderes Públicos: de los Magistrados del Tribunal Supremo de Justicia (Poder Judicial) (art. 264, 265); del Contralor General de la República, del Fiscal General de la República y del Defensor del Pueblo (Poder Ciudadano) (art. 279), y de los miembros del Consejo Nacional Electoral (Poder Electoral) (art. 296).

Ello implica, conforme a las previsiones constitucionales, que todos los titulares de los órganos de los poderes públicos tienen que ser electos popularmente, sea en forma directa o sea indirectamente; de manera que nadie que no sea electo en forma directa por el pueblo puede ejercer el cargo de Presidente de la República o de diputado a la Asamblea Nacional; y nadie que no sea electo indirectamente por el pueblo a través de una mayoría calificada de diputados a la Asamblea Nacional, puede ejercer los altos cargos de los Poderes Ciudadano, Electoral y Judicial.

En el segundo caso de elección popular indirecta, por tanto, solo la Asamblea Nacional actuando como cuerpo elector, de segundo grado puede elegir a los titulares de los órganos de los Poderes Ciudadano, Electoral y Judicial, y ello exclusivamente por la mayoría calificada de las 2/3 partes de los diputados a la misma como representantes del pueblo que son.

Entre estas dos formas de elección popular, por supuesto, lo que difiere es la técnica de la elección. En el caso de la elección directa por el pueblo, cada persona o elector vota por el candidato de su preferencia; en cambio que en la elección indirecta, el cuerpo electoral de segundo grado que es el integrado por los diputados a la Asamblea Nacional, tiene que llegar a un acuerdo para elegir, lo que es propio de la lógica democrática de funcionamiento cuando un grupo político no controla la mayoría calificada de los diputados. En estos casos, por más mayoritario que sea un partido político en la Asamblea, tiene que renunciar a pretensiones hegemónicas y necesariamente tiene que llegar a acuerdos, compromisos o consensos con las diversas fuerzas políticas, de manera que se pueda asegurar la mayoría calificada de los votos para la elección. En democracia, no hay otra forma de realizar una elección indirecta, y en ningún caso, la fuerza política que sea mayoritaria, pero que no controla la mayoría calificada de votos, puede pretender imponer su voluntad individualmente, pues ello sería antidemocrático.

En todo caso, en los supuestos de elección popular indirecta de los titulares de los Poderes Públicos Electoral, Judicial y Ciudadano, los principios constitucionales son precisos para hacer que responda tanto al principio democrático representativo como al principio democrático participativo que derivan del mencionado artículo 6 de la Constitución al exigir que "el gobierno es y será siempre democrático, participativo, electivo."

2.   La lógica democrática representativa en la elección indirecta

En cuanto a la lógica democrático representativa que deriva de dicha norma, a los efectos de garantizar la mayor representatividad democrática en la elección popular indirecta de los Magistrados del Tribunal Supremo de Justicia, del Contralor General de la República, del Fiscal General de la República, del Defensor del Pueblo y de los miembros del Consejo Nacional Electoral, la Constitución dispone que la misma sólo puede hacerse con el voto de una mayoría calificada de las 2/3 de los diputados que integran la Asamblea Nacional.

Ello está establecido en forma expresa respecto de la elección del Contralor General de la República, del Fiscal General de la República y del Defensor del Pueblo (art. 279), y de los miembros del Consejo Nacional Electoral (art. 296); y en forma implícita respecto de la elección de los Magistrados del Tribunal Supremo de Justicia al exigirse dicha votación calificada para su remoción (art. 264, 265). Con ello, el Constituyente, en lugar de establecer la elección popular directa de dichos altos funcionarios, al regular la elección indirecta sin embargo aseguró una representatividad democrática calificada.

En todo caso, lo importante a destacar de la lógica representativa del principio democrático en estos casos de elección indirecta de los altos funcionarios del Estado, es que la Asamblea Nacional, al efectuar la elección indirecta, no actúa constitucionalmente como cuerpo legislador ordinario o general, sino como cuerpo electoral, al punto que las competencias que le corresponden como tal cuerpo electoral ni siquiera están incluidas entre las competencias generales de la Asamblea Nacional enumeradas en el artículo 187 de la Constitución. Por ello, en el ejercicio de las competencias como cuerpo elector, para la elección en segundo grado de los titulares de los órganos del Poder Público, la Asamblea Nacional no puede actuar sujeta al régimen general de mayorías que se aplican y rigen para su funcionamiento general de la misma actuando como cuerpo legislador, estando en cambio sometida única y exclusivamente al régimen de mayoría calificada que regulan los artículos 264, 265, 279 y 296 de la propia Constitución.

Ahora bien, en cuanto al logro de la mayoría calificada votos de los diputados exigida para la elección indirecta, en una sociedad democrática, cuando un partido político no cuenta con dicha mayoría calificada, la elección de dichos funcionarios tiene que hacerse mediante acuerdos democráticos, para lograr un consenso. Y nada inconstitucional tiene el que dichas mayorías calificadas no se logren de inmediato. Ello lo señaló expresamente la Sala Constitucional del Tribunal Supremo en la sentencia N° 2073 de 4 de agosto de 2003 (Caso: *Hermánn Escarrá Malaver y oros*) dictada para precisamente resolver sobre la omisión de la Asamblea Nacional en la elección de los miembros del Consejo Nacional Electoral, descartando toda situación de inconstitucionalidad cuando no se logran los acuerdos políticos necesarios, al señalar que:

"el régimen parlamentario, en muchas oportunidades, exige la toma de decisiones por mayorías calificadas y no por mayorías absolutas o simples; y cuando ello sucede (lo que incluso puede ocurrir en el caso de la mayoría simple), si los integrantes de la Asamblea no logran el acuerdo necesario para llegar a la mayoría requerida, la elección no puede realizarse, sin que ello, en puridad de principios, pueda considerarse una omisión legislativa, ya que es de la naturaleza de este tipo de órganos y de sus votaciones, que puede existir disenso entre los miembros de los órganos legislativos nacionales, estadales o municipales, y que no puede lograrse el número de votos necesarios, sin que pueda obligarse a quienes disienten, a lograr un acuerdo que iría contra la conciencia de los votantes. Desde este ángulo no puede considerarse que existe una omisión constitucional que involucra la responsabilidad de los órganos aludidos en el artículo 336.7 constitucional."[3]

3. La lógica democrática participativa en la elección indirecta

Por su parte, en cuanto a la lógica democrático participativa en los casos de elección popular indirecta, ello implica, también para garantizar la mayor participación democrática, que la elección popular indirecta de los Magistrados del Tribunal Supremo de Justicia, del Contralor General de la República, del Fiscal General de la República, del Defensor del Pueblo y de los miembros del Consejo Nacional Electoral, no puede hacerse mediante la sola voluntad de los diputados de la Asamblea Nacional ni siquiera con la mayoría calificada exigida, sino que sólo puede hacerse mediante un procedimiento en el cual se debe asegurar la participación ciudadana, antes de que se efectúe la elección mediante dicha mayoría calificada.

Ello implica que la potestad de elección popular indirecta por parte la Asamblea Nacional está limitada, en el sentido de que sólo puede efectuarse respecto de los candidatos que sean nominados por sendos Comités de Postulaciones, que conforme a la Constitución son: el Comité de Postulaciones Judiciales (arts. 264, 270),[4] el Comité de Evaluación de Postulaciones del Poder Ciudadano (art. 279)[5] y Comité de Postulaciones Electorales (art. 295),[6] todos los cuales deben estar integrados exclusivamente con "representantes de los diversos sectores de la sociedad;" es decir, con personas provenientes de la sociedad civil, lo que implica que en los mismos no pueden tener cabida personas que sean funcionarios públicos. Por tanto, los diputados a la Asamblea Nacional no podrían formar parte de dichos Comités, siendo inconstitucional su inclusión en los mismos.[7]

Ahora bien, la lógica democrática tanto representativa como participativa en la elección popular indirecta de los titulares de los Poderes Públicos es de tal naturaleza en la Constitu-

---

[3]   Véase en http://historico.tsj.gov.ve/decisiones/scon/agosto/2073-040803-03-1254%20Y%201 308.HTM. Véanse los comentarios en Allan R. Brewer-Carías, "El control de la constitucionalidad de la omisión legislativa y la sustitución del Legislador por el Juez Constitucional: el caso del nombramiento de los titulares del Poder Electoral en Venezuela", en *Revista Iberoamericana de Derecho Procesal Constitucional,* N° 10 Julio-Diciembre 2008, Editorial Porrúa, Instituto Iberoamericano de Derecho Pro-cesal Constitucional, México 2008, pp. 271-286.

[4]   De acuerdo con el artículo 270, el Comité de Postulaciones Judiciales "estará integrado por representantes de los diferentes sectores de la sociedad."

[5]   De acuerdo con el artículo 279, el Comité de Evaluación de Postulaciones del Poder Ciudadano, "estará integrado por representantes de diversos sectores de la sociedad."

[6]   De acuerdo con el artículo 295, el Comité de Postulaciones Electorales "estará integrado por representantes de los diferentes sectores de la sociedad."

[7]   Véase los comentarios sobre la inconstitucional práctica legislativa reguladora de los Comités de Postulaciones integradas, cada uno, con una mayoría de diputados, convirtiéndolas en simples "comisiones parlamentarias ampliadas," en Allan R. Brewer-Carías, "La participación ciudadana en la designación de los titulares de los órganos no electos de los Poderes Públicos en Venezuela y sus vicisitudes políticas", en *Revista Iberoamericana de Derecho Público y Administrativo*, Año 5, N° 5-2005, San José, Costa Rica 2005, pp. 76-95

ción[8] que, por ejemplo, en cuanto a la elección de los titulares de los órganos del Poder Ciudadano, el artículo 279 dispone que si de la terna de candidatos para cada cargo que presente el Comité de Evaluación de Postulaciones del Poder Ciudadano ante la Asamblea Nacional, ésta, en un lapso no mayor de treinta días continuos, no logra concertar un acuerdo para elegir con el voto favorable de las dos terceras partes de sus integrantes al titular del órgano del Poder Ciudadano que esté en consideración, entonces, dispone la norma, "el Poder Electoral someterá la terna a consulta popular."

Es decir, que si en el funcionamiento democrático del proceso de selección de los titulares del Poder Ciudadano en la Asamblea Nacional no se logran los acuerdos y consensos para lograr la mayoría calificada necesaria para la elección popular indirecta, en un lapso de 30 días, entonces la elección del titular del órgano del Poder Ciudadano de que se trate, solo puede hacerse por elección directa del pueblo.

Nada de lo anteriormente expuesto, sin embargo, se cumplió en diciembre de 2014, y los titulares de los órganos del Poder Ciudadano, es decir, el Contralor General de la República, el Fiscal General de la República y el Defensor del Pueblo; los Rectores del Consejo Nacional Electoral y los Magistrados del Tribunal Supremo de Justicia, fueron designados inconstitucionalmente, en unos casos, por una mayoría simple de votos de los diputados presentes en la sesión de la Asamblea Nacional; y en otro caso, por la Sala Constitucional del Tribunal Supremo de Justicia, violándose la Constitución, configurándose con ello un golpe de Estado. Para darlo, el Presidente de la Asamblea Nacional y un conjunto de diputados, conspiraron con la Fiscal General de la República, los otros miembros del Consejo Moral Republicano, y con los magistrados de la Sala Constitucional del Tribunal Supremo, en un caso, cometiendo un fraude a la Constitución, y en otro, mutando ilegítimamente su texto.

II. LA INCONSTITUCIONAL ELECCIÓN DE LOS TITULARES DEL PODER CIUDADANO Y LA ILEGÍTIMA MUTACIÓN DEL ARTÍCULO 297 DE LA CONSTITUCIÓN

En efecto, con fecha 22 de diciembre de 2014, la Asamblea Nacional, por mayoría simple de voto de diputados, como si estuviese actuado como órgano legislador general, ignorando el status de cuerpo electoral que para ello tenía conforme a la Constitución, designó a los titulares de los órganos del Poder Ciudadano, es decir, al Contralor General de la República, al Fiscal General de la República y al Defensor del Pueblo, en franca violación al artículo 279 de la Constitución, y contra toda la lógica principio democrático representativo y participativo que establece el artículo 6 de la misma.

Dicho artículo 279 de la Constitución, que desarrolla dicho principio democrático, en efecto, dispone que:

> *Artículo 279.* El Consejo Moral Republicano convocará un Comité de Evaluación de Postulaciones del Poder Ciudadano, el cual estará integrado por representantes de diversos sectores de la sociedad; adelantará un proceso público de cuyo resultado se obtendrá una terna por cada órgano del Poder Ciudadano, la cual será sometida a la consideración de la Asamblea Nacional. Esta, mediante el voto favorable de las dos terceras partes de sus integrantes, escogerá

---

[8]   A ello se agrega, como lo indica María Amparo Grau: la importancia de las funciones de dichos órganos del Poder Ciudadano, que requieren el mayor consenso en su selección, a estos competen atribuciones de control de la legalidad y actuación ética de los funcionarios públicos, control del uso legal y ético del dinero y de los bienes del Estado, la protección de los derechos humanos, la buena marcha de la justicia y la investigación y acción penal. Debe evitarse su dependencia política, de allí el necesario consenso para garantizar que este Poder sea un muro de contención a la arbitrariedad, a la corrupción y a la delincuencia." Véase en María Amparo Grau, "Golpe a la Constitución ¡de nuevo!," en *El Nacional*, Caracas, 24 de diciembre 2014.

en un lapso no mayor de treinta días continuos, al o a la titular del órgano del Poder Ciudadano que esté en consideración. Si concluido este lapso no hay acuerdo en la Asamblea Nacional, el Poder Electoral someterá la terna a consulta popular.

En caso de no haber sido convocado el Comité de Evaluación de Postulaciones del Poder Ciudadano, la Asamblea Nacional procederá, dentro del plazo que determine la ley, a la designación del titular o la titular del órgano del Poder Ciudadano correspondiente.

Los o las integrantes del Poder Ciudadano serán removidos o removidas por la Asamblea Nacional, previo pronunciamiento del Tribunal Supremo de Justicia, de acuerdo con lo establecido en la ley.

Para cualquier lector ligeramente informado, en cuanto a la elección indirecta de los titulares del Poder Ciudadano, la norma dice esencialmente lo que expresan las palabras de su propio texto, sin que sea necesaria interpretación alguna. Lo que dice la norma es que la elección de dichos altos funcionarios la hace la Asamblea Nacional "*mediante el voto favorable de las dos terceras partes de sus integrantes*," lo que responde a la lógica constitucional representativa y participativa de la configuración de la Asamblea como cuerpo elector.

Ello implica, *primero*, que para garantizar la máxima representatividad de la elección a que debe realizar en segundo grado, en representación del pueblo, la Asamblea Nacional debe elegir a los titulares del Poder Ciudadano mediante el voto favorable de las dos terceras partes de los integrantes de la misma; y *segundo*, que para garantizar la máxima participación ciudadana en la elección, la Asamblea Nacional, para tal efecto, no puede elegir a quien sólo escoja y decida dicha mayoría calificada de diputados, sino sólo puede elegir entre los candidatos que se le propongan en una terna que le debe presentar el Comité de Evaluación de Postulaciones del Poder Ciudadano, el cual debe estar integrado por "representantes de diversos sectores de la sociedad."

La única excepción a esta lógica constitucional democrática representativa y participativa que el texto fundamental le impone a la Asamblea Nacional actuando como tal órgano elector, no se refiere al principio democrático representativo del mismo, sino sólo al principio democrático participativo, al disponer que en caso de no que no se haya podido convocar el Comité de Evaluación de Postulaciones del Poder Ciudadano y, por tanto, aún en ausencia del mecanismo de participación popular que regula la Constitución, la Asamblea Nacional debe proceder como tal órgano elector, "a la designación del titular o la titular del órgano del Poder Ciudadano correspondiente," por supuesto, únicamente en la forma indicada con el voto favorable de las dos terceras partes de sus integrantes, pues dicha lógica democrática representativa no está sujeta a excepción alguna.

Por tanto, no es necesario siquiera ser curioso en leyes, para leer y entender bien lo que la norma dice.

Sin embargo, en un evidente fraude a la Constitución,[9] y mutando su contenido, todo ejecutado como parte de una conspiración para violarla y cambiarla con violencia institucio-

---

9   Lo que no ha sido infrecuente en la conducta de los Poderes Públicos en los últimos tres lustros. Véase por ejemplo, lo indicado en Allan R. Brewer-Carías: *Reforma constitucional y fraude a la constitución (1999-2009)*, Academia de Ciencias Políticas y Sociales, Caracas 2009; "Reforma Constitucional y fraude a la Constitución: el caso de Venezuela 1999-2009," en Pedro Rubén Torres Estrada y Michael Núñez Torres (Coordinadores), *La reforma constitucional. Sus implicaciones jurídicas y políticas en el contexto comparado*, Cátedra Estado de Derecho, Editorial Porrúa, México 2010, pp. 421-533; "La demolición del Estado *de* Derecho en Venezuela Reforma Constitucional y fraude a la Constitución (1999-2009)," en *El Cronista del Estado Social y Democrático de Derecho*, N° 6, Editorial Iustel, Madrid 2009, pp. 52-61; "El autoritarismo establecido en fraude a la Constitución y a la democracia, y su formalización en "Venezuela mediante la reforma constitucional. (De cómo en un país democrático se ha utilizado el sistema eleccionario para minar

nal; conspiración en la cual participaron el Presidente de la Asamblea Nacional y un grupo de diputados, la Presidenta del Consejo Moral Republicano y sus otros miembros, y los magistrados de la Sala Constitucional del Tribunal Supremo de Justicia, el 22 de diciembre de 2014 la Asamblea Nacional procedió a "designar" al Contralor General de la República, al Fiscal General de la República y al Defensor del Pueblo sin sujetarse a la mayoría calificada con la cual sólo puede actuar como órgano elector, procediendo a hacerlo con el voto de una mayoría simple de los diputados como si se tratase de una actuación más del órgano legislativo general, violando el principio democrático representativo de la elección popular indirecta de dichos altos funcionarios de los Poderes Públicos establecido den la Constitución.[10]

Este fraude constitucional, como lo destacó José Ignacio Hernández, se cometió en "seis actos,"[11] que en esencia fueron los siguientes:

Primer acto: El Consejo Moral Republicano, integrado por los titulares de los tres órganos que lo forman (Contraloría General de la República, Fiscalía General de la República y Defensor del Pueblo), en septiembre de 2014, y bajo la presidencia de la Fiscal General de la República, elaboró, conforme al artículo 279 de la Constitución, unas **Normas Relativas para la convocatoria y conformación del Comité de Evaluación de Postulaciones del Poder Ciudadano, que debía ser integrado** "por representantes de diversos sectores de la sociedad," y cuyos miembros debían haber sido designados por dicho Consejo Moral Republicano. A tal efecto, sus miembros se declararon en sesión permanente.[12]

Segundo acto: A finales de noviembre de 2014, la Presidenta del Consejo Moral Republicana informó públicamente que no había habido "consenso" para designar a los miembros del Comité de Evaluaciones, sin dar explicación de naturaleza alguna, sobre todo cuando en ese momento todos los titulares de dichos órganos eran funcionarios que seguían la línea política del gobierno y de su partido. Nadie, por supuesto, podrá creer jamás que esos altos funcionarios gubernamentales no pudieron ponerse de acuerdo en designar unos miembros de dicho Comité de Evaluaciones.

Tercer acto: La "razón" de no haber llegado a un consenso en el Poder Ciudadano para nombrar los miembros del Comité de Evaluación, fue para dar curso al tercer acto, que con-

---

la democracia y establecer un régimen autoritario de supuesta "dictadura de la democracia" que se pretende regularizar mediante la reforma constitucional)" en el libro: *Temas constitucionales. Planteamientos ante una Reforma*, Fundación de Estudios de Derecho Administrativo, FUNEDA, Caracas 2007, pp. 13-74.

[10]   Como lo observó Sergio Sáez, apenas se adoptó la decisión de la Asamblea Nacional:"Queda en el ambiente el sabor amargo de complicidad entre los poderes. Unos por no cumplir con sus obligaciones ante la evidencia de haber estado acéfala la Contraloría General de la República por tanto tiempo; otros ante la proximidad del vencimiento de los restantes titulares del Consejo Moral Republicano, y haber planteado la imposibilidad que de cumplir con el proceso contemplado en la Constitución, para salvaguardar la reelección de sus miembros; otro poder al buscar los vericuetos de la Ley para desprenderse de la responsabilidad de verse obligado a escoger los titulares en cumplimiento estricto de la Ley; y, el último, al hacer uso de su capacidad discrecional nuevamente para mutar la Constitución en lugar de interpretarla ajustada al legítimo canon del Derecho Constitucional." Véase en Sergio Sáez, "Bochorno y desgracia en la Asamblea Nacional," 23 de diciembre   de   2014,   en   http://www.academia. edu/9879823/Venezuela_Bochorno_y_desgracia_en_la_Asamblea._de_Ing._Sergio_Saez y en http:// www.frentepatriotico.com/inicio/2014/12/24/bochorno-y-desgracia-en-la-asamblea-nacional/

[11]   Véase José Ignacio Hernández, "La designación del Poder Ciudadano: fraude a la Constitución en 6 actos;" en *Prodavinci*, 22 de diciembre, 2014, en http://prodavinci.com/blogs/la-designacion-del-poder-ciudadano-fraude-a-la-constitucion-en-6-actos-por-jose-i-hernandez/

[12]   Véase la nota: "Consejo Moral activa conformación del Comité que evaluará postulaciones de aspirantes al Poder Ciudadano," en http://www.cmr.gob.ve/index.php/noticia/84-cmr-aspirante

sistió en que días después, la Asamblea Nacional, sin competencia alguna para ello, el 2 de diciembre de 2014 designo a los miembros del referido Comité de Evaluación de Postulaciones del Poder Ciudadano. Sin embargo, ningún órgano del Estado que no sea el Consejo Moral Republicano, tiene competencia constitucional alguna para designar dichos miembros del Comité de Postulaciones, por lo que al haber efectuado la Asamblea Nacional la designación de dicho Comité, violó el artículo 279 de la Constitución. Si el Consejo Moral Republicano incumple su obligación constitucional de designar a los miembros del Comité, lo que puede hacer la Asamblea es proceder a la elección popular indirecta del titular del órgano, con la mayoría calificada exigida constitucionalmente, y nada más.

Cuarto acto: El Presidente de la Asamblea Nacional, el viernes 19 de diciembre de 2014, declaró públicamente que la Asamblea procedería a designar a los titulares de los órganos del Poder Ciudadano, aun cuando sabía que no tendría posibilidad de reunir los votos de las 2/3 partes de los diputados como lo exigía la Constitución. Para superar ese escollo, sin embargo, lo que hizo el mismo día de su anuncio, fue solicitar a la Sala Constitucional del Tribunal Supremo de Justicia la "interpretación constitucional" del artículo 279 de la Constitución, el cual como se dijo no requiere interpretación, para que ésta "avalara" la posibilidad de la elección de los titulares de los órganos del Poder Ciudadano por parte de la Asamblea con el voto de solo una mayoría simple, ignorando su status, en esos casos, de órgano elector que sólo puede decidir con una mayoría calificada de las 2/3 partes de sus miembros.

Paralelamente, el Presidente de la Asamblea Nacional procedió a convocar a una sesión de la Asamblea a realizarse al día siguiente sábado 20 de diciembre de 2014. Sin embargo, como seguramente habría constatado que la Sala Constitucional no podía sacar de un día para otro la sentencia que él mismo había solicitada se dictara, dicha sesión convocada para el sábado 20 de diciembre fue entonces estratégicamente diferida para el lunes 22 de diciembre de 2014. Así se le dejaba el tiempo del fin de semana a la Sala Constitucional para que dictara sentencia interpretativa solicitada.

Quinto acto: La Sala Constitucional, entonces, muy diligentemente y con ponencia conjunta, pudo elaborar la sentencia solicitada entre los días sábado 20 y domingo 21 de diciembre de 2014, la cual fue publicada el lunes 22 de diciembre de 2014, justo antes de que tuviera lugar la sesión de la Asamblea Nacional que se había convocado para "elegir" los titulares de los poderes públicos.

La Sala Constitucional, en dicha sentencia, concluyó en esencia, y por supuesto en forma inconstitucional, que como el segundo párrafo del artículo 279 de la Constitución supuestamente no especificaba cuál debía ser la mayoría que se requería para designar a los representantes del Poder Ciudadano –lo que por supuesto no era necesario pues ya estaba indicado en el primer párrafo de la norma–, entendiendo entonces que esa designación era por la "mitad más uno de los diputados y diputadas presentes en la sesión parlamentaria que corresponda," ignorando el carácter de órgano elector de segundo grado de la Asamblea Nacional que tiene en esos casos, para poder realizar, en representación del pueblo, una elección popular indirecta.

Sexto acto: En esa forma, la Asamblea Nacional procedió a "designar" a los titulares de los órganos del Poder Ciudadano, y entre ellos, ratificando en la Fiscalía General de la República, a la misma Fiscal General de la República quien como Presidenta del Consejo Moral Republicano "no había logrado" un consenso para designar a los miembros del Comité de Evaluación de Postulaciones del Poder Ciudadano, y quien había conspirado con los otros mencionados funcionarios para cambiar con violencia institucional la Constitución. Su nombramiento ilegítimo, fue reincidente, pues también había sido nombrada ilegítimamente en 2007.[13]

La Asamblea Nacional, además, "designó" como Contralor General de la República que el órgano constitucional con la función de controlar en particular a los funcionarios del Poder Ejecutivo, a un funcionario del propio Poder Ejecutivo que en ese momento estaba ejerciendo el cargo de Procurador General de la República, es decir, "designó" Contralor General nada menos que al "abogado del Estado" sujeto a las instrucciones del Poder Ejecutivo. Y como Defensor del Pueblo "designó" a un conocido militante del partido de gobierno, ex Gobernador del uno de los Estados de la República.[14]

Como bien lo intuyó José Ignacio Hernández en su análisis del caso, el primer acto de la conspiración estuvo a cargo de la Fiscal General de la República, como Presidenta del Consejo Moral Republicano, al supuestamente "no haber podido" llegar a un "acuerdo" o "consenso" con los otros titulares del Poder Ciudadano (Contralor General y Defensor del Pueblo) para designar los miembros del Comité de Evaluación de Postulaciones del Poder Ciudadano. Con ello, permitió que se abriera la posibilidad del fraude constitucional en la designación de los titulares del Poder Ciudadano por la Asamblea Nacional, sin la mayoría calificada que exigía su condición de órgano elector, recurriéndose en forma aislada al segundo párrafo del Artículo 279 de la Constitución, y mediante una interpretación constitucional" a la medida, proceder así a su elección por mayoría simple. Por ello, el tercer acto de la conspiración estuvo a cargo del Presidente de la Asamblea Nacional al diferir la sesión de la misma prevista para la designación mencionada, y solicitar a la Sala Constitucional dicha "interpretación constitucional" de la norma, con lo que tuvo lugar el quinto acto de la conspiración, esta vez a cargo de los magistrados de la Sala Constitucional, al pronunciarse en sentencia de 22 de diciembre de 2014 en el sentido solicitado, desconocer el status de cuerpo elector de la

---

[13]   Véase el comentario en Allan R. Brewer-Carías, "Sobre el nombramiento irregular por la Asamblea Nacional de los titulares de los órganos del poder ciudadano en 2007", en *Revista de Derecho Público*, N° 113, Editorial Jurídica Venezolana, Caracas 2008, pp. 85-88.

[14]   Véase el Acuerdo de la Asamblea Nacional en *Gaceta Oficial* N° 40.567 de 22 de diciembre de 2014. Así resumió el periodista Alex Velázquez lo ocurrido en la Asamblea Nacional para justificar la inconstitucional decisión de elegir con mayoría simple de diputados presentes a los titulares del Poder Ciudadano: "El chavismo jugó sus cartas. En las cuatro horas que duró la sesión extraordinaria de ayer, la bancada oficialista de la Asamblea Nacional se garantizó –en contra de lo que señala la Constitución, pero con el visto bueno del TSJ– el control del Poder Ciudadano.[…]. ¿Cómo lo hicieron? Con una explicación engorrosa, el diputado Pedro Carreño dijo que los 110 votos que ordena el artículo 279 de la Constitución solo son necesarios si la selección se hace luego de que el Consejo Moral Republicano instala el Comité de Postulaciones del Poder Ciudadano. Pero como eso no ocurrió, la carta magna señala que le corresponde a la Asamblea la designación y "no menciona cuántos votos son necesarios" en ese caso. Como le toca al Parlamento, dijo el diputado, se aplica el Reglamento Interior y de Debate, que indica que las decisiones de la Asamblea serán por mayoría absoluta –la mitad más uno de los presentes–, "salvo las que la Constitución o este reglamento especifiquen". En caso de que quedara alguna duda, el presidente del Parlamento, Diosdado Cabello, sorprendió con un anuncio: acudió el 19 de diciembre al TSJ a pedir "de urgencia" que la Sala Constitucional aclarara cuántos votos son necesarios. "Como no soy abogado, y para que no vengan a decir que soy bruto, fui al TSJ para que explique el proceso de selección del Poder Ciudadano", dijo. La respuesta fue publicada ayer mismo en la página del máximo tribunal. Reafirmó, exacta, la tesis de Carreño: que como el dictamen recae en la Asamblea porque el Consejo Moral no realizó el proceso, las decisiones "se toman por mayoría absoluta, salvo las que la Constitución o el reglamento especifiquen".El diputado Stalin González (UNT) aclaró que no son dos procedimientos distintos y que en ambos casos se necesitan las dos terceras partes de los diputados. Se preguntó si el comité nunca se instaló, precisamente, para cometer fraude a la Constitución.". Véase Alex Vásquez, "Imponen al Poder Ciudadano al margen de la Constitución," en *El Nacional*, 23 de diciembre de 2014, en http://www.el-nacional.com/politica/Imponen-Poder-Ciudadano-margen-Constitu cion_0_542345921.html

Asamblea Nacional en estos casos, y materializar el fraude constitucional, permitiendo la elección de los titulares del Poder Ciudadano por mayoría simple de votos de los diputados presentes, como si se tratase de un acto más de un órgano legislador.

De todo esto, José Ignacio Hernández concluyó indicando, con razón, que:

"con esa designación, se materializó el fraude a la Constitución: una mayoría de las 2/3 partes pasó a ser una mayoría "simple" o "absoluta". La designación de los representantes del Poder Ciudadano por la mayoría simple o absoluta de los integrantes de la Asamblea puede ser calificado técnicamente de "fraude a la Constitución", pues la violación de la Constitución resulta de una serie de actos que en apariencia son válidos, pero en el fondo implican una clara violación al Artículo 279 de la Constitución, de acuerdo con el cual la designación de los representantes del Poder Ciudadano debe hacerse por la mayoría de las 2/3 partes de los integrantes de la Asamblea Nacional. De hecho, el Artículo 279 constitucional fue modificado, para avalar la designación de los representantes del Poder Ciudadano por mayoría "simple" o "absoluta".[15]

El artífice del fraude constitucional, en todo caso, finalmente fue la Sala Constitucional del Tribunal Supremo, al dictar la mencionada sentencia que fue la N° 1864 de 22 de diciembre de 2014,[16] en respuesta a la solicitud que le formuló "el ciudadano General de División[17] Diosdado Cabello Rondón, en su condición de Presidente de la Asamblea Nacional" "de interpretación acerca del contenido y alcance del artículo 279 de la Constitución," alegando dicho peticionante, incorrecta y falsamente, que la:

"Constitución establece claramente dos procedimientos para la designación y cada uno con su metodología. En la primera acepción cuando la Asamblea recibe la terna del comité de postulaciones del Poder Ciudadano, se establecen tres condiciones: a) el lapso para la designación (30 días), b) votación por las (2/3) dos terceras partes y c) de no tenerse dicha votación procede el Poder Electoral al sometimiento de la terna a consulta pública.

Para el segundo procedimiento cuando el Poder Ciudadano no logra conformar el comité de evaluación de postulaciones del Poder Ciudadano, el constituyente impone a la Asamblea Nacional la responsabilidad directa de dicha designación, sin otro requerimiento que el lapso de 30 días. En ese sentido se asume que al no estar expresamente establecida la votación calificada, el procedimiento de designación es por mayoría absoluta, a tenor de lo establecido en el artículo 89 del Reglamento de Interior y Debates de la Asamblea Nacional."

La premisa de la cual partió el mencionado "general de división" para formular su recurso de interpretación es falsa, pues la norma constitucional cuya "interpretación" se buscaba no establece sino un solo procedimiento para que la Asamblea Nacional actuando como cuerpo elector y con un mecanismo de participación ciudadana, elija a los titulares de los

---

[15]   Véase José Ignacio Hernández, "La designación del Poder Ciudadano: fraude a la Constitución en 6 actos;" en *Prodavinci*, 22 de diciembre, 2014, en http://prodavinci.com/blogs/la-designacion-del-poder-ciudadano-fraude-a-la-constitucion-en-6-actos-por-jose-i-hernandez/

[16]   La sentencia se publicó inicialmente el 22 de diciembre de 2014 en http://www.tsj.gob.ve/decisiones/scon/diciembre/173494-1864-221214-2014-14-1341.HTML. A los pocos días se montó en: http://histo rico.tsj.gov.ve/decisiones/scon/diciembre/173494-1864-221214-2014-14-1341.HTML

[17]   Así apareció en la página web del Tribunal Supremo de Justicia cuando personalmente la consulté el mismo día 22 de diciembre de 2014 (en http://www.tsj.gob.ve/decisiones/scon/diciembre/173494-1864-221214-2014-14-1341.HTML). Posteriormente el texto de la sentencia fue modificado en dicha página web, eliminándose el grado militar de esa persona, y por supuesto, sin que el lector pueda saber en qué otros aspectos el texto de la sentencia pudo haber sido ilegítimamente modificado. Véase en   http://historico.tsj.gov.ve/decisiones/scon/diciembre/173494-1864-221214-2014-14-1341.HTML Véase so-bre esto, lo indicado en la Nota: "Sala Constitucional forjó sentencia que autoriza nombrar autoridades con mayoría simple," en https://cloud-1416351791-cache.cdn-cachefront.net/sala-constitucional-forjo-senten-cia-que-autoriza-nombrar-autoridades-con-mayoria-simple/#.VJ2Y5U9KGAE.twitter

mencionados Poderes Públicos, con el voto de las 2/3 partes de sus miembros, siendo la segunda parte del artículo una excepción exclusivamente referida al mecanismo de participación ciudadana previsto, que no afecta el sistema de votación. Por tanto, en realidad, la norma no da origen a "duda compleja" alguna, siendo sencillamente falso el argumento del Presidente de la Asamblea de que primero, "las dos terceras partes solamente son requeridas para el caso, en que se haya convocado al Comité de Evaluación de Postulaciones del Poder Ciudadano," y segundo de que en caso de que "no se haya convocado al Comité de Evaluación de Postulaciones del Poder Ciudadano, entonces procedería la designación de los titulares del mismo por la mayoría absoluta o simple."

Con estas premisas falsas, y conforme se adujo, se solicitó "con urgencia" a la "docta Sala Constitucional del Tribunal Supremo de Justicia, última y máxima intérprete de nuestra Carta Magna," la interpretación del artículo 279 de la Constitución.

Y efectivamente, la Sala Constitucional, sin mayor argumentación, y sin referirse a la supuesta "duda razonable en cuanto al contenido, alcance y aplicabilidad de las normas constitucionales, respecto del supuesto fáctico" en que se encontraba el militar accionante, actuando además como Presidente de la Asamblea Nacional, muy diligente y sumisamente, durante un fin de semana, hizo lo que aquél le pidió (¿ordenó?). Para ello, consideró que el asunto era de mero derecho, eliminó el derecho de los diputados que tuvieran otra opinión distinta sobre la "interpretación" solicitada y sobre su actuación en el cuerpo elector, a ser oídos y a formular alegatos, en violación del artículo 49 de la Constitución, procediendo a decidir "sin más trámites," sin tomar en cuenta "los valores y principios axiológicos en los cuales se asienta el Estado Constitucional venezolano" como Estado democrático, que exige que los titulares del Poder Ciudadano sean designados mediante elección popular de segundo grado por la Asamblea Nacional con el voto de las 2/3 partes de los diputados, que son los términos establecidos en la Constitución.

Al contrario, la Sala lo que decidió fue que ese carácter de cuerpo elector de la Asamblea Nacional actuando con mayoría calificada, sólo existiría cuando el Consejo Moran Republicano "haya convocado un Comité de Evaluación de Postulaciones del Poder Ciudadano," de manera que supuestamente, si el mismo no se convoca, la Asamblea deja de ser cuerpo elector, y pasa a ser el órgano legislativo general, pudiendo entonces proceder a realizar la elección de dichos altos funcionarios, con mayoría simple, conforme al Reglamento Interior y de Debates de la Asamblea Nacional (art. 89), entendiendo por ello la "mayoría absoluta, que es aquella consistente en la manifestación afirmativa de la mitad más uno de los diputados y diputadas presentes."[18] Es decir, ni siquiera la mitad más uno de los diputados electos que

---

[18] Como se informó en *El Carabobeño* sobre lo dicho por Pablo Aure: "El Gobierno nacional utiliza al Tribunal Supremo de Justicia para violar la Constitución nacional y permanecer en el poder, afirmó Pablo Aure, coordinador del movimiento Valencia se Respeta. Puso como ejemplo "la confabulación de la Asamblea Nacional con la Sala Constitucional del Tribunal Supremo de Justicia para "con un grosero ardid" interpretar el artículo 279 de la Constitución que establece que, para nombrar el Poder Ciudadano, se requiere la aprobación de las dos terceras partes de los integrantes de la Asamblea Nacional. Sin embargo, la Sala Constitucional de manera fraudulenta interpretó que dicho porcentaje solo se requiere en el caso de que los candidatos a conformar el Poder Ciudadano sean propuestos por el Comité de Evaluación de Postulaciones del Poder Ciudadano. Pero, como de allí no partió la propuesta, bastaba con una mayoría simple, señaló Aure. Eso es una barbaridad, porque es ilógico pensar que la Constitución sea menos exigente para nombrar a esos funcionarios, en el caso de que los mismos hubiesen sido previamente preseleccionados por un comité de evaluación de postulaciones, pues la calificación para tales nombramientos, no viene dada por la forma de su preselección sino por la importancia de los cargos del Poder Ciudadano, explicó la autoridad universitaria" Véase en Alfredo Fermín, "Aure: El Gobierno utiliza al TSJ para violar la Constitución," en *El Carabobeño*, Valencia, 24 de diciembre de 2014.

componen la Asamblea, sino sólo de los presentes en la sesión, lo que por supuesto es contrario a "los valores y principios axiológicos en los cuales se asienta el Estado Constitucional" que en este caso son los principios democráticos que derivan del carácter de cuerpo elector de segundo grado que la norma le asigna a la Asamblea Nacional.

Como lo ha destacado María Amparo Grau, a la Sala Constitucional "no le está dado dictar sentencias contrarias al requisito que el texto, claro, diáfano y meridiano de la Constitución expresa, aunque el partido de gobierno confio que la solución del tema saldría de la sabia decisión de este órgano judicial."[19] Pero en lugar de haber sido una sabia decisión, la interpretación dada por la Sala es tan absurda que de una elección popular en segundo grado atribuida a un cuerpo elector como la Asamblea nacional asegurando una máxima representatividad democrática con el voto de las 2/3 partes de los diputados electos, pasó a permitir la elección de los altos funcionarios de los Podres Públicos con la mayoría simple (la mitad más uno) de los diputados presentes en la sesión respectiva, lo que es una distorsión total del sentido democrático de la elección de segundo grado regulada.

De manera que al contrario de lo decidido por la Sala, la no especificación en el segundo párrafo del artículo 279 Constitucional de un régimen de mayoría específico para la adopción del nombramiento por la Asamblea Nacional, de los titulares del Consejo Moral Republicano, lo que tiene que entenderse es que ello no cambia el régimen de mayoría calificada previsto en la norma, no teniendo ningún asidero constitucional indicar que se aplica la mayoría absoluta propia del funcionamiento ordinario del órgano legislador.

Con lo decidido por la Sala, por tanto, lo que se produjo fue una mutación constitucional totalmente ilegitima, pues conservando el mismo texto del artículo 279 de la Constitución, la Sala Constitucional cambió su propósito y sentido, desnaturalizando el carácter de cuerpo elector de segundo grado de la Asamblea Nacional que sólo puede actuar con el voto de las 2/3 partes de los diputados electos, permitiendo en cambio que con una mayoría simple de los diputados presentes en una sesión se pueda "elegir" a los titulares del Poder Ciudadano; todo ello, para materializar la conspiración para cambiar con violencia institucional la Constitución, que desarrollaron junto con la Sala, la Fiscal General de la República y los otros miembros del Consejo Moral Republicano, y el Presidente y algunos diputados de la Asamblea Nacional.

Sobre ello, Román José Duque Corredor observó con razón que:

"La anterior interpretación resulta acomodaticia y forzada porque al no poder obtener el partido oficial las dos terceras partes requeridas, en el lapso constitucionalmente establecido, se debía someter a una consulta popular las designaciones, por lo que por esta Sentencia se sustituyó la soberanía popular por una mayoría simple, dado que estando bajo discusión en la Asamblea Nacional la designación de los miembros del Poder Ciudadano, mediante los debates pertinentes, y puesto que el Consejo Moral Republicano había enviado las respectivas ternas, subrepticiamente éste participa que no se había cumplido con la designación del Comité de Postulaciones por falta de acuerdo entre ellos para que así se designara al Poder Ciudadano por la Asamblea Nacional y no por la voluntad popular. En todo caso, en el supuesto negado que pudiera hacerlo la Asamblea Nacional, el principio intangible para la designación del Poder Ciudadano, conforme se desprende del artículo 279, constitucional, es el de la votación una mayoría calificada de dos terceras partes y no por una mayoría simple. Con esta Sentencia se violaron normas de la Constitución relativas a la legitimidad de los miembros del Poder Ciudadano y de respeto a la soberanía popular por la interpretación torticera que efectúo la Sala Constitucional."[20]

---

[19] Véase en María Amparo Grau, "Golpe a la Constitución ¡de nuevo!," en *El Nacional*, Caracas, 24 de diciembre 2014.

[20] Véase Carta de Román Duque Corredor por designación del Defensor del Pueblo, al Presidente del Instituto Latinoamericano del Ombudsman, 27 de diciembre de 2014, en En http://cronicasvenezuela.com/2014/12/27/carta-de-romn-duque-corredor-por-designacin-del-defensor-del-pueblo/

III.   LA INCONSTITUCIONAL ELECCIÓN DE LOS MIEMBROS DEL CONSEJO NA-
       CIONAL ELECTORAL POR LA SALA CONSTITUCIONAL DEL TRIBUNAL SU-
       PREMO DE JUSTICIA.

Pero el golpe de Estado de diciembre de 2014 no concluyó con la "designación" de los
titulares del Poder Ciudadano, sino con la de los rectores del Consejo Nacional Electoral.

En efecto, el mismo día 22 de diciembre de 2014, al no poder la fracción parlamentaria
del partido de gobierno designar por su cuenta, sin acuerdo alguno con los otros grupos parlamentarios, a los miembros del Poder Electoral, específicamente del Consejo Nacional Electoral, por no reunir la mayoría calificada de las 2/3 partes de los diputados, el mismo Presidente de la Asamblea Nacional, Sr. Diosdado Cabello, anunció públicamente "que el Tribunal Supremo de Justicia **se encargará de designar a los rectores y suplentes del Consejo
Nacional Electoral (CNE)**, pues no se lograron las dos terceras partes necesarias en el Parlamento para la designación,"[21] como si dicho órgano judicial tuviese competencia alguna
para hacer esa "designación" en sustitución de la Asamblea Nacional.

**La decisión inconstitucional de la Asamblea Nacional se reportó en otra noticia de
prensa, indicándose que:**

> **"La designación de los nuevos rectores del Consejo Nacional Electoral (CNE) fue enviada
> por la Asamblea Nacional al Tribunal Supremo de Justicia (TSJ) por no contar con la ma-
> yoría requerida por la Constitución de la República Bolivariana de Venezuela y por ello co-
> rresponde a la sala Constitucional del TSJ designar a los rectores del Poder Electoral."[22]**

En consecuencia se informó en la prensa que: "Cabello leyó y firmó la comunicación
que fue **enviada "de inmediato"** al máximo órgano de justicia del país".[23]

**Esta decisión del Presidente de la Asamblea Nacional, por supuesto, fue esencial-
mente inconstitucional, pues la misma, como cuerpo elector en segundo grado, y menos
su Presidente, no puede delegar sus funciones constitucionales en órgano alguno del
Estado, y menos en el Tribunal Supremo de Justicia.**

**Por lo demás, es falso que cuando no se logre la mayoría calificada requerida de
votos de diputados para la elección de los miembros del Consejo Nacional Electoral, por
falta de acuerdos entre los partidos, ello pueda considerarse como una "omisión inconstitucional" (como lo decidió la Sala Constitucional en 2003); y también es falso que en
esos casos "corresponda" al Tribunal Supremo de Justicia, realizar tal elección. Al
contrario, el Tribunal Supremo carece de competencia para realizar dicha elección; y
mucho menos competencia tiene con el argumento de que en la Asamblea Nacional "no
se pudo contar con la mayoría requerida por la Constitución."**

**La Sala Constitucional, en efecto, es ningún caso puede suplir la voluntad popular
expresada en segundo grado que solo puede emanar de la Asamblea Nacional, como
cuerpo elector, por lo que al hacer la "elección" de dichos funcionarios, como en efecto
lo hizo en diciembre de 2014, incurrió en usurpación de autoridad que conforme al
artículo 138 de la Constitución "es ineficaz y sus actos son nulos."**

---

[21]   Véase "TSJ decidirá cargos de rectores del CNE", Noticias "Globovisión, Caracas, 22 diciembre
       de 2014, en http://globovision.com/tsj-decidira-cargos-de-rectores-del-cne/

[22]   Véase "Designación de rectores y suplentes del CNE pasa al TSJ," en *Informe21.com*, Caracas, 22
       de diciembre de 2014, en http://informe21.com/cne/designacion-de-rectores-y-suplentes-del-cne-
       pasa-al-tsj

[23]   Véase "TSJ decidirá cargos de rectores del CNE", Caracas Noticias "Globovisión, 22 diciembre de
       2014 en http://globovision.com/tsj-decidira-cargos-de-rectores-del-cne/

1. *El inconstitucional antecedente de 2003 con ocasión del control de constitucionalidad de la omisión legislativa*

Es muy probable que el Presidente de la Asamblea Nacional, para haber tomado la inconstitucional decisión de transferir a la Sala Constitucional el ejercicio de las funciones de la Asamblea, haya recordado la inconstitucional actuación de la Sala Constitucional del Tribunal Supremo en 2003, al haber designado a los miembros del Consejo Nacional Electoral, en forma provisoria, al ejercer el control de constitucionalidad de la omisión legislativa en haber hecho la elección, que en ese entonces fue requerido por un ciudadano en ejercicio de la competencia establecida en el artículo 336.7 de la Constitución que dispone que la Sala puede:

"Declarar la inconstitucionalidad de las omisiones del poder legislativo municipal, estadal o nacional cuando haya dejado de dictar las normas o medidas indispensables para garantizar el cumplimiento de esta Constitución, o las haya dictado en forma incompleta; y establecer el plazo y, de ser necesario, los lineamientos de su corrección."

En relación con esta competencia de la Sala Constitucional de controlar la inconstitucionalidad de la omisión legislativa, hemos considerado que la misma no puede conducir a la sustitución del legislador y a dictar la ley o medida respectiva, obviando la función de deliberación de la representación popular, como la misma Sala lo ha decidido. En efecto, en sentencia N° 1043 de 31 de mayo de 2004 (Caso: *Consejo Legislativo del Estado Zulia*), la Sala sostuvo que a pesar de la complejidad de la materia la Jurisdicción Constitucional, difícilmente la misma podría llegar a suplir la omisión del Legislador en su totalidad, señalando que:

"es constitucionalmente imposible incluso para esta Sala, pese a su amplia competencia constitucional, transformarse en legislador y proporcionar a la colectividad las normas que exige", sin embargo ha considerado que si está facultada para proporcionar soluciones a aspectos concretos, incluso por medio de la adopción de reglas generales que ocupen temporalmente el lugar de las normas ausentes, pero no para corregir por completo la inactividad del legislador y dictar las normas que se requieran."[24]

En esta línea, en un caso específico, precisamente el ocurrido en 2003, con motivo del recurso por omisión legislativa de la Asamblea Nacional en haber efectuado la elección de los miembros del Consejo Nacional Electoral (Rectores) como correspondía, por la peculiaridad de la situación de entonces, la Sala Constitucional declaró como inconstitucional la omisión legislativa, y se sustituyó en el ejercicio de tal atribución, aunque con carácter provisional, particularmente porque había sido la propia Sala la que había provocado la inmovilidad del Consejo Nacional Electoral nombrado en 2000, con graves consecuencias políticas, que se agravaban si no se elegían los nuevos miembros.[25]

En dicho caso, que fue resuelto por la ya mencionada sentencia N° 2073 de 4 de agosto de 2003 (Caso: *Hermánn Escarrá Malaver y oros*)[26] la Sala Constitucional, si bien consideró como se ha dicho que la falta de acuerdos parlamentarios, es algo normal en la actuación de los órganos democrático representativos, en ese caso, consideró que la omisión en la designa-

---

[24]   Véase sentencia N° 1043 de 31-5-2004 (Caso: *Consejo Legislativo del Estado Zulia*), en *Revista de Derecho Público*, N° 97-98, Editorial Jurídica Venezolana, Caracas 2004, p. 408.

[25]   Véase Allan R. Brewer-Carías, *La Justicia Constitucional. Procesos y procedimientos constitucionales*, México, 2007, pp. 392 ss.

[26]   Véase   en   http://historico.tsj.gov.ve/decisiones/scon/agosto/2073-040803-03-1254%20Y%201308.HTM. Véanse los comentarios en Allan R. Brewer-Carías, "El control de la constitucionalidad de la omisión legislativa y la sustitución del Legislador por el Juez Constitucional: el caso del nombramiento de los titulares del Poder Electoral en Venezuela," en *Revista Iberoamericana de Derecho Procesal Constitucional*, N° 10 Julio-Diciembre 2008, Editorial Porrúa, Instituto Iberoamericano de Derecho Procesal Constitucional, México 2008, pp. 271-286

ción de los miembros del Consejo Nacional Electoral –aun sin ser ilegítima– podía conducir a ejercer la competencia prevista en el artículo 336.7 de la Constitución y declararla inconstitucionalidad de la omisión, estableciendo un plazo para corregirla y, de ser necesario, los lineamientos de esa concreción. Y eso fue lo que ocurrió, por lo que la Sala Constitucional en esa sentencia conminó a la Asamblea Nacional omisa, para cumplir su obligación, otorgándole para ello un plazo de 10 días, expresándole que si no lo hacía dentro de dicho término, la Sala entonces procedería a corregir en lo que fuese posible la situación que naciera de la omisión concreta, que no era otra, en ese caso, que proceder a hacer la designación "dentro de un término de diez (10) días continuos."

En la sentencia, a todo evento, la Sala hizo los siguientes razonamientos y dejó sentado los siguientes criterios que enmarcaron la forma conforme a la cual se operaría lo que en definitiva fue un secuestro del Poder Electoral:[27]

En *primer lugar*, que en caso de omisión de la elección, las designaciones que pudiera hacer la Sala no podían ser sino provisorias, de manera que los nombramientos cesarían cuando el órgano competente asumiera su competencia y realizara la elección.

En *segundo lugar*, la Sala consideró que para realizar los nombramientos provisorios, debía "adaptarse a las condiciones que la Ley exige al funcionario," pero aclarando, sin embargo, que "debido a la naturaleza provisoria y a la necesidad de que el órgano funcione," la Sala no requería "cumplir paso a paso las formalidades legales que exige la Ley al elector competente, ya que lo importante es llenar el vacío institucional, hasta cuando se formalice lo definitivo," desligándose así la Sala de las exigencias legales que en cambio sí debía cumplir el elector omiso, para la elección popular de segundo grado.

En *tercer lugar*, la Sala Constitucional en ese caso específico, constató la existencia del "vacío institucional," considerando que "la falta de designación de los rectores, en el lapso legal, constituye un vacío que debe esta Sala llenar, si no lo hace la Asamblea Nacional" pues la propia Sala Constitucional en sentencia precedente N° 2816 de 18 de noviembre de 2002 (Caso: *Consejo Nacional Electoral*),[28] había materialmente paralizado, por supuesto inconstitucionalmente, el funcionamiento del Consejo Nacional Electoral que había sido designado por la Asamblea Constituyente en 2000. Por esta parálisis de funcionamiento, era imperioso para el funcionamiento del sistema político la elección de los nuevos miembros del Consejo Nacional Electoral.

Luego de la sentencia, la Sala Constitucional, transcurridos los 10 días que le había otorgado a la Asamblea Nacional para cumplir su obligación, al no haber logrado el partido de gobierno la mayoría de las 2/3 partes de los diputados de la Asamblea para imponer su criterio y elegir a los miembros del Consejo Nacional Electoral, procedió entonces, en ese caso, a suplir la omisión de la Asamblea Nacional, y a decidir conforme lo había querido el partido de gobierno, lo que hizo mediante sentencia N° 2341 del 25 de agosto de 2003 (Caso: *Hermánn Escarrá M. y otros*),[29] en la cual procedió a designar a los miembros del Consejo

---

[27]   Véase en general sobre estas decisiones Allan R. Brewer-Carías, *La sala Constitucional vs. El Estado democrático de derecho, (El secuestro del Poder Electoral y de la Sala Electoral del Tribunal Supremo y la confiscación del derecho a la participación política)*. Ediciones El Nacional, Caracas 2004.

[28]   Véase en http://historico.tsj.gov.ve/decisiones/scon/noviembre/2816-181102-02-1662.HTM

[29]   Véase en http://historico.tsj.gov.ve/decisiones/scon/agosto/PODER%20ELECTORAL.HTM
Véanse los comentarios en Allan R. Brewer-Carías, "El control de la constitucionalidad de la omisión legislativa y la sustitución del Legislador por el Juez Constitucional: el caso del nombramiento de los titulares del Poder Electoral en Venezuela," en *Revista Iberoamericana de Derecho Pro-*

Nacional Electoral y a sus suplentes "de acuerdo con el artículo 13 de la Ley Orgánica del Poder Electoral," sin duda, usurpando una competencia que es exclusiva de la Asamblea Nacional,[30] y por tanto, como en su momento lo expresamos en otro lugar: "extralimitándose en sus funciones y limitando injustificada e ilegítimamente la propia autonomía del Consejo Nacional Electoral como órgano rector de dicho Poder Público."[31].

El caso, a pesar de sus peculiaridades y sus propias inconstitucionalidades, era sin duda un antecedente, en la materia de la "elección" de los miembros del Consejo Nacional Electoral por parte de la Sala Constitucional, pero al cual no se hizo siquiera alusión en diciembre de 2014, ni en la solicitud del Presidente de la Asamblea Nacional ante la sala Constitucional, ni en la sentencia de la misma.[32]

2. *La nueva usurpación de las funciones de la Asamblea Nacional, como cuerpo elector, por la Sala Constitucional del Tribunal Supremo*

En efecto, el Presidente de la Asamblea Nacional, por su cuenta y sin que ello por supuesto hubiese sido decidido por la Asamblea Nacional como cuerpo colegiado, considerando erradamente que al no haberse logrado la mayoría calificada para designar a los rectores del Consejo Nacional Electoral, supuestamente, en forma automática, le "correspondía" a la Sala Constitucional proceder a hacer los nombramientos, se dirigió a la misma en fecha 22 de diciembre de 2014, solicitando se procediese a materializar esa usurpación de autoridad, lo que la Sala Constitucional ejecutó, muy diligentemente, mediante sentencia N° 1865 de 26 de diciembre de 2014.[33]

La solicitud del Presidente de la Asamblea, como lo resume la sentencia, en efecto, se limitó a señalar que en la Asamblea "no se logró alcanzar la mayoría requerida por la Constitución en su artículo 296, de las dos terceras partes de sus integrantes, para la designación de los Rectores y Rectoras del Consejo Nacional Electoral postulados o postuladas por la Sociedad Civil," razón por la cual decidió remitir "a ese máximo Tribunal, la presente información, para su consideración y fines correspondientes, según lo establecido en la Constitución de la República Bolivariana de Venezuela, en su artículo 336, numeral 7." De ello, la Sala Constitucional fue la que "dedujo" que se trataba de una solicitud de declaratoria de

---

cesal Constitucional, N° 10 Julio-Diciembre 2008, Editorial Porrúa, Instituto Iberoamericano de Derecho Procesal Constitucional, México 2008, pp. 271-286.

[30]   Véase Allan R. Brewer-Carías, Allan R. Brewer-Carías, "El secuestro del Poder Electoral y la confiscación del derecho a la participación política mediante el referendo revocatorio presidencial: Venezuela 2000-2004", en *Boletín Mexicano de Derecho Comparado*, Instituto de Investigaciones Jurídicas, Universidad Nacional Autónoma de México, N° 112. México, enero-abril 2005 pp. 11-73; y "La autonomía e independencia del Poder Electoral y de la Jurisdicción Electoral en Venezuela, y su secuestro y sometimiento por la Jurisdicción Constitucional," Ponencia presentada al *III Congreso Iberoamericano de Derecho Electoral*, Facultad de Estudios Superiores de Aragón de la Universidad Nacional Autónoma de México, Estado de México, 27-29 Septiembre de 2012.

[31]   Véase Allan R. Brewer-Carías, *La Justicia Constitucional. Procesos y procedimientos constitucionales*, México, 2007, p. 392.

[32]   Solo fue ex post facto, mediante declaraciones públicas que la Presidenta del Tribunal Supremo el día 29 de diciembre de 2014, la misma "recordó" que "la Sala "ya actuó de la misma forma en 2003 y 2005, cuando asimismo se registraron casos de la "omisión legislativa" Véase en "Gladys Gutiérrez: "En elección de rectores del CNE se siguió estrictamente el procedimiento", Caracas 29 de diciembre de 2014, en http://www.lapatilla.com/site/2014/12/29/gladys-gutierrez-en-eleccion-de-rectores-del-cne-se-siguio-estrictamente-el-procedimiento/

[33]   La sentencia inicialmente la consulté en http://www.tsj.gob.ve/decisiones/scon/diciembre /173497-1865-261214-2014-14-1343.HTML Posteriormente sólo está disponible en http://historico.tsj.gov.ve/decisiones/scon/diciembre/173497-1865-261214-2014-14-1343.HTML.

inconstitucionalidad de una omisión, para lo cual argumentó sobre su competencia en la materia prevista en el mencionado artículo 336.7 de la Constitución, haciendo referencia a su jurisprudencia, desde su sentencia N° 1.556 del 9 de julio de 2002.

Sin embargo, dicha norma, como resulta de su propio texto, sólo autoriza a la Sala Constitucional a declarar que la Asamblea Nacional por ejemplo, no ha dictado una decisión prevista en la Constitución, como una ley o una medida indispensable para garantizar el cumplimiento de la Constitución, como es la elección de altos funcionarios del Estado, ordenando a la Asamblea a dictar la norma o medida, y eventualmente fijar los lineamientos para la corrección de la omisión, pero nunca puede la Sala Constitucional sustituir la voluntad de la Asamblea Nacional como órgano legislativo ni como cuerpo electoral de segundo grado, ni por tanto, dictar por si misma ni la ley ni la medida de la específica competencia de la Asamblea.

Ahora bien, la Sala, en este caso de 2014, al analizar la legitimación activa del Presidente de la Asamblea para remitir al máximo Tribunal, "la presente información, para su consideración y fines correspondientes," dado el carácter de acción popular de la acción por omisión, expresó falsamente que ejercía –como se indica en la sentencia– "la representación del órgano parlamentario y en ejercicio de la cual declaró la imposibilidad de ese cuerpo deliberante de designar a los Rectores y Rectoras del Consejo Nacional Electoral," supuestamente habiendo solicitado a la Sala "*supla la aludida omisión*," lo cual no era cierto.

Eso no lo dijo en su solicitud el mencionado funcionario. Una cosa es controlar la inconstitucionalidad de la omisión que es lo que dispone el artículo 336.7 de la Constitución, norma que fue a lo única a lo cual hizo referencia indirecta el solicitante, y otra cosa es pedirle a la Sala que "supliera" a la Asamblea, es decir, que hiciera la "elección" en lugar del cuerpo elector, lo cual no podía hacer por ser ello inconstitucional. Pero ello fue lo que en definitiva hizo la Sala Constitucional, en un "proceso" que discrecionalmente consideró como de mero derecho, decidiéndolo "sin necesidad de abrir procedimiento alguno," para negarle a los interesados, como por ejemplo, a los propios diputados de la Asamblea Nacional que no estuviesen conformes con la petición, su derecho a ser oídos, violándose así el artículo 49 de la Constitución.

Por otra parte, como bien lo observó José Ignacio Hernández,

"en este caso, quien ejerció la omisión fue, precisamente, el Presidente de la Asamblea Nacional, que es el órgano controlado por la acción de omisión.

Al hacer ello, se llegó a una situación paradójica: la Asamblea Nacional se demandó a sí misma. En efecto, quien demandó la omisión legislativa fue el Presidente de la Asamblea, órgano que según la demanda habría incurrido en esa omisión. Una especie de "autodemanda", tan incoherente, que devela la inconstitucionalidad de la sentencia comentada."[34]

Para decidir el caso, la Sala Constitucional, además de narrar lugares comunes sobre la penta división del Poder Público, e indicar que todos los cinco poderes nacionales, entre ellos el Poder Electoral deben contar con titulares electos conforme a los términos establecidos en la Constitución, se refirió a la información dada a la Sala por el propio Presidente de la Asamblea Nacional, lo que además consideró que era un "hecho notorio comunicacional," en el sentido de que no se había logrado "acuerdo de la mayoría respectiva de los integrantes de ese órgano al que le compete la designación de los rectores del Consejo Nacional Electoral," de lo cual la Sala evidenció inconstitucionalmente y contrariando el principio democrático representativo que rige los órganos deliberantes, "la ocurrencia de una omisión por parte del

---

[34]   Véase José Ignacio Hernández, "La inconstitucional designación de los rectores del CNE," en *Prodavinci*, Caracas 27 de diciembre de 2014, en http://prodavinci.com/blogs/la-inscostitucional-desig nacion-de-los-rectores-del-cne-por-jose-ignacio-hernandez/

órgano parlamentario nacional," además de constatar que se habían agotado los procedimientos previstos en el artículo 296 del Texto Fundamental y en el artículo 30 de la Ley Orgánica del Poder Electoral, todo lo cual, a juicio de la Sala Constitucional, había sido reconocido por el Presidente de la Asamblea Nacional.

Precisó la Sala, que "la omisión de designación es un hecho objetivo que se constata de la solicitud que efectuó el Presidente de la Asamblea Nacional, y que obedece a que no existe en el órgano parlamentario la mayoría calificada, consistente en el voto favorable de las dos terceras partes de sus integrantes, tal como lo exige el artículo 296 del Texto Fundamental," de lo cual entonces dedujo la Sala Constitucional," que había "la existencia de la omisión por parte de la Asamblea Nacional de designar a los Rectores y Rectoras del Consejo Nacional Electoral conforme a las postulaciones realizadas por la sociedad civil."

Bastó este simple e infundado razonamiento para que entonces, la Sala Constitucional "en atención al mandato estatuido en los artículos 296, 335 y 336, numeral 7, de la Constitución," resolviese, no conminar a la Asamblea a que cumpliera sus funciones fijándole por ejemplo un plazo para ello como había ocurrido en el antecedente jurisprudencial de 2003, sino pasar directamente a "designar" a los miembros del Consejo Nacional Electoral, así: "como primera rectora principal a la ciudadana Tibisay Lucena, y como sus suplentes a los ciudadanos Abdón Rodolfo Hernández y Alí Ernesto Padrón Paredes; como segunda rectora principal a la ciudadana Sandra Oblitas, y como sus suplentes a los ciudadanos Carlos Enrique Quintero Cuevas y Pablo José Durán; y como tercer rector principal al ciudadano Luis Emilio Rondón, y como sus suplentes a los ciudadanos Marcos Octavio Méndez y Andrés Eloy Brito." Luego de ello, la Sala convocó a los Rectores y Rectoras designados como principales y suplentes para su juramentación, la cual se llevó a cabo en la propia Sala el día lunes 29 de diciembre de 2014.

La designación de estos rectores del Consejo Nacional Electoral por la Sala Constitucional, por otra parte, fue hecha en forma definitiva para el período constitucional correspondiente, abandonándose la idea de la "provisionalidad" en la designación que había prevalecido en el antecedente jurisprudencial mencionado de 2003.

Todo ello, por supuesto, fue absolutamente inconstitucional, pues en la Asamblea Nacional, en diciembre de 2014, en realidad, no hubo omisión inconstitucional alguna por parte de la Asamblea Nacional en la elección, al punto de que el propio Presidente de la misma ni siquiera usó la palabra "omisión" en su solicitud. Es falso, por tanto lo afirmado por la Sala Constitucional en el sentido de que la referida "omisión de designación" haya sido un "hecho objetivo que se constata de la solicitud que efectuó el Presidente de la Asamblea Nacional," pues éste nada dijo al respecto.[35] Lo único que expresó el solicitante fue que no se logró la mayoría calificada de las 2/3 partes de sus integrantes para que se pudiera materializar la elección de los miembros del Consejo Nacional Electoral, y ello como la misma Sala Constitucional lo decidió en otra sentencia de 2003 antes citada, no es ni puede ser inconstitucional en sí mismo. De ello, sin embargo, fue la Sala Constitucional la que falsamente dedujo que dicha mayoría calificada no existía ("no existe en el órgano parlamentario"), y que había "la imposibilidad" de hacer la elección, diciendo entonces, como consecuencia, una supuesta "existencia de la omisión por parte de la Asamblea Nacional."

---

[35] Por ello José Ignacio Hernández indicó, con razón, que "se declaró una omisión que en realidad no existía." Véase José Ignacio Hernández, "La inconstitucional designación de los rectores del CNE," en *Prodavinci*, Caracas 27 de diciembre de 2014, en http://prodavinci.com/blogs/la-inscostitu cional-designacion-de-los-rectores-del-cne-por-jose-ignacio-hernandez/

En un órgano deliberante como la Asamblea Nacional, se insiste, el que no se lleguen a acuerdos parlamentarios mediante discusión y consensos, en ocasiones determinadas, no significa que haya "omisión" y menos inconstitucional. De ello se trata la democracia, precisamente de acuerdos y consensos cuando una sola fuerza política no controla la mayoría requerida para decidir. En esos casos, tiene que llegar a un acuerdo con las otras fuerzas políticas. Como lo expresó la propia Sala Constitucional en 2003, en la antes mencionada sentencia N° 2073 de 4 de agosto de 2003 (Caso: *Hermánn Escarrá Malaver y otros*),[36] cuando "los integrantes de la Asamblea no logran el acuerdo necesario para llegar a la mayoría requerida, la elección no puede realizarse, sin que ello, en puridad de principios, pueda considerarse una omisión legislativa, ya que es de la naturaleza de este tipo de órganos y de sus votaciones, que puede existir disenso entre los miembros de los órganos legislativos, y que no puede lograrse el número de votos necesarios, sin que pueda obligarse a quienes disienten, a lograr un acuerdo que iría contra la conciencia de los votantes." En esos casos, por tanto no hay inconstitucionalidad alguna sino necesidad de que las fuerzas políticas lleguen a un acuerdo, cediendo y acordándose mutuamente, que es lo propio en la democracia.

Como lo observó Román José Duque Corredor, la Sala Constitucional:

"consideró como una omisión inconstitucional la falta del acuerdo político entre los integrantes de la Asamblea Nacional para alcanzar la mayoría de las 2/3 partes necesarias para designar los Rectores del CNE, cuando no se trata de falta alguna para dictar una ley o alguna medida jurídica indispensable para que se cumpla la Constitución, sino de la falta del consenso, en las discusiones parlamentarias, para lograr la decisión política requerida para la legitimidad democrática de origen de un órgano del Poder Público. Ese desacuerdo político no es propiamente una inactividad de la Asamblea Nacional, como lo quiere hacer ver la Sala Constitucional."[37]

Por tanto, al decidir la Sala Constitucional, de oficio, que por no haberse logrado una determinada mayoría en la Asamblea, como la quería el partido de gobierno, ya ello implicaba que "no existía" la posibilidad de lograr dicha mayoría, que por tanto había "la imposibilidad" de hacer la elección, y había una "omisión inconstitucional," lo que estableció en definitiva es que la democracia parlamentaria en sí misma es inconstitucional, siendo al contrario, "constitucional," la situación en la cual un partido imponga su voluntad sin necesidad de llegar a acuerdos con los otros partidos o grupos políticos representados en la Asamblea.

Se trata, en definitiva, de una decisión que legitima el autoritarismo, considerándose en ella como "constitucional" que el partido de gobierno adopte decisiones sin oposición alguna, y al contrario, como "inconstitucional" que entre en juego la democracia parlamentaria representativa, y que en alguna sesión de la Asamblea el partido de gobierno no logre imponer su voluntad por no disponer de la mayoría calificada de las 2/3 partes de los diputados, y tenga que llegar a acuerdos o consensos con otros grupos.[38]

---

[36]   Véase en http://historico.tsj.gov.ve/decisiones/scon/agosto/2073-040803-03-1254%20Y%201 308.HTM. Véanse los comentarios en Allan R. Brewer-Carías, "El control de la constitucionalidad de la omisión legislativa y la sustitución del Legislador por el Juez Constitucional: el caso del nombramiento de los titulares del Poder Electoral en Venezuela," en *Revista Iberoamericana de Derecho Procesal Constitucional*, N° 10 Julio-Diciembre 2008, Editorial Porrúa, Instituto Iberoamericano de Derecho Pro-cesal Constitucional, México 2008, pp. 271-286

[37]   Véase Román José Duque Corredor, "El logaritmo inconstitucional: 7 Magistrados de la Sala Constitucional son iguales a 2/3 partes de la representación popular de la Asamblea Nacional,: Caracas 29 de diciembre de 2014, en http://www.frentepatriotico.com/inicio/2014/12/29/logaritmo-inconstitucional/

[38]   Como lo ha destacado José Ignacio Hernández, "La existencia de mayorías calificadas para designar a ciertos funcionarios, como es el caso de las dos terceras partes de los integrantes de la Asam-

Y en medio de este absurdo, es todavía más absurdo que en forma muy antidemocrática, la Sala Constitucional no sólo haya usurpado la voluntad popular que debía expresar en segundo grado la Asamblea Nacional como órgano elector en estos casos para decidir con mayoría calificada de votos de las 2/3 partes de sus miembros, sino que haya considerado "constitucional" el hecho de que sus siete magistrados, que son personas no electas por voto directo, usurpando dicha condición de órgano elector que solo corresponde a la Asamblea nacional, sustituyan la voluntad de los 2/3 de sus diputados, y hayan "elegido" sin cumplir los requisitos constitucionales, a los miembros del Consejo Supremo Electoral.

Toda esta aberrante situación la resumió Román José Duque Corredor, al analizar lo que llamó el "logaritmo inconstitucional":

"La Sala In-Constitucional , o mejor dicho , la Sala Celestina, del Tribunal Supremo de Justicia, manipula torticeramente los artículos 336.7 y 296, de la Constitución, para designar para el Consejo Nacional Electoral, en lugar de las 2/3 partes de los integrantes de la Asamblea Nacional, los postulados por el PSUV que no obtuvieron el acuerdo de esa mayoría calificada. Para ello dicha Sala declaró como inconstitucional el que en las sesiones parlamentarias los diputados no hubieren alcanzado esa mayoría de las 2/3 partes y consideró competente a sus 7 Magistrados para sustituir esa mayoría calificada en un nuevo logaritmo. Es decir, que exponencialmente 7 Magistrados equivalen a 110 diputados. Con esta fórmula la Sala Celestina designó los Rectores del CNE que 99 oficialistas no pudieron designar. La base de este logaritmo inconstitucional es la tergiversación de normas constitucionales que para que esa designación tenga la legitimidad democrática de una elección de segundo grado, exigen un consenso o una gran mayoría de la representación popular por la que sufragó el pueblo al elegir la Asamblea Nacional. Con esas 2/3 partes lo que la Constitución pretende es garantizar la autenticidad de la base popular de dicha designación. En otras palabras, que la exigencia de esa mayoría calificada es una manera de que la soberanía popular indirectamente intervenga en la conformación del Poder Electoral, cuya titularidad le corresponde en los términos del artículo 5° de la Constitución. […]

En base, pues, a su torticera interpretación, la Sala Constitucional, de nuevo en su función de Sala Celestina del gobierno y de ejecutora de ordenes cuartelarías, mediante un logaritmo inconstitucional sustituyó a las 2/3 partes de la representación popular de la Asamblea Nacional, es decir, a 110 de sus diputados, por sus 7 Magistrados, con lo que una vez más contribuye con la perdida de vigencia y con la desinstitucionalización del Estado de Derecho democrático en Venezuela."[39]

---

blea necesarias para designar a los Rectores del CNE, tiene un claro propósito: forzar al acuerdo de voluntades entre los distintos partidos políticos, evitando que el partido de la mayoría simple (o absoluta) dicte todas las decisiones. Esto es así, pues si un solo partido político en la Asamblea puede dictar todas las decisiones, sin tener que pactar con otros partidos, estaríamos ante lo que Alexis de Tocqueville llamó la "tiranía de la mayoría". […] Por eso es que la Constitución de 1999 no permite a la Sala Constitucional asumir la designación de los Rectores del CNE, pues esa designación solo podía ser efectuada por la voluntad de las dos terceras partes de los diputados de la Asamblea. Es decir, no basta –no debe bastar– la voluntad de uno solo para efectuar esa designación. La Sala Constitucional asumió, así, de manera unilateral, una designación que por Constitución debía ser plural. Lo hizo, además, ignorando a esas dos terceras partes de la Asamblea –que es una entidad distinta a quien preside la Asamblea– pues ni siquiera siguió previo juicio." Véase José Ignacio Hernández, "La inconstitucional designación de los rectores del CNE," en *Prodavinci*, Caracas 27 de diciembre de 2014, en http://prodavin ci.com/blogs/la-inscostitucional-designacion-de-los-rectores-del-cne-por-jose-ignacio-hernandez/

[39] Véase Román José Duque Corredor, "El logaritmo inconstitucional: 7 Magistrados de la Sala Constitucional son iguales a 2/3 partes de la representación popular de la Asamblea Nacional", Caracas 29 de diciembre de 2014, en http://www.frentepatriotico.com/inicio/2014/12/29/logaritmo-inconstitucional/

IV. LA INCONSTITUCIONAL ELECCIÓN DE LOS MAGISTRADOS DEL TRIBUNAL SUPREMO DE JUSTICIA POR LA ASAMBLEA NACIONAL

El último paso de la conspiración para consolidar en diciembre de 2014 el total acaparamiento y control de los Poderes Públicos por parte del partido de gobierno, ocurrió el 28 de diciembre de 2014 con la elección, por parte de la Asamblea Nacional, de doce de los magistrados del Tribunal Supremo de Justicia

Conforme a lo establecido en los artículos 264 y 265 de la Constitución, en efecto, como hemos señalado, también se dispone la elección popular en segundo grado de los magistrados del Tribunal Supremo de Justicia por la Asamblea Nacional, como cuerpo elector, y si bien en dichas normas no se precisa como en los otros casos de funcionamiento del cuerpo elector que la elección debe hacerse con el voto de las 2/3 partes de los diputados que integran la Asamblea, al preverse sin embargo que la remoción de los mismos sólo puede realizarse con el voto de dichas 2/3 partes, se debe entender dentro de la lógica constitucional democrática que rige la elección popular de segundo grado, que la elección también tiene que realizarse mediante dicha mayoría calificada.

Ello se estableció como principio en el artículo 38 de la Ley Orgánica del Tribunal Supremo de Justicia, pero con una lamentable e incongruente previsión, al regularse la designación de los Magistrados del Tribunal Supremo de Justicia por la Asamblea Nacional por un período único de 12 años, conforme al siguiente procedimiento:

"Cuando sea recibida la segunda preselección que consigne el Poder Ciudadano, de conformidad con el artículo 264 de la Constitución y la presente Ley, en sesión plenaria que sea convocada, por lo menos, con tres días hábiles de anticipación, la Asamblea Nacional hará la selección definitiva con el voto favorable de las dos terceras (2/3) partes de sus miembros. En caso de que no se logre el voto favorable de la mayoría calificada que se requiere, se convocará a una segunda sesión plenaria, de conformidad con este artículo; y si tampoco se obtuviese el voto favorable de las dos terceras (2/3) partes, se convocará a una tercera sesión y, si en ésta tampoco se consiguiera el voto favorable de las dos terceras (2/3) partes de los miembros de la Asamblea Nacional, se convocará a una cuarta sesión plenaria, en la cual se harán las designaciones con el voto favorable de la mayoría simple de los miembros de la Asamblea Nacional".

Mediante la previsión de la última parte de este artículo 38 de la Ley Orgánica, en definitiva, si no se logra reunir la mayoría calificada de los diputados de la Asamblea para la elección de los Magistrados, los mismos se podrían elegir con una mayoría simple de los diputados presentes, lo cual como hemos expresado en otro lugar, "es completamente incongruente" con la mayoría requerida para su remoción conforme al artículo 265 de la Constitución. [40]

Ahora bien, precisamente conforme a esa incongruencia legislativa, el 27 de diciembre de 2014 se informó en la prensa por el Presidente de la Asamblea Nacional, que en virtud de que en la sesión de ese día, "no hubo **mayoría calificada**, dos terceras partes con 110 diputados, para la designación de magistrados para el Tribunal Supremo de Justicia,[…] **convocó a una cuarta sesión extraordinaria para este domingo 28 de diciembre a las 10:00 am,**" anunciando simplemente que **"Vamos a designarlos con el voto favorable de la mayoría simple (99 diputados)."**[41]

---

[40] Véase Allan R. Brewer-Carías y Víctor Hernández Mendible, *Ley Orgánica del Tribunal Supremo de Justicia 2010*, Editorial Jurídica Venezolana, Caracas 2010, p. 34.

[41] Véase en: "AN convoca a cuarta sesión para designar a magistrados del TSJ," en Globovisión.com, Caracas 27 de diciembre de 2014, en http://globovision.com/an-convoca-a-cuarta-sesion-para-designar-a-magistrados-del-tsj-2/

Y efectivamente eso fue lo que ocurrió en la sesión de la Asamblea Nacional del 28 de diciembre de 2014, en la cual, con una votación de mayoría simple,[42] los diputados oficialistas designaron a doce magistrados del Tribunal Supremo de Justicia,[43] sin que además se hubiera garantizado efectivamente la participación de los diversos sectores de la sociedad en el Comité de Postulaciones Judiciales, el cual, en la Ley Orgánica del Tribunal Supremo de Justicia, se configuró como una comisión parlamentaria "ampliada," controlada por la Asamblea Nacional.

V. EL RESTABLECIMIENTO DE LA CONSTITUCIÓN Y EL DERECHO A LA RESISTENCIA FRENTE A AUTORIDADES ILEGÍTIMAS

En esta forma, en apenas una semana, y como producto de una conspiración para cambiar con violencia institucional la Constitución, en la cual participaron activamente la Presidenta del Consejo Moral Republicano y los otros órganos del Poder Ciudadano, el Presidente de la Asamblea Nacional y el grupo de diputados oficialistas, y los magistrados de la Sala Constitucional del Tribunal Supremo de Justicia, en Venezuela se dio un golpe de Estado y se mutó ilegítimamente la Constitución para elegir inconstitucionalmente a los titulares de los órganos del Poder Ciudadano, del Poder Electoral y del Tribunal Supremo de Justicia, por un órgano que carecía de competencia para ello, como es la Asamblea Nacional actuando como órgano legislativo ordinario, cuando ello le corresponde a la Asamblea Nacional actuando cuerpo elector de segundo grado, que sólo puede proceder con la mayoría de las 2/3 partes de sus integrantes; o como es la Sala Constitucional del Tribunal Supremo de Justicia. En ambos casos ha habido una usurpación de funciones que hace nulos los actos dictados, quedando las designaciones efectuadas como ilegitimas de origen, de manera que como lo expresó María Amparo Grau, "independientemente del desempeño, tales funcionarios lo serán de hecho, nunca de derecho," pero con el agravante de que en este caso no se aplicaría la doctrina del "funcionario de hecho" puesto que en este caso:

> "no existe buena fe en el proceder de una Asamblea que violenta de forma flagrante el procedimiento de selección de estas autoridades para imponer a los candidatos de su preferencia, sin pasar por el necesario acuerdo parlamentario con los representantes de otras tendencias políticas y sin someterse si quiera a la voluntad popular, que es la que en última instancia ha debido resolver, a falta de acuerdo sobre quienes han debido pasar a ocupar las principales posiciones de los órganos del Poder que integran el Consejo Moral Republicano. A unos días de haber celebrado oficialmente los 15 años de la Constitución, vuelven a violarla con descaro, pero esta vez pasando por encima incluso de la competencia atribuida por esta al propio soberano. Los cargos así designados están viciados por una ilegitimidad de origen que los convierte en funcionarios de facto. Estamos en un régimen caracterizado por la hipernormatividad y el discurso, pero en el que el valor de la norma, incluida la constitucional, no existe."[44]

En todo caso, con el golpe de Estado dado en diciembre por los Poderes Públicos, y aun cuando la Constitución haya sido violada, sin embargo, como lo precisa su artículo 333, por el hecho de haberse dejado de observarse por el acto de fuerza institucional antes mencionado, la misma no ha perdido vigencia, estando todo ciudadano obligado, esté investido o no de autoridad, de colaborar con los medios de los cuales dispone al restablecimiento de su efectiva vigencia.

---

[42] Véase en: "AN designa a los magistrados del TSJ," en Globovisión.com, 28 diciembre de 2014, en http://globovision.com/an-designa-a-los-magistrados-del-tsj/

[43] Véase el Acuerdo de la Asamblea Nacional con los nombramientos, en *Gaceta Oficial* N° 40.570, 29 de diciembre de 2014, y N° 6.165 Extra., 28 de diciembre de 2014.

[44] Véase en María Amparo Grau, "Golpe a la Constitución ¡de nuevo!," en *El Nacional*, Caracas, 24 de diciembre 2014.

Y en cuanto a las autoridades ilegitimas designadas mediante el golpe de Estado de diciembre de 2015, conforme al artículo 350 de la misma Constitución, el pueblo de Venezuela, fiel a su tradición republicana, a su lucha por la independencia, la paz y la libertad, está en la obligación de desconocerlas, por contrariar los valores, principios y garantías democráticos, y por menoscabar al menos el derecho ciudadano a la democracia y a la supremacía constitucional.

Este derecho de resistencia a la opresión o a la tiranía, como lo señaló la propia Sala Constitucional en sentencia N° 24 de 22 de enero de 2003 (Caso: *Interpretación del artículo 350 de la Constitución*), es precisamente el que "está reconocido en el artículo 333 de la Constitución, cuya redacción es casi idéntica al artículo 250 de la Carta de 1961" agregando la Sala que:

"Esta disposición está vinculada, asimismo, con el artículo 138 *eiusdem*, que declara que 'Toda autoridad usurpada es ineficaz y sus actos son nulos.'

El derecho a la restauración democrática (defensa del régimen constitucional) contemplado en el artículo 333, es un mecanismo legítimo de desobediencia civil que comporta la resistencia a un régimen usurpador y no constitucional."[45]

Sin embargo, la misma Sala Constitucional conspiradora, al "interpretar" dicho artículo 350 de la Constitución, en la misma sentencia N° 24 de 22 de enero de 2003 argumentó, restrictivamente, que el derecho del pueblo de desconocer las autoridades ilegítimas en él previsto, sólo:

"puede manifestarse constitucionalmente mediante los diversos mecanismos para la participación ciudadana contenidos en la Carta Fundamental, en particular los de naturaleza política, preceptuados en el artículo 70, a saber: "la elección de cargos públicos, el referendo, la consulta popular, la revocación del mandato, las iniciativas legislativa, constitucional y constituyente, el cabildo abierto y la asamblea de ciudadanos y ciudadanas."[46]

Es decir, en general, la Sala Constitucional, materialmente redujo las formas de ejercer dicho derecho a la resistencia a los mecanismos de sufragio (de elección o de votación), cuyo ejercicio esta precisamente controlado por uno de los órganos ilegítimos que el pueblo tiene derecho a desconocer, como es el Consejo Nacional Electoral cuyos titulares fueron recién electos por la propia Sala Constitucional usurpando la función de la Asamblea Nacional como cuerpo elector de segundo grado.

Ello, al hacer imposible que se pueda ejercer dicho derecho a la resistencia, tanto por la actuación de la Sala Constitucional usurpadora como contra el Consejo Nacional Electoral ilegítimo, necesariamente tendrá que abrir otras alternativas democráticas para su manifestación.[47]

---

[45] Véase en *Revista de Derecho Público*, N° 93-96, Editorial Jurídica Venezolana, Caracas 2003, pp. 126-127.

[46] *Ídem.*

[47] Véase sobre ello Allan R. Brewer-Carías, "El derecho a la desobediencia y a la resistencia contra la opresión, a la luz de la *Declaración de Santiago*" en Carlos Villán Durán y Carmelo Faleh Pérez (directores), *El derecho humano a la paz: de la teoría a la práctica*, CIDEAL/AEDIDH, Madrid 2013, pp. 167-189. Véase igualmente: "El Juez Constitucional vs. El derecho a la desobediencia civil, y de cómo dicho derecho fue ejercido contra el Juez Constitucional desacatando una decisión ilegítima (El caso de los Cuadernos de Votación de las elecciones primarias de la oposición democrática de febrero de 2012)", en *Revista de Derecho Público*, N° 129 (enero-marzo 2012), Editorial Jurídica Venezolana, Caracas 2012, pp. 241-249.

LEVANTAMIENTO DEL VELO CORPORATIVO PARA LA PROTECCIÓN DE LOS DERECHO DE LOS CONSUMIDORES Y USUARIOS

Carlos Reverón Boulton
Abogado

Resumen: *Análisis de la decisión de la Sala político Administrativa del Tribunal Supremo de Justicia, mediante la cual se autorizó el levantamiento del velo corporativo para la protección de los derechos de los consumidores y usuarios.*

Palabras Clave: *Velo corporativo, sociedades mercantiles, derechos, consumidores, usuarios.*

Abstract: *Analysis of the Venezuelan's Supreme Court ruling through which the Political Administrative Chamber authorized the piercing of the corporate veil for the purpose of protecting consumers rights.*

Key words: *Corporate Veil, corporations, rights, customers, users.*

I. INTRODUCCIÓN

Mediante la sentencia N° 1462 del 29 de octubre de 2014, la Sala Político Administrativa del Tribunal Supremo de Justicia (caso: *Wenco Servicios de Comida rápida, C.A.*), señaló que el Estado como garante del bien común podrá levantar el velo corporativo a las sociedades mercantiles para que en ocasiones se actúe contra una sociedad distinta a la que originalmente contrató o se relacionó con la persona que se considera perjudicada, todo ello conforme al criterio establecido por la Sala Constitucional en la sentencia N° 903 del 14 de mayo de 2004 (caso: *Transporte Saet, S.A.*). Al respecto, se afirmó lo que sigue:

> *"Es decir, que la sociedad mercantil Wenco Servicios de Comida Rápida, C.A. admitió su vinculación con la sociedad mercantil Multi-Tienda 2006, C.A. al responsabilizarse por los actos de esta a través de la realización de una propuesta de pago a la sociedad de comercio CORPOGRAN, C.A. durante el procedimiento administrativo llevado a cabo ante el Instituto para la Defensa de las Personas en el Acceso a los Bienes y Servicios (INDEPABIS), sustituido en la actualidad por la Superintendencia Nacional para la Defensa de los Derechos Socio Económicos (SUNDDE).*

> *La coincidencia en las personas que conforman la directiva de la sociedad mercantil Wenco Servicios de Comida Rápida, C.A. y la sociedad de comercio Multi-Tienda 2006, C.A., así como la conexión existente entre los objetos sociales de estas compañías y Corporación 050607 Barquisimeto, C.A., pone en evidencia la relación de las citadas sociedades, su pertenencia al mismo grupo empresarial, y la utilización de varias compañías mercantiles para la explotación del negocio de comida rápida, lo cual aunado a la admisión de la conexión existente entre ambas compañías, derivada de la propuesta de arreglo realizada por los representantes de la recurrente en el procedimiento administrativo conlleva a la Sala, a la luz del criterio jurisprudencial antes anotado, a considerar que el alegato de falta de cualidad esgrimido por la parte recurrente debe ser desestimado. Así se decide.*

> *Importa agregar a los expuesto, que el Estado a través de las distintas instituciones que lo integran, como máximo garante de los derechos de las personas, consumidores y usuarios de bienes y servicios, debe, en el ejercicio de las facultades y competencias que legal y consti-*

tucionalmente le corresponden, velar porque las sociedades anónimas que desarrollan su actividad comercial a través de un entramado empresarial con la finalidad de incrementar los beneficios económicos que perciben, no abusen de los privilegios que su forma societaria les proporciona, en detrimento de los intereses individuales de quienes contratan con ellos.

En este sentido, conforme se resalta en los precedentes jurisprudenciales citados, diversas leyes establecen los parámetros de vinculación a los fines de establecer cuándo se está frente a un grupo de empresas relacionadas, criterios estos que en atención a las particularidades propias de cada caso y a la relevancia de los bienes jurídicos tutelados por el Estado, en ocasiones son ampliados para evitar el abuso de la personalidad jurídica en perjuicio de la comunidad".

Obsérvese entonces que en el caso particular se justificó el levantamiento del velo corporativo a un grupo de empresas entre las cuales existe conexión en resguardo de los derechos de los consumidores y usuarios, en virtud de que las empresas no deben abusar de los privilegios que su forma societaria le proporcionan en detrimento de los intereses individuales de quienes contratan con ellos.

En el caso particular, lo que sucedió es que la empresa Corprogran, C.A., suscribió un contrato de opción de compra-venta de acciones con la sociedad de comercio Inversiones Multi-Tienda 2006, C.A., con el objeto de adquirir un porcentaje accionario en las compañías Corporación Acarigua, C.A. y Corporación 050607 Barquisimeto, C.A. En el contrato suscrito entre las partes para la compra de las acciones de la sociedad mercantil Corporación 050607 Barquisimeto, C.A. se incluyó una cláusula penal que establecía que, en caso de que la sociedad de comercio Corprogran, C.A. no ejerciere la opción de compra dentro del plazo estipulado, la sociedad mercantil Muti-Tienda 2006, C.A. tendría derecho a conservar las cantidades de dinero que la optante Corprogran, C.A. había entregado hasta el momento, cuestión que se materializó ante el incumplimiento por parte del optante, lo que para la Administración significó un acto perjudicial para el denunciante.

El levantamiento del velo corporativo se realizó en virtud de que la sociedad mercantil Wenco Servicios de Comida Rápida, C.A. admitió su vinculación con la sociedad mercantil Multi-Tienda 2006, C.A. al responsabilizarse por los actos de esta a través de la realización de una propuesta de pago a la sociedad de comercio Corprogran, C.A. durante el procedimiento administrativo llevado a cabo ante el extinto Instituto para la Defensa de las Personas en el Acceso a los Bienes y Servicios (INDEPABIS).

En la presente nota, estudiaremos en qué consiste el levantamiento del velo corporativo y su procedencia en lo que respecta a la protección de los consumidores y usuarios. De ese modo, tenemos lo siguiente:

II. CONTENIDO DE LA DECISIÓN QUE SE ANALIZA

En virtud del contenido de la decisión objeto de estudio, a continuación se analizará brevemente qué debe entenderse por el levantamiento del velo corporativo y cuáles fueron las normas que sirvieron a la Administración y luego al juez para llevar a cabo dicho levantamiento en el caso concreto.

1. Levantamiento del velo corporativo

Excepcionalmente, el juez o la Administración Pública pueden desconocer la personalidad propia o independiente de las sociedades mercantiles para concluir que los socios y éstas no son sujetos diferentes. Para omitir la personalidad jurídica de las sociedades mercantiles debe mediar un abuso[1] de dicha personalidad al perseguirse objetivos contrarios a los que justificaron el reconocimiento de esa personalidad independiente a la de los socios y la controversia deberá decidirse como si nunca hubiesen existido los negocios jurídicos que crearon la sociedad. Sobre este particular, la Sala, en la decisión que se analiza, afirmó lo siguiente:

"Se advierte así, que el reconocimiento legal de la personalidad jurídica independiente de las sociedades anónimas, así como la limitación de la responsabilidad de sus socios, pueden ser desestimados cuando se emplean dichos privilegios con fines ilícitos, en menoscabo del interés general y de los derechos de los particulares que se relacionan con ellas, correspondiendo a la Administración y en este caso al Poder Judicial como parte del Estado de Justicia que propugna nuestra Carta Magna en su artículo 2, velar por el cumplimiento de la Ley y garantizar los derechos de las personas que eventualmente puedan verse perjudicadas por el uso indebido de la personalidad jurídica societaria.

Todo lo anterior, cobra relevancia en casos como el presente, en el que para la prestación del servicio de comida rápida una empresa se sirve de diversas sociedades anónimas con la finalidad de captar el capital de pequeños inversionistas que animados por el prestigio o "good will" de una compañía destinan un capital para ellos importante en un negocio de alto riesgo, en virtud de los subterfugios que son utilizados por el grupo empresarial dominante".

De lo que se trata es de dejar de aplicar en un caso concreto las normas que le reconocen a la sociedad personalidad propia e independiente a la de sus socios, desconociéndose también el acto e inscripción en el Registro.

De no existir una norma legal que confiera la potestad al juez para desconocer la personalidad jurídica de la sociedad[2], lo que se debe hacer es desaplicar –en ejercicio del control difuso de la constitucionalidad– las normas que le reconocen personalidad jurídica[3].

Siguiendo a Muci Borjas, al mediar un abuso de la personalidad jurídica de la sociedad mercantil, el juez deberá armonizar la garantía de seguridad jurídica, el derecho a la asociación y la libertad económica, por una parte, y el derecho a una tutela judicial efectiva, por la otra, por cuanto lo que se busca es que se dicte una decisión que resuelva la controversia, en la que debe tener mayor importancia el logro de la justicia, lo que justifica la posibilidad de desconocer las normas que confieren personalidad jurídica a las sociedades y levantar el velo corporativo[4].

---

[1]   Para la Sala Constitucional en sentencia N° 1852 del 05 de octubre de 2001 (caso: *Carlos Gustavo Moya Palacios*) se destacó que no es posible "...Escudarse en la personalidad jurídicas civiles y mercantiles para lesionar ilícitamente y fraudulentamente a otras personas..."

[2]   Un ejemplo claro de una norma legal que faculta al juez para levantar el velo corporativo lo encontramos en el artículo 151 de la Ley de Instituciones del Sector Bancario (publicada en la *Gaceta Oficial* N° 40.557 del 08 de diciembre de 2014), el artículo 22 de la Ley de Tierras y Desarrollo Agrario (publicada en la *Gaceta Oficial* N° 5.991 Extraordinario del 29 de julio de 2010). En el primero de los ejemplos indicados, la norma establece que: "Cuando existan actuaciones o elementos que permitan presumir que con el uso de formas jurídicas societarias se ha tenido la intención de violar la Ley, la buena fe, producir daños a terceros o evadir responsabilidades patrimoniales, el juez podrá desconocer el beneficio y efectos de la personalidad jurídica de las empresas, y las personas que controlan o son propietarios finales de las mismas serán solidariamente responsables patrimonialmente".

[3]   Se desaplicarían los artículos 201, 205 y 243 del Código de Comercio (sociedades mercantiles) 19.3 (sociedades civiles) 104, 111 y 117 de la Ley Orgánica de la Administración Pública publicada en la *Gaceta Oficial* N° 6.147 Extraordinario del 17 de noviembre de 2014, (empresas, fundaciones y asociaciones o sociedades civiles del Estado) y 53 de la Ley de Registros y del Notariado (publicada en la *Gaceta Oficial* N° 6.156 Extraordinario del 19 de noviembre de 2014).

[4]   Muci Borjas, José. "El abuso de las formas societarias". Editorial Sherwood, Caracas 2005, pp. 50-55.

Se debe destacar que solo al juez le es posible desconocer la personalidad jurídica propia de las sociedades sin que medie una norma expresa para ello, así entonces "*...la Administración solo puede desconocer la personalidad jurídica de una sociedad cuando la ley le reconoce esa facultad en términos expresos.* Carece de poder general para desconocer la personalidad jurídica de las sociedades"[5].

Para el caso en que sí exista una norma que habilite el levantamiento del velo corporativo por parte de la Administración[6], el juez también podrá hacerlo por vía indirecta o refleja, ya que las decisiones de la Administración pueden ser revisadas por el juez contencioso administrativo quien tiene potestad de controlar toda la actividad administrativa.

En virtud de lo anterior, a continuación se analizarán las normas que usó la Administración y luego el juez para levantar el velo corporativo en la causa que motiva la presente nota.

2.   *Normas de derecho aplicadas*

En lo que respecta al derecho sustantivo que fue utilizado para levantar el velo corporativo del grupo de empresas[7], que actuaron en perjuicio del denunciante en vía administrativa, se debe precisar que fue aplicada la derogada Ley para la Defensa de la Personas en el Acceso a los Bienes y Servicios[8].

En primer lugar, debemos destacar que la compra de acciones de una empresa dedicada al servicio de comida rápida (como se trata en el presente caso) no debe considerarse como el "acceso" a un bien o un servicio, por lo que erradamente fue considerado por la Administración y el juez como un acto jurídico al cual le era aplicable el artículo 3[9] de esa ley (relativo al ámbito de aplicación) y, en consecuencia fue errado utilizarla para decidir

---

[5]   Muci Borjas, José, *op. cit.*, p. 71.

[6]   Ejemplo de normas que habilitan a la Administración para levantar el velo corporativo lo encontramos en el artículo 16 de Código Orgánico Tributario (*Gaceta Oficial* N° 6.152 Extraordinaria del 18 de noviembre de 2014) y el artículo 95 de la Ley de Impuesto Sobre la Renta (*Gaceta Oficial* N° 6.152 Extraordinaria del 18 de noviembre de 2014). Por citar uno de esos dos ejemplos, tenemos que el artículo 16 del Código Orgánico Tributario establece que: "Al calificar los actos o situaciones que configuren los hechos imponibles, la Administración Tributaria, conforme al procedimiento de fiscalización y determinación previsto en este Código, podrá desconocer la constitución de sociedades, la celebración de contratos y, en general, la adopción de formas y procedimientos jurídicos, cuando éstos sean manifiestamente inapropiados a la realidad económica perseguida por los contribuyentes y ello se traduzca en una disminución de la cuantía de las obligaciones tributarias".

[7]   Por grupo de empresas debe entenderse el conjunto de sociedades mercantiles con personalidad jurídica y patrimonio propio diferenciado bajo una administración o control común, integrada en la realización de una o varias actividades económicas, con miras a satisfacer un interés económico común. Así, son elementos constitutivos esenciales del grupo económico: (i) accionistas comunes con facultad de control y dominio vertical; (ii) interés común; (iii) pluralidad de negocios inherentes e integrados y (iv) carácter permanente.

[8]   *Gaceta Oficial* N° 39.358 del 01 de febrero de 2010.

[9]   Artículo 3: **Ámbito de aplicación:** Quedan sujetos a las disposiciones de la presente Ley, todos los actos jurídicos celebrados entre proveedoras o proveedores de bienes y servicios, y las personas organizadas o no, así como entre éstas, relativos a la adquisición o arrendamiento de bienes, a la contratación de servicios prestados por entes públicos o privados, y cualquier otro negocio jurídico de interés económico, así como, los actos o conductas de acaparamiento, especulación, boicot y cualquier otra que afecte el acceso a los alimentos o bienes declarados o no de primera necesidad, por parte de cualquiera de los sujetos económicos de la cadena de distribución, producción y consumo de bienes y servicios, desde la importadora o el importador, la almacenadora o el almacenador, el transportista, la productora o el productor, fabricante, la distribuidora o el distribuidor y la comercializadora o el comercializador, mayorista y detallista.

una controversia relativa al uso de una cláusula penal prevista en un contrato de opción de compra-venta de acciones[10].

Por lo anterior, no podía considerarse un abuso de la forma societaria la aplicación de una cláusula penal a la luz de lo establecido en el artículo 16 *eiusdem* que contempla la prohibición de la imposición de condiciones abusivas por parte de los proveedores de bienes y prestadores de servicio.

También fue incorrecto aplicar para levantar el velo corporativo –por parte de la Administración– el contenido del artículo 79 de la referida ley, que solo contempla la responsabilidad solidaria[11] para la protección de las personas en el derecho al acceso a los bienes y servicios. En concreto, el artículo en cuestión dispone lo siguiente:

Responsabilidad solidaria: En materia de protección de las personas en el derecho al acceso a los bienes y servicios para la satisfacción de sus necesidades, serán solidariamente responsables los fabricantes, ensambladores, productores e importadores, comerciantes distribuidores, expendedores y todas aquellas personas que hayan participado en la cadena de distribución, producción y consumo del bien o servicio afectado, a menos que se compruebe la responsabilidad concreta de uno o algunos de ellos, la cual será determinada por el Instituto para la Defensa de las Personas en el Acceso a Bienes y Servicios de conformidad con lo previsto en la presente.

Ese artículo no contempla de manera expresa la posibilidad de que la Administración levante el velo corporativo como lo indica el acto administrativo recurrido[12], pues simple-

---

[10]   En la sentencia bajo estudio se afirmó que la referida compra de acciones era una acto sujeto a la aplicación de la derogada Ley Para la Defensa de las Personas en el Acceso a los Bienes y Servicios, por lo que se afirmó que: "Asimismo, conforme se desprende de los hechos planteados en el presente caso, la denuncia realizada por la sociedad mercantil CORPOGRAN, C.A. se efectuó en el marco de un contrato cuya finalidad era la adquisición de bienes destinados al sector alimentario, es decir, que se trataba de un negocio jurídico de interés económico celebrado entre un proveedor y una persona cuyo objeto final era la prestación del servicio de alimentos, subsumible por ende en el ámbito de aplicación descrito en el artículo 3 de la Ley para la Defensa de las Personas en el Acceso a los Bienes y Servicios, aplicable en razón del tiempo".

[11]   El establecimiento de responsabilidad solidaria no implica *per se* la determinación de un grupo de empresas o la habilitación para levantar el velo corporativo. Ella solo se refiere a una excepción que contempla la ley referida, en virtud de la cual varios deudores estarán obligados a una misma cosa, por lo que cada uno de ellos podrá ser constreñido al pago de la obligación y el pago de uno libera a los otros deudores. Ello resulta una excepción a lo establecido en el artículo 1.223 del Código Civil el cual dispone que "no hay solidaridad entre acreedores ni deudores, sino en virtud de pacto expreso o disposición de la Ley".

[12]   En el acto impugnado se precisó que: "(…) De la revisión del expediente se observa que la recurrente argumenta la falta de cualidad para ser denunciada ya que la contratación se llevó a cabo con uno de sus franquiciados y no con WENCO. La Ley para la Defensa de las Personas en el Acceso a los Bienes y Servicios en el artículo 79, establece:

(…)

La responsabilidad solidaria que han de tener las empresas que asociadas en un mismo fin económico, que violen o menoscaben los derechos e intereses de las personas, naturales o jurídicas, como lo define el la precitada Ley especial en su artículo 4:

(…)

De modo que con la insolvencia de una se ataca el patrimonio de la otra, pudiendo el acreedor atacar a cualquiera de ellas que sea solvente hasta cubrir el monto de la obligación contraída, El Código de Comercio en su artículo 107 a ese respecto señala que:

(…)

De esta manera el legislador prevé la posible conducta antijurídica que pudieran tener las sociedades mercantiles en situaciones contractuales y extra-contractuales, para que ante la insolvencia de

mente se limita a indicar quiénes podrían ser objeto de responsabilidad solidaria en relación con la satisfacción de los derechos de las personas contempladas en ese cuerpo normativo.

En consecuencia, el juez, en la decisión bajo análisis, no podía rasgar el velo corporativo, por vía del uso de una norma que habilitara a la Administración para hacerlo, pues ésta no contaba con una norma que le permitiera hacer ello. Así, al no poder el juez en esa causa levantar el velo corporativo por la aplicación indirecta de normas que le permitirán hacer ello a la Administración, lo que debía hacer –y no realizó– era desaplicar por control difuso de la constitucionalidad las normas que le confieren personalidad jurídica a las empresas actuantes.

III. RECAPITULACIÓN

El levantamiento del velo corporativo es una facultad que puede realizar excepcionalmente el juez o la Administración Pública para desconocer la personalidad jurídica propia e independiente de la sociedad mercantil para concluir que los socios y ésta no son sujetos diferentes. Para realizar ello, debe mediar un abuso de la personalidad jurídica por perseguirse objetivos contrarios a los que justificaron el reconocimiento de dicha personalidad.

En el caso del juez, ese desconocimiento puede realizarse por reconocimiento expreso de ese poder en la ley. Caso contrario, se deberán desaplicar por control difuso de la constitucionalidad las normas que reconocen la personalidad jurídica de la sociedad.

El levantamiento del velo corporativo por parte de la Administración Pública solo puede realizarse por habilitación expresa de la ley. En ese supuesto, el juez podrá realizar ese levantamiento por vía indirecta en virtud de las potestades de control de toda la actividad administrativa reconocida en el contencioso administrativo.

En el caso que se analizó no era aplicable la derogada Ley para la Defensa de las Personas en el Acceso a los Bienes y Servicios, ya que el acto que se consideró como lesivo no era subsumible en el ámbito de aplicación de esa ley según lo previsto en el artículo 3.

Aunque sí fuese aplicable esa ley, fue incorrecto levantar el velo corporativo a tenor de lo dispuesto en el artículo 79 *eiusdem*, pues esa norma no otorga potestad expresa para ello y solo se refiere a la responsabilidad solidaria en el cumplimiento de las obligaciones que impone la ley en favor de los consumidores y usuarios. En consecuencia, a la Sala Político Administrativa en la decisión bajo estudio solo le era permitido levantar el velo corporativo a través de la desaplicación por control difuso de las normas que reconocen la personalidad jurídica de las sociedades denunciadas, cuestión que no hizo.

La Ley para la Defensa de las Personas en el Acceso a los Bienes y Servicios fue derogada por la Ley Orgánica de Precios Justos[13], cuerpo normativo que tampoco contempla la posibilidad de que la Superintendencia Nacional para la Defensa de los Derechos Socioeconómicos (SUNDEE) pueda levantar el velo corporativo, lo que equivale decir que en nuestro ordenamiento jurídico no está contemplada esa potestad para la defensa de los derechos de los consumidores y usuarios por parte de la Administración. Esto solo lo podrá hacer el juez en cualquier caso en que exista abuso de la forma societaria y para favorecer la tutela judicial efectiva del caso concreto sin que sea necesario invocar la protección de esos derechos.

---

uno de los socios, pudiera atacarse a cualquier otro solidariamente responsable haciendo el levantamiento del velo corporativo por violación del ordenamiento jurídico, es por tanto que se desecha este argumento, y así se decide".

[13]   Publicada en la *Gaceta Oficial* N° 40.340 del 23 de enero de 2014, y cuya reforma fue publicada en la *Gaceta Oficial* N° 6.156 Extraordinario del 19 de noviembre de 2014.

DERECHO A LA INFORMACIÓN ADMINISTRATIVA: EL RECHAZO DE SOLICITUDES DE INFORMACIÓN SOBRE LA ADQUISICIÓN DE MEDICAMENTOS POR PARTE DEL MINISTERIO DEL PODER POPULAR PARA LA SALUD

José Rafael Belandria García[*]

Abogado

Resumen: *El presente comentario se refiere a la sentencia N° 1.177 del 05 de agosto de 2014 de la Sala Político-Administrativa del Tribunal Supremo de Justicia, la cual resolvió un recurso por abstención o carencia intentado en contra de la Ministra del Poder Popular para la Salud, por un grupo de ciudadanos y Asociaciones Civiles, en virtud de la ausencia de respuesta a una solicitud de información administrativa relacionada con la adquisición de medicamentos. El interés de la decisión radica en el tratamiento a los derechos de petición, información administrativa y participación ciudadana; y en la posición de la Sala respecto de la pretensión procesal administrativa, pues por un lado declaró la inadmisibilidad del recurso, y por el otro indicó que este tipo de peticiones atenta contra la eficacia y eficiencia de la Administración Pública, así como señaló a los recurrentes dónde pueden conseguir la información pretendida.*

Palabras Clave: *Solicitudes de información, derecho de petición, derecho a la información administrativa y derecho a la participación ciudadana.*

Abstract: *This comment analyses the judgment N° 1.177 emitted on August 05, 2014 by the Political-Administrative Chamber of the Supreme Court, in which it decided an appeal of abstention or absence against the Minister of Popular Power for Health, by a group of citizens and civil associations, due to the lack of response to a request for administrative information related to drug procurement. The interest of the decision lies in treating the rights to petition, administrative information and citizen participation; and in the position of the Chamber regarding the administrative claim, which declared inadmissible the action on the one hand and on the other it said that such requests attack against the effectiveness and efficiency of Public Administration, and indicated the appellants the place where they can get the wanted information.*

Key words: *Requests for information, right to petition, right to administrative information and right to citizen participation.*

I. LA SENTENCIA, PLANTEAMIENTO DEL CASO

Mediante sentencia núm. 1.177, de fecha 05 de agosto de 2014, la Sala Político Administrativa del Tribunal Supremo de Justicia resolvió un recurso por abstención o carencia intentado en contra de la Ministra del Poder Popular para la Salud, por un grupo de ciudada-

---

[*] Abogado Magna Cum Laude por la Universidad de Los Andes. Doctor en Derecho Administrativo con la calificación Sobresaliente Cum Laude por la Universidad Complutense de Madrid (España). Profesor del Postgrado en Derecho Administrativo de la Universidad Católica Andrés Bello.

nos y Asociaciones Civiles[1], en virtud de la ausencia de respuesta a la solicitud de información dirigida a esa alta funcionaria, a través del escrito de fecha 22 de octubre de 2012, ratificado el día 26 de diciembre de ese mismo año y el 6 de febrero de 2013.

La solicitud de información obedeció al Informe anual de gestión de 2010 de la Contraloría General de la República, donde –sostienen los recurrentes– se "*determinó que existían irregularidades en la compra de medicinas a Cuba y en el almacenamiento y distribución de las medicinas*" por parte del "*Ministerio (MPPS) y el Servicio Autónomo de Elaboraciones Farmacéuticas (SEFAR)*"; así como en el Informe anual de gestión de 2011 de la Contraloría General de la República, en el que –agregan– se observó "*la existencia de irregularidades con medicamentos, los cuales se encontraron vencidos entre 1 y 6 años en dependencias de los centros de salud, sin la debida seguridad e identificación*".

Con base en lo dispuesto en los artículos 51, 57, 58 y 143 de la Constitución, los peticionarios pretendían obtener información en torno a la planificación, almacenamiento, control, supervisión y distribución de medicamentos adquiridos por el Ministerio del Poder Popular para la Salud, en virtud de las recomendaciones hechas en el referido Informe anual de gestión de 2010 por la Contraloría General de la República[2].

---

[1] Carlos José Correa Barrios y la Asociación Civil Espacio Público; Feliciano José Reyna Ganteume y la Asociación Civil Acción Solidaria; María de las Mercedes de Freitas Sánchez y la Asociación Civil Transparencia Venezuela; y el Programa Venezolano de Educación-Acción en Derechos Humanos (PROVEA).

[2] En concreto, pretendían lo siguiente: "1.- Nos sea informado sobre las medidas aplicadas o por aplicar relacionadas a la recomendación número uno la cual es del tenor siguiente:

'Planificar y programar la adquisición de medicamentos, con el objetivo de garantizar que los mismos estén en concordancia con las necesidades reales de la población, evitando de esta manera el vencimiento de tales productos y por consiguiente la pérdida del patrimonio público'

2.- Nos informe sobre las medidas adoptadas para implementar la recomendación número dos, la cual es del siguiente tenor:

'Ejercer efectivamente el control y supervisión de todos los actos o acciones que se deriven de la ejecución de los contratos suscritos internacionalmente, a fin de garantizar la correcta administración de los recursos del Estado'

3.- Nos informe sobre las medidas adoptadas para implementar la recomendación número tres, la cual es del tenor siguiente:

'Establecer un comité de trabajo que se encargue de la planificación de los medicamentos a adquirir a través de convenios internacionales, con la participación de unidades tácticas y administrativas responsables del suministro, programas nacionales de salud pública, unidades de almacenamiento, instancias responsables de la ejecución de tales contratos y las direcciones regionales de salud; a los efectos de:

a) Garantizar una adecuada selección de insumos de medicamentos para la población, b) acondicionar los espacios físicos donde funcionan los almacenes, para garantizar la conservación y resguardo de los medicamentos, asegurando así la calidad de los mismos, c) establecer los estudios necesarios para la dotación de medicamentos acordes con las necesidades reales de cada centro de salud'.

4.- Nos informe sobre las medidas adoptadas para implementar la recomendación número cuatro, la cual es del tenor siguiente:

'Instar a los responsables de la ejecución de los contratos de adquisiciones de medicamentos, a establecer e implementar los mecanismos necesarios que permitan el resguardo y custodia de la documentación que respalde las transacciones y operaciones efectuadas con cargo a los mismos, con el fin de asegurar la confiabilidad y transparencia de los procesos ejecutados, así como demostrar de forma clara y transparente, la correcta utilización de los recursos utilizados para tal fin'.

5.- Nos informe sobre las medidas adoptadas para implementar la recomendación número cinco, la cual establece:

Dijeron que la información que les fuese suministrada recibiría los siguientes fines: "*incorporarla en los respectivos informes anuales que realizamos las organizaciones, difundirla a través de nuestras páginas web y para hacerle seguimiento al impacto que tenga la implementación de las recomendaciones en la mejora de los procesos de compra, almacenamiento y distribución de medicinas por parte del Ministerio del Poder Popular para la Salud*".

Por su parte, la Sala Político Administrativa del Tribunal Supremo de Justicia, encontrándose en la oportunidad de emitir pronunciamiento sobre la admisión del recurso interpuesto, declaró en primer lugar su competencia para conocer del mismo, indicó en segundo lugar el procedimiento que a tales fines se debe seguir –el del artículo 65 y siguientes de la Ley Orgánica de la Jurisdicción Contencioso Administrativa[3]– y por último declaró por unanimidad y sin opiniones disidentes, la inadmisibilidad del recurso.

A tales fines, la Sala trajo a colación la sentencia núm. 745, de fecha 15 de julio de 2010 de la Sala Constitucional del Tribunal Supremo de Justicia, en donde se estableció que "*para salvaguardar los límites del ejercicio del derecho a la información, el solicitante deberá manifestar expresamente las razones por las cuales requiere la información, así como justificar que lo requerido sea proporcional con el uso que se le pretende dar*". En ese sentido, la sentencia en comento concluyó: "*se observa que la parte actora adujo como razón de su requerimiento la presunta existencia de irregularidades que –a su decir– fueron reflejadas por la Contraloría General de la República 'en su informe anual de gestión de 2010 y 2011', sin embargo no consta en actas los respectivos soportes que avalan esa aseveración de irregularidad en que fundamentan la petición de autos. Asimismo se aprecia que la parte actora no aclaró cómo la incorporación de la información requerida en sus 'informes anuales' o su 'difusión a través de sus páginas web' puedan serle de utilidad, o de qué manera pudiera influir en la mejora de los procesos de adquisición de medicamentos, lo que denota que no hay correspondencia entre la magnitud de lo peticionado con el uso que pueda dársele, motivos por los que no se considera satisfecho lo establecido por la Sala Constitucional de este Supremo Tribunal*". De inmediato, la Sala Político Administrativa declaró la inadmisibilidad del recurso interpuesto.

II.   COMENTARIOS A LA SENTENCIA

El interés de esta decisión reside básicamente en dos circunstancias: la primera, de estricto orden administrativo, está relacionada con el tratamiento de los derechos involucrados en el caso (petición, información administrativa y participación ciudadana), así como los principios de funcionamiento de la Administración Pública. La segunda circunstancia, de carácter jurisdiccional en cambio, guarda relación con el tratamiento que la Sala Político Administrativa concedió a la pretensión procesal administrativa, reiterando su posición expuesta en casos similares.

'*Instar a las máximas autoridades del SEFAR a elaborar los proyectos de manuales de normas y procedimientos que regulen el proceso de las operaciones correspondientes al Almacén de productos farmacéuticos, y presentarlos para su aprobación, a los fines de organizar, establecer y mantener un adecuado control interno de los procesos inherentes al mismo, que permita garantizar la calidad de los medicamentos durante su permanencia en el almacén; la custodia y vigilancia del movimiento de las existencias; así como el acondicionamiento idóneo de la infraestructura física*'.

6.- De la misma manera solicitamos nos informe si usted como máxima autoridad del Ministerio ordenó realizar una investigación administrativa de conformidad con los artículos 33 numeral 7, 79 y 89 del Estatuto de la Función Pública".

[3]   *Vid. Gaceta Oficial de la República* N° 39.451, de fecha 22 de junio de 2010.

1. *Derechos de los ciudadanos en la actividad administrativa*

La sentencia se enfrenta al ejercicio del derecho a la participación ciudadana en la actividad administrativa. Esta modalidad de participación es precisamente resultado de la conjunción de los derechos de petición[4], a la información administrativa y participación ciudadana, previstos en los artículos 51, 58, 143 y 62 de la Constitución, respectivamente. Dimana de la solicitud el interés de los peticionarios por obtener información administrativa, y por llevar a la práctica fórmulas de control ciudadano sobre el funcionamiento mismo de la Administración Pública Central.

En ese contexto, el Ministerio del Poder Popular para la Salud se abstuvo de responder la solicitud formulada, en tanto que la Sala Político Administrativa declaró inadmisible el recurso. Los fundamentos de esta decisión radican, por un lado, en que los solicitantes no avalaron las supuestas irregularidades que sirvieron de fundamento a su petición; y por el otro, en que no indicaron cómo la información solicitada pudiera resultarles de utilidad o cómo pudiera influir en la mejora de los procesos de adquisición de medicamentos, lo cual –a juicio de la Sala– *"denota que no hay correspondencia entre la magnitud de lo peticionado con el uso que pueda dársele".*

Al contrastar los fundamentos de la decisión bajo análisis con lo que dice la Constitución, se evidencia lo siguiente: (i)// *la participación ciudadana en asuntos públicos es libre, e inclusive dicha participación en la formación, ejecución y control de la gestión pública es el medio necesario para lograr el protagonismo que garantice el completo desarrollo del pueblo,//* siendo obligación del Estado y deber de la sociedad facilitar la generación de las condiciones más favorables para su práctica (artículo 62 de la Constitución); (ii) las solicitudes de información administrativa tienen como único límite las materias relativas a la *seguridad interior y exterior, investigación criminal e intimidad de la vida privada* (artículo 143 de la Constitución); y por último, (iii) *el ejercicio del derecho de petición únicamente está sujeto a la existencia de un nexo o vínculo entre las competencias del destinatario y el objeto de la petición,* existiendo en aquél la obligación de conceder una respuesta oportuna y adecuada (artículo 51 de la Constitución).

La Constitución, por tanto, no condiciona el ejercicio de las solicitudes de información administrativa a que se indique la utilidad de la información que se espera conseguir, a los resultados que ésta pudiera traer consigo o a las irregularidades que se pretenden evidenciar, si este último es el caso. En realidad, la Constitución concibe a las solicitudes de información administrativa como fórmulas para conocer el funcionamiento de la Administración, como manifestaciones de la participación ciudadana en el control de la gestión pública y como mecanismos para lograr el efectivo desarrollo de la sociedad.

Es preciso observar también, que para arribar a su decisión la Sala Político Administrativa se basó en la referida sentencia núm. 745 de fecha 15 de julio de 2010 de la Sala Constitucional del Tribunal Supremo de Justicia[5], la cual estableció un criterio vinculante en relación a las solicitudes de información administrativa. En efecto, la Sala Constitucional dispuso en dicha decisión lo siguiente: *"en ausencia de ley expresa, y para salvaguardar los límites del ejercicio del derecho fundamental a la información, se hace necesario: i) que el o la*

---

[4]   Las solicitudes de información son en sí mismas expresión del derecho de petición. En efecto, aquellas solicitudes de información que alberguen un espacio para la discrecionalidad, siempre que su divulgación no esté prohibida, serán consideradas manifestación del referido derecho. Al respecto, puede consultarse nuestro libro: Belandria García, José Rafael. *El derecho de petición en España y Venezuela.* FUNEDA. Caracas, 2013, pp. 363-366.

[5]   En http://www.tsj.gov.ve/decisiones/scon/julio/745-15710-2010-09-1003.HTML

solicitante de la información manifieste expresamente las razones o los propósitos por los cuales requiere la información; y ii) que la magnitud de la información que se solicita sea proporcional con la utilización y uso que se pretenda dar a la información solicitada".

Al respecto, este caso consistía en una solicitud de información sobre el sueldo del Contralor General de la República y la tabla de remuneraciones de los funcionarios de esa Institución, donde la Sala Constitucional consideró que a la luz del derecho constitucional a la intimidad del titular del máximo órgano de control fiscal y demás funcionarios relacionados, debía prevalecer este último, por lo que desestimó la procedencia de la solicitud. Sin entrar a analizar el fondo de dicha controversia, llama la atención que en otros países –sobre todo europeos– es absolutamente normal conocer el sueldo de altos funcionarios públicos, inclusive de Jefes de Estado, precisamente por el hecho de provenir del patrimonio público, por el interés en privilegiar la transparencia y por estar sometidos a especiales mecanismos de control, en razón del cargo que ocupan. Resulta de igual modo llamativo, que para un caso particular y una solicitud específica como la del sueldo del titular de uno de los órganos del Poder Público, se establezca un criterio general aplicable a cualquier clase de situaciones, sin conocer la naturaleza de éstas. En nuestra opinión, a mayor información administrativa, mayor transparencia y control.

En el presente caso, el interés de los peticionarios reside en su condición de ciudadanos; en la defensa misma de los principios de la Administración Pública (previstos en el artículo 141 de la Constitución), para lo cual todo ciudadano está facultado; y en el objeto de las Asociaciones, que de acuerdo a lo indicado consiste en la defensa de los derechos humanos y el buen hacer administrativo. Por otro lado, la solicitud de información administrativa no se encuentra incursa en ninguno de los límites constitucionales (artículo 143)[6] y por el contrario existe un deber constitucional de responder a éstas de manera oportuna y adecuada (artículo 51).

De manera que, condicionar el ejercicio del derecho a dirigir solicitudes de información administrativa a la correspondencia de la solicitud con el uso que pueda dársele a la información, (i) abre un indebido espacio de discrecionalidad a favor de la Administración Pública a la hora de suministrar información; e (ii) invierte la regla constitucional de que el control sobre la gestión pública corresponde –entre otros sujetos– a los ciudadanos, al ser la propia Administración la que decide si concede información o no, con lo cual supedita también el control. Un juicio de ponderación evidenciaría que frente a un conflicto de esta naturaleza, es mejor suministrar información u ordenar que se haga, que adoptar el proceder inverso, ya que están de por medio los derechos de los ciudadanos en relación a la actividad administrativa, salvo que haya menoscabo de otros derechos de mayor entidad o un límite constitucional que lo impida (investigación criminal, seguridad interior y exterior del país o intimidad de la vida privada de las personas), no siendo este el caso.

---

[6]   En relación con esta disposición se encuentra el artículo 74 de la Ley de Infogobierno, que dice lo siguiente: *"**Artículo 74. La información que conste en los archivos y registros en el Poder Público y en el Poder Popular es de carácter público**, salvo que se trate de información sobre el honor, vida privada, intimidad, propia imagen, confidencialidad y reputación de las personas, la seguridad y defensa de la Nación, de conformidad con lo establecido en la Constitución de la República, la ley que regule la materia sobre protección de datos de datos personales y demás leyes que rigen la materia"* (negrillas añadidas). Este precepto, si bien para la fecha de la sentencia bajo análisis aún no había entrado en vigor –la vigencia de la Ley de Infogobierno se produjo el 17 de agosto de 2014–, es plenamente aplicable al presente caso e inclusive se erige en un argumento para que se suministre la información solicitada.

2. *Tratamiento reiterado y control jurisdiccional de la Administración Pública*

Junto a la declaratoria de inadmisibilidad del recurso interpuesto por las razones analizadas en el epígrafe anterior, la Sala Político Administrativa asumió un proceder paradójico, pues indicó que este tipo de peticiones atenta contra la eficacia y eficiencia de la Administración Pública, y a la par señaló a los recurrentes dónde pueden conseguir la información pretendida (en los informes anuales del Ministerio en referencia).

La Sala Político Administrativa señaló, ciertamente, que *"peticiones como las de autos"* donde se pretende recabar información sobre la obtención de medicinas para garantizar la salud de la población, *"atenta contra la eficacia y eficiencia que debe imperar en el ejercicio de la Administración Pública"*, debido a que el ejercicio del derecho de petición *"no puede ser abusivo de tal manera que entorpezca el normal funcionamiento de la actividad administrativa"*, pues debe la Administración dedicar tiempo y recurso humano a los fines de dar explicación sobre las actividades que tiene previsto realizar en beneficio del colectivo.

Asimismo, la Sala indicó que este tipo de peticiones *"obstaculizaría y recargaría además innecesariamente el sistema de administración de justicia ante los planteamientos de esas abstenciones"*. Asimismo, a pesar de haber rechazado con la inadmisión que el Ministerio del Poder Popular para la Salud se encontrara en la obligación de responder, la Sala señaló: *"información como la requerida [...] puede encontrarse en los informes anuales que son rendidos por los titulares de los ministerios ante la Asamblea Nacional"*, en virtud de lo dispuesto en el artículo 244 de la Constitución.

En relación a lo anterior, corresponde advertir que las solicitudes de información administrativa no alteran, ni rompen con el principio de eficiencia, así como con ningún otro principio constitucional sobre la Administración Pública. La opinión contraria adoptada por la Sala, ya había sido expuesta por ese órgano jurisdiccional con anterioridad[7] y podría considerarse jurisprudencia, si bien desacertada[8]. En realidad, según la conocida fórmula constitucional: la *Administración Pública está al servicio de los ciudadanos* (artículo 141), lo que entre otras muchas cosas implica –servicios de información, trámites por Internet, prestaciones administrativas, etc.– que ésta debe atender las solicitudes que los ciudadanos hagan en persona o por escrito, además con prontitud, diligencia y esmero.

Tampoco es válido considerar que el ejercicio de este derecho en las condiciones bajo análisis sea abusivo y que pueda de alguna manera obstaculizar o recargar innecesariamente el sistema de administración de justicia. Se trata simplemente de un derecho constitucional y como tal los ciudadanos están facultados para ejercerlo, más allá de que la Administración tenga muchos o pocos asuntos que resolver, o que los tribunales se encuentren en una situación similar[9].

---

[7]   Véase la sentencia N° 393 de fecha 31 de marzo de 2011 (caso *PROVEA contra el Presidente de la República*).

[8]   Para conocer otras decisiones de esa misma Sala, en las que se favorece indebidamente a la Administración Pública, puede consultarse: Torrealba Sánchez, Miguel Ángel. *Problemas fundamentales del contencioso administrativo en la actualidad.* FUNEDA. Caracas, 2013, pp. 176-192.

[9]   Como dice José Ignacio Hernández, que la Administración esté al servicio de los ciudadanos, supone antes que nada que esté al servicio de los derechos humanos. Por ello, agrega que lo *"relevante no es entonces el acto, el privilegio o la prerrogativa. Lo relevante es la tutela de los derechos humanos..."* (Hernández, José Ignacio. "Los Derechos Humanos y la necesaria transformación de la Justicia Administrativa en Venezuela". *La Justicia Constitucional y la Justicia Administrativa como Garantes de los derechos humanos. Homenaje a Gonzalo Pérez Luciani y en el marco del vigésimo aniversario de FUNEDA.* FUNEDA, Caracas, 2013, p. 625).

Éstos, no está de más recordarlo, están llamados a *disponer lo necesario para el restablecimiento de las situaciones jurídicas subjetivas lesionadas por la actividad administrativa* (artículo 259 de la Constitución)[10].

Por último, no es labor de la Sala indicar a los peticionarios donde pueden encontrar la información pretendida. Dicho proceder lo había adoptado también ese órgano jurisdiccional con anterioridad[11] y con él pareciera que se sustituye en la propia Administración Pública, cuando lo cierto es que no está para eso, sino para controlar a los órganos que ejercen la función administrativa, para asegurarse que actúen con apego a Derecho y con respeto a los derechos y libertades.

Corresponde destacar igualmente que la decisión bajo análisis declaró la inadmisibilidad de la pretensión, sin embargo, no lo hizo con fundamento en alguna de las causales establecidas en el artículo 35 de la Ley Orgánica de la Jurisdicción Contencioso Administrativa, si bien con anterioridad declaró aplicable el procedimiento establecido en dicha Ley. Esto significa, llanamente, que por un lado la Administración Pública se abstiene de responder, y por el otro, los órganos de administración de justicia deniegan el acceso a su jurisdicción para ventilar la omisión.

Así las cosas, lo que en realidad debe hacer la Administración Pública en casos como éste, es responder a la solicitud de información efectuada de manera oportuna y adecuada, suministrando la información que corresponda conforme a sus competencias e intereses involucrados. *"Resulta muy cara la Administración pública a los ciudadanos* –como dice el profesor Lorenzo Martín-Retortillo– *para que ésta se permita el lujo de no tener bien ajustados sus instrumentos"*[12]. Por su parte, los tribunales de lo contencioso-administrativo están llamados a controlar que se emita una respuesta oportuna y adecuada, y en caso de omisión, a ordenar que se subsane la falta.

---

[10] En España, en un caso similar, en el que una Asociación dirigió unas solicitudes –en ejercicio del derecho de petición– a las Cortes de Aragón, y la Mesa de ésta (instancia ordenadora del funcionamiento de las Cortes) inadmitió a trámite las mismas, el Tribunal Constitucional consideró que se había violado el referido derecho y otorgó el amparo. Se trata de la sentencia núm. 108/2011, de 20 de junio de 2011, del Tribunal Constitucional español, la cual ha sido comentada por nosotros mismos en: Belandria García, José Rafael. "El derecho de petición en la sentencia núm. 108/2011, de 20 de junio de 2011, del Tribunal Constitucional: propuestas o sugerencias en defensa del interés general". *Revista Española de Derecho Administrativo Nº 158*, abril-junio 2013, pp. 187 a 201.

[11] Véase sentencia núm. 1.061 de fecha 03 de agosto de 2011 (caso *PROVEA contra Ministerio del Poder Popular para Energía y Petróleo*).

[12] Martín-Retortillo, Lorenzo. "Prólogo al Libro de Javier Barcelona Llop: Ejecutividad, ejecutoriedad y ejecución forzosa de los actos administrativos". *Del Derecho Administrativo de Nuestro Tiempo*, Civitas, Segunda edición, p. 213.

ÍNDICE

ÍNDICE ALFABÉTICO DE LA JURISPRUDENCIA

www.ingramcontent.com/pod-product-compliance
Lightning Source LLC
Chambersburg PA
CBHW060909220326
41599CB00020B/2900